国家哲学社会科学基金重大招标项目
中山大学人文学科中长期重大研究与出版计划

丛书主编
吴承学 彭玉平

中国古代文体学研究丛书

中国古代文体学论著集目
(1900—2014)

李南晖 主编
伏煦 陈凌 编

北京大学出版社
PEKING UNIVERSITY PRESS

图书在版编目(CIP)数据

中国古代文体学论著集目:1900~2014/李南晖主编;伏煦,陈凌编. —北京:北京大学出版社,2016.4

(中国古代文体学研究丛书)

ISBN 978-7-301-15947-7

Ⅰ.①中… Ⅱ.①李… ②伏… ③陈… Ⅲ.①古典文学—文体论—文学史—专题目录—中国—1900~2014 Ⅳ.①Z88:I206.2

中国版本图书馆 CIP 数据核字(2016)第 060195 号

书　　名	中国古代文体学论著集目(1900—2014) ZHONGGUO GUDAI WENTIXUE LUNZHU JIMU(1900—2014)
著作责任者	李南晖　主编　伏煦　陈凌　编
责任编辑	徐丹丽
标准书号	ISBN 978-7-301-15947-7
出版发行	北京大学出版社
地　　址	北京市海淀区成府路 205 号　100871
网　　址	http://www.pup.cn
电子信箱	pkuwsz@126.com
新浪微博	@北京大学出版社
电　　话	邮购部 62752015　发行部 62750672　编辑部 62752022
印　刷　者	北京大学印刷厂
经　销　者	新华书店
	965 毫米×1300 毫米　16 开本　48.75 印张　824 千字 2016 年 4 月第 1 版　2016 年 4 月第 1 次印刷
定　　价	120.00 元

未经许可,不得以任何方式复制或抄袭本书之部分或全部内容。

版权所有,侵权必究

举报电话:010-62752024　电子信箱:fd@pup.pku.edu.cn

图书如有印装质量问题,请与出版部联系,电话:010-62756370

总　序

在中国著名的综合性大学中,中国古代文学这个传统学科都堪称历史悠久、积淀深厚。中山大学的古代文学学科也不例外——她的历史与孙中山先生所创立的中山大学(初名广东大学)同样悠久。鲁迅、郭沫若、陈中凡、方孝岳、容庚、商承祚、詹安泰、董每戡、王起等名字让我们回忆起来充满着自豪感。

然而,对后人来说,学科辉煌的历史与丰富的遗产同时也是压力。我们站在前人的肩膀上,固然占了"便宜",但也像是站在海拔极高之处,每一步攀升都异常艰难。仰望前辈,如何既继承学术传统又有所发展,是我们一直思考的问题。

当今,"独创"二字已经成为各个社会阶层的流行语。不过,各个领域不同,不同学科有异:有些贵在创造发明,有些偏重发掘发现。有些可能是"独创",有些则只能是"独特"。对于人文学者来说,我们似乎很难以创造发明自诩;形态上的"新"与"旧"也难以用来判断学术价值的高下。所谓"创新",未必意味着对于传统的抛弃。按照清代学者纪昀评点《文心雕龙》的说法,在历代文坛上,"新声"可能成为"滥调","旧式"也可能成为"新声"。新与旧不是绝对的,是会互相转化的。在传统断裂的时代,挖掘与发现传统文化资源,也是颇有价值的事。

在中国文学批评史中,文体学就是传统的学术资源。"以文体为先"是中国古代文学批评与文学创作的传统与原则。中国文体学成熟相当早,《文心雕龙》在文体学方面已经相当精深而自有体系,此后的文体学可谓久盛不衰。但近代以来,西学东渐,中国文体学日趋式微,甚至被人淡忘。从20世纪80年代起,在新的学术观念推动下,文体学研究成为古代文学研究的新视角之一。近年来,文体学研究更是越来越受到中国文学学术界的重视,成为一个极具研究价值的前沿学术领域和备受关注的学术热点。

尊重古代文学的历史事实，回到文体的历史语境，将文学观念和理论建筑在具体文学史实之上，以中国"文章学"的观念来"发现"、诠释和演绎中国文学自己的历史，尽可能消解自新文化运动以来套用西方文学分类法研究中国传统文学造成的流弊——这是近年来中国文学研究源于自身需要与反思所形成的重要发展趋势，也是中国文体学兴盛的背景。这一兴盛具有丰富的学术史意义，它标志着古代文学学术界的两个回归：一个是对中国本土文学理论传统的回归；一个是对古代文学本体的回归。

回归本土与本体，并不意味着满足于回归到"旧式"那里去。我们强调回归到中国文化与文学的原始语境与内在脉络，同时又不能也不可能排除现代意识。西哲曾云："人不可能两次踏进同一条河流。"虽然，中国文体学之复兴，为"古人之旧式，转属新声"，但可以肯定的是，这种作为"新声"的"旧式"已经完全不可能与古代的文体学相同。我们要站在 21 世纪的学术高度来研究中国文体学，回到中国文体的历史语境，但又不仅仅是回到刘勰等古人的理论，同时必须具有当代的学术意识，反映出当代的学术眼光、学术水平与境界。

作为国家级重点学科，中山大学古代文学学科必须有自己鲜明的特色，有受到学界认可的学科方向。中国古代文体学研究就是近年来我们凝聚力量、重点建设的研究方向。经过多年的努力，它已经成为本学科影响最大的方向之一。同仁们在古代文体学研究方面成果丰硕，除了发表了大量论文之外，还撰写了不少专著，同时，也承担了一系列国家级和省部级科研项目，尤其是国家社科基金重大项目"中国古代文体学发展史"，为了及时反映这些研究成果，我们组织出版这套"中国古代文体学研究丛书"。

本丛书是开放与持续的。作者除了中山大学古代文学学科的教师，还有其他高校教师与学界同仁。所收成果以中国文体学研究为重点，兼及相关领域的研究。我们希望能不断地吸收中国文体学研究成果到本丛书中来，共同推进中国古代文体学研究的发展。

吴承学
2010 年 12 月于康乐园郁文堂

目　录

《中国古代文体学论著集目》凡例 　(1)
　　壹、收录范围与标准 　(1)
　　贰、分类原则 　(2)
　　叁、著录方式 　(4)
　　肆、基本著录格式示例 　(5)
　　伍、主题词归类概览 　(7)
Ⅰ　通论编 　(10)
　　一、文体总论 　(10)
　　二、文体学史 　(48)
　　三、专书与学者研究 　(66)
Ⅱ　辞赋编 　(91)
　　一、源流论 　(91)
　　二、体制论 　(120)
　　三、创作论 　(152)
　　四、批评论 　(161)
Ⅲ　骈散文编 　(181)
　　一、源流论 　(181)
　　二、体制论 　(217)
　　三、创作论 　(266)
　　四、批评论 　(273)
Ⅳ　诗编 　(304)
　　一、源流论 　(304)
　　二、体制论 　(348)
　　三、创作论 　(395)

四、批评论 　　　　　　　　　　　　　　　(438)
Ⅴ　词编　　　　　　　　　　　　　　　　(461)
　　　一、源流论 　　　　　　　　　　　　　　(461)
　　　二、体制论 　　　　　　　　　　　　　　(481)
　　　三、创作论 　　　　　　　　　　　　　　(507)
　　　四、批评论 　　　　　　　　　　　　　　(537)
Ⅵ　小说编　　　　　　　　　　　　　　　(560)
　　　一、源流论 　　　　　　　　　　　　　　(560)
　　　二、体制论 　　　　　　　　　　　　　　(580)
　　　三、创作论 　　　　　　　　　　　　　　(611)
　　　四、批评论 　　　　　　　　　　　　　　(621)
Ⅶ　戏曲编　　　　　　　　　　　　　　　(649)
　　　一、源流论 　　　　　　　　　　　　　　(649)
　　　二、体制论 　　　　　　　　　　　　　　(679)
　　　三、创作论 　　　　　　　　　　　　　　(710)
　　　四、批评论 　　　　　　　　　　　　　　(733)

补　编　　　　　　　　　　　　　　　　　(748)
　　Ⅰ　通论编 　　　　　　　　　　　　　　　(748)
　　Ⅱ　辞赋编 　　　　　　　　　　　　　　　(750)
　　Ⅲ　骈散文编 　　　　　　　　　　　　　　(753)
　　Ⅳ　诗编 　　　　　　　　　　　　　　　　(759)
　　Ⅴ　词编 　　　　　　　　　　　　　　　　(763)
　　Ⅵ　小说编 　　　　　　　　　　　　　　　(767)
　　Ⅶ　戏曲编 　　　　　　　　　　　　　　　(770)

编后记　　　　　　　　　　　　　　　　　(772)

《中国古代文体学论著集目》凡例

壹、收录范围与标准

一、本目录收录1900年至2014年中国大陆和台湾、香港、澳门三地出版的关于中国古代文体学的著作和论文,包括博士论文、硕士论文、期刊论文、会议论文和论文集中的单篇论文。

二、本目录所收,以研究古代文体的论著为主,兼收部分研究经学、史学、子学而关涉文体的论著。

三、由于历代"文体"定义宽泛,文体学所涉及内容过广,为免冗滥,本目录在编纂时有所限定,只收录符合以下内容标准的论著:

 1. 论体裁或文体类别。凡作家、作品研究中仅泛述及于文体者,一概从略,以免冗滥。

 2. 论文体特征或风格。凡论风格体派之作,只录与文体风格相关者,其余作家个性、地域、时代、流派、人品与风格等皆不录。

 3. 文体史及文体学研究。文学史论著中通常包含有文体史内容,以其主题不在文体学,故一般通代或断代文学史不录;以文体变迁为主线之文学史则录之。

四、古代文体学著作的整理本以及采用诗话、词话、文话体例之论著不收录。

五、民间文学体裁,渊源较深、影响较广者则收录,如谣谚、隐语、弹词、宝卷等,其余一般不收录。

六、论文集中论文及连载论文,只收录与文体学有关篇章。

七、早期论文内容多驳杂,少有文体学专文,故标准适当放宽。

八、面向中小学生的读物和普及型文章,一般不收录。

九、去取标准举例:

 1. 建安散文研究 朱秀敏 山东师范大学 2011年 博士论文
  此文按文体述文学史,今录入"骈散文编"。

 2. 出新意于法度之中:苏轼建物记的时空、文体与美学 杨茹惠

台湾师范大学　2011年　硕士论文
　　此文论个人写作为主,与具体文章体制之特色或文体发展关系不大,不录。

3-A.《韩非子》"说林"、"储说"研究　蒋振江　硕士论文
　　此文虽多述故事类型、叙事,但有专章讨论文体性质,今录入"小说编"。

3-B.《韩非子》"说林"、"储说"研究　马一禾　硕士论文
　　此文论述故事类型、叙事艺术等,无关体制,不录。

4-A. 唐代塔铭研究　潘高凤　浙江大学　2010年　硕士论文
　　专章论述塔铭文体,今录入"骈散文编"。

4-B. 唐代高僧塔铭研究　李谷乔　吉林大学　2011年　博士论文
　　全文以思想、史学为主,文体只占极次要之一小节,不录。

贰、分类原则

一、本目录共分七编：Ⅰ通论编、Ⅱ辞赋编、Ⅲ骈散文编、Ⅳ诗编、Ⅴ词编、Ⅵ小说编、Ⅶ戏曲编。通论编收录有关文体和文体学的整体性论述；从辞赋编到戏曲编,分别以各文体为中心收录资料。辞赋、骈文、散文、诗、词、小说、戏曲为一级文体,其下为二级文体,如骈散文编中,散文、骈文为一级文体,诏令、碑志、序跋等为二级文体。二级文体不再区别其从属关系,如近体诗、律诗、七言律诗统一视为二级文体。

二、各编之下,以主题为中心,设立部、类两级目。全目以编为经,以部、类为纬；亦即以文体为经,以主题为纬,纵横支拄。

三、通论编与其余六编所涉内容差异较大,故单独采用以下分类方式：

(一) 文体总论之部(文体概念、分类、体制、源流等)。

1. 辨名；
2. 分类；
3. 源流论；
4. 体制论；
5. 风格论；
6. 创作论；
7. 价值论及功能论。

(二) 文体学史之部(学科理论、文体学通史、文体通史)。

1. 范畴；

2. 对象；

3. 理论与方法；

4. 学科史；

5. 批评文体。

（三）专书与学者研究之部（只收录针对著作或学者的整体性论述；若专论某一文体，或借此书而讨论其他文体学问题者，则分别归入辞赋编等六编）。

1. 曹丕及《典论·论文》；

2. 陆机及《文赋》；

3. 刘勰及《文心雕龙》；

4. 《文选》；

5. 《四库全书总目》；

6. 其他。

四、通论编以外六编采用以下分类方式：

（一）源流论之部。

1. 文体起源（文体之发生、来源）；

2. 文体沿革（文体演变、通代及断代文体史、制度与文体等）。

（二）体制论之部。

1. 辨体：总论（一级文体体制之整体性论述）；

2. 辨体：分论一（二级文体之辨体问题）；

3. 辨体：分论二（具体作品之辨体问题。词编中因此类论文数量过少，合并入"分论一"，该类作有类无目处理）；

4. 文体关联（同一文体内部及异文体之间的影响、交融、互渗）；

5. 风格论（只录与文体风格相关者，其余作家个性、地域、时代、人品与风格等皆不录）。

（三）创作论之部。

1. 总说（作家创作或创作论的整体研究。只录与体式有关者，其余主题、题材、思想等不录）；

2. 结构章法（构成要素、谋篇布局、分章设段等）；

3. 技巧（题名、用典、炼字、比兴、对仗、句式等）；

4. 声律（押韵、格律、音乐性等。小说编中作有类无目处理）。

（四）批评论之部。

1. 辨名（文体名词概念的解释、研究）；

2. 分类说（文体的划分及归类）；

3. 功能论及价值论(文体之功用、意义);

4. 历代文体批评与批评文体(历代文体学研究,诗话、词话、赋话、文话体制研究,包括译介外国成果);

5. 专书及学者。

五、"辨体"一类,数量巨大,故再分为总论与分论二属,然并列为第三级之"类"目,不作第四级目处理。

六、各部之下,按论著形式分为著作、学位论文、单篇论文三板块。著作、学位论文,只划分到部一级;论文则划分到类一级。博士后出站报告归入学位论文,与博士论文混编。

七、论著内容涉及两种文体或诗词曲三种文体者,互著于各编,不避重复。其余涉及三种以上文体,或综论各类文体者,则入通论编。

八、论文中兼涉两种以上对象、主题者,视其论述重点,系于某部、某类下;同编之部类间不互著。

九、2014年出版之论著,因全部信息之发布仍须时日,搜罗难备,故单独列为补编,附于最后;归类亦止于编,不再细分到部、类。

叁、著录方式

一、每编各部之下,先列著作,次列学位论文,又次列单篇论文。学位论文,先列博士论文,后列硕士论文,以空行分隔。三个板块均以发表时间为序。月份不详者,系于本年之末。

二、通论编"专书与学者研究·其他"类,按研究对象之年代为序;对同一对象之研究,按发表时序排列。

三、文体学著作及论文集编入著作板块,条目下详列全书篇目;其中篇目有载于其他书刊者,并以最早出处为目,互著于单篇论文板块;综合性论文集中与文体学有关之论文,皆别裁出,在单篇论文板块中著录。

四、书评系于该书之下,多篇书评以刊发时间为序。未见原书之书评,则编入单篇论文。

五、连载论文、商榷文章并以时间为序,不集中排列。

六、一文刊载多处者,以最早发表之文为目,其余附载其下。译著、译文有不同译本者,分别立目。

七、凡遇著录事项不明,如出版年月不详等情形,俱暂付阙如。著作之不分章节,或未能查知章目者,则仅录书名、作者等信息,并括注"未见"。

八、论著中署笔名而能考证其人者,用"( )"括注本名或常用名;外国人姓名前用"〔〕"标注国籍,西洋人并括注原名。

九、著作由他人作序者,标明作序人;汇编论文集中各文作者,亦一一括注。

肆、基本著录格式示例

【著作】

1. 书名;2. 责任人;3. 出版地及出版单位;4. 出版年月;5. 总页数;6. 所属丛书名称。

各条目下著录本书之篇目、章目,退两格排列。目录较长而原书分编、册者,各编、册之章目分段著录。凡有多种版别之著作,以最早版本或所知最早版本列目。其余版本附于其下,不另立目,唯于书名前加"◎"以醒眉目,齐行首排列。版本太泛滥者,如鲁迅《中国小说史略》,则仅择其重要者著录。如个别项目有变动,一一注明。如新版内容调整较多,则全录其目录。如:

中国古代文体形态研究 吴承学 广州:中山大学出版社 2000年9月 399页 中山大学学术研究丛书

序(傅璇琮);绪论;第一章 先秦的盟誓;第二章 谣谶与诗谶;第三章 策问与对策;第四章 诗题与诗序;第五章 留别诗与赠别诗;第六章 题壁诗;第七章 唐代判文;第八章 集句;第九章 宋代檃括词;第十章 明代八股文;第十一章 晚明小品;第十二章 晚明清言;第十三章 文字游戏与汉字诗学;第十四章 文体学源流;第十五章 辨体与破体;第十六章 破体之通例;第十七章 评点形态源流;后记

◎中国古代文体形态研究(增订本) 广州:中山大学出版社 2002年5月 444页

增补:汉魏六朝挽歌;诗可以群;增订本后记。

◎中国古代文体形态研究(第3版) 北京:北京大学出版社 2013年9月 426页 中国古代文体学研究丛书

绪论;第一章 先秦盟誓及其文化意蕴;第二章 论谣谶与诗谶;第三章 策问与对策——对一种考试文体的文学与文化研究;第四章 汉魏六朝挽歌考论;第五章 诗可以群——从魏晋南北朝诗歌创作形态考察其文学观念;第六章 六朝的

忏悔文与杂体诗;第七章 论古诗制题制序史;第八章 论题壁诗;第九章 唐代判文文体及源流研究;第十章 集句论——集句诗之源流;第十一章 论宋代檃括词;第十二章 评点之兴;第十三章 明代八股文;第十四章 论"序题";第十五章 晚明小品;第十六章 论晚明清言;第十七章 文学游戏与汉字诗举;附录:唐诗中的留别与赠别;引用书目;后记;第3版题辞

【学位论文】

1. 文章名;2. 作者;3. 毕业院校;4. 毕业年份;5. 学位。如:

中国古代文体功能研究　郗文倩　河北大学　2007年　博士论文

【单篇论文】

一、期刊及报纸论文:

1. 文章名;2. 作者;3. 刊名/报名;4. 卷期;5. 出版年月。报纸论文省卷期。如:

论中国古代文体分类的生成方式　郭英德　学术研究　2005年01期　2005年1月

从汉镜铭文论七言诗成立的时代　郭庆文　光明日报　1951年9月15日

二、论文集或专著中别裁之论文:

1. 文章名;2. 作者;3. 书名;4. 编辑者/出版地及出版社;5. 出版年月。会议论文集不著录编辑者。如:

论赋的文体属性　李立信　辞赋文学论集　南京大学中文系主编　南京:江苏教育出版社　1999年12月

论明代书坊对通俗小说体制发展的贡献——兼论演义的概念及其渊源　程国赋　明代文学与科举文化国际学术研讨会论文集　2008年11月

试论文体分类学与修辞学的关系　郭绍虞　照隅室杂著　上海:上海古籍出版社　1986年9月

三、论文为其他刊物或论文集刊载者,不另立目,而于该条下加"～"表示题名,退一格排列;如标题或作者有更改,则照所改者著录。如:

绝句与联句　李嘉言　国文月刊　17期　1942年11月
　　～改题:绝句起源于联句说　古诗初探　李嘉言　上海:古典文学出版社　1957年3月
　　～李嘉言古典文学论文集　上海:上海古籍出版社　1987年3月

四、书评系于各书之下,退一格排列,并以"○"号标示;多篇书评则以发表时间为序。如:

中国文学流变史(卷三)　郑宾于　上海:北新书局　1933年11月　489页　文学史丛书
　　第七章　词的创始时期;第八章　词的光大及衰歇
　　○郑宾于著《中国文学流变史》　罗根泽　图书评论　1934年10期
　　　　～罗根泽古典文学论文集　上海:上海古籍出版社　1985年7月

伍、主题词归类概览

历代文体分类,标准不一,名目繁杂,不胜枚举。本目录根据所收录文献,权衡众说,甄别常见文体名称以及文体形式要素作为主题词,择其主要,依类纳入各编之下,以便按图索骥使用本目录。文体别称、省称、罕僻名目以及存在争议者,莫能备举,读者自可推类查找。

一、通用类

辨体、正体、变体、雅体、俗体、破体、尊体;
文法、句法、章法;韵律、声韵、格律、声律、押韵、节奏;对偶、用典、叠字、双声;语体、风格。

二、辞赋编

楚辞、赋体;
骚体赋、大赋、小赋、七体、九体、难体、问对、连珠、散体赋、骈赋、律赋、文赋、俗赋；

赋序、乱、歌曰、更端词。

三、骈散文编

散文、骈文、古文、公文、应用文；

论说类：说体、论体、辩体文、解体、释体、史评、杂评；

传状类：列传、叙记、叙传、杂传、别传、外传、假传、自传、类传、托传、传录、传叙状、行状、行述；

诏令类：诏书、制书、制诰、德音、告谕、告身、敕书、策命、玺书、教、批答、册文、判文、赦文、考语、檄、约、九锡文、铁券文、榜文；

奏议类：章奏、章疏、奏记、表文、启文、议体、驳议、对策、封事、弹文、讲义、状、典谟、札子、露布；

书牍类：尺牍、书启、公牍、简札、帖、移文、牒、笺、状、拟书体、婚书、书仪；

颂赞类：颂体、赞体、赞文、论赞、诗赞、史赞、像赞、杂赞、咏物赞、乐语、致语、口号；

序跋类：书序、叙录、引、题辞、题跋、自序、谱录、解题、书后、后序、义例体、疏体、评；

赠序类：贺序、寿序、字说、幛词；

杂记类：记体、书记、壁记、厅记、日记；

箴铭类：箴文、官箴、箴规、铭文、座右铭、诫、训、家训；

碑志类：碑记、神道碑、墓碑文、墓表文、墓碣文、墓志铭、华表铭、造像记；

哀祭类：诔文、谥册、谥议、哀辞、哀策、吊文、祭文、挽歌；

祝祷类：祝文、诅文、盟誓、玉牒、符命、封禅文、祭文（与"哀祭"类者不同）、告文、告天文、告庙文、释奠文、醮词、斋词、祠文、青词、愿文、叹道文、上梁文、宝瓶文；

其他类：谶纬、俳谐文、清言、小品文、八股文、制义、语录体、笔记体、优语。

四、诗编

国风、雅、颂、二南、赋、比、兴；

古体、乐府、古风、歌行、歌诗、声诗、宫体、新乐府、杂诗、清商、横吹、鼓吹、相和、燕射、燕乐、大曲；

近体、格律诗、律绝、律诗、绝句、七绝、七律、五绝、五律、排律；
二言、三言、四言、五言、六言、七言、九言、杂言、杂体、杂句；
截句、集句、檃括、联章、联句、踏歌、唱和诗、试帖诗、拟作、代言、问答体、白战体、回文诗、禁体；
对联、对句、诗钟、谣谚、偈语、隐语；
民歌、白话诗、竹枝词、打油诗；
诗题、诗序、题注、题序、艳、趋、乱、解。

五、词编

词体、长短句、曲子词、诗余；
长调、小令、令词、慢词、艳词、白话词、格律词、檃括词；
词牌、词律、词名、词调、题序、别调、泛声、换头、领字、衬字；词谱、词话、词格、评点；
本色、正变、别是一家、以诗为词、以文为词、雅化、曲化、赋化。

六、小说编

白话小说、文言小说；
神话、志怪、志人、唐传奇；变文、俗讲、讲经文、词话、诗话、话本、拟话本、平话、章回、演义；寓言、故事、合生、杂纂、笑话；
回目、入话、楔子、得胜头回。

七、戏曲编

院本、诸宫调、杂剧、南戏、(明清)传奇、散曲、套曲、弹词、宝卷、鼓词；
曲牌、宫调、曲调、联套、借宫、犯调、南北曲、曲律、带过曲；
楔子、折、衬字、增句、宾白、题目正名、务头、致语、上场诗；
乐府十五体。

I 通论编

一、文体总论

【著作】

中国文学史　林传甲　武林谋新室　1910年6月　210页　京师大学堂国文讲义

　　江绍铨序;自记;讲义开篇;第一篇　古文籀文小篆八分草书隶书北朝书唐以后正书之变迁;第二篇　古今音韵之变迁;第三篇　古今名义训诂之变迁;第四篇　古以治化为文今以词章为文关于世运之升降;第五篇　修辞立诚辞达而已二语为文章之本;第六篇　古经言有物言有序言有章为作文之法;第七篇　群经文体;第八篇　周秦传记杂史文体;第九篇　周秦诸子文体;第十篇　史汉三国四史文体;第十一篇　诸史文体;第十二篇　汉魏文体;第十三篇　南北朝至隋文体;第十四篇　唐宋至今文体;第十五篇　骈散古合今分之渐;第十六篇　骈文又分汉魏六朝唐宋四体之别

◎收入《早期北大文学史讲义三种》　陈平原辑　北京:北京大学出版社　2005年9月

◎与《中国史学通论》合订　长春:时代文艺出版社　2009年5月　老北大讲义

◎林传甲中国文学史　长春:吉林人民出版社　2013年3月　171页　中国学术文化名著文库

涵芬楼文谈　吴曾祺编　上海:商务印书馆　1911年1月　132页

　　宗经第一;治史第二;读子第三;诵骚第四;研许第五;辨体第六;辟派第七;明法第八;养气第九;储才第十;命意第十一;修辞第十二;切响第十三;炼字第十四;运笔第十五;仿古第十六;核实第十七;称量第十八;设喻第十九;征故第二十;省文第二十一;适机第二十二;存疑第二十三;详载第二十四;寓讽第二十五;入理第二十六;切情第二十七;涉

趣第二十八;因习第二十九;写景第三十;状物第三十一;传神第三十二;称谓第三十三;含蓄第三十四;互异第三十五;从今第三十六;割爱第三十七;属对第三十八;设问第三十九;欣赏第四十;附杂说;附文体刍言

◎北京:金城出版社　2011年2月　150页

中国文学概论　〔日〕盐谷温著,陈彬龢译　北京:朴社　1926年3月　104页

第一章　音韵;第二章　文体;第三章　诗式;第四章　乐府及词;第五章　戏曲;第六章　小说

中国诗学大纲　江恒源　上海:大东书局　1928年7月　240页
◎重庆:大东书局　1944年10月4版　180页

本书编著之旨趣及体例;上编:诗学概论　一　诗之意义;二　诗之内容及外形;三　三代古诗——《诗经》所录之诗;四　诗之界画——入乐之诗与不入乐之诗;五　词之由来及变迁;六　曲之由来及变迁;七　总结;下编:诗辞选录(略)

◎台北:五洲出版社　1967年1月
◎台北:新文丰出版公司　1982年8月

本国文学史　汪剑馀　历史研究社　248页　1929年3月再版

绪言;第一章　文字学之变迁及文艺之概论;第二章　古今音韵之变迁;第三章　古今名义训诂之变迁;第四章　以治化为文以词章为文说;第五章　群经文体;第六章　周秦传记杂史文体;第七章　周秦诸子文体;第八章　史记汉书三国志四史文体;第九章　诸史文体;第十章　汉魏文体;第十一章　南北朝至隋文体;第十二章　唐宋至今文体;第十三章　骈散古合今分之渐;第十四章　骈文又分汉魏六朝唐宋四体之别
(编按:作者自述本书改写自林传甲《中国文学史》。)

中国文学概论讲话　〔日〕盐谷温著,孙俍工译　上海:开明书店　1929年6月　572页

原序;内田新序;译者自序;上篇　第一章　音韵;第二章　文体;第三章　诗式;第四章　乐府及填词;下篇　第五章　戏曲;第六章　小说;附录;附表

中国文学ABC　刘麟生　上海:ABC丛书社　1929年5月　124页

导言;散文及韵文;诗;词;戏曲;小说

文体论 ABC　顾荩丞　上海:ABC 丛书社　1929 年 3 月　131 页　ABC 丛书

  第一章 绪论;第二章 论辨类;第三章 序跋类;第四章 奏议类;第五章 书说类;第六章 诏令类;第七章 传状类;第八章 碑志类;第九章 杂记类;第十章 箴铭类;第十一章 颂赞类;第十二章 哀祭类;第十一章 辞赋类;第十一章 结论

宋代文学　吕思勉　上海:商务印书馆　1929 年 10 月　120 页　万有文库

  第一章 概说;第二章 宋代之古文;第三章 宋代之骈文;第四章 宋代之诗;第五章 宋代之词曲;第六章 宋代之小说

◎上海:商务印书馆　1931 年 8 月　百科小丛书
◎上海:商务印书馆　1939 年 12 月　万有文库简编版

唐代文学　胡朴安、胡怀琛　上海:商务印书馆　1929 年 10 月　70 页　万有文库

  第一章 绪论;第二章 唐代文学一览;第三章 唐代的诗歌;第四章 唐代的小说;第五章 唐代的戏曲;第六章 唐代的抒情散文;第七章 唐代的杂文;第八章 唐代文学与外国文学的关系;第九章 唐代文人的轶事;第十章 研究唐代文学的书目

中国文学流变史(卷一)　郑宾于　上海:北新书局　1930 年 10 月　323 页　文学史丛书

  第一章 荀屈以前的诗;第二章 论诗赋之消长;第三章 诗的再造时期

中国文学流变史(卷二)　郑宾于　上海:北新书局　1931 年 5 月　484 页　文学史丛书

  第四章 诗的拓展时期;第五章 诗的叠变与翻新;第六章 诗之隆替时期

中国文学流变史(卷三)　郑宾于　上海:北新书局　1933 年 11 月　489 页　文学史丛书

  第七章 词的创始时期;第八章 词的光大及衰歇

◎郑州:中州古籍出版社　1991 年 9 月　1370 页　据上海北新书局 1936 年第 2 版影印

  ○郑宾于著《中国文学流变史》　罗根泽　图书评论　1934 年 10 期~罗根泽古典文学论文集　上海:上海古籍出版社　1985 年 7 月

中国文学体例谈　杨启高　南京:南京书店　1930年10月　78页
　　题辞(谢无量);序(田楚侨);自序;总纲;一　文学;二　中国文学;三　中国文学体例;综谈

文学概论讲述(第一卷)　姜亮夫　上海:北新书局　1930年　346页
　　自序;第一篇:通论之部　第一章　文学的定义;第二章　内质;第三章　文学形式;校后谰言

文学概论讲述(第二卷)　姜亮夫　上海:北新书局　1933年9月　383页
　　补序;小言;第二篇:中国文学各论之部　第四章　绪说;第五章　诗;第六章　词
　　(编按:第七章曲、第八章辞赋、第九章小说、第十章散文,有目无文。)

◎文学概论讲述　姜亮夫著作选　昆明:云南人民出版社　2000年2月　401页

◎文学概论讲述　姜亮夫全集　卷21　昆明:云南人民出版社　2002年10月　400页

中国文学论略　陈彬龢　上海:商务印书馆　1931年1月　114页　国学小丛书
　　第一章　绪论;第二章　诗;第三章　楚辞;第四章　赋;第五章　骈文;第六章　词;第七章　曲;第八章　小说

文体论　薛凤昌　上海:商务印书馆　1931年4月　132页　万有文库
　　第一章　文体的概观;第二章　文体的纵观;第三章　文体的分别;第四章　现代文体之变革

◎上海:商务印书馆　1939年　123页　万有文库简编
◎上海:商务印书馆　1947年　123页　新中学文库　百科小丛书
◎台北:台湾商务印书馆　1969年　123页　人人文库
◎台北:台湾商务印书馆　1998年　134页　新人文文库
◎北京:中国图书馆学会高校分会委托中献拓方电子制印公司复印　2007年　123页(据民国三十六年商务印书馆百科小丛书该书三版本复印)

中国文学体系　马仲殊　上海:乐华图书公司　1933年11月　277页
　　第一章　古诗一瞥;第二章　乐府;第三章　入乐绝句;第四章　绝妙好词;第五章　南北曲

明代文学　钱基博　上海:商务印书馆　1933年12月　123页　万有文库

第一章 文;第二章 诗(附词);第三章 词;第四章 八股文
◎上海:商务印书馆　1934年1月　百科小丛书

诗赋词曲概论　邱琼荪　上海:中华书局　1934年3月　362页
　　绪论;第一编:诗之部　第一章 诗的起源;第二章 诗的体制;第三章 诗的声律;第四章 诗的演进;第二编:赋之部　第一章 赋的起源;第二章 赋的体制;第三章 赋的声律;第四章 赋的演进;第三编:词之部　第一章 词之起源;第二章 词的体制;第三章 词的声律;第四章 词的演进;第四编:曲之部　第一章 曲之起源;第二章 曲的体制;第三章 曲的声律;第四章 曲的演进
◎台北:台湾中华书局　1960年　361页
◎北京:中国书店　1985年3月　362页(据1934年中华书局版影印)

宋文学史　柯敦伯　上海:商务印书馆　1934年4月　256页　国学小丛书
　　第一章 绪论;第二章 宋之散体文;第三章 宋之四六文;第四章 宋之诗;第五章 宋之词;第六章 宋之戏曲;第七章 宋之小说;第八章 宋文学作者小传

中国文学概论　刘麟生　上海:世界书局　1934年6月　102页　中国文学丛书
　　第一编:文字与文学　第一章 字形;第二章 字音;第三章 字义;第二编:文体的分析　第一章 总论文体;第二章 散文与骈文;第三章 诗词曲;第四章 小说;第五章 戏剧与话剧;第六章 联语和游戏文;第三编:作风底概观　第一章 泛论作风;第二章 时代与作风;第三章 文体与作风;第四章 从作风方面观察作者
◎上海:世界书局　1944年4月新1版　54页

文学概论讲话　谭正璧编著　上海:光明书局　1934年9月　213页
　　编辑凡例;第一讲 总论;第二讲 诗论;第三讲 赋论;第四讲 乐府论;第五讲 词论;第六讲 曲论;第七讲 小说论;第八讲 弹词论

中国音乐文学史　朱谦之　上海:商务印书馆　1935年10月　238页
　　序;第一章 音乐与文学;第二章 中国文学与音乐之关系;第三章 论诗乐;第四章 论楚声;第五章 论乐府;第六章 唐代诗歌;第七章 宋代歌词;第八章 论剧曲;附录:凌廷堪燕乐考原跋
◎北京:北京大学出版社　1989年3月　239页

◎福州:福建教育出版社　朱谦之文集　第2卷　2002年9月
◎上海:上海人民出版社　2006年8月　246页　世纪人文系列丛书
　　增补:编后记

文学略说　章太炎讲,王乘六、诸祖耿记　苏州:章氏国学讲习会　1936年2月　40页
　　论著作之文与独行之文有别;论骈体散体各有所施;论周秦以来文章之盛衰

中国文学发凡　〔日〕青木正儿著,郭虚中译　上海:商务印书馆　1936年10月　192页
　　语学大要;文学序说;诗学;文章学;戏曲学;小说学;评论学

中国俗文学史(上、下册)　郑振铎　长沙:商务印书馆　1938年8月　270页;462页　中国文化史丛书
　　第一章　何谓"俗文学";第二章　古代的歌谣;第三章　汉代的俗文学;第四章　六朝的民歌;第五章　唐代的民间歌赋;第六章　变文;第七章　宋金的"杂剧"词;第八章　鼓子词与诸宫调;第九章　元代的散曲;第十章　明代的民歌;第十一章　宝卷;第十二章　弹词;第十三章　鼓词与子弟书;第十四章　清代的民歌
◎上、下册　北京:作家出版社　1954年2月　270页;462页
◎上、下册　上海:上海书店　1984年6月　270页;462页

中国韵文概论　梁启勋　长沙:商务印书馆　1938年7月　195页
　　总论;骚;赋;七;骈文;律赋;诗;乐府;词;曲
◎台北:商务印书馆　1977年6月　195页　人人文库

中国文学概说　〔日〕青木正儿著,隋树森译　上海:开明书店　1938年11月　199页
　　第一章　语学大要;第二章　文学序说;第三章　诗学;第四章　文章学;第五章　戏曲小说学;第六章　评论学

十四朝文学要略　刘永济　重庆:中国文化服务社　1945年5月　267页　青年文库
　　前言;凡例;卷首　叙论;卷一:上古至秦　一、古代茫昧难征;二、孔子删述之影响;三、诗经为后世感化文学之祖;四、春秋时诗学之盛;五、纵横家为诗教之流变;六、论著文之肇兴;七、诸子文学之影响;八、战代文学风气有三大宗主;九、楚辞为赋家之祖;十、嬴秦统一与

文学;

卷二:汉至隋　一、辞赋蔚蒸之因缘;二、两京赋体之流别及其作家之比较;三、赋家之旁衍;四、汉乐府三声之消长;五、两京当诗体穷变之会;六、史体之大成及马班之同异;七、篇体变古之渐;八、建安文学之殊尚;九、魏晋之际论著文之盛况;十、六朝诗学之流变;十一、南北风谣特盛及乐声流徙之影响;附录:文体挛乳分合简表

◎改题:十四朝文学要略(上古至隋)　哈尔滨:黑龙江人民出版社　1984年2月　190页

　　增补:出版说明

◎北京:中华书局　2007年11月　219页　刘永济集

　　增补:文集出版说明、后记

中国俗文学概论　杨荫深　上海:世界书局　1946年2月　128页

　　序;第一章　诸论;第二章　谣谚;第三章　民歌;第四章　俗曲;第五章　话本;第六章　章回小说;第七章　杂剧与院本;第八章　戏文传奇昆曲;第九章　元杂剧与南杂剧;第十章　皮黄戏;第十一章　地方戏;第十二章　变文;第十三章　诸宫调;第十四章　宝卷;第十五章　弹词;第十六章　鼓词;第十七章　相声

◎台北:启明书局　1958年　131页　青年百科入门·国学入门组
◎北京:中国图书馆学会高校分会委托中献拓方电子制印公司复印　2009年　131页

文体正变论(又名:文章作法)　朱子范　上海:经纬社　1946年7月　48页　经纬丛书

　　凡例;第一章　绪论;第二章　综论;第三章　体制;第四章　法则;第五章　结论

◎北京:中国图书馆学会高校分会委托中献拓方电子制印公司复印　2009年　48页

文体论纂要　蒋伯潜　上海:正中书局　1948年2月　220页　国学汇纂丛书之二

◎台北:正中书局　1959年　220页　国学汇纂丛书二
◎北京:中国图书馆学会高校分会委托中献拓方电子制印公司复印　2009年　220页

上古秦汉文学　柳存仁　上海:商务印书馆　1948年8月　172页

第一章 绪言;第二章 中国文学之起原;第三章 诗三百篇;第四章 春秋战国初期;第五章 楚辞;第六章 荀卿之作与赋体之完成;第七章 汉代之民歌

◎台北:商务印书馆　1967年10月　171页
◎收入《中国大文学史》上册　上海:上海书店出版社　2010年7月

中国文学源流纂要　余锡森编　培正中学国文科　1948年　230页
绪言;第一章 古代的文学;第二章 周代的文学;第三章 辞赋的发展;第四章 乐府歌辞和五言诗;第五章 五言诗和七言诗的并行时期;第六章 汉代以后散文的演变;第七章 词的发展;第八章 佛教文学的流行对中国文学的影响;第九章 在佛曲影响下产生的民间歌唱文学;第十章 元明的散曲;第十一章 戏剧的产生及其发展;第十二章 小说的产生及其发展;第十三章 中国文学的新生;附录:一、中国历朝年代表;二、近代有关文学发展大事年表

文体浅释　王先汉　台北:菠萝书屋　1953年　78页
第一章 骈散文的分野;第二章 赋的形式;第三章 诗的体制;第四章 词的格律;第五章 曲的规度;第六章 对联通则

中国韵文概论　傅隶朴　台北:中华文化出版事业委员会　1954年6月　296页　现代国民基本知识丛书·第二辑
绪言;第一章 诗经;第二章 楚辞;第三章 赋;第四章 乐府;第五章 古诗;第六章 唐诗(宋附);第七章 宋词;第八章 元曲;第九章 白话诗

中国文体通论　张荣辉　高雄:高职丛书出版社　1977年　878页
第一章 绪论(代序);第二章 文体概说;第三章 文体之沿革;第四章 文体之类别;第五章 中国文学之体例;第六章 细释文体

诗文声律论稿　启功　北京:中华书局　1977年11月　189页
前言;一、绪论;二、四声、平仄和韵部问题;三、律诗的条件;四、律诗的句式和篇式;五、两字"节";六、律句中各节的宽严;七、古体诗;八、拗句与拗体;九、五言、七言句式总例;十、永明声律说与律诗的关系;十一、四言句、六言句;十二、词、曲中的律调句;十三、骈文、韵文中的律调句和排列关系;十四、散文中的声调问题

◎北京:中华书局　2000年4月新1版　114页　诗词常识名家谈四种　删去前言;增补:附录:汉语诗歌的构成及发展

◎北京:中华书局　2009年5月　226页　诗词常识名家谈
　　增补:附录一:"八病"、"四声"的新探讨;附录三:声律启蒙;附录四:笠翁对韵;原附录"汉语诗歌的构成及发展"改为附录二

古代文体常识　许嘉璐　北京:北京出版社　1980年　156页　语文小丛书
　　凡例;总论　一、古代的文体和文体论;二、散文和骈文;三、散文和韵文;四、文体与风格;分论　一、辞赋;二、颂赞;三、箴铭;四、哀祭类;五、碑志;六、传状;七、序跋(附:赠序);八、论辨;九、书启;十、奏议;十一、诏令;十二、杂记;附录

◎北京:中华书局　2013年5月　182页

中国文学演变史　谭帝森　香港:波文书局　1982年9月　334页
　　绪论;甲部:分体文学演变史　一、韵文史;二、散文史;三、戏曲史;四、小说史;乙部:分代文学演变史　一、上古及先秦文学;二、秦汉文学;三、魏晋南北朝文学;四、隋唐五代文学;五、宋元文学;六、明清文学;七、现代文学

敦煌俗文学研究　林聪明　台北:"东吴大学"中国学术著作奖助委员会　1984年　361页　私立"东吴大学"中国学术著作奖助委员会丛书
　　第一章　绪论;第二章　敦煌讲唱文学考述;第三章　敦煌俗赋考述;第四章　敦煌曲子词考述;第五章　敦煌通俗诗考述;第六章　敦煌俗文学的思想;第七章　敦煌俗文学的艺术特征;第八章　敦煌俗文学的价值;参考书目

中国古代文体概论　褚斌杰　北京:北京大学出版社　1984年6月　441页
　　绪论;第一章　原始型二言诗和四言诗;第二章　楚辞;第三章　赋体;第四章　乐府体诗;第五章　古体诗;第六章　骈体文;第七章　近体律诗;第八章　词;第九章　曲;第十章　古代文章的各种体类;后记

◎增订本　北京:北京大学出版社　1990年10月　514页
　　前言;绪论;第一章　原始型二言诗和四言诗;第二章　楚辞;第三章　赋体;第四章　乐府体诗;第五章　古体诗;第六章　骈体文;第七章　近体律诗;第八章　古代诗歌的其他体类;第九章　词;第十章　曲;第十一章　古代文章的各种体类;第十二章　古代文章的其他体类;附录:古代文体分类;参考、引用书目举要;后记

◎修订增补版　台北:台湾学生书局　1991年　501页　中国文学研究丛刊
　　○古代文体研究的新收获:读褚斌杰教授《中国文体概论》　谭家健　文史知识　1991年08期

中国古典文学的对偶艺术　傅佩韩　北京:光明日报出版社　1986年6月　110页
　　一、绪论;二、对偶的法则和对偶格;三、词、曲、楹联、诗钟及其他;四、从骈体文到新文体;五、结束语

韵文概论　江建名、何毓玲　北京:高等教育出版社　1987年9月　301页
　　序;第一章　绪论;第二章　诗;第三章　词;第四章　曲;第五章　辞赋;第六章　杂体韵文;附录

诗词散曲概论　章荑荪　合肥:安徽教育出版社　1989年3月　234页　中国古代文学知识丛书
　　序;绪论;第一章　古代诗歌;第二章　唐诗;第三章　宋词;第四章　元曲

敦煌文学　颜廷亮主编　兰州:甘肃人民出版社　1989年8月　336页
　　序(周绍良);编写说明;总说;表・疏;书・启;状・牒・帖;书仪;契约;传记(附行状);杂记;题跋;论说・文录;偈・颂・赞・箴;碑・铭;祭文;赋;诗歌;邈真赞;词(附佛曲);俚曲小调(附儿郎伟);变文;讲经文(附押座文、解座文);因缘(缘起。附因缘记);小说;话本;诗话;词文;附录:十多年来我国的敦煌文学研究

不绝如缕的歌声:中国诗体流变　程毅中　香港:中华书局　1989年12月　243页
◎改题:中国诗体流变　北京:中华书局　1992年7月　165页　文史知识文库
　　1 引言;2 国风;3 楚歌与楚辞;4 五言诗;5 七言诗;6 近体诗;7 古体诗;8 词;9 曲;10 余话;后记
◎北京:中华书局　2013年3月　208页　文史知识文库典藏本

文学文体概说　张毅　北京:中国人民大学出版社　1993年1月　329页
　　绪论;第一章　文学文体学的一般;第二章　从语言到文学文体;第三章　回到语言中的文学文体;第四章　文学文体的整体构架;第五章　文学文体的发展与成熟;第六章　文学文体的分殊(上):模式;第七章　文

学文体的分殊(下):体裁;第八章 文学文体的两极:创作与阅读;第九章 文学文体的分析与批评;第十章 文学文体学理论的历史检索

文体与文体的创造 童庆炳 昆明:云南人民出版社 1994年5月 336页 文体学丛书

《文体学丛书》序言;第一章 中国古代文体论的历史回顾;第二章 西方文体论的历史回顾;第三章 文体作为系统;第四章 文体的功能;第五章 文体的创造;后记

中国古代文体总揽 徐兴华、徐尚衡、居万荣编著 沈阳:沈阳出版社 1994年12月 374页

一、序言;二、凡例;三、类目;四、词目;五、正文;六、附录:首字音序索引;七、后记

宋代文学通论 王水照主编 开封:河南大学出版社 1997年6月 618页

绪论:宋型文化与宋代文学;文体篇 第一章 "一代有一代之文学":宋代各体文学的历史地位;第二章 雅、俗之辨;第三章 尊体与破体;体派篇(略);思想篇(略);题材体裁篇(略);学术史篇(略);参考文献;后记

○评王水照主编的《宋代文学通论》 张晶、温泽远 文学评论 1998年04期 1998年7月

○文、赋相参乃为新 周亮 复旦学报 1998年04期 1998年7月

中国古代诗体简论 杨仲义 北京:中华书局 1997年12月 227页 文史知识文库

总论:古汉诗体的文体学特色 一 激情;二 韵律;三 词采;四 语序;五 修辞;六 意境;

流变论:古汉诗体的历史流变 一 二、四言歌谣——古汉诗体的古老形态;二 骚体——后世五、七言诗体的胚模;三 从汉乐府到"五言腾踊"——古汉诗体的基本形式;四 从歧视中走出来的七言古诗——古汉诗体的又一奇葩;五 从"永明体"到格律体——古汉诗体的格律化;六 唐宋"歌词"和元明"散曲"——两种"由乐定词"的格律新体;

读解论:古汉诗歌的分体读解 一《诗经》的读解;二 骚体诗的读解;三 古体诗的读解;四 格律诗的读解;五 词、曲的读解

中国风格学源流 李伯超 长沙:岳麓书社 1998年4月 280页

序一(宗廷虎);序二(王勤);例言;一 引论;二 文学风格论之一:作家作品风格论;三 文学风格论之二:时代风格论和地域风格论;四 文体风格论;五 风格类型论;六 语言风格论;七 中国古典风格论的民族特点和时代局限性;附录:主要参考文献;后记

○《中国风格学源流》序　宗廷虎　书屋　1998年04期　1998年8月

○中国风格学源流研究的理论与实践意义——李伯超《中国风格学源流》论评　吴礼权　湘潭大学学报　1998年06期　1998年12月

汉语诗体学　杨仲义、梁葆莉　北京:学苑出版社　2000年2月　361页　学苑文丛

自序;壹 质性论:古代汉语诗歌体裁的文体学特质;贰 体式论:古代汉语诗歌的十种体式;叁 风貌论:古代汉语诗体的体貌风格;肆 流变论:古代汉语诗体的流变规律;伍 读解论:古代汉语诗歌的分体解读;陆 例诗导读:一百八十首例诗的直解、点释

○一部具有开拓创新意义的诗体学专著——读杨仲义新著《汉语诗体学》　金长民　江汉论坛　2002年07期　2002年7月

○谈谈杨氏诗体学的独创性——读杨仲义著《汉语诗体学》　杨扬　怀化师专学报　2002年04期　2002年8月

从古文到白话——近代文界革命与文体流变　连燕堂　北京:中央民族大学出版社　2000年4月　297页

探路和铺路——本书概要和概说;第一章 梁启超的文界革命论和新文体;第二章 文界革命之先导;第三章 文界革命之异军;第四章 文界革命之发展;第五章 新体文之拓展;第六章 文界革命之分支——早期白话文运动

丛生的文体——唐宋文学五大文体的繁荣　刘明华　南京:江苏教育出版社　2000年7月　395页

前言;第一章 文人的诗兴(吟的);第二章 曲调词牌(唱的);第三章 骈散风采(写的);第四章 传奇轶事(说的);第五章 说三道四(批评的形式);主要参考书目;后记

○从文体切入的唐宋文学研究——读《丛生的文体——唐宋文学五大文体的繁荣》　阮忠　社会科学研究　2001年03期　2001年5月

○文体研究的新创获——评刘明华著《丛生的文体》　代迅　中华读书报　2001年5月23日

中国古代文体形态研究　吴承学　广州:中山大学出版社　2000年9月　399页　中山大学学术研究丛书

  序(傅璇琮);绪论;第一章　先秦的盟誓;第二章　谣谶与诗谶;第三章　策问与对策;第四章　诗题与诗序;第五章　留别诗与赠别诗;第六章　题壁诗;第七章　唐代判文;第八章　集句;第九章　宋代檃括词;第十章　明代八股文;第十一章　晚明小品;第十二章　晚明清言;第十三章　文字游戏与汉字诗学;第十四章　文体学源流;第十五章　辨体与破体;第十六章　破体之通例;第十七章　评点形态源流;后记

◎中国古代文体形态研究(增订本)　广州:中山大学出版社　2002年5月　444页

  增补:汉魏六朝挽歌;诗可以群;增订本后记。

◎中国古代文体形态研究(第3版)　北京:北京大学出版社　2013年9月　426页　中国古代文体学研究丛书

  绪论;第一章　先秦盟誓及其文化意蕴;第二章　论谣谶与诗谶;第三章　策问与对策——对一种考试文体的文学与文化研究;第四章　汉魏六朝挽歌考论;第五章　诗可以群——从魏晋南北朝诗歌创作形态考察其文学观念;第六章　六朝的忏悔文与杂体诗;第七章　论古诗制题制序史;第八章　论题壁诗;第九章　唐代判文文体及源流研究;第十章　集句论——集句诗之源流;第十一章　论宋代檃括词;第十二章　评点之兴;第十三章　明代八股文;第十四章　论"序题";第十五章　晚明小品;第十六章　论晚明清言;第十七章　文学游戏与汉字诗举;附录:唐诗中的留别与赠别;引用书目;后记;第3版题辞

○文体形态与文体研究的学术空间——兼评吴承学教授新著《中国古代文体形态研究》　彭玉平　中山大学学报　2002年01期　2002年1月

○读吴承学《中国古代文体形态研究》　党圣元、陈志扬　文学评论　2004年05期　2004年9月

○文学史的尴尬与重写——从《中国古代文体形态研究》一书谈起　淮茗(苗怀明)　博览群书　2005年02期　2005年2月

中国古代诗体通论　秦惠民　武汉:华中科技大学出版社　2001年3月　400页　大学生文化素质教育书系

  丛书总序(周远清);第一章　诗体的起源与原型诗歌;第二章　四言体诗的结集与流传;第三章　风雅寝声与楚辞之郁起;第四章　选诗以配乐的乐府歌辞;第五章　自然音节为主的古体诗;第六章　声韵限制极

严的格律诗;第七章 词乃由乐定辞的格律诗;第八章 散曲的合北乐的新体诗;后记;参考书目

中国韵文学概论　蒋长栋　长沙:岳麓书社　2002年12月　299页

绪论;总体论　第一章 中国韵文学学科建设概论;第二章 中国韵文纵向演进律概论;第三章 中国韵文横向联系律概论;内容体系论　第四章 中国韵文情志演进概论(上);第五章 中国韵文情志演进概论(中);第六章 中国韵文情志演进概论(下);第七章 中国韵文人格意识概论;艺术体系论　第八章 中国韵文韵之源起概论;第九章 中国韵文用韵特点概论;第十章 中国韵文格律美趣概论;第十一章 中国韵文辞采特点概论;第十二章 中国韵文章法演进概论;体貌性格论　第十三章 中国韵文体式风貌概论;第十四章 中国韵文民族性格概论;体用价值论　第十五章 中国韵文礼节之用概论;第十六章 中国韵文当代价值概论;后记

中国文学六种　薄克礼、张正学、芦茜、王琳　天津:天津社会科学院出版社　2004年02月　470页

诗歌概论(薄克礼)　第一章 诗歌的概念和分类;第二章 古体诗的体式及特点;第三章 近体诗的体式及特点;第四章 诗歌的音乐;第五章 诗歌的风格与流派;

词学概论(薄克礼)　第一章 词源;第二章 词的体式及特点;第三章 词乐的宫调;第四章 词谱举隅;第五章 词的风格流派;

散曲概论(薄克礼)　第一章 散曲的概念和起源;第二章 散曲的体制及特点;第三章 散曲的宫调;第四章 散曲格律举隅;第五章 散曲的风格流派;

杂剧概论(张正学)　第一章 杂剧的名与实;第二章 杂剧的渊源;第三章 杂剧的结构;第四章 杂剧的曲词;第五章 杂剧的宾白;第六章 杂剧的科介;第七章 杂剧的脚色;第八章 杂剧的扮演;

小说概论(芦茜)　引言:中国古代小说概述;第一章 志怪与志人小说;第二章 唐传奇;第三章 话本与拟话本;第四章 历史演义;第五章 英雄传奇;第六章 神魔小说;第七章 世情小说;第八章 色彩斑斓的其他小说流派;

散文概论(王琳)　第一章 散文的范畴与演变;第二章 古文;第三章 赋;第四章 骈文;后记(薄克礼)

科举文体研究　汪小洋、孔庆茂　天津:天津古籍出版社　2005年3月

231 页　学者文丛

序(徐复);绪论:科举文体概论;第一章　科举前的考试文体:汉代的经义与对策;第二章　唐代的试策;第三章　唐代的试律诗;第四章　宋代的策论;第五章　唐宋的律赋;第六章　南宋的经义与论;第七章　八股文的文体;第八章　八股文的代言;第九章　八股文与中国文学;第十章　清代的试律诗;第十一章　科举文体文化与文学发展;附:科举文体年表考录

文学文体建构论　朱玲　福州:海峡文艺出版社　2005年12月　292页

本文主要观点;上篇:总论　第一章　汉字"文""体"的语义系统和古代文体建构;第二章　古代文体的萌芽和演进;第三章　天人合一:古代文体建构中自然因素的参与;第四章　以人为本:古代人道观作为文体建构的导向;第五章　圜道思维和平面拓展思维:古代文体建构的系统把握方式;第六章　以和为美:古代文体外部融合和内部"间性";

下篇:分论　第七章　神话:华夏早期的庄严文体;第八章　诗:文体建构和古人的诗意化人生;第九章　汉字"赋"的语义系统和赋体语言的美学建构;第十章　汉字"曲"的语义系统和曲文体的美学建构;第十一章　"小说"的语义和小说文体的建构;第十二章　古代戏剧:现世关怀和俗民世界;参考文献;后记

〇评朱玲《文学文体建构论》　吴礼权　福建师范大学学报　2007年01期　2007年1月

文体史话　章必功　上海:同济大学出版社　2006年9月第二版　275页

卷首语;诗歌　一、诗歌的起源与原始型二言诗;二、四言诗;三、骚体诗;四、乐府诗;五、五言古体诗;六、七言古体诗;七、近体诗;八、杂体诗;九、词;十、曲;

赋　一、赋体的起源;二、古赋;三、俳赋;四、律赋;五、文赋;

散文　一、散文的起源和发展;二、论说文;三、序跋文;四、书牍文;五、传状文;六、碑志文;七、杂记文;八、箴铭文;九、哀祭文;十、公牍文;

骈体文　一、骈体文的起源;二、骈体文的盛衰;三、骈体文的特征;

小说　一、小说的起源;二、笔记本;三、传奇体;四、话本体;五、章回体;

其他　一、八股文;二、语录体;三、连珠文;四、变文

中国诗歌通论　张涤云　杭州:浙江大学出版社　2006年12月　447页

中国诗词曲赋研究丛书

前言;第一章 中国诗歌的类别;第二章 中国诗歌的体制;第三章 中国诗歌的流派(上);第四章 中国诗歌的流派(下);第五章 中国的叙事诗;第六章 中国的写景状物诗;第七章 中国的抒情诗;第八章 中国的说理诗;主要引用与参考书目

中国韵文文体演变史研究 蒋长栋主编 长沙:岳麓书社 2008年6月 424页 中国古代文学研究丛书

绪论;第一章 中国韵文文体演变史研究概说;第二章 中国韵文文体奠基期研究;第三章 中国韵文文体唯美期研究;第四章 中国韵文文体重情期研究;第五章 中国韵文文体叙事期研究;馀论;后记

中国文体学国际学术研讨会·《文学遗产》论坛论文集 广州:中山大学中文系编 2008年12月 782页

上卷:文体学与文体形态研究 古代文体学论纲(欧明俊);中国古代文体功能研究论纲(郗文倩);诗文之辨(吴中胜);从咏剧诗看诗歌与戏曲文体的差异(吴晟);启善消灾与文体表达(钟东);道教文献中的"颂"及其文体学意义(成娟阳);从"成相杂辞"到赋——关于赋体另一渊源的历史考察(王长华);再论楚辞体与七言诗之关系(郭建勋);刘向、刘歆的赋学批评及《艺文志》的辞赋分类(冷卫国);开"破体为文"之先声——汉魏六朝俳谐文的文体特征及意蕴(陈玉强);论魏晋南北朝乐府五言体的文体演变(钱志熙);鲍照"代"乐府体探析(葛晓音);南朝的文体分类与"文笔之辨"(杨东林);唐前七体讽谏功能发微(王德华);文、史互动与唐传奇的文体生成(吴怀东);作为国史材料的唐人偏记小说——以行状为中心(李南晖);敦煌诗赞体讲唱文学探论(戚世隽);论宋代文章总集中的文体观念(吴承学);中国古代"散文"概念发生及其二宋文人文体观念革命(马茂军);宋代上梁文演进中的类型化与个性化(张慕华);词体生成的文学、音乐基础(邓乔彬);文体特征与唐宋词的兴盛(诸葛忆兵);词乃乐府的"格"、"律"化——词体起源新论(曹辛华);论《文体明辨》的辨体观(贾奋然);论明代的嶂词(刘湘兰);八股文的源流(李光摩);尊崇:清人八股文情感的另一极(陈志扬);"长律""排律"名称之文献缉考(沈文凡);论案头小说及其文体(林岗);古代韵文叙事传统与多体浑融的小说文体的形成(王富鹏);"文章缘起类"文献简论(李晓红);从王昶词学思想看中期浙派词体观的新变(朱惠国);集成与开新——清末民初文体论著述评(朱迎平);词话二题(孙克强);南宋遗民词群体习语研究(李康);越南历代汉文赋及汉文试赋略考(阮玉麟);关于对句、比喻和文章结构的类似性(甲斐胜二)

下卷:各体文学与文学理论研究(节录)　陶渊明的文学史地位新论(张伯伟);论韩、孟联句(巩本栋);唐代经学与文章之学(何诗海);明清通俗小说凡例研究(程国赋);节奏·句式·意境——寻找古典诗歌研究的新方法(蔡宗齐);古代诗题审美意义与结构功能刍议(孙敏强);"说部"考(刘晓军);关于兴起时章回小说内容与形式的批评(李舜华);二十世纪词源问题研究述略(何晓敏)

古今文体演变与派生　张连娥　沈阳:辽宁大学出版社　2009年9月　204页

大宗细脉,衍生成体(代序;夏中华);文体演变摭论;第一章　诗歌的发端与演变;第二章　词曲的演变与现代歌词;第三章　广义散文与狭义散文分类及派生;第四章　小说的体式发端与脉承;第五章　戏剧文学的产生与繁衍;第六章　古今议论文的承袭与异同;后记

明清江南消费文化与文体演变研究　邱江宁　上海:上海三联书店　2009年9月　289页　学术新视野

消费文化与文学文体研究(代序);第一章　明中后期的商业和出版风尚与文学文体关系;第二章　清代消费文化与文学文体关系;第三章　清末民初商业出版风尚与文学文体关系;第四章　消费文化影响下主流文体对于商业化文体的渗透;后记;参考文献

○评邱江宁《明清江南消费文化与文体演变研究》　刘勇强　文学评论　2010年03期　2010年5月

○一项视角独特的研究成果——评邱江宁《明清江南消费文化与文体演变研究》　郑利华　浙江社会科学　2010年09期　2010年9月

中国古代文体功能研究:以汉代文体为中心　郗文倩　上海:上海三联书店　2010年1月　374页　旗山新文丛

序(王长华);引言;上编　第一章　文体功能——"体"的潜在要义;第二章　中国古代文体与礼仪文化制度;第三章　先秦官制与早期文体的职业化操作;第四章　汉代社会文字水平的提高与文体的繁荣;第五章　汉代文体发展状况考察;小结;

下编　第六章　从隐语到汉赋——关于西汉散体赋形成的文体功能考察;第七章　秦汉时期颂体的礼仪性创作与赋颂辨析;第八章　汉代图

画人物风尚与赞体的生成、流变;第九章 《僮约》俳谐效果的产生及其文体示范意义;第十章 发往地下的文书;小结;附录:中国古代文体功能研究论纲;主要参考书目;后记

模拟与汉魏六朝文学嬗变 陈恩维 北京:中国社会科学出版社 2010年7月 326页 佛山文丛

序(陈庆元);导言;上编 第一章 模拟的概念与性质;第二章 模拟的理论基础;第三章 模拟的发生过程;第四章 模拟之作的类型;第五章 模拟与文学史演进;下编(略);主要参考文献;后记

中国古代诗歌结构演进史 孙绿江、孙婷 兰州:甘肃人民出版社 2011年5月 247页

序言;第一章 《诗经》结构;第二章 楚辞结构;第三章 五言诗结构;第四章 格律诗结构之形成;第五章 唐诗结构;第六章 歌行体结构;第七章 宋词结构;第八章 元曲结构

口述与案头 林岗 北京:北京大学出版社 2011年7月 238页 中国古代文体学研究丛书

第一章 汉语史诗问题的回顾与评论;第二章 荷马问题、口头理论、口述与案头;第三章 各文明及其口述传统的考察;第四章 汉语史诗问题的解释;第五章 案头传统的起源;第六章 小说家的兴起与文人的案头世界;第七章 案头之美;后记

○在破与立中建构中国风骨——评《口述与案头》 彭绮文 书屋 2012年10期 2012年10月

汉魏六朝文体与文化研究 何诗海 北京:北京大学出版社 2011年7月 297页 中国古代文体学研究丛书

序(巩本栋);绪论;第一章 两汉文体繁荣与文体学之兴起;第二章 汉末儒学与建安体;第三章 清谈与六朝体;第四章 文学集团与文体开拓;第五章 南朝乐府民歌的接受传播与雅俗文学的交融;第六章 齐梁文人隶事;结束语;主要参考书目;后记

汉代文体问题研究 吕逸新 济南:齐鲁书社 2011年9月 268页 山东省社会科学规划研究项目文丛·一般项目

序(周均平);前言;第一章 汉代文体的发展与文学自觉;第二章 汉代的文体批评;第三章 经学视野中的汉代文体;第四章 汉代拟作的文体意义;结语;主要参考文献;后记

汉语思想的文体形式　刘宁　上海：华东师范大学出版社　2012年1月　155页　六点评论

　　缘起；引言；一、汉唐子学"论著"；二、"论"体文的形成与演变；三、文体互动：经与子、注经与著论；四、宋代："拟圣"与理学文体；五、思想文体形式的近代转型；后记

　　○文章之道与思想表达　张晖　南方都市报　2012年3月18日

历史变革时期的文体演进——先秦两汉魏晋南北朝文体流变　于景祥　北京：文化艺术出版社　2013年10月　301页　社会转型与文学研究丛书

　　绪论；第一章　中国古代第一次社会变革与文体状况；第二章　商朝的社会历史变革与文体演进；第三章　西周的社会历史变革与文体演进；第四章　春秋战国之际的社会历史变革与文体演进；第五章　秦汉之际的社会历史变革与文体演进；第六章　魏晋南北朝历史变革与文体演进

第四届中国文体学国际学术研讨会论文集　广州：中山大学中文系　2013年10月

　　新世纪十年来先唐文体学研究的几个问题(孙少华)；文雅辞令：总集与文体学的向度(邓国光)；成相：文体界定、文本辑录与文学分析(郤文倩)；从纸上到石上：墓志铭的生产过程(彭国忠)；从奋发雄壮的奏胜捷报到文人书案上的历史想像——论中国古代的露布文体及其文学价值(谷曙光)；论中国佛事文体的成形与文体的本土化(张慕华)；古代名家的祈雨文(蒋明智)；论中国诗学史上的"曹植"现象(摘要)(汪春泓)；介绍一种分析解释近体诗格律的新方法(蔡宗齐)；论帝王词作与尊体之关系(诸葛忆兵)；词体诗化进程概论(赵维江)；"众妙之门"何谓也？——试论《老子》(通行本)的比喻表意(钟东)；《论语》文体论(陈桐生)；上博简《孔子诗论》"文亡隐意"说的文体学意义(徐正英)；论阜阳汉简"猗"字的文体价值——关于楚辞音乐性的阐释(提纲)(戴伟华)；《太平经》道教文学理论体系之建构(刘湘兰)；"前四史"收录文学作品类型初探(提纲)(张新科)；中古"学人之诗"的类型与诗体革新(胡大雷)；论张衡在诗赋形制表现上的创新(郭建勋)；挚虞《文章流别集》、《文章志》的文学史意义(贾奋然)；六朝园林文学研究导论(王力坚)；论永明声律审美的继古与开新(李晓红)；文学自传与文学家传：新出土唐代墓志文体的家族因素(胡可

先);《秦中吟》非"新乐府"论考——兼论白居易新乐府诗的体式特征和创作影响(杜晓勤);说唱体与叙事诗体之比较——以《秋胡行》诗与《秋胡变文》为例(吴晟);宋代三大文类的形成及相应文体学的兴起(朱迎平);论宋人的论体文观念(夏令伟);《史记》与宋代文章修辞之学(杨昊鸥);宋代的名字说与名字文化(张海鸥);宋代字说考论(刘成国);古代散文的一种新文体——宋代"进故事"研究(提纲)(陈建森);宋代分题分韵:更有意味和意义的创作活动形式(吕肖奂);范浚诗歌的多元视角(张剑);宋代"体格"观念对朱熹《诗经》学影响之论考(汪泓);叶适的义味说和典雅论(马茂军);从体制到风格——论宋元之际台阁体概念的形成与演变(马莎);试论元代的采诗歌(史洪权);明代正德、嘉靖之际宗唐诗学观念的承传、演化及其指向(郑利华);明文"极于弘治"说刍议(何诗海);茅坤的知识世界与精神境界及其散文模式(张德建);论王世贞书序文的书写策略(王润英);清代诗歌:亟待全面整理研究的文学遗产(罗时进);《日知录》"试文格式"笺证(李光摩)吴兴祚幕府与清初词坛——兼与王渔洋的比较(朱丽霞);方苞古文理论的破与立——读沈廷芳《书方望溪先生传后》(石雷);近代文章学的成立与清末民初桐城派文论(摘要)(陈广宏);清末废八股后的四书义与五经义(安东强);略论晚清民国的唐宋词"新声"及其意义——以《宋词新歌集》为中心(刘兴晖);论民国词体理论批评的发展、特点及其意义(曹辛华);午社"四声之争"与民国词体观的再认识(朱惠国);王国维的文艺观与庄子之关系(彭玉平);"一剧之本"的生成过程与"表演中心"的历史演进(康保成);《五羊仙》大曲队舞释论(黎国韬);宋末元初词雅曲俗及其文化成因(邓乔彬);明清《诗》学观与曲学思想(戚世隽);抒情原则之确立与明清杂剧的文体嬗变(杜桂萍);森槐南与他的中国戏曲研究(黄仕忠);中国小说的起源(石育良);论中国古代小说命名的文体意义(程国赋);《墨子》"说"体与先秦小说(董芬芬);唐宋小说称呼方式的历史演变(西山猛);通过日本明治时期《茶花女》的翻译——重估林纾《巴黎茶花女遗事》(中里见敬);清末报刊连载与小说叙事的新变(纪德君);梁启超小说戏曲中的粤语现象及其文体意义(左鹏军)

【学位论文】

敦煌俗文学研究　林聪明　"东吴大学"　1983年　博士论文
从形体观论六朝美学　陈昌明　台湾大学　1992年　博士论文

中国古代文体分类理论研究　马建智　四川大学　2005年　博士论文
六经与文体学　陈赟　中山大学　2006年　博士论文
汉晋文体变迁及其机制考察——以骚体、赋体、诗歌、乐府为中心　唐磊　中国社会科学院研究生院　2006年　博士论文
中国古代文体功能研究　郗文倩　河北大学　2007年　博士论文
中国文学的对偶研究　陈柏全　东海大学　2008年　博士论文
汉魏六朝拟作研究　蔡爱芳　南京师范大学　2008年　博士论文
汉代文体问题研究　吕逸新　山东师范大学　2009年　博士论文
宋代科举考试文体研究　孙耀斌　中山大学　2009年　博士论文

中国文学模拟论初探　王天麟　"辅仁大学"　1986年　硕士论文
中国文体分类学的研究　诸海星　台湾师范大学　1993年　硕士论文
中国古典文学风格论探源　刘泽江　苏州大学　2002年　硕士论文
中国传统音乐与古代文学共生关系的历史考察　张宁　河北大学　2004年　硕士论文
萌声·复音·新调——魏晋南北朝佛教文类研究　刘凯玲　台湾师范大学　2008年　硕士论文
正文体考论　荆清珍　西南大学　2009年　硕士论文
宋前目录与文集编撰中的诗文分合考察　吴水兰　复旦大学　2009年　硕士论文
汉代文体形态研究　杜继业　华侨大学　2009年　硕士论文
中国文论中的"文体"关键词研究　马欣华　上海师范大学　2010年　硕士论文
先秦文体的发生和文化学分析　柏倩　陕西师范大学　2011年　硕士论文
徐庾体研究三题　叶乾琦　浙江大学　2011年　硕士论文
六朝文学的形式诉求及其实践　陈令钊　西北师范大学　2011年　硕士论文
先秦口头雅文学研究　张珂　广西大学　2012年　硕士论文
奇正文学综述　黄婧琪　西北大学　2012年　硕士论文

【单篇论文】

1. 辨名

中国文学上之"体"与"派"　张大东　国闻周报　4卷19期　1927年

5月

中国文学上之"体"与"派"（续） 张大东 国闻周报 4卷20期 1927年5月

中国文学上之"体"与"派"（续二十期） 张大东 国闻周报 4卷26期 1927年7月

中国文学上之"体"与"派"（续） 张大东 国闻周报 4卷27期 1927年7月

文体论 王梦鸥 幼狮月刊 8卷3、4期 1958年10月

谈谈文体 吴调公 语文教学 1960年02期

文体观念的复活——再答虞君质教授 徐复观 民主评论 13卷4期 1962年2月

中国古代文论中的"体" 王运熙 文汇报 1962年10月20日

　～中国古代文论管窥 王运熙 济南：齐鲁书社 1987年3月

　～中国文艺思想史论丛 3辑 北京：北京大学出版社 1988年6月

　～当代学者自选文库·王运熙卷 合肥：安徽教育出版社 1998年12月

　～中古文论要义十讲 王运熙 上海：复旦大学出版社 2004年12月

　～中国古代文论管窥（增补本） 王运熙 上海：上海古籍出版社 2006年7月

文体与文体论 王梦鸥译 文学季刊 2卷7、8期 1968年11月

古代文体论刍议 孔德明 衡阳师范学院学报 1985年04期 1985年9月

文体概念是文章的模糊集合 刘忠惠 吉林师范学院学报 1986年03期 1986年10月

文体的命名、释名和正名 钱仓水 淮阴师专学报 1991年01期 1991年1月

论文体论 周庆华 中国文化大学中文学报 1期 1993年2月

　～文学图绘 台北：东大图书公司 1996年3月

说"文体" 陈伯海 文艺理论研究 1996年01期 1996年2月

传统与现代联姻：文体与语体之辨 程祥徽 烟台大学学报 1999年2期 1999年3月

文体意识与文学史体例 叶岗 绍兴文理学院学报 1999年02期 1999年4月

　～中国文哲研究集刊 17期 2000年9月

~第一届全国高校中国古代文学科研与教学研讨会文集　复旦大学中国古代文学研究中心编　上海：上海三联书店　2003年12月
中国古代文体的文化特征　朱玲　修辞学习　1999年04期　1999年8月
文体意识与中国古代文学教学　胡祥云　安庆师范学院学报　2001年02期　2001年3月
文体形态：有意味的形式　吴承学　学术研究　2001年04期　2001年4月
文体问题新探　朱文华　中山大学学报　2001年05期　2001年9月
中国传统"文体与文类"关系的重构与检讨　陈静容　东华中国文学研究1期　2002年6月
中国古代诗学语境中的文体概念——从刘勰《文心雕龙》谈起　王毓红　固原师专学报　2003年01期　2003年1月
古代文论中的体类与体派　詹福瑞　文艺研究　2004年05期　2004年5月
论"文体"与"文类"的涵义及其关系　颜昆阳　清华中文学报　1期　2007年9月
原"体"　孙宗美　襄樊学院学报　2007年10期　2007年10月
有特征的文章整体与有特征的语言形式——中国古代文体论与西方Stylistics的本体论比较　姚爱斌　郑州大学学报　2007年01期　2007年1月
中西方文体涵义差异比较　凌瑶　飞天　2009年24期　2009年2月
我国古代文体定名的若干问题　罗宗强　中山大学学报　2009年03期　2009年5月
　~晚学集　罗宗强　天津：南开大学出版社　2009年7月
　~中文文艺论文年度文摘　2009年度　首都师范大学文学院《文艺争鸣》编辑部编　长春：吉林人民出版社　2010年4月
论中古时期文体命名与文体释名　胡大雷　中山大学学报　2011年04期　2011年7月
重新思考中国文学概念与文学文体概念　〔瑞典〕Lena Rydholm　文化与诗学　2011年01期　2011年8月
文体的"体"　曾枣庄　古典文学知识　2012年01期　2012年1月
文体、文体学与文体分析新解　孙丰果　作家　2012年10期　2012年5月

论"文体"涵义的四个层次　杨旭　西南交通大学学报　2012年03期　2012年5月

"体"的前世今生　葛晓音、怡梦　中国艺术报　2012年11月28日

2. 分类

文学总集与分类之沿革论略　张大东　国闻周报　3卷46期　1926年11月

文学总集与分类之沿革论略(续)　张大东　国闻周报　3卷47期　1926年12月

提倡一些文体分类学　郭绍虞　复旦学报　1981年01期　1981年1月

　~照隅室古典文学论集·下编　郭绍虞　上海：上海古籍出版社　1983年9月

　~郭绍虞说文论　上海：上海古籍出版社　2000年5月

开展文体分类学的研究　钱仓水　古代文学理论研究　6辑　1982年9月

我国文体分类及演变管窥　麦石安　广东民族学院学报　1983年02期　1983年4月

有关文体分类学研究的两个问题　张元录　青海师专学报　1986年01期　1986年1月

试论文体分类学与修辞学的关系　郭绍虞　照隅室杂著　上海：上海古籍出版社　1986年9月

略论中国古代文体分类　金振邦　东北师大学报　1989年04期　1989年7月

泛论文体分类——兼评刘智祥的《文体新探》　袁昌文　贵州教育学院学报　1989年04期　1989年10月

六朝文学评论史的文体分类论　〔日〕古川末喜著，杨丽华译　日本学者中国文学研究译丛·第5辑·古典文学专辑　刘柏青、张连第、王鸿珠主编　长春：吉林教育出版社　1990年3月

中国古典文学的类型学描述　冯黎明　湖南社会科学　1990年05期　1990年9月

文体分类趋向论——兼为"师范文体"正名　叶素青　福建师范大学学报　1991年02期　1991年7月

文体分类研究　李丰楷　青岛师专学报　1994年02期　1994年6月

中国古代的文体分类　张柽寿　云南教育学院学报　1994年03期　1994

年5月
论中国古代的文体分类观　孙小力　上海大学学报　1994年04期　1994年7月
　　~聚沙集——上海大学文学院古代文学研究论文选　董乃斌主编　上海：上海古籍出版社　2003年3月
谈谈古代文体的分类　牟玉亭　文史杂志　1996年05期　1996年10月
清代文体分类论　杨春燕　长沙大学学报　1998年03期　1998年8月
论文学史的文体分类及其流变　佴荣本　江海学刊　1999年03期　1999年6月
文体流别论　谢延秀　陕西师范大学学报　2004年S1期　2004年6月
　　~改题：论中国文体的演变　学术交流　2004年09期　2004年9月
论历代《文选》类总集的分体归类　郭英德　中国文化研究　2004年03期　2004年8月
论中国古代文体分类的生成方式　郭英德　学术研究　2005年01期　2005年1月
由行为方式向文本方式的变迁——论中国古代文体分类的生成方式　郭英德　陕西师范大学学报　2005年01期　2005年1月
略论我国古代文体分类中存在的一些问题　马新广　沙洋师范高等专科学校学报　2005年02期　2005年4月
中国古代文体分类学刍议　郭英德　中山大学学报　2005年3期　2005年5月
中国古代文体观念与文章分类思想的关系——兼与西方文类思想比较　姚爱斌　海南大学学报　2007年03期　2007年5月
文体思维与文体分类　刘诗伟　衡阳师范学院学报　2007年04期　2007年8月
南朝文体分类的思维特点　潘慧琼　南京理工大学学报　2007年05期　2007年10月
论文体分类及实用文章与文学作品的本质特征——"文章三级次分类新体系"评说　莫恒全　广西师范学院学报　2008年01期　2008年1月
论文体的划分与发展　谢延秀　理论导刊　2008年03期　2008年3月
文体功能——中国古代文体分类的基本参照标准　郗文倩　福建师范大学学报　2009年06期　2009年11月
从"文体"观念论文体与文类混淆的文学现象　陈秀美　空大人文学报18期　2009年12月

论中国选本对朝鲜《东文选》文体分类与编排的影响　陈彝秋　南京师大学报　2010年03期　2010年5月
论魏晋南北朝时期总集编纂与文体分类之关系　崔军红　图书馆理论与实践　2010年10期　2010年10月
从文章总集看清人的文体分类思想　何诗海　中山大学学报　2012年01期　2012年1月
清文话中的文体分类观　蔡德龙　南京大学学报　2012年01期　2012年1月
浅论《唐文粹》与《宋文鉴》的文体分类　熊碧、陈姗　文衡　2010卷　董乃斌主编　上海：上海大学出版社　2012年3月
"敦煌文"概念的再确立和分类的新思考　钟书林　西北大学学报　2012年03期　2012年5月
从依类辨体到以体别类——文体与文类规范试探　蔡幸娟　万窍　15期　2012年5月
"集部"源流与中国古代文学的分类走向　刘冬颖　文艺评论　2012年08期　2012年8月
宋人自编集的文体分类编次意义——以欧、苏、周、陆别集为例　张海鸥、罗婵媛　河北师范大学学报　2013年02期　2013年3月
魏晋南北朝文体分类动因考　秦艳　宁波广播电视大学学报　2013年02期　2013年6月

3. 源流论

论文杂记　刘光汉（刘师培）　国粹学报　1卷1—10期　1905年
论文章源流　田北湖　国粹学报　1卷2—6期　1905年
文章体变及韵文的流衍　徐瑞玢　东北大学周刊　3期　1926年10月
试从文体的演变说明中国文学之演变趋势　郭绍虞　文艺　1卷2号　1926年

　　~照隅室古典文学论集·上编　郭绍虞　上海：上海古籍出版社　1983年9月

　　~二十世纪中国文学史论文精粹·散文、赋卷　彭黎明选编　石家庄：河北教育出版社　2001年1月

　　~20世纪中国文学研究论文选·通论卷　雍繁星等编　北京：社会科学文献出版社　2010年1月

历代文体之变迁　陈学东　中国学术研究季刊　1929年1期　1929年

4月
中国历代韵文的流变　张民言　女师学院季刊　1卷34期　1933年7月
中国古代文学中散文韵文的变迁(正文题作"中国古代文学中散文韵文的演变")　侯封祥　北强月刊　1卷5期　1934年10月
文体流变表说　徐英　安徽大学季刊　1卷2期　1936年4月
历代文体的沿革　王治心　大众　1944年26期　1944年12月
试论古文运动——兼谈从文笔之分到诗文之分的关键　郭绍虞　跃进文学研究丛刊　第2辑　上海：新文艺出版社　1958年9月
　　~照隅室古典文学论集·下编　郭绍虞　上海：上海古籍出版社　1983年9月
战国文学　饶宗颐　"中研院"历史语言研究所集刊　48本1分　1977年3月
　　~改题：论战国文学　文辙　饶宗颐　台北：台湾学生书局　1991年11月
　　~饶宗颐二十世纪学术文集　卷11　饶宗颐　台北：新文丰出版公司　2003年10月
汉魏六朝文体变迁之一考察　王梦鸥　"中研院"历史语言研究所集刊　50本2分　1979年6月
贵游文学与六朝文体的演变　王梦鸥　中外文学　8卷1期　1979年6月
　　~古典文学论探索　王梦鸥　台北：正中书局　1984年2月
先唐文学源流论略　程千帆　武汉师范学院学报　1981年01期　1981年3月
先唐文学源流论略(之二)　程千帆　武汉师范学院学报　1981年02期　1981年5月
先唐文学源流论略(之三)　程千帆　武汉师范学院学报　1981年03期　1981年6月
先唐文学源流论略(之四)　程千帆　武汉师范学院学报　1981年04期　1981年8月
试论我国古代重要文学样式的发生发展及其衰替与文学语言发展变化的关系　张志岳　齐齐哈尔师院学报　1981年1—2期
　　~中国文学史论集　张志岳　哈尔滨：黑龙江人民出版社　1984年8月
中国韵文之演变　詹同章　艺术学报　32期　1982年10月

散文先于诗歌说　曹大中　湖南师范大学社会科学学报　1986年02期　1986年5月
文体流变简说　刘溶　殷都学刊　1990年04期　1990年12月
《周礼》六辞初探——中国古代文体原始的探讨　邓国光　汉学研究　11卷01期　1993年6月
　　~文原:中国古代文学与文论研究　邓国光　澳门:澳门大学出版中心　1997年7月
　　~文章体统:中国文体学的正变与流别　邓国光　上海:上海古籍出版社　2013年11月
文体四边形　金克木　读书　1994年07期　1994年7月
《文体流变说》序　于非　哈尔滨师专学报　1994年03期　1994年5月
文体发展三律论　沈国芳　南京师大学报　1994年04期　1994年10月
魏晋南北朝的文原论　邓国光　魏晋南北朝文学论集;魏晋南北朝文学国际研讨会　香港中文大学中国语言及文学系主编　台北:文史哲出版社　1994年
　　~文原:中国古代文学与文论研究　邓国光　澳门:澳门大学出版中心　1997年7月
　　~文章体统:中国文体学的正变与流别　邓国光　上海:上海古籍出版社　2013年11月
一种过渡的折衷状态——诗、赋、骈文、散文的相互消长　张国风　中国人民大学学报　1995年05期　1995年9月
中国韵文的传播方式及其体制变迁　王小盾　中国社会科学　1996年01期　1996年1月
对唐代与近代文体文风改革运动的思考　韩湖初　广州师院学报　1997年05期　1997年7月
文体源流三题　陈均　盐城师范学院学报　2001年02期　2001年4月
近代新文体的滋生发展及其演变　朱文华　中国文学研究(辑刊)　6辑　2002年2月
中国文学文体发生论　谢立文、张勇　湖北成人教育学院学报　2002年01期　2002年2月
安史之乱前后的儒学复兴思潮与文体革新　陈铁民　唐代文学研究　10辑　2002年5月
　　~东南大学学报　2002年05期　2002年9月
文体自觉与晚明文人的传播观念　聂付生　浙江广播电视高等专科学校

学报　2003年01期　2003年2月

晚清各体文学的走向和中国文学的古今演变　朱文华　复旦学报　2003年05期　2003年9月

六朝文体与儒家礼教文化　贾奋然　孔子研究　2003年05期　2003年9月

文体多样化与文学繁荣——兼论中国文体流变及批判　王澍　社会科学论坛　2003年10期　2003年10月

论中国文体的源流演变与分类　褚斌杰　职大学报　2004年01期　2004年3月

论魏晋南北朝时文章体裁的"源出五经"之说　罗孟冬　益阳职业技术学院学报　2004年01期　2004年3月

中国古代文体概观　褚斌杰　古典新论　长沙:湖南人民出版社　2004年5月

复古观念对文类演进的影响　惠鸣　逢甲人文社会学报　8期　2004年5月

春秋战国文体源流考略　张岩　从部落文明到礼乐制度　上海:上海三联书店　2004年5月

对"文本于经"说的文体学考察　吴承学、陈赟　学术研究　2006年01期　2006年1月

中国古代文体的萌芽和演进　朱玲　福建师范大学学报　2006年02期　2006年3月

论韵文演变新旧质素的更替　蒋长栋　中国韵文学刊　2006年01期　2006年3月

　　~改题:韵文演变新旧质素更替律概论　怀化学院学报　2006年06期　2006年6月

民间韵文启动律与韵文文体演变　蒋长栋　天水师范学院学报　2006年03期　2006年6月

诸体相济共存与韵文文体演变　蒋长栋　吉首大学学报　2007年02期　2007年3月

韵文文体演变中的文乐雅俗离合　蒋长栋　中南大学学报　2007年02期　2007年4月

汉代经学与文体嬗变　尚学锋　长江学术　2007年03期　2007年7月

浅议中国近代以前文体演变与媒介的关系　曾锦标　语文学刊　2007年18期　2007年9月

佛教与中国古代文体关系研究略谈　李小荣　福建师范大学学报　2007年06期　2007年11月
论佛教对中国古代文学体裁的影响　高华平　世界宗教研究　2008年01期　2008年3月
论西魏、隋初文书文风改革到唐代文体文风改革的演变　陈作行　太原城市职业技术学院学报　2008年01期　2008年1月
"龙虎榜"与中唐文体文风改革的演进　田恩铭　殷都学刊　2008年03期　2008年9月
汉代文体形态研究　杜继业　青年文学家　2009年08期　2009年4月
文学的自觉抑或文体的自觉——文体论视野中的汉末魏晋文学观　姚爱斌　文化与诗学　2009年01期　2009年7月
经学与汉代文体的生成　吕逸新　山东理工大学学报　2009年04期　2009年7月
中国韵文文体演变轨迹概论　蒋长栋　阅江学刊　2009年02期　2009年8月
明代状元别集文体分布情形考论　陈文新、郭皓政　文艺研究　2010年05期　2010年5月
消费文化与文学文体研究　邱江宁　文学评论　2010年04期　2010年7月
论先秦著述的形式及其于文体学上的意义　柯镇昌　宁夏师范学院学报　2011年01期　2011年2月
论汉末儒学衰微与文体的变革　谢模楷　西安石油大学学报　2011年06期　2011年12月
论"语体"及文体的前"文体"状态　胡大雷　文学遗产　2012年01期　2012年1月
从《文心雕龙》看文体发生的口头传统背景　柳倩月　长江学术　2012年03期　2012年7月
魏晋南北朝文体建构活动与社会权力结构的关系　吴海清、陈志军　安庆师范学院学报　2012年04期　2012年8月
中古文体扩张的文学史意义　胡大雷　学术界　2012年10期　2012年10月
体式体貌互促与韵文文体演变　蒋长栋　怀化学院学报　2012年10期　2012年10月
先秦文体从韵文到散文演进的早期历程探析　张立兵　怀化学院学报

2013年04期　2013年4月
论中国古代文体的历史演变与现代意义　许结　天中学刊　2013年03期　2013年6月
先秦韵文与韵文文体发生探析　张立兵　江苏科技大学学报　2013年04期　2013年12月

4. 体制论

文笔词笔诗笔考　刘师培　中国学报　1期　1916年1月
文笔说　王肇祥　国故　1期　1919年
文笔辨　胡怀琛　小说世界　14卷7期　1926年8月
　~中国文学辨正　胡怀琛　上海：商务印书馆　1927年9月
中国文体的分析　唐钺　国故新探　上海：商务印书馆　1926年9月
韵文与骈体文　严既澄　小说月报　17卷号外　1927年6月
散文与韵文　李濂、李振东　北新半月刊　2卷12期　1928年5月
文笔辨　钟应梅　厦大大学文科半月刊　1期　1928年12月
文笔与诗笔　郭绍虞　睿湖　2期　1930年10月
　~照隅室古典文学论集·上编　郭绍虞　上海：上海古籍出版社　1983年9月
中国纯文学的形态与中国语言文学　魏建功　文学（上海）　2卷6期　1934年6月
中国韵文概论　孙俍工　国衡半月刊　1卷9—11期　1935年9、10月
文笔再辨　郭绍虞　文学年报　3期　1937年5月
文体小识　吴忠匡　国文月刊　27期　1944年
文体小识　吴忠匡　国文月刊　28、29、30期合刊　1944年
文体小识（续完）　吴忠匡　国文月刊　31、32期合刊　1944年
文体述要　朱羲胄　国立四川大学师范学院院刊　创刊号　1944年7月
文体述要（续前）　朱羲胄　国立四川大学师范学院院刊　2期　1945年7月
说文笔　逯钦立　历史语言研究所集刊　第16本　1948年1月
　~汉魏六朝文学论集　逯钦立著，吴云整理　西安：陕西人民出版社　1984年11月
　~中国古代文论研究论文集　中国人民大学古代文论资料编选组编　上海：上海古籍出版社　1989年2月
　~二十世纪中国文学史论文精粹·散文、赋卷　彭黎明选编　石家庄：

河北教育出版社　2001年1月
　~逯钦立文存　北京:中华书局　2011年10月
什么是诗、词、曲、赋?　周崇德　文艺学习　1955年09期　1955年9月
文体的意义及分类　介白　国魂　307期　1971年6月
文体举例(上)　周绍贤　学粹　13卷4期　1971年6月
文体举例(下)　周绍贤　学粹　13卷5期　1971年8月
文体论——问答体之发展史　费海玑　教育与文化　407期　1973年9月
从"诗""文"关系之分合看中国文学之演进　尤信雄　中外文学　5卷2期　1976年7月
文笔说考辨　郭绍虞　文艺论丛　3辑　1978年5月
　~照隅室古典文学论集·下编　郭绍虞　上海:上海古籍出版社　1983年9月
论文笔之分　王利器　西北大学学报　1981年01期　1981年4月
古代文体漫谈　段军　语文学习　1983年06期　1983年6月
古代文体述略(上)　陈有恒　语文教学与研究　1985年04期　1985年5月
古代文体述略(下)　陈有恒　语文教学与研究　1985年05期　1985年5月
"杂文学"还是"纯文学"——谈古典文学的"正名"问题　张铨锡　文学遗产　1987年03期　1987年5月
中国韵文发展规律臆说　邓乔彬　中国韵文学刊　创刊号　1987年6月
体裁与体裁图样　刘路、可书　唐都学刊　1990年02期　1990年7月
辨体与破体　吴承学　文学评论　1991年04期　1991年7月
　~古代文学理论研究　罗宗强编　武汉:湖北教育出版社　2002年10月
中国早期文体的特色　陶嘉炜　文艺理论研究　1992年6期　1992年11月
"文笔之辨"——历史上文学本体论的首次探讨　高原　河北师院学报　1995年01期　1995年1月
先秦韵文初探　谭家健　文学遗产　1995年01期　1995年1月
中国韵文的传播方式及其体制变迁　王小盾　中国社会科学　1996年01期　1996年1月
中国韵文横向联系律概论　蒋长栋　中央民族大学学报　1999年03期

1999年5月
谈谈古代的文体　庞后春　语文知识　2000年05期　2000年5月
言笔考辨　高洪岩、金程宇　语文学刊　2000年5期　2000年9月
"一代有一代之文学"与文体间的交流互动　余恕诚　光明日报　2005年5月27日
　　~中国诗学研究　5辑　中国韵文学研究专辑　余恕诚主编　上海:上海古籍出版社　2006年10月
"文笔"说考论　孙蓉蓉　中国古代文艺思想国际学术研讨会论文集　北京:学苑出版社　2005年12月
文笔论　刘涛　山东师范大学学报　2006年01期　2006年1月
文学·文体·文选　曾枣庄　宋代文学与宋代文化　上海:上海人民出版社　2006年5月
　　~中国中世文学研究论集　章培恒主编　上海:上海古籍出版社　2006年12月
试说古代文体交叉现象　王文龙　盐城师范学院学报　2006年05期　2006年10月
　　~绥化学院学报　2006年05期　2006年10月
中国古代的韵文　王寿波　国学　2007年01期　2007年1月
漫议科举考试文体　张亚群　中国考试(研究版)　2007年03期　2007年3月
韵文何必入诗集——从苏轼诗文互见谈起　刘尚荣　乐山师范学院学报　2008年07期　2008年7月
　　~改题:韵文何必入诗集　宋代文化研究　16辑　2009年1月
两个传统——文言与白话　童元方　中国文学与文化的传统及变革　南京大学出版社　2008年11月
经纬交织与文体的多元并存格局——宋代文体关系新论　谷曙光　中国人民大学学报　2009年02期　2009年3月
论中国古代文体的规定性及符号学特征　司春艳　辽宁工程技术大学学报　2009年03期　2009年5月
唐代举子行卷文体考论　俞钢　陕西师范大学学报　2010年01期　2010年1月
文体考辨　刘冬颖　光明日报　2010年8月30日
略论南北朝的文笔之分　胡策、赵忠富　时代文学(上半月)　2011年02期　2011年02月

南朝文笔之辨　杨赛　浙江师范大学学报　2011 年 04 期　2011 年 7 月
辨体视野下的古代诗文——论《古代诗歌与散文》的编写宗旨与主要特点　陈文新　厦门广播电视大学学报　2011 年 03 期　2011 年 8 月
霞蔚飙起的南北朝文体　周唯一　船山学刊　2011 年 04 期　2011 年 10 月
论"文学自觉"的主要内涵——谈"文体区分"和"文笔辨析"　牟华林　内江师范学院学报　2012 年 09 期　2012 年 9 月
论中古文体的扩张、互动及非常态化　胡大雷　学术月刊　2012 年 09 期　2012 年 9 月
论"序题"——对中国古代一种文体批评形式的定名与考察　吴承学　文艺理论研究　2012 年 06 期　2012 年 11 月
诗文之辨　吴中胜　中国文化研究　2012 年 04 期　2012 年 11 月
"文体"与"得体"　吴承学　古典文学知识　2013 年 01 期　2013 年 1 月
"言笔之辨"刍议　胡大雷　文学遗产　2013 年 02 期　2013 年 3 月
"言笔之辨"与古代文体学　胡大雷　学术月刊　2013 年 10 期　2013 年 10 月
北朝四言韵文研究　牛香兰　甘肃理论学刊　2013 年 06 期　2013 年 11 月

5. 风格论

由作者风格表现的文体　介白　国魂　390　1971 年 8 月
释"势"——从《文心雕龙·定势》篇看风格的客观因素　陈鸣树　河南师大学报　1980 年 04 期
文体与风格　詹锳　河北大学学报　1985 年 03 期　1985 年 10 月
文体学批判断议　王碧清、王光文　殷都学刊　1989 年 02 期　1989 年 7 月
中国古代文体风格学的历史发展　吴承学　中山大学学报　1993 年 01 期　1993 年 3 月
从体到派：中国古代风格类型论与文学流派论　吴承学　学术研究　1993 年 04 期　1993 年 7 月
朱元璋对文字、文体的改革与明代之文风　宋强刚　学术界　1995 年 04 期　1995 年 8 月
论傅玄"引其源而广之"的文体风格观念　姜剑云　文艺理论研究　2002 年 05 期　2002 年 9 月

中国古代文学风格论指略　王少良　全国首届东周文明学术研讨会·中国古代社会与思想文化研究论集　2004年
　　~中国古代社会与思想文化研究论集　葛志毅主编　哈尔滨：黑龙江人民出版社　2006年8月
浅议中国古代文论中"主文谲谏"之观念　刘娟　邢台学院学报　2009年04期　2009年12月
辞格与文体　朱少红　国文天地　26卷8期　2011年1月
本色要求与体制之辨——明代七子派的"本色论"　闫霞　山西大同大学学报　2012年01期
魏晋六朝文学艺术形式美之文体辨析　曾婷芳　南昌教育学院学报　2013年11期　2013年11月

6. 创作论

叠字　唐钺　国故新探　上海：商务印书馆　1926年9月
文气的辨析　郭绍虞　小说月报　20卷1号　1929年1月
　　~照隅室古典文学论集·下编　郭绍虞　上海：上海古籍出版社　1983年9月
中国纯文学的形态与中国语言文学　魏建功　文学　2卷6号　1934年6月
格律论（并序）　董璠　文学年报　2期　1936年5月
六朝文学上的声律论　韩庭棕　西北论衡　5卷2期　1937年2月
谈方言文学　郭绍虞　观察　5卷5期　1948年9月25日
　　~照隅室语言文字论集　郭绍虞　上海：上海古籍出版社　1985年4月
由作者兴会表现的文体　介白　国魂　326期　1973年1月
声律说考辨（上）——《中国文学批评史》增订本选读　郭绍虞　文艺评论丛刊　1辑　1976年3月
声律说考辨（下）——《中国文学批评史》增订本选读　郭绍虞　文艺评论丛刊　2辑　1976年9月
　　~改题：声律说考辨　照隅室古典文学论集·下编　郭绍虞　上海：上海古籍出版社　1983年9月
声律论的发生和发展及其在中国文学史上的影响　管雄　古代文学理论研究丛刊　3辑　1981年2月
经典对中国文学体裁的影响——"中国文学的本源"探究之五　王更生

孔孟月刊　20卷01期　1981年9月
论文体对写作的制约　王强模　贵州师范大学学报　1990年04期
汉语对偶辞格与中国古代文体和文化　高树帆、张月明　内蒙古电大学刊 1990年09期　1990年9月
"文气"的文体学分析　李旭　五邑大学学报　1995年01期　1995年6月
汉语四言句式略论　孙建军　西北民族学院学报　1996年02期　1996年6月
文体丕变与宋代文学新貌　王水照　中国文学研究　1996年04期　1996年10月
元代韵文创作中的"破体"研究　索宝祥　杭州大学学报　1997年02期 1997年5月
关于破体为文　刘路、朱玲　陕西师范大学学报　1998年02期　1998年6月
论对偶在古代文体中的审美效果　李生龙　中国文学研究　1999年01期 1999年1月
我国古代文学作品标题的缘起、发展和成熟　石建初　理论与创作　1999年3期　1999年5月
论中国韵文学格律的发展　许子汉　东华人文学报　1期　1999年7月
中国韵文格律美趣概论　蒋长栋　湘潭大学社会科学学报　2000年05期 2000年10月
中国古代韵文用韵特点概论　蒋长栋　怀化师专学报　2000年04期 2000年12月
破体为文与"活法"　周芸　修辞学习　2003年05期　2003年10月
声律与南朝文学　陈松雄　东吴中文学报　10期　2004年5月
中国古代文体发展规律及其与创作主体之间关系浅探　吕肖奂　广播电视大学学报　2005年01期　2005年2月
起承转合结构说的源流　黄强　伊犁师范学院学报　2006年01期　2006年3月
"兴"法的文体突破　潘万木　荆门职业技术学院学报　2006年02期 2006年3月
中国诗学的声韵节奏论　陈伯海　河北学刊　2006年03期　2006年5月
声律:文与笔的界限　王毓红　宁夏社会科学　2007年04期　2007年

7月
汉语语音特点与中国古代诗歌音乐美　唐清辉　宜春学院学报　2007年05期　2007年10月
敦煌文学的程序化特征及其来源——兼论汉译佛经偈颂的诗学价值　孙尚勇　第二届中国俗文化国际学术研讨会论文集　2007年10月
　　~改题:敦煌文学的程式化特征及其来源　西南石油大学学报　2009年05期　2009年9月
中国古代文体的异体交融与维护本色　余恕诚　文艺理论研究　2009年05期　2009年9月
"吐纳英华,莫非情性"——"文体"与情性关系解读　熊江梅　湖南社会科学　2009年06期　2009年11月
士人文化心态对北朝诗赋文体的呼求——对北朝诗赋特质成因的文体学考察　韩高年　辽东学院学报　2010年01期　2010年2月
汉代拟作的文体意义　吕逸新　山东师范大学学报　2010年04期　2010年8月
"文体对拟":古代文学创作与批评的一个特点——以古文(批评)家的创作与批评为中心　沙红兵　安徽大学学报　2011年01期　2011年1月
"以A为B"文类现象的考察与批评　陈军　江海学刊　2011年02期　2011年3月
文体与遗民心境的展现——以钱澄之的晚年著述为例　张晖　中山大学学报　2011年04期　2011年7月
"四声"的发现及其在诗文中的运用——魏晋南北朝一场伟大的形式运动　杜书瀛　学术月刊　2012年07期　2012年7月

7. 价值论及功能论

从破体为文看古人审美的价值取向　吴承学　学术研究　1989年03期　1989年5月
文体无贵贱　钱仓水　淮阴师专学报　1991年03期
关于晚清"新文体"的"恶评"问题及其他　朱文华　江淮论坛　2001年04期　2001年8月
论中国古代文体序列的特点及其文化成因　王磊、刘明　兰州学刊　2005年01期　2005年2月
论"文选"类总集文体排序的规则与体例　郭英德　北京师范大学学报　2005年03期　2005年5月

～中国古代文体学论稿　郭英德　北京：北京大学出版社　2005年9月
中国古代文体的价值序列及其影响　郗文倩、王长华　河北学刊　2007年01期　2007年1月
～诗论与赋论　王长华　北京：学苑出版社　2011年10月
中国古代文体的价值序列　王长华、郗文倩　文学遗产　2007年02期　2007年3月
中国古代文体互参中"以高行卑"的体位定势　蒋寅　中国社会科学　2008年05期　2008年9月
～古典诗学的现代诠释　蒋寅　北京：中华书局　2009年4月
中国古典文学的尊体与破体　曾枣庄　清华大学学报　2009年01期　2009年1月
～文化、文学与文体　曾枣庄　上海：上海人民出版社　2011年8月
文类等级的文学史功能论　陈军　学术论坛　2010年08期　2010年8月
中国古代文体功能研究论纲　郗文倩　福建师范大学学报　2010年06期　2010年11月
《中国古代文体功能研究——以汉代文体为中心》序　王长华　燕赵学术　2010年02期　2010年11月
从行卷作品之文体选择看晚唐举子求第心态　徐乐军　名作欣赏　2011年02期　2011年1月
文类等级的发生学考察　陈军　社会科学辑刊　2011年02期　2011年3月
文体的尊与卑之辨——以诗、赋、散文与词为例　任雪莲　文学界（理论版）　2011年04期　2011年4月
论《春秋》笔法对中国古典诗赋"惩劝"论的影响　张金梅　韶关学院学报　2011年11期　2011年11月
经典文体与文体的经典化　贾奋然　文艺理论研究　2013年01期　2013年1月
中国礼文化背景中的文体尊卑论　陈赟　广东技术师范学院学报　2013年02期　2013年2月
浅谈中国古代文体价值谱系　吴承学、何诗海　古典文学知识　2013年06期　2013年11月

二、文体学史

【著作】

中国文体论　施畸　北京:北平立达书局　1933年7月　198页
　　第一章 文体与文体论;第二章 旧文体汇类说之略评;第三章 汇类文体之方法及新汇类之创制;第四章 新汇类与义例;第五章 结论:文体论之功用
　　○体式精严　注重实用——评施畸的《中国文体论》　张天定　开封教育学院学报　2003年03期　2003年9月

中国文体学辞典　朱子南主编　长沙:湖南教育出版社　1988年11月　503页
　　序(钱仲联);前言;凡例;词目;辞典正文;附录:外国文体学词目选释;汉语拼音索引;笔画索引

中国古典文学风格学　吴承学　广州:花城出版社　1993年　277页
　　序;第一章 中国古典风格学的形成及特色;第二章 体与性;第三章 人品与文品;第四章 文变与世情;第五章 文风嬗变的内部规律;第六章 文体风格学的历史发展;第七章 辨体与破体;第八章 文体品位与破体为文之通例;第九章 文体风格与语言形式;第十章 江山之助——中国古代文学地域风格理论;第十一章 文学上的南北派与南北宗;第十二章 风格多样化与审美价值品位;第十三章 风格类型与文学流派;第十四章 风格概念辨析;第十五章 从"自然"看风格概念的历史性;第十六章 传统文学批评方式的历史发展;第十七章 从风格品评看古代文学批评的思维方式;本书各章节发表概况;征引书目;后记
◎北京:北京大学出版社　2011年7月　289页　中国古代文体学研究丛书·第1辑

魏晋南北朝文体学　李士彪　上海:上海古籍出版社　2004年4月　319页
　　费振刚序;张可礼序;绪论;第一章 体裁学(上);第二章 体裁学(下);第三章 篇体学;第四章 风格学;馀论;主要参考书目
　　○为古代文体立学的尝试　朱迎平　中华读书报　2004年6月2日
　　○中国古代文体学拓展的逻辑——评李士彪《魏晋南北朝文体学》　陈

恩维　书目季刊　39卷04期　2006年3月
○《魏晋南北朝文体学研究》　陈君　中国文学年鉴2005　中国文学年鉴社　2006年8月

中国古代文体学论稿　郭英德　北京：北京大学出版社　2005年9月　224页　文艺学与文化研究丛书

丛书总序(童庆炳)；前言；中国古代文体形态学论略；由行为方式向文本方式的变迁——中国古代文体分类生成方式片论之一；文章的确立与文体的分类——中国古代文体分类生成方式片论二；《后汉书》列传著录文体考述；历代《文选》类总集的编纂体例与选文范围——中国古代总集分体编纂体例考论之一；历代《文选》类总集的分类归类——中国古代总集分体编纂体例考论之二；《文选》类总集体类排序的规则与体例——中国古代总集分体编纂体例考论之三；论中国古代文体分类的体式与原则——以《文选》类总集的文体二级分类为中心；后记；主要参考书目

○评郭英德《中国古代文体学论稿》　党圣元　文学评论　2007年04期　2007年7月
○评郭英德《中国古代文体学论稿》　刘怡青　止善　10期　2011年6月

六朝文体批评研究　贾奋然　北京：北京大学出版社　2005年10月　219页

序言(童庆炳)；引言；上编：六朝的文体与文体批评　一 文体的繁富；二 六朝文体批评的历史回顾；三 六朝文体批评范式论；
中编：六朝文体问题辨析　一 体类与体貌；二 文的界域；三 小说没有进入文体批评；四 古今文体之争；
下编：六朝文体与文体批评生成的文化学分析　一 六朝文体与儒家礼教文化；二 "文源五经"的文体学意义；三 拟作、文体与文体批评；四 名实之辨、才性之辨与文体辨析；结语：六朝文体批评对后世文体批评的影响及其意义；参考书目；后记；再记

童庆炳谈文体创造　童庆炳　开封：河南大学出版社　2008年4月　146页　小红楼论学文丛

小引；何谓"文体"；论文学文体；中国古代文体论述要；文体功能诸层面；论美在于内容与形式的交涉部；论文艺作品内容与形式的辩证矛盾；艺术作品内容与形式辩证矛盾的心理学内涵；汉语与文体创造

中国古代文体分类研究　马建智　北京:中国社会科学出版社　2008年9月　258页　中国社会科学博士论文文库

序(曹顺庆);绪论;第一章　文体分类的基本理论;第二章　中国古代文体分类的流变;第三章　中国古代文体分类的方式;第四章　《文心雕龙》的文体分类与文学观;第五章　《昭明文选》的文体分类与文学观;结语;参考文献;后记;英文目录

中国古代批评文体研究　李小兰　哈尔滨:黑龙江人民出版社　2010年12月　258页

序(李建中);绪论;第一章　批评文体的类别区分;第二章　批评文体的嬗变规律;第三章　批评文体的历史成因;第四章　批评文体与文学文体之互动;第五章　批评文体的现代传承;结语;参考文献;后记

中国古代文体学研究　吴承学　北京:人民出版社　2011年3月　480页　国家哲学社会科学成果文库

绪论;上编　第一章　中国古代文体学论纲;第二章　对"文本于经"说的文体学考察;第三章　生命之喻;第四章　诗可以群;第五章　诗人的宿命;第六章　辨体与破体;第七章　文体品位与破体为文之通例;第八章　中国古典风格学的形成及特色;第九章　体与性;第十章　人品与文品;第十一章　江山之助;第十二章　文学上的南北派与南北宗;

下编　第一章　文体形态:有意味的形式;第二章　文体学史料的发掘和处理;第三章　从章句之学到文章之学;第四章　任昉《文章缘起》考论;第五章　宋代文章总集的文体学意义;第六章　"八脚词"与宋代文章学;第七章　八股四题;第八章　明代文章总集与文体学;第九章　黄佐的《六艺流别》与"文本于经"的思想;第十章　贺复徵与《文章辨体汇选》;第十一章　《四库全书》与评点之学;第十二章　论《四库全书总目》的文体学思想;本书篇章来源说明;引用书目;后记

○回到中国文体语境解读中国文学——《中国古代文体学研究》简介　吴承学　光明日报　2011年9月7日

○建立有现代意义的中国文体学　李晓红　中国社会科学报　2011年11月29日

○中国古代文体学研究的现代视阈——读吴承学《中国古代文体学研究》　胡大雷　学术研究　2012年04期　2012年4月

○一片为人注目的学术"新境"　李晓红　中国社会科学报　2012年5月16日

宋代文体学研究论稿　任竞泽　北京:商务印书馆　2011年11月　386页　长安文化与中国文学研究

序(党圣元);导言——论宋代文体学承前启后的地位和意义;上编　宋人文体批评及总集类书的文体学研究;第一章　严羽《沧浪诗话》之辨体批评;第二章　真德秀《文章正宗》"四分法"在中国古代文体分类史上的地位;第三章　王应麟《辞学指南》暨《玉海·艺文》的文体学思想;第四章　宋人总集编纂的文体学贡献和文学史意义;第五章　唐宋类书"文部"的文体文献学价值;第六章　宋代"《文选》学"衰落之原因;下编　宋代文体形态个案研究;第七章　帖子词;第八章　语录体;第九章　杂文;第十章　乐语;第十一章　学记;第十二章　宫词;附录:辨体的哲学思辨观和文学方法论;主要参考文献及征引书目;后记;再记

中国文体学与文体史研究　吴承学、何诗海编　南京:凤凰出版社　2011年4月　384页

我国古代文体定名的若干问题(罗宗强);中国古代文体功能研究论纲(郗文倩);赋体:正变、旁衍与渗透(陈庆元);墓志文体起源新论——兼对诸种旧说的辨证(程章灿);中国古代小说文体流变研究论略(谭帆、王庆华);"说部"考(刘晓军);论案头小说及其文体(林岗);乐歌传统与《诗经》的文体特征(赵敏俐);刘向、刘歆的赋学批评及《艺文志》的辞赋分类(冷卫国);两汉的"歌诗"与"诗"——再论五言诗的起源(戴伟华);鲍照"代"乐府体探析——兼论汉魏乐府创作传统的特征(葛晓音);南朝的文体分类与"文笔之辨"(杨东林);南朝公文体俳谐文的文体学意义(陈玉强);唐前七体讽谏功能发微(王德华);论韩、孟联句(巩本栋);敦煌诗赞体讲唱文学探论(戚世隽);文、史互动与唐传奇的文体生成(吴怀东);作为国史材料的唐人偏记小说——以行状为中心(李南晖);从诗词的离合看唐宋词的演进(王兆鹏);韩偓诗歌对词体的影响(孙克强);宋代文章总集的文体学意义(吴承学);北宋"话"体诗学论辨(张海鸥);歌行之"行"考——论郭茂倩《乐府诗集》中"行"的本义(李庆);宋代上梁文演进中的类型化与个性化(张慕华);两宋檃括词考(〔日〕内山精也著,朱刚译);"长律"、"排律"名称之文献辑考——以唐宋元明时期作为考察范围(沈文凡);道教文献中的颂及其文体学意义(成娟阳);八股文的源流(李光摩);论明代的幛词(刘湘兰);关于兴起时章回小说内容与形式的批评(李舜华);中国古代历险记小说论纲——以《西游记》为中心(傅承洲);从咏剧诗看诗歌与戏曲文体表现的宽度与限度(吴晟);贺复

徵与《文章辨体汇选》(吴承学、何诗海);清人忆语体的来源与定位(谭美玲);集成与开新——清末民初文体论著述评(朱迎平);民国时期的词体观念(彭玉平);编后记

中国古代文体论思辨 姚爱斌 北京:北京大学出版社 2012年3月 286页 文艺学与文化研究丛书

丛书总序(童庆炳);绪论;第一章 中国古代文体论的本体论;第二章 中国古代文体论的方法论;第三章 中国古代文体论与西方文类学、"文体学"比较;第四章 中国现代文学风格论的生成与反思;第五章 中国古代文体论范畴体系的整体结构;结语:中国古代文体论的学科构想;参考文献;后记

桐城派文体学研究 邓心强、史修永著 合肥:安徽大学出版社 2012年9月 437页 徽学与地域文化丛书

序(吴家荣);绪论:桐城派研究范式及文体学考察思路;第一章 桐城派主要作家文体思想透视;第二章 桐城派的文体策略:融通与革新;第三章 多元视野中的文体论争与激变;第四章 桐城派批评文体概观;第五章 桐城派创作文体的多幅面孔;第六章 桐城派文体风貌形成溯源;馀论:桐城派文体学启示及贡献;附录:论桐城派的文化品格;参考文献;后记

中国古代文体学 曾枣庄 上海:上海人民出版社、上海书店出版社 2012年12月

上卷:中国古代文体学史 序(龚鹏程);前言;上卷《中国古代文体学史》凡例;【先秦两汉萌芽期】第一章 文章体裁多源自先秦;第二章 "体裁渐备"的两汉;【魏晋南北朝成型期】第三章 魏晋南北朝的文体学;【隋唐五代宋辽金元发展期(上)】第四章 隋唐五代的文体学;【隋唐五代宋辽金元发展期(下)】第五章 宋代的文体学;第六章 辽金元文体学;【明清集大成期(上)】第七章 明代的文体学;【明清集大成期(下)】第八章 清代的文体学;结束语; 1058页

下卷:中国古代文体分类学 序(龚鹏程);前言;下卷《中国古代文体分类学》凡例;【总论】第一章 文体分类学是研究文体分类的学问;【体裁】第二章 散文分体;第三章 辞赋分体;第四章 骈文(四六文)分体;第五章 韵文分体;第六章 诗歌分体;第七章 词之分体;第八章 散曲分体;第九章 戏剧分类;第十章 小说分类;【体格(风格)】第十一章 文体风格的分类;【体类】第十二章 以类而论的文体分类;

800 页

附卷一:序(龚鹏程);前言;《附卷》凡例;先秦至元代文体资料集成;1157 页

附卷二:明代文体资料集成; 774 页

附卷三:清代文体资料集成 1; 1099 页

附卷四:清代文体资料集成 2; 766 页

附卷五:近现代文体资料集成;附录 404 页

文章体统:中国文体学的正变与流别　邓国光　上海:上海古籍出版社 2013 年 11 月　690 页

序一(周勋初);序二(杨明);序三(莫砺锋);自序;序篇 文学总集的性质及其两种形态的递变;

第一部分　文体探索:从先秦至魏晋南北朝　一 文体溯源:《周礼》六辞;二 文学生发:先秦祝辞;三 书写自觉:《诗》、《骚》的"兴"与"喻";四 魏晋南北朝的文原论;五 魏晋南北朝文论的经学演绎;六 "符命"研究:汉魏六朝辞赋与纬学;

第二部分　文体学成立:挚虞　七 挚虞《文章志》研究;八 挚虞《文章流别集》研究;九 挚虞《文章流别论》研究及辑佚;十 挚虞文论探要(一):文体的向度;十一 挚虞文论探要(二):"象"论;十二 挚虞文论探要(三):"体"论;十三 挚虞文论探要(四):"流别"论;十四 挚虞文论探要(五):文体分类蠡测;十五 挚虞文论探要(六):文章批评;

第三部分　唐代文论精神原论　十六　孔颖达《毛诗正义》征述刘勰《文心雕龙》考实;十七 唐代诗论抉原:孔颖达《五经正义》的诗学;十八 唐代文学精神之开拓:论唐代诗文呈现三教互融之主题转化;

第四部分　韩愈文统要论　十九 修辞明道:韩愈安身立命的归向;二十 明道·贯道·载道:三种观念的诠释;二十一 道的本质和承传:辨韩愈的传道观河程、朱道统的分野;二十二 以文为戏:韩愈以幽默发愤的奇境;二十三 心醇而气和:论韩愈的养气说;

第五部分　宋元明清四朝官史的文章论定　二十四 唐史论唐文(一):解读《旧唐书》贬降韩愈论;二十五 唐史论唐文(二):《新唐书》文章图谱的重构;二十六 《宋史》论宋文:宋代文章流变的考察;二十七 司马光文章论探要;二十八 《明史》论明文(一):明、清公私纪传体明史的文学研究资源;二十九 《明史》论明文(二):明代前期古文辞风的变迁;三十 《明史》论明文(三):明、清史乘叙论八股文歧议;三十一 《明史》论明文(四):李梦阳及明代文学复古的论定;

三十二 翁方纲《四库提要》稿本及其文论意义;
第六部分 元明至近代文体学专题:赋论与古文批评 三十三 刘埙《隐居通义》的赋论;三十四 祝尧《古赋辩体》的赋论(一):行谊与撰作考实;三十五 祝尧《古赋辩体》的赋论(二):辨体批评;三十六 祝尧《古赋辩体》的赋论(三):诗、赋同源;三十七 祝尧《古赋辩体》的赋论(四):祖《骚》宗汉;三十八 祝尧《古赋辩体》的赋论(五):诗道与本色;三十九 黄佐《六艺流别》的文体论;四十 古文批评的本色论(一):唐顺之与茅坤的本色义探微;四十一 古文批评的本色论(二):茅坤《唐宋八大家文钞》的本色批评;四十二 古文批评的"神"论:茅坤《史记钞》探要;四十三 唐文治古文批评探要;征引书目;跋

批评文体论纲 李建中、李小兰 武汉:武汉大学出版社 2013年12月 333页 武汉大学学术丛书

导论 尊体·破体·原体:重开古代文论现代转换的理路和诗径;第一章 批评文体研究的西学背景;第二章 批评文体意识的理论形态;第三章 批评文体呈现的古典样式;第四章 批评文体生成的历史语境;第五章 批评文体生成的文学性因缘;第六章 批评文体嬗变的形式规律;第七章 批评文体嬗变的赓续与新创;结语 文体学研究的路径与前景;参考书目;后记

【学位论文】

六朝文体批评研究 贾奋然 北京师范大学 2001年 博士论文
魏晋南北朝文体学 李士彪 山东大学 2002年 博士论文
汉魏六朝文体论与文体观念的演变 杨东林 中山大学 2004年 博士论文
明清文体史料与文体批评研究 何诗海 中山大学 2006年 博士后出站报告
清中期(诗文)文体学研究 陈志扬 中山大学 2006年 博士论文
宋代文体学研究 谷曙光 北京师范大学 2006年 博士论文
汉魏六朝文体理论研究 田小军 河北大学 2008年 博士论文
中国古代批评文体研究 李小兰 武汉大学 2008年 博士论文
宋代文体学研究论稿 任竞泽 中国社会科学院研究生院 2008年 博士论文
魏晋时期文体论研究 周玉琴 (高雄)"中山大学" 2009年 博士论文
先秦汉魏晋南北朝文体观的生成与发展 吕红光 浙江大学 2010年

博士论文
魏晋南北朝批评主体研究:从文体学角度切入　邓心强　武汉大学　2010年　博士论文
六朝文体思想研究　熊江梅　湖南师范大学　2011年　博士论文
中国古代文学批评的文体嬗变　陈永辉　武汉大学　2011年　博士论文

从思维形式探究六朝文体论　赖丽蓉　台湾师范大学　1987年　硕士论文
魏晋六朝文体观念考析　赖欣阳　"中央大学"　1995年　硕士论文
元明文学辨体理论研究　顾广涛　南京大学　1998年　硕士论文
论20世纪初中国批评文体的现代转换　张林光　浙江师范大学　2002年　硕士论文
试论中国古代文学批评文体的特征及其成因　阎霞　华中师范大学　2003年　硕士论文
三国晋南北朝文体论研究　孙瑞丽　复旦大学　2003年　硕士论文
六朝批评文体特征研究　罗黎燕　武汉大学　2007年　硕士论文
两汉史书体文学批评初探　白绍华　武汉大学　2007年　硕士论文
欧阳修批评文体研究　陈舟　东华理工大学　2013年　硕士论文
苏轼批评文体研究　周美华　东华理工大学　2013年　硕士论文
梁启超批评文体研究　王犇　东华理工大学　2013年　硕士论文

【单篇论文】

1. 范畴

文体研究的现状及文章文体学的发展思路　康尔　写作　1991年04期
论中国文体形态与文体学　黄震云、任振镐　徐州师范大学学报　1999年03期　1999年9月
文体学研究的学术空间　沈金浩　学术研究　2001年04期　2001年4月
中国古代文体形态学论略　郭英德　求索　2001年05期　2001年10月
中国古代文体学学科论纲　吴承学、沙红兵　文学遗产　2005年01期　2005年1月
中国古代文体学研究展望　吴承学、沙红兵　中山大学学报　2005年03期　2005年5月
论宋代文体学的研究路径与学术空间　谷曙光　中国文学研究　2009年

02 期　2009 年 4 月

中国古代文体学之内涵与文化内蕴　熊江梅　湖南工业大学学报　2010 年 01 期　2010 年 2 月

论古代文体学的内涵、方法及其实践意义　蔡彦峰　宁波大学学报　2010 年 03 期　2010 年 5 月

中国文体学:回归本土与本体的研究　吴承学　学术研究　2010 年 05 期　2010 年 5 月

古代文体学的学理构成　欧明俊　学术研究　2010 年 09 期　2010 年 9 月

明清文体学研究的学术空间　何诗海　文学遗产　2011 年 03 期　2011 年 5 月

中国古代文体学范畴的理论谱系　李建中　北京大学学报　2011 年 06 期　2011 年 11 月

2. 对象

文体与中国古代文学研究　詹福瑞　光明日报　2002 年 9 月 11 日

论中国古代的文体学传统——兼论古代文学文体研究的对象与方法　钱志熙　北京大学学报　2004 年 05 期　2004 年 9 月
　～改题:对古典文学研究中的文体学问题的一些思考——兼论中国古代的文体学传统　中国古代文学研究高层论坛论文集　李浩主编　北京:中华书局　2004 年 11 月

再论古代文学文体学的内涵与方法　钱志熙　中山大学学报　2005 年 3 期　2005 年 5 月

论"文类体裁"的"艺衍性向"与"社会性向"及其"双向成体"的关系　颜昆阳　中国古代文艺思想国际学术研讨会论文集　北京:学苑出版社　2005 年 12 月

汉代经学中的文体学研究　何诗海　学术研究　2006 年 04 期　2006 年 4 月

半壁江山:也谈文体的研究对象和范围　胡元德　南京师范大学文学院学报　2006 年 03 期　2006 年 9 月

出土文献的文体学意义　罗家湘　郑州大学学报　2008 年 02 期　2008 年 3 月

明代文章总集与文体学——以《文章辨体》等三部总集为中心　吴承学　文学遗产　2008 年 06 期　2008 年 11 月

宋代文章总集的文体学意义　吴承学　中国社会科学　2009年02期　2009年3月
　　~中文文艺论文年度文摘　2009年度　首都师范大学文学院《文艺争鸣》编辑部编　长春:吉林人民出版社　2010年4月
中国古代书法著述的存在方式与表达方式——从文体的视角　常春　艺术百家　2009年06期　2009年11月
"文体"的涵义和宋代文体学的研究对象　杨旭　清华大学学报　2009年增2期　2009年12月
唐宋类书"文部"的文体文献学价值　党圣元、任竞泽　中国文化研究　2010年04期　2010年11月
　　~党圣元　文化与诗学　2011年01期　2011年8月
　　~宋代文体学研究论稿　任竞泽　北京:商务印书馆　2011年11月
明清总集凡例与文体批评　何诗海　学术研究　2012年08期　2012年8月
　　~2012年中国古代散文研究国际研讨会论文集　2012年8月
论古代文体学研究的基础和对象　曾枣庄　清华大学学报　2012年06期　2012年11月
四大类书与唐代文体学　何诗海　古代文学理论研究　25辑　2008年3月
文章总集与文体学研究　吴承学、何诗海　古典文学知识　2013年04期　2013年7月
儒家经典中的文体与文体观念　吴承学、何诗海　古典文学知识　2013年05期　2013年9月
单体总集编纂的文体学意义——以唐宋元时期为例　朱迎平　中山大学学报　2013年05期　2013年9月

3. 理论与方法

中国文体论之研究　王梦鸥　文学季刊　6期　1968年2月
重视古代文体的研究　郭绍虞　云南日报　1979年4月10日
"辨体"辨　朱正华　浙江师范学院学报　1983年04期　1983年8月
从思维方式探究六朝文体论　赖丽蓉　台湾师范大学国文研究所集刊　32号　1988年6月
文体学批判絮谈　王碧清、王光文　盐城师专学报　1988年04期　1988年12月

中国古代文体学思想　王常新　华中师范大学学报　1991年02期　1991年5月
中国古典文论中文类批评的方法　游志诚　中外文学　20卷07期　1991年12月
中国古代文论何以最重文体——汉译佛典与中国的文体流变之一　刘梦溪　文艺研究　1992年3期　1992年6月
伟大的文化工程：谈中国古代文学断代分体全集之编纂　钟振振　中国典籍与文化　2000年01期　2001年1月
古今诗体论与我的诗体学——《汉语诗体学》自序　杨仲义　怀化师专学报　2000年06期　2000年12月
魏晋南北朝文体理论之特色　钱志中　东南文化　2003年09期　2003年9月
文体演变与文学发展史关系探讨——唐宋文学教学与研究中的文体意识　刘明华　第一届全国高校中国古代文学科研与教学研讨会文集　复旦大学中国古代文学研究中心编　上海：上海三联书店　2003年12月
魏晋南北朝时期文体独立的审美探讨　李旭　井冈山师范学院学报　2004年S1期　2004年12月
汉代文体研究二题　杨东林　唐都学刊　2004年05期　2004年10月
中唐大历时期文体文风改革思想的演进　田恩铭　安庆师范学院学报　2005年01期　2005年1月
古代文学史研究中的文体学视角　郭建勋　光明日报　2005年4月15日
韵文文体演变质素系统研究法　蒋长栋　求索　2005年10期　2005年10月
协和以为体，奇出以为用——中国古典文体学方法论初探　姚爱斌　文艺理论研究　2005年06期　2005年11月
论"文源五经"的文体学意义　贾奋然　中国古代文艺思想国际学术研讨会论文集　左东岭主编　北京：学苑出版社　2005年12月
文本文体学：理论与方法　陈雪、郑家建　福建论坛　2006年05期　2006年9月
论中国古代文体论研究范式的转换　姚爱斌　文学评论　2006年06期　2006年11月
中国韵文文体演变研究方法概说　蒋长栋　中国韵文学刊　2008年01期　2008年1月
"文体三变说"：中国文学史的基本论述模式　李定广　学术界　2008年

05 期 2008 年 10 月
中国文体意识的中和特征 高旭东 湘潭大学学报 2008 年 06 期 2008 年 11 月
辨体的文学方法论 任竞泽 吉林师范大学学报 2010 年 2 期 2010 年 3 月
关于中国古代文体的思索 李炳海 学术交流 2010 年 07 期 2010 年 7 月
"文体备于战国"说平议 何诗海 文学评论 2010 年 06 期 2010 年 11 月
文体学研究的路径与前景 李建中 江海学刊 2011 年 01 期 2011 年 1 月
创建中国文体分类学注意的三个问题 马建智 大江周刊:论坛 2011 年 03 期
中国古代文体学的本体论价值 李建中 中南民族大学学报 2011 年 05 期 2011 年 9 月
寻源、辨体与文体研究的目的——读书手记 罗宗强 学术研究 2012 年 04 期 2012 年 4 月
中国古代文体学思想的特点及其文化成因 黄念然 中国政法大学学报 2012 年 03 期 2012 年 5 月
中国文体学研究 吴承学 暨南学报 2013 年 10 期 2013 年 10 月
"中国文体学研究"专题·主持人语 吴承学 文艺理论研究 2013 年 01 期 2013 年 1 月
对撰写《中国古代文体史》的思考 吕红光 文学教育(上) 2013 年 07 期 2013 年 7 月
中国文艺:轻体重用——《〈管锥编〉艺理引义》之一 林方直 阴山学刊 2013 年 04 期 2013 年 8 月

4. 学科史

文体辨析与总集的成立 王瑶 中古文学思想 上海:棠棣出版社 1951 年 8 月
　～中古文学史论 王瑶 台北:长安出版社 1982 年 8 月
　～中古文学史论 王瑶 北京:北京大学出版社 1986 年 1 月
　～王瑶全集 第 1 卷 王瑶 石家庄:河北教育出版社 2000 年 1 月
论南北朝时期的古今文体之争 萧华荣 古典文学论丛 4 辑 济南:齐

鲁书社　1986年2月
汉魏六朝文体论的发展　穆克宏　文学遗产　1989年01期　1989年3月
　　~滴石轩文存　穆克宏　福州:海峡文艺出版社　1994年1月
　　~二十世纪中国文学史论文精粹·散文、赋卷　彭黎明选编　石家庄:河北教育出版社　2001年1月
魏晋南北朝的文体辨析与文学批评自觉　李健　阜阳师院学报　1990年03期
论中国古代文体学的源流　尹相如　昆明师专学报　1991年04期　1991年12月
宋代以后的辨体批评　王济民　华中师范大学学报　1992年01期　1992年3月
中国古代的文学体裁论　祁志祥　汉中师院学报　1992年03期　1992年7月
用比较方法看齐梁文学思潮和古今文体之争　刘文忠　文学遗产　1994年04期　1994年7月
　　~中古文学与文论研究　刘文忠　北京:学苑出版社　2000年6月
魏晋南北朝文体修辞的发展　李翠芸　长白论丛　1994年05期　1994年9月
中国古代文体论的前期发展与思想文化背景　程新炜　内蒙古电大学刊　1994年06期　1994年12月
新的角度新的概括:评《中国古代文体丛书》　管士光　文艺报　1995年1月28日
晚清文体论的洞见与不见　周庆华　文学图绘　台北:东大图书公司　1996年3月
论汉魏六朝文体辨析观念的产生与发展　傅刚　文学遗产　1996年06期　1996年11月
中国古代文体论论略　朱迎平　古典文学与文献论集　上海:上海财经大学出版社　1998年6月
中国古代辨体批评论　张利群　湛江师范学院学报　1998年04期　1998年12月
六朝"形式主义"文论辨　黄应全　文艺研究　1999年02期　1999年3月
古人文体观略谈　郑江义　写作　1999年11期　1999年11月

民间文学体裁学的学术史　董晓萍　北京师范大学学报　1999年06期　1999年11月

汉魏六朝文体辨析的学术渊源　傅刚　中国社会科学　2000年02期　2000年3月

　　~古代文学理论研究　罗宗强编　武汉:湖北教育出版社　2002年10月

　　~改题:论汉魏六朝文体辨析的学术渊源　中国古典文学与文献学研究1辑　北京:学苑出版社　2002年11月

开拓文学史研究之新境——《古代文体形态研究》序　傅璇琮　学术研究　2000年07期　2000年7月

　　~改题:吴承学《中国古代文体形态研究》序　唐宋文史论丛及其他　傅璇琮　郑州:大象出版社　2004年6月

从主题批评到文体批评——论魏晋时代文学批评模式的转换　胡大雷　文学评论丛刊　4卷1期　周勋初、叶子铭、钱中文主编　南京:江苏文艺出版社　2001年3月

六朝文学"体源批评"的取向与效用　颜昆阳　东华人文学报　3期　2001年7月

论齐梁古今文体之争　贾奋然　首都师范大学学报　2001年04期　2001年7月

复古思潮与文体意识——唐代古文运动与明代七子派文学复古运动的文体学省察　史小军　人文杂志　2002年03期　2002年5月

文笔之分与六朝文学观念　王齐洲　南京师范大学文学院学报　2002年02期　2002年6月

　　~中国文学观念论稿　王齐洲　武汉:湖北教育出版社　2004年3月

六朝"文"的观念辨析　贾奋然　首都师范大学学报　2003年01期　2003年2月

六朝文学的两大论争　吴功正　古典文学知识　2003年02期　2003年3月

六朝文体意识探微　贾奋然　古代文学理论研究　21辑　2003年12月

《诗》作为喻体——先秦文体意识探析　郭全芝　淮北煤炭师范学院学报　2004年05期　2004年10月

六朝文体论的人文蕴涵　袁济喜　江海学刊　2004年05期　2004年10月

魏晋时期的文体论　何弘　中州大学学报　2005年03期　2005年9月

试论宋代诗词文三体分疆观念与融合趋势及其原因　魏祖钦　2006年词学国际学术研讨会论文集(一)　2006年8月
汉魏六朝文体辨析观念的产生与发展　赵厚均　兰州学刊　2007年03期　2007年3月
论明人的诗文之辨　陈昌云　中国韵文学刊　2009年01期　2009年3月
破体与创造性思维:宋代文体学之新诠释　张高评　中山大学学报　2009年03期　2009年5月
魏晋时期集的编纂及其所体现的文体观念　杨东林　罗宗强先生八十寿辰纪念文集　北京:中华书局　2009年6月
六朝目录学新变对文体辨析的消极影响——以"文笔说"为例　李飞　北京大学学报　2010年01期　2010年1月
魏晋六朝文体视域下的文学本质观研究　熊江梅　中国文学研究　2010年01期　2010年1月
魏晋六朝"文体"概念的语言维度阐释　熊江梅　云梦学刊　2010年02期　2010年3月
唐宋文学中文体意识之研究　戴干明　名作欣赏　2010年09期　2010年3月
宋人总集编纂的文体学贡献和文学史意义　任竞泽　学术探索　2010年02期　2010年4月
论中国古代辨体发生的文化哲学渊源　任竞泽　江西师范大学学报　2010年03期　2010年6月
论宋代文体学承前启后的地位和意义　任竞泽　西南交通大学学报　2010年06期　2010年12月
中国古代文体研究的历史与现状　邱渊　西南石油大学学报　2011年02期　2011年3月
先唐文集与文体　杨赛　国学研究　29卷　2012年6月
魏晋六朝文体视域下的文学批评论　熊江梅　中国文学研究　2012年03期　2012年7月
春秋时代的文章本体观念及其奠基意义　韩高年　文学评论　2012年04期　2012年7月
中国文体研究的演变、特征与方法论问题　陈剑晖　福建论坛　2012年10期　2012年10月
中国古代文体观念的淡退历程及其思考　吕红光　哈尔滨工业大学学报

2012年04期　2012年7月

魏晋时期文集的编纂与文体论的兴起　李金金　北方文学(下旬刊)
2012年12期　2012年12月

考证学思潮下的清代文体学特征与地位　陈志扬　学术研究　2013年04期　2013年4月

南朝文体源流论的发展衍化　杨东林　学术研究　2013年06期　2013年6月

20世纪80年代以来的中国古代文体学研究　张慕华　文史哲　2013年04期　2013年7月

明代辨体批评的成就　何诗海　南京师范大学文学院学报　2013年03期　2013年9月

清代文体学的考证倾向及其成绩　陈志扬　贵州社会科学　2013年10期　2013年10月

5. 批评文体

古代文论的艺术性　涛生　古代文学理论研究　1辑　1979年12月

评点之兴:文学评点的形成和南宋的诗文评点　吴承学　文学评论　1995年01期　1995年1月

诗文评点源流初探　于立君、王安节　松辽学刊　1998年01期　1998年1月

试论中国评点文学的两个来源　孙琴安　辽宁大学学报　1998年5期　1998年10月

中国诗文诸种体裁评点及其兴衰　于立君、王安节　松辽学刊　1999年1期　1999年1月

辨体明性:关于古代文论诗性特质的现代思考　李建中　华中师范大学学报　2001年2期　2001年4月

论中国古代诗论、画论在文体上的相通与互渗　阎霞　三峡大学学报　2002年05期　2002年9月

"五四"新文学运动前二十年文学理论批评文体的演进　王群　复旦学报　2003年02期　2003年3月

从寄生到弥漫——中国文论批评文体原生形态考察　李建中、阎霞　华中师范大学学报　2004年05期　2004年10月

英国传记体批评对中国文学批评史的触媒作用　张思齐　古代文学理论研究　22辑　2004年12月

中国近代文学理论批评文体的演进　王群　复旦学报　2005年03期　2005年5月

文备众体：中国古代文论的言说方式　李建中　文艺研究　2006年03期　2006年3月

～长江学术　2007年04期　2007年10月

批评史构建中的批评文体视角　李小兰　三峡大学学报　2006年04期　2006年7月

古代文论批评文体的文学性生成　李建中　三峡大学学报　2006年04期　2006年7月

两汉文学批评之史书体论析　白绍华　襄樊学院学报　2007年03期　2007年3月

论六朝批评文体的骈俪化　罗黎燕　襄樊学院学报　2007年03期　2007年3月

近30年中国古代文学批评文体研究述评　李小兰　襄樊学院学报　2007年03期　2007年3月

破体：中国文学批评的文体传统及演变规律　李建中　襄樊学院学报　2007年03期　2007年3月

《庄子》文体特征与古代文论的批评文体　李小兰　江汉论坛　2007年07期　2007年7月

论学术形态与批评文体　李小兰　江西财经大学学报　2008年03期　2008年5月

论批评功能与批评文体　李小兰　宁夏社会科学　2008年04期　2008年7月

两汉文学批评的文体特征　郭玉生　南都学坛　2008年04期　2008年7月

清代品体文学之论的承传　胡建次　西北第二民族学院学报　2008年05期　2008年9月

尊体·破体·原体——重开古代文论现代转换的理路和诗径　李建中　文艺研究　2009年01期　2009年1月

古代批评家的文体　李建中　光明日报　2009年2月23日

～语文新圃　2009年11期　2009年11月

论批评意识与批评文体　李小兰　江汉论坛　2009年02期　2009年2月

论古代文论批评文体的无体之体　李建中　文学评论　2009年02期

2009年3月

"评点"释义：以《左传》为中心的述论　李卫军　古代文学理论研究　27辑　2009年3月

宋金元时期批评文体概论　唐明生　世界文学评论　2009年01期　2009年5月

中国古代品体文学之论的承传　邱美琼　中南民族大学学报　2009年04期　2009年7月

汉语批评的文体自由　李建中　江汉论坛　2009年08期　2009年8月

论批评文体与文学文体的合而不同　李小兰　中国文化研究　2009年04期　2009年11月

简论苏轼丰富多姿的批评文体　周美华　大众文艺（理论版）　2009年22期　2009年11月

略论苏轼批评文体诗性思维特征　周美华　青年文学家　2010年03期　2010年2月

论苏轼文学批评文体特征　周美华　绍兴文理学院学报　2010年03期　2010年5月

作为批评文体的明清文集凡例　何诗海　学术研究　2010年10期　2010年10月

苏轼批评文体具有的文体学意义　周美华　重庆科技学院学报　2011年06期　2011年3月

论经学对古代文论学术特征之影响　吴建民　徐州师范大学学报　2011年01期　2011年1月

论古代批评文体的嬗变规律　李小兰　江汉论坛　2011年06期　2011年6月

浅谈中国古代的批评文体　初春雨　华章　2011年20期　2011年7月

批评文体的"第二形式"　李小兰、李建中　文学评论　2011年05期　2011年9月

中国传统文化语境中文学"典型"批评的文体学意义　汪泓　中山大学学报　2012年01期　2012年1月

简析欧阳修的批评文体及其文体贡献　陈舟　南昌教育学院学报　2012年03期　2012年3月

诗与思的融合：古代文学批评文体特征探源　袁文丽　湖南科技学院学报　2012年06期　2012年6月

古代批评文体：批评家的独特"面孔"与"名片"　邓心强　学术界　2012

年07期　2012年7月
论中国文学批评文体的现代转型　黄念然　华中师范大学学报　2012年04期　2012年7月
人物品藻与佛学对魏晋南北朝批评文体建构的影响　邓心强　云南师范大学学报　2012年04期　2012年7月
魏晋南北朝学者型批评家与文体风貌　邓心强　文艺评论　2012年10期　2012年10月
论古代批评家:批评文体的精心创造者　邓心强　山西师大学报　2012年06期　2012年11月
古代批评文体分类研究　李小兰　江汉论坛　2012年12期　2012年12月
论八股文对金圣叹批评文体的影响　王文茜　剑南文学(经典教苑)　2013年02期　2013年2月
"破体":钱锺书批评文体的特征及意义　焦亚东　青海社会科学　2013年02期　2013年3月
论批评动机对金圣叹批评文体的影响　王文茜　安徽文学(下半月)　2013年05期　2013年5月
论魏晋批评文体的赋化与南北朝批评文体的骈化　邓心强　理论与现代化　2013年05期　2013年9月

三、专书与学者研究

【著作】

文心雕龙的枢纽论与区分论　蓝若天　台北:台湾商务印书馆　1975年4月　131页　人人文库

概叙;卷之一　枢纽论　第一章　原"原道";第二章　审"征圣";第三章　究"宗经";第四章　正"正纬";第五章　辨"辨骚";卷之二　区分论　第一章　道文区分;第二章　文类区分;第三章　文论根源;第四章　文类比较;参考书、篇目录

《文心雕龙》的风格学　詹锳　北京:人民文学出版社　1982年5月　166页

风格释义;《文心雕龙》论风格与个性的关系;齐梁美学的"风骨"论;再论"风骨";《文心雕龙》的"定势"论;《文心雕龙》的"隐秀"论;《文

心雕龙》论才思与风格的关系;《文心雕龙》的时代风格论;《文心雕龙》的文体风格论;后记

◎台北:木铎出版社　1984年　165页

挚虞研究　邓国光　香港:学衡出版社　1990年12月　295页

第一篇:挚虞生平行谊　第一章　家世生年与字;第二章　从学与交游;第三章　仕途;第四章　思想;结论(第一篇);第二篇:挚虞学术与文学　第五章　经学;第六章　礼学(上);第七章　礼学(下);第八章　史学;第九章　文学;结论(第二篇);第三篇:挚虞文论著作考述　第十章《文章志》考;第十一章《文章流别集》考;第十二章《文章流别论》考;结论(第三篇);第四篇:挚虞文论述要　第十三章　文论旨趣;第十四章　论六诗与四过;第十五章　象与体;第十六章　流别与分类;第十七章　品藻;结论(第四篇);参考文献

元稹与元和文体新变　郭自虎　北京:北京师范大学出版集团、合肥:安徽大学出版社　2010年10月　240页　中国古代文学论丛·安徽师范大学中国诗学研究中心学术丛书

序;绪论;第一章　元和文体新变概述;第二章　敏锐的文体意识;第三章　制从长庆辞高古——元稹对制诰的革新;第四章　诗到元和体变新——元稹对乐府诗的革新;第五章　意古而词新韵同而意殊——元稹律诗的新变特征;第六章　以古赋为律赋——元稹对律赋的革新;第七章　日常生活的诗意化——从《莺莺传》看元稹对唐传奇的创新;第八章　生离死别哀艳缠绵——元稹对女性题材的革新;附录一:《莺莺传》爱情悲剧之心理解读;附录二:从《论语》的交友之道看"元白"并称的文化含义;结语;主要参考文献;后记

○《元稹与元和文体新变》序　余恕诚　中国韵文学刊　2011年01期　2011年1月

《文心雕龙》体制论　张利群　桂林:广西师范大学出版社　2010年11月　380页

导论　"文成规矩":刘勰体制论思想发微;第一章　文学本原论;第二章　文学体制论;第三章　文思定位论;第四章　意象构成论;第五章　文体制式论

○发掘文学批评历史资源的新视角——评张利群《〈文心雕龙〉体制论》　任美衡　广西民族师范学院学报　2012年04期　2012年7月

文心雕龙文体论新探　万奇、李金秋主编　北京：中央民族大学出版社 2012年6月　182页　内蒙古师范大学六十周年校庆学术著作

　　例言；序：来自边缘的"龙吟"（万奇）；有韵之文　《明诗》篇辨疑；《乐府》篇辨疑；《诠赋》篇辨疑；《颂赞》篇辨疑；《祝盟》篇辨疑；《铭箴》篇辨疑；《诔碑》篇辨疑；《哀吊》篇辨疑；《杂文》篇辨疑；《谐讔》篇辨疑；无韵之笔　《史传》篇辨疑；《诸子》篇辨疑；《论说》篇辨疑；《诏策》篇辨疑；《檄移》篇辨疑；《封禅》篇辨疑；《章表》篇辨疑；《奏启》篇辨疑；《议对》篇辨疑；《书记》篇辨疑；

　　附：《文心雕龙》之书名、框架和性质辨析（万奇）；元明清三代之《文心雕龙》序跋文论略（石海光）；明清两代《文心雕龙》评点综述（孔祥丽、李金秋）；"五色圈点"考论——以杨慎批点《文心雕龙》中的"五色圈点"为例（白建忠）；参考文献

【学位论文】

《文心雕龙》文体理论研究　李永鸿　香港中文大学　1988年　博士论文
刘勰《文心雕龙》与经学　蔡宗阳　台湾师范大学　1988年　博士论文
姚惜抱及其文学研究　张春荣　台湾师范大学　1988年　博士论文
刘勰的文类理论与儒家的整体性世界观　陈昭瑛　台湾大学　1993年　博士论文
刘勰的文体理论与批评实践　刘庆华　香港中文大学　1994年　博士论文
刘勰《文心雕龙》文体论研究　刘渼　台湾师范大学　1998年　博士论文
《文心雕龙》文体论研究　李长徽　山东大学　2001年　博士论文
历时与共时：《文心雕龙》与《诗学》体裁理论比较研究　王毓红　苏州大学　2002年　博士论文
《文体明辨序说》疏证　徐文新　中山大学　2004年　博士论文
《文心雕龙》文论体系新探：阅读式架构　卓国浚　政治大学　2004年　博士论文
《文心雕龙》"通变理论"之诠释与建构　陈启仁　台湾大学　2005年　博士论文
《文心雕龙》"文体通变观"研究　陈秀美　淡江大学　2012年　博士论文
挚虞研究　徐昌盛　北京大学　2012年　博士论文
《文心雕龙》的本体论　石垒　香港中文大学　1967年　硕士论文
《文心雕龙》对后世文论之影响　陈素英　"东吴大学"　1985年　硕士

论文

《文心雕龙》风格论探究　郑根亨　"东吴大学"　1991年　硕士论文
刘勰的文学史观　吴在玉　"辅仁大学"　1992年　硕士论文
《文心雕龙》修辞理论研究　李玮娟　(高雄)"中山大学"　1999年　硕士论文
《四库全书总目》之文学批评研究　龚诗尧　暨南国际大学　2000年　硕士论文
试论《与湘东王论文书》兼及宫体文学理论　刘林魁　西北大学　2003年　硕士论文
《文心雕龙札记》中的"为文之术"研究　孔祥丽　内蒙古师范大学　2004年　硕士论文
《艺概》文体思想研究　孙士聪　苏州大学　2004年　硕士论文
曹丕《典论·论文》之研究　黄银珠　南华大学　2005年　硕士论文
文体选择与李开先的文学思想　王卓　首都师范大学　2005年　硕士论文
曾国藩的文体观研究　吴未意　四川大学　2006年　硕士论文
徐师曾《文体明辨》研究　仲晓婷　广西师范大学　2006年　硕士论文
《文通》研究　王凤霞　中山大学　2006年　硕士论文
《文心雕龙·总术》研究　林阳明　政治大学　2007年　硕士论文
《文心雕龙》文体论实际批评研究　林家宏　彰化师范大学　2008年　硕士论文
风趣刚柔,数穷八体——《文心雕龙》写作风格类型理论研究　王万洪　四川师范大学　2008年　硕士论文
《尚书》经传对《文心雕龙》的影响　张晓峰　江西师范大学　2008年　硕士论文
论《文心雕龙》的"体"　宗军荣　山东大学　2008年　硕士论文
《文心雕龙》文体论渊源考　李婧　山东大学　2008年　硕士论文
《文心雕龙》文体论研究　周家福　青海师范大学　2008年　硕士论文
《文心雕龙》风格论新探　赵二超　河南大学　2009年　硕士论文
林杉、徐复观关于《文心雕龙》文体观之比较　郭艳珠　内蒙古师范大学　2009年　硕士论文
吴讷《文章辨体》研究　张首进　南京大学　2009年　硕士论文
陶渊明文体贡献论略　王胜奇　江西师范大学　2009年　硕士论文
章学诚文体批评研究　彭志琴　江西师范大学　2009年　硕士论文

《艺文类聚》诗赋收录分类研究　吕维彬　广西师范大学　2010 年　硕士论文

《唐文粹》、《宋文鉴》文体观念及分类比较研究　陈姗　华南师范大学　2010 年　硕士论文

《初学记》诗赋收录分类研究　黎丽莎　广西师范大学　2011 年　硕士论文

《文心雕龙》文体论的文化意义及其现代价值——以《明诗》、《颂赞》、《谐讔》等篇为例　王慧娟　山东大学　2011 年　硕士论文

《文体刍言》研究　唐晓娜　中山大学　2012 年　硕士论文

《艺概》的文学理论研究　杨学森　新疆大学　2012 年　硕士论文

挚虞生平及《文章流别集》研究　马胜利　山东大学　2012 年　硕士论文

论《文心雕龙》对《史通》的影响　张莉明　山东大学　2012 年　硕士论文

《文心雕龙》文体论中的"通变"理论研究　李优　湖北师范学院　2013 年　硕士论文

《文心雕龙》"文体"范畴辩　韩扬文　云南大学　2013 年　硕士论文

【单篇论文】

1. 曹丕及《典论·论文》

曹丕的文学理论——释"体"与"气"　炳宸　光明日报　1958 年 10 月 26 日

释曹丕论文体　杜显扬　中国世纪　164、165 期　1971 年 7 月

曹丕《典论·论文》析论　蔡英俊　中外文学　8 卷 12 期　1980 年 5 月

曹丕及其《典论·论文》　陈必胜　中山大学学报　1982 年 04 期　1982 年 8 月

《典论·论文》"书论宜理"解　杨明　文学评论　1985 年 04 期　1985 年 8 月

略论曹丕的文体分类对魏晋南北朝文体研究的影响　墨白　陕西教育学院学报　1998 年 03 期　1998 年 8 月

论曹丕《典论·论文》的风格论美学思想　戴冠青　黎明职业大学学报　2000 年 01 期　2000 年 3 月

曹丕"本同末异"新议　郭德茂　社会科学评论　2004 年 03 期　2004 年 9 月

曹丕的"文体观"研究　郑滋斌　中国古代文艺思想国际学术研讨会论文

集　左东岭主编　北京:学苑出版社　2005年12月
曹丕文体分类自觉说之商榷　付丽霞　大众文艺(理论)　2009年08期　2009年4月
曹丕与陆机的文体学思想比较论略——兼及魏晋文学思潮的发展轨迹　劾天庆　兰州大学学报　2009年04期　2009年7月
论曹丕《典论·论文》的文体观及其对文体学著作的导向意义　吕红光、林家骊　曹魏文化与《三国演义》研究　王海升、张兰花主编　郑州:河南人民出版社　2009年9月
曹丕《典论·论文》的文体学阐释　吕红光　文教资料　2011年16期　2011年6月
曹丕文体学思想新解　胡红梅　长江学术　2012年03期　2012年7月

2. 陆机及《文赋》

陆机《文赋》论"创作的准备"　诸有琼　经世日报读书周刊　64期　1947年11月5日
陆机《文赋》论"运思"　诸有琼　经世日报读书周刊　66期　1947年11月19日
陆机《文赋》论"辨体"　诸有琼　经世日报读书周刊　78期　1948年2月18日
陆机《文赋》"方圆"说——兼论文体之常变　徐达　云南民族学院学报　1989年03期　1989年10月
试析陆机《文赋》的文学理论与文体分类　程南洲　中国语文　74卷4期　1994年4月
陆机《文赋》刍议　曲德来　北方论丛　2005年05期　2005年9月
"体变曹王"——试论陆机的文体创新　钟新果、赵润金　湖南工程学院学报　2005年04期　2005年12月
存在主义哲学视域下的文体风格——《文赋》与《文心雕龙》比较　陈迪泳　南昌大学学报　2013年03期　2013年5月

3. 刘勰及《文心雕龙》

《文心雕龙》的文体论　徐复观　东海学报　1卷1期　1959年6月
　~中国文学论集　徐复观　台北:台湾学生书局　1974年
　~文心雕龙研究　张少康编　武汉:湖北教育出版社　2002年8月
　~中国文学精神　徐复观　上海:上海书店出版社　2006年3月

刘勰的风格论　吴调公　光明日报　1961年8月13日
　　~《文心雕龙》研究论文选1949—1982　甫之、涂光社主编　济南:齐鲁书社　1988年1月
刘勰对文章风格的要求　俞元桂　文学遗产增刊　11辑　1962年10月
《文心雕龙》与萧《选》分体之比较研究　舒衷正　政治大学学报　8期　1962年12月
刘勰的文体论——《文心雕龙》简介之二　陆侃如、牟世金　山东文学　1962年02期
　　~陆侃如古典文学论文集　陆侃如　上海:上海古籍出版社　1987年1月
《文心雕龙》体性篇中的八体　郑蕤　台中师专学报　1期　1971年6月
　　~文心雕龙论文集　台中:光启出版社　1972年6月
《文心雕龙》体例考辨　廉永英　女师专学报　1期　1972年5月
试论《文心雕龙》与《昭明文选》在文学体类上的区分　郑蕤　文心雕龙论文集　台中:光启出版社　1972年6月
《文心雕龙》浅论之四——文体的构成与实现　徐复观　中国文学论集　台北:台湾学生书局　1974年
　　~中国文学精神　徐复观　上海:上海书店出版社　2006年3月
《文心雕龙》的文体论　周弘然　大陆杂志　53卷06期　1976年12月
《文心雕龙》"文体论"析例　王更生　东吴文史学报　3期　1978年6月
刘勰的风格论刍议　穆克宏　福建师大学报　1980年01期　1980年4月
　　~《文心雕龙》研究论文选1949—1982　甫之、涂光社主编　济南:齐鲁书社　1988年1月
　　~文心雕龙研究　穆克宏　厦门:鹭江出版社　2002年8月
《文心雕龙》的文体风格论(上)　詹锳　古代文学理论研究　2辑　1980年7月
《文心雕龙》的文体风格论(下)　詹锳　古代文学理论研究　3辑　1981年2月
　　~《文心雕龙》的风格学　詹瑛　北京:人民文学出版社1982年5月
刘勰的文体论初探　穆克宏　古典文学论丛　1辑　1980年8月
　　~文心雕龙研究论文集　中国文心雕龙学会选编　北京:人民文学出版社　1990年8月
　　~文心雕龙研究　张少康编　武汉:湖北教育出版社　2002年8月

～文心雕龙研究　穆克宏　厦门:鹭江出版社　2002年8月
刘勰的"论文叙笔"——《文心雕龙译注》引论之一　牟世金　东岳论丛　1981年02期　1981年3月
《文心雕龙》研究中应注意文体论的研究　缪俊杰　古代文学理论研究 4辑　1981年10月
　　～文心雕龙研究论文集　中国文心雕龙学会选编　北京:人民文学出版社　1990年8月
《文心雕龙》文体论　彭庆环　逢甲学报　14期　1981年11月
《文心雕龙》之文体论检讨——《文心雕龙斠诠》《体性》篇题述　李曰刚　师大学报　27期　1982年6月
《文心雕龙》之文类论　李再添　新埔学报　7期　1982年10月
评刘勰的文体论　李炳勋　郑州师专学报　1982年03期　1982年
刘勰声律说试论　冯春田　东岳论丛　1983年01期　1983年3月
谈《文心雕龙》的表现形式的特点　穆克宏　福建师大学报　1983年04期　1983年12月
论《文心雕龙》的文体论　王达津　文心雕龙学刊　2辑　济南:齐鲁书社　1984年6月
　　～古代文学理论研究论文集　王达津　天津:南开大学出版社　1985年8月
　　～文心雕龙研究论文集　中国文心雕龙学会选编　北京:人民文学出版社　1990年8月
　　～王达津文粹　天津:南开大学出版社　2006年8月
刘勰《文心雕龙》与萧统《文选》的分类比较　陈仲豪　传习　3期　1985年6月
"选文以定篇"释　裘惠楞　曲靖师专学报　1985年02期　1985年7月
《文心雕龙》文体论的特色及其局限　蒋祖怡　文心雕龙论丛　上海:上海古籍出版社　1985年8月
综合性的文论专论——论《文心雕龙》的"论文叙笔"之一　贾树新　松辽学刊　1986年03期　1986年10月
综合性的文论专论——论《文心雕龙》的"论文叙笔"之二　贾树新　松辽学刊　1987年01期　1987年4月
综合性的文论专论——论《文心雕龙》的"论文叙笔"之三　贾树新　松辽学刊　1987年03期　1987年10月
《文心雕龙》的文体论　龚鹏程　"中央日报"·副刊　1987年12月11—

13 日
　　～文学批评的视野　龚鹏程　台北:大安出版社　1990 年
论文心雕龙"辨证性的文体观念架构"——兼辩徐复观、龚鹏程"文心雕龙的文体论"　颜昆阳　文心雕龙综论　中国古典文学研究会编　台北:台湾学生书局　1988 年 5 月
　　～六朝文学观念丛论　颜昆阳　台北:正中书局　1993 年 2 月
刘勰的文学史观　岑溢成　文心雕龙综论　中国古典文学研究会编　台北:台湾学生书局　1988 年 5 月
文心雕龙"文体"一词的内容意义及"文体"的创造　赖丽蓉　文心雕龙综论　中国古典文学研究会编　台北:台湾学生书局　1988 年 5 月
论刘勰"文体分类学"的基据　王更生　台北:编译馆馆刊　17 卷 1 期　1988 年 6 月
对刘勰的目录学实践与文体分类研究　孔毅　图书与情报　1990 年 01 期　1990 年 4 月
《文心雕龙》文体论新议　施惟达　思想战线　1991 年 01 期　1991 年 1 月
《文心雕龙》中的文学风格问题　顾农　扬州师院学报　1991 年 02 期　1991 年 3 月
刘勰文体论识微　罗宗强　文心雕龙学刊　6 辑　济南:齐鲁书社　1992 年 1 月
　　～道家道教古文论谈片　罗宗强　台北:文津出版社　1994 年 8 月
　　～读文心雕龙手记　罗宗强　北京:三联书店　2007 年 10 月
《文心雕龙》的"体要"说——兼论《文心雕龙》的理论结构　周庆华　孔孟月刊　31 卷 06 期　1993 年 2 月
刘勰文体论识微(续篇)　罗宗强　魏晋南北朝文学与思想学术研讨会论文集　2 辑　台北:文津出版社　1993 年 11 月
　　～道家道教古文论谈片　罗宗强　台北:文津出版社　1994 年 8 月
　　～读文心雕龙手记　罗宗强　北京:三联书店　2007 年 10 月
《文心雕龙》文体研究的美学意义　黄河　华侨大学学报　1994 年 03 期　1994 年 5 月
论刘勰的风格论　王伏生　苏州教育学院学报　1994 年 04 期　1994 年 11 月
论文叙笔明纲领——《文心雕龙》文体论体系及其影响　朱迎平　《文心雕龙》研究　1 辑　中国《文心雕龙》学会编　北京:北京大学出版社

1995年7月

　~改题：《文心雕龙》文体论体系及其影响　古典文学与文献论集　朱迎平　上海：上海财经大学出版社　1998年6月

中国古代文体论渊源与《文心雕龙》　程新炜　青海师范大学学报　1995年03期　1995年8月

文体论在刘勰宗经思想中的意义　高大威　中华学苑　47期　1996年3月

《文心雕龙》与文笔之分　王利器　《文心雕龙》研究　2辑　北京：北京大学出版社　1996年9月

论刘勰的文体发生论　王海男　苏州教育学院学报　1996年04期　1996年11月

论《文心雕龙》的文体形式　刘昆庸　宁德师专学报　1997年02期　1997年5月

从"论文叙笔"看刘勰评论文类的方法与观点　黄景进　中华学苑　51期　1998年2月

刘勰《文心雕龙》与陆机《文赋》　吕武志　中国学术年刊　19卷　1998年3月

从傅玄到刘勰——关于二者的文体研究方法论　孙立　中山大学学报　1998年02期　1998年3月

　~中国古代戏曲与古代文学研究论集　黄天骥主编　北京：中华书局　2001年12月

进抑或退：《文心雕龙》的文体范围——兼及当代西方文体论　方汉文　海南师院学报　1998年01期　1998年3月

试论《文心雕龙》的文体意识　黄键　福建论坛　1998年04期　1998年8月

读《文心雕龙·丽辞》篇　何宗德　辅大中研所学刊　8期　1998年9月

试析《文心雕龙》文体论中的声训　蔡仁燕　中山大学研究生学刊　1999年01期　1999年4月

"体式"和"风格"的关系中介：释《文心雕龙》的"势"　黄安静　中文自学指导　1999年03期　1999年5月

从文体论看挚虞《文章流别论》对刘勰《文心雕龙》的影响　吕武志　东吴中文学报　5期　1999年5月

刘勰"六观"说阐幽　傅驰　四川三峡学院学报　1999年04期　1999年7月

《文心雕龙》"情经辞纬"说　童庆炳　江苏社会科学　1999年06期　1999年11月

从分类视点论《文心雕龙》文体学　洪顺隆　华冈文科学报　23期　1999年12月

　～论刘勰及其《文心雕龙》　中国文心雕龙学会编　北京:学苑出版社　2000年2月

"丽词雅义"论　王志耕　东方丛刊　1999年04辑　1999年12月

从文体层面看《翰林论》对《文心雕龙》的影响　吕武志　论刘勰及其《文心雕龙》　中国文心雕龙学会编　北京:学苑出版社　2000年2月

《文心雕龙》文类系统新析　洪顺隆　《文心雕龙》国际学术研讨会论文集　台北:文史哲出版社　2000年3月

《文心雕龙》之文体观念　陈拱　《文心雕龙》国际学术研讨会论文集　台北:文史哲出版社　2000年3月

刘勰《文心雕龙》文体论选体、分体、论体的特色　刘渼　《文心雕龙》国际学术研讨会论文集　台北:文史哲出版社　2000年3月

刘勰的文学观念:兼论所谓杂文学观念　张少康　北京大学学报　2000年04期　2000年7月

"中":《文心雕龙》文体论　马海英　中山大学学报论丛　2001年02期　2001年4月

从《史传》篇看《文心雕龙》文体论的得失　江震龙　福建师范大学学报　2001年02期　2001年4月

论《文心雕龙》对《文选》之影响　李金坤　文学前沿　2001年01期　2001年6月

论文与品诗——刘勰和钟嵘文论言说方式之异　董玲　古代文学理论研究　19辑　2001年7月

风格"异"与文体"异"——读《文心雕龙·定势》篇　王平洋　电大教学　2001年04期　2001年8月

试论《文心雕龙》文体论的特色　徐凤玲　聊城师范学院学报　2001年05期　2001年9月

《文心雕龙》"本经制式"文体论研究　邓国光　《文心雕龙》研究　5辑　保定:河北大学出版社　2002年1月

《文心雕龙》文体论音训初探　邱世友　文心雕龙研究　5辑　北京:北京大学出版社　2002年1月

　～改题:文体音训论　文心雕龙探原　邱世友　长沙:岳麓书社　2007

年6月

从西方风格学角度看《文心雕龙》的文体论　〔马来西亚〕罗思美　《文心雕龙》研究　5辑　保定:河北大学出版社　2002年1月

从"文体论"看《文心雕龙》的学术性质　莫恒全　广西师院学报　2002年02期　2002年5月

《文心雕龙》中的五经和文学美之关系　〔日〕冈村繁　汉魏六朝的思想和文学　上海:上海古籍出版社　2002年8月

《文心雕龙》文体论的价值和意义　莫恒全　广西师范学院学报　2003年01期　2003年2月

刘勰文体论"论说"中的文艺学和批评学蕴义　张利群　新疆财经学院学报　2003年01期　2003年3月

因内而符外:个性、时代、文体与风格——《文心雕龙》风格形成论析　潘桂林、秦剑蓝　株洲工学院学报　2004年03期　2004年6月

《文心雕龙》"体要"释义　杨东林　学术研究　2004年07期　2004年7月

《文心雕龙》文体论之再认识　杨爱君　内蒙古师范大学学报　2004年05期　2004年10月

从"文学观点"与"文体选目"看《文心雕龙》对《文选》的影响　李金坤　中国文化研究　2004年04期　2004年11月

　～中国文选学　第六届文选学国际学术研讨会论文集　中国文选学研究、河南科技学院中文院中文系编　北京:学苑出版社　2007年9月

对《文心雕龙》"论文叙笔"的几点思考　谢仁敏　太原教育学院学报　2004年S1期　2004年12月

六朝"文笔"论与文学观——《文心雕龙》"文笔之辨"探微　陶礼天　文艺研究　2005年05期　2005年5月

《文心雕龙》的文体修辞思想　唐辉　渤海大学学报　2005年03期　2005年5月

《文心雕龙》文体分类探析　马建智　社会科学家　2005年03期　2005年5月

《文心雕龙》的文体学思想　何诗海、刘湘兰　江淮论坛　2005年03期　2005年6月

《文心雕龙》文体风格美学论初探　黄光　商丘职业技术学院学报　2005年04期　2005年8月

和谐——《文心雕龙》文体论的旨归　李旭　江西青年职业学院学报

2005年03期 2005年9月
文化视域中的中古文体及其排序问题——以刘勰文体论为中心 唐辉 文学前沿 11辑 学苑出版社 2006年1月
《文心雕龙》的文体构成思想 唐辉 名作欣赏 2006年06期 2006年3月
试论刘勰《文心雕龙》的文体论 罗孟冬 益阳职业技术学院学报 2006年01期 2006年3月
论文化诗学与诗性文体——对《明诗》、《铭箴》卷组的一个宏观诠释 唐辉 东方论坛 2006年02期 2006年4月
刘勰"文"体观的文化诠释 唐辉 上海交通大学学报 2006年02期 2006年4月
刘勰"笔"体观的文化诠释 唐辉 宁波大学学报 2006年03期 2006年5月
刘勰文体观及其文化衍生路径 唐辉 湖南民族职业学院学报 2006年02期 2006年6月
刘勰论"体" 张新明 古典文学知识 2006年04期 2006年7月
《文心雕龙》文体论探析 陈金霞 襄樊职业技术学院学报 2006年04期 2006年7月
《文心雕龙》的文体分类论——和《昭明文选》文体分类的比较 张少康 江苏大学学报 2007年01期 2007年1月
"论文叙笔"中的俗文学观 付婷 语文学刊 2007年01期 2007年1月
《文心雕龙》批评文体三品 李小兰、曾琪 江西财经大学学报 2007年02期 2007年3月
刘勰"辨体"的文体论意蕴及批评学意义 张利群 广西师范学院学报 2007年02期 2007年4月
刘勰文体观的文化背景与理论进路 唐辉 温州大学学报 2007年03期 2007年5月
《文心雕龙》所及声律、属对、用事三题辨略 易闻晓 文心雕龙研究 7辑 保定:河北大学出版社 2007年8月
《文心雕龙》"循体成势"说 童庆炳 文化与诗学 2008年01期 2008年3月
~河北学刊 2008年03期 2008年5月
《文心雕龙》文体论的文学理论意义 王少良、李珂玮 辽宁师范大学学

报　2008年03期　2008年5月

开放的文体观——刘勰文体观念探微　杨东林　文史哲　2008年04期　2008年7月

论《文心雕龙·体性》篇的"理论缺省"　赵新　内江师范学院学报　2008年09期　2008年9月

骈体文论与骈体文学——论《文心雕龙》的文体价值　李小兰　长江学术　2008年04期　2008年10月

《文心雕龙》"文笔"说辨析:附论"集部"之分类沿革　詹杭伦　文艺研究　2009年01期　2009年1月

"文成规矩":刘勰体制论思想发微　张利群　长江学术　2009年02期　2009年4月

谈《文心雕龙》的文体论　纪爽　中国体卫艺教育论坛　2009年06期　2009年6月

刘勰"体乎经"的批评文体意义　李建中　清华大学学报　2009年04期　2009年7月

《文心雕龙》文体论的渊源与发展创新　刘文忠　《文心雕龙》研究　8辑　保定:河北大学出版社　2009年8月

《文心雕龙》文体论浅论　马海音　现代语文(文学研究版)　2009年09期　2009年9月

《文心雕龙》文体论与目录学　李婧　古代文学理论研究　29辑　2009年9月

《文心雕龙》与《文选》文体分类辨析　尹伟　西藏大学学报　2009年03期　2009年9月

谈《文心雕龙》文体论的"敷理以举统"　吕武志　清云学报　29卷4期　2009年10月

刘勰的文体论　顾农　阜阳师范学院学报　2009年06期　2009年11月

刘勰《文心雕龙》文体论的体式、体制、体势构成　张利群　《文心雕龙》与21世纪文论研究国际学术研讨会论文集　北京:学苑出版社　2009年11月

论《文心雕龙》文体论中的"文德"思想　贾奋然　文艺研究　2009年11期　2009年11月

反思《文心雕龙》"文体通变观"之近现代学者的问题视域　陈秀美　文心雕龙研究　第九辑　《文心雕龙》国际学术研讨会暨中国《文心雕龙》学会第十届年会　2009年11月

~淡江中文学报　22期　2010年6月
《文心雕龙》文体论价值探析　刁丽　牡丹江教育学院学报　2010年01期　2010年1月
音训释名与《文心雕龙》文体论　李婧　理论界　2010年02期　2010年2月
宗经的生命意识创造风骨的审美意象——《文心雕龙》文体论的美学生命探微　陈迪泳　广西大学学报　2010年02期　2010年4月
逻辑的审美化:《文心雕龙》之文体论思想探析　李志艳　广西大学学报　2010年02期　2010年4月
台湾《文心雕龙》"文体论"论战研究　傅怡祯　国际通识学刊　3期　2010年6月
释"体要"——《文心雕龙》"体要"范畴之重构　陈博涵　首都师范大学学报　2010年05期　2010年9月
浅论刘勰文体分类学的思想渊源与论述体例　诸海星　励耘学刊(文学卷)　2010年02辑　2011年1月
《文心雕龙》文体论研究综述　李婧　中国诗学研究　8辑(《文心雕龙》研究专辑)　合肥:安徽大学出版社　2011年2月
《文心雕龙》文体论在中国古代文章学上的价值　诸海星　中国古代文章学的成立与展开:中国古代文章学论集　王水照、朱刚主编　上海:复旦大学出版社　2011年3月
"论文叙笔"释　方科平　新西部(下旬·理论版)　2011年07期　2011年7月
从《文心雕龙》文体分类看刘勰的文学观　马建智　飞天　2011年20期　2011年10月
《文心雕龙》的"雕龙"形式论　孙蓉蓉　古代文学理论研究　33辑　2011年12月
《文心雕龙》用事及其功能意义　王毓红　古代文学理论研究　33辑　2011年12月
从《文心雕龙》论刘勰"文体通变观"之问题视域　陈秀美　空大人文学报　20期　2011年12月
《文心雕龙》"赋颂歌赞,则《诗》立其本"说疏解　高广林　集宁师范学院学报　2012年01期　2012年3月
《文心雕龙》和《文选》中"杂文"和"杂诗"的比较　周振华　安徽农业大学学报　2012年02期　2012年3月

论《文心雕龙》的文体理想——以"原始以表末"等四项纲领为中心的探讨　温光华　嘉大中文学报　7期　2012年3月
龙学的困境——由"文心雕龙文体论"论争引发的方法论反思　李建中　文艺研究　2012年04期　2012年4月
《文心雕龙》"体"、"文体"范畴简析——兼评姚爱斌对"文体"的定义　胡立新　长江学术　2012年03期　2012年7月
《文心雕龙》与集部形态建构　袁济喜、宋亚莉　兰州大学学报　2012年04期　2012年7月
拆碎刘勰的七宝楼台——《文心雕龙》文体命题释义方式研究　唐萌　湘南学院学报　2012年04期　2012年8月
论《文心雕龙》之"定势"　雷兴强　湖北师范学院学报　2012年05期　2012年9月
刘勰《文心雕龙》的文体修辞说　李晓光　赤峰学院学报　2012年11期　2012年11月
"宗经"之体——刘勰《文心雕龙·宗经》新探　李铁荣　中北大学学报　2012年06期　2012年12月
刘勰"文贵形似"辨　韩忠艳　美与时代（下）　2012年12期　2012年12月
《文心雕龙》文体命题释义方式研究（二）　唐萌　太原师范学院学报　2013年02期　2013年3月
论《文心雕龙》文体论的价值与贡献　刘亚欣　青春岁月　2013年07期　2013年4月
论《文心雕龙》与写作过程中的文体感　赵红梅　东方论坛　2013年02期　2013年4月
从口头传统角度论刘勰之文体发生观　柳倩月　湖南社会科学　2013年04期　2013年7月

4.《文选》

萧统《文选》及《古文辞类纂》编例之比观　王锡睿　国学丛刊　3卷1期　1926年8月
文选类例正失　徐英　安徽大学季刊　2卷5期　1935年
论《昭明文选》　李嘉言　河南大学校刊·复刊　19期　1948年3月
　~李嘉言古典文学论文集　李嘉言　上海：上海古籍出版社　1987年3月

评萧统的文体分类思想　徐召勋　安徽大学学报　1984年04期　1984年7月
论《文选》文体分类　田凤台　复兴岗学报　36期　1986年6月
《文选》文体分类再议　穆克宏　江海学刊　1996年01期　1996年2月
　　~改题:《文选》的文体分类问题　昭明文选研究　穆克宏　北京:人民文学出版社　1998年12月
文选学之文类评点方法　游志诚　昭明文选学术论考　台北:台湾学生书局　1996年3月
略论《文选》与《文心雕龙》之关系　穆克宏　临沂师专学报　1996年02期　1996年4月
关于《文选》的篇目次第及文体分类　曹道衡　齐鲁学刊　1996年03期　1996年5月
　　~中古文学史论文集续编　曹道衡　北京:中华书局　2011年9月
论《文选》的编辑宗旨、体例　傅刚　郑州大学学报　1997年06期　1997年12月
《文选》与文学理论批评　穆克宏　文学遗产　1998年04期　1998年8月
《文选》与文体理论　〔美〕海陶玮(James R. Hightower),史慕鸿译　俞绍初、许逸民主编　中外学者文选学论集　北京:中华书局　1998年8月
关于《文选》分类:屈守元先生《绍兴建阳陈八郎本〈文选〉五臣注跋》读后　傅刚　书品　1999年03期　1999年6月
《文选》分类之我见　罗国威　书品　1999年05期　1999年10月
萧统研究三题　穆克宏　文学遗产　2002年03期　2002年5月
　　~文选学研究　穆克宏　厦门:鹭江出版社　2008年7月
　　~六朝文学论集　穆克宏　北京:中华书局　2010年6月
魏晋文体论对《文选》文体分类的影响　卫绍生　中国古典文学与文献学研究　3辑　北京:学苑出版社　2004年12月
　　~改题:魏晋文体论与《文选》的文体分类　中国文选学:第六届文选学国际学术研讨会论文集　中国文选学研究、河南科技学院中文院中文系编　北京:学苑出版社　2007年9月
《文选》六臣注的文体论与《文心雕龙》异同　胡大雷　广西师范大学学报　2005年04期　2005年12月
《文选》与《文章流别集》异同　胡大雷　广西师范学院学报　2007年02期　2007年4月

萧统与文章"原出于五经"　胡大雷　钦州学院学报　2007年02期　2007年4月

《文选》不可能受到《文章缘起》的什么影响　力之　湖北教育学院学报　2007年11期　2007年11月

《昭明文选》分三体七十三类说　李立信　《文心雕龙》与21世纪文论研究国际学术研讨会论文集　2008年10月

　　~《文心雕龙》与21世纪文论研究国际学术研讨会论文集　北京：学苑出版社　2009年11月

《文选》与《玉台新咏》三题　胡大雷　广西师范大学学报　2009年03期　2009年6月

《文选》"次文之体"杂议——《文选》在文体学与文学史学上的贡献与局限　钱志熙　文艺理论研究　2009年06期　2009年11月

《文选》体类研究述评　赵俊玲　宜宾学院学报　2010年02期　2010年2月

关于文选分体学、文选类型学的思考　胡大雷　郑州大学学报　2010年03期　2010年5月

文体、读者与思想：读《文选》札记　胡晓明　中外文化与文论　2010年01期　2010年6月

《昭明文选》文体分类的成就和特点　马建智　名作欣赏　2010年26期　2010年9月

萧统及其《文选》评议　胡惠明、徐艳艳　济宁学院学报　2011年01期　2011年2月

萧统《文选》文体分类及其文体观考论——以"离骚"与"歌"体为中心　陈翀　中华文史论丛　2011年01期　2011年3月

论萧统文体观念的三种面向　秦秋咀、周唯一　衡阳师范学院学报　2011年04期　2011年8月

《文选》文体分类的美学研究　江渝、张瑞利　台州学院学报　2011年05期　2011年10月

《诗》的隐显与《文选》"赋、诗、骚"的排序——《文选》序"体"研究之一　邵杰　广西师范大学学报　2012年06期　2012年12月

"《昭明文选》分三体七十三类说"商兑　力之　学术交流　2013年01期　2013年1月

《文选》分文体为三十八类说辨正——《文选》分体三种说论衡之二　力之　四川师范大学学报　2013年05期　2013年9月

《文选》分文体为三十七类说辨证——《文选》分体三种说论衡之一　力之　广西师范大学学报　2013年06期　2013年12月

5. 《四库全书总目》

论《四库全书总目》的文体研究　杨有山　南阳师范学院学报　2002年03期　2002年6月

论《四库全书总目》的文体学思想　吴承学、何诗海　北京大学学报　2007年04期　2007年7月

《四库全书总目》的文学史观和文体观——以集部大小序为中心　伏俊琏　阅江学刊　2010年03期　2010年6月

6. 其他

荀子对古代文学文体的贡献　张群、龚元秀、冯光宇　沙洋师范高等专科学校学报　2007年04期　2007年8月

韩非散文所体现出的文体学思想　马世年　光明日报　2008年9月19日

汉魏六朝文体辩证之《七略》谈　吴静　金田　2013年07期　2013年7月

广泛性与变革性:扬雄的文体实践　张晓明　青岛大学师范学院学报　2011年02期　2011年6月

刘熙《释名》与汉代文体形态研究　何志军　学术研究　2010年05期　2010年5月

《释名》的文体分类与"言笔之辨"　胡大雷　中国社会科学报　2013年5月17日

《独断》与秦汉文体研究　跃进(刘跃进)　文学遗产　2002年05期　2002年9月

　　~秦汉文学论丛　刘跃进　南京:凤凰出版社　2008年12月

《文章流别论》的文体观　植丹华　安徽文学(下半月)　2008年07期　2008年7月

《后汉书》列传著录文体考述　郭英德　文史　2002年03期　2002年8月

《文章缘起》考辨　朱迎平　古籍整理研究学刊　1996年06期　1996年11月

　　~古典文学与文献论集　朱迎平　上海:上海财经大学出版社　1998年6月

任昉《文章缘起》考论　　吴承学　李晓红　文学遗产　2007 年 04 期　2007 年 7 月

　～中国文学研究（辑刊）　2008 年 01 期　2008 年 6 月

《文章缘起》与南朝文章学　　杨赛　吉林师范大学学报　2009 年 05 期　2009 年 9 月

任昉文章"文体本疏"与破体辨析　　陈伟娜　温州大学学报　2009 年 06 期　2009 年 11 月

任昉《文章缘起》之著录体例及其特色　　范秀美　潍坊学院学报　2013 年 01 期　2013 年 2 月

《南齐书·文学传论》三体渊源辨识　　胡旭　古代文学理论研究　30 辑　2010 年 4 月

论萧子显"新变"视野下的文坛三体及其理想文体　　麻勇　牡丹江师范学院学报　2013 年 03 期　2013 年 6 月

萧绎与梁代今古文体之争　　钟仕伦　社会科学战线　1998 年 06 期　1998 年 12 月

刘知幾论文风　　白寿彝　文汇报　1961 年 4 月 18 日

《艺文类聚》选录的文体名称和数量辨正　　韩建立　孝感学院学报　2012 年 04 期　2012 年 7 月

《文苑英华》续《文选》特征及原因探析　　何水英　文艺评论　2012 年 02 期　2012 年 2 月

试由"文体论"探析陈秀明《东坡文谈录》之学术价值　　李慕如　永达学报　3 卷 2 期　2002 年 12 月

《文章正宗》"四分法"的文体分类史地位　　任竞泽　北方论丛　2011 年 06 期　2011 年 11 月

真德秀的文体学思想　　任竞泽　兰州学刊　2011 年 02 期　2011 年 2 月

由《文章正宗》看真德秀的文体分类观念　　诸海星　第六届宋代文学国际研讨会论文集　成都：巴蜀书社　2011 年 5 月

王应麟的文体学思想　　任竞泽　济南大学学报　2011 年 01 期　2011 年 1 月

经史一体与文体谱系——郝经文体学思想初探　　何诗海　学术研究　2007 年 08 期　2007 年 8 月

论郝经文体分类的特色及价值　　魏崇武　社会科学研究　2012 年 01 期　2012 年 1 月

《文章辨体》的文体分类数目考　　仲晓婷　上饶师范学院学报　2005 年 05

期 2005年10月
《文章辨体》的尊体意识 李锋 长江学术 2012年03期 2012年7月
试论李东阳的文体辨析说 薛泉 殷都学刊 2005年04期 2005年12月
论李梦阳、何景明论争的文体学意义 李树军 辽宁大学学报 2009年02期 2009年3月
论复古者的文体意识及其影响 史小军 学术研究 2001年04期 2001年4月
论《文体明辨序说》的辨体观 贾奋然 首都师范大学学报 2007年02期 2007年4月
读《文体明辨序说》二书献疑 吴承学 古典文学知识 2013年02期 2013年3月
评徐师曾《文体明辨》 刘怡青 止善 15期 2013年12月
黄佐《六艺流别》的文体论 邓国光 广州师院学报 1997年05期 1997年7月
 ~文原:中国古代文学与文论研究 邓国光 澳门:澳门大学出版中心 1997年7月
 ~文章体统:中国文体学的正变与流别 邓国光 上海:上海古籍出版社 2013年11月
黄佐的《六艺流别》与"文本于经"的思想 吴承学 华学 9、10辑合刊 上海:上海古籍出版社 2008年8月
梅鼎祚的先唐书牍研究 陈晨 文艺评论 2013年04期 2013年4月
贺复徵与《文章辨体汇选》 吴承学、何诗海 学术研究 2005年05期 2005年5月
 ~明代文学研究国际学术研讨会论文集 罗宗强、陈洪主编 天津:南开大学出版社 2006年3月
一部久被忽略的文体学集大成之作(编按:指贺复徵《文章辨体汇选》) 谷曙光 北京大学学报 2005年06期 2005年11月
朱荃宰《文通》通论 王凤霞 嘉应学院学报 2008年02期 2008年4月
《文通》与明代文体学 何诗海 苏州大学学报 2013年03期 2013年5月
论王夫之的辨体批评 赖力行 衡阳师范学院学报 2005年04期 2005年8月

论金圣叹的文体观　李强　文学前沿　11辑　北京:学苑出版社　2006年1月

储欣及其《唐宋八大家类选》　常恒畅　学术研究　2013年04期　2013年4月

论王之绩《铁立文起》中的文章学观　解婷婷　南京师范大学文学院学报　2013年03期　2013年9月

论《古文观止》的编选评注与八股文风之关系——兼论对当代学术编辑的启示　陈未鹏　福州大学学报　2012年04期　2012年7月

论《古今图书集成》的文学与文体观念——以《文学典》为中心　吴承学　文学评论　2012年03期　2012年5月

《纪晓岚评注文心雕龙》之文体观　陶原珂　中州学刊　2006年02期　2006年3月

论纪昀对《文心雕龙》文体论的评点　李婧　盐城师范学院学报　2010年03期　2010年6月

关于姚鼐、章学诚批评《文选》分类之得失问题——兼论"七""设论"与赋的关系　力之　江汉大学学报　2004年03期　2004年6月
～三峡大学学报　2004年06期　2004年11月

文道关系与文辞义例——《文史通义·诗教》意旨辨　唐元、张静　四川民族学院学报　2010年02期　2010年3月

"六经皆史"与章学诚的文体观　何诗海　中山大学学报　2013年03期　2013年5月

《古文辞类纂》的文体学贡献　高黛英　文学评论　2005年05期　2005年9月

阮元的文笔论　郭明道　扬州师院学报　1994年02期　1994年4月

阮元文笔说的发轫与用意　於梅舫　学术研究　2010年07期　2010年7月

阮元文笔论:寓新意于旧说　翟景运　中国社会科学报　2012年9月28日

"一代之世运与一代之人才合而成一代之文体"——郑献甫文学史观研究　莫山洪　柳州师专学报　2012年04期　2012年8月

论岭南文人陈澧的著述文体　邹晓霞　黑河学刊　2012年08期　2012年8月

《经史百家杂钞》与《古文辞类纂》之异同　代亮　南阳师范学院学报　2010年02期　2010年2月

论《经史百家杂钞》的文体学贡献　吴未意　名作欣赏　2011年08期　2011年3月
《艺概》文体互通论初探——刘熙载文体论之一　孙士聪、孙宗广　苏州教育学院学报　2003年04期　2003年12月
刘熙载"意格说"中的文体观　周进芳　湖北社会科学　2006年05期　2006年5月
吴曾祺《文体刍言》析论　蔡美惠　思辨集　4集　2001年4月
论林纾的文体观　张胜璋　中南大学学报　2008年02期　2008年4月
《文体通释》的文体学思想　吴承学　古典文学知识　2007年05期　2007年9月
章炳麟的文学观　郝全梅　山西大学学报　2000年02期　2000年3月
章太炎的白话述学文体　陈平原　文学语言与文章体式：从晚清到五四　夏晓虹、王风编　合肥：安徽教育出版社　2006年1月
《訄书》与章太炎的文体探索——六朝"精辨"文的新系列　张徐芳　古典文献研究　2007年期　2007年8月
章太炎的"文各体要"论　何荣誉　山东大学学报　2010年04期　2010年7月
章太炎文学界定的文体学内涵　唐定坤　贵州师范学院学报　2012年04期　2012年4月
梁启超"新文体"的基本特征和历史价值　周光庆　武汉教育学院学报　1995年02期　1995年4月
论梁启超的"新文体"　汪志国、疏志芳　五邑大学学报　2002年04期　2002年12月
论梁启超新文体意识的形成　王兆阳　西安电子科技大学学报　2003年03期　2003年9月
梁启超的文类概念辨析　夏晓虹　国学研究　15卷　北京：北京大学出版社　2005年6月
　　~文学语言与文章体式：从晚清到五四　夏晓虹、王风等著　合肥：安徽教育出版社　2006年1月
　　~燕园学文录　夏晓虹　上海：复旦大学出版社　2011年1月
文化语境与梁启超的新文体理论　刘再华　衡阳师范学院学报　2006年01期　2006年2月
梁启超的文体观　蒋志刚　湖南科技学院学报　2011年02期　2011年2月

论梁启超文学批评文体的特色　王犇　安徽文学(下半月)　2012年08期　2012年8月
从"新文体"到"白话文"——论梁启超与现代性文体的全面确立　曹亚明　临沂大学学报　2012年01期　2012年2月
梁启超的两种"新文体"　李青果　社会科学论坛　2012年08期　2012年8月
梁启超"新文体"与20世纪初文界剧变　胡全章　江西社会科学　2013年09期　2013年9月
古典主义的阶段性演进——王国维的古雅说、天才论及文体观　孙华娟　文艺理论研究　2009年04期　2009年7月
融汇中西的文体探索——论王国维的文体思想　胡建升、杨茜　社会科学论坛(学术研究卷)　2009年10期　2009年10月
强合则两贤相阨　利导则两美相得——兼论《人间词话》的批评文体价值　李小兰　理论界　2010年02期　2010年2月
～改写:《红楼梦评论》和《人间词话》的文体比较　李小兰　理论月刊　2010年03期　2010年3月
王国维与陈寅恪的结构、文体观念与文学研究范式　彭玉平　文学遗产　2012年06期　2012年11月
俗语与骈文——刘师培的进化文学观　杜新艳　华北电力大学学报　2006年01期　2006年1月
论刘师培的文体思想　施秋香　山西青年管理干部学院学报　2013年01期　2013年3月
刘师培论文章辨体　董丽娟　广播电视大学学报　2013年03期　2013年9月
论刘师培"文体备于东汉"说的理论特色　梁凯涛　襄阳职业技术学院学报　2013年06期　2013年11月
黄侃《文心雕龙札记》之"位体定势"论　孔祥丽　广播电视大学学报　2012年01期　2012年3月
郭绍虞的文体分类观　贺根民　河池学院学报　2011年06期　2011年12月
别具鉴裁　通贯执中——《文学述林》与刘咸炘的文章学　慈波　上海大学学报　2007年06期　2007年11月
刘咸炘文学观述要　严寿澂　古代文学理论研究　27辑　2009年3月
刘咸炘的文体观及其学术史意义　何诗海　中山大学学报　2010年04期

2010 年 7 月

寻根游语,疏凿词源——詹安泰文学批评与"文体分析"　连心达　中山大学学报　2011 年 06 期　2011 年 11 月

徐复观《文心雕龙的文体论》商榷　廖宏昌　文艺复兴　159 期　1985 年 1 月

论徐复观《文心雕龙》文体论研究的学理缺失　姚爱斌　文化与诗学　2008 年 02 期　2009 年 1 月

徐复观、龚鹏程与颜昆阳《文心》"文体论"诠解之探讨　张美娟　台湾观光学报　6 期　2009 年 6 月

论《管锥编》的文学类型理论——兼及《文学理论》的类型理论　张东亮　江南大学学报　2008 年 02 期　2008 年 4 月

钱锺书批评文体的立与破——兼谈其批评文体的当代价值　李小兰　长江学术　2010 年 02 期　2010 年 4 月

"文各有体"与"文无定体"——钱锺书文体批评论管窥　陈颖　大连大学学报　2012 年 01 期　2012 年 2 月

娱思(entertain an idea)的文体——宇文所安批评文体的中国启示　李建中　中外文化与文论　2010 年 01 期　2010 年 6 月

文学史与思想史的融合:论徐复观的文体论研究　王逊、赵培军　当代文坛　2013 年 03 期　2013 年 5 月

褚斌杰先生的中国古代文体及白居易研究　方铭　职大学报　2013 年 05 期　2013 年 10 月

经学为本,文体为干:读邓国光先生论文集《文原》　何志军　学术研究　1999 年 03 期

Ⅱ 辞 赋 编

一、源流论

【著作】

汉代词赋之发达 金秬香 上海:商务印书馆 1934年9月 111页 国学小丛书
  第一章 辞字之解释;第二章 赋字之定义;第三章 词赋之源流;第四章 词赋之作用;第五章 词赋之分析;第六章 汉代词赋之所繇盛;第七章 汉代词赋之所繇衰;第八章 词赋发达之原因;第九章 汉代词赋之种类;第十章 汉代词赋之变迁

汉赋之史的研究 陶秋英 北京:中华书局 1939年4月 192页 中国文艺社丛书
  序一(郭绍虞);序二(姜亮夫);叙例;第一篇:总论 第一章 什么是赋;第二章 赋的起源略述;第二篇:骚赋 第一章 骚赋的由来;第二章 骚赋时期的作者;第三章 骚赋在赋史上的地位;第三篇:汉赋 第一章 汉赋的生成;第二章 汉赋的派别源流;第三章 汉赋时期的作者;第四章 汉赋在赋史上的地位;第五章 结论——汉赋的后身
◎改题:汉赋研究 杭州:浙江古籍出版社 1986年6月 179页

赋史大要 〔日〕铃木虎雄著,殷石臞(殷孟伦)译 重庆:正中书局 1942年10月 318页
  原序;序;例言;第一篇:赋原及赋史之时期区分 第一章 赋原——赋与骚;第二章 赋史时期之区分;
  第二篇:骚赋时代;
  第三篇:辞赋时代 第一章 汉赋材料及区分;第二章 汉之楚辞家;第三章 前汉辞赋之隆盛期及其代表作家;第四章 赋之实质——目的;第五章 赋之结构——形式;

第四篇:骈赋时代　第一章 骈赋特性;第二章 赋中四六隔对;第三章 骈赋与五字七字句;第四章 骈赋描写;第五章 小赋;

第五编:律赋时代　第一章 律赋性质及唐赋大概;第二章 律赋形式;第三章 试赋隆昌时期;第四章 晚唐期;第五章 宋之律赋;第六章 宋以后试赋;

第六篇:文赋时代　第一章 文赋性质及文赋先驱;第二章 宋之文赋;第三章 文赋对后代之影响;

第七篇:八股文赋(清赋)时代

◎上海:正中书局　1947年9月沪1版　国学丛刊

汉赋研究　李善昌　台北:撰者　1967年　85页　万中丛书

论述　一、泛论赋;二、汉赋的渊源;三、汉赋的时代背景;四、汉赋的形式;五、汉赋的内容;六、汉赋的评价;选辑(略)

汉代文赋之研究　林达琪　台北:新文丰出版公司　1974年(未见)

汉赋研究　张清钟　台北:台湾商务印书馆　1975年1月　65页　人人文库

《人人文库》序;前言;第一章 赋之界说;第二章 赋之渊源;第三章 汉赋产生之背景;第四章 汉赋之材料及区类;第五章 汉赋之发展与流变;第六章 汉赋之作家与作品;第七章 汉赋之体制及声律;第八章 汉赋之特质;第九章 汉赋之评价;主要参考资料

汉赋源流与价值之商榷　简宗梧　台北:文史哲出版社　1980年12月　157页

序;第一篇:汉赋文学思想源流　壹、绪论;贰、汉赋游戏说的由来;叁、汉赋讽谏说的起源;肆、汉赋文学思想与儒家文学观;伍、汉赋文学思想流变;陆、结论;

第二篇:汉赋玮字源流考　壹、绪论;贰、汉赋玮字词汇的本质;叁、汉赋瑰怪玮字的形成;肆、汉赋玮字之兴衰与变迁;伍、结论与推论;

第三篇:汉代赋家与儒家之渊源　壹、绪论;贰、从汉赋讽谕,探讨赋家与儒家的关系;叁、从汉赋欲丽,推究赋家与儒家的关系;肆、从史志著录,考察赋家与儒家的关系;伍、从纵横之变,探究赋家与儒家的关系;陆、结论;

第四篇:论汉赋的文学价值;

第五篇:对汉赋若干疵议之商榷　壹、绪论;贰、所谓"劝而不止"之商权;叁、所谓"为文造情"之商榷;肆、所谓"板重堆砌"之商榷;伍、所谓"瑰怪联边"之商榷;陆、所谓"侈靡过实"之商榷;柒、结语

汉赋初探　李兆兰　台中:书恒出版社　1980年(未见)

汉赋研究　许建章　台北:崇德出版社　1985年4月
　　第一章 绪论;第二章 汉赋的渊源;第三章 汉赋产生的时代背景;第四章 汉赋的发展与流变;第五章 汉赋的作品与分类;第六章 汉赋的体制与风格;第七章 汉赋的代表作家;第八章 汉赋的评价

辞赋流变史　李曰刚　台北:文津出版社　1987年2月　217页
　　总论;第一章 骚赋(楚辞);第二章 短赋(荀赋);第三章 古赋(汉赋);第四章 俳赋(魏晋南北朝赋);第五章 律赋(唐宋赋);第六章 散赋(宋赋);第七章 股赋(明清赋)
◎改题:中国辞赋流变史　台北:编译馆　1997年7月　450页　中华丛书

赋史述略　高光复　长春:东北师范大学出版社　1987年3月　193页
　　论汉赋和魏晋南北朝辞赋(代序);第一章 赋的酝酿;第二章 赋的形成;第三章 赋的兴盛;第四章 赋的抒情化;第五章 赋风的转变;第六章 赋的复兴;第七章 情辞婉丽的南朝辞赋;第八章 慷慨悲凉的北朝辞赋;第九章 唐以后赋的流变;后记

赋史　马积高　上海:上海古籍出版社　1987年7月　642页
　　第一章 导言;第二章 先秦辞赋;第三章 汉赋(上);第四章 汉赋(下);第五章 魏晋南北朝(上);第六章 魏晋南北朝(下);第七章 唐五代赋(上);第八章 唐五代赋(下);第九章 宋元赋(上);第十章 宋元赋(下);第十一章 明清赋(上);第十二章 明清赋(下);后记
〇赋史研究的一座里程碑——马积高《赋史》评介　李生龙　船山学报　1987年02期　1987年7月
〇赋史研究的新开拓——马积高的《赋史》评介　龙头　中国文学研究　1987年04期　1987年12月
〇廖化作先锋,何必逊大将——评马积高先生著《赋史》　程章灿　南京大学学报　1988年03期　1988年7月
　　~赋学论丛　程章灿　北京:中华书局　2005年9月
〇《赋史》异议　许结　读书　1988年06期　1988年3月
〇对千年赋史的审视　九子　读书　1988年04期　1988年3月

○《子虚》《上林》赋的得与失——读《赋史》札记　叶幼明　中国文学研究　1988年01期　1988年4月
○富有新成果的研究著作《赋史》问世　武周　文献　1988年01期　1988年4月
○开拓赋学研究的新局面——读马积高先生《赋史》　刘上生　中国文学研究　1988年03期　1988年9月
○在文化整合中注目千年赋史——评马积高教授新著《赋史》的方法学意义　王伟国　湖南师范大学学报　1988年05期　1988年10月
○廓清源流　自成体系——我读《赋史》　罗敏中　湖南社会科学　1992年03期　1992年6月

汉魏六朝辞赋　曹道衡　上海：上海古籍出版社　1989年8月　199页　中国古典文学基本知识丛书
第一章　赋的起源和发展；第二章　西汉辞赋；第三章　东汉辞赋；第四章　三国辞赋；第五章　两晋辞赋；第六章　南朝辞赋；第七章　北朝辞赋；结束语

汉赋通义　姜书阁　济南：齐鲁书社　1989年10月　461页
汉赋通义序；上卷　小引；释义第一；溯源第二；考史第三；下卷　楔子；思想内容第一；结构形式第二；句法句式第三；音节声韵第四；馀论第五；附录

汉赋通论　万光治　成都：巴蜀书社　1989年12月　438页
序（郭预衡）；文体论　第一章　赋称原始；第二章　班固分类原则试析；第三章　汉赋分类史述略；第四章　汉赋三体溯源及变迁；第五章　汉代颂赞箴铭与赋同体异用；
流变论　序；第六章　汉初文化心理与骚体赋；第七章　"赋家之心　苞括宇宙"；第八章　赋家地位与赋的繁荣；第九章　赋的抒情化与小品化；第十章　汉赋与汉诗、汉代经学；
艺术论　第十一章　文学描绘与描绘性文体；第十二章　汉赋的图案化倾向；第十三章　汉赋的类型化倾向；第十四章　汉赋用字造语之谜；附录：汉赋今存篇目叙录；后记
◎增订本　北京：中国社会科学出版社、华龄出版社　2004年10月　539页
增补"绪论：赋的文体功能及其历史地位""祝尧论汉宋古赋""帝王之思，抑文人之思？""《神乌赋》与汉代俗赋"四章。

○ 内容赡博　发论精警——评《汉赋通论》　田耕宇　中国文学研究　1990年02期　1990年7月

○ 纵横捭阖　学林一秀——《汉赋通论》评介　钟仕伦　文史杂志　1990年03期　1990年6月

○ 更新的感受　更深的开掘——评万光治《汉赋通论》　刘朝谦　社会科学战线　1991年01期　1991年3月

魏晋南北朝赋史　程章灿　南京：江苏古籍出版社　1992年2月　434页
中国分体断代文学史

序(傅璇琮)；第一章　绪论；第二章　建安赋；第三章　魏晋之际赋；第四章　两晋赋(上)；第五章　两晋赋(下)；第六章　南朝赋(上)；第七章　南朝赋(下)；第八章　北朝赋；附录(一)　先唐赋辑补；附录(二)　先唐赋存目考；附录(三)　辞赋批评：思的框架和史的脉络——关于《六朝赋话》的编纂设想；引用书目举要；后记

◎ 南京：江苏古籍出版社　2001年6月　447页　中国分体断代文学史

增补：修订后记

○《魏晋南北朝赋史》序　傅璇琮　文史哲　1991年04期　1991年5月

○ 赋史研究的新开拓——评《魏晋南北朝赋史》　章沧授　新闻出版交流　1994年01期　1994年1月

汉赋史论　简宗梧　台北：东大图书公司　1993年5月　241页

自序；上编：汉赋史料之编纂与考辨　壹　编纂《全汉赋》之商榷；贰　运用音韵辨辞赋真伪之商榷；叁《美人赋》辨证；肆《长门赋》辨证；伍《高唐赋》撰成时代之商榷；陆《神女赋》探究；柒《上林赋》著作年代之商榷；

下编：汉赋本质与特色之历史考察　壹　汉赋为诗为文之考辨；贰　从扬雄的模拟与开创看赋的发展与影响；叁　赋体语言艺术的历史考察；肆　从专业赋家的兴衰看汉赋特性与演化

汉赋综论　曲德来　沈阳：辽宁人民出版社　1993年8月　296页

导论；第一章　赋体的来源及汉赋的范围分类；第二章　汉赋内容意识论；第三章　汉赋艺术论；第四章　汉赋影响论；附：引用书目，参考书目

中国辞赋发展史　郭维森、许结　南京：江苏教育出版社　1996年8月　868页

第一章 总论——中国辞赋的历史走向与审美观照;第二章 肇始化成期——先秦至汉初辞赋;第三章 光大鼎盛期——西汉中至东汉末辞赋;第四章 拓境凝情期——魏晋南北朝辞赋;第五章 蓄流演渡期——唐代辞赋;第六章 仿汉新变期——宋、金辞赋;第七章 仿唐蜕化期——元、明辞赋;第八章 形胜旨微期——清代辞赋;后记

汉魏六朝骚体文学研究　郭建勋　长沙:湖南教育出版社　1997年3月　295页　博士论丛

序;绪论;第一章 骚体的界定及其与赋的复杂关系;第二章 汉代骚体文学的兴盛与流变;第三章 建安骚体文学的转捩;第四章 晋代骚体文学:走向世俗的情感与走向清丽的风格;第五章 南朝骚体文学的贵族化与艺术上的新变;附录一:汉魏六朝骚体作品目录;附录二:本书主要参考书目;附录三:本书主要参考论文目录;附录四:本书人名索引;后记

六朝骈赋研究　黄水云　台北:文津出版社　1999年10月　499页　儒林选萃

第一章 绪论;第二章 六朝骈赋之发展及其变化趋势;第三章 六朝重要骈赋作家及其作品;第四章 六朝骈赋之内涵;第五章 六朝骈赋之形式技巧;第六章 六朝骈赋之性质;第七章 六朝骈赋之评价与影响;第八章 结论;附录:六朝骈赋之作者、篇目、散佚、骈偶状况及其出处一览表;征引及参考书目

赋:时代投影与体制演变　陈庆元　桂林:广西师范大学出版社　2000年1月　356页　中国古代文学主流丛书

上编:本体论　第一章 极富包融性的特殊文体;第二章 大一统的政治局面与社会文化心态;第三章 "宣上德"、"通讽喻"的矛盾与统一;第四章 美学品格上的得与失;第五章 正变、旁衍与渗透;第六章 理论上的探讨与总结;

下编:流变论　第一章 最初的尝试:宋玉和荀况赋;第二章 悲与怨:汉初的骚体赋;第三章 宫廷化:汉大赋的确立和发展;第四章 体物写志:汉赋的另一种品格;第五章 情感化:建安曹魏赋;第六章 多样化:两晋赋;第七章 骈偶化:南朝赋;第八章 融合南北:庾信和颜之推赋;第九章 随时应变:唐五代的律赋

○时代的投影——陈庆元教授《赋:时代投影与体制演变》　王玫　福建师范大学学报2003年第02期　2003年3月

先唐辞赋研究　郭建勋　北京:人民出版社　2004年5月　379页
　　第一编:楚辞与楚辞学　楚辞的"兮"字句;骚体文学研究在当代楚辞学中的定位;楚辞学史简述;汉人对楚辞的整理与编纂;游国恩的楚辞研究与教育品格述论;
　　第二编:楚辞的文体学意义　楚辞的文体学意义;骚体赋的界定及其在赋体文学中的地位;楚辞在形制与表现上对文体赋的影响;楚辞句式对文体赋的浸淫;楚辞孕育七言诗的独特条件与衍生过程;楚骚与哀吊类韵文;楚辞与骈文;乐府诗对楚声楚辞的接受;词对楚辞的接受;
　　第三编:骚体文学研究　骚体的形成与称谓辨析;建安骚体文学的转捩;建安骚体文学情感指向的主要层面;晋代骚体文学的三大主题;晋代骚体文学的情感的世俗化;晋代骚体文学的艺术风格与主要体式;南朝体文学艺术上的新变;
　　第四编:汉魏六朝辞赋研究　汉人观念中的"辞"与"赋";"楚辞"在汉代盛行的原因;"楚辞体"作品在汉代的流变;扬雄及其《反离骚》之再认识;汉魏六朝"神女—美女"系列辞赋的象征性;陆云的辞赋;后记
○楚辞的文体学研究——读郭建勋教授的《先唐辞赋研究》　杨赛　湖南大学学报　2004年06期　2004年11月
○独特视角中的辞赋研究——评郭建勋先生《先唐辞赋研究》　白崇　中国文学研究　2005年01期　2005年3月
○骚体文学:楚辞学研究的新领域——读郭建勋《先唐辞赋研究》　李亭　湘潭师范学院学报　2005年03期　2005年5月
○《先唐辞赋研究》的新境界　刘再华　文艺报　2005年5月31日
～中国韵文学刊　2005年03期　2005年9月

诗赋文体源流新探　韩高年　成都:巴蜀书社　2004年8月　342页　诗赋研究丛书
　　《诗赋研究丛书》序;序;前言;从"诗"与谣、谚、歌、颂的关系看先秦诗歌的形态及其演变;三代史官传统与先秦诗、史同体;从祝辞到宴饮仪式乐歌——论《鱼丽》《南有嘉鱼》的文体来源;高禖祭仪与《宛丘》《东门之枌》;屈骚的悲剧精神及其在文体层面的衍变;《九歌》楚颂说;《天问》题义及构思的跨文化思考;五言诗起源及相关问题探索;散体赋的句式实验与新诗体的产生;赋之"序物"、"口诵"源于祭神考;赋的诗文两栖性特点的成因;战国纵横家言与散体赋的关系;兼裁众美,其美在调——散体赋的创作模式和美学旨趣;论贾谊赋的"承上启下";两汉咏物小赋源流概论;西汉后期士林中的退隐之风与诗赋语体的新变;汉晋赋中的自然及自然观的演变;文体辨析与魏晋赋风的转变;文论"别调"与魏晋赋中京都、音乐、说理类题材的反主流倾向;南朝诗赋的形式美学倾向及其价值;文化心态对诗赋文体的呼求——对北朝诗赋的特质成因的文体学考察

○论"讲史"传统的流变与诗赋的正宗地位——韩高年《诗赋文体源流新探》序　赵逵夫　西北成人教育学报　2004年01期　2004年3月

中晚唐赋分体研究　赵俊波　北京:中国社会科学出版社、华龄出版社 2004年10月　474页

绪言;上篇:论中晚唐古赋　第一章 中晚唐人的古赋观;第二章 论中晚唐文赋;第三章 论中晚唐骚体赋;第四章 论中晚唐的大赋;第五章 论中晚唐的类赋之文;第六章 论中晚唐骈赋;

下篇:论中晚唐律赋　第一章 论中晚唐人的律赋观;第二章 体制与写作技巧;第三章 论律赋的价值;第四章 论中唐律赋(上);第五章 论中唐律赋(下);第六章 论晚唐律赋(上);第七章 论晚唐律赋(下);馀论;附录一:唐赋辑补;附录二:主要参考文献;后记

骚体的发展与衍变:从汉到唐的观察　苏慧霜　台北:文津出版社　2007年4月　450页　儒林选萃

李序;自序;第一章 绪论;第二章 骚体名实论;第三章 屈宋骚体形式之发展与衍变;第四章 屈宋作品意象之发展与衍变;第五章 屈宋作品题材之发展与衍变;第六章 屈宋骚体文学影响;第七章 结论;参考书目

北宋文赋综论　顾柔利　台北:万卷楼图书有限公司　2007年5月　403页

第一章 绪论;第二章 赋体之性质与流变;第三章 北宋赋作之体裁分类;第四章 北宋文赋之义界与形成;第五章 北宋文赋之内容析论;第六章 北宋文赋之思想探源;第七章 北宋文赋之艺术技巧;第八章 总结;参考文献;北宋文赋32首简析(略)

汉代辞赋研究　孙晶　济南:齐鲁书社　2007年7月　356页　文史哲博士文丛

序一(李炳海);序二(王钟陵);引言;上编:辞赋文体论　第一章 西方学者视野中的赋;第二章 东亚学者视野中的赋;第三章 赋之溯源;

第四章 赋之界说;第五章 散文主潮与汉赋体制演变;

　　下编:哲学、美学与汉赋的文本阐释(略);附录一:《远游》的哲学意蕴及其艺术显现;附录二:《全汉赋》句读订正数例;主要参考书目;后记

○别开生面的辞赋研究专著——评孙晶博士著《汉代辞赋研究》　吴广平　沧州师范专科学校学报　2008年02期　2008年6月

　　~湖南人文科技学院学报　2008年03期　2008年6月

从赋的文体定位论中国叙事诗的形成与发展　王晴慧　永和:花木兰文化　2009年3月　336页　古典诗歌研究汇刊·第五辑

　　上册　第一章 绪论;第二章 中西诗歌关于"叙事"特质的表现方式;第三章 屈赋的叙事诗特质分析;第四章 汉赋的叙事诗特质分析;

　　下册　第五章 重新诠释叙事诗在中国诗歌史的发展历程;第六章 结论;附录;参考文献举要;表次

唐代律赋考　彭红卫　北京:社会科学文献出版社　2009年11月　348页

　　序(何新文);导论;第一章 唐代律赋研究的回顾与前瞻;第二章 文体因革与律赋的渊源;第三章 科举制度与律赋的诞生及演进;第四章 律赋之"律"与律赋的特征;第五章 唐代律赋作品考论;结语;附录一:唐代律赋中现存试赋139篇一览表;附录二:唐代律赋作家作品一览表;参考文献

【学位论文】

唐律赋研究　马宝莲　中国文化大学　1993年　博士论文

汉代散体赋研究　陈姿蓉　政治大学　1996年　博士论文

六朝骈赋研究　黄水云　中国文化大学　1997年　博士论文

唐代古赋研究　陈成文　政治大学　1998年　博士论文

先唐辞赋的文化传承与文体流变　刘昆庸　山东大学　2000年　博士论文

西晋辞赋研究　王秋杰　台湾大学　2003年　博士论文

中晚唐赋研究　赵俊波　四川大学　2004年　博士论文

骚体的发展与衍变研究:从汉到唐的观察　苏慧霜　东海大学　2005年　博士论文

从赋的文体定位论中国叙事诗的形成与发展　王晴慧　中正大学　2006年　博士论文

先唐俗赋传播接受研究　马丽娅　南京师范大学　2007 年　博士论文
南宋骚体文学研究　赵险峰　河北大学　2008 年　博士论文
唐代律赋的演进及其特征考论　彭红卫　华中师范大学　2008 年　博士论文
论赋之缘起　陈韵竹　（高雄）"中山大学"　2009 年　博士论文

宋代散文赋研究　李琼英　台湾师范大学　1991 年　硕士论文
汉代骚体赋研究　王学玲　"中央大学"　1996 年　硕士论文
汉大赋衰变探析　邓玲玲　东北师范大学　2003 年　硕士论文
论汉魏六朝时期的"七"体　宋志民　湖南师范大学　2003 年　硕士论文
北宋文赋新探　顾柔利　（高雄）"中山大学"　2004 年　硕士论文
"俗赋"的渊源与演化　陈籽伶　逢甲大学　2004 年　硕士论文
赋体文与小说文体之形成　王景龙　上海师范大学　2004 年　硕士论文
从"隐语"到"汉赋"：关于西汉散体赋形成的文体考察　郜文倩　河北师范大学　2004 年　硕士论文
汉赋之"体物"研究：由《文心雕龙》的文体观略论汉赋之成立与开展　毛海燕　复旦大学　2005 年　硕士论文
南朝辞赋研究　陈洪娟　重庆师范大学　2005 年　硕士论文
两汉骚体赋研究　程兵　安徽大学　2005 年　硕士论文
骚体文学传统的流变研究　王星　四川师范大学　2006 年　硕士论文
六朝诗赋合流现象之新探　祁立峰　政治大学　2006 年　硕士论文
《文选》"七"体源流考论　侯蕊　郑州大学　2007 年　硕士论文
荀赋源流价值及其影响　董小芹　四川师范大学　2008 年　硕士论文
初唐辞赋研究　毛锦裙　湖南大学　2008 年　硕士论文
初唐四杰赋研究　何易展　四川师范大学　2008 年　硕士论文
南朝骚体文学研究　徐云平　河北大学　2008 年　硕士论文
北宋骚体文学的嬗变　李冠楠　河北大学　2008 年　硕士论文
中唐试赋研究　吕海波　内蒙古师范大学　2010 年　硕士论文
唐后"七"体创作研究　邹青　浙江大学　2010 年　硕士论文
宋初律赋初探　刘泰江　淡江大学　2010 年　硕士论文
明代前后七子骚体文学研究　李涛　河北大学　2010 年　硕士论文
晚明辞赋研究　臧洁　湖南大学　2010 年　硕士论文
南朝与北朝骚体文学比较研究　毛佳　辽宁大学　2011 年　硕士论文
赋体探源的探源——赋体起源论所体现的文学思想　田玉敏　牡丹江师范学院　2011 年　硕士论文

汉赋与文学自觉　高士琦　黑龙江大学　2012 年　硕士论文

【单篇论文】

1. 文体起源

屈赋考源　游国恩　国学月报　1 期　1926 年 1 月
　～国立武汉大学文哲季刊　1 卷 3 号、4 号　1930 年 10 月、1931 年 1 月
　～读骚论微初集　游国恩　上海：商务印书馆　1937 年 1 月
　～楚辞论文集　游国恩　上海：上海文艺联合出版社　1955 年 5 月
　～游国恩学术论文集　北京：中华书局　1989 年 1 月
赋之源流及两都赋之研究法　陈文波　清华周刊　25 卷 13 期　1926 年 5 月
楚辞的起源　游国恩　国学月报汇刊　第 1 集　1928 年 1 月
　～游国恩楚辞论著集　第 2 卷　北京：中华书局　2008 年 4 月
论骚赋底生成　〔日〕铃木虎雄　中国文学论集　〔日〕铃木虎雄著，汪馥泉译　上海：神州国光社　1930 年 5 月
　～论骚赋之成立　〔日〕铃木虎雄　日本汉学研究论文集　台北：中华丛书编审委员会　1960 年 7 月
楚词溯源　李家雁　清华周刊　39 卷 11、12 期　1933 年 6 月
论汉代的辞赋——辞赋产生之社会根原的分析与说明　沛清　国闻周报　11 卷 8 期　1934 年 2 月
　～20 世纪中国文学研究论文选·汉代卷　雍繁星等编　北京：社会科学文献出版社　2010 年 1 月
汉赋探源　彭仲铎　国文月刊　22 期　1943 年 7 月
辞赋起源：从语言时代到文字时代的桥　万曼　国文月刊　59 期　1947 年 9 月
《文心雕龙》与辞赋起源　罗敦伟　畅流　7 卷 11 期　1953 年 7 月
辞赋的起源　宋哲　建设　13 卷 2 期　1964 年 7 月
论屈赋源于诗三百首　魏子高　中华文化复兴月刊　1978 年 10 期　1978 年 10 月
楚辞源流考　徐泉声　花莲师专学报　1978 年 10 期　1978 年 12 月
论连珠体的形成　廖蔚卿　幼狮学志　15 卷 2 期　1978 年 12 月
　～汉魏六朝文学论集　台北：大安出版社　1997 年 12 月
"赋自诗出"浅证　郑在瀛　北方论丛　1980 年 6 期　1980 年 11 月

楚辞渊源试探　丁冰　东北师大学报　1981年04期　1981年8月
论赋体的起源　褚斌杰　文学遗产增刊　14辑　1982年2月
　~二十世纪中国文学史论文精粹·散文、赋卷　彭黎明选编　石家庄：河北教育出版社　2001年1月
　~古典新论　褚斌杰　长沙：湖南人民出版社　2004年5月
　~褚斌杰文选　北京：北京大学出版社　2010年10月
赋体源流辨　李伯敬　学术月刊　1982年03期　1982年4月
试论赋的源流及演变　激流　晋阳学刊　1982年04期　1982年8月
《楚辞》成因初探　杨荣祥　锦州师院学报　1983年01期　1983年4月
赋的初期形式——"赋的起源和流变"之二　刘锋晋　温州师专学报　1983年2期　1983年
宋玉《高唐》《神女》为汉赋之祖说　先秦辞赋原论　姜书阁　济南：齐鲁书社　1983年9月
《赋体源流辨》驳议——与李伯敬同志商榷　孙尧年　学术月刊　1983年10期　1983年10月
汉赋"拓宇于楚辞"质疑　康金声　山西大学学报　1984年02期　1984年4月
汉赋探源　龚克昌　汉赋研究　济南：山东文艺出版社　1984年9月
赋体之源不在古诗内部——答孙尧年同志　李伯敬　教学与进修　1984年04期　1984年12月
论赋体起源　章必功　深圳大学学报　1985年1、2期合刊　1985年7月
汉赋渊源管窥　周学禹　信阳师范学院学报　1985年03期　1985年10月
连珠溯源　陈启智　渤海学刊　1985年04期　1985年12月
宋玉和赋体的形成　康金声　晋阳学刊　1986年03期　1986年3月
试论古诗之流——赋　徐宗文　安徽大学学报　1986年02期　1986年5月
论屈原与宋玉——兼论文赋的形成问题　马积高　船山学报·一九八七年专号·屈原研究论文集　1987年5月
论赋的源流及其影响　马积高　中国韵文学刊　创刊号　1987年6月
也谈赋体的源流　方旭东　安庆师范学院学报　1987年04期　1987年12月
赋的溯源　刘斯翰　华南师范大学学报　1988年01期　1988年1月
论赋体的源流　〔美〕康达维（David Knechtges）　文史哲　1988年01期

1988年1月
　　~赋学研究论文集　马积高、万光治编　成都:巴蜀书社　1991年11月
由《文心·辨骚》、《诠赋》、《谐隐》论赋的起源　周凤五　文心雕龙综论　中国古典文学研究会编　台北:台湾学生书局　1988年5月
楚辞的名称及其渊源　黄春贵　国文学报　17期　1988年6月
赋体探源　陈敬夫　中国文学研究　1988年03期　1988年9月
论汉赋起源发展和在文学史上的作用　徐声扬　中国文学研究　1988年03期　1988年9月
辞赋浅论——汉赋源流试探　毕庶春　社会科学战线　1989年02期　1989年5月
　　~改题:辞赋浅论　稽古拓新集——屈守元教授八秩华诞纪念　王利器、常思春主编　成都:成都出版社　1992年12月
　　~改题:辞赋渊源浅论　辞赋新探　毕庶春　沈阳:东北大学出版社　1995年12月
汉赋渊源论　毕万忱　社会科学战线　1989年03期　1989年6月
略论赋之名之源之嬗变　萧世杰　湖北教育学院学报　1989年03期　1989年6月
论汉魏六朝的赋体源流批评　盛源　延安大学学报　1989年03期　1989年10月
论诗、赋源流说的历史演变　曹明纲　古代文学理论研究　14辑　1989年12月
　　~赋学论稿　曹明纲　上海:上海古籍出版社　2012年5月
汉人未论大赋原于古诗之赋说　李蹊　山西师大学报　1989年04期　1989年12月
赋的源流浅谈　刘学观　当代电大　1990年01期
赋体清源(上)　金木生　齐鲁学刊　1990年01期　1990年3月
论辞与赋的关系　叶幼明　中国文学研究　1990年04期　1990年4月
赋体清源(下)　金木生　齐鲁学刊　1990年02期　1990年5月
《诗》《佹诗》荀·屈两赋的渊源试探　魏际昌　社科纵横　1990年05期　1990年10月
骚体渊源新证　李华年　贵州民族学院学报　1990年04期　1990年12月
　　~楚辞研究　汤炳正主编　北京:文津出版社　1992年9月
汉赋的起源　高洪乾　中国人民警官大学学报　1991年1期

赋体文学起源论辨　李希运　唐都学刊　1991年01期　1991年4月
韩非子内外储说系连珠体之滥觞　王怀诚　黄埔学报　23期　1991年10月
从赋与诗的关系看赋的起源　雷庆翼　衡阳师专学报　1991年04期　1991年10月
辞赋的源流、类型及特点　程千帆　文史知识　1992年03期　1992年3月
对《〈楚辞〉生成过程展望》一文的质疑——与三泽玲尔先生商榷　许云和、李平　思想战线　1992年01期　1992年3月
楚辞体形成的外部条件及内在原因　高国兴　固原师专学报　1992年01期　1992年4月
论汉赋文化机制的多元性　许结　西南师范大学学报　1992年01期　1992年4月
《七发》体的滥觞与汉赋的渊源　赵逵夫　西北民族大学学报　1992年02期　1992年7月
论汉赋源流的多元互补　胡志泽　娄底师专学报　1992年03期　1992年9月
《庄子》——赋的滥觞　刘生良　陕西师大学报　1993年02期　1993年7月
汉代的文化特征与汉大赋的形成　张庆利　求是学刊　1993年05期　1993年10月
《离骚》诗体原型与楚国巫风及《九歌》　梅琼林　楚俗研究　第1集　方培元主编　武汉:湖北美术出版社　1993年12月
《九歌》"二湘"异词同源说　郭杰　松辽学刊　1994年01期　1994年2月
赋体源流概说　张崇琛　社科纵横　1994年01期　1994年2月
楚辞成因论略——中国早期诗歌源流的探索　高国兴　东疆学刊　1994年02期　1994年4月
赋体评议　周勋初　南京大学学报　1994年02期　1994年4月
　　~周勋初文集·第三卷·文史知新　南京:江苏古籍出版社　2000年9月
　　~文史知新　周勋初　南京:凤凰出版社　2012年9月
试论"连珠体"的产生及影响　陈汝法　北京图书馆馆刊　1994年3、4期合刊　1994年12月

汉赋渊源初探　辛保平、夏立华　内蒙古社会科学　1995年02期　1995年3月
从汉赋的渊源及特征看《文心雕龙·诠赋》　辛保平　文史知识　1996年03期　1996年3月
楚辞诗体三源论　黄崇浩　孝感师专学报　1996年03期　1996年8月
从诸子文体的扩大看汉大赋的形成　〔日〕谷口洋　第三届国际辞赋学学术研讨会论文集　台北：政治大学　1996年12月
汉赋成因考　陈昌云　云南文艺评论　1997年4期
关于赋的命名和汉大赋起源诸说疏证　周绚隆　益阳师专学报　1997年03期　1997年5月
论汉大赋的社会适应性——汉大赋兴盛原因解析　杜青山　南都学坛　1997年05期　1997年9月
从歌谣、乐舞、赋诵看《诗》与辞赋文学之成立　欧天发　嘉南学报　23期　1997年11月
赋源平章只隅　朱晓海　清华大学学报　1998年01期　1998年3月
汉赋渊源论　刘慧晏　东方论坛　1998年01期　1998年3月
汉赋渊源浅论　侯同　江苏文史研究　1998年01期　1998年4月
汉大赋的形成与汉初文化融合　周绚隆　山西大学学报　1998年03期　1998年8月
赋的诗文两栖特点的成因　韩高年　社会科学战线　1999年05期　1999年9月
也谈"赋出于俳词"　曹明纲　辞赋文学论集　南京大学中文系主编　南京：江苏教育出版社　1999年12月
　～赋学论稿　曹明纲　上海：上海古籍出版社　2012年5月
文赋的形成及其时代内涵——兼论欧阳修的历史作用　张宏生　辞赋文学论集　南京大学中文系主编　南京：江苏教育出版社　1999年12月
　～文学遗产　2000年06期　2000年11月
汉代四言咏物赋源流新探　韩高年　西北师大学报　2000年01期　2000年1月
连珠文体探源　崔军红　郑州大学学报　2000年02期　2000年6月
赋的起源、发展及其意义　王彦民　学习时报　2000年10月9日
论《招魂》体辞赋的历史演变　李炳海　山西师大学报　2000年04期　2000年11月
再论敦煌俗赋的渊源　敦煌文献论集　沈阳：辽宁人民出版社　2001年

5月
　　~程毅中文存　北京:中华书局　2006年9月
论赋起源于民间说话艺术　蒋先伟　中国典籍与文化　2001年02期　2001年6月
赋体起源和宋玉的文体创造:兼论汉代赋论家的赋体探源　王齐洲　湖北大学学报　2002年01期　2002年1月
　　~中国文学观念论稿　王齐洲　武汉:湖北教育出版社　2004年3月
吟诵调和演唱曲:楚辞体的两个来源——论楚辞体的生成及其和音乐的关系　李炳海　中国诗歌与音乐关系研究——第一届与第二届"中国诗歌与音乐关系"学术研讨会论文集　2002年4月
　　~改题:论楚辞体的生成及其与音乐的关系　中州学刊　2004年04期　2004年7月
汉赋渊源新探　李世萍　廊坊师范学院学报　2002年02期　2002年6月
问对式散体赋始创者辨析　张正明　中国楚辞学(第二辑)——2002年楚辞学国际学术研讨会论文专辑　2002年7月
　　~中国楚辞学　2辑　北京:学苑出版社　2003年1月
"七体"文三说　熊良智　西南民族学院学报　2002年09期　2002年9月
汉赋渊源新探　杨珺　山西财经大学学报　2002年S2期　2002年12月
辞赋源流谈　李烨　楚雄师范学院学报　2003年02期　2003年4月
论赋体之缘起　汪春泓　许昌学院学报　2003年06期　2003年11月
从"行人之官"看赋之源起暨外交文化内涵　许结　南京师范大学文学院学报　2003年04期　2003年12月
文赋的形成　刘培　齐鲁学刊　2004年01期　2004年1月
汉赋之本源的思考　白承锡　古典文学知识　2004年02期　2004年3月
两汉咏物小赋源流概论　韩高年　中国韵文学刊　2004年02期　2004年6月
汉赋文体形成新论　王长华、郗文倩　文艺研究　2004年04期　2004年7月
　　~诗论与赋论　王长华　北京:学苑出版社　2011年10月
散文化的语言形式与体物的文学审美观——汉大赋体制形成过程中的文体意义　熊伟业　四川师范大学学报　2004年05期　2004年9月

散体赋的文体特征及其隐语源流说——关于西汉散体赋形成的文体考察之一　郗文倩　河北师范大学学报　2004年05期　2004年9月
从《离骚》和《九歌》的节奏结构看楚辞体的成因　葛晓音　学术研究　2004年12期　2004年12月
　　~先秦汉魏六朝诗歌体式研究　葛晓音　北京:北京大学出版社　2012年3月
从《离骚》看屈原创制的"骚体诗"的来源及创造　许丽丽　湖北教育学院学报　2005年04期　2005年7月
先唐"九"体源流述略　孙津华、程章灿　中州学刊　2005年04期　2005年7月
连珠文体溯源及其演变　陆祖吉　株洲高等专科学校学报　2005年04期　2005年8月
先秦仪式展演与赋体的生成——对赋体形成过程的发生学考察　韩高年　求是学刊　2005年05期　2005年9月
从游戏到颂赞——"汉赋源于隐语"说之文体考察　郗文倩　中国文学研究　2005年03期　2005年9月
问对结构的形成和演变——"汉赋源于隐语"说之文体再考察　郗文倩　烟台大学学报　2005年04期　2005年10月
辞赋源流与综合研究　曹虹　文学遗产　2006年01期　2006年1月
赋体起源考:关于"升高能赋"、"瞍赋"的具体所指　钱志熙　北京大学学报　2006年03期　2006年5月
简说赋体之源　李群力　语文知识　2007年02期　2007年5月
　　~改题:赋体溯源　济南大学学报　2007年05期　2007年9月
赋体形成考论　高一农　陕西师范大学学报　2007年04期　2007年7月
　　~古代文献的考证与诠释:海峡两岸古典文献学国际学术会议论文集　上海:上海古籍出版社　2006年12月
宋文赋的形成及文体特征　郭建勋、黄小玲　中国文学研究　2007年03期　2007年7月
"赋者古诗之流"说略　湘潭大学　赵成林　光明日报　2007年8月31日
赋体渊源索解——兼说"命赋之厥初"　王刚　宁夏社会科学　2007年05期　2007年9月
汉大赋体制形成过程中的时代因素　熊伟业　殷都学刊　2007年03期

2007年9月

~改题:汉代社会环境与贵族文士生活方式——汉大赋体制形成过程中的时代因素　熊伟业　求索　2007年12期　2007年12月

试论汉大赋源于战国纵横家文　王培峰、黄元英　湖北社会科学　2007年09期　2007年9月

连珠体渊源新探　马世年　中国楚辞学(第十二辑)——第十二届中国屈原学会年会暨楚辞学国际学术研讨会论文集　2007年9月

　~甘肃社会科学　2008年06期　2008年11月

　~中国楚辞学　12辑　北京:学苑出版社　2009年5月

论赋体不起源于诗　刘朝谦　中国楚辞学(第十二辑)——第十二届中国屈原学会年会暨楚辞学国际学术研讨会论文集　2007年9月

　~中国楚辞学　12辑　北京:学苑出版社　2009年5月

赋体的起源及其内在矛盾　王钟陵　学术交流　2007年11期　2007年11月

隐语在赋体形成中的作用再探——谈荀卿五赋的历史地位　王金良　沈阳农业大学学报　2007年06期　2007年12月

连珠源于先秦子书考　耿振东　西南交通大学学报　2007年06期　2007年12月

汉赋渊源论　任映艳　广西民族大学学报　2007年S2期　2007年12月

关于赋体文学起源问题的思考　张丽杰　内蒙古大学学报　2008年01期　2008年1月

从音乐的角度看《诗经》、汉乐府和楚辞的发生　陈先明　鲁东大学学报　2008年01期　2008年1月

从连珠的艺术特质看其文体渊源　任树民　中国石油大学学报　2008年02期　2008年4月

论散体大赋生成于汉景帝时期的梁国　王增文　中国文化研究　2008年02期　2008年5月

赋体溯源与先秦赋述论(上)　赵逵夫　辽东学院学报　2008年03期　2008年6月

赋体溯源与先秦赋述论(下)　赵逵夫　辽东学院学报　2008年04期　2008年8月

论赋的起源　孙福轩　鲁东大学学报　2008年05期　2008年9月

战国南楚散文赋的形成年代、来源及其主旨　陈桐生　济南大学学报 2008 年 06 期　2008 年 11 月
论先秦优语与西汉散体赋的渊源　刘全志　甘肃理论学刊　2009 年 01 期 2009 年 1 月
先秦文学与汉赋渊源　安海民　青海师范大学学报　2009 年 02 期　2009 年 3 月
论瞍矇、俳优在俗赋形成中的作用　赵逵夫　陕西师范大学学报　2009 年 02 期　2009 年 3 月
汉代"设论体"赋的源头及思想变化趋势　张德苏　济南大学学报　2009 年 04 期　2009 年 7 月
连珠体的起源、命名及著录探析　孙津华　中州学刊　2009 年 05 期 2009 年 9 月
推动唐代律赋形成的两股内生力量："诗化"与"文化"　杨遗旗、唐文　社会科学家　2009 年 10 期　2009 年 10 月
汉赋源于《周礼》"六诗"之赋考　鲁洪生　文学遗产　2009 年 06 期 2009 年 11 月
赋在先秦的事理意义流变考论——对赋体形成的重新阐释　吕红光　文教资料　2009 年 36 期　2009 年 12 月
论"连珠"体起源于"对问"——刘胜《闻乐对》为连珠雏形论　胡大雷　中山大学学报　2010 年 01 期　2010 年 1 月
　　～改题: 连珠体源起于"对问"说——论刘胜《闻乐对》为连珠雏形　中古赋学研究　胡大雷　桂林: 广西师范大学出版社　2011 年 11 月
试论楚辞体的形成及其文体特征　步朝红、杨立琴　廊坊师范学院学报 2010 年 01 期　2010 年 2 月
简论诗体赋的起源、发展与流变　张明炬　安徽文学(下半月)　2010 年 04 期　2010 年 4 月
连珠源起及与汉赋之关系　孙良申　西南民族大学学报　2010 年 03 期 2010 年 6 月
浅议赋体的起源　陶家韵　今日南国(中旬刊)　2010 年 07 期　2010 年 7 月
赋源新论　踪凡　清华大学学报　2010 年 04 期　2010 年 7 月
汉赋的产生溯源　王洪泉　福建论坛(社科教育版)　2010 年 08 期 2010 年 8 月
汉赋起源新论　巩本栋　学术研究　2010 年 10 期　2010 年 10 月

祝、史垂戒与连珠体的起源　马世年　长安学术　北京：商务印书馆 2010年11月
论战国问对体文献起源于"访问"制度　刘全志　聊城大学学报　2011年01期　2011年2月
连珠体的起源及文体意义　夏德靠　绍兴文理学院学报　2011年02期　2011年3月
散体大赋生成缓慢探因　孔德明　山西师大学报　2011年02期　2011年3月
汉赋源于《诗》赋体之辨考　陈元胜　学术研究　2011年05期　2011年5月
赋体源自祭祀仪式吗？　张宜斌　理论月刊　2012年01期　2012年1月
论《七月》为赋体文学之"元源"　侯海荣　吉林师范大学学报　2012年01期　2012年1月
楚辞五体源流论　陈桐生　学术研究　2012年02期　2012年2月
西汉咏物小赋探源　蒙显鹏　商　2012年09期　2012年5月
赋的起源和分体特征　曹明纲　赋学论稿　上海：上海古籍出版社　2012年5月
赋体文学源流与《招魂》的文体性质　姚小鸥、孟祥笑　学术界　2012年06期　2012年6月
从论辩游戏五称三穷看《天问》的成因　俞志慧　2012年中国古代散文研究国际研讨会论文集　2012年8月
　~社会科学战线　2013年01期　2013年1月
汉赋文体源流考　韩海燕　语文建设　2013年30期　2013年10月

2. 文体沿革

楚辞之祖祢与后裔　沅君（冯沅君）　北京大学研究所国学门月刊　1卷2号　1926年11月
楚辞的旁支　陆侃如　国学论丛　1卷2号　1927年9月
"九歌"的演变　杨观震　中华季刊　1卷2期　1930年11月
汉赋之双轨　蒋天枢　志林　1期　1940年1月
　~论学杂著　蒋天枢　郑州：中州古籍出版社　1985年7月
　~20世纪中国文学研究论文选·汉代卷　雍繁星等编　北京：社会科学文献出版社　2010年1月

辞赋　朱自清　经典常谈　上海:文光书店　1946年5月
　～经典常谈　朱自清　北京:三联书店　1980年9月
　～朱自清全集・第6卷・学术论著编　朱乔森编　南京:江苏教育出版社　1990年7月
　～二十世纪中国文学史论文精粹・散文、赋卷　彭黎明选编　石家庄:河北教育出版社　2001年1月
赋的渊源与演变(上)　苏雪林　自由太平洋　4卷07期　1960年7月
赋的渊源与演变(下)　苏雪林　自由太平洋　4卷08期　1960年8月
论屈赋之流变　赵璧光　成功大学学报　8期　1973年6月
　～楚辞研究论文选集　余崇生编　台北:学海出版社　1985年1月
论诗家三李——兼论"骚体"在中国文学史上的地位和影响　柳滋、唐诵　安徽师大学报　1975年02期　1975年6月
赋及其演变过程　李众　山西教育　1979年05期　1979年5月
试论汉赋和魏晋南北朝的抒情小赋　曹道衡　文学评论丛刊　1979年3辑　1979年7月
　～中古文学史论文集　曹道衡　北京:中华书局　1986年7月
试论《七发》与荀卿赋及纵横家的关系　毕庶春　四川师院学报　1982年01期　1982年3月
　～改题:辞赋体式浅论——试论《七发》与荀卿赋及纵横家的关系　辞赋新探　毕庶春　沈阳:东北大学出版社　1995年12月
赋比兴本义说——兼论赋体的发展　张志岳　齐齐哈尔师范学院学报　1983年02期　1983年5月
　～中国文学史论集　张志岳　哈尔滨:黑龙江人民出版社　1984年8月
论汉赋的盛衰演变　康金声　山西大学学报　1983年03期　1983年7月
辞赋的特点及其发展变迁　程千帆　闲堂文薮　济南:齐鲁书社　1984年1月
赋之隆盛及旁衍:汉魏六朝文学散论之一　程千帆　闲堂文薮　济南:齐鲁书社　1984年1月
赋的来源及其流变　傅刚　上海师院学报　1984年03期　1984年9月
浅论楚辞在中国古代诗体演变中的地位　支菊生　天津师大学报　1985年02期　1985年5月
略论汉赋的渊源及流变　王千祥　传习　1985年03期　1985年6月

论"楚辞体"的演变——兼谈屈原作品的文体　徐徐　荆州师专学报　1986年01期　1986年3月
论唐赋的新发展　马积高　湖南师范大学学报　1986年01期　1986年3月
略论苏轼对赋体文学的发展　周慧珍　天津社会科学　1986年05期　1986年10月
汉赋的渊源和流变　郭预衡　克山师专学报　1986年02期　1986年
简论中国赋体文学的发展　康学伟　松辽学刊　1988年03期　1988年9月
论魏晋赋学　曹大中　中国文学研究　1989年02期　1989年7月
汉赋——韵文史上的奇葩　龚克昌　汉赋研究　济南：山东文艺出版社　1990年5月再版
略论"楚辞体"作品在汉代的流变　郭建勋　中国韵文学刊　1990年01期　1990年7月
汉代经学与汉大赋的流变　张庆利　中国文学研究　1991年1期　1991年4月
略论北朝辞赋及其与南朝辞赋的异同　曹道衡　文史哲　1991年06期　1991年6月
建立汉赋散化体制的枚乘赋风　阮忠　淮阴师专学报　1991年02期　1991年7月
从"古诗之流"说看两汉之际赋学的渐变及其文化意义　曹虹　文学评论　1991年04期　1991年8月
　~中国辞赋源流综论　曹虹　北京：中华书局　2005年9月
梁朝宫体赋试论　祝凤梧　湖北大学学报　1991年04期　1991年8月
魏赋嬗变述略　王琳　山东师大学报　1991年05期　1991年10月
南北朝赋的艺术突破　杨胜宽　西南师范大学学报　1992年01期　1992年4月
宋代散文赋研究　李琼英　台湾师范大学国文研究所集刊　36期　1992年5月
试论六朝赋对汉赋的超越——六朝赋综说之一　王琳　山东师大学报　1992年03期　1992年6月
从摩登到真情：赋体流变一瞥　李达武　西南师范大学学报　1992年02期　1992年7月
唐勒《论义御》与楚辞向汉赋的转变——兼论《远游》的作者问题　赵逵夫

云梦学刊　1993年01期　1993年4月
　　～西北师大学报　1994年05期　1994年10月
　　～大庆高等专科学校学报　1997年02期　1997年5月
唐代律赋对科举考试的粘附与偏离　邝健行　中国文学研究　1993年01期　1993年4月
从专业赋家的兴衰看汉赋特性与演化　简宗梧　汉赋史论　台北：东大图书公司　1993年5月
仿古与趋新——明清辞赋艺术流变论　许结　江汉论坛　1993年08期　1993年6月
汉魏六朝赋断论　王茂福　兰州学刊　1993年06期　1993年12月
中国辞赋流变全程考察　许结　学术月刊　1994年06期　1994年6月
唐代律赋的形成、发展和程式特点　曹明纲　学术研究　1994年04期　1994年8月
　　～二十世纪中国文学史论文精粹·散文、赋卷　彭黎明选编　石家庄：河北教育出版社　2001年1月
　　～赋学论稿　曹明纲　上海：上海古籍出版社　2012年5月
论宋赋的历史承变与文化品格　许结　社会科学战线　1995年03期　1995年6月
论六朝骈赋之发展及其演变趋势　黄水云　实践学报　27期　1996年6月
六朝诗赋合流现象之一考察——赋语言功能之转变　高莉芬　第三届国际辞赋学学术研讨会论文集　台北：政治大学　1996年12月
论魏晋南北朝骈赋之发展演变趋势　黄水云　第三届国际辞赋学学术研讨会论文集　台北：政治大学　1996年12月
中晚唐赋体创作趋向新议　王基伦　第三届国际辞赋学学术研讨会论文集　台北：政治大学　1996年12月
论唐人小赋　霍松林　第三届国际辞赋学学术研讨会论文集　台北：政治大学　1996年12月
　　～文学遗产　1997年01期　1997年1月
论欧阳修《秋声赋》对宋代辞赋改革的贡献　傅淑芳　临沂师专学报　1997年02期　1997年4月
先秦辞赋发微　王晓鹏　西北师大学报　1997年02期　1997年4月
辞变为赋的时空因素　张成秋　语文学报　4期　1997年6月
论宋玉唐勒景差"好辞而以赋见称"　方铭　儒学与二十世纪中国文化学

术讨论会论文集　1997年6月
赋史述略　张永鑫　无锡教育学院学报　1997年04期　1997年11月
从新出土的《神乌赋》看民间故事赋的产生、特征及在文学史上的意义　伏俊琏　西北师大学报　1997年06期　1997年12月
赋——中国现代散文诗的渊源　黄思源　中国文学研究　1998年01期　1998年1月
赋史述略（续）　张永鑫　无锡教育学院学报　1998年01期　1998年2月
汉魏六朝赋论纲　陈庆元　宁德师专学报　1998年03期　1998年8月
论楚辞体的衰微　林建福　上海大学学报　1998年05期　1998年10月
唐初律赋探析——兼论律赋的形成因素　蔡梅枝　中正大学中国文学研究所研究生论文集刊　1期　1999年4月
论先秦两汉间赋体的演变　姜逸波　中国韵文学刊　1999年02期　1999年9月
汉代骚体赋和散体赋的发展　何沛雄　辞赋文学论集　南京大学中文系主编　南京：江苏教育出版社　1999年12月
赋谱与唐赋的演变　陈万成　辞赋文学论集　南京大学中文系主编　南京：江苏教育出版社　1999年12月
元赋"祖骚宗汉"论　康金声　辞赋文学论集　南京大学中文系主编　南京：江苏教育出版社　1999年12月
　～山西大学学报　2000年01期　2000年2月
论清代辞赋的变革　俞士玲　南京大学学报　2000年01期　2000年1月
《遂初赋》与两汉之际赋学流变　张宜迁　阜阳师范学院学报　2000年02期　2000年4月
经学的演进与汉大赋的嬗变　刘培　南开学报　2001年01期　2001年1月
汉大赋衰变探微　高一农　文史哲　2001年02期　2001年3月
模拟与超越：从汉赋看文体嬗变的规律　龙文玲　广西社会科学　2001年03期　2001年7月
汉赋与宋玉赋的渊源关系——兼论汉赋的分类及宋玉赋的真伪　辛保平　北京大学学报　2001年·国内访问学者、进修教师论文专刊　2001年12月
从《二湘》看屈原作品在文体发展史上的意义　张桂萍　云梦学刊　2002

年02期　2002年3月

陆机与连珠体　李秀花　上海大学学报　2002年04期　2002年7月

试论楚辞文体在魏晋六朝的传播与接受　蒋方　中国楚辞学(第三辑)——2002年楚辞学国际学术研讨会论文专辑　2002年7月

　　~改题:论楚辞文体在魏晋六朝的传播与接受　蒋方、张忠智　湖南师范大学学报　2002年04期　2002年8月

　　~中国楚辞学　3辑　北京:学苑出版社　2003年7月

论宋代律赋　曾枣庄　第二届宋代文学国际研讨会论文集　2002年8月

　　~宋代文学研究丛刊　第8期　高雄:丽文文化事业股份有限公司　2002年12月

　　~第二届宋代文学国际研讨会论文集　南京:江苏教育出版社　2003年6月

　　~文学遗产　2003年05期　2003年9月

　　~宋代文学与宋代文化　曾枣庄　上海:上海人民出版社　2006年5月

论宋代的骚体辞(上)(编按,未见下编)　曾枣庄　宋代文化研究　11辑　2002年8月

　　~曾枣庄　中华文史论丛　78辑　2004年10月

　　~宋代文学与宋代文化　曾枣庄　上海:上海人民出版社　2006年5月

经学衰微与汉赋的文体升华　刘松来　江西师范大学学报　2002年03期　2002年9月

大赋的式微与小赋的崛起　王焕然　河北学刊　2002年05期　2002年9月

论七体的形成和演进　宋志民　湖南大学学报　2002年05期　2002年10月

律赋的形成、发展与特征——以唐宋为断代　黄丽月　思辨集　6集　第九届台湾师范大学国文学系研究生论文发表会会议论文集　台北:台湾师范大学国文系　2003年3月

骚体赋的产生及在汉代发展轨迹的文化解析　梁葆莉　邵阳学院学报　2003年04期　2003年8月

论宋代的辞赋　王友胜　第三届宋代文学国际研讨会论文集　2003年9月

　　~中国韵文学刊　2003年02期　2003年12月

论宋代辞赋　曾枣庄　清华大学学报　2003年05期　2003年10月
论宋代文赋　曾枣庄　四川大学学报　2004年01期　2004年1月
　～宋代文学与宋代文化　曾枣庄　上海：上海人民出版社　2006年5月
论汉大赋体制的形成与辞赋散文化及西汉文学审美观念的关系　熊伟业　达县师范高等专科学校学报　2004年01期　2004年1月
俗赋嬗变刍论（上）——从"但见"、"怎见得"说起　毕庶春　沈阳师范大学学报　2004年01期　2004年1月
汉魏六朝"七"体文创作演变　李兆禄　枣庄师范专科学校学报　2004年01期　2004年2月
俗赋嬗变刍论（下）——从"但见"、"怎见得"说起　毕庶春　沈阳师范大学学报　2004年02期　2004年3月
魏晋南北朝文学批评与骈赋的发展　李新宇　古典文学知识　2004年03期　2004年5月
论宋玉大小言赋在赋体发展史上的意义　王长华、郗文倩　中国文化研究　2004年04期　2004年11月
　～诗论与赋论　王长华　北京：学苑出版社　2011年10月
从乐制变迁看楚汉辞赋的造作——对"赋者古诗之流"的另一种解读　许结　辽东学院学报　2005年01期　2005年1月
论汉魏六朝连珠体的演变与文学发展　徐国荣、杨艳华　暨南学报　2005年05期　2005年9月
论《文选》"对问"体——兼论先秦问对体式的发展历程　李乃龙　广西师范大学学报　2005年04期　2005年12月
楚辞文体在汉代的流变　吴贤哲　西南民族大学学报　2005年12期　2005年12月
明代前期骚体文学的新变　任丽华　许昌学院学报　2006年01期　2006年1月
魏晋南北朝赋的演进历程　彭文良、木斋　天中学刊　2006年01期　2006年2月
论中晚唐文体赋的产生　赵俊波　四川师范大学学报　2006年02期　2006年3月
赋的可变基因与其突变——兼论赋体蜕变之分期　简宗梧　逢甲人文社会学报　12期　2006年6月
制度下的赋学视域——论赋体文学古今演变的一条线索　许结　南京大

学学报　2006年03期　2006年7月
论宋体律赋　祝尚书　社会科学研究　2006年05期　2006年9月
《文心雕龙》与《文选》所揭示的赋体骈化轨迹　于景祥　社会科学辑刊　2006年06期　2006年11月
试论赋的发展沿革及文体特征　齐月华、于化桥、宋青林　求实　2006年S2期　2006年12月
释赋：从诗体到诗歌技巧及赋体　贾晋华　古代文学理论研究　24辑　2006年12月
　　～诗经研究丛刊　15辑　2008年11月
　　～中国文学与文化的传统及变革　南京大学出版社　2008年11月
论中国韵文文体唯美期之赋体演变　蒋长栋　湘南学院学报　2007年01期　2007年2月
论陆机连珠文体的模拟与创新　简名宏　辅大中研所学刊　17期　2007年4月
试论赋体设辞问对之进程　简宗梧　中国赋学　许结、徐宗文主编　南京：江苏教育出版社　2007年7月
从欧阳修、苏轼赋作看北宋辞赋的散化新变　蔡业共　九江学院学报　2007年04期　2007年8月
"七"体的形成发展及其文体特征　郭建勋　北京大学学报　2007年05期　2007年9月
赋与中国叙事的演进　傅修延　江西社会科学　2007年09期　2007年9月
　　～中国社会科学院院报　2007年12月6日
骚体新变与汉魏文体的演进　曹胜高　古代文明　2008年01期　2008年1月
律赋试士与限韵进程的发展　杜松柏　时代文学（双月上半月）　2008年01期　2008年2月
从文献著录看"七体"的演变　孙津华　河南教育学院学报　2008年02期　2008年3月
连珠范式的演变及其逻辑解析　孙波　甘肃社会科学　2008年03期　2008年5月
魏晋南北朝诗赋的骈偶化进程及其理论意义　韩高年　辽东学院学报　2008年03期　2008年6月
"四杰"骈赋的律化倾向及与六朝骈赋的差异　何易展　许昌学院学报

2008年04期　2008年7月
两汉以来骚体之变革　李立信　中国文学与文化的传统及变革　南京:南京大学出版社　2008年11月
论初唐四杰的新文体赋因子——兼与司马长卿散体赋之比较　何易展、李丹　中国韵文学刊　2008年04期　2008年12月
文赋在宋代成熟之原因　严杰　宋代文化研究　2009年01期　2009年1月
试论东方朔作品对问对体的继承和发展　孙英娜、曹冬栋、栗华　吉林省教育学院学报　2009年02期　2009年2月
六朝"七体"赋新变　翟云　兰州工业高等专科学校学报　2009年01期　2009年2月
孔臧四赋与西汉诗赋分途发微　孙少华　文学遗产　2009年02期　2009年3月
对问体的传承和异化考辨　吴娱　牡丹江教育学院学报　2009年03期　2009年5月
六朝赋体新变简论　刘涛　东岳论丛　2009年08期　2009年8月
设文之体有常,变文之术无方——论魏晋七体的形式与出处情结　李欣严　有凤初鸣年刊　5期　2009年10月
初唐"四杰"新文体赋之新变综论　李丹、何易展　宁夏大学学报　2009年06期　2009年11月
汉代拟骚诗在文体层面对屈骚的继承与新变　王浩　辽东学院学报　2009年06期　2009年12月
论古赋的兴起、繁荣和发展——在山东《大众讲坛》讲演　龚克昌　学者论赋——龚克昌教授治赋五十周年纪念文集　济南:齐鲁书社　2010年1月
　~中国赋学　2卷　许结主编　南京:江苏教育出版社　2012年2月
宋初律赋特色　刘泰江　问学集　17卷　2010年5月
论明代辞赋之演进　李新宇　文学评论　2010年03期　2010年5月
试论律赋对骈赋的承继与拓展　范文静　北京教育学院学报　2010年05期　2010年10月
李德裕赋与中晚唐赋的发展　曲景毅　安徽大学学报　2010年06期　2010年11月
唐前"七体"演进管窥　王品　语文知识　2011年01期　2011年2月
论唐代古文运动对文赋体式形成的影响　沈文嘉　聊城大学学报　2011

年 01 期　2011 年 2 月
骚体赋与哀悼类的文中的骚体及其在中唐骚体文学中的分布　穆伟、杨征　青春岁月　2011 年 12 期　2011 年 6 月
儒运迁转与汉晋骚体赋体式演进　孙宝　西华师范大学学报　2011 年 05 期　2011 年 9 月
"赋体"管见——从渊源说到流变　胡正艳　洛阳师范学院学报　2011 年 10 期　2011 年 10 月
汉代楚赋到汉赋的演变及其意义　平海涛　呼伦贝尔学院学报　2011 年 05 期　2011 年 10 月
西晋咏物赋的发展与赋体文学观的变化　郭丽平　宜宾学院学报　2011 年 11 期　2011 年 11 月
黄老养生思想与汉代散体大赋的形成　魏鸿雁　文学遗产　2012 年 01 期　2012 年 1 月
交聘之礼与《七发》的章法及承传　蒋晓光　中国韵文学刊　2012 年 01 期　2012 年 1 月
"七"体创作一转关——宋元"七"辞新变浅探　孙科镂　文艺评论　2012 年 02 期　2012 年 2 月
汉末魏晋赋序兴旺的背景——文学文本的整理与"文学自立"　〔日〕谷口洋　中国赋学　2 卷　许结主编　南京：江苏教育出版社　2012 年 2 月
"鸿都赋说"脞论　杨继刚　华中师范大学研究生学报　2012 年 01 期　2012 年 3 月
鸿都门赋考论　毕庶春　文史哲　2012 年 03 期　2012 年 5 月
论晚明小品赋的发展变化　李新宇　文学评论　2012 年 03 期　2012 年 5 月
元朝后期的骚体赋　牛海蓉、柳建国　求是学刊　2012 年 05 期　2012 年 9 月
论汉魏六朝音乐赋的新变　孙鹏　辽东学院学报　2012 年 05 期　2012 年 10 月
探析唐后"七"体创作研究价值　邹青　新课程学习（上）　2012 年 11 期　2012 年 11 月
从"曲终奏雅"到"发端警策"——论献、考制度对赋体嬗变之影响　许结　湖北大学学报　2012 年 06 期　2012 年 11 月
试论连珠体之演变　刘城　语文知识　2013 年 01 期　2013 年 2 月
试论先秦散体赋到六朝骈赋的嬗变　门修鹏　青春岁月　2013 年 14 期

2013年7月

唐末辞赋创作的转向与赋学思想论　孙福轩　辽东学院学报　2013年06期　2013年12月

二、体制论

【著作】

离骚研究　陈适　长沙:商务印书馆　1940年2月　76页　国学小丛书
　　一、离骚的渊源;二、离骚的内容;三、离骚的外形;四、离骚的注家;五、离骚的影响

楚辞与词曲音乐　饶宗颐　香港:苏记书店　1958年　73页
　　一、楚辞与中国文人生活;二、楚辞与五代两宋词;三、楚辞与戏曲;四、楚辞与古琴曲;附录一:《离骚》劳商辨;附录二:《宋词采骚摘句图》;附录三:楚辞琴谱举例;补记

楚辞的文学特质　吴天仁　台北:商务印书馆　1972年7月　129页　人人文库
　　《人人文库》序;自序;第一章　引言;第二章　渊源的追溯;第三章　特质的分析;第四章　辨伪的争论;第五章　影响的广远;馀论

赋学　张正体、张婷婷　台北:台湾学生书局　1982年8月　344页
　　第一章　绪言;第二章　赋之产生与流变;第三章　辞赋的发展与特有风格;第四章　骚赋的体制;第五章　汉之辞赋体制研究;第六章　魏晋南北朝的骈赋体制研究;第七章　唐宋律赋的体式;第八章　宋代文赋的研究;第九章　清代八股文赋概介;第十章　结论

辞赋通论　叶幼明　长沙:湖南教育出版社　1991年5月　283页
　　序(马积高);第一章　什么叫赋;第二章　赋的渊源与流变;第三章　辞赋发展概述;第四章　辞赋的辑录与整理;第五章　历代辞赋研究概述;后记
　　○《辞赋通论》序　马积高　中国文学研究　1991年03期　1991年10月
　　○评叶幼明先生的《辞赋通论》　王毅　中国文学研究　1991年04期　1991年12月

赋　袁济喜　北京:人民文学出版社　1994年7月　168页　中国古代文体丛书
　　序论;第一章　赋的起源;第二章　古赋——两汉的赋体;第三章　徘赋——魏晋南北朝的代表赋体;第四章　律赋——唐代的代表赋体;第五章　文赋——宋赋的主体;第六章　赋的馀绪——元明清赋

赋与骈文　简宗梧　台北:台湾书店　1998年10月　233页　中山文库人文系列
　　第一章　绪论;第二章　先秦辞赋与骈辞偶句;第三章　秦汉辞赋与骈文;第四章　魏晋南北朝辞赋与骈文;第五章　唐五代辞赋与骈文;第六章　宋代辞赋与骈文;第七章　赋与骈文在文学史上的地位

楚辞与中国古代韵文　郭建勋　长沙:湖南师范大学出版社　2001年4月　281页　湖南文化研究系列丛书·中国古代文化文学系列
　　绪论;第一章　楚辞与赋;第二章　楚辞与文体赋;第三章　楚辞与七言诗;第四章　楚声、楚辞与乐府诗;第五章　楚辞与词、哀吊类韵文及其他;本文主要参考文献;后记

辞赋文体研究　郭建勋　北京:中华书局　2007年4月　237页　静一学术论丛
　　绪论;第一章　辞赋的文体渊源与文体特征(上);第二章　辞赋的文体渊源与文体特征(下);第三章　大赋与小赋;第四章　辞赋的审美特征与表现手法;第五章　赋与其他文体的关系;主要参考书目;后记
　　〇振叶以寻根,观澜而索源——读郭建勋教授《辞赋文体研究》　罗慧　中国韵文学刊　2008年03期　2008年9月
　　〇《辞赋文体研究》简介　刘伟生　云梦学刊　2008年06期　2008年11月

俗赋研究　伏俊琏　北京:中华书局　2008年10月　428页
　　序一;序二;俗赋概说;试论《汉书·艺文志》"赋"的分类;《汉书·艺文志》"杂赋"考述;先秦两汉时期的"诵"与"诵"的表达方式;先秦时期的民间寓言传说与故事俗赋的产生;先秦时期民间争奇斗胜伎艺与客主论辩俗赋的产生;成相杂辞与早期歌诀体俗赋;先秦两汉"看图讲诵"艺术与俗赋的流传;汉魏六朝故事俗赋考述;关于《神乌赋》的一点补充;汉魏六朝的客主论辩俗赋;《柏梁台诗》再考证;汉魏晋南北朝的咏物俗赋;近于俗赋的实用文及其他;敦煌遗书中的俗赋及其整

理研究情况;敦煌俗赋写卷叙录;敦煌故事俗赋考述;敦煌论辩俗赋考述;敦煌咏物俗赋考述;参考书目;后记
○赋到俗处学更精——读伏俊琏教授《俗赋研究》 王利锁、葛瑞敏 敦煌学辑刊 2009年03期 2009年9月
○振叶寻根 观澜索源——《俗赋研究》读后 邵炳军、谢德胜 宁夏师范学院学报 2010年01期 2010年2月
○谐趣寓真意,俗赋亦壮观——读伏俊琏教授《俗赋研究》 张艳芳 辽东学院学报 2010年02期 2010年4月
○观澜索源 涵古茹今——评《俗赋研究》 李占鹏 辽东学院学报 2011年05期 2011年10月

赋学讲演录 许结 北京:北京大学出版社 2009年4月 242页
弁言;第一讲 赋源;第二讲 赋体;第三讲 赋用;第四讲 赋集;第五讲 赋史;第六讲 赋话;第七讲 汉赋;第八讲 律赋;第九讲 批评与方法;第十讲 当代赋学;附录:讲述人现有赋学论著编年一览
○以真心话赋心——读许结先生《赋学演讲录》 王思豪 阅读与写作 2011年01期 2011年1月
~辽东学院学报 2011年01期 2011年2月

俗赋类型研究 欧天发 高雄:高雄复文图书出版社 2010年3月 448页
序;摘要;英文摘要;第一章 绪论;第二章 赋之义训、渊源与俗赋之性质;第三章 俗赋与其他文体之关系;第四章 俗赋的新领域;第五章 论辩类俗赋;第六章 故事寓言类俗赋;第七章 诙谐类俗赋;第八章 隐语类俗赋;第九章 祈愿类俗赋;第十章 认知类俗赋;第十一章 铺叙类俗赋;第十二章 结论;参考文献;附录:本书所举俗赋篇名、出处及归类表

俗赋之领域及类型研究 欧天发 台北:新文京开发出版公司 2010年5月 500页
序;摘要;英文摘要;第一章 绪论;第二章 赋之义训、赋体渊源、类别与俗赋之性质;第三章 俗赋与其他文体之关系;第四章 俗赋的新领域;第五章 论辩类俗赋;第六章 故事寓言类俗赋;第七章 诙谐类俗赋;第八章 隐语类俗赋;第九章 祈愿类俗赋;第十章 认知类俗赋;第十一章 铺叙类俗赋;第十二章 结论;参考文献;附录:本书所举俗赋篇名、出处及归类表

○俗赋研究的坚守与创获——读《俗赋之领域及类型研究》 伏俊琏、俞忠杰 辽东学院学报 2012年03期 2012年6月

唐前辞赋类型化特征与辞赋分体研究 王德华 杭州：浙江大学出版社 2011年10月 397页 中国诗词赋研究丛书
  导论；上编：唐前骚体 第一章 屈原骚体的文体特征；第二章 唐前骚体流变——拟骚、纪游与显志；第三章 唐前骚体新变与骚赋互渗；下编：唐前赋体 第四章 唐前赋体——小赋；第五章 唐前赋体——大赋；第六章 唐前赋体特殊体类——对问、七体、连珠；主要参考文献；后记
  ○唐前辞赋分体研究的力作——读《唐前辞赋类型化特征与辞赋分体研究》 叶志衡 辽东学院学报 2012年04期 2012年8月

【学位论文】

汉代（206BC-220AD）羽猎赋研究 蔡辉龙 香港大学 2000年 博士论文
俗赋研究 伏俊琏 西北师范大学 2001年 博士论文
汉赋专题研究 高一农 陕西师范大学 2003年 博士论文
唐赋分体研究 赵成林 武汉大学 2005年 博士论文
文体的范式与突破——七体、连珠、对问、九体研究 孙津华 南京大学 2006年 博士论文
《文选》赋研究 冯莉 北京语言大学 2008年 博士论文
俗赋类型研究 欧天发 高雄师范大学 2009年 博士论文
汉代骚体诗赋研究 李慧芳 浙江大学 2009年 博士论文
南宋辞赋分体研究 王立洲 南京大学 2009年 博士论文

中国辞赋与韩国歌辞之比较研究 〔韩〕金星洙 中国文化大学 1985年 硕士论文
枚乘《七发》与七体研究 邱仕冠 东海大学 1996年 硕士论文
唐传奇与辞赋关系之考察 〔韩〕崔末顺 政治大学 1997年 硕士论文
六朝赋"诗化"现象研究 陈英丝 逢甲大学 1999年 硕士论文
魏至西晋赋之"诗化"现象研究 苏怡如 台湾大学 2000年 硕士论文
唐代古文家赋研究 蔡梅枝 中正大学 2001年 硕士论文
楚汉骚体及赋体文学创作与赋体文学的体用独特性问题研究 许欣 北京语言文化大学 2002年 硕士论文

连珠综论　万静　南京大学　2002年　硕士论文
汉代的问答体赋研究　蒋文杰　陕西师范大学　2002年　硕士论文
论骈赋及其"生命基因"　李新宇　山西大学　2003年　硕士论文
南北朝连珠体研究　符欲静　郑州大学　2006年　硕士论文
汉代俗赋的说唱性研究　刘茂靖　山东大学　2006年　硕士论文
汉唐连珠体研究　陆祖吉　广西师范大学　2006年　硕士论文
清代古赋正典　陈守玺　（高雄）"中山大学"　2006年　硕士论文
两汉辞赋"九体"作品研究　米建喜　中央民族大学　2007年　硕士论文
六朝连珠体研究　靳丹　四川大学　2007年　硕士论文
汉魏六朝连珠体研究　解瑞　辽宁师范大学　2008年　硕士论文
建安赋的诗化现象探析　宋俊伟　西藏民族学院　2008年　硕士论文
对明代小说中赋作的初步研究　张敏　首都师范大学　2008年　硕士论文
"连珠"研究　连玲莉　嘉义大学　2009年　硕士论文
《九歌》文体研究　曹艳崇　河南大学　2010年　硕士论文
楚骚辨体研究　高火月　安庆师范学院　2010年　硕士论文
唐前诗体赋与诗的关系　田野　西北师范大学　2010年　硕士论文
汉代诗体赋研究　王雪云　云南大学　2010年　硕士论文
中国古代"七"体考论　孙科镂　黑龙江大学　2010年　硕士论文
汉大赋语言艺术研究　周焕玲　安徽大学　2011年　硕士论文
汉代"七"体研究　王宝红　东北师范大学　2011年　硕士论文
屈宋荀辞赋文体研究　康永秀　辽宁大学　2011年　硕士论文
楚歌与骚体文学研究二论　姚鹏举　南京师范大学　2012年　硕士论文
汉魏六朝七体研究　林铭伟　嘉义大学　2012年　硕士论文

【单篇论文】

1. 辨体：总论

赋在中国文学史上的位置　郭绍虞　小说月报17卷号外·中国文学研究　上海：商务印书馆　1927年6月
　　~照隅室古典文学论集·上编　郭绍虞　上海：上海古籍出版社　1983年9月
赋辨　胡怀琛　中国文学辨正　上海：商务印书馆　1927年9月
　　~二十世纪中国文学史论文精粹·散文、赋卷　彭黎明选编　石家庄：

河北教育出版社　2001年1月
论赋之封略:辞赋学中之一篇　段凌辰　国立中山大学语言历史学研究所周刊　9卷106期　1929年
赋论　谭正璧　文学概论讲话　上海:光明书局　1934年9月
　～二十世纪中国文学史论文精粹·散文、赋卷　彭黎明选编　石家庄:河北教育出版社　2001年1月
汉赋研究:汉代文学史之一篇　朱杰勤　国立中山大学文史学研究所月刊　3卷1期　1934年
　～20世纪中国文学研究论文选·汉代卷　雍繁星等编　北京:社会科学文献出版社　2010年1月
　～朱杰勤文集:文学艺术史　桂林:广西师范大学出版社　2011年1月
"赋"到底是什么？是诗还是散文？　曹聚仁　文学百题　傅东华编　上海:生活书店　1935年7月
　～二十世纪中国文学史论文精粹·散文、赋卷　彭黎明选编　石家庄:河北教育出版社　2001年1月
论楚辞为民歌之最高发展　本将　民友　6期　1947年8月
汉赋研究　李善昌　文化先锋　7卷9、10期　1947年11月
"诗"、"赋"、"词"体裁上的区别　疑霜　语文学习　1956年12期　1956年12月
谈汉赋　陈介白　天津日报　1959年6月16日
关于汉赋——读书札记之一　李嘉言　光明日报　1960年4月17日
　～李嘉言古典文学论文集　上海:上海古籍出版社　1987年3月
辞·赋·颂　李嘉言　光明日报　1961年11月16日
　～李嘉言古典文学论文集　上海:上海古籍出版社　1987年3月
汉赋略说　里庸　福建日报　1962年11月18日
楚辞的文体　褚斌杰　百科知识　1979年05期　1979年11月
赋　褚斌杰　新闻战线　1980年04期　1980年3月
汉赋与古优　冯沅君　冯沅君古典文学论文集　济南:山东人民出版社　1980年8月
楚辞　褚斌杰　文史知识　1981年05期　1981年8月
汉赋闲谈　郑在瀛　黄石师院学报　1982年01期　1982年3月
我国古代文学的一枝奇葩——赋　司汉平　柳泉　1983年03期
"楚辞"小议　宋万余　青海师范学院学报　1983年04期　1983年11月
历代抒情小赋选前言　黄瑞云　黄石师院学报　1983年04期　1983年

"辞"、"赋"、"颂"辨异　徐宗文　江海学刊　1984年06期　1984年6月
辞与赋　费振刚　文史知识　1984年12期　1984年12月
　～中国文学史百题　文史知识编辑部编　北京:中华书局　1990年12月
赋体四论(1)——赋是"古诗之流"辨　冯俊杰　山西师大学报　1986年01期　1986年4月
赋体四论(2)——赋体的生命要素　冯俊杰　山西师大学报　1986年02期　1986年7月
论赋兼及赋体　郭绍虞　照隅室杂著　郭绍虞　上海:上海古籍出版社　1986年9月
赋体四论(3)——赋体的艺术渊源　冯俊杰　山西师大学报　1986年03期　1986年10月
赋体四论(4)——赋体的正式形成　冯俊杰　山西师大学报　1986年04期　1986年12月
试论"楚辞"和"汉赋"的主要区别　罗昌奎　广西民族学院学报　1986年04期　1986年12月
辞赋考辨　韩雪　辽宁大学学报　1987年04期　1987年8月
赋体文、骈体文应归入散文一类吗　逢春、和咏　松辽学刊　1987年03期　1987年10月
赋体文学浅说　宋安华　文学知识　1987年12期　1987年12月
试论"汉赋"和"楚辞"的关系　雷庆翼　中国文学研究　1988年04期　1988年12月
说"赋"——《中国历代赋选》序　吴小如　文学评论　1989年02期　1989年5月
赋说　徐志啸　喀什师范学院学报　1990年04期　1990年8月
中国古代文体概观——谈赋体和骈体文　褚斌杰　古典文学知识　1992年01期　1992年1月
赋的文体特征、社会功能及其当代表现　宋益乔　西南师范大学学报　1992年02期　1992年7月
汉赋为诗为文之考辨　简宗梧　汉赋史论　台北:东大图书公司　1993年5月
辞、赋异体说商兑　汪祚民　安庆师范学院学报　1994年04期　1994年11月
亦诗亦文的"赋"　章明寿　淮阴师专学报　1996年02期　1996年4月

从"和赋"看赋的文体属性　李立信　第三届国际辞赋学学术研讨会论文集　台北:政治大学　1996年12月
赋:极富包融性的特殊文体　陈庆元、陈炜　宁德师专学报　1997年04期　1997年11月
　　～赋:时代投影与体制演变　陈庆元　桂林:广西师范大学出版社　2000年1月
论骚体的形式特征　郭建勋　聂石樵教授七十寿辰学术纪念文集　成都:巴蜀书社　1997年11月
赋——中国古代的散文诗　黄思源　中国韵文学刊　1997年02期　1997年12月
赋与中国古代散文诗　踪凡　中国韵文学刊　1998年01期　1998年3月
楚辞　楚歌　楚声　郭建勋　古典文学知识　1998年03期　1998年5月
论宋赋诸体　曾枣庄　阴山学刊　1999年01期　1999年2月
赋之名实考论:赋之风比兴义说　欧天发　辞赋文学论集　南京大学中文系主编　南京:江苏教育出版社　1999年12月
论赋的文体属性　李立信　辞赋文学论集　南京大学中文系主编　南京:江苏教育出版社　1999年12月
辞与赋的区分　费振刚　中国楚辞学(第六辑)——2000年楚辞学国际学术研讨会论文专辑　2000年8月
　　～中国楚辞学　6辑　北京:学苑出版社　2005年1月
从汉代楚辞体赋看楚辞的正统化　安小兰　中国楚辞学(第六辑)——2000年楚辞学国际学术研讨会论文专辑　2000年8月
　　～中国楚辞学　6辑　北京:学苑出版社　2005年1月
汉赋属骈文之一体　姜逸波　湘潭大学社会科学学报　2000年06期　2000年12月
骚、赋文体辨——兼说屈作不当名赋　何念龙　荆州师范学院学报　2000年06期　2000年12月
　　～楚辞散论　何念龙　武汉:湖北人民出版社　2009年6月
"辞""赋"与乐府　何涛、张桂萍　西南民族学院学报　2001年03期　2001年3月
中国古代赋体研究总论　龚克昌　东方论坛:青岛大学学报　2001年03期　2001年9月
楚辞的文体学意义——兼论楚辞与几种主要的中国古代韵文　郭建勋

中国文学研究　2001年04期　2001年11月
赋体因子的解析与再造　简宗梧　"国科会"研究计划 NSC-90-2411-H-035-004　2001年
诗骚异同再论　李诚　文学评论　2001年06期　2001年11月
　　~辞赋研究　熊良智主编　北京:商务印书馆　2006年11月
《风》《骚》体制异同(编按,仅为提纲)　李金坤　诗经研究丛刊　2辑　北京:学苑出版社　2002年1月
　　~改题:《风》《骚》体制异同论(上)　李金坤　衡水学院学报　2010年06期　2010年12月
　　~改题:《风》《骚》体制异同论(下)　李金坤　衡水学院学报　2011年02期　2011年4月
《历代辞赋总汇》前言　马积高　中国文学研究　2002年01期　2002年3月
关于"骚""赋"之同异问题——兼论吴子良等批评《文选》别"骚"于"赋"之得失　力之　中国楚辞学(第二辑)——2002年楚辞学国际学术研讨会论文专辑　2002年7月
　　~中国楚辞学　2辑　北京:学苑出版社　2003年1月
　　~钦州师范高等专科学校学报　2003年03期　2003年9月
　　~《楚辞》与中古文献考说　力之　成都:巴蜀社　2005年12月
关于楚辞骚体文学的分离现象　〔日〕冈村繁　中国楚辞学(第二辑)——2002年楚辞学国际学术研讨会论文专辑　2002年7月
　　~中国楚辞学　2辑　北京:学苑出版社　2003年1月
　　~云梦学刊　2003年03期　2003年5月
赋体之典律作品及其因子　简宗梧　逢甲人文社会学报　6期　2003年5月
论辞与赋不当为异体关系　程兵　古籍研究　2003年04期　2003年11月
论"楚辞"的文体特征　褚斌杰　古典新论　长沙:湖南人民出版社　2004年5月
　　~褚斌杰文选　北京:北京大学出版社　2010年10月
楚辞的文体界定与文体渗透　李中华、龚贤　光明日报　2004年7月28日
　　~中国古代文学风貌与文学精神　李中华　武汉:湖北人民出版社　2005年6月

～中国楚辞学(第十一辑)——第十一届中国屈原学会年会暨楚辞学国际学术研讨会论文集　2007年9月
　　～李中华　中国楚辞学　11辑　北京:学苑出版社　2009年5月
赋与骈文的文学类属辨说　葛培岭　河南教育学院学报　2004年06期　2004年11月
楚辞体式探论　陈耀基　汉学研究　22卷2期　2004年12月
论赋的文体特征的无规范性以及唐赋形式的两极分化　尹占华　济南大学学报　2005年06期　2005年11月
诗人之赋与辞人之赋　韩国良　北京教育学院学报　2005年04期　2005年12月
论楚辞的"乐体文学"特性　范卫平　职大学报　2006年03期　2006年9月
汉赋对话体及其文化蕴涵　章建文　池州师专学报　2006年06期　2006年12月
赋体的基因与突变　简宗梧　中国中世文学研究论集　章培恒主编　上海:上海古籍出版社　2006年12月
楚辞辩体　周苇风　云梦学刊　2007年02期　2007年3月
论赋与颂　李泽需　电影评介　2008年09期　2008年5月
唐前辞赋类型化特征的文体思考　王德华　文艺理论研究　2008年04期　2008年7月
浅议辞赋之辨　吴建萍　安徽文学(下半月)　2008年12期　2008年12月
辞、赋关系辨正　耿玲、踪凡　河北北方学院学报　2009年02期　2009年4月
楚辞与汉大赋的比较　李琨　现代交际　2009年10期　2009年10月
赋与骚——以《文选》列赋为首与别骚于赋为中心　冯莉　中国楚辞学(第十七辑)——2009年深圳屈原与楚辞学国际学术研讨会论文集　2009年10月
　　～中国楚辞学　17辑　北京:学苑出版社　2011年12月
楚辞与赋之关系考论　龚俟　中国楚辞学(第十七辑)——2009年深圳屈原与楚辞学国际学术研讨会论文集　2009年10月
　　～中国楚辞学　17辑　北京:学苑出版社　2011年12月

赋体三说　徐宗文　古典文学知识　2009年06期　2009年11月
屈宋赋文体性质辨析——兼论银雀山汉简《唐勒赋》　高华平　文学评论丛刊　13卷1期　周勋初、杨义主编　南京：南京大学出版社　2011年1月
汉赋辨说　刘凤泉　中国韵文学刊　2011年01期　2011年1月
"辞"非文体论——与褚斌杰先生商榷　陈广忠　学术界　2011年04期　2011年4月
关于骚体界定的新思考　李慧芳　浙江工业大学学报　2011年04期　2011年12月
论楚辞、楚歌的判断标准　周苇风　广西师范大学学报　2012年01期　2012年2月
"辞"与"赋"的辨析　李叶萍　长春教育学院学报　2012年04期　2012年4月
赋的文体归属摭论　罗书华　河南师范大学学报　2012年03期　2012年5月
论楚辞的文体特点　梁微微　内蒙古农业大学学报　2012年03期　2012年6月
命赋厥初：先秦古赋体制例说　马世年　甘肃社会科学　2013年02期　2013年3月

2. 辨体：分论一

辞赋与骚赋　许世瑛　文学月刊　3卷1期　1932年
从王粲登楼赋说到骚赋与辞赋的分别（正文中题作：从王粲登楼赋说到骚赋与词赋的分别）　般乃（马玉铭）　清华周刊　37卷7期　1932年
文章中"连珠体"的探究　严灵峰　出版与研究　41期　1979年3月
骚赋体辨异　曹菁　常德师专学报　1984年01、02期
连珠体试论　沈海燕　文学遗产　1985年04期　1985年9月
连珠文体初探　罗宽文　内蒙古大学学报　1986年03期　1986年6月
唐代的科试制度与试赋体制研究　张正体　中华文化复兴月刊　20卷1期　1987年1月
屈赋与荀赋　汤炳正　楚辞类稿　成都：巴蜀书社　1988年1月
论散体赋的文体因素　万光治　天府新论　1989年03期　1989年6月
论八股文赋之说不能成立　叶幼明　学术研究　1990年06期　1990年6月

谈古代的"连珠文"　褚斌杰　光明日报　1991年1月6日
从连珠体的构成看中国传统思维方式　李世耀　江淮论坛　1991年02期　1991年5月
建立汉赋散化体制的枚乘赋风　阮忠　淮阴师专学报　1991年02期　1991年7月
略论屈原创制的骚体诗　潘啸龙　楚汉文学综论　合肥：黄山书社　1993年10月
论"连珠体"的逻辑性质　孙波　社会科学战线　1993年05期　1993年10月
论《文选》之难体　游志诚　魏晋南北朝文学与思想学术研讨会论文集第2辑　台北：文津出版社　1993年11月
　　～昭明文选学术论考　游志诚　台北：台湾学生书局　1996年3月
小巧玲珑的连珠体杂文　徐乘　杂文界　1993年06期
"宫体赋"论略　阿忠荣　青海师范大学学报　1994年02期　1994年5月
论小品赋　许结　文学评论　1994年03期　1994年5月
汉赋问答体初探　何沛雄　新亚学术集刊　13期　1994年
唐代律赋简论　阿忠荣　青海师范大学学报　1995年01期　1995年2月
《文选》七体考　游志诚　昭明文选学术论考　台北：台湾学生书局　1996年3月
唐代律赋与律　邝健行　唐代文学研究（第七辑）——中国唐代文学学会第八届年会暨国际学术讨论会论文集　1996年9月
　　～唐代文学研究　7辑　桂林：广西师范大学出版社　1998年10月
试论《文选》的"七"类　张福政　勤益学报　14期　1996年11月
略论汉代骚体赋和散体赋的特点　何沛雄　第三届国际辞赋学学术研讨会论文集　台北：政治大学　1996年12月
古赋与文赋刍议　万光治　第三届国际辞赋学学术研讨会论文集　台北：政治大学　1996年12月
　　～新国学　4卷　2002年12月
　　～辞赋研究　熊良智主编　北京：商务印书馆　2006年11月
试谈敦煌俗赋的体制和审美价值——兼谈俗赋的起源　伏俊琏　敦煌研究　1997年03期　1997年9月
论汉魏六朝连珠体的艺术及其影响　廖蔚卿　汉魏六朝文学论集　台北：

大安出版社　1997年12月
汉赋变体论析　刘竹　云南师范大学学报　1998年02期　1998年4月
"连珠"论　周建渝　第三届魏晋南北朝文学国际学术研讨会论文集　台北:文史哲出版社　1998年8月
"答难""释晦"体式与两汉辞赋作者之主体意识　王连儒　山东社会科学　1998年05期　1998年10月
初唐题下限韵律赋形式的观察及引论　邝健行　唐代文学研究(第八辑)——中国唐代文学学会第九届年会暨国际学术讨论会论文集　1998年10月
　～唐代文学研究　8辑　桂林:广西师范大学出版社　2000年10月
敦煌俗赋的体制和审美价值　伏俊琏　辞赋文学论集　南京大学中文系主编　南京:江苏教育出版社　1999年12月
传:赋之变体　刘昆庸　福建论坛(文史哲版)　1999年06期　1999年12月
"成相"杂辞考　姚小鸥　文艺研究　2000年01期　2000年1月
　～吹埙奏雅录　姚小鸥自选集　姚小鸥　北京:北京广播学院出版社　2004年8月
"七"——我国古代的一种文体　张振宇　知识文库　2000年10期　2000年10月
七体:文体演变的缩影　李士彪　福建论坛　2000年05期　2000年10月
骚体赋的界定及其在赋体文学中的地位　郭建勋　求索　2000年05期　2000年10月
律赋在唐代"典律化"之考察　简宗梧、游适宏　逢甲人文社会学报　1期　2000年11月
敦煌俗赋的文学史意义　伏俊琏　中州学刊　2002年02期　2002年3月
对话体赋与赋家的对话性生存　刘朝谦　社会科学研究　2002年03期　2002年5月
　～辞赋研究　熊良智主编　北京:商务印书馆　2006年11月
《汉书·艺文志》"成相杂辞""隐书"说　伏俊琏　西北师大学报　2002年05期　2002年9月
《汉书·艺文志》"杂赋"臆说　伏俊琏　文学遗产　2002年06期　2002年11月

论诗体赋的特征及其滥觞　秦丙坤　江南社会学院学报　2002年S1期　2002年12月
略谈汉代大赋　刘晓东　山东大学学报　2003年01期　2003年2月
不以赋为题名之赋体形态举述　欧天发　嘉南学报·人文类　29期　2003年12月
论骈文骈赋之异同　周悦　中国文学研究　2004年01期　2004年3月
魏晋骈赋的文体性质及美学意义考论　王志清　中国中古文学研究——中国中古(汉—唐)文学国际学术研讨会论文集　2004年8月
　　～改题:魏晋骈赋的文体性质及其意义　南通大学学报　2005年01期　2005年3月
　　～中国中古文学研究——中国中古(汉—唐)文学国际学术研讨会论文集　北京:学苑出版社　2005年12月
先秦"故事俗赋"钩沉　伏俊琏　中国文化研究　2004年04期　2004年11月
关于汉赋研究的几个问题　方铭　北方论丛　2005年01期　2005年1月
律赋论体　邝健行　四川师范大学学报　2005年01期　2005年1月
　　～中国赋学　许结、徐宗文主编　南京:江苏教育出版社　2007年8月
先秦"论辩俗赋"钩沉　伏俊琏　西北师大学报　2005年01期　2005年2月
诗体赋的界定与文体特征　郭建勋、曾伟伟　求索　2005年04期　2005年4月
　　～中国诗学研究·第5辑·中国韵文学研究专辑　余恕诚主编　上海:上海古籍出版社　2006年10月
汉魏六朝调笑戏谑类俗赋　伏俊琏　兰州大学学报　2005年03期　2005年5月
骚体赋:汉代的一种抒情文体——兼议以诗歌为抒情文学和自觉文学的局限性　谭淑娟　贵州教育学院学报　2005年03期　2005年6月
刘向与"九体"之骚　王以宪　创作评谭　2005年06期　2005年6月
　　～中国楚辞学　9辑　北京:学苑出版社　2007年5月
汉代实用文形式的俗赋考论　伏俊琏　南京师大学报　2005年04期　2005年7月
从班固的《两都赋》看汉大赋的体制　徐好文　甘肃联合大学学报　2005年04期　2005年10月

南朝文人以应用文形式写成的诙谐俗赋　伏俊琏、朱金发　华中师范大学学报　2006年02期　2006年3月
论设难体　侯立兵　陕西师范大学学报　2006年03期　2006年5月
论宋代仿汉大赋　曾枣庄　宋代文学与宋代文化　上海：上海人民出版社　2006年5月
　　~中国楚辞学（第十五辑）——2007年浙江杭州屈原及楚辞学国际学术研讨会论文集　2007年9月
七：一种以数字命名的文体　卫绍生　寻根　2007年03期　2007年3月
"九"还是"七"？——从文类观点出发观察"九体"与"七体"　祁立峰　辅大中研所学刊　17期　2007年4月
"难"体赋说　俞纪东　中国文学研究（辑刊）　2007年01期　2007年4月
敦煌俗赋的类型与体制特征　伏俊琏　南京大学学报　2007年04期　2007年7月
连珠体的归类与起源问题的再思考　罗莹　古典文学知识　2007年04期　2007年7月
游戏性与严肃性的统一——论连珠的文体特征与陆机的《演连珠》　李乃龙　广西师范大学学报　2007年04期　2007年8月
论"七"赋"九"骚　王以宪　济南大学学报　2007年06期　2007年11月
论律赋的文体特征　郭建勋、毛锦群　中国文化研究　2007年04期　2007年11月
汉代赋、颂二体辨析　王长华、郗文倩　文学遗产　2008年01期　2008年1月
　　~改题：汉代赋、颂二体辨析——兼谈文体辨析的方法和意义　诗论与赋论　王长华　北京：学苑出版社　2011年10月
初唐新文体赋与汉代散体赋的差异　何易展　湖南工业大学学报　2008年01期　2008年2月
律赋体式标准问题辨略　赵成林　中国韵文学刊　2008年01期　2008年3月
汉大赋的"亚仪式"特征及其意义　白晓丽　中州学刊　2008年04期　2008年7月
"七"体的模式与理论底色——兼论"七"体内容的矛盾性与艺术的统一性　李乃龙　广西师范大学学报　2008年04期　2008年8月

试论《文苑英华》的唐代赋体杂文　简宗梧　长庚人文社会学报　1卷2期　2008年10月
戏曲中俗赋之型态述论　欧天发　国文学报（高雄师大）　9期　2009年1月
赋亦"可以群"——论唱和赋的渊源、发展与流变　赵超　古典文学知识2009年01期　2009年1月
六朝赋体文学考辨——兼谈大小赋之界定　陈秋枫　内蒙古农业大学学报　2009年02期　2009年4月
五七言诗体赋论略　赵成林　武汉大学学报　2009年03期　2009年5月
论律赋之"试"与"律"　何易展　许昌学院学报　2009年03期　2009年5月
连珠体述略　夏冬梅　才智　2009年29期　2009年10月
文体学视野中的"连珠"定位　孙津华　许昌学院学报　2009年06期　2009年11月
俗赋的发现及其文学史意义　伏俊琏　复旦学报　2009年06期　2009年11月
"客主以首引"辨——论"客主以首引"成为赋的文体象征　胡大雷　铜仁学院学报　2010年01期　2010年1月
　　~改题："客主以首引"辨——论赋的文体象征　中古赋学研究　胡大雷　桂林：广西师范大学出版社　2011年11月
论赋的特质及其与汉语和中国文化之关系　赵逵夫　文史哲　2010年02期　2010年3月
再论唐代律赋的体式标准　赵俊波　辽东学院学报　2010年02期　2010年4月
论建安时期骚体赋的特征　王双　唐山师范学院学报　2010年03期　2010年5月
推类视角下的连珠体研究　王克喜　毕节学院学报　2010年07期　2010年7月
　　~"回顾与前瞻：中国逻辑史研究30年"全国学术研讨会论文集　2010年7月
赋之"古"、"律"　何易展　文史杂志　2010年05期　2010年9月
论律赋的基本特征　彭红卫　湖北大学学报　2010年06期　2010年11月

略论南宋律赋的体式　王立洲　中国韵文学刊　2011年01期　2011年1月
先秦赋钩沉　伏俊琏　天水师范学院学报　2011年01期　2011年1月
历代"九"体作品考述　李晓黎　安庆师范学院学报　2011年02期　2011年2月
连珠文体新论——兼论连珠与奏议之关系　仇海平　燕赵学术　2011年01期　2011年4月
论连珠的文体特征　曾枣庄　古典文学知识　2011年03期　2011年5月
　～文化、文学与文体　曾枣庄　上海：上海人民出版社　2011年8月
唐代状元赋的文体意义　王士祥　中州学刊　2011年04期　2011年7月
"九"体商榷　李晓黎　北京工业大学学报　2011年04期　2011年8月
浅议汉大赋和六朝骈文的异同　徐紫云、常铖　时代文学（下半月）　2011年11期　2011年11月
赋中"七体"与诗之"七绝"的共性　鲍宜成、熊冬冬　剑南文学　2011年11期　2011年11月
身挫凭乎道胜,时屯寄于情泰——《文选》"对问"、"设论"文解读（上）　王德华　古典文学知识　2012年01期　2012年1月
身挫凭乎道胜,时屯寄于情泰——《文选》"对问"、"设论"文解读（下）　王德华　古典文学知识　2012年02期　2012年3月
骚体赋的界定及道家思想对汉骚体赋的影响　张文莉、张建兵　文学界（理论版）　2012年02期　2012年2月
清代台湾形胜赋与汉代"散体大赋"体裁的比较　邱清丽　东海大学图书馆馆讯　130期　2012年7月
虽始之以淫侈,而终之以居正——《文选》"七体"文解读（上）　王德华　古典文学知识　2012年05期　2012年9月
虽始之以淫侈,而终之以居正——《文选》"七体"文解读（下）　王德华　古典文学知识　2012年06期　2012年11月
辞赋的唱和体　曾枣庄　古典文学知识　2012年06期　2012年11月
骈赋与骈文关系考论　陈鹏　求索　2013年05期　2013年5月
《文选》"设论"类的赋体特征　方坚伟　内江师范学院学报　2013年11期　2013年11月

3. 辨体：分论二

《九歌》非民歌说　孙作云　语言与文学　国立清华大学中国文学会编　上海：中华书局　1937年6月
　　~改题：《九歌》非民歌说——《九歌》与汉《郊祀歌》的比较　孙作云文集　第1卷　开封：河南大学出版社　2003年9月
宋玉大小言赋考　游国恩　华中学报　1卷1期　1937年
　　~游国恩学术论文集　北京：中华书局　1989年1月
《九歌》的来源及其篇数　李嘉言　国文月刊　58期　1947年7月
　　~古诗初探　李嘉言　上海：古典文学出版社　1957年3月
　　~楚辞研究论文选集　余崇生编　台北：学海出版社　1985年1月
　　~李嘉言古典文学论文集　上海：上海古籍出版社　1987年3月
什么是九歌　闻一多　文艺春秋　5卷2期　1947年8月
　　~闻一多全集·神话与诗　闻一多　上海：开明书店　1948年8月
　　~闻一多全集·楚辞编　闻一多　武汉：湖北人民出版社　1993年12月
屈原《天问篇》体制别解　台静农　台湾文化　2卷6期　1947年9月
　　~龙坡论学集　台静农　沈阳：辽宁教育出版社　2000年1月
　　~台静农论文集　合肥：安徽教育出版社　2002年1月
《九歌》与民歌的关系——从声乐系统上看《九歌》　孙作云　开封师院学报　1963年02期　1963年5月
　　~改题：《九歌》和民歌的关系——从郑卫之音到楚声　孙作云文集　第1卷　开封：河南大学出版社　2003年9月
《天问》文体的源流——"发问"文学之探讨　饶宗颐　台湾大学考古人类学刊　39、40期　1976年6月
　　~饶宗颐史学论著选　上海：上海古籍出版社　1993年11月
　　~文辙——文学史论集　饶宗颐　台北：台湾学生书局　1991年11月
　　~选堂集林(上)　饶宗颐　香港：中华书局　1982年1月
论《九歌》不是原始戏剧——《九歌十论》之八　萧兵　黑龙江大学学报　1979年04期　1979年8月
荀学之纲，弹词之祖——读荀卿《成相篇》　李金锡　鞍山师范学院学报　1981年01期
　　~屈荀辞赋论稿　李金锡　沈阳：春风文艺出版社　1986年12月
《荀子·成相》通说　姜书阁　先秦辞赋原论　济南：齐鲁书社　1983年

9月
《荀子·赋篇》平议　姜书阁　先秦辞赋原论　济南:齐鲁书社　1983年9月
《天问》文体的比较研究　萧兵　文献　1984年01期　1984年4月
《七发》三问　徐宗文　徐州师范学院学报　1986年03期　1986年6月
敦煌本《燕子赋》体制考辨　简涛　敦煌学辑刊　1986年02期　1986年12月
《天问》体制特色及其渊源浅探　陈怡良　成功大学学报　22期　1987年10月
　～屈原文学论集　台北:文津出版社　1992年11月
《九辩》的性质以及《高唐》、《神女》诸赋的作者　郭维森　南京大学学报　1992年01期　1992年1月
《九歌》二"湘"古歌舞剧悬解　龚维英　衡阳师专学报　1992年02期　1992年4月
论《九歌》为民间祭祀歌舞　文晖　社科纵横　1994年05期　1994年10月
屈原《九歌》文体研究　褚斌杰　中国文化研究　1995年01期　1995年2月
论《楚辞·九歌》的来源、构成和性质　褚斌杰　河北大学学报　1995年02期　1995年6月
　～古典新论　褚斌杰　长沙:湖南人民出版社　2004年5月
　～褚斌杰文选　北京:北京大学出版社　2010年10月
荀子《赋篇》的写作方式试探　张秋丽　中华学苑　47期　1996年3月
别具一格的问难式杂文——说屈原的《天问》　刘洪仁　四川教育学院学报　1999年01期　1999年1月
荀况《赋篇》刍论　毕庶春　文学遗产　1999年03期　1999年5月
《九歌》是楚国郊祀的祭歌　黄露生　第一师范学报　2000年01期　2000年3月
《九歌》无对唱说　吴广平　湘潭师范学院学报　2000年04期　2000年7月
枚乘《七发》与"七辞"文体的运用　王连儒　中国典籍与文化　2000年04期　2000年12月
《周易》的占问与上古文学的问对体　于雪棠　东北师大学报　2001年02期　2001年3月

论枚乘的《七发》　孙彦波、赵舒云　黑龙江教育学院学报　2001年02期　2001年4月

《九歌》诗体的渊源　刘树胜　沧州师范专科学校学报　2004年01期　2004年3月

《天问》意旨、文体与诗学精神探原　姚小鸥　文艺研究　2004年03期　2004年5月

　　~吹埙奏雅录　姚小鸥自选集　姚小鸥　北京：北京广播学院出版社　2004年8月

　　~中国楚辞学（第十五辑）——2007年浙江杭州屈原及楚辞学国际学术研讨会论文集　2007年9月

　　~中国楚辞学　15辑　北京：学苑出版社　2011年1月

赋体杂文的先导：论屈原的《天问》、《卜居》、《渔父》　刘洪仁　社会科学辑刊　2005年04期　2005年7月

《楚辞》的体例和《招魂》的对象　潘啸龙　安徽师范大学学报　2005年04期　2005年7月

　　~中国楚辞学　8辑　北京：学苑出版社　2007年3月

说《七观》——七体的革新及其文体环境　赋学论丛　程章灿　北京：中华书局　2005年9月

　　~中国古代文学文献学国际学术研讨会论文集　南京：江苏古籍出版社　2006年1月

《九歌》诗学结构新探　吴奇　重庆社会科学　2006年02期　2006年2月

《招魂》赋体文学说　姚小鸥　文艺研究　2006年07期　2006年7月

《高兴歌·酒赋》管窥　毕庶春　南京大学学报　2007年04期　2007年7月

从瞽史文化看荀子《成相篇》——兼评《成相篇》为民歌体　路怀国　宜宾学院学报　2007年10期　2007年10月

班固《答宾戏》对设论体文体艺术的解构　宋红霞　枣庄学院学报　2008年04期　2008年8月

《九歌》文体新论　韩高年　兰州大学学报　2009年01期　2009年1月

从"七"的生命蕴涵看《七发》的主题及以"七"命篇的原因　张宜斌　昆明学院学报　2009年02期　2009年3月

《七发》构思及其主旨探源　易小平　广西民族大学学报　2009年增刊·人文社会科学专辑　2009年6月

《荀子·赋篇》体制新探——兼及其赋学史意义　马世年　文学遗产 2009 年 04 期　2009 年 7 月
关于《九歌》性质的述评　刘晓丽　沧桑　2009 年 04 期　2009 年 8 月
司马相如《难蜀父老》的写作年代、文体与篇名考　杜松柏　学术交流 2009 年 11 期　2009 年 11 月
荀子《成相》的诗体学意义　秦立　名作欣赏　2010 年 03 期　2010 年 1 月
从文体方面论《卜居》之真伪　毕红刚　安徽文学(下半月)　2010 年 02 期　2010 年 2 月
《天问》与上博简《凡物流形》之比较　汤漳平　中国楚辞学(第十八辑)——2010 年江苏南通屈原与楚辞学国际学术研讨会论文集　2010 年 3 月
　~福建论坛　2010 年 12 期　2010 年 12 月
　~中国楚辞学　18 辑　北京:学苑出版社　2011 年 12 月
荀子《赋篇》的创作特色及其对汉赋的影响　刘寅子　重庆科技学院学报 2010 年 13 期　2010 年 7 月
《荀子·成相》的篇题、结构及其理念考辨　李炳海　江汉论坛　2010 年 09 期　2010 年 9 月
关于《九歌》的文体性质　郑志勇　语文学刊　2011 年 06 期　2011 年 3 月
《九歌》应是九首诗　李青石　陕西教育(高教版)　2011 年 05 期　2011 年 5 月
试论《西藏赋》文体特征　乌日罕　赤峰学院学报　2011 年 05 期　2011 年 5 月
颜之推《稽圣赋》的流传、辑佚与文体辨析　杨晓斌　南京师范大学文学院学报　2012 年 03 期　2012 年 9 月
"口言"与"笔书"——论中古"难"体的原生态　胡大雷　文艺理论研究 2013 年 01 期　2013 年 1 月
傅毅《七激》在七体流变中的作用　祝琳　安徽文学(下半月)　2013 年 05 期　2013 年 5 月
《天问》文题、文体、文序解　陈纪然　北方论丛　2013 年 04 期　2013 年 7 月
荀子《赋篇·佹诗》辩体述论——兼论"赋"之文体学意涵在先秦的萌芽 刘浏　中国韵文学刊　2013 年 04 期　2013 年 10 月

《晋问》对《七发》的继承与创新　彭睿　神州　2013 年 31 期　2013 年 11 月

4. 文体关联

楚辞与五七言诗的兴起　刘信秋　中国新论　2 卷 2 期　1936 年 2 月
"登楼赋"与楚词的关系　许世瑛　读书青年　2 卷 2 期　1945 年 1 月
　～台湾文化　3 卷 7 期　1948 年 9 月
辞赋对律诗之影响　易苏民　现代学苑　5 卷 11 期　1968 年
楚辞与宋词　王延龄　楚辞研究　《北方论丛》编辑部编　1983 年 4 月
古典戏曲作品中的赋体文　徐扶明　光明日报　1983 年 9 月 20 日
　～元明清戏曲探索　徐扶明　杭州：浙江古籍出版社　1986 年 1 月
荀子《成相》与诗歌的"三三七言"　支菊生　河北大学学报　1983 年 03 期　1983 年 10 月
汉赋和诗、文的关系——赋体属性之考辨　简宗梧　东方杂志　17 卷 09 期　1984 年 3 月
论赋与诗六义之"赋"的关系　曹明纲　江海学刊　1984 年 05 期　1984 年 5 月
　～赋学论稿　上海：上海古籍出版社　2012 年 5 月
《诗经》与后世文体之赋间的源流关系　李湘　山东师大学报　1988 年 03 期　1988 年 6 月
敦煌俗赋的渊源及其与变文的关系　程毅中　文学遗产　1989 年 01 期　1989 年 2 月
　～程毅中文存　北京：中华书局　2006 年 9 月
论江淹骈赋与屈宋辞赋之渊源关系　何祥荣　树仁学报　1989 年 05 期　1989 年 5 月
以诗入赋和以骈入赋　高光复　北方论丛　1989 年 04 期　1989 年 7 月
论汉赋与《诗经》的渊源关系　章沧授　安庆师院社会科学学报　1990 年 02 期　1990 年 7 月
中国古典小说中的赋体文　曹明纲　广州日报　1990 年 8 月 1 日
　～赋学论稿　曹明纲　上海：上海古籍出版社　2012 年 5 月
律赋与八股文　邝健行　文史哲　1991 年 05 期　1991 年 5 月
诗的赋化与赋的诗化——两汉魏晋诗赋关系之寻踪　徐公持　文学遗产　1992 年 01 期　1992 年 2 月
略论赋与诗的关系　马积高　社会科学战线　1992 年 01 期　1992 年

3月

论汉赋与楚辞的渊源关系　章沧授　安庆师范学院学报　1992年04期　1992年12月

论六朝赋诗化的原因及表现　黄水云　实践学报　25期　1994年6月

论赋与骈文　马积高　新亚学术集刊　13期　1994年

"辞"、"赋"关系新证　李立信　新亚学术集刊　13期　1994年

汉赋的杂文因素及其价值　何玉兰　乐山师专学报　1995年02期　1995年6月

汉赋对曹植诗歌创作的影响　邹树德　求索　1995年03期　1995年6月

寓言与赋之关系研究　欧天发　嘉南学报　22期　1996年11月

俗赋与讲经变文关系之考察　简宗梧　第三届国际辞赋学学术研讨会论文集　台北:政治大学　1996年12月

诗与赋——兼论赋的归属　李文初　天府新论　1997年01期　1997年1月

骈文与诗、赋相互影响的两点思考　吴在庆　宁德师专学报　1997年01期　1997年2月

论楚辞对汉赋的影响　曹冰雪　玉溪师专学报　1997年04期　1997年8月

试论汉赋对楚辞的继承和发展　吴淑玲　吉安师专学报　1997年05期　1997年10月

诗骚异同简论　李诚　文学评论　1998年03期　1998年5月

　～辞赋研究　熊良智主编　北京:商务印书馆　2006年11月

赋与戏剧的关系　金登才　戏剧艺术　1998年06期　1998年12月

唐宋赋的诗化与散文化　尹占华　西北师大学报　1999年01期　1999年1月

先秦两汉赋与说唱文学关系之考察　简宗梧　先秦两汉论丛　1辑　台北:洪业文化事业公司　1999年7月

辞赋与戏剧　〔日〕清水茂　辞赋文学论集　南京大学中文系主编　南京:江苏教育出版社　1999年12月

《九歌》戏剧因素探析　马世年　甘肃高师学报　2000年01期　2000年2月

　～贵州社会科学　2000年03期　2000年6月

从继承看先秦辞赋与诗的关系　王晓鹏　钦州师范高等专科学校学报

2000 年 01 期 2000 年 3 月
论楚辞在形制与表现上对文体赋的影响 郭建勋 中国文学研究 2000 年 03 期 2000 年 7 月
试论东汉赋和楚骚的关系 郭令原 中国楚辞学(第六辑)——2000 年楚辞学国际学术研讨会论文专辑 2000 年 8 月
  ~中国楚辞学 6 辑 北京:学苑出版社 2005 年 1 月
楚辞与七言诗 郭建勋 中国楚辞学(第七辑)——2000 年楚辞学国际学术研讨会论文专辑 2000 年 8 月
  ~先秦两汉文学论集:祝贺褚斌杰教授从教 50 周年 北京:学苑出版社 2004 年 7 月
  ~中国楚辞学 7 辑 北京:学苑出版社 2005 年 7 月
赋与类书关系之考察 简宗梧 第五届国际辞赋学学术研讨会论文集 2000 年
戏曲与赋 朱恒夫 同济大学学报 2001 年 04 期 2001 年 7 月
初唐四杰的辞赋、骈文对诗歌革新的影响 胡朝雯 衡阳师范学院学报 2001 年 04 期 2001 年 8 月
楚辞与骈文 郭建勋 湖南大学学报 2001 年 04 期 2001 年 12 月
楚辞与歌、赋、诗、词 郭建勋 古典文学知识 2002 年 01 期 2002 年 1 月
再论赋与诗之关系 梁承德 论学谈言见挚情:洪顺隆教授逝世周年论文集 台北:万卷楼图书公司 2002 年 1 月
论词对楚辞的接受 郭建勋 求索 2002 年 01 期 2002 年 2 月
楚骚与哀吊类韵文 郭建勋 云梦学刊 2002 年 02 期 2002 年 3 月
诗骚形体因革略论 张震英 新余高专学报 2002 年 03 期 2002 年 9 月
论楚辞孕育七言诗的独特条件及衍生过程 郭建勋 中州学刊 2002 年 05 期 2002 年 9 月
四言体的形成及其与辞赋的关系 葛晓音 中国社会科学 2002 年 06 期 2002 年 11 月
  ~先秦汉魏六朝诗歌体式研究 葛晓音 北京:北京大学出版社 2012 年 3 月
论乐府诗对楚声楚辞的接受 郭建勋 中国文学研究 2002 年 04 期 2002 年 12 月
论荀子《赋篇》及其对后世赋作之影响 黄水云 中国文化大学中文学报

8期 2003年3月

由《天问》看楚辞对汉赋的影响 董雪静 社会科学论坛 2003年03期 2003年3月

论六朝赋风对诗的影响 许瑶丽 四川师范大学学报 2003年02期 2003年4月

先秦两汉赋与隐语关系之考察 简宗梧 第四届汉代文学与思想学术研讨会论文集 2003年4月

论唐宋词与小赋之关系 曹辛华 宋代文学研究丛刊 7期 高雄:丽文文化事业股份有限公司 2003年5月

试论汉赋的小说意味 王焕然 南都学坛 2003年05期 2003年9月

赋与隐语关系之考察 简宗梧 "国科会"研究计划 NSC91-2411-H035-005 2003年10月

~逢甲人文社会学报 8期 2004年5月

汉赋与楚辞 吴淑玲 岳阳职工高等专科学校学报 2003年04期 2003年11月

晚唐律赋的散体化倾向 赵俊波 江海学刊 2004年02期 2004年4月

~辞赋研究 熊良智主编 北京:商务印书馆 2006年11月

论文体赋对楚辞的接受 郭建勋 新亚论丛 6期 2004年6月

论唐代辞赋的小说化 赵俊波 中南民族大学学报 2004年03期 2004年6月

东汉前期赋颂二体的互渗与散体大赋的走向 王德华 文学遗产 2004年04期 2004年7月

论汉赋对楚辞的接受与创新 郑明璋 山西师范大学报 2004年03期 2004年7月

唐律赋与敦煌俗赋之比较研究 简宗梧 2004年"国科会"计划

明清白话小说中的俗赋及其文学史意义 葛永海 中国古代小说研究 1辑 中国社会科学院文学研究所、中国古代小说研究中心编 北京:人民文学出版社 2005年6月

赋者古诗之流:《诗经》传统与汉赋的讽谏问题 方铭 漳州师范学院学报 2005年02期 2005年6月

赋与设辞问对关系之考察 简宗梧 逢甲人文社会学报 11期 2005年12月

赋体与诗体之关系论略 郭建勋、罗慧 湖南大学学报 2006年01期

2006年1月
论楚歌的体制特点及对汉乐府的影响　蔡彦峰　湖南工程学院学报 2006年1期　2006年3月
　　~云梦学刊　2006年03期　2006年5月
先唐俗赋与其他文体的互为接受　马丽娅　内蒙古社会科学　2006年02期　2006年3月
楚辞与周代乐语　黄震云、李海彬　云梦学刊　2006年03期　2006年5月
赋与骈文　郭建勋、邵海燕　北方论丛　2006年04期　2006年7月
从《九歌》到《燕歌行》——论《九歌》对七言诗的影响　李霁　岳阳职业技术学院学报　2006年06期　2006年12月
杂赋与乐府诗的关系　伏俊琏　西北师大学报　2007年02期　2007年3月
叙事赋与中国小说的发展　程毅中　中国文化　24期　2007年5月
　　~程毅中文存续编　北京：中华书局　2010年3月
荆楚歌谣与楚辞　孟修祥　中国楚辞学（第十辑）——2007年楚辞学国际学术研讨会论文专辑（三）　2007年6月
　　~中国楚辞学　10辑　北京：学苑出版社　2007年7月
纵横游说之辞与汉大赋的表达方式——汉大赋体制形成过程中文体扩张的途径　熊伟业　四川文理学院学报　2007年04期　2007年7月
放情咏《离骚》——唐人祖述屈骚探微　苏慧霜　中国楚辞学（第十三辑）——2007年中国溆浦屈原及楚辞学术研讨会论文集　2007年11月
　　~中国楚辞学　13辑　北京：学苑出版社　2009年5月
俗赋与小说的关系——由刘勰的《文心雕龙·谐隐》谈起　白晓帆　现代语文（文学研究版）　2008年08期　2008年8月
楚辞在文章骈俪化过程中的地位和影响　于景祥　中国文化研究　2008年03期　2008年8月
论宋玉赋的创作特点及其对汉散体赋的影响　刘刚　沈阳师范大学学报 2008年06期　2008年11月
再论七言诗源于楚辞体　郭建勋　光明日报　2008年12月2日
赋与古代小说的关系探析　王猛　武汉理工大学学报　2008年06期 2008年12月
论音乐对《楚辞》文体形式的影响　丁波　作家　2008年24期　2008年12月

文学史视野下的赋、骚关系诠辨——兼说"楚声"与"兮"　何易展　云梦学刊　2009年01期　2009年1月
　　~改写:"楚声"与"兮"——赋、骚关系小议　社会科学论坛(学术研究卷)　2009年01期　2009年1月
连珠体与赋之关系　靳丹　青年文学家　2009年07期　2009年4月
连珠体与骈文之关系　靳丹　大众文艺(理论)　2009年10期　2009年5月
汉代俗赋与中国古代小说发生研究　廖群　理论学刊　2009年05期　2009年5月
古文运动对中晚唐辞赋创作的影响　杨遗旗　求索　2009年06期　2009年6月
谈《离骚》受祝辞的影响　伏俊琏、张艳芳　宁夏师范学院学报　2009年04期　2009年8月
再论楚辞体与七言诗之关系　郭建勋、闫春红　中国韵文学刊　2009年03期　2009年9月
　　~中国楚辞学(第十七辑)——2009年深圳屈原与楚辞学国际学术研讨会论文集　2009年10月
　　~中国楚辞学　17辑　北京:学苑出版社　2011年12月
简论汉赋与先秦诗文之关系　刘慧晏　东方论坛　2009年05期　2009年10月
屈原赋、荀卿赋、宋玉赋异同论及其影响——南北文学融合的一个例子　胡大雷　宁夏师范学院学报　2010年01期　2010年2月
　　~改题:屈原赋、荀卿赋、宋玉赋异同论——南北文化融合与赋的定形　中古赋学研究　胡大雷　桂林:广西师范大学出版社　2011年11月
论"宫体"在南朝各体文字的蔓延:"宫体之文"考述　胡大雷　学术月刊　2010年08期　2010年8月
《韩非子·储说》文体与连珠体辨析　韩贤克　文学教育(下)　2010年10期　2010年10月
论"上梁文"与辞赋之关系　钟书林　西北大学学报　2010年06期　2010年11月
汉代散体大赋主客问答模式与汉代经学之关系研究——以《子虚赋》《上林赋》为例　冯良方　曲靖师范学院学报　2011年01期　2011年1月
汉赋模式影响唐诗考论　杨许波　南京大学学报　2011年03期　2011

年5月

浅析《湘君》《湘夫人》中的戏剧因素　岳上铧　名作欣赏　2011年17期　2011年6月

从郭茂倩《乐府诗集》初探汉唐乐府与楚辞的关系　苏慧霜　云梦学刊　2011年04期　2011年7月

"连珠"文体及其与《韩非子·储说》的关系　邱渊　云南民族大学学报　2011年04期　2011年7月

双栖写作下的文体渗透——以汉赋和汉代奏议文体关系考察　冯良方　云南师范大学学报　2011年04期　2011年7月

赋的相关文体　胡大雷　中古赋学研究　桂林：广西师范大学出版社　2011年11月

论汉代赋颂文体的交越互用　易闻晓　文学评论　2012年01期　2012年1月

汉赋与汉代奏议之关系研究　冯良方　中国赋学　2卷　许结主编　南京：江苏教育出版社　2012年2月

贞观时期宫廷文人赋与乐府诗相互融通之研究——从功能、风格两方面考察　胡淑贞　中国赋学　2卷　许结主编　南京：江苏教育出版社　2012年2月

赋与《尚书》的渊源关系考说　胡大雷　江苏大学学报　2012年03期　2012年5月

《诗》源批评与赋的国家意识形态属性　刘志伟、李娜　兰州大学学报　2012年03期　2012年5月

论律赋在唐宋词体演进中的作用　曹辛华　文史哲　2012年04期　2012年7月

从骚体诗情感节奏特征看《楚辞》与七言诗的关系　姚爱斌　北京师范大学学报　2012年05期　2012年9月

西汉赋作的戏剧因素考察　沈章明　聊城大学学报　2012年05期　2012年10月

俗赋在中国古代戏曲中的遗存　吴晟　河北学刊　2012年06期　2012年11月

宋玉赋的问答体与优语　刘晓荣　吕梁学院学报　2013年02期　2013年2月

论《韩湘子全传》中的寄生赋　郭丽萍、赵义山　辽东学院学报　2013年02期　2013年4月

探究《西游记》中赋体的运用　周固成　长治学院学报　2013 年 04 期　2013 年 8 月
论汉赋与汉代奏议的互动关系　王征　南昌航空大学学报　2013 年 04 期　2013 年 12 月
论《九歌》中的戏曲因素　高刚　忻州师范学院学报　2013 年 06 期　2013 年 12 月

5. 风格论

赋的小品化初探（上）——赋的表现论之一　〔日〕稻畑耕一郎著，陈植锷译　杭州大学学报　1980 年 02 期　1980 年 4 月
赋的小品化初探（下）——赋的表现论之一　〔日〕稻畑耕一郎著，陈植锷译　杭州大学学报　1980 年 03 期　1980 年 6 月
试论"巧似"与大赋的影响　毕庶春　河北师范大学学报　1985 年 04 期　1985 年 5 月
　　~改题:论"巧似"——兼论西汉至隋末的形似时期　辞赋新探　毕庶春　沈阳:东北大学出版社　1995 年 12 月
从文学描绘到描绘性文体的产生——散体赋文体特征探索　万光治　北京师范大学学报　1988 年 04 期　1988 年 8 月
汉家气魄自我肯定的形式——汉赋形式的审美意味论纲　李蹊　社会科学战线　1989 年 03 期　1989 年 6 月
从"铺张扬厉"到"据事类义"——赋体语言艺术的历史考察　简宗梧　文学与美学　第 1 集　台北:文史哲出版社　1990 年
汉大赋虚构性略述　钟仕伦　云南教育学院学报　1990 年 03 期　1990 年 6 月
　　~辞赋研究　熊良智主编　北京:商务印书馆　2006 年 11 月
从楚辞的比兴到汉赋的铺陈:简述汉赋审美特征的源流　孙元璋　烟台师院学报　1991 年 01 期　1991 年 4 月
惊采绝艳　义尚光大——试论楚辞汉赋的雄浑美　曹顺庆　成都大学学报　1991 年 02 期　1991 年 7 月
论南朝赋的诗化趋势　程章灿　江海学刊　1991 年 04 期　1991 年 8 月
诗人之赋与辞人之赋——汉魏六朝赋研究　曹虹　学术月刊　1991 年 11 期　1991 年 11 月
汉赋艺术论　周显忠　西南师范大学学报　1991 年 04 期　1991 年 12 月
论汉代以文为赋的美学价值　许结　江淮论坛　1991 年 06 期　1991 年

12月

赋体文学的生命本质——论魏晋南北朝抒情小赋的铺陈特征　池万兴　西藏民族学院学报　1991年04期　1991年12月

论魏晋小赋的盛行及其特色　周云乔　湖北大学学报　1992年01期　1992年3月

美的巨丽形态——汉赋美学　吴功正　求是学刊　1992年02期　1992年4月

　～二十世纪中国文学史论文精粹·散文、赋卷　彭黎明选编　石家庄：河北教育出版社　2001年1月

论汉赋的语言风格　章沧授　阜阳师院学报　1992年01期　1992年4月

元赋风格论　许结　文学遗产　1993年01期　1993年1月

　～二十世纪中国文学史论文精粹·散文、赋卷　彭黎明选编　石家庄：河北教育出版社　2001年1月

试论大赋与邹衍及稷下学派——大赋艺术特色探源　毕庶春　文学遗产　1993年02期　1993年3月

　～改题：论"侈丽闳衍"——试论大赋与邹衍及稷下学派　辞赋新探　毕庶春　沈阳：东北大学出版社　1995年12月

赋体语言艺术的历史考察　简宗梧　汉赋史论　台北：东大图书公司　1993年5月

合纂组以成文　列锦绣而为质——论汉大赋的形式美　尹砥廷　吉首大学学报　1993年03期　1993年10月

试论宋赋尚意的表现特征　杨胜宽　西南师范大学学报　1993年03期　1993年10月

论汉大赋"以奇为美"的审美特质——兼及汉大赋的兴盛与衰亡原因　陈洪波　江汉论坛　1994年05期　1994年5月

哲理与骚情的融织——南宋辞赋艺术初探　许结　南京大学学报　1995年01期　1995年1月

声律与情境——中古辞赋诗化论　许结　江汉论坛　1996年01期　1996年1月

宫体赋初探　张丽　齐鲁学刊　1996年06期　1996年11月

晋代骚体文学的艺术风格与主要体式　郭建勋　中国韵文学刊　1996年02期　1996年12月

论南朝骚体文学艺术上的新变　郭建勋　湖南师范大学社会科学学报

1997年03期　1997年6月
宋代文赋特质辨析——文赋之说理倾向　陈韵竹　宋代文学研究丛刊(第3期)　高雄:丽文化事业股份有限公司　1997年9月
汉大赋美学品格的得与失　陈庆元　福建师范大学学报　1998年02期　1998年4月
汉赋艺术面面观　姚文铸、章楚藩　杭州师范学院学报　1998年02期　1998年4月
论六朝赋之诗化　李立信　第三届魏晋南北朝文学国际学术研讨会论文集　台北:文史哲出版社　1998年8月
汉赋文体风格特征及艺术渊源比较谈　傅正义　渝州大学学报　1999年01期　1999年3月
论南北朝赋的诗化　靳启华、曹贤香　泰安教育学院学报岱宗学刊　1999年03期　1999年8月
中古辞赋的诗化轨迹　〔新加坡〕王力坚　辞赋文学论集　南京大学中文系主编　南京:江苏教育出版社　1999年12月
汉大赋艺术美浅探　杜松柏　齐齐哈尔大学学报　2000年01期　2000年2月
兼裁众美　其美在调——论西汉文化的"和合"趋势对大赋美学旨趣和创作模式的影响　韩高年　甘肃社会科学　2000年03期　2000年6月
小学现象与汉赋体式　郭醒、胡文贵　赤峰教育学院学报　2000年06期　2000年12月
赋体文学及其语言审美特征　康锦屏　北京教育学院学报　2001年02期　2001年6月
南朝赋的诗化倾向的文体学思考　韩高年　文学评论　2001年05期　2001年9月
试论古赋俳赋和文赋的审美特征　李永昶　济宁师专学报　2001年05期　2001年11月
六朝赋的诗化　贡小妹　江淮论坛　2001年06期　2001年12月
论赋之"俗"与"俗赋"——兼论尹湾汉简《神乌赋》文体上的承传及性质　宗明华　烟台大学学报　2002年01期　2002年1月
文学自觉与诗赋的消长　林继中　东南学术　2002年01期　2002年2月
汉赋中的"楚风"研究　周建江　肇庆学院学报　2004年04期　2002年8月

关于汉赋的"丽以淫"与"丽以则"　张毅　天津师范大学学报　2002年05期　2002年10月
论律赋的文学性　汪小洋、孔庆茂　江苏广播电视大学学报　2003年01期　2003年2月
窥陈编以盗窃——论唐代律赋语言雅正特点的形成　赵俊波　社会科学研究　2004年03期　2004年5月
　～辞赋研究　熊良智主编　北京:商务印书馆　2006年11月
南朝赋的诗化倾向及成因初探　陈洪娟　枣庄师范专科学校学报　2004年03期　2004年6月
　～改题:论南朝赋的诗化成因　涪陵师范学院学报　2004年06期　2004年12月
《离骚》文体风格比较探源　张思齐　烟台大学学报　2004年04期　2004年10月
论赋的学术化倾向——从章学诚赋论谈起　许结　四川师范大学学报　2005年01期　2005年1月
汉大赋艺术美浅析　陈碧仙　福建教育学院学报　2005年10期　2005年10月
赋的诗化与诗的赋化——魏晋南北朝诗赋关系探析　史培争、尤丽　语文学刊　2007年01期　2007年1月
论楚辞的文体感　陈桐生、李彩萍　云梦学刊　2007年02期　2007年3月
文赋句式散文化的文体表征和审美情趣　胡建升　2007年全国博士生学术论坛——中国语言文学论文集　2007年7月
论唐代律赋之"雅"　姜子龙　理论界　2008年08期　2008年8月
论唐代律赋之"丽"——关于"雅正"之外的另一宗　姜子龙　理论月刊　2008年09期　2008年9月
　～理论导刊　2008年10期　2008年10月
汉赋之"丽"的文体意义　吕逸新　社会科学家　2009年01期　2009年1月
唐代律赋的"雅"与"丽"——关于唐代律赋批评的两个关键词　姜子龙　暨南学报　2009年01期　2009年1月
　～改题:唐代律赋的"雅"与"丽"　姜子龙、詹杭伦　中州学刊　2009年01期　2009年1月
韵散兼美的古典散文诗——关于辞赋文体之我见　乔树宗　陕西广播电

视大学学报　2011年02期　2011年6月
　~中华诗词　2011年10期　2011年10月
赋说　郭光春　长治日报　2011年7月28日
假喻达旨 辞丽言约——陆机《演连珠》解读　王德华　古典文学知识 2011年06期　2011年11月
经籍注疏与汉大赋的铺排、求实风貌　张峰屹、张文亭　文学与文化 2012年01期　2012年2月
班固对汉赋的改造与六朝典雅文范的生成　徐华　湖北大学学报　2012年02期　2012年3月
赋体小说的诗化特征——以《神乌傅》《洛神赋》为例　侯桂运、陈会清　芒种　2012年06期　2012年3月
儒家政教文艺观与魏晋赋格建构　孙宝　河北师范大学学报　2012年05期　2012年9月
　~改题:儒家政教观与魏晋赋格建构　中南大学学报　2012年05期　2012年10月
论中古时期赋和骈文中的设问辞格及其审美价值　张艺娇、张春泉　湖北理工学院学报　2013年03期　2013年5月
论汉大赋的敛藏　黄卓颖　南京大学学报　2013年04期　2013年7月

三、创作论

【学位论文】

唐赋叙事研究　周兴泰　上海大学　2010年　博士论文

曹氏父子及其羽翼辞赋研究　简丽玲　政治大学　1996年　硕士论文
庾信赋篇用典之研究　林素美　中国文化大学　2002年　硕士论文
汉魏六朝抒情小赋的语体研究　陈海燕　云南师范大学　2006年　硕士论文
宋玉散体赋文体特征论析　汪渝　深圳大学　2007年　硕士论文
六朝赋序研究　常娟娟　河北师范大学　2007年　硕士论文
蔡邕创作体裁承变研究　陈彦革　广西师范大学　2008年　硕士论文
杜甫的赋作成就及其以赋为诗　兰兰　黑龙江大学　2008年　硕士论文
初、盛唐律赋格律研究　付静　山东师范大学　2010年　硕士论文
汉魏六朝赋序研究　徐海晓　河南大学　2011年　硕士论文

汉魏六朝赋体文学创作论探微　罗晓茜　湖北师范学院　2011年　硕士论文
汉魏六朝赋序与文体学研究　万燕燕　中国海洋大学　2013年　硕士论文

【单篇论文】

1. 总说

骚的艺术　萧秉乾　燕大月刊　6卷1期　1930年3月
诗赋之"迹""心"说　李戏鱼　国民杂志　4卷5期　1944年5月
楚辞文学技巧的传承　施淑　楚辞研究论文选集　余崇生编　台北：学海出版社　1985年1月
汉赋创作理论初探　章沧授　长沙水电师院学报　1989年01期　1989年4月
试论屈原以辞为诗、以文为诗　黄崇浩　云梦学刊　1990年01期　1990年2月
屈原作品的体式　熊任望　河北大学学报　1992年03期　1992年9月
汉赋"虚设人物问对来展开全文"行文方式源起辨　熊高德　雁北师院学报　1995年04期　1995年8月
铺排对汉大赋的支撑作用及负效应　吴淑玲、赵平分　广西教育学院学报　2001年01期　2001年2月
论辞赋的铺陈方法　王廷洽　上海师范大学学报　2002年01期　2002年1月
"登高而赋"三形态——兼论赋体文学惯例的形成　赵辉　中南民族大学学报　2008年05期　2008年9月
从松浦节奏论观点探讨楚辞诸篇的节奏　〔日〕野田雄史　中国楚辞学（第十七辑）——2009年深圳屈原与楚辞学国际学术研讨会论文集　2009年10月
　~中国楚辞学　17辑　北京：学苑出版社　2011年12月
论俗赋的铺叙型态　欧天发　嘉南学报·人文类　35期　2009年12月
淳于髡及其论辩体杂赋　伏俊琏　齐鲁学刊　2010年02期　2010年3月
宋人以文为赋论　胡建升、文师华　江西社会科学　2010年04期　2010

以古赋为律赋——论元稹对律赋的革新　郭自虎　安徽师范大学学报 2010年04期　2010年8月
浅议汉魏六朝"七"体文创作的独特性与局限性　田苗　青年作家(中外文艺版)　2010年10期　2010年10月
　　~第八届文选学国际学术研讨会论文集　扬州:广陵书社　2010年12月
"七"体创作的二百年沉寂与傅毅的写作模式　孙科镂　求是学刊　2010年06期　2010年11月
汉赋用《诗》的文学传统　许结、王思豪　中国社会科学　2011年04期 2011年7月
虚拟对话——文体赋创作的一个基本模式　曹明纲　中国赋学　2卷 许结主编　南京:江苏教育出版社　2012年2月
　　~赋学论稿　曹明纲　上海:上海古籍出版社　2012年5月
"诗源说"与赋体文学创作——汉魏六朝赋体文学创作论探微　徐柏青、罗晓茜　湖北师范学院学报　2012年02期　2012年3月
司马相如"骚体制歌"考　李程　西华大学学报　2012年02期　2012年4月
"辞源说"与赋体文学创作——汉魏六朝赋体文学创作论探微　罗晓茜 湖北师范学院学报　2012年06期　2012年11月
汉赋"凭虚"论　易闻晓　文艺研究　2012年12期　2012年12月
议《楚辞》的文体自觉意识　刘成君　短篇小说(原创版)　2013年14期 2013年5月

2. 结构章法

楚辞九歌底舞曲的结构　〔日〕青木正儿著,胡浩川译　青年界　4卷4期 1933年9月
　　~改题:楚辞九歌之舞曲的结构　〔日〕青木正儿著,孙作云译　国闻周报　13卷30期　1936年8月
　　~改题:楚辞"九歌"之舞曲的结构　纪庸　国文月刊　72期　1948年10月
九歌的探讨　王璠　安徽大学月刊　1卷6期　1934年4月
楚辞考　〔日〕儿岛献吉郎著,李春坪译　民族　3卷3期　1935年3月
楚辞研究　谢逸民　国专月刊　5卷2期　1937年3月

诗经与楚辞之构造法　王桐龄　经世日报读书周刊　4 期　1946 年 9 月 4 日
"九歌"古歌舞剧悬解　闻一多　闻一多全集·神话与诗　上海：开明书店　1948 年 8 月
　　~（增加"作者附注"）　闻一多全集·楚辞编　武汉：湖北人民出版社　1993 年 12 月
　　~20 世纪中国文学研究论文选·先秦卷　雍繁星等编　北京：社会科学文献出版社　2010 年 1 月
《离骚》之体制与结构　何锜章　大陆杂志　33 卷 7 期　1966 年 10 月
　　~大陆杂志语文丛书　第 2 辑第 6 册：诗词歌赋戏曲小说　1975 年 10 月
　　~楚辞研究论文选集　余崇生编　台北：学海出版社　1985 年 1 月
论《九歌》篇目和结构——《九歌十论》之五　萧兵　齐鲁学刊　1980 年 03 期　1980 年 6 月
《九歌》的结构　闻一多撰，范宁整理　中国社会科学　1980 年 04 期　1980 年 7 月
　　~闻一多全集·楚辞编　武汉：湖北人民出版社　1993 年 12 月
　　~楚辞研究论文选　杨金鼎主编　武汉：湖北人民出版社　1985 年 7 月
从《文心雕龙》与《昭明文选》析论辞赋之形构与评价　蔡宗阳　国文学报　10 期　1981 年 6 月
楚辞体制结构之辨识　张正体　古典文学　5 期　1983 年 12 月
　　~楚辞新论　张正体　台北：台湾商务印书馆　1991 年 3 月
说乱　黄耀堃　中国语文研究　6 期　1984 年 5 月
　　~黄耀堃语言学论文集　南京：凤凰出版社　2004 年 8 月
楚辞体制谋篇之辨识　张正体　中华文化复兴月刊　18 卷 11 期　1985 年 11 月
　　~楚辞新论　张正体　台北：台湾商务印书馆　1991 年 3 月
楚辞的二段式结构　〔日〕竹治贞夫著，徐公持译　楚辞资料海外篇　尹锡康、周发祥主编　武汉：湖北人民出版社　1986 年 3 月
论魏晋南北朝抒情小赋的内在结构　池万兴　西藏民族学院学报　1992 年 03 期　1992 年 9 月
两汉辞赋乱辞考　黄耀堃　新亚学术集刊　13 期　1994 年
　　~香港中国古典文学研究论文选粹(1950—2000)　邝健行、吴淑钿编选

南京:江苏古籍出版社　2002年4月
魏晋六朝赋中戏剧型式对话的转变　苏瑞隆　文史哲　1995年03期　1995年5月
论汉赋的结构　郜积意　福建论坛　1997年04期　1997年8月
论《离骚》的结构——中国古代戏剧的一个活化石　刘士林　艺术百家　1998年03期　1998年9月
从篇章结构看先秦辞赋与诗的关系　王晓鹏　西北师大学报　1998年06期　1998年11月
论《七发》结构模式之渊源及其演变　路成文　文史知识　2000年09期　2000年9月
《离骚》的层次划分及结构的奥秘　毛庆　淮阴师范学院学报　2000年05期　2000年10月
骈赋的主题与结构分析　汤君　社会科学研究　2001年04期　2001年7月
《天问》的表现形式　孙作云　孙作云文集　第1卷　开封:河南大学出版社　2003年9月
魏晋六朝赋序简论　徐丹丽　古典文献研究　7辑　南京:凤凰出版社　2004年7月
更端词在赋体结构中的功能　曹虹　中国辞赋源流综论　北京:中华书局　2005年9月
连珠体与三段论的形式比较　周龙生　船山学刊　2006年02期　2006年4月
汉赋"乱曰"的改革:从抒情诉求到诗体探索　胡大雷　绥化学院学报　2007年01期　2007年2月
　～改题:"乱曰":从抒情诉求到诗体探索　中古赋学研究　胡大雷　桂林:广西师范大学出版社　2011年11月
文体赋的组织结构与描写方式　郭建勋、王艳霞　中国韵文学刊　2007年02期　2007年6月
赋体内序外序的区分及其结构特征　刘伟生　中国楚辞学(第十五辑)——2007年浙江杭州屈原及楚辞学国际学术研讨会论文集　2007年9月
　～中国楚辞学　15辑　北京:学苑出版社　2011年1月
试论两汉"赋序"的不同性质　〔日〕谷口洋　济南大学学报　2008年02期　2008年3月

宋玉《九辩》的篇章结构及写景抒情方式　李炳海　鞍山师范学院学报 2008 年 05 期　2008 年 10 月
赋体内序的结构功能　刘伟生　中国文学研究　2009 年 03 期　2009 年 7 月
汉魏六朝散体赋中"乱"之沿革　丁玲　辽东学院学报　2011 年 03 期 2011 年 6 月
从《文选·赋》"物色"类看先唐物色赋的结构类型——《文选·赋》"物色"类研究之五　钟其鹏　宜春学院学报　2011 年 07 期　2011 年 7 月
汉魏六朝散体赋中"歌曰"之源头与流变　丁玲　唐都学刊　2012 年 04 期　2012 年 7 月

3. 技巧

什么是九歌　陆侃如　国学月报汇刊第一集　1928 年 1 月
离骚之用比　萧涤非　清华周刊　35 卷 2 期　1931 年 3 月
离骚辨名　杨观震　中华季刊　1 卷 4 期　1932 年 5 月
释离骚　彭仲铎　学艺杂志　14 卷 8 期　1935 年 10 月
怎样读九歌？　闻一多　国文月刊　1941 年 1 卷 5 期　1941 年 1 月
　　~闻一多全集·神话与诗　上海:开明书店　1948 年 8 月
　　~闻一多全集·楚辞编　武汉:湖北人民出版社　1993 年 12 月
释"离骚"　陈思苓　国文月刊　65 期　1948 年 3 月
论屈原文学的比兴作风　楚辞论文集　游国恩　上海:古典文学出版社 1957 年 1 月
　　~楚辞研究论文选集　余崇生编　台北:学海出版社　1985 年 1 月
　　~游国恩学术论文集　北京:中华书局　1989 年 1 月
楚辞体制造辞之辨识　张正体　古典文学　3 期　1981 年 12 月
　　~楚辞新论　张正体　台北:台湾商务印书馆　1991 年 3 月
离骚题名考论稿　史墨卿　高雄师院学报　10 期　1982 年 4 月
《离骚》之"骚"乃歌曲也　刘自齐　求索　1983 年 03 期　1983 年 6 月
囊括杂体 功在诠别——屈赋形式上的继承问题新探　赵逵夫　贵州社会科学　1986 年 10 期　1986 年 10 月
　　~改题:屈赋形式上的继承问题　屈骚探幽　赵逵夫　兰州:甘肃人民
　　　出版社　1998 年 5 月
关于《九歌》奇、偶句问题　汤炳正　楚辞类稿　成都:巴蜀书社　1988 年 1 月

简论《解嘲》的用典　孙兴民　河北大学学报　1990年增刊　1990年12月
赋体语言艺术的历史考察　简宗梧　汉赋史论　台北：东大图书　1993年5月
楚辞：诗歌形式的纵深拓展　郭杰　人文杂志　1993年03期　1993年6月
论魏晋南北朝抒情小赋的比兴作用　池万兴　固原师专学报　1993年02期　1993年7月
九歌释名　闻一多撰，范宁整理　闻一多全集·楚辞编　武汉：湖北人民出版社　1993年12月
汉赋的修辞技巧探胜　顾绍炯　贵阳师专学报　1994年02期　1994年5月
略论楚辞的"兮"字句　郭建勋　中国文学研究　1998年03期　1998年7月
汉赋中叠字语言艺术探微　沈荣森　昆明师专学报　1998年03期　1998年8月
《离骚》之"骚"　王树人　人民政协报　1999年4月7日
论屈赋中的"ABB"结构及其修辞意义　陶涛　深圳大学学报　1999年02期　1999年5月
汉大赋中为何多奇文僻字？　唐子恒　福建论坛　2000年03期　2000年6月
屈原赋探名　熊良智　文史杂志　2000年06期　2000年11月
论楚辞句式对文体赋的侵淫　郭建勋　中国韵文学刊　2000年02期　2000年12月
论《离骚》的比兴体系及其审美价值（上）　谭思健　江西教育学院学报　2001年02期　2001年6月
论屈赋对比兴方法的创新与发展　马悦宁、杜莹　唐山师范学院学报　2001年03期　2001年6月
论《离骚》的比兴体系及其审美价值（下）　谭思健　江西教育学院学报　2001年04期　2001年10月
《诗》《骚》句法传承　郭全芝　淮北煤师院学报　2001年05期　2001年10月
　～中国楚辞学（第二辑）——2002年楚辞学国际学术研讨会论文专辑　2002年7月

~中国楚辞学　2辑　北京:学苑出版社　2003年1月
清代律赋对偶论　詹杭伦　中国古典文学研究　6期　2001年12月
《文选》汉大赋用字中的义符类化现象　易敏　北京师范大学学报　2002年04期　2002年7月
楚辞的句型结构及其诗体生成功能　李炳海　江汉论坛　2005年08期　2005年8月
论元嘉作家的骚体句式　白崇　湖南大学学报　2005年05期　2005年9月
骚体"兮"字表征作用及限度——兼论唐前骚体兼融多变的句式特征　王德华　中国楚辞学(第十五辑)——2007年浙江杭州屈原及楚辞学国际学术研讨会论文集　2007年9月
　　~浙江大学学报　2008年05期　2008年9月
　　~中国楚辞学　15辑　北京:学苑出版社　2011年1月
略谈辞赋的句式及其对诗文的影响　赵成林、谢皓烨　湖南工程学院学报　2009年01期　2009年3月
华美的綦组:论辞赋的句式　赵成林　江汉论坛　2009年07期　2009年7月
《离骚》题义新考　黄震云　中国楚辞学(第十六辑)——2009年深圳屈原与楚辞学国际学术研讨会论文集　2009年10月
　　~中国楚辞学　16辑　北京:学苑出版社　2011年12月
体变而嗣绝响　心怨而续骚意——初唐四杰赋对楚辞句式的承续和拓展　何易展　武汉科技大学学报　2011年01期　2011年2月
象取错交,功施藻饰——论汉赋用字对形式美的追求　姜文清　中国赋学2卷　许结主编　南京:江苏教育出版社　2012年2月
论汉赋章句与修辞艺术　许结　中国韵文学刊　2013年01期　2013年1月
论汉赋三言句的诗学意境与文体意义　蒋晓光　山西师大学报　2013年06期　2013年11月

4. 声律

楚辞用均之格式与三百篇　沅君(冯沅君)　金陵光　14卷2期　1925年11月
楚辞韵例　沅君(冯沅君)　北京大学研究所国学门月刊　1卷2号

1926年11月
楚辞声韵与湖北民谣　徐嘉瑞　学术研究(云南)　1963年07期
　　~楚辞研究论文选　杨金鼎主编　武汉:湖北人民出版社　1985年7月
　　~楚辞评论集览　李诚、熊良智主编　武汉:湖北教育出版社　2003年5月
楚辞的歌节变化及其特点　殷光熹　思想战线　1982年06期　1982年12月
楚辞体制音韵之辨识　张正体　中华文化复兴月刊　17卷11期　1984年11月
　　~楚辞新论　张正体　台北:台湾商务印书馆　1991年3月
屈赋无重韵　汤炳正　楚辞类稿　成都:巴蜀书社　1988年1月
屈赋的意义与韵律的关系　汤炳正　楚辞类稿　成都:巴蜀书社　1988年1月
屈赋与音乐文化　翟振业　南京师大学报　1994年03期　1994年7月
屈赋韵律论　范正声　泰安师专学报　1997年02期　1997年4月
论文学语言的音乐性在赋体骈律化中的作用　马予静　中州学刊　1999年第03期　1999年5月
清代律赋平仄论——兼论律诗平仄谱式之定型　詹杭伦　中国古典文学研究　2期　1999年12月
楚辞可歌刍论　郭纪金　文学评论　2000年06期　2000年11月
从"兮"字用法看楚辞《九歌》的音乐特性　郭杰　社会科学辑刊　2001年02期　2001年3月
唐代律赋与诗歌在押韵方面的相互影响　余恕诚　江淮论坛　2003年04期　2003年8月
骈赋韵律特征分析　马燕华　励耘学刊(语言卷)　2005年02期　2005年10月
例证楚辞的特殊押韵　〔日〕野田雄史　中国楚辞学(第十辑)——2007年楚辞学国际学术研讨会论文专辑(三)　2007年6月
　　~中国楚辞学　10辑　北京:学苑出版社　2007年7月
汉乐、汉赋与汉诗——汉代诗赋的音乐性考察　陈松青　中国文学研究　2007年04期　2007年12月
声律的实践与示范:论唐律赋"题韵"与"题义"的互文性　祁立峰　人文研究学报　42卷1期　2008年4月

限韵和病犯:也谈律赋的体式标准　赵成林、成朝晖　远东通识学报　2卷2期　2008年7月

从《文镜秘府论》看南北朝"诗"以外文体的声律运用　胡大雷　钦州学院学报　2008年05期　2008年10月

　　～改题:从《文镜秘府论》看赋及相关文体的声律运用　中古赋学研究　胡大雷　桂林:广西师范大学出版社　2011年11月

由句中"兮"之位置推拟楚辞歌诵之别　陈引驰　中国文学与文化的传统及变革　南京:南京大学出版社　2008年11月

赋韵考论　张海鸥、张奕琳　兰州大学学报　2009年05期　2009年9月

从《韦鲍生妓》谈唐代律赋的声律问题　张海明　中国赋学　2卷　许结主编　南京:江苏教育出版社　2012年2月

四、批评论

【著作】

中国赋论史稿　何新文　北京:开明出版社　1993年4月　286页
　　绪论:中国赋论概观;第一章 汉代赋论;第二章 魏晋南北朝赋论;第三章 唐宋赋论;第四章 金元明赋论;第五章 清及现代赋论;第六章 现当代赋论;历代赋学要籍叙录;《扬雄赋研究》译介;主要参考引用书目;后记
　　○赋学研究的新收获——何新文《中国赋论史稿》评介　张三夕　湖北大学学报　1994年06期　1994年11月
　　○空谷破寂　喜闻足音——《中国赋论史稿》读后　刘斯翰　辽宁大学学报　1995年02期　1995年3月

赋学概论　曹明纲　上海:上海古籍出版社　1998年11月　435页
　　前言;第一章 赋的特征;第二章 赋的起源;第三章 赋的分类;第四章 赋的演变(上);第五章 赋的演变(下);第六章 赋的作用;第七章 赋集和赋话;第八章 赋的影响;后记
　　○赋学研究的一部力作:读曹明纲著《赋学概论》　伏俊琏　学术研究　1999年05期　1999年5月

中国赋学历史与批评　许结　南京:江苏教育出版社　2001年7月　583页
　　上编:本体论　绪论;一 赋学批评方法论;二 骚学与中国古代文论;

三 汉赋渊源与文化学批评;四 汉赋流变与儒道思想;五 论小品赋;六 律赋论;七 赋话论;八 明人"唐无赋"说与赋学复古;九 论清代的赋学批评;十 古律之辨与赋体之争;十一 历代赋集与赋学批评;

中编:因革论 绪论;一 中国辞赋流变全程考察;二 论汉代以文为赋的美学价值;三 中古辞赋诗化论;四 论唐代赋学的历史形态;五 论宋赋的历史承变与文化品格;六 南宋辞赋艺术探索;七 金源赋学简论;八 元赋风格论;九 明清辞赋艺术流变论;十 清赋概论;十一 二十世纪赋学的回顾与展望;

下编:批评论 绪论;一 论宋玉赋的纯文学化倾向;二《汉赋研究》得失探——兼谈汉赋研究中几个理论问题;三 马扬赋学思想同异论;四 论扬雄与东汉文学思潮;五 论王逸楚辞学的时代新义;六 论张衡赋的三个世界;七 张衡《思玄赋》解读——兼论汉晋言志赋;八 明心物与通人禽——对魏晋动物赋的文化思考;九《闲情赋》的思想性与艺术特色;十 说《浑天》谈《海潮》——兼论唐代科技赋的创作与成就;十一 苏赋新论;十二 清代的地理学与疆舆赋;附录一:赋学要籍简介;附录二:主要参考书目;后记

唐宋赋学研究 詹杭伦 北京:中国社会科学出版社、华龄出版社 2004年10月 376页 四川师范大学文学院学术丛书

出版说明;第一章 唐宋赋学研究之我见;第二章 唐抄本《赋谱》初探;第三章《赋谱》校注;第四章《释迦佛赋》作者考辨;第五章 白居易的赋论与赋作;第六章 王棨山水写景律赋探析;第七章 宋代辞赋辨体论;第八章 苏门四学士辞赋体裁分类;第九章 范仲淹的赋论与赋作;第十章 苏轼律赋析论;第十一章 秦观的赋论与赋作;第十二章 论《雨村赋话》对《律赋衡裁》的沿袭与创新;引用书目

祝尧《古赋辩体》研究 游适宏 永和:花木兰出版社 2008年9月 135页 古典诗歌研究汇刊·第四辑

第一章 绪论;第二章《古赋辩体》的编撰;第三章 古赋演变的观察;第四章 古赋本身的寻求;第五章 古赋名篇的评析;第六章 结论;参考书目

中古赋学研究 胡大雷 桂林:广西师范大学出版社 2011年6月 384页

序;第一章 赋学基本问题;第二章 赋的几种题材类型;第三章 赋与《文选》;第四章 赋与相关文体;附:屈原与屈原赋;引用与参考文献;

后记
- 冬笋抽芽　小荷露角——评胡大雷《中古赋学研究》　尹福佺　宁夏师范学院学报　2012年02期　2012年4月

中国赋论史　何新文、苏瑞隆、彭安湘　北京：人民出版社　2012年4月　472页

绪论：中国赋论概观；第一章 汉代赋论的兴起；第二章 魏晋南北朝赋论的拓展；第三章 唐宋赋论的转捩（上）；第四章 唐宋赋论的转捩（下）；第五章 元明赋论的赓续；第六章 清代赋论的繁荣与终结；第七章 现当代新赋学的开启与复兴；第八章 20世纪国外赋学研究概况；主要参考文献；附录：本书作者赋学研究论著索引；后记

- 筚路蓝缕　体大思精——读《中国赋论史》　毕庶春　辽东学院学报　2012年04期　2012年8月
- 中国赋论研究的重要突破——从《中国赋论史稿》到《中国赋论史》　踪凡　湖北大学学报　2012年06期　2012年11月

汉魏六朝赋学批评研究　冷卫国　北京：商务印书馆　2012年12月　423页

序（龚克昌）；导言；第一章 西汉：赋学批评的早期形态及其与经学的关联；第二章 东汉：赋学批评的经学化意识及其递变；第三章 建安：经学式微与赋学批评的深化；第四章 正始：玄学的兴盛与赋学批评的"玄微化"；第五章 西晋：讽谏征实与体物浏亮的二元并存；第六章 东晋：赋学批评的儒玄色彩及其写意化倾向；第七章 元嘉：赋学批评的低落及其拓新；第八章 永明：以声律说为中心的赋学批评；第九章 梁陈：赋学批评的多元共生及其诗化趋向；第十章 北朝：赋学批评从偏宗汉晋趋向南北兼融；第十一章 结语；主要参考书目；后记

- 经纬八百年赋学　总揽三千载文心——评冷卫国《汉魏六朝赋学批评研究》　柳卓霞　中国诗歌研究动态　第十二辑　2013年11月
- 简评《汉魏六朝赋学批评研究》　徐盈　东方论坛　2014年01期　2014年2月
- 基于扎实的文献基础的学术力作——冷卫国《汉魏六朝赋学批评研究》评介　李从武　辽东学院学报　2014年03期　2014年6月

中国古体赋学史论　孙福轩　杭州：浙江大学出版社　2013年12月　539页

导论；第一章 汉魏六朝：古体赋学的发生与成熟；第二章 唐宋时期：

古律之辨与古体赋学的发展;第四章 元明时期:祖骚宗汉与古体赋学的繁荣;第五章 清及近代:古体赋学的总结与转型;第五章 古体赋学与骚、选及诗文理论的渗融;总论 中国古体赋学的特质——以清代为中心;主要参考文献;索引;后记

【学位论文】

魏晋南北朝赋论研究　梁承德　"东吴大学"　1999 年　博士论文
清代赋话述评　林振兴　中国文化大学　2001 年　博士论文
由拒唐到学唐——元明清赋论趋向之考察　游适宏　政治大学　2001 年　博士论文
清代赋论流变研究　孙福轩　浙江大学　2006 年　博士论文
《文选》赋类研究　唐普　四川师范大学　2011 年　博士论文

汉赋体裁与理论之研究　〔韩〕朴现圭　台湾师范大学　1983 年　硕士论文
祝尧《古赋辩体》研究　游适宏　政治大学　1994 年　硕士论文
祝尧《古赋辩体》研究　杨赛　湖南师范大学　2003 年　硕士论文
《文心雕龙》赋论研究　岳进　首都师范大学　2005 年　硕士论文
汉赋的娱乐功能与审美自觉　徐舜美　天津师范大学　2005 年　硕士论文
《历代赋汇》赋序研究　刘伟生　湖南大学　2006 年　硕士论文
刘勰赋学思想研究　耿国丽　河北师范大学　2008 年　硕士论文
《文选》选赋研究　张艳　河南大学　2009 年　硕士论文
汉赋评论研究　李英　四川师范大学　2009 年　硕士论文
"赋"文体考辨:以刘勰《文心雕龙·诠赋》为例　冯剑男　中国人民大学　2010 年　硕士论文
班固诗论赋论研究　高引如　福建师范大学　2010 年　硕士论文
《艺文类聚》诗赋收录分类研究　吕维彬　广西师范大学　2010 年　硕士论文
《初学记》诗赋收录分类研究　黎丽莎　广西师范大学　2011 年　硕士论文
《文选·赋》"物色"类研究　钟其鹏　广西师范大学　2011 年　硕士论文
浦铣赋话研究　汤美丽　江西师范大学　2011 年　硕士论文
《文苑英华》赋类目研究　郭洪丽　鲁东大学　2012 年　硕士论文
刘熙载《艺概·赋概》研究　元文广　陕西师范大学　2012 年　硕士论文

《雨村赋话》研究　赵艳林　湖北民族学院　2013 年　硕士论文

【单篇论文】

1. 辨名

释"乱"　张长弓　国文月刊　47 期　1946 年 9 月
　　~改题:关于楚辞之"乱"的讨论——张长弓先生的意见　古诗初探　李嘉言　上海:古典文学出版社　1957 年 3 月
　　~改题:关于《楚辞》之"乱"——张长弓的意见　李嘉言古典文学论文集　上海:上海古籍出版社　1987 年 3 月
释"乱"附录一:李嘉言先生致郭沫若先生书　李嘉言　国文月刊　47 期　1946 年 9 月
　　~改题:关于楚辞之"乱"的讨论——与郭沫若先生书　古诗初探　李嘉言　上海:古典文学出版社　1957 年 3 月
　　~改题:关于《楚辞》之"乱"——与郭沫若先生书　李嘉言古典文学论文集　上海:上海古籍出版社　1987 年 3 月
释"乱"附录二:郭沫若先生答李嘉言先生书　郭沫若　国文月刊　47 期　1946 年 9 月
　　~改题:关于楚辞之"乱"的讨论——郭沫若先生答书　古诗初探　李嘉言　上海:古典文学出版社　1957 年 3 月
　　~改题:关于《楚辞》之"乱"——郭沫若答书　李嘉言古典文学论文集　上海:上海古籍出版社　1987 年 3 月
楚辞"乱曰"解　徐嘉瑞　文学遗产增刊　1 辑　1955 年 9 月
　　~楚辞研究论文选　杨金鼎主编　武汉:湖北人民出版社　1985 年 7 月
楚辞辨名　魏子高　中华文化复兴月刊　1979 年 09 期　1979 年 9 月
论"不歌而诵谓之赋"　骆玉明　文学遗产　1983 年 02 期　1983 年 6 月
试论赋的名称来源及其属性　姜建群　鞍山师专学报　1985 年 03 期　1985 年 10 月
　　~东北师大学报　1987 年 01 期　1987 年 3 月
关于"楚辞"的"辞"　汤炳正　楚辞类稿　成都:巴蜀书社　1988 年 1 月
赋体名称的来源　万光治　文史杂志　1989 年 02 期　1989 年 5 月
汉人观念中的"辞"与"赋"　郭建勋　文学遗产　1989 年 03 期　1989 年 6 月

释"赋"　周勋初　古典文学知识　1990年04期　1990年7月
　　~周勋初文集·第三卷·文史知新　南京:江苏古籍出版社　2000年9月
　　~文史知新　南京:凤凰出版社　2012年9月
骚体赋应为骚体诗——为骚体赋正名　周禾　华中师范大学学报　1991年1期　1991年1月
"楚辞"名义浅探　郭建勋　中国文学研究　1991年02期　1991年7月
"楚辞"得名新议　罗漫　江海学刊　1991年05期　1991年10月
"不歌而诵谓之赋"质疑　张宇恕　管子学刊　1991年04期　1991年11月
屈宋及骚赋的异称和简称　徐传武　齐鲁学刊　1992年02期　1992年4月
"不歌而诵谓之赋"考论——关于赋体定义的一点厘清兼及传统文体论的得失　曹虹　第一届先秦学术国际研讨会论文集　1992年4月
　　~改题:"不歌而诵谓之赋"考论——关于赋体定义的一点厘清　中国辞赋源流综论　曹虹　北京:中华书局　2005年9月
唐前"辞(词)"名义源流考　周廷良　河北大学学报　1995年02期　1995年6月
骚体的形成与称谓辨析　郭建勋　湖南师范大学学报　1995年06期　1995年12月
　　~先唐辞赋研究　郭建勋　北京:人民出版社　2004年5月
说"楚辞"之名——楚辞文体在汉代的接受情况刍议　蒋方　理论月刊　1998年09期　1998年9月
　　~屈原研究论集　武汉:湖北美术出版社　1999年6月
由《文心雕龙·谐讔篇》论俗赋的义涵　欧天发　嘉南学报　25期　1999年11月
"赋"的含义及其对传奇、话本的影响　朱迪光　西南民族学院学报　2002年03期　2002年3月
楚辞名称再考察　董运庭　重庆师范大学学报　2004年03期　2004年6月
从"赋"字到赋体　毛振华　殷都学刊　2004年02期　2004年6月
赋的内涵与外延　方铭　光明日报　2004年07月28日
试论"楚辞"之未名为"楚诗"　于惠　红河学院学报　2005年01期　2005年2月

"赋"体名流辨析　魏延山　吉林师范大学学报　2006年02期　2006年4月
关于"赋"的名称　赵志成　渤海大学学报　2006年04期　2006年8月
试论骚体赋的界定　李晓琼　漳州师范学院学报　2008年03期　2008年9月
"楚辞"指称的学术史考察　罗建新　古籍整理研究学刊　2009年03期　2009年5月
《汉志》"诗赋"内涵辨析　侯文学　学术交流　2011年02期　2011年2月
"楚辞"实为"楚"之"赋"辨——"楚辞"辨名之一　龚俫　钦州学院学报　2011年02期　2011年4月
"赋"说——从文体命名、文体释名展开的论述　胡大雷　中古赋学研究　桂林：广西师范大学出版社　2011年11月
追溯两汉"辞赋"并称说的文化渊源　何晓云　北方文学（下半月）　2012年01期　2012年1月
《汉书·艺文志·诗赋略》之"赋"说　曾祥旭　南都学坛　2012年02期　2012年3月
"歌"、"诵"、"赋"辨——兼论"赋"的命名　李霞　苏州教育学院学报　2012年03期　2012年6月
汉魏六朝骚体赋概念的界定及辑录原则　王双　沧州师范学院学报　2012年02期　2012年6月
"试赋"的内涵与外延　王士祥　河南师范大学学报　2013年06期　2013年11月

2. 分类说

汉书艺文志诗赋略首三种分类遗意考　程会昌（程千帆）　金陵大学文学院季刊　2卷1期　1935年
　　~改题：《汉志·诗赋略》首三种分类遗意说　程千帆　闲堂文薮　济南：齐鲁书社　1984年1月
辞赋分类略说　何炳辉　人生　32卷09期　1968年2月
从散文史的角度谈辞赋的归类问题——兼与谭家健同志商榷　范羽翔　北方论丛　1983年04期　1983年4月
略论赋的分类　何沛雄　书目集刊　21卷04期　1988年3月
班固区划赋类标准试析　万光治　四川师范大学学报　1989年04期

1989 年 8 月
《文选·赋》分类浅议　王存信　江苏教育学院学报　1995 年 03 期　1995 年 7 月
《汉志·诗赋略》中赋的界定探考　汪祚民　信阳师范学院学报　1996 年 03 期　1996 年 7 月
赋的文学特性与《文选》列赋为首的原因　张廷银　北方论丛　1996 年 05 期　1996 年 9 月
《汉书·艺文志》"赋"分三种新探　汪祚民　安庆师范学院学报　1999 年 05 期　1999 年 10 月
"陆贾扣其端"与赋文体分类　汪小洋　南京理工大学学报　2000 年 05 期　2000 年 10 月
中国古代文集首列赋体说　张亚权　文学评论丛刊　4 卷 2 期　2001 年 9 月
《汉志·诗赋略》分类义例新论　熊良智　中州学刊　2002 年 03 期　2002 年 5 月
　~辞赋研究　熊良智主编　北京：商务印书馆　2006 年 11 月
刘勰"大赋"与"小赋"分类标准及其评价　董雪静、郭艳红、马金虎　廊坊师范学院学报　2002 年 02 期　2002 年 6 月
班固汉赋"四分法"评析　马金虎、董雪静　社会科学战线　2002 年 04 期　2002 年 7 月
赋体分类试析　杨仲源、李孟君　建国学报　21 期　2002 年 7 月
从《文选》的赋体分类看萧统的文学观　董雪静　保定师范专科学校学报　2002 年 03 期　2002 年 9 月
赋体文学分类的历史考察　侯立兵、刘梦初　广西社会科学　2004 年 01 期　2004 年 1 月
关于姚鼐章学诚批评《文选》分类之得失问题——兼论"七"、"设论"与赋的关系　力之　江汉大学学报　2004 年 03 期　2004 年 6 月
　~三峡大学学报　2004 年 06 期　2004 年 11 月
从《汉志·诗赋略》到《隋志·集部》——"楚辞"在古代文献目录中的变迁　温志拔　龙岩师专学报　2004 年 05 期　2004 年 10 月
《历代赋汇》的汉赋编录与分类　踪凡　天津社会科学　2004 年 06 期　2004 年 11 月
一个赋体分类论述的形成——赋分为古赋、俳赋、律赋、文赋　游适宏　人文社会学报　台湾科技大学　1 期　2005 年 3 月

论北宋赋作之体裁分类　顾柔利　黄埔学报　49期　2005年10月
《汉志·诗赋略》赋类诸家分类义例述评　孙津华　古典文献研究　2005年8期　2005年12月
三品论赋——《汉书·艺文志·诗赋略》前三种分类遗意新说　李士彪　鲁东大学学报　2006年03期　2006年9月
骚体赋、散体赋分类概念评析　吴仪凤　东华人文学报　5期　2003年7月
汉赋分类新探　郭辉　淮北煤炭师范学院学报　2007年02期　2007年4月
试论《文选》赋体的分类原则　冯莉　山西大学学报　2007年05期　2007年9月
楚辞的文体区分与屈宋的文体意识　赵敏俐　长江学术　2007年04期　2007年10月
从《汉志·诗赋略》赋体类分看班固的"赋"观念　王长华、李菲　古代文学理论研究　26辑　2008年8月
　　~诗论与赋论　王长华　北京:学苑出版社　2011年10月
道有夷隆　学有粗密——论《汉书·艺文志》赋之以类区分以品相别　尹海江　井冈山学院学报　2009年05期　2009年9月
初唐四杰赋篇目及分类探讨——兼论初唐赋分体发展的趋向　何易展　重庆师范大学学报　2009年05期　2009年10月
论《汉志》"赋"的分类与排序——兼辨《楚辞》非选自"屈原赋之属"　尹海江　中国楚辞学(第十七辑)——2009年深圳屈原与楚辞学国际学术研讨会论文集　2009年10月
　　~改题:论《汉书·艺文志》中"赋"的分类与排序——兼辨《楚辞》非选自"屈原赋之属"　江汉大学学报　2010年05期　2010年10月
　　~中国楚辞学　17辑　北京:学苑出版社　2011年12月
汉魏六朝俳谐赋及赋体文分类研究　苏瑞隆　学者论赋——龚克昌教授治赋五十周年纪念文集　济南:齐鲁书社　2010年1月
《汉书·艺文志·诗赋略》赋之分类研究述略　陈刚　文献　2011年02期　2011年4月
《文选·赋》类序与《汉志》"杂赋"关系臆说——《文选》研究之四　钟其鹏、刘剑丽　河南科技大学学报　2011年05期　2011年10月
《文选》赋的以类相分　胡大雷　中古赋学研究　桂林:广西师范大学出

版社　2011 年 11 月
《汉志·诗赋略》前三种赋二级分类原则臆探　殷衍韬、吴冠宇　绍兴文理学院学报　2012 年 04 期　2012 年 7 月
历代赋的分类及其特征　徐志啸　古典文学知识　2012 年 05 期　2012 年 9 月
《古文苑》与《文选》赋体分类管窥　王晓鹃　西北师大学报　2012 年 05 期　2012 年 9 月
论《汉书·艺文志·诗赋略》分为屈原、陆贾、孙卿、杂赋四类的原因　于玲　安徽文学（下半月）　2012 年 09 期　2012 年 9 月
《汉志·诗赋略》分类论略　左宜华、陈祥谦　湖南工业大学学报　2013 年 01 期　2013 年 2 月

3. 功能论及价值论

汉赋"讽谕"辨　毕万忱　光明日报　1983 年 7 月 12 日
　　~二十世纪中国文学史论文精粹·散文、赋卷　彭黎明选编　石家庄：河北教育出版社　2001 年 1 月
诗赋讽谏散论　龚克昌　文史哲　1985 年 03 期　1985 年 4 月
　　~汉赋研究　龚克昌　济南：山东文艺出版社　1990 年 5 月再版
汉代颂赞铭箴与赋同体异用　万光治　社会科学研究　1986 年 04 期　1986 年 8 月
关于汉赋的"歌颂"　何新文　湖北大学学报　1987 年 05 期　1987 年 9 月
汉赋评价之我见　梁建民　咸阳师专学报　1991 年 3 期
汉赋"歌功颂德"新议　康金声　山西大学学报　1992 年 01 期　1992 年 4 月
元明清辞赋的历史地位　叶幼明　中国文学研究　1993 年 02 期　1993 年 7 月
论骈体文学在中国文学史中的历史地位　杜敏、杜薇　阴山学刊　1995 年 01 期　1995 年 3 月
试论汉赋的讽谕意图及其在创作中隐没的原因　陆玉权　西南民族学院学报　1996 年 S6 期　1996 年 12 月
关于汉散体大赋的评价问题　姚文铸　温州师范学院学报　1998 年 05 期　1998 年 10 月
论扬雄"连珠"的文学价值　张晓明　青岛大学师范学院学报　1999 年 02

期 1999年5月
汉赋通谕讽谏功能的泯灭及其社会政治背景 王连儒 临沂师专学报 1999年05期 1999年10月
论赋的叙事功能与中古赋家对事件的参与 胡大雷 广西师范大学学报 2000年01期 2000年1月
　　~改题:论赋的纪实与赋家对赋中事件的参与 中古赋学研究 胡大雷 桂林:广西师范大学出版社 2011年11月
非文学赋概论 尹占华 西北师大学报 2000年06期 2000年11月
论汉代拟骚之作的文体价值 陈恩维 云梦学刊 2004年03期 2004年5月
汉大赋的娱乐功能 王传飞 中国中古文学研究——中国中古(汉—唐)文学国际学术研讨会论文集 2004年8月
论汉赋在诗歌史上的地位 曹胜高、刘信立 湖北师范学院学报 2005年01期 2005年1月
汉大赋欲"风"反"劝"成因探析 胡大雷 江汉大学学报 2005年03期 2005年5月
　　~改题:欲"风"反"劝"成因探析 中古赋学研究 胡大雷 桂林:广西师范大学出版社 2011年11月
论汉大赋的颂扬本质 司全胜 名作欣赏 2005年20期 2005年10月
汉代骚体赋的发展演变 孙晶 烟台大学学报 2006年03期 2006年7月
　　~改题:汉代骚体赋文体功能的发展演变 中国楚辞学(第九辑)——2007年楚辞学国际学术研讨会论文专辑(二) 2007年6月
　　~中国楚辞学 9辑 北京:学苑出版社 2007年5月
汉赋"劝百讽一"成因新探 陈伟文 济南大学学报 2007年01期 2007年1月
论赋的叙事性 刘湘兰 学术研究 2007年06期 2007年6月
"赋者古诗之流"再探——论汉人的赋体讽谕观 陈赟 贵州文史丛刊 2007年03期 2007年8月
《僮约》俳谐效果的产生及其文体示范意义 郗文倩 福建师范大学学报 2008年01期 2008年1月
　　~中国古代文体功能研究:以汉代文体为中心 郗文倩 上海:上海三联书店 2010年1月
汉代模拟辞赋的文体意义 陈恩维 广西师范大学学报 2008年03期

2008年6月
论汉代颂赞铭箴与汉赋的同体异用　梁复明、费振刚　学术论坛　2008年07期　2008年7月
唐前七体讽谏功能发微　王德华　学术月刊　2010年02期　2010年2月
略论唐宋律赋的社会价值　曹颂今　文教资料　2010年13期　2010年5月
论辞赋在中国文学自觉进程中的作用　俞灏敏　山西师大学报　2010年04期　2010年7月
屈原《九歌》的功能　肖潇、韩冰　剑南文学(经典教苑)　2011年04期　2011年4月
试论汉大赋的社会效用——以司马相如的写作策略为例　张璐　文教资料　2011年19期　2011年7月
论小说与汉赋的亲缘关系　张宜斌　社会科学论坛　2011年07期　2011年7月
汉赋礼仪功能的式微与文学意蕴的形成　孙少华　中南民族大学学报　2012年01期　2012年1月
桓谭论赋与汉赋的"讽谏"传统　孙少华　复旦学报　2012年03期　2012年5月
"赋者古诗之流"说的讽诵特质——兼谈诗人之赋与辞人之赋的本质区别　马燕鑫　辽东学院学报　2012年03期　2012年6月
从歌功颂德到体物写志的嬗变——论汉至建安咏物赋的意义转变　王亚萍　西安石油大学学报　2013年01期　2013年2月
汉代赋家创作心态与汉代赋颂并称现象之考察　李其霞　佳木斯教育学院学报　2013年06期　2013年6月

4. 历代文体批评和批评文体

汉代赋论浅探　王朋　中国文学研究　1986年02期　1986年7月
　～云梦学刊　1986年S1期　1986年12月
近十年的赋体源流研究综述　李生龙　中国文学研究　1989年02期　1989年7月
论诗赋源流说的历史演变　曹明纲　古代文学理论研究丛刊　14辑　1989年12月
历代赋论述要　徐志啸　中国文学研究　1990年02期　1990年7月

～二十世纪中国文学史论文精粹·散文、赋卷　彭黎明选编　石家庄：河北教育出版社　2001年1月
从赋体的多元特征看辩证的文体论思想之产生　曹虹　宁夏社会科学　1991年05期　1991年10月
～中国辞赋源流综论　曹虹　北京：中华书局　2005年9月
关于赋体文学研究——《历代赋辞典》前言　于成　辽宁大学学报　1992年04期　1992年8月
试论宋人的"以赋为学"　何玉兰　中国文学研究　1994年01期　1994年1月
论清代的赋学批评　许结　文学评论　1996年04期　1996年7月
～中国赋学历史与批评　许结　南京：江苏教育出版社　2001年7月
古律之辩与赋体之争——论后期赋学嬗变之理论轨迹　许结　第三届国际辞赋学学术研讨会论文集　1996年12月
汉赋研究的基本问题及其现代进展　踪凡　山东大学学报　2000年01期　2000年1月
汉魏六朝赋学批评的对象与分期　冷卫国　社会科学战线　2000年01期　2000年1月
20世纪汉赋研究专著综述　阮忠　南都学坛　2000年02期　2000年4月
唐代文章论略说　张伯伟　漳州师范学院学报　2000年02期　2000年6月
～中国古代散文研究　孙以昭、陶新民主编　合肥：安徽大学出版社　2001年4月
清代"八股文赋"论争平议　詹杭伦　中国古典文学研究　3期　2000年6月
历代赋集与赋学批评　许结　南京大学学报　2001年06期　2001年12月
～中国赋学历史与批评　许结　南京：江苏教育出版社　2001年7月
汉赋研究史述略　踪凡　社会科学辑刊　2002年01期　2002年1月
清代赋学的几个理论问题　詹杭伦　北京化工大学学报　2002年01期　2002年3月
20世纪汉赋分类研究述评　蒋文燕　南都学坛　2002年02期　2002年3月
论骚体文学研究在当代楚辞学中的定位　郭建勋　中国楚辞学（第四

辑)——2002年楚辞学国际学术研讨会论文专辑　2002年7月
　　~淮阴师范学院学报　2003年01期　2003年1月
　　~中国楚辞学　4辑　北京:学苑出版社　2004年1月
论诗、赋话的粘附与分离　许结　东南大学学报　2003年06期　2003年11月
宋代辞赋辨体论　詹杭伦　逢甲人文社会学报　7期　2003年11月
　　~唐宋赋学研究　詹杭伦　北京:中国社会科学出版社、华龄出版社　2004年10月
骚体文学:当代楚辞研究中的一个新领域　郭建勋　中国韵文学刊　2003年02期　2003年12月
西方学者视野中的赋——从欧美学者对"赋"的翻译谈起　孙晶　东北师大学报　2004年02期　2004年3月
从分别屈、宋到屈、宋并举——汉魏六朝时期关于楚辞的文体认识　蒋方　古典文学知识　2004年06期　2004年11月
论赋学与楚辞学的分合　王以宪　江西师范大学学报　2004年06期　2004年12月
　　~中国楚辞学(第十一辑)——第十二届中国屈原学会年会暨楚辞学国际学术研讨会论文集　2007年9月
　　~中国楚辞学　11辑　北京:学苑出版社　2009年5月
历代论文赋的创生与发展　许结　文史哲　2005年03期　2005年5月
古典文体的现代命运——以20世纪赋体文学观念及创作为中心的思考　程章灿　南京大学学报　2005年04期　2005年7月
　　~赋学论丛　程章灿　北京:中华书局　2005年9月
　　~中国赋学　许结、徐宗文主编　南京:江苏教育出版社　2007年8月
探索诗歌分体研究的新思路——以诗骚体式为例　葛晓音　人文中国学报　11期　2005年8月
东晋赋学批评的分期及时代特征　冷卫国　北方论丛　2005年05期　2005年9月
1995—2004年"楚辞体"文体特性研究论文述要　范卫平　职大学报　2006年01期　2006年3月
日本及港台学者视野中的赋　孙晶　北方论丛　2006年02期　2006年3月
二十世纪汉赋分类研究综述　蒋文燕　人文丛刊　2辑　2007年6月

论汉人的辞赋观念　周苇风　东方丛刊　2007年02期　2007年6月
丽则——历代赋论的基本标准　王焕然　学术论坛　2007年08期　2007年8月
论永明时期的赋学批评　冷卫国　济南大学学报　2007年06期　2007年11月
论赋话的渊源及其演进　何新文、龚元秀　湖北大学学报　2008年01期　2008年1月
从"唐无赋"到"赋莫盛于唐"——唐赋评价变迁之考察　陈成文　台北教育大学语文集刊　2008年7月
从文体学角度考察魏晋时期的赋论　杨东林　济南大学学报　2008年06期　2008年12月
新时期骚体赋研究述评　王双　河北学刊　2009年03期　2009年5月
论汉代辞赋"诗源观"的形成及其原因　许瑶丽　成都理工大学学报　2010年01期　2010年3月
"连珠"研究述要　符欲静　湖北广播电视大学学报　2010年11期　2010年11月
赋序与六朝人的文体意识——兼及《文选》"误析"与增序现象　张蕾、常娟娟　第八届文选学国际学术研讨会论文集　扬州：广陵书社　2010年12月
唐宋元赋学论　徐志啸　北京大学学报　2011年04期　2011年7月
清代赋论"禁体"说　许结　江淮论坛　2011年05期　2011年9月
　　～赋学：制度与批评　许结　北京：中华书局　2013年8月
赋体叙事研究前景展望　刘伟生　云梦学刊　2011年05期　2011年9月
汉代赋学论　徐志啸　杭州师范大学学报　2011年03期　2011年9月
论汉人辞赋观念　孔德明　湖北大学学报　2011年06期　2011年11月
赋体叙事研究述评　陈春保　安庆师范学院学报　2011年12期　2011年12月
从文献的保存角度看汉赋文学特征的生成　田瑞文　沈阳师范大学学报　2012年03期　2012年5月
理学对南宋后期辞赋审美风范的规范与重塑　刘培　山西大学学报　2012年03期　2012年5月
元明辨体思潮与赋学批评　许结　社会科学战线　2012年07期　2012年7月

明清赋学论　徐志啸　晋阳学刊　2012年05期　2012年9月
"赋体"研究辨析　李锐　青年文学家　2012年23期　2012年11月
文学史论楚辞兴起因缘之回顾探讨　柯混瀚　云梦学刊　2012年06期　2012年11月
赋学与诗文理论互渗论　孙福轩　中国文学研究　2013年01期　2013年1月
论中古时期对于赋体本质的认识　彭安湘　齐齐哈尔大学学报　2013年01期　2013年1月
试论汉魏六朝时期的赋论　陈功文　江苏广播电视大学学报　2013年03期　2013年6月
　　~改题：汉魏六朝赋论略述　镇江高专学报　2013年03期　2013年7月
近五年赋体文学与小说关系研究述评　王楠　河北科技师范学院学报　2013年04期　2013年12月

5. 专书及学者

体国经野　义尚光大——刘勰论汉赋　毕万忱　文学评论　1983年06期　1983年12月
　　~二十世纪中国文学史论文精粹·散文、赋卷　彭黎明选编　石家庄：河北教育出版社　2001年1月
刘勰心目中的杂文　徐乘　南京政治学院学报　1989年02期　1989年5月
祝尧《古赋辩体》的赋论（上）、（下）　邓国光　故宫学术季刊　12卷1期、2期　1994年秋、1994年冬
　　~新亚学术集刊　13期　1994年
　　~文原：中国古代文学与文论研究　邓国光　澳门：澳门大学出版中心　1997年7月
　　~香港中国古典文学研究论文选粹(1950—2000)·小说、戏曲、散文及赋篇　邝健行、吴淑钿编选　南京：江苏古籍出版社　2002年4月
　　~文章体统：中国文体学的正变与流别　邓国光　上海：上海古籍出版社　2013年11月
试析刘勰论赋的几个观点　〔韩〕白承锡　江淮论坛　1995年06期　1995年11月
论《文选》"难"体　傅刚　浙江学刊　1996年06期　1996年11月

刘埙《隐居通义》的赋论　邓国光　文原:中国古代文学与文论研究　澳门:澳门大学出版中心　1997年7月
　　~文学遗产　1997年05期　1997年9月
　　~文章体统:中国文体学的正变与流别　邓国光　上海:上海古籍出版社　2013年11月
浦铣及其赋话考述　何新文　文献　1997年03期　1997年8月
从《文选》选赋看萧统的赋文学观　傅刚　北京大学学报　2000年01期　2000年1月
"班马"的辞赋观与汉代赋学思想的演进　马予静　河南大学学报　2000年02期　2000年3月
刘勰赋论刍议　谢明华　电大教学　2000年04期　2000年8月
夏侯湛以"味"论赋　冷卫国　文学遗产　2001年01期　2001年1月
刘勰论辞赋　〔韩〕李长徽　东方丛刊　2001年01期　2001年2月
以情为本——祝尧的古赋本质论　杨赛　中国文学研究　2002年02期　2002年6月
《隋志》与魏晋南北朝赋学　范增　四川师范大学学报　2002年03期　2002年6月
试帖诗与律赋——读《关中课士诗赋注》　詹杭伦　中国诗歌研究　1辑　2002年6月
《文心雕龙》中的五经和文学美之关系　〔日〕冈村繁　汉魏六朝的思想和文学　〔日〕冈村繁著,陆晓光译　上海:上海古籍出版社　2002年8月
祝尧《古赋辨体》的汉赋观　踪凡　首都师范大学学报　2003年02期　2003年4月
《昭明文选》与骚　王慧敏　长春师范学院学报　2003年03期　2003年6月
汤稼堂《律赋衡裁》与清代律赋学考述　许结　浙江学刊　2003年06期　2003年12月
祝尧的古赋流变论　杨赛　安徽教育学院学报　2005年02期　2005年4月
论《古赋辨体》出现的原因　李新宇　山西大学学报　2005年04期　2005年8月
《文心雕龙》论赋与《文选》赋分类定篇　韩晖　广西师范大学学报　2005年04期　2005年12月
唐写本《赋谱》阐微——从中唐几篇律赋说起　廖志强　新亚论丛　6期

2004年6月
祝尧的古赋艺术论　杨赛　湛江师范学院学报　2005年04期　2005年10月
论扬雄的文体自觉　赵为学、王栋　湖南城市学院学报　2006年04期　2006年7月
章学诚之赋论：赋体的生成与诸子文的联系　鲍晓东　理论月刊　2006年09期　2006年9月
章学诚之赋论：清代赋学的一个独特批评视角——从章学诚"骚赋异同"之辨说起　鲍晓东　湖北社会科学　2006年11期　2006年11月
从《文选》的文体观念论《文选》赋"序"　胡大雷　惠州学院学报　2007年02期　2007年4月
　~改题：从文体观念论《文选》赋"序"　中古赋学研究　胡大雷　桂林：广西师范大学出版社　2011年11月
六朝诗赋观考辨——以《文赋》、《文章流别论》、《文选》、《文心雕龙》为中心　周萌　深圳大学学报　2007年05期　2007年9月
扬雄赋论中文体自觉意识的形成　马光　中国社会科学院研究生院学报　2007年05期　2007年9月
扬雄赋论中的文体自觉意识　王栋　西南交通大学学报　2007年05期　2007年10月
刘熙载论赋之发生及流变　张兴田　齐齐哈尔职业学院学报　2007年01期　2007年12月
论《文选》选赋义例二则　冯莉　齐鲁学刊　2008年01期　2008年1月
从《文选》分类看萧统对赋体的体认　韩晖　广西师范大学学报　2008年04期　2008年8月
王芑孙"坏体说"论析　姜子龙、詹杭伦　贵州社会科学　2008年09期　2008年9月
略论历代对《文选》选赋的批评　王焕然　沈阳师范大学学报　2008年05期　2008年9月
《文心雕龙·诠赋》篇研究概述　范英梅　文学前沿　13辑　2008年9月
《赋谱》探微　李冰　安徽文学（下半月）　2008年11期　2008年11月
从《古赋辨体》看祝尧的骈文观　于景祥　社会科学辑刊　2008年06期　2008年11月
钟嵘《诗品》赋论（一）——《诗》赋体系列辨证　陈元胜　许昌学院学报　2009年04期　2009年7月

皇甫谧的赋学观念——以《三都赋序》为例　安正发　广西社会科学2009年09期　2009年9月

在古典赋论与近代赋论之间——论清人刘熙载的赋学批评　孙晶　烟台大学学报　2009年04期　2009年10月

《律赋衡裁》与《雨村赋话》：乾嘉古律之争格局下的律体赋学　孙福轩　中国诗歌研究　6辑　2009年12月

刘向、刘歆赋学批评发微　冷卫国　文学遗产　2010年02期　2010年3月

刘熙载古体赋论试议　孙福轩　广东教育学院学报　2010年02期　2010年4月

钟嵘《诗品》赋论——《诗》赋体系列辨证（二）　陈元胜　许昌学院学报　2010年04期　2010年7月

《文选》不录齐梁赋辨　胡大雷　广西师范大学学报　2010年05期　2010年10月

钟嵘《诗品》赋论——《诗》赋体系列辨证（三）　陈元胜　许昌学院学报　2011年01期　2011年1月

《古赋辩体》之后的元朝赋论　牛海蓉　辽东学院学报　2011年01期　2011年2月

刘勰的赋学思想述论　张宜斌　学习月刊　2011年06期　2011年3月

刘师培的赋学思想　冷卫国、赵毅　中国海洋大学学报　2011年05期　2011年9月

《文选·赋》"物色"类选赋蠡测——《文选·赋》"物色"类研究之六　钟其鹏　长春大学学报　2011年11期　2011年11月

论桐城派古文选本中的古赋思想——以《古文辞类纂》等主要古文选本为例　王思豪　安徽大学学报　2011年06期　2011年11月

钟嵘《诗品》赋论——《诗》赋体系列辨证（四）　陈元胜　许昌学院学报　2011年06期　2011年11月

李穑《辞辨》研究　汤洪　内江师范学院学报　2012年01期　2012年1月

钟嵘《诗品》赋论——《诗》赋体系列辨证（五）　陈元胜　许昌学院学报　2012年04期　2012年7月

《文心雕龙·诠赋》：刘勰论赋新探　林子龙　云汉学刊　25期　2012年8月

浅析班固赋学观的矛盾　余江、刘雪妮　云梦学刊　2012年05期　2012

年9月
《古文苑》辞赋观及其选本批评形态意义　彭安湘　中南大学学报　2012年06期　2012年12月
《古赋辩体》与明代辨体批评　何诗海　文艺理论研究　2013年01期　2013年1月
浅论《文心雕龙》中的赋学批评——以《辨骚》《诠赋》为例　刘晓彤　金田　2013年02期　2013年2月
刘勰赋体观对明代复古派赋论的影响　邹慧芳　语文知识　2013年01期　2013年2月
戴纶喆《汉魏六朝赋摘艳谱说》与清末赋学　孙福轩　浙江大学学报　2013年03期　2013年3月
文献学与文体学视角下的突破——高秋凤楚辞研究述评　刘石林、钟兴永　云梦学刊　2013年02期　2013年3月
《文心雕龙·诠赋》篇的理论意义　范英梅　名作欣赏　2013年17期　2013年6月
祝尧《古赋辩体》赋体辨析与分类　蒋旅佳　文艺评论　2013年08期　2013年8月
论吴锡麒律赋观与创作　莫崇毅　北京化工大学学报　2013年03期　2013年9月

Ⅲ 骈散文编

一、源流论

【著作】

中国骈文史　刘麟生　上海:商务印书馆　1937年2月　165页
瞿序;第一章 别裁文学史与骈文;第二章 古代文学中所表现之骈行语气;第三章 赋家奏疏家论说家暨碑板文字;第四章 所谓六朝文;第五章 庾信与徐陵;第六章 唐代骈文概观;第七章 陆贽;第八章 宋四六及其影响;第九章 骈文之中衰——律赋与八股文;第十章 清代骈文之复兴;第十一章 骈文之支流余裔——联语;第十二章 今后骈文之展望
◎台北:台湾商务印书馆　1980年8月　165页　中国文化史丛书
◎上海:上海书店　1984年1月　165页　中国文化史丛书
◎北京:东方出版社　1996年3月　140页　民国学术经典文库·文学史类丛
　○论刘麟生《中国骈文史》的学术成就与局限　李鸿渊　社会科学评论2009年03期　2009年9月

八股文小史　卢冀野　上海:商务印书馆　1937年5月　106页　国学小丛书
第一章 帖括经义之变体;第二章 八股文章之结构;第三章 正嘉以前之演进;第四章 隆万以后之作风;第五章 清初八股名作家;第六章 八股文体之就衰;第七章 关于八股之文献
◎附于刘麟生《中国骈文史》　北京:东方出版社　1996年3月　86页　民国学术经典文库·文学史类丛
◎收入《卢前文史论稿》　北京:中华书局　2006年4月　328页　冀野文钞
◎与《明清戏曲史》合订　长沙:岳麓书社　2011年11月　166页　民国

学术文化名著丛书

中国散文史　陈柱　上海:商务印书馆　1937年5月　315页　中国文化史丛书·第二辑

　　序;第一编:骈散未分时代之散文(夏商周秦)　第一章　总论;第二章　为治化而文学时代之散文(自夏商至春秋);第三章　由治化时代而渐变为学术时代之散文(春秋时代);第四章　为学术而文学时代之散文(战国);第五章　反文化时代之散文(秦);

　　第二编:骈文渐成时代之散文(两汉三国)　第一章　总论;第二章　由学术时代而渐变为文学时代之散文(两汉);第三章　为文学而文学时代之散文(汉魏之际);

　　第三编:骈文极盛时代之散文(晋及南北朝)　第一章　总论;

　　第四编:古文极盛时代之散文(唐宋)　第一章　总论;

　　第五编:以八股为文化时代之散文(明清)第一章　总论

◎影印本　上海:上海书店　1984年3月　315页　中国文化史丛书

◎北京:东方出版社　1996年9月　334页　民国学术经典文库

　　增补:第三—五编目录;"总目"下分别增补"骈文极盛时代之散文"、"古文极盛时代之散文"、"以八股为文化时代之散文"三章目。

◎南京:江苏文艺出版社　2008年9月　249页　北斗丛书

◎长沙:岳麓书社　2011年7月　287页　民国学术文化名著

◎北京:东方出版社　2012年8月　341页　民国学术经典系列

◎长春:吉林人民出版社　2013年3月　286页　中国学术文化名著文库

　　○陈柱《中国散文史》的学术特点　李鸿渊　淮阴师范学院学报　2011年01期　2011年1月

公牍学史　许同莘　上海:商务印书馆　1947年6月　329页

　　杨序;自序一;自序二;凡例;卷一　上古三代·春秋战国;卷二　秦·汉;卷三　魏晋六朝·南北朝;卷四　隋·唐·五代;卷五　宋(金附);卷六　元;卷七　明;卷八　清;卷九　辞命上;卷十　辞命下;牍髓　卷一　内篇;卷二　外篇;附录:治牍须知

◎影印本　上海:上海书店出版社　1991年12月　329页　民国丛书·第三编

◎北京:档案出版社　1989年　396页　档案研究资料丛书

　　增补:出版说明;校点后记

　　○公文发展史的开山之作——论许同莘《公牍学史》　侯迎华　郑州大

学学报　2008 年 05 期　2008 年 9 月

中国骈文发展史　张仁青　台北:台湾中华书局　1970 年 5 月　658 页
  第一章 绪论;第二章 邃古骈散文之未分时期;第三章 战国末年至秦代骈文之胚胎时期;第四章 两汉骈文之孳乳时期;第五章 魏晋骈文之蕃衍时期;第六章 南北朝骈文之全盛时期;第七章 唐代骈散文盛衰消长之激荡时期;第八章 两宋骈文之蜕变时期;第九章 清代骈文之复兴时期;附录:本书引用参考书目举要;后记
◎杭州:浙江大学出版社　2009 年 4 月　494 页
◎台北:文史哲出版社　2012 年 8 月　358 页　文史哲学集成(再版)

齐梁丽辞衡论　陈松雄　台北:文史哲出版社　1986 年 1 月　530 页　文史哲学集成
  自序;第一章 齐梁丽辞之导因;第二章 齐梁丽辞之特色;第三章 南齐永明丽辞衡论;第四章 梁武父子之丽辞衡论;第五章 梁代文士之丽辞衡论;第六章 评论专家——刘勰、钟嵘之文论及其翰墨;第七章 丽辞泰斗——徐凌、庾信之风格及其影响;第八章 齐梁丽辞对后世之影响;主要参考书目及引用书目

骈文史论　姜书阁　北京:人民文学出版社　1986 年 11 月　540 页
  序;叙说第一;经史丽辞第二;诸子丽辞第三;屈宋骚赋第四;汉赋骈始第五;西汉文章第六;汉赋衰变第七;东汉文章第八;建安骈体第九;魏晋骈文第十;宋齐骈文第十一;梁陈骈文第十二;唐骈衰变第十三;宋骈四六第十四;明清骈馀第十五
  ○建国以来的第一部骈文史——评姜书阁的《骈文史论》　莫道才　语文导报　1987 年 11 期
  ○深厚的学养　平实的学风——读姜书阁《骈文史论》　蒋方　古典文学知识　2001 年 06 期　2001 年 11 月

中国古代公文简史　闵庚尧　北京:档案出版社　1988 年 6 月　243 页
  前言;第一章 商周时期的公文;第二章 春秋战国时期的公文;第三章 秦汉时期的公文;第四章 三国两晋南北朝时期的公文;第五章 隋唐时期的公文;第六章 宋元时期的公文;第七章 明清时期的公文;后记

中国日记史略　陈左高　上海:上海翻译出版公司　1990 年 10 月　216 页
  序;第一章 绪言;第二章 宋代日记的兴起和元代日记的衰落;第三章

明代日记的发展;第四章 清代前期日记的繁兴;第五章 清代中后期日记的鼎盛;第六章 历代日记的史料价值;附录:引用日记简目

中国应用文发展史 李凯源 北京:中国商业出版社 1990年12月 248页

前言;第一章 绪论;第二章 应用文的孕育期——原始社会;第三章 应用文的萌芽期——奴隶社会;第四章 应用文的成熟期——战国、秦;第五章 应用文的发展期——汉、三国、两晋、南北朝;第六章 应用文的高峰期——唐、宋;第七章 应用文的稳定期——元、明、清;后记

○读《中国应用文发展史》 张虎刚 天津社会科学 1991年06期 1991年12月

唐宋骈文史 于景祥 沈阳:辽宁人民出版社 1991年5月 238页

序(卞孝萱);第一章 绪论;第二章 初唐骈文:陈隋余响与革新之风;第三章 盛唐骈文:昂扬激越的盛唐之音;第四章 中唐骈文:脱胎换骨的演变时期;第五章 晚唐骈文:唯美主义的复活;第六章 北宋骈文:因袭与蜕变时期;第七章 南宋骈文:由慷慨悲壮之音到浮艳精工之态;结束语;附录;后记

中国小品文史 陈书良、郑宪春 长沙:湖南出版社 1991年12月 269页

序(羊春秋);第一章 导言;第二章 先秦小品文;第三章 秦汉小品文;第四章 魏晋南北朝小品文;第五章 隋唐五代小品文;第六章 宋元小品文;第八章 清代小品文;后记;参考书目

◎台北:桂冠出版社 2001年 265页 古典新铨

南朝俪体文通铨 陈松雄 台北:文史哲出版社 1993年 312页(未见)

古代公文发展概述 茆邦寿、陆世全 合肥:黄山书社 1993年3月 174页

导言;第一章 公文的产生及早期公文;第二章 商朝和西周公文;第三章 春秋和战国公文;第四章 秦代公文;第五章 汉代公文;第六章 魏晋南北朝公文;第七章 隋唐五代公文;第八章 宋代公文;第九章 元代公文;第十章 明代公文;第十一章 清代公文;后记

清代八股文 邓云乡 北京:人民大学出版社 1994年3月 301页

前言;一、产生的基础;二、源流和历史;三、存废争议;四、科举考试关系之一;五、科举考试关系之二;六、八股与私塾教育;七、八股文

教育特征;八、举例说明;九、选文六篇;十、名家名作碎锦;十一、谈谈作法;十二、清代八股特征;十三、八股与古文;十四、八股与诗;十五、八股与小说;十六、八股谈趣;十七、历史作用试析;十八、八股的历史负作用

◎石家庄:河北教育出版社　2004年1月　210页　邓云乡集

中国应用文发展史　刘壮　北京:书目文献出版社　1995年6月　237页
　　第一章　绪论;第二章　应用文的原始形态;第三章　先秦应用文;第四章　秦汉应用文;第五章　魏晋南北朝应用文;第六章　中国古代应用文写作理论的形成;第七章　隋唐宋应用文;第八章　元明清应用文;第九章　应用文的变革;后记

中国公文史　吕发成主编　兰州:甘肃文化出版社　1995年12月　398页
　　序(程思远);第一章　绪论;第二章　夏代和商代公文;第三章　西周及春秋战国公文;第四章　秦汉公文;第五章　魏晋南北朝公文;第六章　隋唐公文;第七章　宋代公文;第八章　辽金元公文;第九章　明代公文;第十章　清代公文;第十一章　近代公文;第十二章　现代公文;第十三章　当代公文;附录:主要参阅文献

中国文章论　〔日〕佐藤一郎著,赵善嘉译　上海:上海古籍出版社　1996年6月　306页　海外汉学丛书
　　中译本序(顾易生);中译本前言(佐藤一郎);第一章　总论;第二章　唐宋文;第三章　明(诗)文及其展开;第四章　清(诗)文及其展开与再生;第五章　现代的文章;后记;译后记

中国散文发展史　张梦新主编　杭州:杭州大学出版社　1996年12月　563页
　　前言;第一编:先秦散文　概述;第一章　历史散文;第二章　哲理散文;
　　第二编:秦汉散文　概述;第一章　赋体之文;第二章　史传之文;第三章　论理之文;第四章　奏疏书启之文;
　　第三编:魏晋南北朝散文　概述;第一章　赋体之文的发展;第二章　奏疏章表、书启札记文;第三章　其他散文;
　　第四编:唐代散文　概述;第一章　中唐古文家;第二章　中唐以后的散文;
　　第五编:宋元散文　概述;第一章　北宋六大散文家;第二章　南宋散

文;第三章 元代散文;

第六编:明代散文 概述;第一章 明代前期散文;第二章 明代中叶散文;第三章 明代后期散文;

第七编:清代散文 概述;第一章 清初散文;第二章 桐城派古文;第三章 清代其他散文;

第八编:近代散文 概述;第一章 鸦片战争和太平天国革命时期的散文;第二章 资产阶级改良主义运动时期的散文;第三章 资产阶级民主革命时期的散文;后记

○对中国古代散文的总结——评张梦新主编的《中国散文发展史》 卢敦基 浙江社会科学 1997年03期 1997年5月

六朝骈文形式及其文化意蕴 钟涛 北京:东方出版社 1997年6月 223页 日晷文库

总序(傅璇琮);绪论;第一章 六朝骈文产生的原因及文化背景;第二章 六朝骈文形式的定型过程;第三章 六朝骈文形式美探微;第四章 六朝骈文形式表达的特点与局限;第五章 六朝骈文形式的地位和流变;后记;主要参考书目

○骈文,被捉住的精灵——评钟涛著《六朝骈文形式及其文化意蕴》 李正西 青海师范大学学报 2001年01期 2001年3月

中国尺牍文学史 赵树功 石家庄:河北人民出版社 1999年11月 659页

序;第一章 尺牍概说;第二章 从尺牍私人化的完成到第一个高峰;第三章 尺牍世用的黄金时代;第四章 尺牍文学的第二个高峰;第五章 辉煌的时期(上);第六章 辉煌的时期(下);第七章 在辉煌余光中走向没落(上);第八章 在辉煌余光中走向没落(下);附录一:尺牍套语;附录二:引书要目;后记

中国古代散文史论稿 刘衍 海口:南方出版社 2000年10月 720页

中国古代散文综论(代序);第一编:古代散文的萌芽与定型 第一章 概论;第二章 散文的源头;第三章 散文的萌芽;第四章 散文的定型;第二编:古代散文发展的第一个高潮 第五章 概论;第六章 史传散文发展的高潮;第七章 学术散文的发展及其高潮;

第三编:古代散文演变和发展的第二个高潮 第八章 概论;第九章 散文的演变和发展;第十章《史记》与散文发展的高潮;第十一章 散文高潮的低落与新变;

第四编:古代散文的革新与骈化　第十二章　概论;第十三章　散文的革新和转变;第十四章　散文的骈化;

第五编:古代散文发展的顶峰　第十五章　概论;第十六章　隋及唐初的散文;第十七章　盛唐的骈文和散文;第十八章　中唐前期散文的复古与骈文的自赎;第十九章　韩愈、柳宗元和古文运动;第二十章　中唐其他作家的散文;第二十一章　晚唐五代的散文;第二十二章　北宋前期的散文;第二十三章　欧阳修和北宋新古文运动;第二十四章　苏轼及北宋后期散文;第二十五章　南宋前期的散文;第二十六章　南宋后期的散文;第二十七章　辽、金两代的散文;

第六编:古代散文的因袭与探索　第二十八章　概论;第二十九章　元代散文的因袭与迁变;第三十章　明代散文的拟古与探索;第三十一章　清代散文的理论建构与实践

古代公文研究　丁晓昌、冒志祥等　合肥:安徽文艺出版社　2000年10月　604页　随园薪积丛书

绪论;第一章　先秦公文;第二章　秦汉公文;第三章　魏晋南北朝公文;第四章　隋唐公文;第五章　宋元公文;第六章　明代公文;第七章　清代公文;附录:明清公文体式

◎改题:**中国公文发展史**　丁晓昌、冒志祥主编　苏州:苏州大学出版社　2004年5月　384页

增补:《中国公文发展史》自学考试大纲;后记

中国分体文学史　散文卷　赵义山、李修生主编　上海:上海古籍出版社　2001年7月　452页

前言;上编:散体文　第一章　散体文的产生、发展与体式特征;第二章　先秦史家之文;第三章　先秦诸子之文;第四章　秦汉的散体文;第五章　魏晋南北朝的散体文;第六章　隋唐的散体文;第七章　宋辽金元的散体文;第八章　明清的散体文;中编　赋　第一章　赋的起源和分体特征;第二章　赋的兴盛期——两汉;第三章　赋的演变期——魏晋南北朝;第四章　赋的全盛期——唐宋;第五章　赋的复古期——元明清;下编:骈文　第一章　骈文的形成、发展及体式特征;第二章　魏晋骈文的成熟与南北朝骈文的鼎盛;第三章　唐代骈文的律化与散化;第四章　两宋骈文的新变;第五章　元明骈文的衰落与清代骈文的复兴

◎修订版　上海:上海古籍出版社　2007年12月　452页

中国骈文通史　于景祥　长春:吉林人民出版社　2002年1月　1075页

引言;第一章 绪论;第二章 上古至战国——骈文之滥觞期;第三章 秦汉——骈文之萌芽期;第四章 建安至西晋——骈文形成与发展时期;第五章 六朝——骈文之鼎盛时期;第六章 北朝至隋——不断吹拂的骈俪之风;第七章 唐宋——骈文之蜕变时期;第八章 西夏辽金——骈文的远播;第九章 元明——骈文的衰落;第十章 清代——骈文的复兴时期;第十一章 近代——骈文的再度衰变;第十二章 现当代——骈文的进一步衰变;结束语——骈文发展演化的基本规律与得失;附录:本书引用及参考书目;后记

○骈文研究的新突破　宇文　光明日报　2002年4月10日
○客观态度和科学精神　抱朴　中国文化报　2002年5月7日
○骈文研究的新创获　杨抱朴　中华读书报　2002年6月12日
○骈四俪六　锦心秀口　卞孝萱　中国图书商报　2002年6月13日
○俪驾山阴道上:读于景祥著《中国骈文通史》　初国卿　中国图书评论　2002年07期　2002年8月
○骈文研究的重大成果:评《中国骈文通史》　张晶　中国出版　2002年10期　2002年11月
○骈文史研究的集大成之作——评于景祥先生的《中国骈文通史》　吕双伟　社会科学辑刊　2004年01期　2004年1月
○瑕瑜互见的《中国骈文通史》　谭家健　古今艺文　34卷1期　2007年11月

历史文书　裴燕生、何庄、李祚明、杨若荷编著　北京:中国人民大学出版社　2003年6月　537页　21世纪档案学系列教材

前言;上编:历代文书制度概述　第一章 文书的初创期——先秦;第二章 文书的确立期——秦汉;第三章 文书的发展期——魏晋南北朝;第四章 文书工作的成熟期——隋唐;第五章 文书工作的进一步发展——宋元;第六章 文书工作的完备期——明;

中编:清代文书　第七章 清入关后国家机构的确立与文书工作系统的形成;第八章 诏令文书;第九章 上奏文书;第十章 官府往来文书;第十一章 契约凭证文书;第十二章 文稿、文本与案卷、档簿;

下编:民国文书　第十三章 民国文书的基本制度与特点;第十四章 民国文书的种类;第十五章 民国公文的格式与体裁;第十六章 民国公文的撰制;第十七章 民国时期的文书处理;第十八章 民国时期文书制度的改良与进步;附录:一、附表;二、附图;参考文献

◎历史文书(第二版)　裴燕生主编　北京:中国人民大学出版社　2009

年4月　447页　21世纪档案学系列教材
　　第二版说明;第一版前言;上编:清代以前文书概述　第一章　先秦时期的文书;第二章　秦汉时期的文书;第三章　魏晋南北朝时期的文书;第四章　隋唐时期的文书;第五章　宋元时期的文书;第六章　明代文书;
　　中编:清代文书　第七章　清入关后国家机构的确立与文书工作系统的形成;第八章　诏令文书;第九章　上奏文书;第十章　官府往来文书;第十一章　凭证文书;第十二章　文稿和案卷;
　　下编:民国文书　第十三章　民国文书的基本制度与特点;第十四章　民国文书的种类;第十五章　民国公文的格式与体裁;第十六章　民国公文的撰制;参考文献

汉魏晋南北朝诔碑文研究　黄金明　北京:人民文学出版社　2005年3月　433页　中国古典文学研究丛书
　　序(詹福瑞);第一章　绪论;第二章　生命的礼赞:东汉诔碑文的崛兴;第三章　生命的伤悼:魏晋诔碑文的演变;第四章　生命价值的失落:南朝诔碑文的衰微;第五章　儒学的复兴:北朝碑志的繁兴;第六章　结论;附录:历代诔碑体式论辑录;主要征引书目;主要参考书目;后记
　　○文体学与出土文物综合研究的新收获——评黄金明博士《汉魏晋南北朝诔碑文研究》　王立　社会科学辑刊　2007年06期　2007年11月

宋四六论稿　施懿超　上海:上海古籍出版社　2005年9月　282页
　　序言(卞孝萱);前言;上编:宋四六史论稿　第一章　宋四六研究综述;第二章　以古文为四六——欧阳修对宋四六的开创之功;第三章　"荆公谨守法度,东坡雄深浩博,出于准绳之外"——北宋四六两派;第四章　南宋四六研究——以汪藻、李刘为例;
　　下编:宋四六文献研究　第五章　总集类四六文叙录;第六章　别集类四六文叙录;第七章　类书类四六文叙录;第八章　四六话类著作叙录;第九章　宋代四六类专门性类书的编纂;馀论;引用及参考文献

明代八股文史探　龚笃清　长沙:湖南人民出版社　2005年9月　717页
　　引言:明代八股文述略;第一章　明代八股文的文体;第二章　明代八股文的文题;第三章　从洪武到天顺:八股文的初创阶段;第四章　从成化到弘治:八股文的全面成熟时期;第五章　从正德到嘉靖:明代八股文的极盛时期;第六章　隆庆和万历:明代八股文的变革期;第七章　天

启:明代八股文的衰颓时期;第八章 崇祯:明代八股文的救亡时期;跋——我的八股文因缘;附录一:百明千清斋藏八股文书目;附录二:中式金针;附录三:进场须知;附录四:文场总忌;附录五:写作事例;附录六:乡试《黄莺儿曲》(二十首);附录七:浙江乡试十事诗(五言律);附录八:浙江乡试十事诗(七言排律);附录九:闱试总论

先唐颂体研究　陈开梅　广州:中山大学出版社　2007年7月　231页

文学史研究中不容忽视的一种文体——颂——《先唐颂体论》序(李增林);前言;第一章 人神相通的原始宗教祝祷歌——颂体起源论;第二章 宗庙祭祀乐歌——周代颂体论;第三章 南方楚地颂歌——战国楚颂论;第四章 秦政刻石文——秦代颂体论;第五章 大汉帝国的高歌——汉代颂体论;第六章 黑暗政治与玄学思潮的合唱——魏晋颂体论;第七章 朝代频更的天人感应思潮与佛教文化的合流——南北朝颂体论;结语;主要参考文献;后记

唐宋八大家骈文研究　沙红兵　北京:人民文学出版社　2008年4月　277页　博雅丛书

绪论;第一章 唐宋八大家与骈文、时文的复杂关系;第二章 唐宋八大家骈文与骈文史的新变;第三章 韩愈、柳宗元的骈文渊源与骈文创作;第四章 欧阳修、王安石、苏轼的骈文;第五章 苏洵、曾巩、苏辙的骈文;第六章 唐宋八大家骈文艺术特点散论;参考文献;后记

中国古代序跋史论　石建初　长沙:湖南人民出版社　2008年10月　787页

前言;第一编:序跋内涵　第一章 文体分类概说;第二章 序的概念及样式;第三章 跋的概念及样式;第四章 序、跋的意义;

第二编:先秦至南北朝序文产生发展及其特点　第一章 先秦序文的产生、发展及其特点;第二章 两汉序文的发展及其特点;第三章 以《游石门诗序》、《桃花源记》为代表的魏晋南北朝时期我国序言发展的成熟阶段;第四章 魏晋时期开创了跋文体裁;

第三编:隋唐宋序跋特点概述　第一章 隋朝序言特点概述;第二章 唐朝序跋的兴起及其特点;第三章 宋诗文、词、话本小说、佛教经论等序、跋特点;第四章 辽、金序跋概说;

第四编:元明清序跋特点概论　第一章 元朝序跋特点简说;第二章 明朝文学序跋简说;第三章 清代序跋概说

八股文史 孔庆茂 南京:凤凰出版社 2008年12月 442页

绪论:八股文的文体特点与流变;第一章 八股文的形成期——宋元经义文;第二章 八股文的定型期——成化、弘治前的八股文;第三章 以古文为时文的正宗:唐宋派;第四章 以法为主的隆庆、万历间的八股文;第五章 天启、崇祯间的八股文;第六章 清代初年的八股文;第七章 清初尤王派的八股文;第八章 康熙三家与韩菼的八股文;第九章 考据学家的八股文;第十章 近代的八股文;结语;附录:八股文史大事年表;主要参考文献;后记

宋文通论 曾枣庄 上海:上海人民出版社 2008年12月 1126页

自序;第一编:宋文总论 第一章 宋文发展的社会政治文化环境;第二章 宋文风格的形成和发展;第三章 宋人论文及其纷争;

第二编:宋代辞赋通论 第四章 宋代的骚体辞与骚体赋;第五章 "事皆实录"的仿汉大赋;第六章 骈赋仍为宋赋大宗;第七章 "去取予夺"决于律赋;第八章 "文赋尚理而失于辞";

第三编:宋代四六文通论 第九章 文章利病,不在奇偶;第十章 宋代诏令;第十一章 公牍;第十二章 宋代的表;第十三章 "开陈其意"之启;第十四章 其他各体四六文;

第四编:宋代韵文通论 第十五章 箴是规讽之文;第十六章 铭题于器,有戒有赞;第十七章 颂惟典雅,辞必清铄;第十八章 赞贵赡丽宏肆;第十九章 哀祭文;

第五编:宋代散文通论 第二十章 宋代的论说文;第二十一章 宋代的杂记文;第二十二章 宋人书信;第二十三章 宋代的赠序文;第二十四章 宋代的书序和篇序;第二十五章 宋人题跋;第二十六章 宋人的传状碑志;第二十七章 宋人的诗话、词话、文话、笔记、小说、戏剧和语体文;

第六编:宋文的总体特征及其影响 第二十八章 宋人理想同现实的矛盾;第二十九章 宋人的忧患感、悲凉感、旷达感;第三十章 宋文的艺术特征;第三十一章 宋文的影响;主要参考书目

○评曾枣庄《宋文通论》 郑园、陶文鹏 文学评论 2009年06期 2009年11月

~中国古代文章学的成立与展开:中国古代文章学论集 王水照、朱刚主编 上海:复旦大学出版社 2011年3月

六朝骈文研究 陈鹏 成都:巴蜀书社 2009年5月 333页

序(李中华);引言;第一章 骈文名谊与骈文的产生;第二章 六朝骈文发展的社会文化背景;第三章 六朝骈文四六化的进程及其原因;第四章 六朝骈文分体研究;第五章 六朝骈文形式研究;第六章 六朝骈文与诗歌之间的互动;馀论:六朝骈文是形式主义文学吗;参考文献;后记

先秦散文研究——早期文体及话语方式的产生 过常宝 北京:人民出版社 2009年7月 452页

绪言;第一章 商周巫卜文献;第二章 西周礼教文献;第三章 春秋史传文献;第四章 春秋"语"类文献;第五章 战国诸子文献(上);第六章 战国诸子文献(中);第七章 战国诸子文献(下);第八章 战国策士文献;参考文献;后记

○话语建构与文献阐释——读过常宝先生《先秦散文研究——早期文体及话语方式的生成》 夏德靠 唐都学刊 2010年03期 2010年5月

○文体与文化:早期文体及话语方式的生成——读《先秦散文研究——早期文体及话语方式的生成》 侯文华 海南师范大学学报 2010年03期 2010年5月

南宋骈文研究 曹丽萍 南昌:江西高校出版社 2009年9月 257页

序(詹杭伦);前言;第一章 陆贽对南宋骈文的影响;第二章 南宋骈文的格律化;第三章 南宋理学家与骈文;第四章 杨万里骈文研究——兼论宋代骈文对六朝骈文的传承;结语;参考文献;后记

宋代试论与文学 吴建辉 长沙:岳麓书社 2009年9月 274页

导论;第一章 关于论的概述;第二章 宋代进士科试论的确立;第三章 宋代制科设置之变化与试论之发展;第四章 南宋古文选本、试论及文学的关系;第五章 苏轼"论"文研究;第六章 叶適"进论"研究;结语;附录一;附录二;附录三;附录四;附录五;参考文献;后记

晚唐骈文研究 翟景运 北京:商务印书馆 2010年8月 315页

序(袁行霈);绪论;第一章 古文运动的衰落和晚唐骈文的再度兴起;第二章 晚唐骈文体裁研究;第三章 晚唐骈文与晚唐诗;第四章 晚唐骈文的影响;结语;附录一:唐代行政公文文集简表;附录二:晚唐主要律赋作家及其作品存佚情况简表;参考书目;后记

○《晚唐骈文研究》评介 田媛 东方论坛 2010年06期 2010年

12月

古代公文文体流变　胡元德　扬州:广陵书社　2012年3月　371页
"应用文体学"博士文库
　　摘要;"应用文体学"博士文库序;前言;第一章　古代公文文体发展脉络;第二章　古代公文的族群和体系;第三章　古代上行文的演变;第四章　古代下行文的演变;第五章　古代平行文的演变;第六章　古代专用公文的演变;第七章　古代公文的形式解析;第八章　古代公文文体演变规律;第九章　古代公文文体的文化阐释;第十章　古代公文文体与文学文体;参考文献;后记
　　○于无声处听惊雷:古代公文研究的探索与突破——评介胡元德先生的《古代公文文体流变》　杨武举　现代语文(学术综合版)　2012年12期　2012年12月

先秦两汉文体研究　于雪棠　北京:北京师范大学出版社　2012年3月　212页
　　序(郭英德);前言;第一章《周易》经传结构与战国秦汉散文的体制;第二章《尚书》的文体分类及行为与文本的关系;第三章　从《尚书尧典》诸篇看早期历史叙事文体的特征;第四章《尚书》典体文与秦汉封禅文;第五章《尚书》训体与《史》《汉》书志及《七发》;第六章　文学观念与文体的生成——以春秋辞令为例;第七章　经学阐释与文体的生成——以《春秋公羊传》和《春秋繁露》为例;第八章　经学师受与文体的生成——以西汉诏策为例;第九章　文体的多源性——以《说苑》《新序》《列女传》三书为例;第十章　文体的分合交叉——以蔡邕碑文为例;后记

上古"颂类"文学精神及其文体特征　段立超　长春:吉林大学出版社　2012年10月　182页
　　中文摘要;第一章　颂类作品研究的方法论;第二章　先秦颂类作品奠基论;第三章　汉代"颂"类文学文献梳理;第四章　融会贯通的经学奇颂;第五章　西蜀才子的盛世华章;第六章　王朝、经学的盛衰之颂;参考文献;后记

【学位论文】

齐梁丽辞衡论　陈松雄　中国文化大学　1983年　博士论文
唐代古文家的文体革新研究　李珠海　台湾大学　2001年　博士论文

两晋文研究　赵厚均　复旦大学　2003 年　博士论文
唐代散文演变关键之研究　兵界勇　台湾大学　2005 年　博士论文
古代公文文体流变述论　胡元德　南京师范大学　2006 年　博士论文
论宋朝外交文书　冒志祥　南京师范大学　2007 年　博士论文
殷商西周散文文体研究　梅军　上海大学　2010 年　博士论文
秦汉魏晋南北朝奏议文研究　仇海平　河北师范大学　2010 年　博士论文
战国散文文体研究　柯镇昌　上海大学　2011 年　博士论文
西汉散文研究　化晓方　陕西师范大学　2011 年　博士论文
两汉解经文体研究　唐元　北京师范大学　2011 年　博士论文
建安散文研究　朱秀敏　山东师范大学　2011 年　博士论文
明代前中期古文与时文之关系研究　李柯　复旦大学　2013 年　博士论文

中国骈文发展史　张仁青　台湾师范大学　1969 年　硕士论文
古今书信研究　谢金美　高雄师范大学　1976 年　硕士论文
论唐代骈文的流变　莫道才　南开大学　1987 年　硕士论文
先唐诔文的文学化进程　陈恩维　广西师范大学　2002 年　硕士论文
唐代墓志的文体变革　缐仲珊　中国社会科学院研究生院　2003 年　硕士论文
中古启文研究　田小中　广西师范大学　2003 年　硕士论文
汉代选官制度与试策文　张若曦　河南大学　2004 年　硕士论文
论先秦两汉的颂、赞、箴、铭　张立兵　西北师范大学　2004 年　硕士论文
宋以前的檄文研究　徐波　南京师范大学　2005 年　硕士论文
先唐教文研究　刘敏　广西师范大学　2006 年　硕士论文
先唐赞体文研究　李成荣　辽宁师范大学　2006 年　硕士论文
哀辞的演变及文体特征初探　梁锐　中山大学　2006 年　硕士论文
先唐箴文研究　陈笑　广西师范大学　2006 年　硕士论文
中古笺文研究　孔德明　广西师范大学　2007 年　硕士论文
汉魏六朝俳谐文学概说　徐善思　福建师范大学　2007 年　硕士论文
颂文文体与唐前颂文概说　赵英哲　辽宁师范大学　2007 年　硕士论文
论隋至中唐骈体公文改革及陆贽的杰出成就　冷琳　长春理工大学　2008 年　硕士论文
魏晋南北朝墓志铭流变及文体特征研究　黄蓓　华中师范大学　2009 年

硕士论文
汉魏六朝箴文研究　庄苑宜　嘉义大学　2009 年　硕士论文
中国古代碑志文研究　刘绚蓓　华东师范大学　2009 年　硕士论文
汉代铭文研究　张甲子　东北师范大学　2010 年　硕士论文
范晔《后汉书》论赞研究　梁娟娟　河北师范大学　2011 年　硕士论文
汉代箴文研究　卜晓伟　河北师范大学　2012 年　硕士论文
中国古代诔文研究　高鹏妹　青海师范大学　2013 年　硕士论文
南北朝序文研究　邓万忠　辽宁大学　2013 年　硕士论文
汉魏六朝自传文研究　滕延秋　山东大学　2013 年　硕士论文

【单篇论文】

1. 文体起源

论文章源流　田北湖　国粹学报　1 卷 2—6 期　1905 年
文章源始　刘光汉（刘师培）　国粹学报　1 卷 4—7 期　1905 年
　　~刘师培中古文学论集　陈引驰编校　北京：中国社会科学出版社
　　　1997 年 6 月
　　~二十世纪中国文学史论文精粹・散文、赋卷　彭黎明选编　石家庄：
　　　河北教育出版社　2001 年 1 月
论说出于纵横辨　胡怀琛　小说世界　14 卷 20 期　1926 年
略论我国古代传记文学的起源　陈兰村　人文杂志　1984 年 03 期　1984
年 6 月
散文先于诗歌说　曹大中　湖南师范大学社会科学学报　1986 年 02 期
1986 年 5 月
中国应用文的起源——中国应用文发展史系列论文之一　李凯源　天津
商学院学报　1988 年 03 期　1988 年 9 月
中国古代公文的起源和发展　霍蕴夫　宁夏社会科学　1989 年 04 期
1989 年 8 月
试论八股文的起源　秦旭卿　湖南师范大学社会科学学报　1989 年 06 期
1989 年 12 月
公文起源略述　黄昆源　中南民族学院学报　1990 年 04 期　1990 年
8 月
散文溯源："散文先于诗歌说"驳议　鲁茂松　合肥教院学报　1991 年
01 期

略论骈文发生发展的深层原因　谢国荣　湘潭大学学报　1991年04期　1991年12月
从文化学角度看骈文的产生　莫道才　中国文学研究　1992年03期　1992年9月
书信体杂文的诞生与特点　徐乘　杂文界　1993年3期
杂传体文类生成初探　刘苑如　鹅湖　21卷1期　1995年7月
命令体公文的起源及演变　何庄　档案学通讯　1997年03期　1997年5月
"语录"文体探源　豫生　学习与探索　1997年04期　1997年8月
骈文在汉初的生发　姜逸波　湘潭大学学报　1998年03期　1998年6月
骈文成因论　于景祥　烟台师范学院学报　1998年04期　1998年12月
墓志铭起源初探　吴炜　东南文化　1999年03期　1999年6月
论散文的起源　成宗田　成都大学学报　1999年03期　1999年7月
论中国小品文的滥觞　刘功成　大连教育学院学报　1999年03期　1999年8月
试探盟誓文体的起源和特点　陈开梅　桂林市教育学院学报　2000年01期　2000年3月
　～改题:古代盟誓文体的起源和特点　陈开珍、陈开梅　兵团教育学院学报　2000年02期　2000年4月
　～文献　2000年04期　2000年10月
从自序的缘起到自传之滥觞　杨子江　学术研究　2001年04期　2001年4月
佛典文体形成原因再讨论　陈文杰　宗教学研究　2001年04期　2001年12月
论哀辞的产生　黄金明　内蒙古社会科学　2002年05期　2002年9月
先秦史传文学作品中的文体萌芽与雏形　郭丹　福建师范大学学报　2003年04期　2003年7月
从谥诔到诔文:论古代诔文体式的形成　黄金明　漳州师范学院学报　2003年04期　2003年12月
说体文的产生及其对中国传统小说观念的影响　王齐洲　中国文学观念论稿　武汉:湖北教育出版社　2004年3月
启文述源　田小中　渝西学院学报　2004年03期　2004年9月
墓志文体起源新论　程章灿　学术研究　2005年06期　2005年6月

诔文与谥议起源考　朱玲玲　滨州学院学报　2005年04期　2005年8月
赠序之诞生及文体实践　薛峰　南阳师范学院学报　2005年11期　2005年11月
哀辞始祖考　钟嘉芳　语文学刊　2006年08期　2006年4月
赞体溯源　钟嘉芳　湛江海洋大学学报　2006年02期　2006年4月
颂体的渊源　陈开梅　湛江师范学院学报　2006年02期　2006年4月
　~改题:试探颂体的起源　陈开梅　中华文化论坛　2006年04期　2006年7月
俪古同体探源　陈松雄　东吴中文学报　12期　2006年5月
奏议渊源略论　王启才　文学遗产　2006年06期　2006年11月
晁迥:清言小品创作的先驱　张培锋　西南民族大学学报　2007年04期　2007年4月
论上古礼制与文体的生成及《尚书》的性质　叶修成　2007年全国博士生学术论坛——中国语言文学论文集　2007年7月
　~中国文化研究　2008年01期　2008年2月
从早期文献的骈偶现象看骈文文体产生的民间文化基础——骈文生成于民间说初论　莫道才　广西师范大学学报　2007年05期　2007年10月
上梁文文体考源　张慕华、朱迎平　寻根　2007年05期　2007年10月
"悬书"、"露布"源流考　夏保国、姜玉珂　沈阳师范大学学报　2007年06期　2007年11月
墓志铭的起源　雷拉　文苑　2008年01期　2008年1月
先秦散文萌芽之新探　胡宝珍　河北师范大学学报　2008年02期　2008年3月
论秦汉颂体文学的文化渊源——兼论颂体文学的文体特征　梁复明　电影评介　2008年17期　2008年9月
语录体形成刍议　张子开　武汉大学学报　2009年05期　2009年9月
论体文起源初探　刘石泉　广东教育学院学报　2009年06期　2009年12月
古代"语"文体的起源与发展——上博简《曹沫之陈》篇题的启示　王青　史学集刊　2010年02期　2010年3月
"八股文"滥觞于战国——兼答谭家健先生　邢文　光明日报　2010年4月26日
史官与书信体文章的关系初探　韦丹　长江师范学院学报　2010年03期

2010年5月
题跋起源考述　王国强　图书馆理论与实践　2010年10期　2010年10月
再评《八股文滥觞于战国》　谭家健　职大学报　2011年01期　2011年2月
上古语类文献的生成及其文体形态的演化　夏德靠　延边大学学报　2011年02期　2011年4月
论箴体的生成及其文体意义　夏德靠　湖北大学学报　2011年06期　2011年11月
论"语体"及文体的前"文体"状态　胡大雷　文学遗产　2012年01期　2012年1月
八股文探源——《诗义集说》中元代"股体"诗义著者考略　张祝平　历史档案　2012年01期　2012年2月
文人身份与中国古代赠序和远游诗的兴起　河南社会科学　2012年04期　2012年4月
论西周策命制度与《尚书》文体的生成　于文哲　江西师范大学学报　2012年03期　2012年6月
杂记溯源考略　郝晓梅　山西经济管理干部学院学报　2012年02期　2012年6月
敦煌遗书中的"唱导"仪式与唱导文之关系探微　陈烁　甘肃社会科学　2012年04期　2012年7月
由《论语·尧曰》看《尚书》"誓体"的起源与演变　于文哲　文艺评论　2012年08期　2012年8月
春秋卜、筮制度与解说文的生成　韩高年　2012年中国古代散文研究国际研讨会论文集　2012年8月
　~文学遗产　2013年06期　2013年11月
经、史分途与魏晋杂传的文体生成　王勇　成都理工大学学报　2012年05期　2012年9月
《老子》文本的"经典化"及传释文体的生成　夏德靠　兰台世界　2012年30期　2012年10月
古籍的序跋来源　刘芸　老年教育（老年大学）　2012年10期　2012年10月
周代训诰铭文的发生及其文体特征　陈彦辉　文艺评论　2012年12期　2012年12月

论"序"体在汉代的产生及其时代背景　梅显懋　文学遗产　2013 年 02 期　2013 年 3 月
箴体溯源及其辨体　曹丹、张恩普　古籍整理研究学刊　2013 年 04 期　2013 年 7 月
露布文体起源诸说考辨　莫尚葭　云南社会科学　2013 年 05 期　2013 年 9 月
墓志的起源与墓志文体的成立　孟国栋　浙江大学学报　2013 年 05 期　2013 年 9 月

2. 文体沿革

八股文的沿革和它的形式　〔日〕铃木虎雄著，郑师许译　国立中山大学语言历史学研究所周刊　9 集 102 期　1929 年 10 月
八股文之沿革与形式　胡雪　读书中学　1 卷 2 期　1933 年 6 月
隋唐骈散文体变迁概观　曾了若　国立中山大学研究院文科研究所历史学部史学专刊　1 卷 1 期　1935 年 12 月
文章体变及韵文的流衍　徐瑞玢　东北大学周刊　3 期　1936 年 1 月
唐代以前的散文（中国诗文体式的变迁之一）　姜亮夫　青年界　10 卷 1 号　1936 年
　　~改题:唐代以前的散文　二十世纪中国文学史论文精粹·散文、赋卷　彭黎明选编　石家庄:河北教育出版社　2001 年 1 月
唐宋以后的散文（中国诗文体式的变迁之二）　姜亮夫　青年界　10 卷 2 号　1936 年
　　~改题:唐代以前的散文　二十世纪中国文学史论文精粹·散文、赋卷　彭黎明选编　石家庄:河北教育出版社　2001 年 1 月
八股文的沿革及其对于士风所发生之影响　郑师许　说文月刊　5 卷 1、2 期合刊　1944 年 11 月
文　朱自清　经典常谈　上海:文光书店　1946 年 5 月
　　~经典常谈　朱自清　北京:三联书店　1980 年 9 月
　　~朱自清全集·第 6 卷·学术论著编　朱乔森编　南京:江苏教育出版社　1990 年 7 月
　　~二十世纪中国文学史论文精粹·散文、赋卷　彭黎明选编　石家庄:河北教育出版社　2001 年 1 月
周代散文发展之趋势（正文中题作:周代散体文发展之趋势）　蒋天枢　复旦学报　文史哲号　1 期　1947 年 5 月

~改题:周代散体文发展之趋势　论学杂著　蒋天枢　郑州:中州古籍出版社　1985年7月
文与文学——略谈中国散文的历史发展　果士　北京日报　1961年12月14日
宋代散文的技巧和样式的发展——宋代散文浅论之二　王水照　光明日报　1963年3月31日
文体论——问答体之发展史　费海玑　教育与文化　407期　1973年9月
骈文的形成与发展　马积高　语文教学　1979年6月
关于魏晋南北朝的骈文与散文　曹道衡　文学评论丛刊　7辑　1980年10月
　　~中古文学史论文集　曹道衡　北京:中华书局　1986年7月
　　~二十世纪中国文学史论文精粹·散文、赋卷　彭黎明选编　石家庄:河北教育出版社　2001年1月
魏晋南北朝骈文的发展及成就　胡国瑞　武汉大学学报　1980年05期　1980年10月
试论古代应用文的源流及其优良传统　李凯源　天津商学院学报　1981年01期　1981年4月
中国古代传记文学浅论　吕薇芬、徐公持　文学遗产　1983年04期
史传文学与传记之发展:汉魏六朝文学散论之二　程千帆　闲堂文薮　济南:齐鲁书社　1984年1月
子之余波与论之杰思:汉魏六朝文学散论之三　程千帆　闲堂文薮　济南:齐鲁书社　1984年1月
骈文的起源和演变　谭家健　文史知识　1985年02期　1985年2月
从《庆元条法事类》看宋代的文书与文书工作　刘国能　档案时空　1985年03期　1985年4月
骈文的兴起及其发展　温广义　语言文学　1985年04期
　　~温广义文集　张淑元编著　呼和浩特:内蒙古人民出版社　1998年7月
六朝译经重"古文"　孙昌武　唐代文学与佛教　西安:陕西人民出版社　1985年8月
论八股文的源流及其历史意义　文元珏　湖南师大学报　1985年05期　1985年10月
六朝骈文论略　萧艾　湘潭大学学报　1985年校庆特刊　1985年12月

六朝骈文论略(续)　萧艾　湘潭大学学报　1985 年 04 期　1985 年 12 月
官箴的研究　高成元　天津社会科学　1985 年 06 期　1985 年 12 月
骈文盛因浅探　潘庆　宜春师专学报　1986 年 01 期
骈文兴衰原因探　余福智　佛山师专学报　1986 年 01 期　1986 年 3 月
古文成于韩柳的标志　葛晓音　学术月刊　1987 年 01 期　1987 年 1 月
古代哀祭文流变　章明寿　淮阴师专学报　1987 年 02 期　1987 年 7 月
略论我国古代散文学发展的概况及狭义散文的特征　陶冶　楚雄师专学报　1987 年 03 期　1987 年 10 月
古代哀祭文发展简说　章明寿　文学遗产　1988 年 05 期　1988 年 10 月
历代骈文发展概述　谭家健　历代骈文名篇注析　合肥:黄山书社　1988 年 11 月
中国应用文在实践中成熟发展——中国应用文发展史系列论文之二　李凯源　天津商学院学报　1988 年 04 期　1988 年 12 月
中国应用文的历史巅峰——中国应用文发展史系列论文之三　李凯源　天津商学院学报　1989 年 01 期　1989 年 4 月
中国应用文的稳定与变革——中国应用文发展史系列论文之四　李凯源　天津商学院学报　1989 年 02 期　1989 年 7 月
唐代古文家开拓散文体裁的贡献　朱迎平　文学遗产　1990 年 01 期　1990 年 2 月
　　~古典文学与文献论集　朱迎平　上海:上海财经大学出版社　1998 年 6 月
谈八股文体与其发展历史——大陆学者对八股文的态度和认识　邝健行　东方杂志　23 卷 10 期　1990 年 4 月
论汉魏六朝俳谐杂文　秦伏男　青海师范大学学报　1990 年 01 期　1990 年 4 月
骈文在唐代文学史上的地位　莫道才　广西师范大学报　1990 年 04 期　1990 年 5 月
古代碑志文的延续与发展　章明寿　淮阴师专学报　1990 年 02 期　1990 年 7 月
论清代骈文复兴　王凯符　北京师院学报　1990 年 04 期　1990 年 8 月
书仪源流考　周一良　历史研究　1990 年 05 期　1990 年 10 月
　　~魏晋南北朝史论集续编　周一良　北京:北京大学出版社　1991 年 11 月
　　~唐五代书仪研究　周一良、赵和平　北京:中国社会科学出版社

1996年9月
试论唐代骈文的流变　莫道才　古典文学新探　张明非、胡大雷主编　桂林:广西师范大学出版社　1990年10月
甲骨刻辞、铜器铭文在中国散文发展史上的意义　刘振东　济宁师专学报　1990年02期
八股文源流及其程式发展　贾辉铭、刘虹　河北师范大学学报　1991年04期　1991年5月
"语"的传流、类别和楚人诵习、制作的"语"　张君　湖北大学学报　1991年05期　1991年10月
中国古代文体概观——谈古代散文的流变　褚斌杰　古典文学知识　1991年06期　1991年11月
中国古代文体概观——谈赋体和骈体文　褚斌杰　古典文学知识　1992年01期　1992年1月
　～合并题:中国古代文体概观　古典新论　褚斌杰　长沙:湖南人民出版社　2004年5月
　～褚斌杰文选　北京:北京大学出版社　2010年10月
唐代公文改革刍议　王勋成　秘书之友　1992年04期　1992年4月
古代书信文探源和析流　章明寿　淮阴师专学报　1992年04期　1992年12月
《新编全唐五代文》的体例特色与全唐五代文的文体——序霍松林主编《新编全唐五代文》　王运熙　陕西师大学报　1993年01期　1993年4月
中国近代应用文论纲(上)　苟美玉　应用写作　1993年04期　1993年4月
中国近代应用文论纲(下)　苟美玉　应用写作　1993年05期　1993年5月
古代论说文的起源和发展　伊北风　文史知识　1993年09期　1993年9月
传的源流和演变　吴大华　自贡师专学报　1993年04期　1993年10月
清代骈体文的复兴与考据学　马积高　湖南师范大学社会科学学报　1993年05期　1993年10月
唐代诗文古今体之争和《旧唐书》的文学观　王运熙　文学遗产　1993年05期　1993年10月
　～中国文学年鉴·1994　中国社会科学院文学研究所、《中国文学年

鉴》编辑委员会编　北京:社会科学文献出版社　1995年7月
~唐代文学研究年鉴·1993、1994合辑　桂林:广西师范大学出版社　1996年
~当代学者自选文库·王运熙卷　王运熙　合肥:安徽教育出版社　1998年12月
~王运熙　望海楼笔记　上海:东方出版中心　1999年4月
~卿云集　复旦大学中文系七十五周年纪念论文集　复旦大学中文系编　上海:上海古籍出版社　2002年8月
~唐代文学研究论著集成　第6卷(下)　论文摘要:大陆部分1991—2000　张明非主编　西安:三秦出版社　2004年10月
~中古文论要义十讲　王运熙　上海:复旦大学出版社　2004年12月
~中国古代文论管窥(增补本)　王运熙　上海:上海古籍出版社　2006年7月

论八股文的衰亡　曹海东、杨羽　华中师范大学学报　1994年01期　1994年1月
题跋三论　罗灵山　益阳师专学报　1994年02期　1994年3月
中国文章史要略(西周至唐代)　程福宁　东疆学刊　1994年02期　1994年4月
八股文的渊源及其相关问题　叶国良　台大中文学报　6期　1994年6月
古代公牍文的嬗变与特色　章明寿　淮阴师专学报　1994年03期　1994年7月
中国文章史要略(古文期——中唐至南宋)　程福宁　东疆学刊　1994年03期　1994年7月
中国文章史要略(制义期——元至清)　程福宁　东疆学刊　1994年04期　1994年10月
八股文的形成与没落　朱瑞熙　历史月刊　86期　1995年3月
风流嬗变,光景常新——论宋代四六文之演变　曾枣庄　第一届宋代文学研讨会论文集　高雄:丽文文化事业股份有限公司　1995年5月
论历代奏议体散文的文学成就　刘振娅　广西社会科学　1995年04期　1995年8月
中国古代散文鸟瞰　王运熙　古典文学知识　1995年05期　1995年9月
~谈中国古代文学的学习与研究　王运熙　上海:复旦大学出版社　2010年4月

宋代散文体裁样式的开拓与创新　杨庆存　中国社会科学　1995年06期　1995年11月
　　~改题:论宋代散文体裁样式的开拓与创新　宋代文学论稿　杨庆存　上海:复旦大学出版社　2007年3月
书信的文化源起与历史流变　黄维华　江海学刊　1996年03期　1996年6月
蔡邕《童幼胡根碑铭》与哀辞——论禁碑所产生的影响　〔日〕后藤秋正　佳木斯师专学报　1996年03期　1996年8月
骈文的形成与鼎盛　于景祥　文学评论　1996年06期　1996年11月
齐梁骈文的新变　周悦　中国文学研究　1997年01期　1997年1月
论汉魏六朝审美意识的转变与骈文的形成、兴盛　莫山洪　柳州师专学报　1997年02期　1997年6月
中国古代传记文学略论　韩兆琦　北京师范大学学报　1997年04期　1997年7月
论盛唐散文的新变　张玉璞　临沂师专学报　1997年04期　1997年8月
骈文史分期刍论　莫道才　柳州师专学报　1997年03期　1997年9月
唐代公文制度研究　张启安　档案学研究　1997年04期　1997年11月
平行文种的演变和特点　何庄　档案学通讯　1998年01期　1998年1月
论晚唐小品文体意识的形成　李锋　华东师范大学学报　1998年03期　1998年6月
唐代判文文体及其源流研究　吴承学　唐代文学研究(第八辑)——中国唐代文学学会第九届年会暨国际学术讨论会论文集　1998年10月
　　~改题:唐代判文文体及源流研究　文学遗产　1999年06期　1999年11月
　　~唐代文学研究　8辑　桂林:广西师范大学出版社　2000年10月
　　~中国古代戏曲与古代文学研究论集　黄天骥主编　北京:中华书局　2001年12月
　　~庆祝王运熙教授八十华诞文集　曹旭、吴承学编　上海:上海古籍出版社　2005年
中国传记文学:一个发展着的文类　陈兰村　浙江师大学报　1998年06期　1998年12月
"箴"的流变与历代官箴书创作——兼及官箴书中的从政道德思想　裴传

永　理论学刊　1999年02期　1999年3月
宋朝诏令文书的主要制度　杨果　档案管理　1999年03期　1999年6月
中国书信体文学史论略　谭邦和　荆州师范学院学报　1999年04期　1999年8月
长眠者的自画像——中国古代自撰类墓志铭的历史变迁及其文化意义　吕海春　中国典籍与文化　1999年03期　1999年8月
汉魏六朝的禁碑与碑文的演变　李士彪　中国典籍与文化　1999年04期　1999年11月
苏绰文体改革新说　李浩　文史哲　1999年06期　1999年11月
骈文学发展史刍议　莫山洪　柳州师专学报　1999年04期　1999年12月
隋唐公文文体文风的演变　冒志祥、陈望飞　秘书之友　2000年03期　2000年3月
冠笄之礼的演变与字说兴衰的关系——兼论文体兴衰的原因　叶国良　台大中文学报　12期　2000年5月
试论唐代骈体公文繁荣之原因　丁忱、丁晓昌　秘书　2000年05期　2000年5月
唐宋公文的繁荣及原因初探　何庄　档案学通讯　2000年04期　2000年7月
宋代题跋文的勃兴及其文化意蕴　朱迎平　文学遗产　2000年04期　2000年7月
略论中国古代公文及其研究　丁晓昌、冒志祥　南京师大学报　2000年05期　2000年9月
隋唐公文的革新与演变　丁晓昌　江海学刊　2000年05期　2000年10月
中国古代判词的文学化进程及其文学品格　苗怀明　江海学刊　2000年05期　2000年10月
"原"之为体源流演变考略　李欣复　西北师大学报　2001年01期　2001年1月
游宴序和赠序在唐代的发展轨迹及成因　舒仕斌　赣南师范学院学报　2001年04期　2001年8月
文学自觉与骈文之兴起——魏晋南北朝文学思想史论之六　力之　柳州师专学报　2001年03期　2001年9月

题跋文的文体演变　梁喜爱　中山大学中文系第三届研究生学术研讨会论文集　2001年11月

唐代选官制度与中国古代判词文体的成熟　苗怀明　河南社会科学2002年01期　2002年2月

先唐诔文的体式演变　陈恩维　贵州教育学院学报　2002年01期　2002年3月

～新疆教育学院学报　2002年01期　2002年3月

简论唐文文体　王运熙　汉魏六朝唐代文学论丛（增补本）　上海：复旦大学出版社　2002年5月

从奏案到奏抄——汉唐间奏事文书形态的演进与行政审批制度的变迁　刘后滨　北京理工大学学报（社会科学版）　2002年02期　2002年6月

八股文体式源流考辨　陈光　首都师范大学学报　2002年第5期　2002年10月

古代题跋文体源流述略　毛雪　平顶山师专学报　2003年01期　2003年2月

唐宋哀祭文的发展　叶国良　台大中文学报　18期　2003年6月

汉魏六朝檄文形式的创造性转化　麦婕　广西广播电视大学学报　2003年02期　2003年6月

试析隋朝以前的诔文与哀文　钟嘉芳、陈钰君　湛江师范学院学报　2003年04期　2003年8月

科举考试中的经义与论　孔庆茂、汪小洋　上饶师范学院学报　2003年04期　2003年8月

骈文的蜕变　于景祥　文学评论　2003年05期　2003年9月

关于唐代骈文、古文的几个问题　王运熙　南阳师范学院学报　2004年01期　2004年1月

清代前期八股文的起废　杨波　古典文学知识　2004年02期　2004年3月

宋四六的文体特征与发展轨迹　王友胜　中国文学研究　2004年01期　2004年3月

"诗亡而后春秋作"新解：韵文史诗向散文史书的嬗递　陈来生　社会科学　2004年06期　2004年6月

唐宋时文考论　罗时进、刘鹏　文艺理论研究　2004年04期　2004年7月

论八股文的渊源　梅家玲　世说新语的语言与叙事　台北：里仁书局

2004 年 7 月
八股文衰亡的社会和文体原因　罗时进　明清诗文研究新视野　台北:文史哲出版社　2004 年 7 月
西汉策文文体及其源流辨析　丁红旗　三门峡职业学院学报　2004 年 03 期　2004 年 9 月
中国古代判词的发展演变和特点分析　陈宝琳　襄樊学院学报　2004 年 06 期　2004 年 11 月
魏晋南北朝哀祭文——"诔辞"之发展探索　林登顺　魏晋南北朝文学与思想学术研讨会论文集　第 5 辑　台北:里仁书局　2004 年 11 月
文体骈散的分合对古代公文发展的影响分析　何庄　档案学通讯　2004 年 06 期　2004 年 11 月
俪古并存之原因　陈松雄　东吴中文学报　11 期　2005 年 5 月
汉魏六朝"檄"体文综述　王晓静　萍乡高等专科学校学报　2005 年 02 期　2005 年 6 月
八股文的消亡:时代必然取向与文体自我否定　罗时进　淮海工学院学报　2005 年 02 期　2005 年 6 月
科举文体文化与文学发展　汪小洋、孔庆茂　江苏广播电视大学学报　2005 年 04 期　2005 年 8 月
论宋代科举时文的程式化　祝尚书　厦门大学学报　2005 年 05 期　2005 年 9 月
古今实用文体变化之述评　罗孟冬　益阳职业技术学院学报　2005 年 04 期　2005 年 12 月
从作者看唐代墓碑文的文体丕变　吴夏平　贵州教育学院学报　2006 年 01 期　2006 年 2 月
名字序文体源流和特征　马黎丽　黔西南民族师范高等专科学校学报　2006 年 01 期　2006 年 2 月
中国家书的源流体例和格式　赵和平　光明日报　2006 年 2 月 20 日
论早期宋学发展对于北宋骈文流变的影响　沈如泉　社会科学家　2006 年 02 期　2006 年 3 月
明清八股文体式及其演变析论　陈佩铃　东方人文志　5 卷 1 期　2006 年 3 月
宋代的赠序文　曾枣庄　宋代文学与宋代文化　上海:上海人民出版社　2006 年 5 月
从《老子》到《论语》——先秦诸子文体辩议　韩国良　济南大学学报

2006年04期　2006年7月
论汉魏六朝的俳谐体杂文　刘洪仁　四川教育学院学报　2006年07期　2006年7月
中古墓碑文的文学化进程　王伟萍　辽宁师范大学学报　2006年05期　2006年9月
"厅壁记"的源流以及李华、元结的革新　〔韩〕赵殷尚　文献　2006年04期　2006年10月
论文传的产生与演变　罗宁、武丽霞　新国学　6卷　2006年11月
"说"、"传"、"语"：先秦"说体"考索　廖群　文学遗产　2006年06期　2006年11月
试论公文文体演变的基本模式和主要方式　丁晓昌　南京师范大学文学院学报　2006年04期　2006年12月
晚唐政局与幕府公文的演变　翟景运　古代文明　2007年01期　2007年1月
从经史到文苑——"记"之文体内涵的源流及变迁　曾军　江汉大学学报　2007年01期　2007年2月
外戚政治背景与《女史箴》的箴戒艺术——兼论箴体流变与文体特征　李乃龙　东方丛刊　2007年01期　2007年3月
明清八股文二题　高明扬　宁夏大学学报　2007年02期　2007年3月
试论晋唐启文的体式嬗变　钟涛　文学遗产　2007年04期　2007年7月
从行状和墓碑文看唐代骈文的演进　吴夏平　文学遗产　2007年04期　2007年7月
古代散文传统的定型与嬗变　阮忠　河南大学学报　2007年04期　2007年7月
宋文文体演变论略　朱迎平　中山大学学报　2007年05期　2007年9月
子与论的边界与代兴　王京州　燕赵学术　2007年02期　2007年10月
杂文文体古今传承论略　谌东飚　求索　2007年11期　2007年10月
从碑石、碑颂、碑传到碑文：论汉唐之间碑文体演变之大趋势　程章灿　唐研究　13卷　2007年12月
从唐前史传论赞看骈文的演变轨迹　张新科　文学评论　2007年06期　2007年12月
"书""表"文体源流辨析　司春艳　辽宁师专学报　2007年06期　2007

年12月

先秦箴文浅论——以《左传》中箴文为例　王丽娟　大庆师范学院学报2007年06期　2007年12月

春秋时代的谥制与诔文　董芬芬　甘肃理论学刊　2008年01期　2008年1月

论西魏、隋初文书文风改革到唐代文体文风改革的演变　陈作行　太原城市职业技术学院学报　2008年01期　2008年1月

唐及唐前哀册文　王贺　安庆师范学院学报　2008年01期　2008年1月

"序"体溯源及先唐诗序的流变历程　吴振华　学术月刊　2008年01期　2008年1月

传播决定文体论——以中国古代散文文体为例　谌东飚　中国文学研究2008年01期　2008年1月

西汉政论散文的衰落与东汉文体的创新　温志拔　龙岩学院学报　2008年01期　2008年2月

祭文的源流与抒情特征　赵逵夫　西北民族大学学报　2008年01期　2008年2月

西汉政论散文的衰落与东汉文体的创新　温志拔　龙岩学院学报　2008年01期　2008年2月

先唐哀诔之明辨　王丹　阿坝师范高等专科学校学报　2008年01期　2008年3月

科举八股文源流考述——从经文大义到八股文的演变　高明扬　山西师大学报　2008年02期　2008年3月

春秋会盟文化与盟书的文体结构　董芬芬　西北师大学报　2008年02期2008年3月

语录体·对话体·专题议论文——先秦诸子哲理散文文体嬗变轨迹试论龙连荣　凯里学院学报　2008年02期　2008年4月

古代奏议演变简论　张光华　临沂师范学院学报　2008年02期　2008年4月

唐代祭文的文体演变　于俊利　社会科学评论　2008年02期　2008年6月

唐文新变论稿（1）——记体的成立与开展　何寄澎　台大中文学报　28期　2008年6月

赠序源流考论　赵厚均　文艺理论研究　2008年04期　2008年7月

赞体的演变及其所受佛经影响探讨　高华平　文史哲　2008年04期　2008年7月

　～凡俗与神圣——佛道文化视野下的汉唐之间的文学　高华平　长沙：岳麓书社　2008年8月

前四史论赞文体演变与时代论议风潮　赵彩花　湖南科技大学学报　2008年05期　2008年9月

论洪武年间政府公文书写规范的改革　刘建明　社会科学辑刊　2008年05期　2008年9月

　～罗宗强先生八十寿辰纪念文集　北京：中华书局　2009年6月

赞的源流初探　张立兵　文学遗产　2008年05期　2008年9月

东汉碑铭创作的文学史意义　任群英　学术论坛　2008年09期　2008年9月

韩柳以下唐代记体文演变之考察（提要稿）　何寄澎　中国唐代文学学会第十四届年会暨唐代文学国际学术讨论会——唐代文学研究（第十三辑）2008年10月

　～唐代文学研究　13辑　桂林：广西师范大学出版社　2010年9月

先唐教文文体之特点　刘敏　阜阳师范学院学报　2008年06期　2008年11月

唐代试判之起始与情状初探　任红敏　甘肃理论学刊　2008年06期　2008年11月

唐前判文的沿革　陈勤娜　洛阳师范学院学报　2008年06期　2008年12月

原史群体传史方式及史著文体的演变　夏德靠　河北科技大学学报　2008年06期　2008年12月

简述宋代青词的文学化进程　张媛媛　作家　2009年02期　2009年1月

简述我国古代应用文的分期　胡明波　南京师范大学文学院学报　2009年01期　2009年3月

秦汉碑志文体研究　徐海容　唐都学刊　2009年02期　2009年3月

论六朝骈文四六化的进程　陈鹏　广西师范大学学报　2009年02期　2009年4月

从唐代祭文看骈文的演进　于俊利、傅绍良　东方丛刊　2009年02期　2009年6月

西周册命铭文的礼仪内涵及其文体意义——以文体要素"拜手稽首"为例

陈彦辉　广东外语外贸大学学报　2009年05期　2009年9月
先秦的策祝仪式及文体特点——兼谈对《左传》中两篇祝辞的看法　董芬芬　阅江学刊　2009年03期　2009年10月
明代之前小品文的流变　吴天　现代语文（文学研究版）　2009年11期　2009年11月
"铭"体源流与文体特征简论——兼及《文心雕龙》与《文选》"铭"文评录之异同　赵俊玲　洛阳师范学院学报　2009年06期　2009年12月
文体交融与唐代诗文的变化革新　余恕诚　国学研究　24卷　2009年12月
论宋代上梁文演进中的"正"、"变"二体　张慕华　江西社会科学　2010年01期　2010年1月
南北朝骈文对古代散文定型的影响　董晓慧、吴玉荣　长春理工大学学报　2010年01期　2010年1月
试论"忆语"文的文体传承　李亚峰　山西师大学报　2010年01期　2010年1月
梁启超"新文体"散文的近代转型意义——兼及"新文体"散文的传统渊源　宁俊红、王丽萍　甘肃社会科学　2010年01期　2010年2月
唐代"启"类文体的演变与文章的历史内涵　吴娱　河北北方学院学报　2010年01期　2010年2月
论唐宋道教青词演变　杨毅　中国文化研究　2010年01期　2010年2月
权德舆与唐代赠序文体之确立　蒋寅　北京大学学报　2010年02期　2010年3月
悼祭文的文体源流和文体形态　张海鸥、谢敏玉　深圳大学学报　2010年02期　2010年3月
周代礼乐制度的兴衰与吉金文学的文体演变　连秀丽　学术交流　2010年03期　2010年3月
初骈散之分途及其政治与文学功能　孙少华　文史哲　2010年02期　2010年3月
晚唐小品文体革新略论　李秀敏　黑龙江社会科学　2010年02期　2010年4月
春秋以前"言"的内涵与论说文体　邱渊、齐春红　西南石油大学学报　2010年03期　2010年5月
东汉立碑之风与蔡邕碑文的成就　陈君　古典文学知识　2010年03期

2010 年 5 月

汉代楚辞传播与拟骚诗传体性质的形成　王浩　五邑大学学报　2010 年 02 期　2010 年 5 月

唐宋传体文流变论略　朱迎平　学术研究　2010 年 05 期　2010 年 5 月

唐前奏议类文体论——以刘勰《文心雕龙》为中心的文体考察　孟庆阳　长春师范学院学报　2010 年 04 期　2010 年 7 月

贾至中书制诰与唐代古文运动　鞠岩　北京大学学报　2010 年 4 月　2010 年 7 月

唐代试论考略　孙书平　工会论坛（山东省工会管理干部学院学报）2010 年 05 期　2010 年 9 月

诏敕文体改良与中唐古文运动　张超　山东师范大学学报　2010 年 05 期　2010 年 10 月

秦文学史的萌芽　邓云匀　青年文学家　2010 年 20 期　2010 年 10 月

丽体文之前茅与后劲　陈松雄　东吴中文学报　20 期　2010 年 11 月

论封禅文体的演变及唐代封禅文的特色　林晓娜　理论界　2010 年 12 期　2010 年 12 月

浅析南北朝骈文对中国古代散文定型的影响　金迪　民营科技　2011 年 01 期　2011 年 1 月

论汉魏六朝颂的体式确立及流变　林晓光　兰州学刊　2011 年 02 期　2011 年 2 月

建安铭文沿承与新变　朱秀敏　求索　2011 年 02 期　2011 年 2 月

宋代书院与语录体　李光生　兰州学刊　2011 年 02 期　2011 年 2 月

建安颂文沿承与新变论略　朱秀敏　江苏广播电视大学学报　2011 年 01 期　2011 年 2 月

先秦和汉代诔文的发展　张勇　大众文艺　2011 年 06 期　2011 年 3 月

论露布文体的演变与定型　陈光锐　安徽理工大学学报　2011 年 01 期　2011 年 3 月

铁券文的文体形态和文体源流　王隽　求索　2011 年 03 期　2011 年 3 月

古籍交易与文体之变——以黄丕烈题跋为例　邱江宁　中国社会科学报　2011 年 3 月 31 日

魏晋论体文兴盛之内部动因　杨朝蕾　广东广播电视大学学报　2011 年 02 期　2011 年 4 月

论唐代科举制对骈文普及的促进作用　翟景运、牟艳红　东方论坛　2011

年 02 期　2011 年 4 月

苏绰文体改革原因探析　刘子立　贵州师范大学学报　2011 年 02 期　2011 年 4 月

汉魏两晋诔文述论　赵厚均　上海大学学报　2011 年 03 期　2011 年 5 月

唐代制诰文改革与古文运动之关系　鞠岩　文艺研究　2011 年 05 期　2011 年 5 月

汉代"颂体"的经学化——从《山川颂》作为"文颂"说起　段立超　当代文坛　2011 年 03 期　2011 年 5 月

论佛教咒愿文及其流变　张慕华　中国文化研究　2011 年 02 期　2011 年 5 月

试论清代骈文艺术上的新变　颜建华　求索　2011 年 05 期　2011 年 5 月

论先秦两汉历史散文文体的嬗变　侯爱华　时代文学（下半月）　2011 年 05 期　2011 年 5 月

赠序文的文体流变　蒋金芳　文学教育（上）　2011 年 06 期　2011 年 6 月

中国古代制书的历史沿革　黄燕、李章程　办公室业务　2011 年 06 期　2011 年 6 月

论南朝碑志文的嬗变与撰述　刘涛　山西师大学报　2011 年 04 期　2011 年 7 月

试论唐代制举试策文体的演变　金滢坤　首都师范大学学报　2011 年 04 期　2011 年 8 月

论隋唐前的碑文与诔文　赵征　文教资料　2011 年 22 期　2011 年 8 月

唐前奏议文体的发展演变及其特征　孟庆阳　黑龙江省文学学会 2011 年学术年会论文集　2011 年 9 月

南朝政治制度演变与公文骈体化　王相飞　北方论丛　2011 年 05 期　2011 年 9 月

周代铭文祝嘏辞的发展流变　陈彦辉　文艺评论　2011 年 10 期　2011 年 10 月

论先秦语类文献形态的演变及其文体意义　李晓红　名作欣赏　2012 年 32 期　2011 年 11 月

从"有说乎"审读战国"说"体之特征——兼谈宋玉赋于战国说体向赋体转变过程中之地位　柯镇昌　中国古代散文国际学术研讨会论文集　陈庆

元主编　南京:凤凰出版社　2011年12月
先秦"说书"与诸子经说体　杨景龙　中国古代散文国际学术研讨会论文集　陈庆元主编　南京:凤凰出版社　2011年12月
北宋碑记文的发展:以欧、苏为讨论中心　王基伦　中国古代散文国际学术研讨会论文集　陈庆元主编　南京:凤凰出版社　2011年12月
论秦汉制式文章的发展及其文学史意义　徐公持　文学遗产　2012年01期　2012年1月
论汉魏六朝碑文的功能拓展和形式新变　钟涛　青海社会科学　2012年01期　2012年1月
论汉魏六朝书信体散文对"骈文化"创作倾向的继承与发展　王岩　白城师范学院学报　2012年01期　2012年2月
南宋词科取士与制文之体关系论略　管琴　北京大学学报　2012年02期　2012年3月
南朝表文的骈俪化过程初探　夏侯轩、李征宇　安徽理工大学学报　2012年01期　2012年3月
论先唐封禅文的体式演进　丁功谊　江西社会科学　2012年03期　2012年3月
先秦"话体"的生成、性质及文体嬗变　夏德靠　吉首大学学报　2012年02期　2012年3月
汉魏两晋哀辞探析　赵厚均　文学评论丛刊　14卷1期　2012年3月
中国古代"假传"文体发展史述论　张振国　华南师范大学学报　2012年02期　2012年4月
中国礼乐文化的学术传承与《礼记》的文体研究　尚学锋、李翠叶　河北师范大学学报　2012年03期　2012年5月
判词的历史沿革及其在宋代的发展　姜小东　南京师范大学文学院学报　2012年02期　2012年6月
从叙事到议论——"记"体散文体制规范形成探析　赵燕　浙江工业大学学报　2012年02期　2012年6月
唐宋"四六"渐变转型的艺术轨迹　张兴武　中华文史论丛　2012年02期　2012年6月
明代八股文的初期形态　刘尊举　励耘学刊(文学卷)　2012年01期　2012年7月
文体交叉、文体对话、文体交流与文体变迁——以先唐诔文为例　陈恩维　2012年中国古代散文研究国际研讨会论文集　2012年8月

~改题:文体生态与文体变迁——以先唐谏文为例　晋阳学刊　2013年02期　2013年3月

古典陈情表到现代报请文书之传承　蔡业共　2012年中国古代散文研究国际研讨会论文集　2012年8月

墓碑志文学性及其在唐代的嬗变论略——以陕西新出土墓碑志文为重点的考察　王长顺　咸阳师范学院学报　2012年05期　2012年9月

先秦诸子文献的类型与文体变迁——以《论语》类文献为考察中心　夏德靠　吉首大学学报　2012年05期　2012年9月

先秦谏体文及其文化意蕴　柯镇昌　文艺评论　2012年10期　2012年10月

汉代对策文刍议　韦春喜　文学遗产　2012年06期　2012年11月

论北宋前期论体文的特征　夏令伟　广东第二师范学院学报　2012年06期　2012年12月

晚明传记小品的文体嬗变　邓富华　文学评论丛刊　14卷2期　周勋初、陆建德主编　南京:南京大学出版社　2012年12月

"论难"与"问论"——魏晋人著论的新形式　王京州　贵州师范大学学报　2012年06期　2012年12月

"口言"与"笔书"——论中古"难"体的原生态　胡大雷　文艺理论研究　2013年01期　2013年1月

汉代策选与对策文述论　张影、韦春喜　河北师范大学学报　2013年01期　2013年1月

论先唐教文之演进　刘敏、刘学忠　求索　2013年02期　2013年2月

论初唐碑志文的形成机制及历史演变　徐海容　求索　2013年02期　2013年2月

八股现象与文体变异浅析　许蕙蕾　文学教育(中)　2013年02期　2013年2月

先秦"论"体文之演进及其成就　侯文华　渭南师范学院学报　2013年03期　2013年3月

六朝表策文流变及其文学史意蕴——以傅亮、任昉、徐陵文章为考察对象　刘涛　广西社会科学　2013年04期　2013年4月

先秦祭礼与祝祷文体　刘湘兰、周密　社会科学研究　2013年03期　2013年5月

唐代御史活动与判文文体的成熟　霍志军　重庆邮电大学学报　2013年03期　2013年5月

晚唐小品文体之新变　萧晓阳　中南民族大学学报　2013年03期　2013年5月
哀祭文在文体演变中的"文质"探微　王琴　名作欣赏　2013年17期　2013年6月
表体多包,情伪屡迁——从文体源流探三国表文之初变　李雅婷　中正大学中国文学研究所研究生论文集刊　15期　2013年6月
九锡文文体自身发展与先秦册(策)书关系考辨　范瑞丽　青年文学家　2013年20期　2013年7月
敦煌丧葬仪式与丧俗文关系探究　陈烁　石河子大学学报　2013年05期　2013年7月
中国古代传记文学的发展轨迹　刘小雨　青春岁月　2013年14期　2013年7月
略说先秦的语体与语书　傅刚　全球化视野下的中国文学史观国际学术研讨会论文集　2013年7月
　～中山大学学报　2013年05期　2013年9月
论记体文在唐代的演进和定型　熊艳娥　兰台世界　2013年23期　2013年8月
浅论宋代以后上梁文的发展　解为　濮阳职业技术学院学报　2013年04期　2013年8月
金代骈文新论——兼与于景祥先生商榷　王永　中国古代散文研究论丛(2012)　广州:世界图书出版广东有限公司　2013年8月
北宋以前哀诔文演进述略　王韫　湖南工程学院学报　2013年03期　2013年9月
书仪源流述论　杜海　兰州大学学报　2013年05期　2013年9月
晚唐五代时期敦煌造像记的文体结构及其成因　刘瑶瑶、杨晓宇　兰台世界　2013年09期　2013年9月
从经学之传到文学之传——论经学传述行为对传体叙事的推进　陈赟　贵州社会科学　2013年10期　2013年10月
至战国而后世之体备——先秦散文文体论　郭丹　晋阳学刊　2013年06期　2013年11月
先秦事语类文献的文体演进与传、语、记体　李翠叶　新亚论丛　14期　2013年12月

二、体制论

【著作】

骈文指南　谢无量　上海:中华书局　1918 年 11 月　92 页
　　序(皥皥子);第一章 骈文通论;第二章 骈文体格及变迁论
◎收入《谢无量文集》第 7 卷　北京:中国人民大学出版社　2011 年 5 月　76 页

公牍通论　徐望之编著　上海:商务印书馆　1931 年　292 页
　　序一;序二;序三;绪言;第一章 释义;第二章 类别;第三章 体例;第四章 储养;第五章 撰拟;第六章 结构;第七章 叙法;第八章 用语;第九章 程式;附录(略)
◎影印本　上海:上海书店出版社　1991 年 12 月　292 页　民国丛书第三编
◎王毓、孔德兴校点　北京:档案出版社　1989 年 4 月　396 页　档案学研究资料丛书
　　增补:编者的话;出版说明

骈文概论　金秬香　上海:商务印书馆　1934 年 1 月　141 页
　　叙言;第一章 上古至周骈体之起源;第二章 两汉曹魏之骈文;第三章 晋至陈之骈文;第四章 隋唐五季之骈文;第六章 宋辽金元之骈文;第六章 明清之骈文;结论

骈文学　刘麟生　上海:商务印书馆　1934 年 8 月　117 页
　　第一编:骈文之渊源与进展　第一章 骈文与四六文;第二章 骈文在中国文学中之地位;第三章 骈文之体裁;第四章 时代与作风;
　　第二编:方法论　第一章 对偶;第二章 用典;第三章 炼字;第四章 音韵;
　　第三编:作家与作品　第一章 汉魏作家;第二章 南北朝作家;第三章 唐代作家;第四章 宋代作家;第五章 清代作家

公牍诠义　许同莘　天津:河北省政府河北月刊社　1934 年 12 月　140 页
　　杨序;序;公牍诠义补;述指第一;导源第二;流变第三上;流变第三中之上;流变第三中之下;流变第三下之上;流变第三下之中;流变第三

下之下;观通第四;博雅第五;通俗第六;法后第七;去忍第八;养耻第九;博趣第十;馀论第十一;辞命第十二上;辞命第十二中;辞命第十二下

骈文通义　钱基博　上海:大华书局　1934年10月　41页　国学基础丛书
　　自序;原文第一;骈散第二;流变第三;典型第四;漫话第五
◎与《近百年湖南学风》合订　上海:上海古籍出版社　2012年1月　125页　钱基博著作集
◎收入《集部论稿初编》　武汉:华中师范大学出版社　2012年10月　284页

中国骈文概论　瞿兑之　上海:世界书局　1934年12月　128页　中国文学丛书
　　刘麟生序;一 总论;二 从三百篇到楚辞;三 赋;四 魏晋文与陆机;五 骈文之论;六 写景文与齐梁体;七 书札文与徐陵;八 哀江南赋;九 滕王阁序;一〇 文心雕龙与史通;一一 唐代之骈文与古文;一二 陆贽;一三 李商隐;一四 宋四六;一五 清骈文;一六 律赋与八股;一七 八股与骈文
◎收入《中国文学八论》第三种　上海:世界书局　1936年6月　56页
◎收入《中国散骈文概论》　方孝岳、瞿兑之　台北:庄严出版社　1981年9月　207页
◎收入《中国文学八论》(影印本)　北京:中国书店　1985年6月　56页
◎骈文概论(外一种:骈文学)　海口:海南出版社　1994年8月　135页　人人袖珍文库
　　增补:《人人袖珍文库》缘起;编者前言
◎收入《中国文学七论》　桂林:广西师范大学出版社　2007年1月
　〇瞿兑之及其《中国骈文概论》　李鸿渊　古典文学知识　2009年06期　2009年11月
　　~改题:略论瞿兑之及其《中国骈文概论》　李鸿渊、张红　安康学院学报　2009年06期　2009年12月

中国散文概论　方孝岳　上海:世界书局　1935年12月　77页　中国文学丛书
　　本体论　一 散文的含义;二 散文学的演进;方法论　三 字句的格律(上);四 字句的格律(下);五 篇章的体裁;六 议论文之体裁;七 儒家

的论(上);八 儒家的论(中);九 儒家的论(下);十 纵横家的论;十一 名家的论;十二 魏晋本名家的论;十三 叙事文的体裁(上);十四 叙事文的体裁(中);十五 叙事文的体裁(下)

◎收入《中国文学八论》第二种　上海:世界书局　1936年6月　41页
◎收入《中国散骈文概论》　方孝岳、瞿兑之　台北:庄严出版社　1981年9月　207页
◎收入《中国文学八论》(影印本)　北京:中国书店　1985年6月　41页
◎收入《中国文学七论》　桂林:广西师范大学出版社　2007年1月
◎与《中国文学批评》合刊　北京:三联书店　2007年1月　366页

骈文与散文　蒋伯潜、蒋祖怡　上海:广益书局　1937年8月　100页
◎上海:世界书局　1941年12月　236页　国文自学辅导丛书
　　自序;编辑例言;第一编:骈散文历史上的演变　第一章 骈散文的分合;第二章 汉代已有了骈散分歧的现象;第三章 魏晋文体;第四章 骈文的全盛时期——六朝;第五章《文选》和《文心雕龙》;第六章 散文的新生;第七章 唐代骈文;第八章 "宋四六";第九章 宋代散文;第十章 金元明的散文;第十一章 骈散文的复兴时期——清;第十二章 白话文体由酝酿而至成功;
　　第二编:骈散文内容的分析　第一章 骈散文的异同;第二章 语体文和骈散文的比较;第三章 字的安排;第四章 句子的形式和变化;第五章 整篇的结构;第六章 对偶;第七章 关于用典;第八章 声音的描写与文章的音节;第九章 体裁的分析及其作法;第十章 古人论学习文章的修养

◎上海:上海书店出版社　1997年5月　216页　古典文史基本知识丛书

骈文衡论　谢鸿轩　台北:广文书局　1973年10月　962页
　　序(张其昀);序(张宗良);序(杨向时);上编:泛论　第一章 骈文兴衰与正名;第二章 文字与文学;第三章 文笔之辨与骈散之争;第四章 五经骈耦举隅;第五章 诸子骈耦举隅;
　　中编:专论　第六章 陆机文赋——属文理法;第七章 谢家宝树——述作楷模;第八章 刘勰文心——习骈节要;第九章 徐庾二子——骈文泰斗;第十章 初唐四杰——文坛盟主;第十一章 唐宋八家——兼长俪体;
　　下编:通论　第十二章 辞赋与两汉文;第十三章 魏晋六朝文;第十四章 三唐骈文;第十五章 两宋四六文;第十六章 元代骈文;第十七章

明代骈文;第十八章 清代骈文;结语;附录
◎台北:广文书局　1976年10月再版　962页
　　增补:再版序(于斌);序(戴培之)

中国骈文析论　张仁青　台北:东升出版事业公司　1980年10月　247页
　　一 中国语文之特质;二 骈文之义界;三 骈文之起源及其变迁之大势;四 骈文之对仗;五 骈文之用典;六 骈文之敷藻;七 骈文之句型与声调;八 骈文在中国文学中之地位;九 习骈述要

骈体文浅说　佚名　台北:广文书局　1980年　156页(未见)

骈文学　张仁青　台北:文史哲出版社　1984年3月　727页
　　第一章 中国语文述略;第二章 骈文之界说;第三章 骈文之起源及其流变;第四章 骈文构成之要件;第五章 丽辞瑰宝——文心雕龙;第六章 美文渊府——昭明文选;第七章 骈林七子;第八章 骈文之评价;第九章 历代骈文家之地域分布;第十章 历代骈文书目举要;第十一章 习骈刍言;第十二章 骈文之支流——联语;本书重要参考及征引书目;附录:粹芬阁丽体文

丽辞探赜　张仁青　台北:文史哲出版社　1984年3月初版　1985年3月修订再版　230页
　　第一章 绪论;第二章 对偶精工(附:文镜秘府论·二十九种对);第三章 典故繁伙;第四章 辞藻华丽;第五章 声律谐美;第六章 句法灵动;第七章 丽辞表解;本书重要参考及征引书目

古代散文文体概论　陈必祥　郑州:河南人民出版社　1986年1月　269页　古汉语知识丛书
　　绪论　(一) 关于"散文"的概念;(二) 古代散文的发展和演变;(三) 古代散文的艺术特征;(四) 古代散文的文体分类;
　　分论　(一) 叙事体散文;(二) 传记体散文;(三) 游记体散文;(四) 笔记体散文;(五) 论辨体散文;(六) 讽谕体散文;(七) 书信体散文;(八) 序跋体散文;(九) 赠序体散文;(十) 箴铭体散文;(十一) 碑志体散文;(十二) 哀祭体散文;(十三) 奏议体散文;(十四) 诏令体散文;(十五) 檄移体散文;
　　附论:(一) 辞赋与散文;(二) 骈文与散文
◎台北:文史哲出版社　1987年10月　261页　文史集刊·1辑

○一本颇有深度和新意的文体论著——陈必祥著《古代散文文体概论》述评　诸海星　天中学刊　1999 年 01 期　1999 年 2 月

中国文学的对句艺术　〔日〕古田敬一著,李淼译　长春:吉林文史出版社　1989 年 7 月　330 页
　　写在中译本出版之前;序(公木);原序;第一章 对句的原理;第二章 对句的分类;第三章 对句的评价;第四章 诗的对句;第五章 散文的对句;第六章 骈文的对句;第七章 馀论;译后记
○《中国文学的对句艺术》笔谈　王元化　汕头大学学报　1990 年 02 期　1990 年 7 月
○《中国文学的对句艺术》读后　杨明照　汕头大学学报　1990 年 02 期　1990 年 7 月
○读《中国文学的对句艺术》随感　顾易生　汕头大学学报　1990 年 02 期　1990 年 7 月
○中国文学对偶艺术的审美功能——读《中国文学的对句艺术》　张文勋　汕头大学学报　1990 年 02 期　1990 年 7 月
○填补空白的力作——读《中国文学的对句艺术》　吴文治　汕头大学学报　1990 年 02 期　1990 年 7 月
○对句、楹联仍有生命力——读《中国文学的对句艺术》随感　霍松林　汕头大学学报　1990 年 02 期　1990 年 7 月
○快读古田敬一《中国文学的对句艺术》　顾易生、邵毅平　文学遗产　1991 年 04 期　1991 年 11 月

古代散文文体概论　姜涛　太原:山西人民出版社　1990 年 6 月　434 页
　　前言;一、论说;二、序跋;三、奏议;四、书牍;五、赠序;六、诏令;七、传状;八、碑志;九、纪事(历史纪事);十、杂记;十一、箴铭;十二、颂赞;十三、辞赋;十四、哀祭;十五、骈文

清代文书纲要　雷荣广、姚乐野　成都:四川大学出版社　1990 年 12 月　261 页
　　绪论;第一章 有关清代公文的几种文书制度;第二章 清代文书的程式结构与用语;第三章 清代公文的稿本;第四章 清代文书工作的机构与人员;第五章 官府往来文书;第六章 奏疏;第七章 诏令文书;第八章 清代常用公文用语的分类与选择;后记

八股文概说　王凯符　北京:中国和平出版社　1991 年 8 月　157 页

序(刘绍棠);一、什么是八股文;二、八股文的结构与作法;三、八股文产生的社会背景;四、八股文与科举考试;五、八股文与程朱理学;六、八股文与古代诗文;七、五花八门的八股文题;八、八股文的发展演变;九、明清朝廷上下关于八股取士存废的争论;十、明清学校怎样教授八股文;十一、八股文对明清诗文的影响;十二、明清文人学者对八股文的批判;十三、清代小说对八股取士的描写与批判;十四、八股文资料简介;十五、八股文例选;十六、附录;后记

◎北京:中华书局　2002年4月　312页

序(刘绍棠);上编:八股文概说　一、什么是八股文;二、八股文的结构与作法;三、八股文产生的社会背景;四、八股文与科举考试;五、八股文与程朱理学;六、八股文与古代诗文;七、五花八门的八股文题;八、八股文的发展演变;九、明清朝廷上下关于八股取士存废的争论;十、明清学校怎样教授八股文;十一、八股文对明清诗文的影响;十二、明清文人学者对八股文的批判;十三、清代小说对八股取士的描写与批判;十四、八股文资料简介;十五、八股文功过总述;

下编:八股文选读(略);附录;后记(一);后记(二)

方志文体研究　金达迈　上海:上海人民出版社　1991年8月　107页

绪论;第一章　方志常用的体裁;第二章　方志的记述方法;第三章　方志的语言;第四章　新方志文体的运用;第五章　名家问题论点采撷;结论;后记

○《方志文体研究》评析　苑广才　中国地方志　1991年06期　1991年12月

说八股　启功　北京:北京师范大学出版社　1992年7月　95页

一、引言;二、八股文的各种异称;三、八股文形式的解剖;四、八股文的基本技巧和苛刻的条件;五、选和批;六、八股文体的源流;七、八股文的韵律;八、最著名的游戏八股文;九、馀论;十、试帖诗;附录:1. 八股文三篇; 2. 试帖诗一首

传记通论　朱文华　上海:复旦大学出版社　1993年8月　269页

建立"传记学"(代序);理论篇　一、传记释义;二、传记作品的分类;三、传记作品的基本要素和功用;四、传记作品与其他学科的联系;

历史篇　一、西方传记写作及理论发展的轮廓;二、中国传记的传统、特点及其发展;

实践篇　一、传记写作的准备工作;二、传记写作的一般原则方法;

三、传记写作的谋篇布局;四、传记写作的语言文字技巧;五、几种主要传记类型的一般体例;六、大中型传记的技术细节处理和附录性工作;

附录:本书所提到的传记作品书目总览;后记

○传记学的开山力作——朱文华著《传记通论》评介　古月　安徽史学　1994年03期　1994年7月

○传记研究的报春之作——读朱文华先生的《传记通论》　张学娅　沈阳大学学报　1998年03期　1998年8月

骈文通论　莫道才　南宁:广西教育出版社　1994年3月　300页

自序;绪论:骈文学及骈文研究的历史与现状;第一章 骈文的名称与界说;第二章 骈文的分类;第三章 骈文的产生与起源;第四章 骈文的结构形式与句型模式;第五章 骈文的修辞形态及其文化内蕴;第六章 骈文的美学特征与审美效应;第七章 骈文的风格形态与流派;第八章 骈文的体类;第九章 骈文的历史演变(上);第十章 骈文的历史演变(下);附录:本书主要参考引用文献举例;后记

◎修订本　济南:齐鲁书社　2010年5月　327页

删去《自序》《绪论:骈文学及骈文研究的历史与现状》,增补《修订后记》

○对骈文的价值和意义的重新审视:读莫道才《骈文通论》有感　张利群　社科与经济信息　1994年09期　1994年9月

○一本对骈文作全方位研究的论著:简评莫道才《骈文通论》一书　胡兆阳　广西教育报　1994年9月13日

○文化视角的深层探寻:评《骈文通论》　覃德清　中国图书评论　1995年10期　1995年10月

○拓展与超越——读莫道才的《骈文通论》　周满江　河池师专学报　1996年01期　1996年2月

○以现代意识重新审视骈文:评读莫道才著《骈文通论》　沈玉成　柳州师专学报　1997年01期　1997年3月

~沈玉成文存　北京:中华书局　2006年6月

散文　谢楚发　北京:人民文学出版社　1994年7月　204页　中国古代文体丛书

第一章 古代散文的民族特色与文体分类;第二章 古代记叙文;第三章 古代论辩文;第四章 古代讽谕文;第五章 古代实用文

骈文　尹恭弘　北京:人民文学出版社　1994年7月　175页　中国古代文体丛书
引言;第一章 中国文化的特殊性格和骈体文的文体特征;第二章 历史视角:骈体文文体的演变过程;第三章 骈体文的"左邻右舍":嫁接·渗透·借鉴;结束语——对骈体文的理性反思

说八股　启功、张中行、金克木　北京:中华书局　1994年7月　204页
说八股 引言;八股文的各种异称;八股文形式的解剖;八股文的基本技巧和苛刻的条件;选和批;八股文体的源流;八股文的韵律;最著名的游戏八股文;馀论;试帖诗;《说八股》补微 八股新论 引子;八股评罪;八股文"体";八股文"心";《四书》显"晦";编辑后记

清代文书　张我德、杨若荷、裴燕生编著　北京:中国人民大学出版社　1996年6月　280页
前言;第一编:诏令文书 第一章 诏书;第二章 敕书;第三章 谕旨;通论;第二编:奏疏 第四章 题本和奏本;第五章 奏折;通论;第三编:官府往来文书 上编:上行文 第六章 详文;第七章 验文;第八章 禀;第九章 状;中编:平行文 第十章 咨;第十一章 移会;第十二章 移;第十三章 关牒;下编:下行文 第十四章 牌;第十五章 票;第十六章 札;第十七章 示;通论

晚明小品研究　吴承学　南京:江苏古籍出版社　1998年7月　474页　文学遗产丛书
绪论;第一章 晚明小品的文学背景和文化土壤;第二章 晚明文学前驱的小品;第三章 汤若士诸家小品;第四章 公安派小品;第五章 竟陵派小品;第六章 李长蘅诸家小品;第七章 林泉高致;第八章 逸韵闲情;第九章 尺牍随笔;第十章 谐趣风情;第十一章 悲怆之音;第十二章 晚明心态与晚明习气;第十三章 晚明小品的艺术创造;第十四章 晚明小品的命运和地位;引用书目和参考文献;后记
○《晚明小品研究》评介　姜小青　社会科学战线　1999年02期　1999年3月

闲话八股文　张中行　沈阳:辽宁教育出版社　1998年9月　105页　茗边老话
一、开场白;二、八股文的名称及由来;三、八股文的结构体式;四、八股文的内容及技法要求;五、八股文的产生及流变;六、八股文评说

（一）；七、八股文评说（二）；附：八股文示例

科举考试文体论稿：律赋与八股文　邝健行　台北：台湾书店　1999年5月　267页　中山学术文化基金会中山文库　人文系列

唐代律赋与律；初唐题下限韵律赋形式的审察及引论；唐代律赋用韵叙论；唐代律赋对科举考试的黏附与偏离；律赋与八股文；明代唐宋派古文四大家"以古文为时文"说；桐城派前期作家对时文的观点与态度；谈八股文体与其发展历史——九十年代前大陆学者对八股文的态度和认识

简牍文书学　李均明、刘军　南宁：广西教育出版社　1999年6月　442页　简牍文书学丛书

简介；序（吴荣曾）；凡例；作者简介；第一章　简牍质材与加工书写；第二章　简牍文字；第三章　简牍符号；第四章　简牍版面；第五章　通行文种之体式；第六章　简牍文书的稿本；第七章　简牍文书的分类与命名；第八章　称谓录；第九章　书檄类；第十章　簿籍类；第十一章　律令类；第十二章　案录类；第十三章　符券类；第十四章　检楬类

汉代官文书制度　汪桂海　南宁：广西教育出版社　1999年6月　241页　简牍文书学丛书

序一（谢桂华）；序二（李均明）；第一章　引言；第二章　官文书及其程式（一）；第三章　官文书及其程式（二）；第四章　官文书的制作与运行；第五章　官文书的管理；结语；参考文献目录；后记

〇读汪桂海著《汉代官文书制度》　侯旭东　中国史研究动态　2000年08期　2008年8月

中国公文研究　闵庚尧　北京：中国社会科学出版社　2000年8月　367页

源流篇　一　甲骨文——中国文公之祖；二　钟鼎文书——从神权到王权转变的见证；三　中国第一部公文集——《尚书》；四　从发展变化的春秋战国公文到统一规范的秦汉公文；五　走出误区的自由——曹操自由派公文的出现；六　以情感人的成熟之作——陈情表；七　文学觉醒时期的公文动向；八　隋唐时期的文风改革与韩愈的古文；九　唐代五大公文写作家；十　爱国主义的最强音——南宋公文；十一　元代公文——俗与雅的集合；十二　明代公文——走向衰变中的改革与呼唤；十三　屈辱、改良、革命——中国近现代公文；

理论篇 一 先秦诸子公文;二 曹丕《典论·论文》的公文理论价值;三 古代公文系统理论的发端与终结——刘勰《文心雕龙》公文论;四 明代的屡禁繁文;五 宋、明、清学者论公文;六 太平天国的《戒浮文巧言谕》;七 现代公文学的起步与发展;

制度篇 一 秦汉:封建集权文书制度的建立;二 三国两晋南北朝时期的文书制度与职官设置;三 隋唐时期的文书机构与文书制度;四 宋元时期的文书机构与文书制度;五 明清时期的文书机构与文书制度;六 我国近现代文秘工作之演变与发展;后记

中国古代常用文体规范读本:八股文 刘乾先 长春:吉林人民出版社 2004年1月 157页

前言;上篇:八股文概述 一、八股文的名称;二、八股文的题目;三、八股文的程式;四、八股文例释;五、八股文的产生、发展和消亡;六、怎样认识八股文;七、八股文参考资料;八、八股文有关附录;下篇:八股文经典作品(略)

晚明小品文体研究 徐艳 南昌:江西教育出版社 2004年6月 424页

序(章培恒);绪论 在古今演变的历史坐标中作细致的文体解析;第一章 工具性层面的自然形态语言的回归——晚明小品的语言(一);第二章 文学性层面的语言发展——晚明小品的语言(二);第三章 不可言说的韵趣——晚明小品的意象;第四章 自由活跃的篇章构成——晚明小品的结构;第五章 庄肃文体的颠覆——晚明小品文体中的谐谑因素;第六章 古代散文文体个性化发展的重大进步——晚明小品文体创造的总体评价及其历史承传;第七章 颇具波折的散文文体革新运动——晚明小品的文体发展历程;主要参考书目;后记

○层层剥笋 擘肌析理——评《晚明小品文体研究》 王利民 盐城师范学院学报 2012年02期 2012年6月

八股文与明清文学论稿 黄强 上海:上海古籍出版社 2005年7月 542页 文史哲研究丛刊

引言;第一章 何物八股文;第二章 八股文的文化基因与文体雏形;第三章 八股文的不同品味与作法区别;第四章 八股文的解释学透析;第五章 八股文的有效职能;第六章 明清八股文名家名作举隅;第七章 八股文的内在矛盾与明清教育;第八章 八股取士制度下的明清文人心态;第九章 八股文的两难境地与最后消亡;第十章 八股文的文学因素;第十一章 八股文与明清戏曲;第十二章 八股文与明清小说;

第十三章 时文与古文;第十四章 八股文与明清诗歌;第十五章 时文与楷法;后记

○读《八股文与明清文学论稿》 顾农 江海学刊 2007年05期 2007年9月

古代小品文探微 胡根红 西安:三秦出版社 2008年5月 225页

前言;绪论;上编:基础研究 第一章 古代小品文基本研究;第二章 古代小品文的发展及特点;下编:古代小品文特点研究 第三章 古代小品文的文体特征;第四章 古代小品文的文本特征;第五章 古代小品文的审美特征;结论;参考文献;后记

言、语、论、说与先秦论说文体 邱渊 昆明:云南人民出版社 2009年5月 446页

序(王齐洲);绪论;第一章 先秦论说文体产生的社会背景;第二章 "言"与先秦论说文体;第三章 "语"与先秦论说文体;第四章 "论"与先秦论说文体;第五章 "说"与先秦论说文体;结语;附录一:先秦文献思想形成或成书时间述略;附录二:"言"的本义探考;附录三:西周、春秋时期的"言"教育及"言礼"教育;附录四:《墨子》"经""论"之分与《墨子》论说文;附录五:"连珠"文体及其与《韩非子·储说》的关系;主要参考文献;后记

判词语体论 刘愫贞 成都:巴蜀书社 2009年6月 399页

自序;第一章 绪论;第二章 先秦——判词语体的初创时期;第三章 两汉——判词语体的过渡时期;第四章 唐代——判词语体的发展时期;第五章 宋代——判词语体发展时期;第六章 明代——判词语体臻于成熟时期;第七章 清代——判词语体发展的最高峰;第八章 结束语与法律语言的法律文化研究方法;参考文献;后记

明清制艺今说:"八股文"的现代阐释 吴伟凡 北京:学苑出版社 2009年8月 226页

第一章 绪言;第二章 制艺的名称;第三章 制艺的生产;第四章 制艺的特点;第五章 制艺的题目;第六章 制艺的程式;第七章 制艺与文学;第八章 制艺与科举;第九章 制艺的存在依据;第十章 明清文人的制艺人生;第十一章 制艺的评价;附编 制艺导读;主要参考文献;后记

八股文百题:揭示八股文隐蔽的历史面目 龚笃清 长沙:岳麓书社

2010年1月 291页

>编按:本书为问答体,内容包括:什么叫八股文;八股文是朱元璋、刘伯温创制的吗;为什么说八股文是明、清科举制的灵魂;什么叫破题等

汉译佛典文体及其影响研究 李小荣 上海:上海古籍出版社 2010年8月 606页 文史哲研究丛刊

>绪论;第一章 佛典汉译文体理论概说;第二章 汉译佛典之"契经"及其影响;第三章 汉译佛典之"偈颂"及其影响;第四章 汉译佛典之"本事"及其影响;第五章 汉译佛典之"本生"及其影响;第六章 汉译佛典之"譬喻"及其影响;第七章 汉译佛典之"因缘"及其影响;第八章 汉译佛典之"论议"及其影响;第九章 汉译佛典之"未曾有"及其影响;第十章 汉译佛典之"授记"及其影响;第十一章 佛教仪式中的文体应用;简短的结论;主要参考文献;后记

明清经义文体探析 蒲彦光 永和:花木兰文化 2010年9月 423页 古典文学研究辑刊·初编

>上册 第一章 绪论;第二章 方苞的时文观及其《钦定四书文》;第三章 明清经义"文体"探析(上)——文体学层面;第四章 明清经义"文体"探析(下)——分期风格论与代表作家;第五章 明清"经义"文体探析——诠释学层面;第六章 结论;重要参考文献;

>下册 附录 附录一:《钦定四书文》篇末评语汇整;附录二:试论八股文之"代圣贤立言";附录三:传统点评学试探;附录四:从刘熙载《艺概·经义概》试论"经义"之为体;附录五:试论王船山的经义观点与书写——以《船山经义》为例;附录六:试论明代隆万时期之四书文

中国古代散文文体论 化晓方 西宁:青海人民出版社 2011年4月 282页

>第一章 散文的涵义特点渊源;第二章 应用文;第三章 记叙文;第四章 论说文;第五章 古代散文的其他体类;参考书目;后记

骈文论稿 于景祥 北京:中华书局 2012年5月 332页

>序(傅璇琮);骈文的形成与鼎盛;骈文的蜕变;骈文与散文之关系;楚辞在文章骈化过程中的地位和影响;《文心雕龙》与《文选》所揭示的赋体骈化轨迹;《文心雕龙》以骈体论文是非辩;骈俪之风影响下的南朝散文;"四杰"骈赋与庾信骈赋之关系;六朝骈文对唐代骈文家的影响;刘知幾关于史书用骈用散问题的几点主张;论欧阳修、宋祁在修

《新唐书》时对原始骈体文献资料的删改;朱熹的骈文批评;从《古赋辨体》看祝尧的骈文观;陈绎曾的《四六附说》在骈文批评上的贡献;徐师曾的骈文批评;《四六法海》在骈文批评上的贡献及其存在的问题;艾南英的师古与反骈;《四库全书总目》对六朝骈文的公正态度;《四库全书总目》中的骈文史论;《红楼梦》与骈体文;论文初刊杂志;后记

文体学视野下的科举八股文研究 高明扬 昆明:云南人民出版社 2012年5月 208页 博士学术著作丛书

序(龚延明);绪论;上编:科举八股文的文体特性 第一章 八股文称名、考试范式及其在科举文体中首要地位的确立;第二章 八股文的源流变迁;第三章 经义八股文文本及文风分析;第四章 科举八股文的衡文标准;第五章 八股文的修辞学解读;第六章 八股文的历史作用评析;

下编:八股文相关文献拾遗 第一章《蔡元培全集》补遗;第二章 从《时文蠡测》看袁守定的八股文观;第三章 袁守定《谈文》的文论思想;主要参考文献;附录一:明清经义八股文文本分析实情;附录二:四书文法摘要;后记

春秋辞令文体研究 董芬芬 上海:上海古籍出版社 2012年11月 338页

出版说明;序(赵逵夫);前言;第一章 盟书;第二章 起誓辞;第三章 诅辞;第四章 祝嘏辞;第五章 谏文;第六章 誓师辞;第七章 策命及其他命令;第八章 书牍;第九章 国书;第十章 外交辞令;第十一章 谏诤文辞;第十二章 议论文辞;结语:研究春秋辞令文体的意义和价值;参考文献;后记

○延展对先秦散文史的认识——兼评《春秋辞令文体研究》 赵逵夫 宁夏师范学院学报 2010年02期 2010年4月

唐代铭文概论 张应杰 北京:中国书籍出版社 2013年6月 225页 高校人文学术成果文库

图版;序(陶新民);前言;第一章 唐代铭文概述;第二章 唐代铭文的思想内容;第三章 唐代铭文的艺术特征;第四章 唐代碑铭和墓志铭;馀论;附:唐代部分铭文名篇汇编;主要参考书目和文献;后记

【学位论文】

明代前期八股文形构研究　郑邦镇　台湾大学　1986 年　博士论文
魏晋南北朝墓志铭研究　陈文豪　政治大学　1998 年　博士论文
汉代应用文文体形态略论　何志军　中山大学　2003 年　博士论文
明代八股文形态研究　李光摩　中山大学　2004 年　博士论文
韩愈之古文变体研究　谢敏玲　政治大学　2006 年　博士论文
魏晋南北朝论说文研究　王京州　南京大学　2007 年　博士论文
唐代判文研究　谭淑娟　西北师范大学　2008 年　博士论文
中古汉译佛典文体研究　荆亚玲　浙江大学　2008 年　博士论文
说炜晔而谲诳——先秦说体文叙事传统研究　张瑞　北京师范大学　2008 年　博士论文
"言"、"语"、"论"、"说"与先秦论说文体　邱渊　华中师范大学　2008 年　博士论文
《尚书》文体研究　朱岩　扬州大学　2008 年　博士论文
汉碑文学研究　何如月　陕西师范大学　2008 年　博士论文
唐代颂赞文体研究　张志勇　河北大学　2010 年　博士论文
南朝公牍文研究　黄燕平　浙江大学　2011 年　博士论文
唐宋判文研究——以《文苑英华》和《名公书判清明集》为中心　刘小明　华东师范大学　2012 年　博士论文
敦煌遗书中的唐宋尺牍研究　王使臻　兰州大学　2012 年　博士论文
游戏八股文研究　田子爽　扬州大学　2012 年　博士论文
《尚书》文体类型与成因研究　潘莉　中央民族大学　2013 年　博士论文

敦煌赞文研究　赵立真　"中央大学"　1993 年　硕士论文
唐代序文研究　李珠海　台湾大学　1996 年　硕士论文
司马光《书仪》研究　黄美华　中兴大学　2000 年　硕士论文
韩非生平与《韩非子》文体研究　马世年　西北师范大学　2001 年　硕士论文
《浮生六记》文体辨说　吴志峰　苏州大学　2001 年　硕士论文
唐代赠序文研究　张静　郑州大学　2001 年　硕士论文
先唐铭文研究　刘玉珺　广西师范大学　2002 年　硕士论文
行状论　盖翠杰　浙江师范大学　2002 年　硕士论文
中古封禅文研究　刘成荣　广西师范大学　2003 年　硕士论文
序体研究　薛峰　中国社会科学院研究生院　2003 年　硕士论文

宋代公文文体研究　尹小平　中山大学　2003 年　硕士论文
敦煌祭文研究　武汉强　西北师范大学　2003 年　硕士论文
汉魏赞文研究　钟嘉芳　广西师范大学　2004 年　硕士论文
唐代序文文体概说　李志广　辽宁师范大学　2004 年　硕士论文
宋代上梁文之研究　陈志信　云林科技大学　2004 年　硕士论文
《香囊记》与八股文关系之研究　马琳萍　河北师范大学　2005 年　硕士论文
晚明尺牍文学与尺牍小品　陈鸿麒　暨南国际大学　2005 年　硕士论文
中唐碑志文研究　严春华　四川大学　2005 年　硕士论文
宋代铭文文体研究　庄煦　中山大学　2005 年　硕士论文
宋代赠序研究　黎德铁　中山大学　2005 年　硕士论文
《水经注》的文体特征研究　聂影　中山大学　2005 年　硕士论文
八股文与明清古文和诗歌　赵永强　扬州大学　2005 年　硕士论文
中国古代官署平行公文文体研究　胡明波　南京师范大学　2005 年　硕士论文
宋代启文研究　高香兰　中山大学　2006 年　硕士论文
明代八股时文对文学的背离与融通　林红　东北师范大学　2006 年　硕士论文
汉魏六朝设论文研究　章雯　厦门大学　2006 年　硕士论文
唐颂略论　蒋瑜　四川大学　2006 年　硕士论文
唐代赠序文研究　蒋金芳　辽宁师范大学　2007 年　硕士论文
先唐戒文研究　郜攀峰　广西师范大学　2007 年　硕士论文
唐代铭文研究　张应杰　安徽大学　2007 年　硕士论文
唐代檄文研究　朱济明　安徽大学　2007 年　硕士论文
明代中叶八股文研究　曹琦　"东吴大学"　2007 年　硕士论文
铭文文体及唐代铭文概说　杜晨阳　辽宁师范大学　2007 年　硕士论文
宋代日记体游记文体研究　王雨容　广西师范大学　2007 年　硕士论文
唐代诏敕研究　张超　郑州大学　2007 年　硕士论文
箴文文体及宋前箴文述论　张妍　辽宁师范大学　2007 年　硕士论文
《战国策》说辞文体研究　张林明　济南大学　2007 年　硕士论文
行状文文体及宋前行状文考述　张柳　辽宁师范大学　2008 年　硕士论文
汉代"铭"体文学研究　余凤　中南民族大学　2008 年　硕士论文
论春秋时期的箴、铭、盟誓　王丽娟　西北师范大学　2008 年　硕士论文

吊文文体及宋前吊文研究　郝静　辽宁师范大学　2008年　硕士论文
说文文体与宋前说文研究　陈志扬　辽宁师范大学　2008年　硕士论文
"儿郎伟"若干问题考辩　蔡艳　南京师范大学　2008年　硕士论文
宋代上梁文研究　张慕华　上海财经大学　2008年　硕士论文
宋代谢表研究　刘丽丽　中山大学　2008年　硕士论文
汉代奏议类文体研究　盖晓霞　长春理工大学　2008年　硕士论文
辩文文体及宋前辩文述论　李宏娟　辽宁师范大学　2008年　硕士论文
公文视角下的今文《尚书》研究　李薇　长春理工大学　2008年　硕士论文
《尚书》论说文研究　张宜斌　中南民族大学　2009年　硕士论文
骈文与律诗的文体联系　王敏　贵州师范大学　2009年　硕士论文
诸言体研究　谢瑾　中山大学　2009年　硕士论文
西汉诏书研究　张福安　西北大学　2009年　硕士论文
汉代箴文研究　曹丹　东北师范大学　2009年　硕士论文
先唐吊文研究　高胜利　广西师范大学　2009年　硕士论文
《墨子》文体研究　郑苏文　广西师范大学　2009年　硕士论文
论宋代"名字说"　周方　中山大学　2009年　硕士论文
唐代塔铭研究　潘高凤　浙江大学　2010年　硕士论文
汉魏晋哀祭文研究　靳建强　东北师范大学　2010年　硕士论文
《易传》之论说辞序诸体研究　王章全　湖南师范大学　2010年　硕士论文
南朝书体文研究　方涛　广西师范大学　2010年　硕士论文
汉魏六朝佛典佛教赞研究　黄毅洁　中正大学　2010年　硕士论文
"新序"文体研究　罗璇　澳门大学　2011年　硕士论文
汉代铭文研究　高英　南京师范大学　2011年　硕士论文
晚明清言小品研究　许倩　苏州大学　2011年　硕士论文
魏晋六朝哀辞探析　毛平　华东师范大学　2011年　硕士论文
《庄子》文体研究　石龙岩　西北师范大学　2011年　硕士论文
汉代自序文研究　孙丽萍　河北师范大学　2011年　硕士论文
汉代"私书"研究　李明丽　吉林大学　2011年　硕士论文
明代洪武年间奏议研究　方丽华　中南大学　2011年　硕士论文
魏晋南朝表文研究　邹学莉　湖南师范大学　2011年　硕士论文
宋代赞体文研究　邵言言　中山大学　2011年　硕士论文
汉魏晋南北朝吊文研究　李卫东　西北师范大学　2012年　硕士论文

魏晋军事文书研究　张海霞　福建师范大学　2012 年　硕士论文
汉魏六朝哀诔祭吊文研究　刘燕燕　湖南师范大学　2012 年　硕士论文
北朝墓志研究　郭小年　湖南师范大学　2012 年　硕士论文
魏晋表文研究　陈雪　陕西师范大学　2012 年　硕士论文
白居易奏议初探　代颖慧　黑龙江大学　2012 年　硕士论文
《文选》论体研究　伍金妹　广西师范大学　2012 年　硕士论文
《文选》书体研究　卢清秀　广西师范大学　2012 年　硕士论文
魏晋谏文研究　陈丽卡　华东师范大学　2012 年　硕士论文
《幽梦影》中的清言小品研究　张翠翠　辽宁大学　2012 年　硕士论文
南朝行状研究　任春艳　河北师范大学　2012 年　硕士论文
唐五代敦煌公文研究　丁思喆　南京师范大学　2012 年　硕士论文
宋代公文研究　张荟丽　南昌大学　2012 年　硕士论文
齐梁书序文研究　蔡德莉　闽南师范大学　2013 年　硕士论文
《逸周书》文体研究　姜海涛　东北师范大学　2013 年　硕士论文
上古金文文学研究　陈夏楠　济南大学　2013　硕士论文
宋元祝文初探——从和刻本《事林广记》中的祝文模板谈起　刘颖　内蒙古师范大学　2013 年　硕士论文
魏晋南北朝书启研究　马小凤　辽宁大学　2013 年　硕士论文
秦汉魏晋南北朝骈体奏事文研究　李柯蓉　辽宁大学　2013 年　硕士论文
文体视角下的《论语》研究　付体超　鲁东大学　2013 年　硕士论文
唐前对问体研究　颜玲瑛　华东师范大学　2013 年　硕士论文
《史记》"太史公曰"文体研究　刘嘉　华东师范大学　2013 年　硕士论文
汉代序体文研究　李燕华　福建师范大学　2013 年　硕士论文
唐镜铭文文学研究　胡珊珊　浙江大学　2013 年　硕士论文
《尚书》的诰体研究　曹莎　西北大学　2013 年　硕士论文
宋代祈雨文研究　肖玉霞　西北师范大学　2013 年　硕士论文

【单篇论文】

1. 辨体：总论

骈文通义　钱基博　光华大学半月刊　1 卷 7、8 期　1933 年 4 月
论文管见（论骈体与散行）　瘦堪　青鹤　1 卷 18、19 期　1933 年 8 月
骈文漫话　钱基博　光华大学半月刊　2 卷 5、6 期　1933 年 12 月—1934

年3月
骈散论　万子霖　铭传学报　1965年02期　1965年3月
骈文之特质　宾国振　女师专学报　2期　1972年8月
骈文新论　江应龙　文坛　156、157期　1973年6、7月
骈文新论　江应龙　文坛　157期　1973年7月
谢(鸿轩)著《骈文衡论》序　张其昀　宪政论坛　19卷10期　1974年3月
谢(鸿轩)著《骈文论衡》序(编按,书名当作"骈文衡论")　张宗良　宪政论坛　19卷11期　1974年4月
谢(鸿轩)著《骈文衡论》序　杨向时　宪政论坛　19卷12期　1974年5月
散文与骈文　徐迟　光明日报　1978年5月21日
文学史编写中的散文问题　胡念贻　文学评论丛刊　3辑　古典文学专号　1979年3月
略谈古代散文的特征、分类和源流　章明寿　淮阴师专学报　1979年02期
骈文之产生、构成及各家对骈文的看法　成惕轩　幼狮月刊　1979年2期
　～孔孟月刊　1979年11期　1979年7月
　～中韩文学会议论文集　淡江大学编　台北:黎明文化事业股份有限公司　1981年7月
我国古代的说明文　曾裕民　语文战线　1980年11月期　1980年11月
骈体文　褚斌杰　文史知识　1981年01期　1981年1月
　～中国文学史百题　文史知识编辑部编　北京:中华书局　1990年12月
群经文体研究　欧洋源　树德学报　8期　1983年6月
试论古代散文的特点和范围　谢楚发　武汉教育学院学报　1984年02期
略谈骈文的基本特征　谭家健　辽宁教育学院学报　1985年02期
　～历代骈文名篇注析　谭家健　合肥:黄山书社　1988年11月
论骈文的特征　张会恩　殷都学刊　1985年04期　1985年11月
什么是骈文　谭家健　古典文学知识　1986年01期
医古文文体特色之管见　范承斌　陕西中医学院学报　1987年04期　1987年8月
骈辞俪句　千古不绝——说骈文　任明纲　贵阳师专学报　1988年01期

1988年4月
骈文浅论　谭家健　北方论丛　1988年03期
识得庐山真面目（13—5）——散文与骈文　孟瑶　明道文艺　175期　1990年10月
古代应用文漫话　杨羽　语文教学与研究　1991年12月　1991年12月
我国后世公文的"蓝本"——《春秋左氏传》　高铁伦　应用写作　1992年02期　1992年2月
论骈文的形态特征与文化内蕴　莫道才　江海学刊　1994年02期　1994年4月
应用文体制的比较　于成鲲　中国语文通讯　34　1995年6月
散文·骈文·美文：比较观照中的文体辨析　张思齐　西南师院学报　1996年01期　1996年2月
中国古代应用文概说　田宏虎　中国民航学院学报　1996年02期　1996年4月
骈文与汉语言文字的特殊性　钟涛　汉字文化　1997年02期　1997年5月
从古典小说中了解古代应用文　高尔丰　应用写作　1997年07期　1997年7月
骈文杂论——兼与谭家健先生商榷　杨东甫　广西师院学报　1997年03期　1997年7月
应用文品说　李重华　绥化师专学报　1997年03期　1997年9月
骈文、骈体文学　王运熙　望海楼笔记　上海：东方出版中心　1999年4月
文笔不辨——试论中国古代散文标准的确立　倪培翔　阴山学刊　2000年01期　2000年2月
骈文的含义、涵盖的范围以及骈散合一问题——《骈文史序说》节译　〔日〕铃木虎雄著，陆建林、莫道才译　柳州师专学报　2000年04期　2000年11月
骈文·骈文的界定·骈文发展史　莫山洪　柳州师专学报　2002年01期　2002年3月
俪古异同之比较　陈松雄　东吴中文学报　8期　2002年5月
论骈文　〔日〕冈村繁　汉魏六朝的思想和文学　〔日〕冈村繁著，陆晓光译　上海：上海古籍出版社　2002年8月
赋与骈文的文学类属辨说　葛培岭　河南教育学院学报　2004年06期

2004年11月
汉语至文——骈文　陈阳全　湖南大众传媒职业技术学院学报　2005年06期　2005年12月
中国古代通俗文述略　谭家健　衡阳师范学院学报　2006年01期　2006年2月
文学之文与应用之文的分野　罗孟冬　益阳职业技术学院学报　2008年03期　2008年9月
《中国散文通史》总序　郭英德　全球化视野下的中国文学史观国际学术研讨会论文集　2013年7月

2. 辨体：分论一

中国文学史上一个污点——八股文——的分析　李长之　清华周刊　40卷1期　1933年10月
八股文研究　朱滋萃（编按：目录作"洪瑞"）　文学　3卷1号　1934年8月
　～中法大学月刊　7卷1期　1935年4月
什么是"八股文"和"试贴诗"？　江伯训　文学百题　傅东华编　上海：生活书店　1935年7月
论八股文　胡传楷　学风　7卷5期　1937年6月
八股文学　陈德芸　岭南学报　6卷4期　1941年6月
散文与骈文的区别（答读者问）　启功　文艺学习　1957年4期
八股文琐谈　晏得等　福建日报　1962年8月19日
祭吊文分类述论（上）周诚明　台中商专学报　6期　1974年6月
祭吊文分类述论（下）周诚明　台中商专学报　7期　1975年1月
古文体新探——序跋类　江伯峰　辽宁师院学报　1979年05期　1979年10月
古代题跋概论　黄国声　中山大学学报　1980年04期　1980年8月
历历如贯珠的一种新文体——储说　周勋初　韩非子札记　南京：江苏人民出版社　1980年11月
　～周勋初文集·第一卷·韩非子札记　南京：江苏古籍出版社　2000年9月
谈谈八股文　易俗　语文教学　1980年06期
简论墓志铭　吕健忠　中外文学　9卷8期　1981年1月
"露布"絮语　方南生　文史知识　1982年02期　1982年2月

八股文说略(上)　青云　语文月刊　1982年03期　1982年3月
八股文说略(下)　青云　语文月刊　1982年04期　1982年4月
敦煌写本书仪考(之一)　周一良　敦煌吐鲁番文献研究论集　北京:中华书局　1982年5月
　　~魏晋南北朝史论集续编　周一良　北京:北京大学出版社　1991年11月
　　~唐五代书仪研究　周一良、赵和平　北京:中国社会科学出版社　1996年9月
谈"序"　赵熙文　中学语文　1983年07期　1983年7月
释"露布"　张崇根　宁夏社会科学　1983年04期　1983年8月
漫话"序"和"跋"　王惠生、冯平　山东图书馆季刊　1983年04期　1983年12月
什么叫"八股文"(附八股文一例)　谭家健　文史知识　1984年03期　1984年3月
　　~中国文学史百题　文史知识编辑部编　北京:中华书局　1990年12月
从文学观点论八股文　〔美〕涂经治著,郑邦镇译　中外文学　12卷12期　1984年5月
唐代赠序初探　梅家玲　台北:编译馆馆刊　13卷1期　1984年6月
倡颂与铭、箴、赞、颂　孙昌武　唐代文学与佛教　西安:陕西人民出版社　1985年8月
古文文体简介二题　诸孝飞　语文辅导　1985年3、4期
古代的露布　王婕　秘书之友　1986年02期　1986年3月
论古文中之赠序文　黄振民　国文学报　15期　1986年6月
六朝骈文的艺术评价　胡国瑞　文学遗产　1987年01期　1987年2月
敦煌写本书仪考(之二)　周一良　敦煌吐鲁番文献研究论集　4辑　北京:中华书局　1987年6月
　　~魏晋南北朝史论集续编　周一良　北京:北京大学出版社　1991年11月
　　~唐五代书仪研究　周一良、赵和平　北京:中国社会科学出版社　1996年9月
赋体文、骈体文应归入散文一类吗　逢春、和咏　松辽学刊　1987年03期　1987年10月

论以"序"名篇之古文　黄振民　教学与研究　10 期　1988 年 6 月
唐代的书仪　赵和平　文史知识　1988 年 08 期　1988 年 8 月
中国古代文学中的"论"文　于琼　齐齐哈尔师范学院学报　1988 年 04 期　1988 年 8 月
浅谈古代序文和赠序　潘玉江　外交学院学报　1988 年 03 期　1988 年 9 月
墓碑　墓碣　墓表　墓志　沈翀　文史知识　1988 年 09 期　1988 年 9 月
略论碑志文、史传文和杂史传记：以欧阳詹的传记为例　〔美〕倪豪士（William H. Nienhauser, JR）　第一届国际唐代学术会议论文集　1989 年 2 月
　～传记与小说——唐代文学比较论集　〔美〕倪豪士　台北：南天书局有限公司　1995 年 8 月
　～传记与小说——唐代文学比较论集　〔美〕倪豪士　北京：中华书局　2007 年 2 月
古代的哀祭文　章明寿　文史知识　1989 年 06 期　1989 年 6 月
西域木简中的记与檄　连劭名　文物春秋　创刊号　1989 年 7 月
"只千古而无对"（编按：论序体）　金克木　群言　1989 年 08 期　1989 年 8 月
古代传记文学论略　姜涛　辽宁大学学报　1989 年 04 期　1989 年 8 月
青词琐谈　长虹　中国道教　1990 年 02 期　1990 年 1 月
论八股文赋之说不能成立　叶幼明　学术研究　1990 年 06 期　1990 年 6 月
敦煌写本书仪略论　赵和平　敦煌吐鲁番学研究论文集　上海：汉语大词典出版社　1990 年 6 月
　～唐五代书仪研究　周一良、赵和平　北京：中国社会科学出版社　1996 年 9 月
朋友书仪　王伟　杭州师范学院学报　1990 年 05 期　1990 年 10 月
论中国古代的杂记　尹相如　昆明师专学报　1990 年 04 期　1990 年 12 月
说八股　启功　北京师范大学学报　1991 年 03 期　1991 年 6 月
略谈八股文的体式　蒋励材　双桂堂学艺论著　台北：新文丰出版股份有限公司　1991 年 10 月
中国古代的奏疏体公文浅论　刘保忠、雷腊梅　秘书之友　1991 年 12 期　1991 年 12 月

八股文谈　蔡晓初　江西教育学院学报　1991年04期　1991年12月
《说八股》补微　张中行　读书　1992年01期　1992年1月
八股新论　引子　金克木　读书　1992年04期　1992年3月
说"箴"　朱承挥　宁波大学学报　1992年01期　1992年6月
中国历史上的铁券文书　王大德　历史档案　1992年02期　1992年7月
　　～改署:彭龙珠　机电兵船档案　1998年03期　1998年6月
　　～彭龙珠　档案天地　1998年06期　1998年11月
西汉奏疏的公文性质与文学价值　罗书勤　贵州教育学院学报　1992年02期　1992年7月
日记文学的本质　〔日〕久松潜一著,刘忠明译　齐齐哈尔社会科学　1992年04期　1992年8月
墓版文小考　张应斌　文学遗产　1992年04期　1992年8月
古代的寿辞　刘尊明　文史知识　1992年10期　1992年10月
论唐代之封驳　毛汉光　中正大学学报　3卷1期（人文分册）　1992年10月
序跋　日记　书信的考释　钱仓水　盐城师专学报　1992年04期　1992年12月
简论序与赠序　罗灵山　益阳师专学报　1993年01期　1993年3月
哀辞初探　王人恩　甘肃社会科学　1993年03期　1993年6月
隋代公文述略　李维江　应用写作　1993年09期　1993年9月
隋代公文述略　芮英山　渤海学刊　1993年03期　1993年10月
铭文简论　王建　贵州教育学院学报　1993年03期　1993年10月
　　～改题:铭文略论　江海学刊　1994年02期　1994年4月
明人小品述略　吴承学、董上德　中山大学学报　1994年02期　1994年5月
古代的"杂文"与杂文　刘洪江　四川教育学院学报　1994年03期　1994年7月
以记为名之文的文体辨议——从《墨池记》主旨谈起　彭元岐　国文天地　10卷7期　1994年12月
论宋代的四六文　曾枣庄　文学遗产　1995年03期　1995年5月
简论晚清"新文体"散文　朱文华　复旦学报　1995年03期　1995年5月
谈序跋　李乔　文史知识　1995年12期　1995年12月

先唐书牍文论略　钟涛、三孔琳　青海师范大学学报　1996 年 01 期　1996 年 2 月
青词漫谈　张泽洪　文史杂志　1996 年 02 期　1996 年 4 月
关于敦煌写本斋文的几个问题　郝春文　首都师范大学学报　1996 年 02 期　1996 年 4 月
小品文：独特的文体　谢楚发　武汉教育学院学报　1996 年 02 期　1996 年 4 月
浅谈"奏议"　黄健　青海民族学院学报　1996 年 04 期　1996 年 10 月
论"檄"与"露布"　易扬　长沙大学学报　1996 年 04 期　1996 年 12 月
尺牍文略论　邓绍基、李枚　山西师大学报　1997 年 01 期　1997 年 1 月
汉魏六朝诫子书研究　蔡雁彬　古典文学知识　1997 年 02 期　1997 年 3 月
"露布"考释　徐明　河北大学学报　1997 年 02 期　1997 年 6 月
论晚明清言　吴承学　文学评论　1997 年 04 期　1997 年 7 月
　～中国古代戏曲与古代文学研究论集　黄天骥主编　北京：中华书局　2001 年 12 月
略谈古文体中的"传、记""说、论""书、表"及其他　李明华、丁爱真　语文知识　1997 年 09 期　1997 年 9 月
"别纸""委曲"记其他——《桂苑笔耕集》部分文体浅说　梁太济　杭州：第二届韩国传统文化学术研讨会论文集　1997 年 10 月
无章无句妙成文——论"意象体小品"　吴承学　古典文学知识　1997 年 06 期　1997 年 11 月
评"吊"议"哀"剖"诔"　詹绪左　江淮论坛　1998 年 02 期　1998 年 4 月
说长道短话序跋　骆之恬　出版广角　1998 年 06 期　1998 年 6 月
中国古代铭文浅说　黄去非　岳阳大学学报　1998 年 01 期　1998 年 6 月
　～应用写作　1999 年 08 期　1999 年 8 月
"颂"说略　唐嗣德　阅读与写作　1998 年 10 期　1998 年 10 月
中国古代常见的悼祭文和记颂文　许华　应用写作　1998 年 12 期　1998 年 12 月
序跋类文体述评　夏美武　铜陵财经专科学校　1999 年 01 期　1999 年 2 月
"别纸"考释　陈静　敦煌学辑刊　1999 年 01 期　1999 年 6 月
宋代上梁文初探　〔日〕松田佳子　宋代文化研究　8 辑　成都：巴蜀书社

1999年8月
严肃的面孔和调侃的笑容——汉代颂箴及戏谑文杂议　李炳海　辽宁大学学报　1999年05期　1999年9月
策问与对策——对一种考试文体的文学与文化研究　吴承学　新国学　1卷　成都：巴蜀书社　1999年12月
传：赋之变体　刘昆庸　福建论坛　1999年06期　1999年12月
明清的尺牍小品　欧阳俊　文史知识　2000年03期　2000年3月
汉代设论文简议　王利锁　河南大学学报　2000年03期　2000年5月
唐代书仪中单复书形式简析　吴丽娱　英国收藏敦煌汉藏文献研究　宋家钰、刘忠编　北京：中国社会科学出版社　2000年6月
序跋杂议　王梦奎　平原大学学报　2000年03期　2000年8月
明代八股文文体散论　吴承学　中山大学学报　2000年06期　2000年11月
赠序文简论　谢新华、谢红军　天中学刊　2000年06期　2000年12月
铭文发微　单光启　淮北煤师院学报　2000年04期　2000年12月
先秦盟誓及其文化意蕴　吴承学　文学评论　2001年01期　2001年1月
八股平议　吴承学　古典文学知识　2001年01期　2001年1月
古文中的"说"和"论"　朱洪芳　科学中国人　2001年01期　2001年1月
《盘铭》说略　王建　阅读与写作　2001年02期　2001年2月
序跋说略　单光启　淮北煤师院学报　2001年02期　2001年4月
浅谈《文选》颂赞体　李翰　文史知识　2001年04期　2001年4月
关于《朋友书仪》的再考察　吴丽娱　中国史研究　2001年03期　2001年8月
明代八股文略论　田澍　明史研究　7辑　2001年8月
再论复书与别纸　吴丽娱　燕京学报　新13期　2002年1月
　　~节录：关于别纸和重叠别纸　浙江与敦煌学：常书鸿先生诞辰一百周年纪念文集　张涌泉、陈浩主编　杭州：浙江古籍出版社　2004年12月
宋代科举时文研究——"经义"文体初探　蒲彦光　中国海事商业专科学校学报　90期　2002年3月
论宋季的拟人制诏　祝尚书　北京化工大学学报　2002年03期　2002年9月

策论:历久不衰的考试文体　朱迎平　上海财经大学学报　2002年06期　2002年12月

敦煌祭文分类综述　武汉强　河西学院学报　2003年01期　2003年2月

古代"序跋"浅说　郭坚　阅读与写作　2003年03期　2003年3月

"奏议"文体辨　董芳远　语文知识　2003年05期　2003年5月

隋唐军事文书　郭绍林　洛阳师范学院学报　2003年03期　2003年6月

檄移通论　吕湘瑜　问学集　12期　2003年6月

论中国古行记的基本特征　李德辉　宁夏大学学报　2003年05期　2003年9月

略说古文体"序"　周烈强　中学语文　2003年19期　2003年10月

论道教祭祀仪式的青词　张泽洪　汉学研究　21卷2期　2003年12月

不见面的礼仪:书信　彭林　文史知识　2003年12期　2003年12月

论骈文骈赋之异同　周悦　中国文学研究　2004年01期　2004年3月

八股四题　吴承学、李光摩　文学评论　2004年02期　2004年3月

中国史书的赞论何以成为一种文学文体?　辛刚国　阜阳师范学院学报　2004年03期　2004年5月

挽歌之礼仪与文体考察　吴惠珍　光武国文学报　1期　2004年6月

试论敦煌佛教愿文的类型　陈晓红　敦煌学辑刊　2004年01期　2004年7月

唐代赠序初探　梅家玲　世说新语的语言与叙事　台北:里仁书局　2004年7月

委曲考释　宫云维　古今艺文　30卷4期　2004年8月

论唐人自撰墓志及其本质特征　黄清发　唐代文学研究(第11辑)——中国唐代文学学会第十二届年会暨国际学术研讨会论文集　2004年11月　～唐代文学研究　11辑　桂林:广西师范大学出版社　2006年5月

明代八股文文体述论　田澍　西北师范大学学报　2004年06期　2004年12月

韩愈、柳宗元他传性托传体式研究　〔韩〕南哲镇　古籍整理研究学刊　2005年01期　2005年1月

八股文文体研究　刘燕　零陵学院学报　2005年03期　2005年3月

论南朝拟公文体俳谐文　徐可超　沈阳师范大学学报　2005年02期　2005年3月

中古汉译佛经偈颂体式研究　孙尚勇　普门学报　27 期　2005 年 5 月
"八脚词"与宋代文章学　吴承学　中山大学学报　2005 年 04 期　2005 年 7 月
宋代翰林学士撰教坊乐语考论　谷曙光　中国文化研究　2005 年秋之卷　2005 年 8 月
论杂文的文体特征与古代杂文之名与实　刘洪仁　古代杂文研究论稿　北京：中国社会出版社　2005 年 9 月
中国家书的源流、体例及礼仪　赵和平　中国图书商报　2005 年 12 月 23 日
说箴　徐翠先　文学遗产　2006 年 01 期　2006 年 1 月
八股文今辨　高尚卿　广播电视大学学报　2006 年 01 期　2006 年 2 月
吊文研究　史超　株洲师范高等专科学校学报　2006 年 01 期　2006 年 2 月
铜镜铭文与回文诗　姚小鸥、秦瑞利　寻根　2006 年 01 期　2006 年 2 月
遥聆八股声如雷——八股文的文化学背景与文体学内涵　唐辉　太原师范学院学报　2006 年 02 期　2006 年 3 月
汉魏六朝哀辞研究　张海鸥、梁锐　湛江师范学院学报　2006 年 02 期　2006 年 4 月
合本子注疏论　周生杰　浙江师范大学学报　2006 年 02 期　2006 年 4 月
唐代德音考　禹成旼　中国史研究　2006 年 02 期　2006 年 5 月
君子尚其字——论宋代的字序　曾枣庄　宋代文学与宋代文化　上海：上海人民出版社　2006 年 5 月
哀祭文的文体特点及在骈文和古文中表现之异同　金光　宜春学院学报　2006 年 03 期　2006 年 6 月
小题八股文简论　李光摩　中山大学学报　2006 年 04 期　2006 年 7 月
以韩愈为例论我国古代论辩文的几种文体　侯迎华　河南师范大学学报　2006 年 04 期　2006 年 7 月
试论宋代诗词文三体分疆观念与融合趋势及其原因　魏祖钦　2006 年词学国际学术研讨会论文集（一）　2006 年 8 月
论教诫言语的形式问题——《逸周书》记言类文章分析　罗家湘　郑州大学学报　2006 年 05 期　2006 年 9 月
合本子注的由来　周生杰　古典文学知识　2006 年 06 期　2006 年 11 月
唐代明经试策形式体制考论　陈飞　人文杂志　2006 年 06 期　2006 年

11月
"上书"的文体特征与《文选》"上书"的劝谏模式——兼论上书体兴衰的政治土壤　李乃龙　2006年06期　2006年11月
论状元殿试对策的文体特征　徐文明　山东理工大学学报　2006年06期　2006年11月
唐代试策的形式体制——以制举策文为例　陈飞　文学遗产　2006年06期　2006年11月
符命的文体渊源与《文选》"符命"模式　李乃龙　学术论坛　2006年12期　2006年12月
汉晋诸子"论"体考述——以《文心雕龙·论说》为中心　冯莉　安徽大学学报　2007年01期　2007年1月
唐亭台记文体体制及其文化意蕴　赵燕　船山学刊　2007年01期　2007年1月
论宋启　曾枣庄　文学遗产　2007年01期　2007年1月
　～宋代文化研究　16辑　2009年1月
　～文化、文学与文体　曾枣庄　上海：上海人民出版社　2011年8月
墓志的文体特征与《文选》"墓志"笺论　李乃龙　广西社会科学　2007年02期　2007年2月
以清代诰封碑为例浅析诰封文的文体特征　王萍萍　北京文博　2007年02期　2007年7月
敦煌祭文研究二题　武汉强　敦煌研究　2007年04期　2007年8月
中国古代檄文简论　李振松　宿州教育学院学报　2007年04期　2007年8月
春秋时代的誓师辞　董芬芬　甘肃广播电视大学学报　2007年04期　2007年12月
教文辨体　刘敏　哈尔滨学院学报　2008年01期　2008年1月
古代"杂说"文体略析　莫顺斌、翟满桂　社科纵横　2008年01期　2008年1月
宋代上梁文初探　路成文　江海学刊　2008年01期　2008年1月
六朝时期的咏物铭、赞、颂　高淑平　齐齐哈尔大学学报　2008年01期　2008年1月
诏令类文体（一）：诏书　吴承学、刘湘兰　古典文学知识　2008年02期　2008年3月
论"碑文似赋"　程章灿　东方丛刊　2008年01期　2008年3月

敦煌咒愿文刍议　刘清玄、刘再聪　社科纵横　2008年04期　2008年4月

诏令类文体(二):制书、诰、敕书　吴承学、刘湘兰　古典文学知识　2008年03期　2008年5月

道教科仪中的公牍文体略论　成娟阳　中国文化研究　2008年02期　2008年5月

论唐代厅壁记　刘兴超　四川大学学报　2008年03期　2008年5月

颂赞与四言诗的文体辨析　樊露露　西华大学学报　2008年03期　2008年6月

奏议类文体　吴承学、刘湘兰　古典文学知识　2008年04期　2008年7月

"箴"体浅述　陈丽　内江科技　2008年08期　2008年8月

书牍类文体　吴承学、刘湘兰　古典文学知识　2008年05期　2008年9月

碑和中国古代的准文体　张然　华南师范大学学报　2008年05期　2008年10月

八股文:一种独特的科举文体　淮茗(苗怀明)　寻根　2008年05期　2008年10月

座右铭漫谈　谢克用　语文天地　2008年20期　2008年10月

论中古吊文的体式特征　高胜利　湖北第二师范学院学报　2008年11期　2008年11月

论说类文体　吴承学、刘湘兰　古典文学知识　2008年06期　2008年11月

序跋类文体　吴承学、刘湘兰　古典文学知识　2009年01期　2009年1月

论宋代的经义　祝尚书　宋代文化研究　16辑　2009年1月

唐代拟判体式研究　胡燕　社会科学家　2009年03期　2009年3月

唐宋青词的文体形态和文学性　张海鸥、张振谦　文学遗产　2009年02期　2009年3月

传状类文体　吴承学、刘湘兰　古典文学知识　2009年02期　2009年3月

论八股文文体的内在多样性——从爱拉斯谟的人文主义理论出发　董铁柱　文史哲　2009年02期　2009年3月

宋代上梁文考论　谷曙光　江淮论坛　2009年02期　2009年4月

碑志类文体　吴承学、刘湘兰　古典文学知识　2009年03期　2009年5月

中国古代的"谏诤"类文体——从《三国志文类》和《文苑英华》的"谏诤"说起　吴娱　太原师范学院学报　2009年03期　2009年5月

宋代日记体游记的文体特征　王雨容　贵州师范大学学报　2009年03期　2009年6月

商周青铜铭文文体论　陈彦辉　文学评论　2009年04期　2009年7月

汉魏六朝九锡文略述　尚慧鹏　许昌学院学报　2009年04期　2009年7月

哀祭类文体　吴承学、刘湘兰　古典文学知识　2009年04期　2009年7月

古代箴体文探析　徐翠先　江苏大学学报　2009年04期　2009年7月

八股新编　文学别调——论游戏八股文的文学意蕴　黄强　晋阳学刊　2009年04期　2009年7月

论明代的嶂词　刘湘兰　学术研究　2009年07期　2009年7月

论初盛唐干谒文　谢克　天水师范学院学报　2009年04期　2009年7月

《论语》文体形式的文化阐释　吕逸新、董梅　管子学刊　2009年03期　2009年8月

题壁文学的源流考释　马银川　西安文理学院学报　2009年04期　2009年8月

祝祷类文体　吴承学、刘湘兰　古典文学知识　2009年05期　2009年9月

先秦诸子文本的经传结构及其文体培育功能　贾学鸿　河北学刊　2009年05期　2009年9月

宋代俳谐文研究　刘成国　文学遗产　2009年05期　2009年9月

～中国古代文章学的成立与展开:中国古代文章学论集　王水照、朱刚主编　上海:复旦大学出版社　2011年3月

《"言""语""论""说"与先秦论说文体》序　王齐洲　孝感学院学报　2009年05期　2009年9月

春秋时期的铭论与铭体　韩高年　文学遗产　2009年06期　2009年11月

箴铭类文体　吴承学、刘湘兰　古典文学知识　2009年06期　2009年11月

南朝公文体俳谐文的文体学意义　陈玉强　中山大学学报　2010年01期　2010年1月
颂赞类文体　吴承学、刘湘兰　古典文学知识　2010年01期　2010年1月
"论"体文与中国思想的阐述形式　刘宁　北京大学学报　2010年01期　2010年1月
　　~中国古代文章学的成立与展开：中国古代文章学论集　王水照、朱刚主编　上海：复旦大学出版社　2011年3月
唐代举子行卷文体考论　俞钢　陕西师范大学学报　2010年01期　2010年1月
关于古代官箴几个基本问题的辨析　裴传永　理论学刊　2010年03期　2010年3月
杂记类文体　吴承学、刘湘兰　古典文学知识　2010年02期　2010年3月
书《陔余丛考》"露布"条后　王松涛　古籍研究　2009年卷·上下（总55—56期）　2010年3月
宋代婚仪文书之文体形态研究　方丽华　安徽文学（下半月）　2010年04期　2010年4月
道教文献中的"颂"及其文体学意义　成娟阳　中国文化研究　2010年02期　2010年5月
《桂苑笔耕集》所见"委曲"探赜　林嵩　中国典籍与文化　2010年02期　2010年5月
　　~北大中文学刊2011　北京大学中文系编　北京：北京大学出版社　2011年12月
论宋人教坊乐语的文体特征　任竞泽　云南社会科学　2010年03期　2010年5月
"势"文体考论　彭砺志　古典文献研究　10辑　2010年6月
汉末至建安赞颂二体混同辨析　朱秀敏　兰州教育学院学报　2010年03期　2010年6月
明代诏令的类型及举例　陈时龙　明史研究论丛·第8辑·明代诏令文书研究专辑　北京：紫禁城出版社　2010年7月
从《史记》中的引"语"引"谚"看"语"及"谚"　金久红　郑州大学学报　2010年04期　2010年7月
先秦"说书"与诸子经说体　侯文华　新亚论丛　11期　2010年8月

语录体与宋代诗学　马自力　北京大学学报　2010 年 05 期　2010 年 9 月

　~中国古代散文国际学术研讨会论文集　陈庆元主编　南京:凤凰出版社　2011 年 12 月

佛教檄魔文的文体价值　刘林魁　山西师大学报　2010 年 05 期　2010 年 9 月

唐代进士试策形式体制　陈飞　清华大学学报　2010 年 05 期　2010 年 9 月

"书仪"内容辨正　金传道、王宁　内蒙古大学学报　2010 年 05 期　2010 年 9 月

论明代赈词及其传播　汪超　2010 年词学国际学术研讨会论文集　2010 年 10 月

明代公文文体述论　陈龙　兰台世界　2010 年 19 期　2010 年 10 月

说行状　杨赛　古典文学知识　2010 年 06 期　2010 年 11 月

檄文古今考　梁曦　文学教育(上)　2010 年 11 期　2010 年 11 月

论诏书的文体形态　刘湘兰　山西师大学报　2010 年 06 期　2010 年 11 月

论中国古代"杂文"的文体特征　党圣元、任竞泽　江海学刊　2010 年 06 期　2010 年 11 月

书跋与题跋之辨　张静、唐元　湖北三峡职业技术学院学报　2010 年 02 期　2010 年 12 月

"对策"的文体特征及其现代价值　张灿贤　山东理工大学学报　2011 年 01 期　2011 年 1 月

八股文体式辨微　王同舟　长江学术　2011 年 01 期　2011 年 1 月

论古代序文与赠序文体　化晓方　语文学刊(高等教育版)　2011 年 01 期　2011 年 1 月

结合东汉诔文简析曹植诔文新特点　杨兰芳　鸡西大学学报　2011 年 01 期　2011 年 1 月

六朝文体论——笔之文体　王令樾　励耘学刊(文学卷)　2010 年 02 期　2011 年 1 月

告身文种钩沉　王铭　浙江大学学报　2011 年 01 期　2011 年 1 月

先秦诸子散文的"史"体性质及渊源　赵辉　中南民族大学学报　2011 年 01 期　2011 年 1 月

游戏八股文的文学趣味——介绍俗文学的一个新品种　黄强　江南大学

学报　2011年01期　2011年2月
当代的文章:时文　浦安迪自选集　〔美〕浦安迪(Andrew H. Plaks)著,刘倩等译　北京:三联书店　2011年2月
论先秦著述的形式及其于文体学上的意义　柯镇昌　宁夏师范学院学报　2011年01期　2011年2月
先秦"春秋"的类别、性质及文体形态　裴登峰　宁夏师范学院学报　2011年01期　2011年2月
文学史研究中不容忽视的一种文体:颂——陈开梅《先唐颂体论》序　李增林　朔方　2011年02期　2011年2月
南朝铭文撰述探析　刘涛　廊坊师范学院学报　2011年01期　2011年2月
南朝传状文撰作析论　刘涛　文艺评论　2011年02期　2011年2月
汉代告地书及其文体渊源述论　郗文倩　南都学坛　2011年03期　2011年5月
清代家集总序的构造及其文化意蕴　徐雁平　文学遗产　2011年03期　2011年5月
试论南朝檄移文　刘涛　五邑大学学报　2011年02期　2011年5月
"座右铭"古今谈　兰殿君　文史杂志　2011年03期　2011年5月
　～国学　2011年10期　2011年10月
从《文心雕龙》看檄文文体特征　杨榕　河北经贸大学学报　2011年02期　2011年6月
论宋代家训的文体表现　刘欣　北京理工大学学报　2011年03期　2011年6月
宋四六文体渊源及文体体制探析——以制诰文为例　施懿超　广西师范大学学报　2011年03期　2011年6月
论南朝序体文的撰作风貌　刘涛　湖州师范学院学报　2011年03期　2011年6月
春秋时代的国书文体　董芬芬　兰州大学学报　2011年04期　2011年7月
试论汉代碑铭序文中的变体、破体现象　崔瑞萍　晋阳学刊　2011年04期　2011年7月
论宋人书简　曾枣庄　文化、文学与文体　上海:上海人民出版社　2011年8月
论宋代的"陈情表"　曾枣庄　文化、文学与文体　上海:上海人民出版社

2011年8月

唐人壁记考论　黄俊杰　荆楚理工学院学报　2011年08期　2011年8月

中国诗词文的集句体　曾枣庄　古典文学知识　2011年05期　2011年9月

说"官箴""私箴"——兼及《文心雕龙》与《文选》对箴文的评录　赵俊玲　前沿　2011年20期　2011年10月

试论史传文体的特征与撰述——以南朝三史书撰写为例　周唯一　衡阳师范学院学报　2011年05期　2011年10月

魏晋南北朝论证型论体文之分类及特点　杨朝蕾　江西科技师范学院学报　2011年05期　2011年10月

八股文的定型及其相关问题　李光摩　文学遗产　2011年06期　2011年11月

论中国古代书启文的嬗变和特征　陆双祖　现代语文(学术综合版)　2011年11期　2011年11月

语录体与中国文化特质　刘伟生　社会科学辑刊　2011年06期　2011年11月

语录体的几种形态及作用——以诸子语录、禅宗语录、宋儒语录为立足点　官贵羊　安徽文学(下半月)　2011年12期　2011年12月

汉魏六朝行记三类两体叙论　李德辉　东华汉学　14期　2011年12月

试论先秦散文与诗歌文体兼容的"原型"形态　杨景龙　中国古代散文国际学术研讨会论文集　陈庆元主编　南京:凤凰出版社　2011年12月

集句文初探　张明华　中国古代散文国际学术研讨会论文集　陈庆元主编　南京:凤凰出版社　2011年12月

春秋散文体类概说:以事物文类为例　邵炳军　中国古代散文国际学术研讨会论文集　陈庆元主编　南京:凤凰出版社　2011年12月

论先秦诸子经解体　侯文华　中国古代散文国际学术研讨会论文集　陈庆元主编　南京:凤凰出版社　2011年12月

宋代制文的文体特征和文学性　赵维江、徐海容　中国古代散文国际学术研讨会论文集　陈庆元主编　南京:凤凰出版社　2011年12月

周代铭文祝嘏辞的文体特征　陈彦辉　学术交流　2011年12期　2011年12月

六朝表文略论　杨明伟　四川文理学院学报　2012年01期　2012年1月

先秦"家语"文献的编纂、分类及文体意义　夏德靠　徐州师范大学学报　2012年01期　2012年1月
序文析义及其源流、体制略论　赵厚均　中国文学研究　19辑　2012年4月
箴、铭文体辨析　金贝翎　黄山学院学报　2012年02期　2012年4月
论檄文的文体特点　刘峨　淮北师范大学学报　2012年02期　2012年4月
序文之体与古今嬗变　张静　华南理工大学学报　2012年02期　2012年4月
魏晋南北朝对问体论体文之分类及特点　杨朝蕾　江西科技师范学院学报　2012年02期　2012年4月
战国书牍文管窥　柯镇昌　宁夏师范学院学报　2012年02期　2012年4月
论战国时代公文及其特色——从李斯《谏逐客书》说起　左政、莫恒全　广西师范学院学报　2012年02期　2012年4月
六朝行记二体论　李德辉　文学遗产　2012年03期　2012年5月
六朝"引"体考辨——以《文心雕龙》为中心　郑伟　中南大学学报　2012年03期　2012年6月
表文的形成发展与特征探析　杨欢　青年文学家　2012年13期　2012年6月
韩愈碑志文的"变体"风格　徐海容　湖南科技学院学报　2012年07期　2012年7月
以史为戏：论中国古代假传　刘成国　江海学刊　2012年04期　2012年07月
先秦诸子著作的文体种类、属性及文本形态和特色　李炳海　励耘学刊（文学卷）　2012年01期　2012年7月
论宋代制诏文的文体形态与文学性　徐海容　2012年中国古代散文研究国际研讨会论文集　2012年8月
战国时期的律令体文管窥　柯镇昌　2012年中国古代散文研究国际研讨会论文集　2012年8月
　～改题：战国律令体发微（编按，有缩写）　短篇小说（原创版）　2012年24期　2012年12月
中国古代类书的杂文体浅析　耿纪朋、郑小红　剑南文学（经典教苑）2012年08期　2012年8月

先秦时期的问体文学　马晓舟　淮海文汇　2012年04期　2012年8月
～改题：论先秦时期的问体文学　重庆交通大学学报　2012年06期　2012年12月
论宋代乐语的诗乐渊源　徐燕琳　戏剧艺术　2012年04期　2012年8月
论宋代制书的文体形态和文学性　徐海容　文艺评论　2012年08期　2012年8月
合本子注与中国古代史书自注　刘治立　宁夏师范学院学报　2012年05期　2012年10月
论诗、偈的异同及偈颂的诗化　张昌红　河南师范大学学报　2012年06期　2012年11月
周代诔谥文体辨正　董常保、梁冀　短篇小说（原创版）　2012年22期　2012年11月
浅谈"表"的文体风格　何仙花　青春岁月　2012年21期　2012年11月
论墓志文体志文和铭文的特点、功用及相互关系——以新出土唐代墓志为中心的考察　孟国栋、胡可先　浙江大学学报　2012年06期　2012年11月
从《历代文话》看策的文体特点　许外芳　华南理工大学学报　2012年06期　2012年12月
南朝哀祭文考论　刘涛　北方论丛　2013年01期　2013年1月
敦煌写本佛事文体结构与佛教仪式关系之研究　张慕华　中山大学学报　2013年01期　2013年1月
唐宋笔记文体辨析——为中国古代笔记散文正名　马茂军　华南师范大学学报　2013年01期　2013年2月
座右铭小考　张奉连　炎黄纵横　2013年04期　2013年4月
宋代札子的内容与行文特征　王云庆、毛天宇　秘书　2013年05期　2013年5月
唐代记体文的文体特征　刘兴超　钦州学院学报　2013年06期　2013年6月
文备众体：论八股文之"杂"——兼论八股文文体特征　张富林　山西师大学报　2013年04期　2013年7月
表文的文体特征探析　何水英　兰台世界　2013年23期　2013年8月
唐宋吊文的文体形态和文学性　谢敏　文艺评论　2013年08期　2013年8月

论汉魏六朝的遗令文　高树海　上饶师范学院学报　2013年04期　2013年8月
政与"稽古"　权与"忧患"——箴文文体探赜　孔庆蓉　兰州学刊　2013年09期　2013年9月
宋代的名字说与名字文化　张海鸥　中山大学学报　2013年05期　2013年9月
蔡邕碑志文体刍议　张鹏飞　信阳师范学院学报　2013年05期　2013年9月
秦汉时期朝政程式文章中常用的下行文文体　李先智　工会论坛（山东省工会管理干部学院学报）　2013年05期　2013年9月
宋代赠送序文体研究　张海鸥　韩山师范学院学报　2013年05期　2013年10月
魏晋南北朝檄文的文体演变　刘峨　安庆师范学院学报　2013年05期　2013年10月
先秦解经文体论略——兼论简帛《五行》篇的文体定名　高新华　福建师范大学　2013年06期　2013年11月
宋代字说考论　刘成国　文学遗产　2013年06期　2013年11月
论明幛词的起源与演变　叶晔　词学　30辑　2013年12月

3. 辨体：分论二

西周书文体辨　钱穆　新亚学报　3卷　1957年8月
　　~中国学术思想史论丛（一）　钱穆　台北：东大图书公司　1976年6月
尚书文体的商榷　李振兴　孔孟月刊　18卷6期　1980年2月
《庄子》问对体散文浅议　王景琳　汉中师院学报　1985年01期　1985年4月
论《周易》经、传中潜在的文学意识和文体雏形　王敏　贵州民院学报　1989年02期　1989年7月
《捕蛇者说》之"说"并非文体　仇仲谦　河池师专学报　1990年01期　1990年4月
敦煌愿文《儿郎伟》考论　黄征　文学论丛　杭州：杭州大学出版社　1992年5月
　　~敦煌语文丛说　台北：新文丰出版公司　1997年11月
略论《史记》在中国文体发展史上的贡献　舍之　社会科学家　1992年03

期　1992年6月
敦煌愿文《儿郎伟》辑考　黄征　九州学刊　5卷4期　1993年5月
　～敦煌语文丛说　台北:新文丰出版公司　1997年11月
《周礼》六辞初探　邓国光　中华文史论丛　51辑　1993年8月
应用文写作的早期收获——《尚书》六体解析　贺本伯　应用写作　1993年01期
《洛阳伽蓝记》的体例渊源及其与名僧"格义"的关系　范子烨　北方论丛　1996年05期　1996年9月
老子《道德经》体裁论　李谷鸣　安徽教育学院学报　1997年01期　1997年1月
试论现存《内业》为"经"、"解"合一文体　陈升　管子学刊　1997年02期　1997年6月
《尚书》——我国早期公文写作的总结　周森甲　湘潭大学学报　1998年04期　1998年8月
《洛阳伽蓝记》的文体特征与中古佛学　范子烨　文学遗产　1998年06期　1998年12月
　～异质文化的碰撞——二十世纪"佛教与古代文学"论丛　吴光正、李舜臣、余来明主编　哈尔滨:黑龙江人民出版社　2009年11月
谈谈《尚书》——中国散文史札记　石鹏飞　思想战线　1999年04期　1999年8月
古代中国应用文的初始实践——《尚书》的性质及文体类型浅析　张兴福、王伟翔　社科纵横　2000年04期　2000年7月
从司马迁《史记·太史公自序》看汉代书序的体制——以"作者自序"为中心　车行健　中国文哲研究集刊　17期　2000年9月
《周易》的占问与上古文学的问对体　于雪棠　东北师大学报　2001年02期　2001年3月
《韩非子》在古代文体流变史上的贡献　韩建立　长春大学学报　2002年01期　2002年2月
从《尚书·尧典》等篇看早期历史叙事文体的特征　于雪棠　文学评论丛刊　5卷2期　周勋初等主编　南京:南京大学出版社　2002年8月
论《老子》的文体风格　王齐洲　郧阳师范高等专科学校学报　2002年04期　2002年8月
不存在儿郎伟文体和儿郎伟曲调　杨挺　敦煌研究　2003年01期　2003年2月

《尚书》——中国最早的语录体散文　刘绪义　湖南税务高等专科学校学报　2004年04期　2004年8月

论《韩非子·说林》的性质与文体学意义　马世年　南京师大学报　2005年02期　2005年3月

《四六膏馥》与南宋四六文的社会日用趋向　杨忠　北京大学学报　2005年03期　2005年5月

《淮南子》中的文体形态及其深层意义　孙纪文　福州大学学报　2005年03期　2005年7月

后世之文，其体皆备——简论《庄子》文体形态及影响　李建伟　管子学刊　2005年03期　2005年8月

《史记》"太史公曰"的文体辨析——兼与张大可先生商榷　刘猛　渭南师范学院学报　2005年06期　2005年11月

从司马相如《荆轲赞》看西汉赞文的体式特征　钟嘉芳　井冈山学院学报　2006年03期　2006年3月

《张中丞传后叙》文体辨析　高青　山西大学学报　2006年03期　2006年5月

论敦煌写本《王道祭杨筠文》为一拟体俳谐文　陈允吉　复旦学报　2006年04期　2006年7月

从历代目录看《洛阳伽蓝记》的文体归属　张利满　吉林省教育学院学报　2006年08期　2006年8月

《齐竟陵文宣王行状》考析——兼论"行状"的文体特征　李乃龙　广西师范学院学报　2007年01期　2007年1月

《史记》论赞对古代杂文文体的影响　谌东飚　云梦学刊　2007年01期　2007年1月

檄文之源——评析《左传·吕相绝秦》　王明雪　黑龙江教育学院学报　2007年04期　2007年4月

《晏子春秋》文体辨析——兼与《世说新语》比较　蔡梅娟　管子学刊　2007年02期　2007年5月

《尚书》"十体"的文体学价值　陈赟　湖南社会科学　2007年03期　2007年5月

《论语》蕴含的其他文体的萌芽　周国凤　牡丹江教育学院学报　2007年03期　2007年5月

《论语》文体考论　侯文华　2007年全国博士生学术论坛——中国语言文学论文集　2007年7月

~中国文学研究　2008年03期　2008年7月
《太史公自序》的文体特征与意义　王玥琳　2007年全国博士生学术论坛——中国语言文学论文集　2007年7月
《喻巴蜀檄》文体分析　熊伟业　康定民族师范高等专科学校学报　2007年04期　2007年8月
《老子》文体考源　过常宝　先秦两汉学术　8期　2007年9月
宋玉《高唐》《神女》二赋之序为史辞辨　力之　中国楚辞学(第十五辑)——2007年浙江杭州屈原及楚辞学国际学术研讨会论文集　2007年9月
　　~改题:宋玉《高唐》《神女》二赋之序为史辞辨——《文选》所录作品的序文研究之三　钦州学院学报　2009年01期　2009年2月
　　~中国楚辞学　15辑　北京:学苑出版社　2011年1月
《论语》的文体意义　过常宝　清华大学学报　2007年06期　2007年11月
《孟子》文体辩　李素梅　安阳师范学院学报　2007年06期　2007年12月
《僮约》俳谐效果的产生及其文体示范意义　郗文倩　福建师范大学学报　2008年01期　2008年1月
一个文本的文体史与思想史解读——嵇康《太师箴》研究　童强　文学评论丛刊　10卷1期　周勋初、杨义主编　南京:南京大学出版社　2008年1月
《列女颂》创作的文体背景及其价值:兼及《列女颂》作者考辨　陈丽平　中国社会科学院研究生学报　2008年02期　2008年3月
从朝鲜半岛上梁文看敦煌儿郎伟　王小盾　古典文献研究　11辑　2008年4月
论韩愈《鳄鱼文》的文体及其渊源　张煜　汕头大学学报　2008年02期　2008年4月
论《礼记》为实用文"以别等威"及祭祀文体之源　罗孟冬　益阳职业技术学院学报　2008年02期　2008年6月
虢季子白盘铭文及似赋之铭考论　毕庶春　辽东学院学报　2008年03期　2008年6月
班固《答宾戏》对设论体文体艺术的解构　宋红霞　枣庄学院学报　2008年04期　2008年8月
《淮南子·要略》与书序体文章体例的定型　杜绣琳　社会科学辑刊

2008 年 05 期　2008 年 9 月
韩愈《毛颖传》的文体学价值　栾为　黑龙江教育学院学报　2008 年 12 期　2008 年 12 月
《周易》文学样式发微　沈志权　金华职业技术学院学报　2009 年 01 期　2009 年 2 月
譬论：先秦诸子言说方式的转变——以《韩非子·内外储说》之异闻为例　陈洪　南京师大学报　2009 年 03 期　2009 年 5 月
《尚书》的文体及其风格初探　丁豫龙　仁德学报　7 期　2009 年 6 月
也论"儿郎伟"　钟书林　社会科学评论　2009 年 02 期　2009 年 6 月
《老子》与先秦箴体　侯文华　中国文学研究　2009 年 03 期　2009 年 7 月
《盐铁论》之作论似赋特征管窥　王永　名作欣赏　2009 年 14 期　2009 年 7 月
《洛阳伽蓝记》体例质疑　吴晶　文学遗产　2009 年 05 期　2009 年 9 月
论《尚书》诰体的生成机制及其文化意蕴　叶修成　海南大学学报　2009 年 05 期　2009 年 10 月
论原始宗教祭祀活动与《尚书》修辞的起源　于文哲　河南师范大学学报　2009 年 06 期　2009 年 11 月
楚简《恒先》与"八股文"　邢文　光明日报　2010 年 3 月 1 日
楚简《恒先》与八股文无关　谭家健　光明日报　2010 年 4 月 26 日
对《庄子》的文体论解读　石龙岩　陇东学院学报　2010 年 04 期　2010 年 7 月
试论《列女传》体兼多式的文体特点　杨波　长城　2010 年 08 期　2010 年 8 月
《战国策》说辞文体类说　柯镇昌　柳州师专学报　2010 年 04 期　2010 年 8 月
论《浮生六记》的文体性质　杜平平　青年文学家　2010 年 21 期　2010 年 11 月
散文亦或是小说——《浮生六记》文体探微　陆英　文学界（理论版）　2011 年 01 期　2011 年 1 月
《国语》所载成文述论　郝建杰　古籍整理研究学刊　2011 年 02 期　2011 年 3 月
《老子》文体考论　过常宝　首都师范大学学报　2011 年 02 期　2011 年 4 月

刍议《晏子春秋》的文体性质　周武海　安徽文学(下半月)　2011年04期　2011年4月

"古史即诗":《尚书》史诗因素考辨　于文哲、洪明亮　南昌大学学报2011年04期　2011年7月

从《典引》篇看"封禅文"的文体特色　于素英、孔祥丽　传奇·传记文学选刊(理论研究)　2011年08期　2011年8月

《解老》《喻老》的性质及其文体学意义　马世年、吴建新　辽东学院学报　2011年04期　2011年8月

《晏子春秋》的文体性质　陈永红　青春岁月　2011年18期　2011年9月

《国语》文体的还原阐释　夏德靠　中南民族大学学报　2012年01期　2012年1月

《诅楚文》文体辨析　董芬芬　励耘学刊(文学卷)　2011年02期　2012年2月

杨慎《异鱼图赞》的文体学意义　杨钊　江汉论坛　2012年02期　2012年2月

试论《礼记·祭统》中的儒家思想及铭文文体特点　王丹　湖北经济学院学报　2012年02期　2012年2月

《逸周书·周祝解》与"言"体文类　赵奉蓉　大庆师范学院学报　2012年02期　2012年3月

《汲冢琐语》与先秦"说体"考察　廖群　理论学刊　2012年04期　2012年4月

《新序》文体的重新定位　张海涛　淮北师范大学学报　2012年03期　2012年6月

《尚书》"笔"体考述——最早的书面文字与"文笔之辨"溯源　胡大雷　广西师范大学学报　2012年05期　2012年10月

《战国策》、《韩非子》二书中的说体文比较　柯镇昌　临沂大学学报　2012年05期　2012年10月

《高僧传》史传文体价值管窥　方梅　扬州大学学报　2013年01期　2013年1月

《论语》文体的生成及结构模式　夏德靠　四川师范大学学报　2013年01期　2013年1月

司马迁《史记》对解经"传"文体的改造　唐元　作家　2013年04期　2013年2月

于高古处觅奇崛——《尚书》体语言风格述略　朱岩　扬州大学学报　2013 年 02 期　2013 年 3 月
《晏子春秋》文体辨正　许峰、尹玉珊　广西师范学院学报　2013 年 02 期　2013 年 4 月
《孟子》的文体形态及其文学史意义　王艺雯　许昌学院学报　2013 年 03 期　2013 年 5 月
《论语》文体研究　王敏　开封教育学院学报　2013 年 03 期　2013 年 7 月
《逸周书》"原始格言"文体初探　陈彦昭　励耘学刊（文学卷）　2013 年 01 期　2013 年 10 月
郭店简《语丛》的编纂及其文体意义　夏德靠　新亚论丛　14 期　2013 年 12 月

4. 文体关联

谈"古文与八股之关系"　陈子展　人间世　23 期　1935 年 3 月
中国"骈文"与"小说"之关系　〔日〕原田季清作，林火译　中国公论　2 卷 3 期　1939 年 12 月
骈散相通论　庄雅州　学粹　1975 年 01 期　1975 年 4 月
唐代传奇的骈文成分　邓仕樑　古典文学　8 期　1986 年 4 月
试论唐代散文与骈文的关系　吴佩珠　思想战线　1987 年 01 期　1987 年 3 月
佛典与中国古典散文　孙昌武　文学遗产　1988 年 04 期　1988 年 8 月
　～二十世纪中国文学史论文精粹·散文、赋卷　彭黎明选编　石家庄：河北教育出版社　2001 年 1 月
律赋与八股文　邝健行　文史哲　1991 年 05 期　1991 年 5 月
论赋与骈文　马积高　新亚学术集刊　13 期　1994 年
论六朝诗歌与骈文的关系　王力坚　中国国学　23 期　1995 年 11 月
杂传体志怪与史传的关系——从文类观念所作的考察　刘苑如　中国文哲研究集刊　8 期　1996 年 3 月
骈文与诗、赋相互影响的两点思考　吴在庆　宁德师专学报　1997 年 01 期　1997 年 2 月
语录体与中国古代白话学术　杨玉华　四川大学学报　1999 年 03 期　1999 年 5 月
《尚书》与中国小说　王恒展　山东师大学报　2000 年 03 期　2000 年

5月

初唐四杰的辞赋、骈文对诗歌革新的影响　胡朝雯　衡阳师范学院学报 2001年04期　2001年8月

楚辞与骈文　郭建勋　湖南大学学报　2001年04期　2001年12月

楚骚与哀吊类韵文　郭建勋　云梦学刊　2002年02期　2002年3月

对偶句、骈文、律诗与对联之关系　罗冈　长沙民政职业技术学院学报 2003年03期　2003年3月

宫音串孔　商律谱孟——论元代杂剧对八股文的影响　许慈晖　扬州大学学报　2003年04期　2003年8月

判文与小说　陈洪英　贵州大学学报　2004年04期　2004年8月

清代骈文中兴与小说序跋　颜湘君　明清小说研究　2005年04期　2005年12月

宋四六与类书　慈波　济南大学学报　2006年01期　2006年1月

赋与骈文　郭建勋、邵海燕　北方论丛　2006年04期　2006年7月

晚明小品与语丝文体：古今散文文体的传承与流变　王嘉良　浙江学刊 2007年01期　2007年1月

八股文与《红楼梦》——兼论从文章学的角度研究八股文　黄强、李玉亭　考试研究　2007年02期　2007年4月

八股文与中国传统文学的演进：以明清戏曲创作为例　邱江宁　社会科学辑刊　2007年04期　2007年7月

八股文与古文谱系的嬗变　李光摩　学术研究　2008年04期　2008年4月

清代特殊的文学现象：戏曲与八股的契合——以《西厢记》制艺为例　王颖　南京师大学报　2008年03期　2008年5月

话本小说与禅宗下火文　项裕荣　浙江学刊　2008年04期　2008年7月

八股文与现代文章学　李光摩　华南师范大学学报　2008年05期　2008年10月

论六朝时期诗歌对骈文的影响　陈鹏　孝感学院学报　2009年01期 2009年1月

连珠体与骈文之关系　靳丹　大众文艺（理论）　2009年10期　2009年5月

洞性灵之奥区　极文章之骨髓——论《尚书》对后世文章学的影响　陈良中　重庆邮电大学学报　2009年03期　2009年5月

碑文与铭文、颂文及诔文的文体关系　李贵银　社会科学辑刊　2009年06期　2009年11月
"八家"与八股　沙红兵　国学研究　24卷　2009年12月
八股文对拟话本文体的塑造　张永葳　福建师范大学学报　2010年01期　2010年1月
论散文和传奇的关系　林高峰　江西科技师范学院学报　2010年02期　2010年4月
老庄与南朝丽辞　陈松雄　东吴中文学报　19期　2010年5月
书牍文与唐小说的文体生成　何亮　甘肃社会科学　2010年04期　2010年7月
论"宫体"在南朝各体文字的蔓延："宫体之文"考述　胡大雷　学术月刊　2010年08期　2010年8月
《韩非子·储说》文体与连珠体辨析　韩贤克　文学教育（下）　2010年10期　2010年10月
论"上梁文"与辞赋之关系　钟书林　西北大学学报　2010年06期　2010年11月
小说要素在游戏八股文中的渗透　王玉超、刘明坤　山西师大学报　2011年01期　2011年1月
清代小说与八股文关系三论　陈才训　文艺研究　2011年03期　2011年3月
八股文与小说的嫁接——以《七十二朝人物演义》为考察文本　田子爽　求索　2011年04期　2011年4月
经学与奏疏关系之考述　孙浩、张金耀　科教导刊（中旬刊）　2011年04期　2011年4月
《左传》与南朝丽辞　陈松雄　东吴中文学报　21期　2011年5月
双栖写作下的文体渗透——以汉赋和汉代奏议文体关系考察　冯良方　云南师范大学学报　2011年04期　2011年7月
"连珠"文体及其与《韩非子·储说》的关系　邱渊　云南民族大学学报　2011年04期　2011年7月
论檄与移、露布、难的关系　刘峨　安庆师范学院学报　2011年12期　2011年12月
清初时文与古文关系　张则桐　中国古代散文国际学术研讨会论文集　陈庆元主编　南京:凤凰出版社　2011年12月
试论骈文对宋代慢词的沾溉　郑虹霓　中国古代散文国际学术研讨会论

文集　陈庆元主编　南京:凤凰出版社　2011年12月
宋代散文与小说关系论略　凌郁之　中国古代散文国际学术研讨会论文集　陈庆元主编　南京:凤凰出版社　2011年12月
汉赋与汉代奏议之关系研究　冯良方　中国赋学　2卷　许结主编　南京:江苏教育出版社　2012年2月
铭文与唐小说的文体生成　何亮　求索　2012年03期　2012年3月
论八股文与诗歌创作的嫁接——以尤侗的《论语诗》为考察文本　田子爽　江西社会科学　2012年04期　2012年4月
史传论赞流变与通俗小说篇尾诗的生成　梁冬丽　安康学院学报　2012年02期　2012年4月
赋与《尚书》的渊源关系考说　胡大雷　江苏大学学报　2012年03期　2012年5月
分咏体诗钟与八股文截搭题　田子爽　黑河学刊　2012年11期　2012年11月
骈赋与骈文关系考论　陈鹏　求索　2013年05期　2013年5月
敦煌讲经变文"古吟上下"与南北朝骈文关系试探　刘国平　大叶大学通识教育学报　11期　2013年5月
论汉赋与汉代奏议的互动关系　王征　南昌航空大学学报　2013年04期　2013年12月

5. 风格论

从宗经观点论文章之法式与风格　苏伊文　孔孟月刊　19卷2期　1980年10月
论骈体文形式美的心理依据　向晁山　吉首师专学报　1986年03期　1986年10月
骈文之美　于景祥　美育　1988年05期
谈古代应用写作的审美特征　刘坚　写作　1989年01期　1989年1月
古代祭文的抒情特色(摘要)　张力　龙岩师专学报　1989年01期　1989年4月
骈文与六朝审美意识　钟涛　青海师大学报　1989年03期　1989年10月
试论公文语体风格　王福善　德州师专学报　1992年3期
阳春白雪数骈文　钱济鄂　中国文学纵横谈:论雅俗、骈文及其他　台北:

书林出版公司　1995年11月

论骈文的审美形态　莫山洪　柳州师专学报　1996年03期　1996年9月

以诗为文:骈文文体诗化特征论　莫道才　广西师范大学学报　1997年02期　1997年6月

骈散三论　于景祥　广西师范大学学报　1997年02期　1997年6月

文学与非文学的交织——论中国古代散文的文体特征　刘振娅　广西教育学院学报　1997年03期　1997年9月

古代公文的语言特点　吴文奇　秘书工作　1997年09期　1997年9月

唐文辞赋化之考察　简宗梧　第四届唐代文化学术研讨会论文集　台南:成功大学教务处出版组　1999年1月

试论骈文的美质美态　冷成金　中国人民大学学报　1999年01期　1999年1月

谈谈古代哀祭语体及其特征　晓宏　楚雄师专学报　1999年01期　1999年2月

骈文之美辨正　冷成金　论衡　第2辑　福州:福建教育出版社　1999年3月

　～中国文学的文化思考　《文学论集》编委会编　北京:人民日报出版社　2000年2月

古代公文文学色彩探因　刘丽珍　学术论坛　1999年03期　1999年5月

论六朝骈体书牍文　钟涛　广西师范大学学报　1999年04期　1999年12月

汉代奏疏艺术论略　鲁林华　三峡大学学报　2001年S1期　2001年12月

　～改署:闵泽平　淮北煤炭师范学院学报　2003年01期　2003年2月

骈文之美及其文学价值　王海波、冯遵义　彭城职业大学学报　2002年06期　2002年12月

试论敦煌写本斋文的骈文特色　张承东　敦煌学辑刊　2003年01期　2003年7月

晚唐律赋的散体化倾向　赵俊波　江海学刊　2004年02期　2004年4月

古代应用文文体风格演变探　辛建华　长春师范学院学报　2004年08期　2004年8月

东汉诔文的骈化　王丹　社会科学辑刊　2005 年 04 期　2005 年 7 月
论骈文文体的自足性和兼容性　吕双伟　南京师范大学文学院学报　2005 年 03 期　2005 年 9 月
论魏晋南北朝散文中的言文矛盾　渠晓云　绍兴文理学院学报　2007 年 02 期　2007 年 4 月
六朝丽辞体用说　陈松雄　东吴中文学报　13 期　2007 年 5 月
清代骈文理论中的风格论　吕双伟　文学遗产　2007 年 04 期　2007 年 7 月
古代书信体散文的文体特征　潘海霞、辛树洪　宜春学院学报　2008 年 01 期　2008 年 2 月
汉语与骈文文体关系新论　钟涛　青海师范大学学报　2008 年 02 期　2008 年 3 月
先秦散文学的语体探索　罗书华　云南社会科学　2008 年 02 期　2008 年 3 月
论明清小品文的审美特色　余小平　语文学刊　2008 年 09 期　2008 年 5 月
论六朝诔文的骈化及其艺术成就　陈鹏　嘉兴学院学报　2008 年 04 期　2008 年 7 月
论六朝檄文的骈化及其艺术成就　陈鹏　昆明理工大学学报　2008 年 10 期　2008 年 10 月
论六朝启文的骈化及其艺术得失　陈鹏　楚雄师范学院学报　2008 年 11 期　2008 年 11 月
～华北电力大学学报　2008 年 06 期　2008 年 12 月
论六朝表文的骈化及其艺术得失　陈鹏　青岛大学师范学院学报　2008 年 04 期　2008 年 12 月
论《明公书判清明集》的语体特色　刘素贞　毕节学院学报　2009 年 01 期　2009 年 1 月
试论六朝启文及其抒情性　赵翠荣　宿州教育学院学报　2009 年 01 期　2009 年 2 月
论六朝论文的骈化及其艺术得失　陈鹏　五邑大学学报　2009 年 01 期　2009 年 2 月
论六朝书牍文的骈化及其艺术得失　陈鹏　大庆师范学院学报　2009 年 02 期　2009 年 3 月
～三明学院学报　2009 年 01 期　2009 年 3 月

论六朝骈文的行文之气　陈鹏　济南大学学报　2009年02期　2009年3月
禅宗语录与《庄子》文体文风相似性研究　刘晓珍　浙江传媒学院学报　2009年03期　2009年6月
论宋代公文文风的嬗变　冒志祥　河南师范大学学报　2009年05期　2009年9月
试论明代正嘉时期之制义风格　蒲彦光　有凤初鸣年刊　4期　2009年9月
南朝丽辞之韵化与诗化　陈松雄　东吴中文学报　18期　2009年11月
汉代奏议文风的衍变　王启才　阜阳师范学院学报　2010年06期　2010年11月
唐代诏敕的"典雅"之美　张超　名作欣赏　2011年05期　2011年2月
六朝骈文的成因与审美特征　孙玉冰　青海师范大学学报　2011年03期　2011年5月
崇简尚韵的意境营造——古代小品文对确立文学叙事的意义　李翰　上海大学学报　2012年01期　2012年1月
敦煌文的骈偶之美与六朝唐五代的文风流变　钟书林　唐都学刊　2012年02期　2012年3月
北朝造像记的文体特征　张鹏　广西社会科学　2012年04期　2012年4月
汉魏六朝时期俳谐文中的滑稽　谢芳、刘小祺　甘肃联合大学学报　2012年03期　2012年5月
论明代八股文语体　李光摩　中山大学学报　2012年04期　2012年7月
　~改题:论明代八股文语体风格　2012年中国古代散文研究国际研讨会论文集　2012年8月
初唐贞观时期的奏议文体类目及其风格特征　张安祖、孟庆阳　齐齐哈尔大学学报　2012年04期　2012年8月
论骈文之美　张小乐　时代文学(下半月)　2012年09期　2012年9月
从《尚书》窥探中国古代公文的行文风格　米芳兰　安徽文学　2012年11期　2012年11月
简论优语的语体特征　刘晓荣　长江大学学报　2012年12期　2012年12月
周代策命的礼仪背景及文体特点　董芬芬　南京师大学报　2013年01期

2013 年 1 月

刘歆《列女颂》与颂体风貌转变　陈丽平　中南民族大学学报　2013 年 01 期　2013 年 1 月

唐代奏议"尚偶语"之文风管窥　孟庆阳　山花　2013 年 04 期　2013 年 2 月

古代对于小品文审美特征的探讨　莫顺斌　湖南科技学院学报　2013 年 11 期　2013 年 11 月

三、创作论

【著作】

骈体文作法　王承治　上海:大东书局　1926 年 2 月　193 页
　　序(沈石民);第一章　骈文之肇始;第二章　骈文之成立;第三章　骈文之变迁;第四章　骈文之种类;第五章　骈文之体格;第六章　骈文之作法;第七章　骈文之评论;第八章　骈文摘句
　◎署名:王承之　台北:广文书局　1970、1980 年

四六作法骈文通　金茂之　上海:大通图书社　1935 年 11 月　118 页
　　(一) 引言;(二) 骈文的源流;(三) 骈文与四六;(四) 骈文的价值;(五) 骈文的本质;(六) 骈文与天才;(七) 骈文的用典;(八) 骈文的体裁;(九) 骈文与散文;(十) 做骈文的预备;(十一) 骈文作法;(十二) 骈文名著读本

六朝骈文声律探微　廖志强　台北:天工书局　1991 年 12 月　152 页
　　序(张仁青);提要;导论;第一章　范晔之骈文声律说;第二章　沈约骈文声律说;第三章　刘勰骈文声律说;结论

【学位论文】

晚明小品文体研究　徐艳　复旦大学　2003 年　博士论文

北宋亭台楼阁诸记以赋为文研究　黄丽月　成功大学　2004 年　博士论文

科举八股文专题研究　高明扬　浙江大学　2005 年　博士论文

唐代墓志义例研究　杨向奎　华东师范大学　2012 年　博士论文

韩非子连珠体修辞探微　周娟娟　政治大学　2003 年　硕士论文

初唐四杰骈文研究　程美华　安徽大学　2003年　硕士论文
魏晋南朝骈体公牍文研究　谭玲　四川大学　2004年　硕士论文
欧阳修与王安石墓志铭研究——以韩愈文体改创为中心的讨论　陈玉蓉　政治大学　2005年　硕士论文
韩愈破体为文论——以其碑志文体为中心　侯吉永　河南大学　2006年　硕士论文
论六朝骈文的艺术美　谢恬颐　华中师范大学　2007年　硕士论文
明代"以古文为时文"研究　徐艳珠　中山大学　2009年　硕士论文
中国古代檄文的修辞阐释　张云　福建师范大学　2012年　硕士论文
《战国策》骈语的使用及对后世的影响　梁朋飞　辽宁大学　2012年　硕士论文

【单篇论文】

1. 总说

散文节拍粗测　唐钺　国故新探　上海：商务印书馆　1926年9月
骈文研究法　李时　女师学院期刊　3卷1期　1935年1月
桐城派古文与时文的关系问题——梦苕盦读书札记　钱仲联　文学评论　1962年02期　1962年5月
陆贽与唐代骈文革新　于景祥　辽宁教育学院学报　1990年04期　1990年12月
"韩愈以诗为文"论题之辨析　王基伦　第二届国际唐代学术会议论文集（上）文学及敦煌学　台北：文津出版社　1993年6月
　~韩柳古文新论　王基伦　台北：里仁书局　1996年6月
唐宋古文家的文体实验　陈平原　传统文化与现代化　1995年06期　1995年12月
简论韩愈的"破体为文"　何春华　广州师院学报　1998年02期　1998年2月
骈文　蒲松龄《聊斋志异》　王恒展　蒲松龄研究　1998年04期　1998年10月
试论韩愈古文与小说的关系　周敏　周口师范高等专科学校学报　1999年01期　1999年1月
　~改题：试论韩愈古文与小说的关系　西北大学学报　1999年01期　1999年2月

谈古代祭文的写作　王凯锋　应用写作　1999年09期　1999年9月
韩愈碑志的创革之功　周敏　南京师大学报　2000年05期　2000年9月
简论八股文对文学创作与文人心态的影响　吴承学　文艺理论研究　2000年06期　2000年12月
尊体与破体——略论韩愈的诗与文　蒋骏　山东理工大学学报　2003年02期　2003年4月
论八股文的代言　孔庆茂、汪小洋　江苏大学学报　2003年03期　2003年9月
试议墓志铭变格破体的文学现象　李慧　文学遗产　2005年03期　2005年5月
桐城派古文与时文关系续说　张成权　安徽省桐城派研究会成立大会暨第二届全国桐城派学术研讨会论文集　2005年6月
碑铭文的写作传统　王贺　井冈山学院学报　2006年06期　2006年6月
魏晋南北朝时期的应用文写作理论研究　李力、康彩霞　秘书之友　2006年08期　2006年8月
明清科举八股小题文研究　侯美珍　台大中文学报　25期　2006年12月
论韩柳古文创作中的"破体为文"现象　张介凡、陈新伟　广西社会科学　2006年12期　2006年12月
清代碑志义例:金石学与辞章学的交汇　党圣元、陈志扬　江海学刊　2007年02期　2007年3月
论宋人破体为记　曾枣庄　中国典籍与文化　2007年02期　2007年5月
韩愈"破体"为文与唐人的文体革新精神　余恕诚　国学研究　19卷　2007年6月
论宋代时文的"以古文为法"　祝尚书　四川大学学报　2007年04期　2007年7月
拘守与变通:清代碑志义例的抉择　陈志扬　华中师范大学学报　2007年05期　2007年10月
唐代古文与小说的交涉——以韩愈、柳宗元的作品为考察中心　康韵梅　台大文史哲学报　68期　2008年5月
从汉唐碑志的文体演变看韩愈碑志的正与变　周悦　中国文学研究

2009年03期　2009年7月
应用写作并不一概拒绝文学手法——刘勰哀祭文写作理论的启示　莫恒全　广西师范学院学报　2010年03期　2010年7月
试论"以诗为文"　杨景龙　文学评论　2010年04期　2010年7月
论文章学视野中的宋代记序文　祝尚书　江西师范大学学报　2010年05期　2010年9月
　~宋代文哲研究集刊　1期　2011年6月
苏轼"以文为四六"与北宋中后期的骈散共存　莫山洪　柳州师专学报　2011年01期　2011年2月
宋元文章学的行文论　祝尚书　中国古代文章学的成立与展开：中国古代文章学论集　王水照、朱刚主编　上海：复旦大学出版社　2011年3月
宋代文章学视野下的《史记》　杨昊鸥　江西社会科学　2011年04期　2011年4月
北宋初期骈散对立互融与欧阳修"以文体为四六"　莫山洪　钦州学院学报　2011年02期　2011年4月
科考时文"以古文为法"与古文之复兴　王明强　江苏社会科学　2011年02期　2011年4月
汪藻与两宋之际的文章骈散互融　莫山洪　广西民族师范学院学报　2011年02期　2011年4月
小说对韩愈碑志散文的影响　孙婷婷　宜春学院学报　2011年07期　2011年7月
论文章学视野中的"宋体四六"　祝尚书　中文学术前沿　2011年02期　2011年12月
论古典文章学中的"潜气内转"　余祖坤　中南民族大学学报　2012年01期　2012年1月
论陆贽的"骈中求散"与中唐文章的变化　莫山洪　柳州师专学报　2012年01期　2012年2月
玄奘法师与唐代古文运动　郭绍林　寻根　2012年01期　2012年2月
论明末清初的"以小说为古文"　李金松　广东社会科学　2012年02期　2012年3月
蔡邕"颂"作与汉末文学新创　段立超　求索　2012年05期　2012年5月
六朝论体文的叙事性言说方式及特点　杨朝蕾　五邑大学学报　2012年02期　2012年5月

论汉魏论体文的写作原则　孔德明　文艺评论　2012年10期　2012年10月

"以古文为时文"的创作形态及文学史意义　刘尊举　文学评论　2012年06期　2012年11月

中国古代公文中骈体与散体的运用　胡晓波　南京师范大学文学院学报　2013年03期　2013年9月

2. 结构章法

古代散文的章法　章明寿　淮阴师专学报　1982年01期

"八股文"与"起承转合"　钟腾　中国语文　53卷3期　1983年9月

《文苑英华》中"传"的结构研究　〔美〕倪豪士(William H. Nienhauser, JR)　中外文学　10卷13期　1984年

　～传记与小说——唐代文学比较论集　〔美〕倪豪士　台北：南天书局有限公司　1995年8月

　～传记与小说——唐代文学比较论集　〔美〕倪豪士　北京：中华书局　2007年2月

古代文章章法论　张会恩　湖南师范大学社会科学学报　1986年03期　1986年6月

试析南宋的几种书信程式及其他　夏玉琛　上海博物馆集刊　1990年05期　1990年10月

墓志铭的结构与名目——以唐代墓志铭为例　程章灿　古籍整理研究学刊　1997年06期　1997年11月

从《论学绳尺》看南宋科场论体文的结构和行文　孙耀斌　中山大学中文系第三届研究生学术研讨会论文　2001年11月

古代告语类文体在《三国演义》中的成功运用　焦集群　广播电视大学学报　2004年04期　2004年11月

浅论《文选》所收诔文的哀告模式　赵毓龙　沈阳师范大学学报　2009年06期　2009年11月

"序在书后"说再议　〔日〕池田秀三、洪春音　传统中国研究辑刊　7辑　2009年12月

魏晋南北朝论体文的结构要素　杨朝蕾　文艺评论　2012年02期　2012年2月

唐墓志撰者署名位置及其意义　杨向奎　名作欣赏　2012年14期　2012年5月

3. 技巧

俳句的变迁　罗曼思　天津:益世报·文艺周刊　1929年10月18日
对偶句法与骈文　许世瑛　大陆杂志　1卷6期　1950年9月
　　~许世瑛先生论文集（三）　许世瑛　台北:弘道文化事业有限公司　1974年8月
骈文文法初探　郭绍虞　上海图书馆建馆三十周年纪念论文集　上海图书馆编印　1983年8月
　　~照隅室语言文字论集　郭绍虞　上海:上海古籍出版社　1985年4月
对偶的曲折演变　于广元　扬州师院学报　1992年02期　1992年7月
骈体文的隶事与声律　钟涛　辽宁大学学报　1994年01期　1994年1月
尚书诗经大学史记已有骈俪考　钱济鄂　中国文学纵横谈:论雅俗、骈文及其他　台北:书林出版公司　1995年11月
韩愈古文句式与唐代一般散体文不同　王运熙　望海楼笔记　上海:东方出版中心　1999年4月
本草药方妙成文　吴承学　古典文学知识　2000年03期　2000年5月
骈文的文体语言结构的语言文化学札记　刘绍卫　柳州师专学报　2001年01期　2001年3月
骈文的隶事用典与国人的尚古意识和崇经征圣传统　王艳平　宿州教育学院学报　2001年04期　2001年11月
论骈文的文体意识——骈文文体结构哲学札记之二　刘绍卫　柳州师专学报　2002年02期　2002年6月
古辞间俪之文用　陈松雄　东吴中文学报　9期　2003年5月
论柳宗元的散文句法特色与骈散相争　莫山洪　柳州师专学报　2003年04期　2003年12月
唐文骈散兼融说隅述——以柳宗元之作为例　崔成宗　唐代文化学术研讨会论文集　2004年7月
论截搭题　李光摩　学术研究　2006年04期　2006年4月
论中唐碑志文之题　严春华　唐都学刊　2006年06期　2006年11月
诗与骈文句式比较　易闻晓　贵州师范大学学报　2006年06期　2006年12月
骈文、律诗、对联之对偶论略　刘长焕　贵州文史丛刊　2007年01期

2007年1月

宛转相承:骈文文句的一种接续方式　杨明　文史哲　2007年01期　2007年1月

八股文语言体式论　高明扬　汕头大学学报　2007年01期　2007年2月

秦观《游汤泉记》与《汤泉赋》虚词运用比较——论"赋体"句法与"文体"句法之异同　陈韵竹　中国赋学　许结、徐宗文主编　南京:江苏教育出版社　2007年7月

试论古代公文写作中的骈中有散与散中有骈　丁忱　兰台世界　2008年18期　2008年9月

~档案与建设　2008年10期　2008年10月

论六朝骈文四六化的原因　陈鹏　河南师范大学学报　2009年01期　2009年1月

八股文"技法"与明清戏曲、小说艺术　邱江宁　文艺研究　2009年05期　2009年5月

略论汉代镜铭的语言艺术特征　刘瑞　广西师范学院学报　2011年04期　2011年10月

论任笔　杨赛　郑州师范教育　2012年01期　2012年2月

古代公文成文日期标注方法考论　胡元德　档案学通讯　2012年02期　2012年3月

骈文之典故叙述　潘万木　荆楚学刊　2013年04期　2013年8月

4. 声律

骈文声律化管窥　刘思汉　萍乡教育学院学报　1987年03期

古文家的声律观　王学昀　贵州教育学院学报　1991年03期　1991年10月

论骈文声律规范之确立　马予静　河南大学学报　1998年03期　1998年5月

唐代墓志铭的押韵及其研究方法　金恩柱　中山大学学报　1999年04期　1999年7月

论六朝骈文中的"马蹄韵"　陈鹏　徐州师范大学学报　2009年04期　2009年7月

论八股文的韵律特征　高明扬　西南石油大学学报　2010年01期　2010年1月

"文"学的声音:古代文章与文章学中声音问题略说　陈引驰　文艺理论研究　2012年05期　2012年9月

四、批评论

【著作】

中国文章分类学研究　朱广贤　北京:民族出版社　2000年8月　西北民族学院建校50周年献礼学术丛书　276页

  《中国文章分类学研究》序(赵逵夫);引言:一个沉重的命题;第一章 分类——一段历史的结果;第二章 分类结果的现实误区;第三章 文章分类的历史批判;第四章 文章分类的近代追踪;第五章 现代文章分类说辨析;第六章 中国文字分类体系构建;第七章 八类分的科学包举;第八章 多体的文章世界;第九章 以图攻"图"——按图索"迹";附:高等学校写作课"三位一体"教学法理论体系示意图(A图);高等学校写作课"三位一体"教学法理论体系示意图(B图);后语

中国古代骈文批评史稿　奚彤云　上海:华东师范大学出版社　2006年10月　169页　上海青年出版人学术丛书

  序一(王运熙);序二(郭志坤);导言;上编　六朝隋唐:作为一般文章学的骈文批评　第一章 刘勰以前与骈文有关的文章批评;第二章 骈文文章学的建立:以《文心雕龙》为标志;第三章 刘勰以后的理论演进;第四章 转型期的唐代骈文批评;

  中编　宋元明:作为专门文体学的骈文批评　第一章 北宋四六文体观念的逐步确立;第二章 宋元四六文话及笔记中的四六文批评;第三章 明代文学复古运动中的骈文批评;第四章 万历以后骈文批评的重兴;

  下编　清:骈散相对观念下的骈文批评　第一章 清代前期骈文批评的初步发展;第二章 阮元诸人排斥桐城文章的骈文理论;第三章 李兆洛与《骈体文钞》;第四章 沟通骈散的骈文理论;第五章 论清代的骈文选本;馀论　李详、孙德谦的骈文理论;主要引用书目

骈文研究与历代四六话　莫道才　沈阳:辽海出版社　2011年4月　573页

  上编:骈文研究　骈文名称的演变与骈文的界说;从文化学角度看骈

文的产生;论骈文的形态特征与文化内蕴;以诗为文:骈文文体诗化特征论;论唐代骈文的流变;骈文在唐代文学史上的地位;唐代中原骈体文风对岭南民族地区文化的影响——以上林唐碑《大宅颂》和《智城碑》为例;关于李商隐的骈文佚作《修华岳庙记》;论宋代四六话的兴起;论清代骈文研究的几个问题;论《四六丛话》的学术价值与骈文思想;20世纪前期骈文学学术发展述论;近20年骈文研究述议;20世纪80年代以来唐代骈文研究述评;关于铃木虎雄的《骈文史序说》;骈文研究的历史进程略论;建国以来的第一部骈文史——评姜书阁的《骈文史论》;《骈文观止》前言;骈文史之分期;骈文研究断想;骈文的含义、涵盖的范围以及骈散合一问题——铃木虎雄《骈文史序说》节译;听雨轩四六话;

下编:历代四六话　序;例言;四六话;四六谈麈;云庄四六余话;容斋四六丛谈;四六金针;四六丛话叙论;四六丛话评萃;骈体文钞评萃;骈体文钞案语;骈文通义;六朝丽指;

附录一:近百年海内外骈文研究著作及论文索引;附录二:中国首届骈文学术研讨会综述;后记

清代骈文理论研究　吕双伟　北京:人民出版社　2011年8月　364页
青年学术丛书·文化

序(蒋寅);导论;第一章　晚明六朝文的兴起和四六选本的涌现;第二章　以康熙时期为主的清初四六批评;第三章　乾嘉道时期的骈文思想与理论;第四章　清代骈文理论专著——《四六丛话》;第五章　以光绪时期为主的晚清骈文理论;第六章　清代骈文创作和理论繁荣的原因;总论:清代骈文理论概论;参考文献;后记

○骈文理论研究的新创获——读吕双伟《清代骈文理论研究》　张作栋
中国文学研究　2012年03期　2012年7月

○视野宏通　史识兼具——读吕双伟《清代骈文理论研究》　孙福轩
云梦学刊　2013年01期　2013年1月

中国古代散文史撰述研究　阮忠　北京:中国社会科学出版社　2012年3月　285页

自序;第一章　古代散文史研究的相关问题;第二章　因源及流与依流探源的散文史研究途径——以陈柱《中国散文史》为例;第三章　以"文变染乎世情"为宗旨的散文史撰述——以郭预衡《中国散文史》为例;第四章　借写作元素分析法再现的散文历史状态——以谭家健《中

国古代散文史稿》为例;第五章 运用三段式方法揭示散文史的本色——以漆绪邦主编《中国散文通史》为例;第六章 古代散文发展演变的理念与实践——以刘振东等《中国古代散文发展史》为例;第七章 立足宏观系统地考察古代散文的发展历程——以刘衍《中国古代散文史》为例;第八章 鲜明凸显艺术特征的断代散文史——以熊礼汇《先唐散文艺术论》为例;第九章 网罗实例且以叙述为特色的辞赋史——以铃木虎雄《赋史大要》为例;第十章 注重内容与风格探寻的辞赋发展史——以马积高《赋史》为例;第十一章 绾合时代演进与文体特征的辞赋流变史——以郭维森、许结《中国辞赋发展史》为例;第十二章 宏观考量古代辞赋的辞赋断代史——以程章灿《魏晋南北朝赋史》为例;第十三章 用气势、词藻作关键词的骈文演进史——以刘麟生《中国骈文史》为例;第十四章 时代变易状态下的骈文发展史——以张仁青《中国骈文发展史》为例;第十五章 探寻骈文发展演化的基本规律与得失——以于景祥《中国骈文通史》为例;第十六章 古代游记散文的产生与演进——以梅新林、俞樟华《中国游记文学史》为例;第十七章 重风格特色及发展流变的八股文史——以孔庆茂《八股文史》为例;第十八章 古代散文通史撰述调查报告;附录一:关于文学史的评说;附录二:古代散文史及相关著作书目;后记

桐城派文体学研究 邓心强、史修永 合肥:安徽大学出版社 2012年10月 437页 徽学与地域文化丛书

序(吴家荣);绪论:桐城派研究范式及文体学考察思路;第一章 桐城派主要作家文体思想透视;第二章 桐城派的文体策略:融通与革新;第三章 多元视野中的文体论争与激变;第四章 桐城派批评文体概观;第五章 桐城派创作文体的多幅面孔;第六章 桐城派文体风貌形成溯源;馀论 桐城派文体学启示及贡献;附录:论桐城派的文化品格;参考文献;后记

文选文研究 李乃龙 桂林:广西师范大学出版社 2013年2月 350页

序(力之);绪言;第一章 七;第二章 诏;第三章 令;第四章 教;第五章 表;第六章 上书;第七章 弹事;第八章 笺;第九章 奏记;第十章 书;第十一章 对问;第十二章 设论;第十三章 序;第十四章 符命;第十五章 连珠;第十六章 箴;第十七章 铭;第十八章 碑文;第十九章 墓志;第二十章 行状;跋

汉魏六朝公文批评研究 侯迎华 上海:上海人民出版社 2013年7月

375 页

序(丁晓昌);前言;上篇:综论篇 第一章 汉魏六朝公文批评发展历程(上)——两汉公文批评;第二章 汉魏六朝公文批评发展历程(下)——魏晋南北朝公文批评;第三章 汉魏六朝公文批评的总体特征;第四章 汉魏六朝公文批评的主要范畴;第五章 汉魏六朝对公文写作主体的批评;第六章 汉魏六朝对公文功用的批评;第七章 汉魏六朝对公文文体的批评(上);第八章 汉魏六朝对公文文体的批评(下);

下篇:专论篇 第一章 班固的公文批评;第二章 王充的公文批评;第三章 刘勰的公文批评(上);第四章 刘勰的公文批评(下);第五章 萧统的公文批评;第六章 颜之推的公文批评;结语

【学位论文】

中国古代骈文批评史稿　奚彤云　复旦大学　2000 年　博士论文
林琴南古文理论研究　吕立德　台湾师范大学　2000 年　博士论文
明代八股论评试探　潘峰　复旦大学　2003 年　博士论文
湘乡派文论研究　李建福　台湾师范大学　2005 年　博士论文
清代骈文理论研究　吕双伟　浙江大学　2006 年　博士论文
文体理论与应用文源流研究　刘壮　首都师范大学　2006 年　博士论文
《文心雕龙》与骈文理论和骈文创作　于景祥　河北大学　2007 年　博士论文
文话发展史略　慈波　复旦大学　2007 年　博士论文
古代"杂文"的演变——从《文心雕龙》、《昭明文选》到《文苑英华》　郭章裕　政治大学　2011 年　博士论文

吕祖谦《皇朝文鉴》研究　林文腾　台北市立师范学院　2001 年　硕士论文
曾国藩《经史百家杂钞》研究　林位强　南京大学　2002 年　硕士论文
《论学绳尺》研究　陈林　扬州大学　2006 年　硕士论文
《文通》研究　王凤霞　中山大学　2006 年　硕士论文
魏晋南北朝时期公文写作理论述论　韩雪松　长春理工大学　2006 年　硕士论文
明成化至隆庆末诗文辨体理论研究　陈昌云　广西师范大学　2006 年　硕士论文
论金圣叹的文章观及其对文学评点的影响　李强　首都师范大学　2006

年　硕士论文
《六朝丽指》骈文理论研究　丁姗姗　江西师范大学　2007 年　硕士论文
略论刘勰《文心雕龙》应用文体理论及现代意义　褚亚申　内蒙古师范大学　2008 年　硕士论文
《文心雕龙》"论"篇探微　王琳妮　复旦大学　2009 年　硕士论文
刘勰的应用文写作理论　胡亚萍　湖南师范大学　2010 年　硕士论文
骈文论说功能的解析　习婷　中南大学　2010 年　硕士论文
清中后期骈文理论研究——以李兆洛、阮元为中心　李文辉　中山大学　2010 年　硕士论文
姚永朴《文学研究法》实用文写作理论研究　章勇　广西师范学院　2011 年　硕士论文
魏晋南北朝散文文体批评研究　曾羽霞　湖北师范学院　2011 年　硕士论文
宋代碑传理论研究　魏海稳　浙江师范大学　2012 年　硕士论文
《文苑英华》散文类目研究　孟婷　鲁东大学　2012 年　硕士论文
《文心雕龙·杂文》考释——兼论刘勰的杂文观　程现亮　首都师范大学　2012 年　硕士论文
《文体刍言》研究　唐晓娜　中山大学　2012 年　硕士论文
晚明题跋文体观念研究:以晚明三部重要选本为中心　左杨　中国社会科学院研究生院　2012 年　硕士论文
章学诚的八股观　葛钰琦　中山大学　2012 年　硕士论文
王充《论衡》的实用文写作理论研究　申向群　广西师范学院　2012 年　硕士论文
论《文心雕龙》对《史通》的影响　张莉明　山东大学　2012 年　硕士论文
小著作　大气魄——《文章精义》研究　邵斯琦　陕西师范大学　2012 年　硕士论文
《汉文典·文章典》研究　宋文　广西师范学院　2012 年　硕士论文
《文心雕龙》与《文选》哀祭类文体比较研究　魏亚婧　郑州大学　2012 年　硕士论文
宋代有关骈文研究三部著作考索　刘潇潇　辽宁师范大学　2012 年　硕士论文
曾国藩古文文体论研究　谢鹏　湖南师范大学　2013 年　硕士论文
北宋骈文理论批评研究　谢卓杰　湖北师范学院　2013 年　硕士论文
《文心雕龙·书记》研究　李晓静　河北大学　2013 年　硕士论文

《文选》应用文研究　李航　广西师范学院　2013年　硕士论文

【单篇论文】

1. 辨名

论通俗文　伧父（杜亚泉）　东方杂志　16卷12号　1919年12月
散体文正名　陈衍　小说月报17卷号外·中国文学研究（下）　1927年6月
　～中国文学论丛　梁启超等　台北：明伦出版社　1969年12月
　～二十世纪中国文学史论文精粹·散文、赋卷　彭黎明选编　石家庄：河北教育出版社　2001年1月
骈文之界义　张仁青　文风　17期　1970年6月
散文名实辨略　王琪　教与学　1979年04期
"散文"小考　谭家健　北京师范大学学报　1985年04期　1985年8月
简论我国散文的立体、命名与定义　王更生　孔孟学刊　25卷11期　1987年7月
从文章辨体看古典散文的研究范围　曾枣庄　文学遗产　1988年04期　1988年8月
文言"记"体散文简释　焦桐、颜毓英　语文学习　1990年07期　1990年7月
话说古代书信异名　张杰　文史杂志　1990年06期　1990年12月
骈文名称的演变与骈文的界说　莫道才　广西师范大学学报　1991年04期　1991年5月
古代书信异名补　刘承先　文史杂志　1992年01期　1992年3月
关于小品文的发展　关山　丝路学刊　1994年01期　1994年2月
散文的观照与界定　韩清秀　重庆电大学刊　1994年02期　1994年5月
古代应用文概念的由来和发展　刘壮　首都师范大学学报　1994年04期　1994年8月
散文发生与散文概念新论　杨庆存　中国社会科学　1997年01期　1997年1月
　～改题：论散文发生与散文概念　杨庆存　宋代文学论稿　上海：复旦大学出版社　2007年3月
"骈文"琐议　王利锁　柳州师专学报　1999年01期　1999年3月

论晚明人的"小品"观　欧明俊　文学遗产　1999 年 05 期　1999 年 9 月
韩愈"古文"含义"与骈散无涉"吗？　葛培岭　中州学刊　1999 年 06 期　1999 年 11 月
书仪的名与实　陈静　中国典籍与文化　2000 年 01 期　2000 年 3 月
我国古代文学作品中的书信别称　吴士海　档案与建设　2000 年 05 期　2000 年 5 月
　～云南档案　2001 年 02 期　2001 年 5 月
中国古代文章学二辨　陈良运　福建师范大学学报　2000 年 03 期　2000 年 7 月
佛经传译与散文文体的得名——以词源学为中心的考察　李小荣　福建师范大学学报　2003 年 04 期　2003 年 7 月
　～佛教与中国文学散论：梦枕堂丛稿初编　李小荣　南京：凤凰出版社　2012 年 6 月
试论八股文名称的差异　于文海　辽宁教育行政学院学报　2004 年 07 期　2004 年 7 月
八股文异名述论　罗时进　明清诗文研究新视野　台北：文史哲出版社　2004 年 7 月
"序"说　孙娟　徐州师范大学学报　2004 年 04 期　2004 年 8 月
中国小品文界说　毛建军　哈尔滨学院学报　2004 年 11 期　2004 年 11 月
宋代乐语名实考辨　韩启超　南京艺术学院学报（音乐与表演版）　2006 年 01 期　2006 年 1 月
"小品"与"晚明小品"　丁莉娅　科教文汇　2006 年 01 期　2006 年 1 月
中国古代散文概念的变迁及散文范畴的界定　渠晓云　上海大学学报　2006 年 04 期　2006 年 7 月
浅析中国古代散文的界定　陈安和　井冈山医专学报　2007 年 03 期　2007 年 5 月
中国古代"散文"概念发生研究　马茂军　文学评论　2007 年 03 期　2007 年 5 月
中国古代公文名称演变及其分类　胡明波　南京师范大学文学院学报　2007 年 04 期　2007 年 12 月
论汉代颂体文学观念　李谟润　洛阳理工学院学报　2009 年 04 期　2009 年 8 月
"散语"考论——兼论二宋文人的文体观念革命　马茂军　华南师范大学

学报　2010年01期　2010年2月
"尺牍"名称释义　张利　今日科苑　2010年04期　2010年2月
古文概念的变迁——以选本为中心的考察　武汉强　兰州交通大学学报　2010年05期　2010年10月
论传记传叙之名称及相关概念——兼评《八代传叙文学述论》　罗宁、武丽霞　新国学　8卷　成都:巴蜀书社　2010年12月
以序名篇,文非一体　曾枣庄　古典文学知识　2011年04期　2011年7月
文学文体,还是文化文体？——古代散文界说之总检讨　欧明俊　文史哲　2011年04期　2011年7月
　　~改题:古代散文界说之总检讨　欧明俊　中国古代散文国际学术研讨会论文集　陈庆元主编　南京:凤凰出版社　2011年12月
咒愿及其异名　侯冲　云南社会科学　2011年06期　2011年11月
八股文名目论考——关于"时文"、"前场"与"入口气"　马琳萍　中国古代散文国际学术研讨会论文集　陈庆元主编　南京:凤凰出版社　2011年12月
"祭""吊"明辨　李卫东　鸡西大学学报　2012年01期　2012年1月
明代"古文"概念探论　李新　北方文学(下半月)　2012年05期　2012年5月
"骈文非体裁"辨　王毓红　内江师范学院学报　2012年05期　2012年5月
略谈墓志的名目和异名　孙小娴　文学界(理论版)　2012年09期　2012年9月
"散文"概念源流论:从词体、语体到文体　罗书华　文学遗产　2012年06期　2012年11月

2. 分类说

古文辞中"说"文体分类问题初探　和晖　西南民族学院学报　1979年02期　1979年5月
古文文体是如何分类的　林兴仁　文史知识　1984年05期　1984年5月
　　~中国文学史百题　文史知识编辑部编　北京:中华书局　1990年12月
古代公文的种类　唐早生　秘书之友　1985年04期　1985年5月

论我国古今散文体类分合之价值原则及方法　王更生　孔孟学报　54期　1987年9月
论文章分类学　曾主陶　图书馆建设　1988年04期　1988年8月
应用文文体分类三议　刘兴基　广东民族学院学报　1993年01期　1993年1月
关于我国古代公文文体的分类　袁冠立　金融管理与研究　1994年01期　1994年3月
古代散文分类之我见　戴云云　益阳师专学报　1995年03期　1995年5月
敦煌文学中"敦煌文"的研究和分类评价　李明伟　敦煌研究　1995年02期　1995年12月
《中国文章分类学研究》序　赵逵夫　西北民族学院学报（汉文）　2000年01期　2000年3月
先秦文体分类与古代文章分类学　赵奎夫（赵逵夫）　中国古代散文研究　孙以昭、陶新民主编　合肥：安徽大学出版社　2001年4月
略论古代散文的文体分类　谌东彪　中国古代散文研究　孙以昭、陶新民主编　合肥：安徽大学出版社　2001年4月
《尚书》文体分类及行为与文本的关系　于雪棠　北方论丛　2006年02期　2006年3月
先秦兵书的文体分类及散文特色探究　解文超　内蒙古社会科学（汉文版）　2006年06期　2006年6月
陆修静道经分类中的文学观念和文体义界——兼及与《文心雕龙》的关系　蒋振华、段祖青　中国文学研究　2007年02期　2007年4月
从敦煌本《通门论》看道经文体分类的文化渊源及其影响——兼论佛经文体和道经文体的关系　李小荣　普门学报　43期　2008年1月
从《四六丛话》看四六文体的分目与嬗变　何祥荣　新亚论丛　10期　2009年6月
唐代试判文的分类及其难易变化　陈勤娜　河南师范大学学报　2011年01期　2011年1月
《文章正宗》"四分法"的文体分类史地位　任竞泽　北方论丛　2011年06期　2011年11月
清文话中的文体分类观　蔡德龙　南京大学学报　2012年01期　2012年1月
试论"谏诤"文学的分类归属和范围　吴娱、李聪亮　齐齐哈尔师范高等

专科学校学报　2012年01期　2012年1月
浅论《唐文粹》与《宋文鉴》的文体分类　熊碧、陈姗　文衡　2010卷　董乃斌主编　上海：上海大学出版社　2012年3月
魏晋南北朝论辩型论体文之分类及特点　杨朝蕾　唐山学院学报　2012年02期　2012年3月
"敦煌文"概念的再确立和分类的新思考　钟书林　西北大学学报　2013年03期　2013年5月
汉代解经文体类型论述　唐元　西南科技大学学报　2013年03期　2013年6月

3. 功能论及价值论

论六朝骈文　孙德谦　学衡　26期　1924年2月
骈体文的新评价　钱振东　新晨报·副刊　1929年9月20日
尚用与尚简——谈中国古典散文的传统　陈东阜　天津日报　1961年6月20日
骈文在中国文学中之地位　张仁青　文风　15期　1969年6月
　~改题：骈文在中国文学中的地位　畅流　40卷04期　1969年10月
　~扬芬楼文集·张仁青学术论著文集（上）　张仁青　台北：文史哲出版社　2007年3月
骈文在中国文学中之地位　陈玉云　中华文艺　27卷1期　1984年3月
中国骈文的千秋功罪　朱洪国　西南师范学院学报　1985年02期　1985年7月
试论我国古代传记文学之功能　陈兰村　浙江师范大学学报　1986年02期　1986年5月
汉代颂赞铭箴与赋同体异用　万光治　社会科学研究　1986年04期　1986年8月
文学史研究中一个不应再被忽视的领域——论历代臣下上帝王书的价值　张建业　北京师院学报　1987年02期　1987年5月
我国最早的新闻报——"露布"　朱肖鼎　新闻记者　1987年12期　1987年12月
骈文在中国文学中之地位　吕美津　反攻　458期　1988年6月
辨露布、邸报之非报纸兼论报纸与商品经济的联系和对报纸功能的误解　蒋金戈　新闻记者　1988年06期　1988年6月
八股文及其写作意义试探　黄湘阳　辅仁国文学报　5期　1989年6月

试论古代人物传记中评赞和序言的作用　陈麒德、刘兆清　汉中师院学报 1989 年 02 期　1989 年 7 月

八股文历史地位再认识　程翔章、东子　华中师范大学学报　1992 年 01 期　1992 年 3 月

论骈体文学在中国文学史中的历史地位　杜敏、杜薇　阴山学刊　1995 年 01 期　1995 年 3 月

遗音与前奏——论晚明小品文的历史地位　吴承学　江海学刊　1995 年 03 期　1995 年 6 月

论骈文在文学史上的地位　金声　柳州师专学报　1997 年 03 期　1997 年 9 月

古代奏议继承价值探微　刘丽珍　广西社会科学　1998 年 04 期　1998 年 8 月

先唐诔文的职能变迁　徐国荣　文学遗产　2000 年 05 期　2000 年 9 月

小品的突破与局限——从文体演变的角度看晚明小品的价值　张德建　中国文学研究　2000 年 04 期　2000 年 10 月

浅议古代应用文及其文学价值　宋金华　中州学刊　2002 年 04 期　2002 年 7 月

　～改署:张奕枝　价值工程　2013 年 24 期　2013 年 8 月

汉代七言体铜镜铭文文体学意义初探　李立　学术交流　2002 年 06 期　2002 年 11 月

尺牍之用　赵树功　河北大学学报　2003 年 01 期　2003 年 3 月

行状职能考辨　俞樟华、盖翠杰　浙江师范大学学报　2003 年 02 期　2003 年 4 月

略论奏议文体的特点和功能　王启才　阜阳师范学院学报　2004 年 01 期　2004 年 1 月

试论骈文创作在六朝的政治功用——以九锡劝进等文为例　钟涛　柳州师专学报　2005 年 04 期　2005 年 12 月

崔瑗《座右铭》人生观的理论底色——兼析座右铭的文体意义　李乃龙　河南大学学报　2006 年 02 期　2006 年 3 月

略论露布的职能演进——以魏晋南北朝为中心　李平、卢向前　南京理工大学学报　2006 年 03 期　2006 年 6 月

秦汉时期颂体的礼仪性创作及其赋颂辨析——兼谈文体功能研究的重要意义　郗文倩　中国韵文学刊　2007 年 01 期　2007 年 1 月

祝嘏、铭文与颂歌:以文辞饰礼的综合考察　贾海生　文史　2007 年第 2

辑　2007年5月
论汉代露布　黄春平、胡德才　深圳大学学报　2007年03期　2007年5月
从韩愈古文运动的失败看唐代骈文的文体地位　朱丽霞　学术月刊　2007年07期　2007年7月
论汉代颂赞铭箴与汉赋的同体异用　梁复明、费振刚　学术论坛　2008年07期　2008年7月
论《尚书·尧典》之生成及其文体功能　叶修成　华南农业大学学报　2009年02期　2009年4月
唐代科举考试用"论"考　孙书平、于倩　中国石油大学学报　2009年02期　2009年4月
从秦汉奏议探析我国古代奏议类文体之功能　辛颖　学理论　2009年14期　2009年6月
论宋体四六的功能与价值　沈松勤　文学遗产　2009年05期　2009年9月
　～中国古代文章学的成立与展开:中国古代文章学论集　王水照、朱刚主编　上海:复旦大学出版社　2011年3月
清嘉道以降骈文尊体思潮探析　陈曙雯　南京大学学报　2009年05期　2009年9月
论对春秋辞令进行文体研究的依据和价值　董芬芬　甘肃社会科学　2009年06期　2009年11月
骈文论说功能的理论解析　习婷　湖南医科大学学报　2010年03期　2010年5月
古代公文政治功能探微　赵彦昌、姚迪　辽宁大学学报　2010年05期　2010年9月
东汉镇墓文的文体功能及其文体借鉴　郗文倩　广西师范大学学报　2010年05期　2010年10月
论唐宋书信的仪式属性及其社会秩序的建构功能　郭炎武　江西社会科学　2011年03期　2011年3月
"宋文"为"一代之文学"说评议　欧明俊　社会科学研究　2011年03期　2011年5月
唐代碑志文商品化倾向与文体嬗变　徐海容　北方论丛　2011年04期　2011年7月
论欧阳修以史笔为碑志的成就　李贵银　社会科学辑刊　2011年04期

2011年7月
古代礼俗文体的特性及其相关问题初探　郗文倩　上海交通大学学报
2011年05期　2011年10月
论汉魏六朝碑文的功能拓展和形式新变　钟涛　中国古代散文国际学术研讨会论文集　陈庆元主编　南京:凤凰出版社　2011年12月
　　~青海社会科学　2012年01期　2012年1月
春秋时代的信息传递与书牍文体　董芬芬　语文知识　2012年01期　2012年2月
从谏到说:中国早期论说文文体功能的转变　王崇任　求索　2012年05期　2012年5月
　　~东南学术　2012年04期　2012年7月
宋代祈谢雨文的文体类别及其所映现的仪式意涵　杨晓霭、肖玉霞　西北师大学报　2012年04期　2012年7月
论汉魏六朝铭文功能与体式的变迁——以《文选》铭体选文为中心　钟涛　2012年中国古代散文研究国际研讨会论文集　2012年8月
　　~改题:论汉魏六朝铭文功能的继承与新变　中国古代散文研究论丛（2012）　广州:世界图书出版广东有限公司　2013年8月
八股文价值小议:以江门新获八股文白绫写卷为例　李旭　2012年中国古代散文研究国际研讨会论文集　2012年8月
请神与驱魔——敦煌遗书中的上梁文与入宅文释读　张力智　建筑史　2012年03期　2012年12月
汉魏晋谏体文的功能与篇章结构——以抒哀脉络为主的讨论　罗漪文　东华汉学　16期　2012年12月
论唐代小说中公牍文的叙事功能及其文体意义　程国赋、何亮　文艺理论研究　2013年01期　2013年1月
序、赞在史书中的不同功能　李燕华　青春岁月　2013年04期　2013年2月
春秋议论文辞的文体价值与特点——兼对《论语》文体史地位的反思　董芬芬　兰州大学学报　2013年02期　2013年3月
论宋代四六文的娱乐功能　沈如泉　西南交通大学学报　2013年02期　2013年3月
唐五代小说中判文的文体意义　何亮　中国社会科学报　2013年4月26日
论唐代赞文体的纪传功能指向　张志勇、申慧萍　绥化学院学报　2013

年06期　2013年6月
论汉魏六朝时期对公文功用的批评　侯迎华　学术交流　2013年12期　2013年12月

4. 历代文体批评与批评文体

骈文研究法　刘麟生　出版周刊　新89号　1934年8月
骈文的再评价　叶远钧　湖南师院学报　1983年02期　1983年4月
儒家文学理论与骈体文　张仁青　孔孟月刊　23卷6期　1985年2月
　~扬芬楼文集·上　张仁青　台北:文史哲出版社　2007年3月
骈文研究的历史与现状　莫道才　语文导报　1987年09期
从唐宋古文大家看骈散之争　郑力戎　文史哲　1988年03期　1988年3月
古代文体论与文章分类　章明寿　淮阴师专学报　1990年01期　1990年4月
魏晋散文批评略谈　唐晓萍　桂海论丛　1992年01期　1992年2月
近年来骈文研究述要　莫道才　文史知识　1993年09期　1993年9月
骈文研究刍议　莫山洪　柳州师专学报　1994年02期　1994年6月
古代散文研究的范围、分类及方法　周明　中国古代散文艺术　南京:江苏教育出版社　1994年12月
论宋代四六话的兴起　莫道才　广西师范大学学报　1996年01期　1996年3月
简论反骈的历史嬗变　莫山洪　广西师范大学学报　1996年01期　1996年3月
关于骈文研究的若干问题　谭家健　文学评论　1996年03期　1996年5月
论史评与史考文体的形成及其特点　曹显征　内蒙古社会科学　1996年06期　1996年11月
古代散文的审美观与文体论　章明寿　淮阴师专学报　1997年02期　1997年4月
清嘉道以来不拘骈散论的文学史意义　曹虹　文学评论　1997年03期　1997年5月
90年代骈文研究述要　莫山洪　柳州师专学报　1998年01期　1998年3月
近十年中国古典散文史研究著作述要　谭家健　台北:中国书目季刊　31

卷4期　1998年3月
八十年代以来唐代骈文研究述评　莫道才　柳州师专学报　1999年01期　1999年3月
二十世纪的"八股"批判　金宏宇　求索　2000年01期　2000年2月
唐代文章论略说　张伯伟　漳州师范学院学报　2000年02期　2000年6月
　~中国古代散文研究　孙以昭、陶新民主编　合肥：安徽大学出版社
　　2001年4月
守望艺术的壁垒——论桐城派对古文文体的价值定位　关爱和　文学评论　2000年04期　2000年7月
我国古代公文研究史略　钱茂竹　绍兴文理学院学报　2001年06期　2001年6月
近20年骈文研究述议　莫道才　江海学刊　2001年04期　2001年8月
从文质兼备到以质为主——试论古代公文理论的嬗变　何庄　档案学通讯　2002年05期　2002年9月
论骈文的文体意识的历史演进　刘绍卫　柳州师专学报　2002年04期　2002年12月
宋代"论学"渊源述略　黄强、孙书平　扬州大学学报　2002年06期　2002年12月
六朝"文"的观念辨析　贾奋然　首都师范大学学报　2003年01期　2003年2月
论清代骈文研究的几个问题　莫道才　广西师范大学学报　2003年03期　2003年9月
转型期的唐代骈文批评　奚彤云　广西师范大学学报　2003年03期　2003年9月
汉宋之争与清代文笔之辨　刘再华　求索　2003年06期　2003年12月
宋四六研究略述　施懿超　文学遗产　2004年02期　2004年3月
试论魏晋南北朝时期的应用文体研究　刘壮　应用写作　2004年03期　2004年3月
论骈文理论的历史演进　莫山洪　上饶师范学院学报　2004年02期　2004年4月
中国古代散文若干焦点之探讨　谭家健　淮阴师范学院学报　2004年03期　2004年5月
宋四六话的兴起与骈文的演进　莫山洪　广西社会科学　2004年08期

2004年8月

近百年清代骈文研究综述　吕双伟　柳州师专学报　2004年04期　2004年12月

论古代的行状理论　俞樟华、盖翠杰　中国典籍与文化　2005年01期　2005年3月

明清"以时文为古文"的理论指向　黄强　晋阳学刊　2005年04期　2005年7月

清嘉庆至光绪时期沟通骈散的骈文理论　奚彤云　南京师范大学文学院学报　2005年03期　2005年9月

二十世纪以来八股文研究述评——从激情的批判到理性的思考　高明扬、邹敏　山西师大学报　2006年05期　2006年9月

唐代奏议文研究述略——1980年以来的情况　郭艳菊　四川职业技术学院学报　2006年04期　2006年11月

文话：古代散文批评的重要样式　王明强　长江学术　2007年01期　2007年1月

汉代书牍文研究综述　李新科　周口师范学院学报　2007年03期　2007年5月

骈文理论研究述论　吕双伟　广西师范大学学报　2007年05期　2007年10月

十年骈文研究综述　莫山洪　柳州师专学报　2007年04期　2007年12月

论汉魏六朝公文文体辨析理论的发展　侯迎华　河南大学学报　2008年01期　2008年1月

唐代判文文学研究综述　谭淑娟　广西社会科学　2008年09期　2008年9月

散文的转换与文章的裂变——关于"文学之文"与"应用之文"的论争　文韬　中山大学学报　2009年01期　2009年1月

宋代：中国文章学的成立　王水照、慈波　宋代文化研究　16辑　2009年1月

　～复旦学报　2009年02期　2009年3月

清初四六选本略论　吕双伟　南京师范大学文学院学报　2009年01期　2009年3月

古代骈文与骈偶理论的文学史价值　莫道才　广西师范大学学报　2009年02期　2009年4月

文话的兴起与南宋中期文章骈散的对峙——以朱熹、李刘为例　莫山洪　广西师范大学学报　2009年02期　2009年4月
论康熙时期骈文理论的自觉和自立　吕双伟　广西师范大学学报　2009年02期　2009年4月
论北朝以志为史的文体观　马立军　中国典籍与文化　2009年03期　2009年9月
古代散文文体研究的两个问题　张峰屹　励耘学刊（文学卷）　2010年02期　2010年1月
古文论语体嬗变之我见——与李小兰博士商榷　邓心强　学术界　2010年01期　2010年1月
科举八股文起源论述评　高明扬　玉溪师范学院学报　2010年02期　2010年2月
书写、体式与社会指令——对中国古代散文研究进路的思考　黄卓越　北京大学学报　2010年02期　2010年3月
历代骈文批评综论　何祥荣　新亚论丛　11期　2010年8月
宽容看待古代多元散文观　欧明俊、李贺　中国社会科学报　2010年9月30日
作为批评文体的明清文集凡例　何诗海　学术研究　2010年10期　2010年10月
论历代文人对散文的文体自觉及其意义　陈晓芬　文艺理论研究　2010年06期　2010年11月
　　~中国古代文章学的成立与展开：中国古代文章学论集　王水照、朱刚主编　上海：复旦大学出版社　2011年3月
魏晋南北朝散文体制批评的规范与超规范意识　曾羽霞　湖北师范学院学报　2011年01期　2011年1月
从总集看宋人的古文观念　吴承学　中国古代文章学的成立与展开：中国古代文章学论集　王水照、朱刚主编　上海：复旦大学出版社　2011年3月
宋四六文体研究　施懿超　中国古代文章学的成立与展开：中国古代文章学论集　王水照、朱刚主编　上海：复旦大学出版社　2011年3月
文章学须以文体学为基础　曾枣庄　中国古代文章学的成立与展开：中国古代文章学论集　王水照、朱刚主编　上海：复旦大学出版社　2011年3月
　　~文化、文学与文体　曾枣庄　上海：上海人民出版社　2011年8月

汉魏六朝公文批评的总体特征　侯迎华　山西师大学报　2011年04期　2011年7月
乾嘉骈文理论中的地位论　吕双伟　徐州师范大学学报　2011年04期　2011年7月
清代骈文三论　吕双伟　文学评论　2011年04期　2011年7月
《西厢》名句为题之八股文的文论价值　黄霖　文艺研究　2011年07期　2011年7月
论记体文文体观念的演进　何李　厦门理工学院学报　2011年03期　2011年9月
略论六朝的应用文理论　赵忠富　秘书之友　2011年10期　2011年10月
论唐五代对于笔记体类特征的认识　邹福清　江汉论坛　2011年10期　2011年10月
《尚书》"六体"争议考析　朱岩　河南社会科学　2011年06期　2011年11月
近百年来的墓志起源与发展研究之回顾　邱建智　早期中国史研究　3卷2期　2011年12月
论中国文章学正式成立的时限：南宋孝宗朝　祝尚书　文学遗产　2012年01期　2012年1月
古代小说序跋缘起探述　王猛、刘香环　兰台世界　2012年07期　2012年3月
《老子》文体研究的回顾与反思　邓国均　宝鸡文理学院学报　2012年02期　2012年4月
论唐代骈文文体观的变化　翟景运、牟艳红　东方论坛　2012年02期　2012年4月
试探魏晋南北朝重要文论作品与诔文之关系　张宁　吉林广播电视大学学报　2012年05期　2012年5月
近百年骈文研究的回顾与反思　翟景运　古典文学知识　2012年03期　2012年5月
明清小说对八股文及写作技巧的评论　王玉超、刘明坤　咸阳师范学院学报　2012年03期　2012年5月
唐代奏议文研究述评　孟庆阳　时代文学（下半月）　2012年06期　2012年6月
春秋时代的文章本体观念及其奠基意义　韩高年　文学评论　2012年04

期　2012年7月

论清代文章义例之学　何诗海　浙江大学学报　2012年04期　2012年7月

宋元时期科举文批评之论"格"　高洪岩、高云龙　辽东学院学报　2012年04期　2012年8月

岂能如此诋毁古文和白话文：读《骈文考》　谭家健　2012年中国古代散文研究国际研讨会论文集　2012年8月

　　～中国古代散文研究论丛（2012）　广州：世界图书出版广东有限公司　2013年8月

赠序文现有研究成果述评　蒋金芳　剑南文学（经典教苑）　2012年10期　2012年10月

南朝的公文批评　侯迎华　河南师范大学学报　2012年06期　2012年11月

中国文章学成立与古文之学的兴起　吴承学　中国社会科学　2012年12期　2012年12月

"书牍"考　陈晨　贵州大学学报　2013年01期　2013年1月

"传证体"的确立——浅谈《宋才子传笺证》的体式创新　王兆鹏　清华大学学报　2013年02期　2013年3月

"文笔之辨"与中国文章学的成立——"文话"出现于隋唐考辨　胡大雷　社会科学研究　2013年02期　2013年3月

从"话"的文本特性看宋四六话的博杂特点　莫道才　广西师范大学学报　2013年02期　2013年4月

南朝文学批评与序体论作　刘涛　齐鲁学刊　2013年03期　2013年5月

评点视阈下的清代《庄子》文体研究　李波　广西社会科学　2013年07期　2013年7月

论清代中期的骈散合一思想　张作栋　河池学院学报　2013年04期　2013年8月

宋元文章评点形态探析　张秋娥　中国古代散文研究论丛（2012）　广州：世界图书出版广东有限公司　2013年8月

论汉魏六朝时期对公文风格的批评　侯迎华　河南社会科学　2013年12期　2013年12月

5. 专书及学者

章太炎的文章论　周振甫　国文月刊　49期　1946年11月

～20世纪中国文学研究论文选·近代卷　汪龙麟选编　北京:社会科学文献出版社　2010年1月

丽辞(编按:论《文心雕龙·丽辞》篇)　振甫(周振甫)　新闻业务　1962年09期　1962年5月

刘勰对汉魏六朝骈体文学的评价　王运熙　文学遗产　1980年01期　1980年6月

～文心雕龙探索　王运熙　上海:上海古籍出版社　1986年4月

～当代学者自选文库·王运熙卷　王运熙　合肥:安徽教育出版社　1998年12月

～文心雕龙探索(增补本)　王运熙　上海:上海古籍出版社　2005年4月

《文心雕龙》的公文论　祝峰　南宁师院学报　1983年02期

论《文心雕龙·论说篇》　张庆国　辽宁师大学报　1984年06期　1984年12月

《典论·论文》"书论宜理"解　杨明　文学评论　1985年04期　1985年8月

刘勰论应用写作　朱和舫　丽水师专学报　1986年02期　1986年5月

刘勰论说文理论述略　莫恒全　学术论坛　1988年04期　1988年4月

《文赋》新论:骈文特征的内化与思维定势的形成　胡晓明　华东师大学报　1988年04期　1988年8月

刘勰心目中的杂文　徐乘　南京政治学院学报　1989年02期　1989年5月

艺文末品　政事先务——关于《文心雕龙·书记》篇　易扬　唐都学刊　1989年02期　1989年7月

评刘勰对论说文的论述　杨树、章廷泗　福建学刊　1990年03期　1990年6月

刘勰的公文写作理论　周森甲　湘潭大学学报　1990年03期　1990年10月

刘勰论应用写作　施春友　天津商学院学报　1991年02期　1991年7月

《骈体文钞》与"骈散合一"论　朱迎平　古典文学知识　1992年05期

～古典文学与文献论集　朱迎平　上海:上海财经大学出版社　1998年6月

从文学角度看《文选》所收齐梁应用文　曹道衡　文学遗产　1993年03

期　1993年6月

骈文与王铚的《四六话》　钟仕伦　文史杂志　1993年03期　1993年6月

《帝德录》以及骈文创作理论管窥　〔日〕兴膳宏　中国文哲研究通讯　3卷4期　1993年12月

《文心雕龙》公文理论评析　马立　首都师范大学学报　1994年04期　1994年8月

论《四六丛话》的学术价值与骈文思想　莫道才　广西师范大学学报　1994年04期　1994年12月

曾巩应用文论　周楚汉　应用写作　1995年01期
　　～唐宋八大家文化文章学　周楚汉　成都：巴蜀书社　2004年12月

《文心雕龙》的应用写作文体观　叶黔达　四川教育学院学报　1996年04期　1996年11月

孙德谦与六朝丽指　余崇生　国文天地　12卷8期　1997年1月

《文心雕龙·诔碑》辨疑10则　张灯　临沂师专学报　1997年02期　1997年4月

欧阳修应用文论　周楚汉　应用写作　1997年02期
　　～唐宋八大家文化文章学　周楚汉　成都：巴蜀书社　2004年12月

欧阳修对骈体和散体的科学态度　于景祥　辽宁大学学报　1997年06期　1997年11月

《文心雕龙》的应用写作语体论　刘美森　秘书之友　1998年04期　1998年4月

方志记述的圆与神——章学诚关于方志文体形式的一个重要观点　单辉　新疆地方志　1998年02期　1998年5月

六朝丽辞明旨要　古典文学与文献论集　朱迎平　上海：上海财经大学出版社　1998年6月

试论《文心雕龙》对我国公文理论的贡献　何庄　档案学通讯　1999年03期　1999年5月

刘勰《文心雕龙》里的古代公文论　王娟娟　河北师范大学学报　1999年04期　1999年10月

兼济·兼容·兼美——姚鼐古文理论及其文化背景概说　钟扬　南京师大学报　1999年06期　1999年11月

试论苏轼的散文风格理论　杜松柏　四川师范学院学报　2000年01期　2000年1月

论《唐文粹》"古文"类的文体性质与其代表意义　兵界勇　中国文学研究　14期　2000年5月
《文心雕龙》应用写作理论研究述论　王明志、刘秀杰　应用写作　2000年07期　2000年7月
关于铃木虎雄的《骈文史序说》　莫道才　柳州师专学报　2000年03期　2000年9月
论《诚斋诗话》中的四六话　莫山洪　柳州师专学报　2001年02期　2001年6月
八股文经世乎？——兼论刘熙载之经世观　甘秉慧　国文学志　5期　2001年12月
论《文心雕龙》在文章学上的成就　温光华　人文及社会学科教学通讯　12卷5期　2002年2月
《文心雕龙》公文写作理论之管窥　陈安吉、颜一平　南京晓庄学院学报　2002年02期　2002年6月
八股文与金圣叹的"作题"论　陈光　重庆社会科学　2002年03期　2002年6月
从蔡邕《独断》看汉代公文形态与政治体制的变迁　刘后滨　广东社会科学　2002年04期　2002年7月
《文心雕龙·丽辞》与骈文理论　莫山洪　柳州师专学报　2002年03期　2002年9月
《文心雕龙》对公文理论的贡献　史玉峤　档案学通讯　2002年06期　2002年11月
论章学诚的史传理论　尹福佺　宁波服装职业技术学院学报　2002年02期　2002年12月
论《文选》之序体　郭殿忱、陈劲松　北华大学学报　2003年01期　2003年3月
《文选》制策文散论　钟涛　第五届文选学国际学术研讨会论文集　北京：学苑出版社　2003年5月
～柳州师专学报　2003年02期　2003年6月
《文选》选录碑文及其相关的文体问题　程章灿　第五届文选学国际学术研讨会论文集　北京：学苑出版社　2003年5月
刘勰之书信观　孙明君　清华大学学报　2003年05期　2003年10月
《文心雕龙·议对》："对策所选，实属通才"说　简翠贞　语文学报　10期　2003年12月

试论《文选》与《文心雕龙》对"颂""赞"二体评录之异同　高明峰　绥化学院学报　2004年01期　2004年3月
《文选》颂体文初探　许红英　枣庄师范专科学校学报　2004年03期　2004年5月
《文选》赞体文起源考辨　李成荣　长春师范学院学报　2004年06期　2004年6月
论《文赋》与《文心雕龙》对"说"体的不同认识　赵俊玲　河南教育学院学报　2004年04期　2004年7月
章学诚论传记的界定及其源流　陈志扬　社会科学战线　2004年05期　2004年9月
《文选》册（策）书源流探赜　周唯一　衡阳师范学院学报　2004年05期　2004年10月
"状、列、辞、谚"臆说——《文心雕龙·书记》篇中有关"万民达志"类的笔札　简翠贞　语文学报　11期　2004年12月
浅论胡适的传记文学理论　顾春花　西北农林科技大学学报　2004年06期　2004年12月
《文心雕龙·诸子》的子学文体思想　唐辉　广西教育学院学报　2005年01期　2005年1月
《文选》策诏文源流及艺术特色　周唯一　中国文学研究　2005年02期　2005年6月
《文心雕龙》的应用写作理论　丛瑞华　北华大学学报　2005年03期　2005年6月
《文心雕龙》哀辞论辨析——兼谈《文心雕龙》文体论的局限性　黄金明　文心雕龙研究　6辑　北京：学苑出版社　2005年7月
论刘勰的"论"体散文观　林春虹　东岳论丛　2007年05期　2005年9月
《论学绳尺》与南宋论体文及南宋论学　张海鸥、孙耀斌　第四届宋代文学国际研讨会论文集　2005年9月
　　～文学遗产　2006年01期　2006年1月
论《文心雕龙》对"露布"的误解　吴嫒　太原师范学院学报　2005年04期　2005年11月
刘勰颂体观及其颂作批评之得失　郭洪涛　钦州师范高等专科学校学报　2005年04期　2005年12月
从《文心雕龙·丽辞》看刘勰所推崇的骈文　梁祖萍　宁夏社会科学

2006年02期 2006年3月

《四六丛话》:乾嘉骈散之争格局下的骈文研究 陈志扬 文学评论 2006年02期 2006年3月

关于《文心雕龙》"哀"体的几个问题 赵俊玲 兰州学刊 2006年03期 2006年3月

庶务纷纶,因书乃察——《文心雕龙》应用写作理论概说 莫恒全 广西师范学院学报 2006年02期 2006年4月

试释《封禅》 贾树新 吉林师范大学学报 2006年02期 2006年4月

论《文选》"令"体——兼析拟代体劝禅文的政治与心理特征 李乃龙 广西师范大学学报 2006年03期 2006年7月

《文心雕龙·颂赞》辨疑 兰培 语文学刊 2006年17期 2006年9月

《文心雕龙·铭箴》辨疑 孙俊秀 语文学刊 2006年17期 2006年9月

论《宋四六话》的体制特点及学术价值 莫山洪 柳州师专学报 2006年03期 2006年9月

陈骙《文则》与文章批评 慈波 石家庄学院学报 2006年05期 2006年9月

~绥化学院学报 2006年05期 2006年10月

真德秀评点中的公文本体论与文体论 王婵 河南师范大学学报 2006年06期 2006年11月

《文选》教体文初探 李晓一 现代语文 2006年11期 2006年11月

郭象"碑论"、"文论"考——对一个有关六朝文体与文学批评的问题的考察 程章灿 中国中世文学研究论集 章培恒主编 上海:上海古籍出版社 2006年12月

《文心雕龙·祝盟》辨疑 兰培 语文学刊 2007年01期 2007年1月

《文心雕龙·诔碑》辨疑 孙俊秀 语文学刊 2007年01期 2007年1月

试论刘勰对古代文书学研究的贡献 莫恒全 广西师范学院学报 2007年01期 2007年1月

《文心雕龙·哀吊》辨疑 孙玮志 语文学刊 2007年05期 2007年3月

《文心雕龙·檄移》辨疑 张昶 语文学刊 2007年05期 2007年3月

功利与文艺:八股文的两面性——从《谈艺录》看钱锺书先生的八股文观 王燕 扬州教育学院学报 2007年01期 2007年3月

《文心雕龙·议对》辨疑　安安　语文学刊　2007 年 09 期　2007 年 5 月
《文心雕龙·诏策》辨疑　孙俊秀　语文学刊　2007 年 09 期　2007 年 5 月
《文心雕龙·论说》辨疑　孙玮志　语文学刊　2007 年 09 期　2007 年 5 月
《文心雕龙·章表》辨疑　安安　语文学刊　2007 年 09 期　2007 年 5 月
《文心雕龙》中的篇章衔接理论　汪洪章　上海市社会科学界第五届学术年会文集·2007 年度(哲学·历史·人文学科卷)　2007 年 6 月
从《钦定四库全书总目》看清代中叶的骈文文体观念　莫山洪　东方丛刊　2007 年 02 期　2007 年 6 月
《文心雕龙·封禅》辨疑　张昶　语文学刊　2007 年 13 期　2007 年 7 月
《文心雕龙·奏启》辨疑　杜娟　语文学刊　2007 年 13 期　2007 年 7 月
《文心雕龙·书记》辨疑　安安　语文学刊　2007 年 13 期　2007 年 7 月
《四库全书总目》中的骈文史论　于景祥　文学遗产　2007 年 04 期　2007 年 7 月
"说炜烨而谲诳"——论刘勰对陆机《文赋》的一个错误批评　李壮鹰　文心雕龙研究　7 辑　保定:河北大学出版社　2007 年 8 月
　~学术月刊　2008 年 12 期　2008 年 12 月
论孙梅《四六丛话》中的骈文批评　李金松　江西师范大学学报　2007 年 04 期　2007 年 8 月
释《章表》篇"凤矩应明"与"骨采宜耀"——兼论刘勰的杂文学观念之一　罗宗强　文学遗产　2007 年 05 期　2007 年 9 月
《文心雕龙》与《文选》诔文观之辨析　王丹　社科纵横　2007 年 09 期　2007 年 9 月
论李兆洛的"骈散合一"思想　张作栋　广西师范大学学报　2007 年 05 期　2007 年 10 月
论《颜氏家训》及北朝的公文理论　侯迎华　河南社会科学　2007 年 06 期　2007 年 11 月
方苞时文观及《钦定四书文》之"正文体"　蒲彦光　中国文学研究　25 期　2008 年 1 月
阮元骈文观嬗变及历史意义　陈志扬　文学评论　2008 年 01 期　2008 年 1 月
论《杂文》各体在《文心雕龙》中的类属问题　高晓庆　语文学刊　2008 年 05 期　2008 年 3 月

论刘勰对骈文理论的贡献　杨清之　江汉论坛　2008年03期　2008年3月

刘向说体文思想研究　姚娟、张志敏　贵州大学学报　2008年03期　2008年5月

《文选》"移"类的文体特征与选文的学术意味　李乃龙　钦州学院学报　2008年04期　2008年8月

《文选》所录序文研究　王玥琳　励耘学刊（文学卷）　2008年01期　2008年8月

李攀龙"视古修辞，宁失诸理"说的历史解读——兼论七子派的散文文体观念　陈昌云　阜阳师范学院学报　2008年05期　2008年9月

　～宿州学院学报　2008年06期　2008年12月

王船山说八股　萧晓阳　2008年湖南省船山学研讨会船山研究论文集　2008年9月

《文选》中劝进文、加九锡文研究　朱晓海　清华学报　38卷3期　2008年9月

论《文选》"设论"类的文体特征　李乃龙　长江学术　2008年04期　2008年10月

刘勰与萧统论体观之异同　王京州　燕赵学术　2008年02期　2008年10月

试论曾国藩的奏疏文体观　程伊杰　许昌学院学报　2008年06期　2008年11月

　～改题：论曾国藩的奏疏文体观及创作　乐山师范学院学报　2009年07期　2009年7月

陈寅恪"合本子注"说新探　吴晶　浙江社会科学　2008年12期　2008年12月

《文选》"笺"文的类型解读　李乃龙　广西民族大学学报　2009年01期　2009年1月

曹雪芹的哀祭文体观　王丹　红楼梦学刊　2009年01期　2009年1月

劈开"龙学"的一片新天地——《文心雕龙》应用写作理论研究综述　宋文志　广西师范学院学报　2009年01期　2009年1月

论《四库全书总目》的骈文批评观　吕双伟　湖南师范大学社会科学学报　2009年02期　2009年3月

《文选》中"论"体文的特点　刘传文　乐山师范学院学报　2009年04期　2009年4月

艾南英与八股文之流变　王伟　鄂州大学学报　2009年03期　2009年5月

《文章缘起》与南朝文章学　杨赛　吉林师范大学学报　2009年05期　2009年9月

～任昉与南朝士风　杨赛　上海：上海古籍出版社　2011年12月

孙德谦骈文笔法论析述　郑宇辰　有凤初鸣年刊　4期　2009年9月

《独断》与汉代奏议文　李楠　湖南文理学院学报　2009年06期　2009年11月

同而不同：《文心雕龙》与骈文作品的文体区别　李小兰　《文心雕龙》与21世纪文论研究国际学术研讨会论文集　北京：学苑出版社　2009年11月

《文心雕龙》中的"谶纬"考论　孙蓉蓉　文心雕龙研究（第九辑）——《文心雕龙》国际学术研讨会暨中国《文心雕龙》学会第十届年会　2009年11月

一代典章 文丽切用——《文心雕龙》封禅体初探　田小军　作家　2009年24期　2009年12月

《文心雕龙》与《文选》哀体之辨析　李冬燕　大众文艺　2010年01期　2010年1月

《文选》中的吊文及其选录标准——兼与《文心雕龙》比较　陈莹　河北经贸大学学报　2010年01期　2010年3月

章学诚碑志文体刍议　何诗海　文学遗产　2010年02期　2010年3月

颜之推公文思想述评　韩雪松　广州广播电视大学学报　2010年02期　2010年3月

王铚《四六话》与古代骈文理论的发展　王竞　安徽大学学报　2010年02期　2010年3月

论《文选》"弹事"类　李乃龙　广西师范大学学报　2010年02期　2010年4月

刘熙《释名》与汉代文体形态研究　何志军　学术研究　2010年05期　2010年5月

《文心雕龙·章表》篇探微　梁祖萍　宁夏大学学报　2010年03期　2010年5月

论章学诚的史传文体观　夏德靠　铜仁学院学报　2010年04期　2010年7月

《典论·论文》三辨——从《典论·论文》看曹丕的文章写作观　张蒙　广

西师范学院学报　2010年03期　2010年7月
论《文选》"书"类　李乃龙　白色学院学报　2010年04期　2010年8月
白族二爨碑文体与《文心雕龙》诔碑理论范式　朱安女　大理学院学报 2010年09期　2010年9月
康熙《古文评论》的文章学思想及其意义　蔡德龙　民族文学研究　2010年04期　2010年11月
论告请表——《文选》"表"类研究之一　李乃龙　广西民族师范学院学报 2010年06期　2010年12月
曹丕《典论·论文》公文思想评析　岳爱华、冀平　名作欣赏　2011年02期　2011年1月
《文心雕龙·诏策》"命之为义,制姓(性)之本也"试辨　李飞　徐州工程学院学报　2011年02期　2011年3月
章学诚碑志文体观及其文学史意义　何诗海　中国古代文章学的成立与展开:中国古代文章学论集　王水照、朱刚主编　上海:复旦大学出版社 2011年3月
《汉文典》的文章学体系及其特点　朱迎平　中国古代文章学的成立与展开:中国古代文章学论集　王水照、朱刚主编　上海:复旦大学出版社 2011年3月
《文心雕龙·封禅》与封禅考述　孙蓉蓉　文心雕龙研究·第10辑·百年龙学国际学术研讨会暨中国文心雕龙学会第十一次年会　2011年3月
《文心雕龙·铭箴》铭文定义辨疑——从刘氏"论文叙笔"之四部说起　韩璐　图书馆理论与实践　2011年04期　2011年4月
《国故论衡·正赍送》考述——兼论章太炎的丧葬观及哀祭文体思想　罗昌繁　黄山学院学报　2011年02期　2011年4月
由孔融"不能持论"说看曹丕的"论"体观念　杨朝蕾　北京工业大学学报 2011年02期　2011年4月
艾南英的师古与反骈　于景祥　文艺研究　2011年05期　2011年5月
论徐师曾的骈文批评　于景祥　广西师范大学学报　2011年03期　2011年6月
陈寅恪"合本子注"说发微　于溯　史林　2011年03期　2011年6月
陈寅恪"合本"影响史注说辩诬　白雪松　兰台世界　2011年13期 2011年6月
王铚《四六话》的用事说　涂春芬　文教资料　2011年18期　2011年6月

论孙德谦"骈散合一"思想　张作栋、袁虹　广西师范大学学报　2011年03期　2011年6月

《文心雕龙》的《尚书》批评　高林广　山西师大学报　2011年04期　2011年7月

从王志坚《四六法海》看明代骈文的发展　杨艳香　理论月刊　2011年08期　2011年8月

王步青八股文批评述略　陈水云　科举文献整理与研究：第八届科举制与科举学国际学术研讨会论文集　2011年9月

　　～中国文学研究　19辑　2012年01期　2012年4月

陈骙《文则》与《左传》研究　肖虹　兰台世界　2011年25期　2011年10月

《文心雕龙》与《文选》吊文观辨析　赵俊玲　广西师范大学学报　2011年06期　2011年12月

《文选》"弹事"文体论　黄威　长城　2011年12期　2011年12月

刘勰文心雕龙中的奏议文体论　孟庆阳　中国古代散文国际学术研讨会论文集　陈庆元主编　南京：凤凰出版社　2011年12月

《论衡》应用性文论观之浅议　丁思喆　文教资料　2011年36期　2011年12月

试比较《骈体文钞》与《骈文类纂》　蔡德莉　赤峰学院学报　2011年12期　2011年12月

刘勰《文心雕龙》中的奏议文体论　孟庆阳　中国古代散文国际学术研讨会论文集　陈庆元主编　南京：凤凰出版社　2011年12月

王国维"六代之骈语"析论　吕双伟　中国古代散文国际学术研讨会论文集　陈庆元主编　南京：凤凰出版社　2011年12月

"选论"初探　叶枫宇　中国古代散文国际学术研讨会论文集　陈庆元主编　南京：凤凰出版社　2011年12月

文体样板与形象意义——论任昉《王文宪集序》的双重价值　李乃龙　广西民族师范学院学报　2011年06期　2011年12月

杨慎"文存古法"论　杨钊　中州学刊　2012年01期　2012年1月

论《文选》"铭"类　李乃龙　河池学院学报　2012年01期　2012年2月

《文心雕龙·史传》篇"传体"说发微　王先霈　文艺理论研究　2012年02期　2012年3月

吴汝纶古文风格观新探　杨新平　中国社会科学院研究生学报　2012年02期　2012年3月

浅论王铚的四六源流说　涂春芬、徐小明　文教资料　2012年12期　2012年4月

《古文辞类纂》之"奏议"观念及其影响　仇海平　燕赵学术　2012年01期　2012年4月

《文心雕龙》与《文选》碑文观辨析　赵俊玲　兰台世界　2012年15期　2012年5月

《文心雕龙·杂文》篇论辩　苏勤　传奇·传记文学选刊(教学研究)　2012年05期　2012年5月

蔡邕《独断》的奏议文体观及其创作实践主旨　孟庆阳、陈建农　时代文学(下半月)　2012年07期　2012年7月

从《时文蠡测》看袁守定的八股文观　高明扬　西南石油大学学报　2012年04期　2012年7月

折戟沉沙铁未销,自将磨洗认前朝——焦循文学视野中的明代八股文　黄强　中山大学学报　2012年04期　2012年7月

略论"檄"的特点及《文选》文体分类的缺陷——以《文选》所选檄文为例　张悦　内蒙古农业大学学报　2012年04期　2012年8月

《文心雕龙》的骈偶观　梁焕娟　兰州工业高等专科学校学报　2012年04期　2012年8月

梁启超的两种"新文体"　李青果　社会科学论坛　2012年08期　2012年8月

"赞"文分类与《文选》录"赞"　高明峰　河北科技大学学报　2012年03期　2012年9月

论《文选》荐贤表——兼论表类的文体意义　李乃龙　广西师范大学学报　2012年05期　2012年10月

骈文话的新发展——谢伋《四六谈麈》　刘晓亮　名作欣赏　2012年29期　2012年10月

论《文心雕龙》骈文理论对孙梅骈文思想的影响　周璐　柳州师专学报　2012年05期　2012年10月

王铚《四六话》的声律辞藻与气格说　涂春芬　文教资料　2012年30期　2012年10月

朱荃宰的骈文批评　于景祥　文学评论　2012年06期　2012年11月

《容斋随笔》中的骈文批评　于景祥　社会科学辑刊　2012年06期　2012年11月

论桐城派对骈文的态度　吕双伟　安徽大学学报　2012年06期　2012

年 11 月
谢伋《四六谈麈》考论　李建军　图书馆理论与实践　2012 年 11 期　2012 年 11 月
李慈铭的骈文理论与批评　刘再华　文学评论　2013 年 01 期　2013 年 1 月
章学诚的八股文观　张富林　文艺评论　2013 年 02 期　2013 年 2 月
论八股文对金圣叹批评文体的影响　王文茜　剑南文学（经典教苑）2013 年 02 期　2013 年 2 月
章学诚的古文观念　唐爱明　西华师范大学学报　2013 年 02 期　2013 年 3 月
《文心雕龙》与《文选》祭文观辨析　赵俊玲　郑州大学学报　2013 年 02 期　2013 年 3 月
《文心雕龙》与《文选》表文观辨析　赵俊玲　兰州学刊　2013 年 04 期　2013 年 4 月
论钱锺书先生的骈文观　金程宇　文学遗产　2013 年 03 期　2013 年 5 月
《文选》史论三题　张亚军　河南大学学报　2013 年 03 期　2013 年 5 月
论《六朝丽指》骈散合一说的理论内涵及其学术意义　温光华　彰化师大国文学志　26 期　2013 年 6 月
《文选》诏令文与萧统之"崇雅"　赵俊玲　中南大学学报　2013 年 04 期　2013 年 8 月
《辞学指南》所见之宋代骈文思想　施懿超　柳州师专学报　2013 年 05 期　2013 年 10 月
浅谈《文选》中表文之分类　包玥　青年文学家　2013 年 30 期　2013 年 10 月
《经学队仗》与明初科举及八股文的发展　张祝平　南通大学学报　2013 年 06 期　2013 年 11 月
评徐师曾《文体明辨》　刘怡青　止善　15 期　2013 年 12 月
《文选》"史论""史述赞"二体发微　高明峰　广西师范大学学报　2013 年 06 期　2013 年 12 月

Ⅳ 诗 编

一、源流论

【著作】

中国民歌研究　胡寄尘(胡怀琛)　上海:商务印书馆　1925年9月　121页

序;引用书目;第一章 综论;第二章 古谣谚;第三章 古代抒情的短歌及其他短歌;第四章 古代叙事的长歌;第五章 叙事长歌递变为戏剧;第六章 近代抒情的短歌及其他短歌;第七章 近代叙事的长歌;第八章 补遗

◎上海:商务印书馆　1933年2月国难后1版　125页　百科小丛书

汉魏六朝乐府文学史　萧涤非　中国文化服务社　378页　1944年　青年文库

◎北京:人民文学出版社　1984年3月　325页

引言;黄序(审查报告);第一编:绪论　第一章 乐之起源与先秦乐教;第二章 乐府之产生及其沿革;第三章 乐府之界说与分类;第四章 论五言出于西汉民间乐府不始班固;第五章 乐府变迁之大势;
第二编:两汉乐府　第一章 论汉乐府之声调;第二章 汉初贵族乐府;第三章 两汉民间乐府(附录:黄节先生《相和三调辨》);第四章 东汉文人乐府;
第三编:魏乐府——附吴　第一章 概论;第二章 曹操四言乐府;第三章 曹丕七言乐府;第四章 曹植五言乐府;第五章 王粲左延年诸人之叙事乐府;第六章 吴乐府——乐府填词之初祖韦昭;
第四编:晋乐府　第一章 晋之舞曲歌辞;第二章 晋之故事乐府;第三章 晋之拟古与讽刺乐府;
第五编:南朝乐府　第一章 论南朝新声乐府发达之原因;第二章 南朝前期之民间乐府——晋宋齐;第三章 南朝后期之文人乐府——梁

陈;第四章 汉乐府大作家鲍照;

第六编:北朝乐府——附隋 第一章 概论;第二章 北朝民间乐府——附论木兰诗;第三章 北朝文人乐府;第四章 南北朝乐府之比较观;第五章 隋乐府;后记

◎汉魏六朝乐府文学史(增补本) 北京:人民文学出版社 2011年6月 414页 中国断代专题文学史丛刊

增补:附录;本书录诗索引

○《汉鼓吹铙歌十八曲》属性商榷——读《汉魏六朝乐府文学史》札记 易健贤 贵州教育学院学报 1988年04期 1988年12月

○平民灵魂历史的提炼与浓缩——读萧涤非先生《汉魏六朝乐府文学史》 赵睿才 漳州师范学院学报 2002年02期 2002年6月

○萧涤非先生的《汉魏六朝乐府文学史》 马建国 文史哲 2002年06期 2002年11月

六朝乐府与民歌 王运熙 上海:上海文艺联合出版社 1955年7月 183页

吴声西曲的产生时代;吴声西曲的产生地域;吴声西曲的渊源;吴声西曲杂考;论六朝清商曲中之和送声;论吴声西曲与谐音双关语;附录:神弦歌考;后记

◎上海:古典文学出版社 1957年8月 182页

谜语古今谈 陈香 台北:商务印书馆 1977年11月 206页

一 谜的起源与流变;二 灯谜的郁勃和发展;三 古今灯谜分类举隅;四 卷帘格灯谜佳作选;五 谜语与儿歌童谣的结合

中国诗词演进史——中国文学欣赏导读全集 嵇哲 台北:庄严出版社 1981年9月 316页 古典新刊

自序;第一章 诗歌之起源;第二章 三百篇之结集;第三章 六义之意义;第四章 《诗经》与音乐之关系;第五章 楚辞之兴起;第六章 诗骚赋之递嬗;第七章 乐府诗之发展;第八章 五七言诗之演进;第九章 声律与诗体之关系;第十章 近体诗之极盛;第十一章 浪漫派与写实派;第十二章 险怪派之剧变;第十三章 功利派与新乐府;第十四章 唯美派与晚唐诗人;第十五章 西昆体及革新派;第十六章 宋诗之宗派;第十七章 辽金元明诗;第十八章 清诗之复兴;第十九章 诗之规式;第二十章 诗之要则与作法;第二十一章 音乐变迁与诗词递嬗之关系;第二十二章 词之兴起;第二十三章 词之演进;第二十四章 南

唐北宋令词之发展;第二十五章 慢词之创兴与词体之解放;第二十六章 婉约派与豪放派;第二十七章 南宋词之风格;第二十八章 金元词之就衰;第二十九章 宋词与元曲之关系;第三十章 散曲之兴起及种类;第三十一章 戏曲之发达及南北曲之作家;第三十二章 南北曲结构之异同;第三十三章 元代散曲之派别;第三十四章 散曲之盛兴与明词之衰敝;第三十五章 明代散曲之作家;第三十六章 昆腔之盛行与散曲之衰敝;第三十七章 清词之复兴;第三十八章 清词之派别;第三十九章 清词之结局;第四十章 词之组织与作法

◎武汉:武汉大学出版社 1998年12月 294页

增补:先君事略(嵇义达)

唐声诗 任半塘 上海:上海古籍出版社 1982年10月 647+633页
唐声诗上下编简介;唐声诗总说;上编:理论 弁言;第一章 范围与定义;第二章 构成条件;第三章 形式;第四章 歌唱;第五章 舞蹈;第六章 与大曲关系;第七章 与长短句辞关系;第八章 杂歌与声诗;第九章 杂吟与声诗;第十章 待订资料;第十一章 纪事;第十二章 平议;附存:第一、声诗集凡例;第二、声诗集编徐札记;

下编:格调 弁言;凡例;格调 第一 五言四句;第二 五言六句;第三 五言八句;第四 五言十二句;第五 五言十六句;第六 五言二十句;第七 六言三句;第八 六言四句;第九 六言六句;第十 六言八句;第十一 六言十句;第十二 七言二句;第十三 七言四句;第十四 七言六句;第十五 七言八句;第十六 七言十句;第十七 七言十二句;附一、同调异格一览表;附二、表解专题目录;附三、乐舞图谱目录;跋

◎上海:上海古籍出版社 2006年6月 1281页 任半塘文集
◎南京:凤凰出版社 2013年10月 918页 任中敏文集
○诗乐的研究和"声诗学"的草创 明纲(曹明纲) 中国社会科学 1984年01期 1984年1月
○音乐文学研究的方法和路径——读任半塘《唐声诗》 张之为、戴伟华 古典文学知识 2012年06期 2012年11月
○重读《唐声诗》 顾农 中国社会科学报 2013年8月9日

中国谜语概论 吴直雄 成都:巴蜀书社 1989年11月 415页
序言;第一章 谜语的种种名称和定义;第二章 谜语的特点;第三章 谜语的作用;第四章 谜语的起源;第五章 谜语的发展及其演进;第六

章 谜语的构成及构成成分间的关系;第七章 谜格的缘起及其发展变化;第八章 谜格的规律及带谜格的猜法;第九章 谜语种类的划分;第十章 谜语的种类及其基本内容(上);第十一章 谜语的种类及其基本内容(中);第十二章 谜语的种类及其基本内容(下);第十三章 谜语的猜制方法;第十四章 谜语的编创及谜事活动的组织

○谜语研究的新硕果——《中国谜语概论》读后 朱安群 赣南师范学院学报 1990年01期 1990年4月

汉乐府研究 张永鑫 南京:江苏古籍出版社 1992年6月 270页 中国古文献研究丛书

总序;第一编:乐府考源 第一章 乐府的起源;第二章 传说中的三代乐舞;第三章 秦代乐府;第四章 两汉乐府;第五章 乐府的界说;

第二编:汉乐府的音乐性 第六章 歌舞结合的乐府;第七章 汉乐府的歌辞协律;第八章 汉乐府的"秦声"与"楚声";

第三编:汉乐府的分类和编集 第九章 班固《汉书》所见汉乐府与《铙歌》;第十章 蔡邕《礼乐志》所见汉乐府;第十一章 徐陵《玉台新咏》所见汉乐府;第十二章 吴兢《乐府古题要解》所见汉乐府;第十三章 《通志》和《乐府诗集》所见汉乐府;

第四编:汉乐府的特质 第十四章 汉乐府的思想特质;第十五章 汉乐府的艺术特质;第十六章 汉乐府的历史地位

永明体到近体 何伟棠 广州:广东高等教育出版社 1994年3月 182页

序(曹础基);自序;第一章 导言;第二章 永明声病说的声律内涵;第三章 永明体平韵五言诗的声律格式;第四章 永明体仄韵五言诗的声律格式;第五章 永明体向近体演变期间调声论的重大发展;第六章 平韵五言诗声律的发展与近体的成熟定型

○声律修辞理论研究的重要突破——读何伟棠《永明体到近体》 宗廷虎 修辞学习 1994年04期 1994年8月

○律诗是怎样发展成熟起来的?——读何伟棠新著《永明体到近体》 徐青 广东社会科学 1994年第05期 1994年10月

○悬而未决的问题 简明辩证的结论——读何伟棠专著《永明体到近体》 易蒲 古汉语研究 1994年04期 1994年12月

◉再版 广东高等教育出版社 2005年11月 205页

增补:附论:音律结构论和永明诗音律

○一部方法科学新见迭出的诗律史著作——何伟棠《永明体到近体》评介　杜晓勤　华南师范大学学报　2006年06期　2006年12月
○一部精而得要的学术专著——读何伟棠先生再版大著《永明体到近体》　蒋晓薇　安康学院学报　2008年02期　2008年4月

诗　叶君远　北京：人民文学出版社　1994年7月　203页　中国古代文体丛书

引言；第一章《诗经》和四言诗；第二章　战国后期蔚然而兴的新诗体；第三章　别开生面的汉乐府诗；第四章　汉末至隋诗体形式的演进；第五章　初盛唐时期古、近体诗和乐府诗形式的全面发展；第六章　中国古代诗体发展的全面总结与全面革新——杜甫对诗体发展的巨大贡献；第七章　中晚唐诗体形式的衍变；第八章　古代诗体衍变的最后进程；结束语

隋唐五代燕乐杂言歌辞研究　王昆吾（王小盾）　北京：中华书局　1996年11月　589页

第一章　绪论；第二章　隋唐燕乐；第三章　曲子；第四章　大曲；第五章　著辞；第六章　琴歌；第七章　谣歌；第八章　讲唱；第九章　隋代杂言歌辞概述；第十章　结论；附录：敦煌舞谱校释；征引书目；术语索引；曲调名索引；后记

中古五言诗研究　吴小平　南京：江苏古籍出版社　1998年12月　339页

上编：五言诗体的形成和兴起　第一章　五言诗体的胚胎时期——先秦五言诗体钩沉；第二章　两汉民间谣言中的五言诗；第三章　汉乐府民歌孕育了五言诗的形式；第四章　五言诗体赖以生成的音乐基础；第五章　五言诗在汉乐府中的地位；第六章　班固的五言诗；第七章　张衡、秦嘉、蔡邕、郦炎、赵壹等人的五言诗；第八章　佚名文人的五言诗——古诗；

下编：五言诗体的律化与律诗　第一章　声律格律化的理论基础——永明声律说及其再认识；第二章　声律格律化的实际形态——永明体、齐梁体；第三章　篇制的格律化——五言八句式诗的形成；第四章　对偶的格律化；第五章　五言律诗的最终形成；第六章　律诗的审美机制——兼论律诗形成的美学动因；后记

○求新务实　弘微烛幽　试评《中古五言诗研究》　张咏铃、张辉煌　中国韵文学刊　2000年01期　2000年6月

汉魏乐府的音乐与诗　钱志熙　郑州:大象出版社　2000年8月　177页
中国历史文化知识丛书
  总序(袁行霈、吴同瑞);引言;一 汉代社会与乐府艺术;二 音乐史上雅俗之变与汉代乐府艺术;三 各类乐府诗的艺术体制;四 乐府歌辞的娱乐功能和伦理价值;五 汉代社会的"浮世绘";六 建安文人乐府诗;后记

◎收入《汉魏乐府艺术研究》上编　钱志熙　北京:学苑出版社　2011年1月
  增补:汉魏乐府音乐在后世的延续

诗词曲的体性之别与文体嬗变　杨有山　北京:中国文联出版社　2000年9月　240页
  前言;上编:总论　第一章 诗词曲本体特征之不同;第二章 诗词曲文体风格辨析;第三章 诗词曲语言特点的不同;第四章 诗词曲在赋比兴运用上的区别及对各自文体个性的影响;第五章 诗人、词人与曲家思想倾向、人生态度与艺术趣味的不同;第六章 诗词曲的互相渗透与影响;第七章 诗词曲文体嬗变的过程;第八章 诗词曲文体嬗变的原因;第九章 诗词曲的文体嬗变所体现的文学发展趋势;
  下编:分论　第十章 从咏物诗、咏物词、咏物曲的比较看诗词曲的不同文体特征;第十一章《四库全书总目》对诗词体性之别的认识;第十二章 试论欧阳修在确立词体上的贡献;第十三章 "苏辛词派"辨;第十四章 关汉卿是俗文学的一面旗帜;第十五章 试论元代散曲中表现的"离心"倾向;后记

○文体辨异同　嬗变寻规律——简评《诗词曲的体性之别与文体嬗变》　罗家坤　信阳师范学院学报　2001年03期　2001年6月

中国古代杂体诗通论　鄢化志　北京:北京大学出版社　2001年6月　415页
  序言(褚斌杰);上编:杂体诗概说　第一章 杂体诗名称的词义演变及杂体诗研究的意义;第二章 诗歌正体杂体概念的起源和杂体诗范围的界定;第三章 杂体诗的审美媒介及技巧分类;第四章 杂体诗的文化价值定位及现代创作研究;
  下编:杂体诗史论　第五章 杂体诗的发展分期与先秦杂体诗的酝酿滥觞;第六章 两汉魏晋时期杂体诗的发展与形成;第七章 宋齐梁陈时期杂体诗的确立与创作高潮;第八章 隋唐两宋时期杂体诗的格律

化与成熟流行;第九章 金元明清时期杂体诗的蜕变蔓衍;附录;后记

七言诗之起源与发展　李立信　台北:新文丰出版公司　2001年7月　309页

壹、序言;贰、各家说法商榷;叁、七言源头;肆、先秦两汉之七言作品;伍、汉以后七言诗之发展;陆、结论;附录一;附录二;附录三;参考书目

《诗经》四言体起源探论　何丹　北京:中国社会科学出版社　2001年11月　328页

题辞(李学勤);内容介绍;序;上编:"《诗》体"的框架结构与节奏原则　第一章 从数量、比例和分布看《诗经》四言体的特性;第二章 "《诗》体"的结构框架与节奏原则;第三章 "《诗》体"与时代语言基本特征的背离;第四章 诗乐舞与"礼";

中编:六义风为首　第五章 青铜器断代与《周南·卷耳》篇;第六章 《关雎》、凤鸟、四时之风、凤纹时代与周人的天命观;第七章 考古、气象与《豳风·七月》的时代;

下编:《诗》体的节奏基础与三代耤作文化　第八章 "雅乐"节奏寻源;第九章 "《诗》体"的节奏基础和三代耤作文化;第十章《诗经》四言体与周代井田耦耕文化;尾声;参考文献

诗赋文体源流新探　韩高年　成都:巴蜀书社　2004年8月　342页　诗赋研究丛书

《诗赋研究丛书》序(赵逵夫);序(赵逵夫);前言;从"诗"与谣、谚、歌、颂的关系看先秦诗歌的形态及其演变;三代史官传统与先秦诗、史同体;从祝辞到宴饮仪式乐歌——论《鱼丽》《南有嘉鱼》的文体来源;高禖祭仪与《宛丘》《东门之枌》;屈骚的悲剧精神及其在文体层面的衍变;《九歌》楚颂说;《天问》题义及构思的跨文化思考;五言诗起源及相关问题探索;散体赋的句式实验与新诗体的产生;赋之"序物"、"口诵"源于祭神考;赋的诗文两栖性特点的成因;战国纵横家言与散体赋的关系;兼裁众美,其美在调——散体赋的创作模式和美学旨趣;论贾谊赋的"承上启下";两汉咏物小赋源流概论;西汉后期士林中的退隐之风与诗赋语体的新变;汉晋赋中的自然及自然观的演变;文体辨析与魏晋赋风的转变;文论"别调"与魏晋赋中京都、音乐、说理类题材的反主流倾向;南朝诗赋的形式美学倾向及其价值;文化心态对诗赋文体的吁求——对北朝诗赋的特质成因的文体学考察;后记

　　○论"讲史"传统的流变与诗赋的正宗地位——韩高年《诗赋文体源流

新探》序　赵逵夫　西北成人教育学报　2004年01期　2004年3月

唐代歌行论　薛天纬　人民文学出版社　2006年8月　509页
关于本书体例的两点说明;引论;上篇 溯源篇　第一章 先秦——"古歌"的时代;第二章 汉——"乐府歌行"的形成期;第三章 魏晋——文人歌行的形成期;第四章 南北朝及隋——文人歌行的发展期;
中篇 衍流篇　第一章 初唐歌行;第二章 盛唐歌行;第三章 中唐歌行;第四章 晚唐歌行;
下篇 正名篇　第一章 历代论者的歌行观;第二章 "歌行"诗体学名称辨;主要参考及引用文献一览;后记
○唐代歌行研究的新收获——读《唐代歌行论》　宋晓云　中国出版　2007年12期　2007年12月
○当代歌行研究综论——兼评《唐代歌行论》　沈文凡、沈媛媛　内蒙古民族大学学报　2009年03期　2009年5月

礼俗仪式与先秦诗歌演变　韩高年　北京:中华书局　2006年9月　356页　中华文史新刊
序(徐志啸);绪论;第一章 先秦礼俗仪式概说;第二章 先秦诗歌的仪式特征;第三章 颂诗的仪式文化内涵;第四章 夏代仪式文化与诗歌;第五章 仪式制度化与殷商诗歌演变;第六章 西周初年的制礼作乐与雅颂诗创作;第七章 西周中后期的礼乐革新与仪式乐歌;第八章 礼、俗互动与春秋诗歌演变(上);第九章 礼、俗互动与春秋诗歌演变(下);第十章 礼、俗合流与战国诗歌演变;馀论;主要参考文献;后记

晋宋乐府诗研究　王志清　保定:河北大学出版社　2007年6月　342页
绪论;第一章 晋宋乐府诗的文献考察;第二章 晋宋时期的音乐环境与乐府诗的发展方向;第三章 吴声的音乐学与文学研究;第四章 西曲的音乐学与文学研究;第五章 晋宋相和歌辞研究;第六章 鲍照乐府的传统性和新变性;附录;结语;参考文献;后记
○乐府学研究的深化之作——评王志清《晋宋乐府诗研究》　王淑梅　中国诗歌研究动态　4辑　2008年10月

齐梁诗歌向盛唐诗歌的嬗变　杜晓勤　北京:北京大学出版社　2009年3月　304页
序(葛晓音);绪论;上编:从永明体到沈宋体:五言律体形成过程之考察　第一章 永明体声律特征及其在齐梁时期的发展;第二章 庾信、

徐陵对周、陈、隋新体诗声律之发展;第三章 唐初诗坛声律发展的复杂性;第四章 贞观中后期的诗律发展及其因素;第五章 上官仪、元兢的诗律学理论及其对诗律发展之影响;第六章 初唐四杰对新体诗的态度及其新体诗律化程度;第七章 高宗朝后期的两股诗体复古潮流;第八章 武后朝诗歌律化水平的飞跃;第九章 沈宋与五言律体定型之关系;第十章 小结;附录:齐永明至隋末新体诗声律发展统计表;初唐五言新体诗声律发展统计表;

下编:从"性灵摇荡"到"风骨凛然":齐梁至盛唐间诗人心态之变及其对诗风之影响(略);参考文献;后记

魏晋南北朝诗歌变迁:诗体之变与诗人之变 朱光宝 成都:四川文艺出版社 2009年8月 268页

导论;上编:诗体流变 第一章 诗体之论;第二章 乐府璀璨;第三章 三言之衰;第四章 四言中兴;第五章 五言腾踊;第六章 七言勃兴;第七章 格律肇始;下编:诗人流变(略)

中国集句史 宗廷虎、李金苓 济南:山东文艺出版社 2009年9月 400页 新世纪修辞学书系

丛书总序(宗廷虎);第一章 引言;第二章 春秋至魏晋:集句萌芽期;第三章 宋代:集句建立、发展期;第四章 金、元代:集句继承期;第五章 明代:集句发展期;第六章 清代:集句繁荣期;第七章 近现代:集句在缓行中局部取得进展期;第八章 结语;附录:专论 咏梅集句专书与我国梅花审美文化;参考文献;后记

○试说"集句"——评宗廷虎、李金苓著《中国集句史》 邹光椿 楚雄师范学院学报 2012年01期 2012年1月

○集句修辞史研究的开山力作——宗廷虎、李金苓《中国集句史》的开创性 段曹林 楚雄师范学院学报 2013年10期 2013年10月

唐宋律诗流变研究 陈静编著 济南:齐鲁书社 2009年11月 289页

绪论;上编:唐宋律诗的流变历程 第一章 律诗体式概说;第二章 律诗形式的确立与完善;第三章 形式新变的产生与定型;第四章 唐代律诗的审美标准;第五章 宋代律诗的审美标准;

下编:唐宋律诗的流变原因 第一章 唐宋律诗流变的内部原因;第二章 文体结构对于律诗流变的影响;第三章 由抄本到刻本:媒介因素对律诗流变的影响;结语:特定文体流变研究的意义;参考文献;后记

六言诗体研究　　卫绍生　　北京:社会科学文献出版社　　2009年12月　　283页　　中国地方社会科学院学术精品文库·河南系列

前言;纵论篇　第一章　六言诗起源诸说;第二章　六言诗体之滥觞;第三章　六言诗体的发展;第四章　六言各体的形成;第五章　唐代六言格律诗;第六章　六言诗与唐声诗;第七章　宋以后的六言诗;

比较篇　第八章　六言诗和五七言诗之比较;第九章　六言诗与辞赋骈文之比较;第十章　六言诗与词曲之比较;第十一章　关于六言诗的评价问题;

撷萃篇(略);主要参考书目;后记

魏晋五言诗研究　　王今晖　　北京:中国社会科学出版社　　2010年4月　　292页　　青岛大学东亚文学与文化研究中心学术丛刊

序(张可礼);前言;引论　五言诗的形成;上编:发展论(略);下编:表现论　第一章　声韵篇;第二章　句章篇;第三章　修辞篇;第四章　意象篇;结语;主要参考书目;附录;后记

○《魏晋五言诗研究》评介　于年湖　东方论坛　2011年04期　2011年8月

汉魏文人乐府研究　　沈志方　　永和:花木兰文化出版社　　2010年9月　　203页　　古典诗歌研究汇刊·第八辑

序;第一篇:文人乐府的命题　第一章　乐府的分类角度;第二章　文人乐府的界说与渊源;第三章　文人乐府与古诗、民间乐府的差别;

第二篇:汉魏文人乐府的研究范围　第一章　两汉部分;第二章　曹魏(汉吴、蜀)部分;

第三篇:汉魏文人乐府的创制因缘　第一章　乐府制度的沿革及影响;第二章　东汉的采风与文人乐府;第三章　曹魏的时代背景与文风趋向;第四章　文人乐府的创制动机;

第四篇:汉魏文人乐府的创制性质　第一章　依前曲作新歌;第二章　空无依傍的创制;第三章　文人乐府的模拟方式;

第五篇:汉魏文人乐府的内涵　第一章　慷慨任气的襟抱;第二章　磊落使才的壮志向往与嗟叹;第三章　人生如寄的感逝与游仙;

第六篇:汉魏文人乐府的表现艺术;第一章　句式与篇幅的变化;第二章　辞藻的典雅浸丽;第三章　叠句形式的施用;第四章　描写范围的拓展;

第七篇:汉魏文人乐府的影响　第一章　五言诗的成熟与七言诗的开

展;第二章 文人乐府与依声填词;第三章 模拟方式与拟古传统的确立;第四章 文人叙事乐府的滥觞;第五章 组诗形式的扩充及影响;第八篇:结论;附录:参考书目举要

唐后乐府诗史　王辉斌　合肥:黄山书社　2010年11月　403页
自序;第一章 唐后乐府诗综论;第二章 宋代乐府诗;第三章 辽金乐府诗;第四章 元代乐府诗;第五章 铁崖古乐府;第六章 明代乐府诗;第七章 清代乐府诗;后记
〇乐府诗研究领域的新拓展——评王辉斌《唐后乐府诗史》　苗菁　三峡论坛(三峡文学·理论版)　2011年05期　2011年9月
〇关于唐后乐府诗的发展、范畴及规律性特点——读王辉斌《唐后乐府诗史》所想到的几个问题　苗菁　乐府学　7辑　北京:学苑出版社　2012年4月

唐代组诗研究　李正春　南京:凤凰出版社　2011年4月　473页
代序:唐诗承传通变中的深度记忆(罗时进);前言;第一章 唐前组诗的演进;第二章 唐代组诗的成因;第三章 唐代组诗的范型;第四章 唐代组诗的结构形态;第五章 唐代组诗的标题与序;第六章 唐代组诗的语言学意义;第七章 唐代组诗的审美效应与文化学意义;第八章 唐代组诗对其他文体的影响;主要参考文献;后记

集句诗嬗变研究　张明华、李晓黎　北京:中国社会科学出版社　2011年10月　343页
绪论;第一章 集句诗的产生与发展;第二章 集句诗的快速发展;第三章 集句诗在金、元两代的衰落;第四章 集句诗在明代的恢复和创新;第五章 集句诗在清代的高度繁荣;第六章 集句诗嬗变的趋势及其与"创作诗"之关系;第七章 集句诗理论的发展;主要参考和引用书目;后记
〇评《集句诗嬗变研究》　王承斌　河北北方学院学报　2014年02期　2014年3月

唐宋诗词的文体观照　曹辛华　北京:中华书局　2011年12月　269页
随园文史研究丛书·第二辑
序一(杨海明);题曹君辛华《唐宋诗词的文体观照》(钟振振);上篇:唐诗的文体观照　论杜诗"遣兴体"及其诗史意义;论韩愈的"文中之诗"及其意义;论韩愈诗文创作理论与古赋之关系;论韩愈诗文创作实

践与古赋之关系;下篇:唐宋词的文体学观照 论唐宋词体演进与律赋之关系;论唐宋词与小赋之关系;论唐宋渔父词的文化意蕴与词史意义;论唐宋《望江南》词体的演进与意义;论中国分调词史的建构及其意义;外篇:论《文选》"补亡诗"体及其诗史意义;论陈满铭的词学贡献;论杨海明与唐宋词研究的深化;后记

先秦汉魏六朝诗歌体式研究 葛晓音 北京:北京大学出版社 2012年3月 483页 博雅文学论丛

序(赵昌平);探索诗歌分体研究的新思路(代绪论);上编:诗骚体式的节奏结构和表现原理 论四言体的形成及其与辞赋的关系;论《诗经》比兴的联想方式及其与四言体式的关系;"毛公独标兴体"析论;试论春秋后期"《诗》亡"说;从《离骚》和《九歌》的节奏结构看楚辞体的成因;屈赋比兴的性质及其作用的转化——兼论"雅"与"骚"的关系;从诗骚辨体看"风雅"和"风骚"的示范意义——兼论历代诗骚体式研究的思路和得失;

中编:七言诗的生成原理及其与各类诗型的关系 论汉魏三言体的发展及其与七言的关系;汉魏两晋四言诗的新变和体式的重构;早期七言的体式特征和生成原理——兼论汉魏七言诗发展滞后的原因;中古七言体式的转型——兼论"杂古"归入"七古"类的原因;先唐杂言诗的节奏特征和发展趋向——兼论六言和杂言的关系;

下编:五言诗的产生和创作传统的形成论 早期五言体的生成途径及其对汉诗艺术的影响;论汉魏五言的"古意";西晋五古的结构特征和表现方式——兼论"魏制"与"晋造"的同异;从五古结构看"陶体"的特征和成因;鲍照"代"乐府体探析——兼论汉魏乐府创作传统的特征;江淹"杂拟诗"的辨体观念和诗史意义——兼论两晋南朝五言诗中的"拟古"和"古意";从江鲍与沈谢看宋齐五言诗的沿革;南朝五言诗体调的"古""近"之变;附录:诗歌形式研究的古为今用——论林庚先生关于古诗节奏和新诗格律的理论思考;从诗歌文本中探求创作原理——论松浦友久教授的中国诗型研究;关于"行"之释义的补正;参考文献;索引;后记

南宋前期诗词之文体互渗研究 许芳红 北京:中国社会科学出版社 2012年10月 306页 淮上文丛

《淮上文丛》总序;绪论;第一章 宋代诗词互渗之现象论;第二章 南宋前期诗词互渗之题材论;第三章 南宋前期诗词互渗之艺术论;第四

章 南宋前期诗词互渗之风格论;第五章 南宋前期诗词互渗之身份论;第六章 南宋前期诗词互渗之文化论;参考文献;致谢
○新思维、新视野、新收获——评许芳红先生的《南宋前期诗词之文体互渗研究》 李征宇 淮阴师范学院学报 2012年06期 2012年11月
○诗词关系的全景探析——评许芳红著《南宋前期诗词之文体互渗研究》 朱光立 绍兴文理学院学报 2014年01期 2014年1月

【学位论文】

颂诗的起源与流变——三代诗歌主流的逻辑推演与实证研究 韩高年 西北师范大学 2001年 博士论文
汉代四言诗流变研究 张侃 西北师范大学 2001年 博士论文
初盛唐诗体研究 白朝晖 南京大学 2002年 博士论文
乐府史研究 孙尚勇 扬州大学 2002年 博士论文
唐代乐舞歌辞研究 周期政 河北大学 2004年 博士论文
唐代乐府诗研究 王立增 扬州大学 2004年 博士论文
魏晋五言诗研究 王今晖 山东大学 2004年 博士论文
唐声诗研究 陈钟琇 东海大学 2005年 博士论文
唐宋律诗诗体流变的审美规律研究 陈静 山东大学 2006年 博士论文
北宋前期七言律诗研究 张立荣 南京师范大学 2006年 博士论文
北宋七言绝句研究 周子翼 南京师范大学 2006年 博士论文
魏晋乐府诗研究 王淑梅 首都师范大学 2007年 博士论文
晋宋乐府诗研究 王志清 首都师范大学 2007年 博士论文
文史·文体·文化——汉代五言诗探论 贡巧丽 北京师范大学 2007年 博士论文
乐府"相和歌辞"研究 王莉 南京师范大学 2007年 博士论文
世变、迂回、荒唐之言——六朝谐隐研究 林佳燕 成功大学 2009年 博士论文
古代六言诗研究 唐爱霞 浙江大学 2009年 博士论文
晚唐齐梁体研究 张一南 北京大学 2011年 博士论文
南朝门第维持与文体变迁之关系研究——以诗为主要观察范围 林童照 成功大学 2012年 博士论文
竹枝词发展史 孙杰 复旦大学 2012年 博士论文

唐人绝句研究　黄盛雄　台湾师范大学　1972 年　硕士论文
魏晋四言诗研究　崔宇锡　台湾大学　2000 年　硕士论文
初盛唐七言律诗研究　李俊　陕西师范大学　2001 年　硕士论文
唐代和诗研究　陈钟琇　东海大学　2001 年　硕士论文
魏晋南北朝五言诗拟作现象研究　徐千雯　成功大学　2002 年　硕士论文
汉代七言诗研究　富世平　西北师范大学　2002 年　硕士论文
南朝五言诗篇制的演变——兼论五言八句诗的发展　曾肖　广西师范大学　2002 年　硕士论文
论七言诗在南朝的发展　李乡珊　吉林大学　2004 年　硕士论文
试论七律的定型与成熟　李世前　河北大学　2004 年　硕士论文
两汉魏晋四言诗探论　昝风华　山东师范大学　2004 年　硕士论文
两汉四言诗研究　程彦霞　郑州大学　2005 年　硕士论文
汉魏六朝隐语文学论　孙艳平　华东师范大学　2006 年　硕士论文
魏晋南北朝拟作组诗研究　颜芳美　台南大学　2006 年　硕士论文
六朝诗赋合流现象之新探　祁立峰　政治大学　2006 年　硕士论文
魏晋《杂诗》研究　廖玉华　彰化师范大学　2006 年　硕士论文
汉代楚歌研究　徐立新　曲阜师范大学　2006 年　硕士论文
唐代联句诗研究　崔俊娜　广西师范大学　2006 年　硕士论文
中晚唐诗变与词体独立　余祖坤　华中科技大学　2006 年　硕士论文
汉魏六朝挽歌研究　欧阳波　华中师范大学　2007 年　硕士论文
谢灵运与诗体的律化　张志群　湘潭大学　2007 年　硕士论文
六言古体诗研究　刘剑　兰州大学　2007 年　硕士论文
两汉魏晋四言诗研究　王婷　暨南大学　2007 年　硕士论文
两宋鼓吹歌曲考述　李骛　首都师范大学　2008 年　硕士论文
唐宋六言诗研究　谷凤莲　陕西师范大学　2008 年　硕士论文
永明新变说再探——以诗乐分离为起始的讨论　张锈桦　"辅仁大学" 2008 年　硕士论文
近体诗形成之过程探索　管静仪　中国文化大学　2008 年　硕士论文
论唐代六言绝句　赵飞　上海社会科学院　2008 年　硕士论文
简论楚歌的流变与影响　陈芳苹　福建师范大学　2009 年　硕士论文
先秦两汉七言诗研究　秦立　首都师范大学　2009 年　硕士论文
魏晋南北朝代言体诗研究　刘芳　华东师范大学　2009 年　硕士论文
魏晋南北朝古绝句研究　陈江敬　河北大学　2009 年　硕士论文

宋代大曲研究　赵铮　首都师范大学　2009 年　硕士论文
先唐七言诗研究　郭伟　西北师范大学　2010 年　硕士论文
唐代五言排律研究　孙江南　河北大学　2010 年　硕士论文
宋代郊庙歌辞研究　罗琼　首都师范大学　2011 年　硕士论文
唐前谣谚史论　时娜　山东大学　2011 年　硕士论文
三曹对中国诗体的贡献　何青春　河南师范大学　2011 年　硕士论文
魏晋南北朝杂体诗研究　裴秋锦　河北师范大学　2011 年　硕士论文
宋代帖子词研究　杨勋兵　中山大学　2011 年　硕士论文
北宋六言诗研究　李孟霏　兰州大学　2011 年　硕士论文
先秦歌谣研究　辛颖　湖南师范大学　2011 年　硕士论文
西晋四言诗研究　朱秀鹏　青岛大学　2011 年　硕士论文
齐梁陈隋五言诗演化为五律之过程研究——以篇章结构为对象　庄丝菱（高雄）"中山大学"　2011 年　硕士论文
汉魏晋南北朝行体诗歌研究　徐爽　中山大学　2012 年　硕士论文
武后时期歌行体研究　付尚书　黑龙江大学　2012 年　硕士论文
汉至隋朝"歌诗"的文体形态和叙事内涵　周继巍　中山大学　2012 年　硕士论文
唐代试律诗研究　沈艳　四川师范大学　2012 年　硕士论文
唐代五言绝句研究　李启坤　复旦大学　2012 年　硕士论文
唐代赋得体诗研究　王大卫　河南大学　2012 年　硕士论文
汉代杂体诗研究　姜涛　西北师范大学　2012 年　硕士论文
汉魏六朝代言体诗探析　胡祥华　安徽师范大学　2012 年　硕士论文
南宋六言诗研究　张瑞芳　兰州大学　2012 年　硕士论文
正体之变——魏晋四言诗承衍探析　杨君仪　政治大学　2013 年　硕士论文

【单篇论文】

1. 文体起源

游戏文体考源（一）游戏诗类　胡寄尘（胡怀琛）　游戏世界　10 期　1922 年 3 月
游戏文体考源（二）游戏诗类（续）　胡寄尘（胡怀琛）　游戏世界　11 期　1922 年 4 月
游戏文体考源（三）灯谜编　胡寄尘（胡怀琛）　游戏世界　12 期　1922

年5月
游戏文体考源(四)诗钟类　胡寄尘(胡怀琛)　游戏世界　13期　1922年6月
游戏文体考源(五)联语类　胡寄尘(胡怀琛)　游戏世界　14期　1922年7月
游戏文体考源(六)杂录类　胡寄尘(胡怀琛)　游戏世界　15期　1922年8月
歌谣的起源　为君　歌谣周刊　4期　1923年1月
周易卦爻辞中之歌谣与中国文学起源　恽灵曦　歌谣周刊　39期　1923年12月
歌谣的起源　傅振伦　歌谣周刊　87期　1924年11月
五言诗发源考(目录作"五言诗源考")　李步霄　艺林旬刊　7号　1925年6月
五言诗发生时期之疑问　〔日〕铃木虎雄著,陈延杰译　小说月报　17卷5号　1926年5月
论乐府的起源　张寿林　世界日报附刊　1927年6月1日
五言诗发生时期的讨论　徐中舒　东方杂志　24卷18号　1927年9月
五言诗起原问题　朱偰　东方杂志　23卷20号　1926年10月
再论五言诗的起源　朱偰　天津益世报学术周刊　1929年4月15日—22日
绝句溯源　〔日〕铃木虎雄著,汪馥泉译　语丝　5卷28期　1929年9月
　　~中国文学论集　〔日〕铃木虎雄著,汪馥泉译　上海:神州国光社　1930年5月
　　~绝句的源流的研究　〔日〕铃木虎雄著,李邵画译　北平晨报·学园　1931年1月27日—28日
对于五言诗发生时期底疑问(目录作"对于五言诗发生时期的疑问")　〔日〕铃木虎雄著,汪馥泉译　语丝　5卷32期　1929年10月
　　~中国文学论集　〔日〕铃木虎雄著,汪馥泉译　上海:神州国光社　1930年5月
绝句探源　天功　语丝　5卷40期　1929年12月
五七言诗体成立考　陶嘉根　文学丛刊　1期　1929年
五言诗起源说评录　罗雨亭(罗根泽)　河南中山大学文科季刊　1期　1930年1月
　　~罗根泽　罗根泽古典文学论文集　上海:上海古籍出版社　1985年

7月

  ~20世纪中国文学研究论文选·汉代卷　赵敏俐选编　北京:社会科学文献出版社　2010年1月

  ~罗根泽文存　清华大学国学研究院主编　南京:江苏人民出版社　2012年10月

五言诗成立的时代问题　游国恩　国立武汉大学　文哲季刊　1卷1期　1930年4月

  ~20世纪中国文学研究论文选·汉代卷　赵敏俐选编　北京:社会科学文献出版社　2010年1月

五言诗起源问题丛说　张长弓　晨星月刊　1期　1930年4月

七言诗起源考　王耘庄　两周评论　1卷1期　1931年6月

七言诗的兴起说　张长弓　文艺月报(开封)　1卷5、6期　1931年

中国诗歌之起源　罗根泽　学文　5期　1932年5月

  ~罗根泽古典文学论文集　上海:上海古籍出版社　1985年7月

  ~罗根泽文存　清华大学国学研究院主编　南京:江苏人民出版社　2012年10月

七言诗之起源及其成熟　罗根泽　师大月刊　2期　1933年1月

  ~罗根泽古典文学论文集　上海:上海古籍出版社　1985年7月

  ~20世纪中国文学研究论文选·汉代卷　赵敏俐选编　北京:社会科学文献出版社　2010年1月

五言诗发生之研究　戴静山　文理　4期　1933年3月

  ~青年界　4卷4期　1933年9月

七言诗发生时期考　王盈川　学艺　13卷5号　1934年6月

近体诗溯源　谢善继　前途　2卷9、12期　1934年9、12月

何谓乐府及乐府的起源　罗根泽　安徽大学月刊　2卷1期　1934年10月

  ~罗根泽古典文学论文集　上海:上海古籍出版社　1985年7月

中国诗歌源流考略　龚化龙　珞珈　2卷4期　1934年12月

周易卦辞中之歌谣与中国文学起源　恽灵曦　北平晨报学园　764、765　1934年12月25、27日

乐府之生成考　〔日〕丰田穰著,张敬译　师大月刊　7卷6期　1936年4月

诗的起源　朱光潜　东方杂志　33卷7期　1936年4月

  ~诗的起源　朱光潜美学文学论文选集　长沙:湖南人民出版社　1980

年12月

律诗的起源　王国栋　文哲月刊　1卷10期　1937年1月
七言诗起源新论　余冠英　国文月刊　18期　1942年2月
　　~汉魏六朝诗论丛　余冠英　上海：上海古典文学出版社　1952年8月
　　~古代文学杂论　余冠英　北京：中华书局　1987年10月
　　~20世纪中国文学研究论文选·汉代卷　赵敏俐选编　北京：社会科学文献出版社　2010年1月
绝句与联句　李嘉言　国文月刊　17期　1942年11月
　　~改题：绝句起源于联句说　古诗初探　李嘉言　上海：古典文学出版社　1957年3月
　　~李嘉言古典文学论文集　上海：上海古籍出版社　1987年3月
从绝句的起源说到杜工部的绝句　傅懋勉　国文月刊　17期　1942年11月
　　~李嘉言古典文学论文集　上海：上海古籍出版社　1987年3月
七言诗起源新论（续）　余冠英　国文月刊　19期　1943年3月
　　~中国文学史论文选集续编　台北：台湾学生书局　1985年2月
　　~中国文学史论文精选　台北：学海出版社　1984年9月
关于七言诗起源问题的讨论　余冠英、李嘉言　国文月刊　1卷28、29、30期合刊　1944年
　　~汉魏六朝诗论丛　余冠英　上海：上海古典文学出版社　1952年8月
　　~改题：与余冠英先生论七言诗起源书［附］余冠英答书　李嘉言古典文学论文集　上海：上海古籍出版社　1987年3月
绝句三源　罗根泽　读书通讯　100期　1944年
　　~中国古典文学论集　罗根泽　北京：五十年代出版社　1955年10月
　　~罗根泽古典文学论文集　上海：上海古籍出版社　1985年7月
诗歌的起源及其流变　王了一（王力）　国文月刊　55期　1947年5月
绝句是怎样起来的　孙楷第　学原　1卷4期　1947年8月
　　~沧州集　孙楷第　北京：中华书局　1965年12月
从汉镜铭文论七言诗成立的时代　郭庆文　光明日报　1951年9月15日
吴声西曲的产生时代　王运熙　六朝乐府与民歌　上海：文艺联合出版社　1955年7月
　　~六朝乐府与民歌　王运熙　上海：古典文学出版社　1957年1月

~当代学者自选文库·王运熙卷　王运熙　合肥:安徽教育出版社
　　1998年12月
　　~乐府诗述论　王运熙　上海:上海古籍出版社　1996年6月
　　~乐府诗述论(增订本)　王运熙　上海:上海古籍出版社　2006年
　　5月
关于五言诗的形成　高文　语文教学通讯　1957年10、11期合刊　1957
年6月
论五言诗的产生　包树棠　福建师院学报　1959年01期
七言诗的起源　覃适芝　建设　13卷3期　1964年8月
"七言起于汉武柏梁"考辨　李曰刚　文风　6期　1965年1月
五言诗起源考　竹君　中国世纪　110期　1966年12月
建安乐府诗溯源　廖蔚卿　幼狮学志　7卷1期　1968年1月
论五七言古诗之真伪及其起源　李道显　台北师专学报　7期　1979年1
月
竹枝词考源　心远　自立晚报　1979年7月15日
竹枝词的源流　彭秀枢、彭南均　江汉论坛　1982年12期　1982年8月
　　~吉首大学学报　1982年02期　1982年12月
徐陵为"律诗"首创人说　顾学颉　艺文志　1辑　太原:山西人民出版社
1983年2月
　　~顾学颉文学论集　北京:中国社会科学出版社　1987年8月
　　~20世纪中国文学研究论文选·魏晋南北朝卷　曹旭选编　北京:社
　　会科学文献出版社　2010年1月
汉魏晋南北朝绝句探源　李长路　北京师范大学学报　1983年05期
1983年10月
"绝句"源述　刘学忠　艺谭　1983年01期
五言诗及其起源考述　张柽寿　云南教育学院学报　1984年创刊号
1984年6月
桃人·桃符·春联·对联　余清逸　徐州师范学院学报　1984年04期
1984年8月
中国古代散文诗的轨迹　傅子玖　辽宁师大学报　1984年05期　1984
年10月
谜源浅议　李尤白　人文杂志　1985年01期　1985年3月
七言诗探源　管遗瑞　温江师专学报　1985年02期
简论五言诗的起源　杨九泉　扬州师院学报　1985年01期　1985年

4月
歌谣的起源和发展　李景江　民族文学研究　1985年03期　1985年6月
论五言八句式诗的形成　吴小平　文学遗产　1985年02期　1985年6月
论汉乐府新诗体的产生　窦永丽　信阳师范学院学报　1985年02期　1985年7月
关于对联的起源　吴直雄　南昌大学学报　1985年03期　1985年10月
论五言诗起源于妇女文学　吴世昌　文史知识　1985年11期　1985年11月
　　~中国文学史百题　文史知识编辑部编　北京：中华书局　1990年12月
　　~罗音室学术论著　第2卷　词学论丛　吴世昌　北京：中国文联出版公司　1991年11月
　　~诗词论丛　吴世昌　北京：北京出版社　2000年10月
　　~吴世昌全集　第3册　第3卷　诗学杂论　吴世昌著,吴令华编　石家庄：河北教育出版社　2003年1月
联史探源　夏民安　中学语文　1986年05期　1986年5月
　　~语文建设　1995年08期　1995年8月
简论七言诗的形成时代　蒋先伟　中州学刊　1986年03期　1986年6月
巫术与诗歌——对诗歌起源的再探讨　杨知勇　民间文学论坛　1986年04期
从楚辞的产生背景论五言诗的生成　汪展如　东海文艺季刊　23期　1987年3月
我国第一首完整的七言诗辨　刘岸挺　齐鲁学刊　1987年01期　1987年3月
《我国第一首完整的七言诗辨》的一点补充　刘岸挺　扬州师院学报　1987年02期　1987年7月
论五言律诗的形成　吴小平　文学遗产　1987年06期　1987年12月
绝句的起源　王达津　古典文学研究丛稿　成都：巴蜀书社　1987年12月
"苏李诗"和五言文人诗的起源　曹道衡　文史知识　1988年03期　1988年3月

论对联当产生于唐代　余德泉　求索　1988年01期　1988年3月
　~云梦学刊　1992年02期　1992年7月（编按：扩写）
我国第一首完整的七言诗说　陈春平　成都师专学报　1988年01期　1988年4月
七言诗起源新探　杨佐义　东北师大学报　1988年03期　1988年6月
究竟宜将哪首诗看作我国最早的完整七言诗　彭显武　内蒙古教育学院学报　1988年01期　1988年6月
试谈五言诗的起源　胡守仁　江西社会科学　1988年04期　1988年8月
我国第一首完整的七言诗再辨　刘岸挺　扬州师院学报　1988年03期　1988年9月
也谈我国第一首完整的七言诗　汪化云、梅大圣　扬州师院学报　1988年03期　1988年9月
应亨的《赠四王冠诗》不是最早的五言诗　周子来　文学遗产　1989年02期　1989年4月
近体诗声律源流论　邱耐久　淮北煤师院学报　1989年02期　1989年7月
五言律奠基者旧说应予推翻——重评王绩在诗歌史上的地位　王志华　晋阳学刊　1990年03期　1990年6月
七言歌行体制溯源　王从仁　上海师范大学学报　1990年03期　1990年10月
七言诗起源与形成再探　杨佐义　吉林师范学院学报　1991年02期　1991年7月
对五言诗的兴起和发展之我见　庄芗、李阳庚　四川师范大学学报　1991年05期　1991年10月
五言诗兴盛原因之考察　刘毓庆　山西师大学报　1991年04期　1991年11月
歌诗源起论：文字与歌诗的双度关系　吴琦幸　文学遗产　1992年04期　1992年7月
论五言诗出于汉民间乐府　姜学伟　华医学报　2期　1992年7月
绝句源流刍议　朱易安　吉安师专学报　1993年02期　1993年6月
汉代七言诗形成之我见　梅大圣　华东师范大学学报　1993年05期　1993年9月
干吉诗是现存最早最完整的七言诗　张松辉　湖南师范大学社会科学学

报　1994 年 02 期　1994 年 4 月

对联源流通论　倪纯珍　黄石教育学院学报　1994 年 01 期　1994 年 6 月

律化绝句和截句说　张国光　贵州文史丛刊　1994 年 04 期　1994 年 7 月

对联考源　谭步云　中山大学学报　1994 年 03 期　1994 年 8 月

苏李诗出自代言体说　胡大雷　柳州师专学报　1994 年 03 期　1994 年 9 月

诗钟的趣味与源流　王鹤龄　中国典籍与文化　1995 年 01 期　1995 年 2 月

浅谈绝句的源流——兼辩"绝句是截取律诗的四句"的界定　左义凯　语文教学与研究　1995 年 09 期　1995 年 9 月

我国第一副春联的撰作时间考　丁鼎　民俗研究　1996 年 01 期　1996 年 2 月

中国古代律体诗的形成原因　李继红　三峡学刊　1996 年 02 期　1996 年 6 月

七言诗渊源辑考　跃进（刘跃进）　河北大学学报　1996 年 03 期　1996 年 9 月

对联的源流、对仗技巧及审美价值　金天相　中国人民大学学报　1996 年 05 期　1996 年 9 月

三字顿与五言诗的形成　陈湘锋　湛江师范学院学报　1996 年 03 期　1996 年 9 月

由《九歌》"兮"字倒装句之功能探测五言诗发展的可能线索——以变换律语法为观测角度　欧阳宜璋　中华学苑　49 期　1997 年 1 月

"永明体"的形成及影响　林家骊　文史知识　1997 年 03 期　1997 年 3 月

桃符·春联·对联　李成甲　中国典籍与文化　1997 年 04 期　1997 年 10 月

哪一首诗当是我国最早最完整的七言诗？　张国光　毕节师专学报　1997 年 04 期　1997 年 11 月

二言诗与中国文学的起源　张应斌　嘉应大学学报　1998 年 04 期　1998 年 8 月

对联兴起于何时之我见　胡星林　文史杂志　1998 年 05 期　1998 年 10 月

回文诗的起源和刘勰有关说法释疑　胡耀震　中国典籍与文化　1999年01期　1999年2月
诗钟考源　王鹤龄　中国典籍与文化　1999年02期　1999年5月
对联起源新论　高玉　古籍整理研究学刊　1999年03期　1999年5月
　　~改题:对联起源考论　涪陵师范学院学报　2002年05期　2002年10月
对联产生的文化机制及其俗化变异　张建雄　大理学院学报　1999年2、3期合刊　1999年9月
中国诗歌发生研究史略　朱炳祥　河北师范大学学报　1999年04期　1999年10月
也谈回文的起源　刘超雄　修辞学习　1999年05期　1999年10月
春联起源考　杨琳　文博　1999年06期　1999年12月
从近体诗的诞生看外来文化的影响　王允琪　南京理工大学学报　2000年03期　2000年6月
"三句体"溯源　倪祥保　江海学刊　2000年06期　2000年12月
竹枝词源流考　李良品　重庆教育学院学报　2000年04期　2000年12月
试论七言近体诗生成原理　巫称喜　江苏广播电视大学学报　2001年05期　2001年10月
我看对联的起源与产生　李先鸿　对联(民间对联故事)　2002年02期　2002年2月
论永明体的产生与音乐之关系　吴相洲　中国诗歌与音乐关系研究——第一届与第二届"中国诗歌与音乐关系"学术研讨会论文集　2002年4月
　　~改题:论永明体的出现与音乐之关系　中国诗歌研究　1辑　北京:中华书局　2002年6月
　　~文艺研究　2002年04期　2002年7月
　　~乐府歌诗论集　吴相洲　北京:商务印书馆　2013年8月
永明体的产生与佛经转读关系再探讨　吴相洲　中国诗歌与音乐关系研究——第一届与第二届"中国诗歌与音乐关系"学术研讨会论文集　2002年4月
　　~文艺研究　2005年03期　2005年3月
　　~乐府歌诗论集　吴相洲　北京:商务印书馆　2013年8月
古代六言诗的产生及其格律化过程　马海祥、李柱梁、陈传万　韶关学院学报　2002年05期　2002年5月

中国古诗体探源　周晓燕　盐城工学院学报　2002年02期　2002年6月

论五言出于西汉民间乐府不始班固　萧涤非　萧涤非说乐府　上海：上海古籍出版社　2002年6月

甲骨文中的七言诗　刘奉光　辽宁师范大学学报　2002年05期　2002年9月

论楚辞孕育七言诗的独特条件及衍生过程　郭建勋　中州学刊　2002年05期　2002年9月

从敦煌本共住修道故事看唐代佛教诗歌文体的来源　王小盾　中国俗文化研究国际学术研讨会论文集　2002年9月

～中国俗文化研究　2003年期　2003年5月

四言体的形成及其与辞赋的关系　葛晓音　中国社会科学　2002年06期　2002年11月

～先秦汉魏六朝诗歌体式研究　葛晓音　北京：北京大学出版社　2012年3月

论回文诗的文体源流和文体价值　王珂　重庆师院学报　2002年04期　2002年12月

论对联产生于唐代　余德泉　中南大学学报　2003年01期　2003年2月

从几种诗体之比较看五言体崛起的必然性——以先秦至两汉时期汉语词汇的发展为中心　王今晖　山东师范大学学报　2003年03期　2003年6月

古代六言诗发生论　王正威　天水师范学院学报　2003年03期　2003年6月

民俗对联的起源及发展　张劲松　理论与创作　2003年04期　2003年7月

对联源流考　罗维扬　北京印刷学院学报　2003年03期　2003年9月

从二言诗到九言诗的起首的辨析　黄文祥　零陵学院学报　2004年04期　2004年4月

五言诗起源及相关问题新探　韩高年　古籍研究　2004年期卷上　2004年7月

原始形态的中国古代诗体初探　马悦宁　陇东学院学报　2004年04期　2004年11月

试论我国原始诗歌的起源发展及其特征　刘棣民　湖北民族学院学报

2004年06期 2004年12月
对联的起源 晓旭 山东农机化 2005年01期 2005年1月
"柏梁体"与"歌行体"的形成 朱丽霞、肖晓阳 山东社会科学 2005年01期 2005年1月
李白七言歌行的体式渊源 王运熙 中华文史论丛 第79辑 2005年2月
竹枝词源流考 熊笃 重庆师范大学学报 2005年01期 2005年2月
汉镜铭文中的七言诗刍论——兼谈七言诗的起源问题 富世平 新国学 5卷 成都:巴蜀书社 2005年3月
试论中国古代四言诗的产生 李婕 西北第二民族学院学报 2005年02期 2005年5月
由谣到诗——中国诗歌起源及其初步发展刍论 罗世琴 北京理工大学学报 2005年03期 2005年6月
佛教浸润与"永明体"诗的缘起 李红梅 贵州工业大学学报 2005年04期 2005年8月
七言诗辨源 张觉 学术研究 2005年09期 2005年9月
六言诗起源诸说辨 卫绍生 寻根 2005年05期 2005年10月
试论文人五言诗的起源和发展 陈天祥 名作欣赏 2005年05期 2005年10月
试论五言诗的成立及其形成的三个时期 木斋 山西大学学报 2005年05期 2005年10月
论五言诗的起源——从"诗言志"、"诗缘情"的差异说起 戴伟华 中国社会科学 2005年06期 2005年11月
永明体始于诗乐分离说再分析 吴相洲 文学遗产 2006年05期 2006年9月
试论二言诗至九言诗之源头 刘柯 芜湖职业技术学院学报 2006年03期 2006年9月
论早期五言体的生成途径及其对汉诗艺术的影响 葛晓音 文学遗产 2006年06期 2006年11月
试析对联的起源与演变 贺晓梅、王育庆 包头职业技术学院学报 2006年04期 2006年12月
七言诗起源新论 林文兰 宜宾学院学报 2007年05期 2007年5月
论近体诗产生的年代 林海权 福建师范大学学报 2007年04期 2007年7月

曹丕《董逃行》考略——兼谈六言歌诗的产生　贾兵　乐府学　2辑　北京:学苑出版社　2007年8月

七言诗并非源于楚辞体之辨说——从《相和歌·今有人》与《九歌·山鬼》的比较说起　赵敏俐　中国楚辞学(第十四辑)——2007年浙江杭州屈原及楚辞学国际学术研讨会论文集　2007年9月

　　~深圳大学学报　2008年03期　2008年5月

　　~中国楚辞学　14辑　北京:学苑出版社　2011年1月

七言诗溯源——最早的完整七言诗的新证据　曾晓梅　阿坝师范高等专科学校学报　2007年03期　2007年9月

论"风"诗的起源　朱金发　中州学刊　2007年05期　2007年9月

汉镜铭文:完整七言诗成于西汉的确证　潘海东、林训涛　江西社会科学　2007年10期　2007年10月

浅论五言诗的源流　吕维洪　曲靖师范学院学报　2008年01期　2008年1月

从音乐的角度看《诗经》、汉乐府和楚辞的发生　陈先明　鲁东大学学报　2008年01期　2008年1月

回文诗起源考辨　于广元　中国典籍与文化　2008年01期　2008年2月

试论五言诗起源于汉初　薛扬　现代语文(文学研究版)　2008年03期　2008年3月

中国古代五、七言诗滥觞的文化背景考察　周建军　中国韵文学刊　2008年01期　2008年3月

七言诗起源于歌谣考辨　刘运好　中国典籍与文化　2008年02期　2008年5月

论南朝佛经转读与永明体的产生是平行关系　龚贤　湖南科技学院学报　2008年09期　2008年9月

　　~改题:南朝永明体的产生与佛经转读之关系考察　江西财经大学学报　2009年03期　2009年5月

　　~改题:永明体的产生与佛经转读关系新探　盐城师范学院学报　2009年03期　2009年6月

"宫体"缘起考辨——兼论徐非宫体诗开创者而是"今体"的倡导者　胡大雷　文史哲　2008年06期　2008年11月

论绝句体的发生历史和盛唐绝句艺术　钱志熙　中国诗歌研究　6辑　北京:中华书局　2008年12月

再论七言诗源于楚辞体　郭建勋　光明日报　2008年12月2日
七律的定型者究竟是谁　龚祖培　中州学刊　2009年05期　2009年9月
回文诗"起源说"考辨　鲁渊　社科纵横　2009年09期　2009年9月
歌与诗的起源及原始功能异同　赵辉　武汉大学学报　2009年06期　2009年11月
七言诗的起源及相关问题今论　张世超　山西大学学报　2009年06期　2009年11月
七言诗之来源再认识　钟如雄、林雅风　云南师范大学学报　2009年06期　2009年11月
历史上"第一副对联"之辨正　严海燕　对联（民间对联故事）　2009年12期　2009年12月
歌谣的起源与发展　朱自清　20世纪中国文学研究论文选·通论卷　赵敏俐选编　北京：社会科学文献出版社　2010年1月
论中国古代诗歌多为短制的文化成因　江增华　深圳大学学报　2010年01期　2010年1月
谣谚的历史生成　卢有泉　太原日报　2010年1月11日
论七言诗的起源及其在汉代的发展　赵敏俐　文史哲　2010年03期　2010年5月
五言律诗定型时间新考——以李乂《次苏州》为例　龚祖培　文史哲　2010年03期　2010年5月
中国文人五、七言诗产生新论　杨树增　集宁师专学报　2010年02期　2010年6月
文人五言诗起源新论　归青　学术月刊　2010年07期　2010年7月
挽歌溯源述论　蔡坤瑞　东吴中文研究集刊　16期　2010年10月
汉代五言诗起源发展问题再讨论　赵敏俐　中国诗歌研究　7辑　北京：中华书局　2010年12月
七言古诗起源与产生问题考辨　吴贤哲　阿坝师范高等专科学校学报　2010年04期　2010年12月
试论唐人"格律诗"创作的美善过程　谭显宗　清华大学学报　2010年增刊　2010年12月
四言诗的兴起　杜永仁　甘肃高师学报　2011年01期　2011年1月
《诗经》四言体成因蠡测　韩高年　河北师范大学学报　2011年06期

2011年11月
吴声西曲与永明体成立关系的诗律学考察　杜晓勤　陕西师范大学学报
2012年02期　2012年3月
汉魏六朝隐语文学溯源论　孙艳平　太原大学教育学院学报　2012年01
期　2012年3月
论《柏梁诗》作为七言诗体始篇的意味　李晓红　中国诗学　16辑　北
京:人民文学出版社　2012年5月
论四言诗音节分化与五言诗的发生　沈亚丹　社会科学研究　2012年03
期　2012年5月
"桃符"是对联的"渊源"吗——对联语言及格律研究之一　纪国泰　西华
大学学报　2012年03期　2012年6月
关于七言诗起源的几点思考　卢红霞　群文天地　2012年18期　2012
年9月
论建安游宴诗与五言诗成立的关系——以木斋相关研究为中心　杨丰勋
江西师范大学学报　2013年02期　2013年4月
论清商乐对五言诗及词体起源的两大促动　王立　学习与探索　2013年
06期　2013年6月
"五言诗成立于建安"说质疑——兼就五言诗辨体与木斋先生商榷　柯继
红　琼州学院学报　2013年04期　2013年8月
咏歌与吟诵:中国早期诗歌体式生成问题研究　赵敏俐　文学评论　2013
年05期　2013年9月
《木实繁》是现存最早最完整的七言诗　张景　中国社会科学报　2013年
11月22日

2. 文体沿革

乐府之派别与唐人之改进　孙俍倡　文艺会刊　6期　1921年
中国诗乐变迁小史　蒋万里遗稿　觉悟　1924年1月14—28日
　～蒋万里遗稿,胡怀琛校订　艺术评论　39期　1924年
中国诗乐变迁小史(续)　蒋万里遗稿,胡怀琛校订　艺术评论　40期
1924年
论汉魏以来迄隋唐古诗　陈钟凡　国学丛刊　2卷4期　1925年10月
唐以前的七言诗　黎昔非　中国公学大学部文理学院庚午级毕业纪念刊
1930年
　～励耘学刊(文学卷)　2010年02期　2011年1月

唐宋时代"行"的观察　李冰若　暨大文学院集刊　2期　1931年
两汉建安文体异同略　王德林　江苏学生　2卷3—5期　1933年6月
由诗到词发展的径路　陈子展　读书杂志　3卷7期　1933年7月
乐府源流　黄穆如　津逮季刊　2、3期　1932年6月、1934年1月
　　~20世纪中国文学研究论文选·汉代卷　赵敏俐选编　北京：社会科
　　　学文献出版社　2010年1月
拟古诗的源流及其艺术　冯杞清　申报月刊　4卷1期　1935年1月
中国诗何以走上"律"的路　朱光潜　国学季刊　5卷4号　1935年9月
　　~朱光潜美学文学论文选集　长沙：湖南人民出版社　1980年12月
　　~20世纪中国文学研究论文选·通论卷　赵敏俐选编　北京：社会科
　　　学文献出版社　2010年1月
述清商三调歌诗之沿革　彭仲铎　学艺　15卷1期　1936年2月
一句一章之东汉七言歌谣说　王利器　制言　29期　1936年11月
歌诵分立时代的诗（中国诗文体式的演变之四）　姜亮夫　青年界　10卷
4期　1936年11月
诵诗的沿袭与歌诗的新生　姜亮夫　青年界　10卷5期　1936年12月
创制新体乐歌之途径　龙榆生　真知学报　1卷1期　1942年3月
　　~龙榆生词学论文集　上海：上海古籍出版社　1997年7月
初唐歌行流变论　萧月高　中国学报　1卷1期　1943年1月
唐代科举制度与五言诗之关系　施子愉　东方杂志　40卷8号　1944年
4月
诗　朱自清　经典常谈　上海：文光书店　1946年5月
　　~经典常谈　朱自清　北京：三联书店　1980年9月
　　~朱自清全集·第6卷·学术论著编　朱乔森编　南京：江苏教育出版
　　　社　1990年7月
　　~二十世纪中国文学史论文精粹·散文、赋卷　彭黎明选编　石家庄：
　　　河北教育出版社　2001年1月
六朝五言诗之流变　缪钺　诗词散论　上海：开明书店　1948年9月
　　~诗词散论　缪钺　上海：上海古籍出版社　1982年11月
七言诗形式的发展和完成　王运熙　复旦学报　1956年02期　1956年
3月
　　~中国古典文学参考资料　第1辑（先秦、两汉、魏晋南北朝之部）　华
　　　中师范学院中文系古典文学教研组选辑　1957年
　　~乐府诗论丛　王运熙　上海：古典文学出版社　1958年4月

~乐府诗论丛　王运熙　上海:中华书局上海编辑所　1962年2月新1版
　　~乐府诗述论　王运熙　上海:上海古籍出版社　1996年6月
　　~当代学者自选文库·王运熙卷　王运熙　合肥:安徽教育出版社　1998年12月
　　~乐府诗述论(增订本)　王运熙　上海:上海古籍出版社　2006年7月
清商曲小史　孙楷第　文学研究　1957年01期　1957年3月
　　~沧州集　孙楷第　北京:中华书局　1965年12月
汉代的俗乐和民歌　王运熙　乐府诗研究论文集　作家出版社编辑部编　北京:作家出版社　1957年4月
　　~乐府诗论丛　王运熙　上海:古典文学出版社　1958年4月
　　~乐府诗论丛　王运熙　上海:中华书局上海编辑所　1962年2月新1版
　　~乐府诗述论　王运熙　上海:上海古籍出版社　1996年6月
　　~当代学者自选文库·王运熙卷　王运熙　合肥:安徽教育出版社　1998年12月
　　~乐府诗述论(增订本)　王运熙　上海:上海古籍出版社　2006年5月
竹枝词的演变　花萼楼主　中国时报　1958年11月26日
汉代楚歌诗概述(1)　曾德圭　广西师院学报　1959年01期　1959年1月
论"词合流于诗"的问题——与夏承焘先生商榷　黄墨谷　光明日报　1959年10月25日
从古典格律诗的发展谈到建立新格律诗的途径　张志岳　哈尔滨师院学报　1959年01期
试论律体诗的形成　周维德　学术月刊　1963年04期　1963年5月
西汉乐府官署的造乐(上)　张寿平　建设　16卷3期　1967年8月
西汉乐府官署的造乐(中)　张寿平　建设　16卷4期　1967年9月
西汉乐府官署的造乐(下)　张寿平　建设　16卷5期　1967年10月
南北朝乐府诗之渊源　周诚明　中华诗学　5卷3期　1971年8月
南北朝乐府诗之产生　周诚明　中华诗学　5卷5期　1971年10月
南北朝乐府诗之产生及其评价　周诚明　台中商专学报　5期　1973年6月

两汉乐府研究　黄盛雄　台中师专学报　4期　1974年7月
两汉乐府诗之研究　张清钟　嘉义师专学报　8期　1978年5月
乐府诗的特性及其源流　邱燮友　幼狮月刊　47卷6期　1978年6月
南北朝的诗风与新体诗的兴起　马积高　语文教学（湖南）　1979年05期
略论八代、唐、宋五、七言诗的源流与发展　程千帆　求索　1981年03期　1981年6月
诗词曲的递嬗与发展（上）：诗的演进与发展　吴宏一、吕正惠　新文艺　315期　1982年6月
诗体的重大变革——重评沈约"声律论"和"永明体"诗　张柽寿　云南社会科学　1982年04期　1982年8月
论唐诗之体变　金启华　苏州大学学报　1983年03期　1983年5月
中国古典诗歌形式的流变　谢孟　百科知识　1983年06期　1983年6月
律诗不完成于沈宋　刘宝和　中州学刊　1984年03期　1984年6月
简论唐人绝句的形成和发展　吴代芳　益阳师专学报　1984年03期　1984年6月
论七言诗体的形成和发展　徐青　湖州师范学院学报　1985年01期　1985年3月
粤讴与诗界革命　张永芳　华南师范大学学报　1985年04期　1985年5月
乐府诗的特性及其源流之研究　林文瑞　中华文化复兴月刊　19卷6期　1986年6月
论我国诗歌的形体嬗变　崔恩烈　锦州师院学报　1986年03期　1986年10月
论初唐诗歌的赋化现象　商伟　北京大学学报　1986年05期　1986年10月
论唐人绝句的源流　吴代芳　广西师院学报　1986年03期　1986年10月
乐府和乐府诗　王运熙　文史知识　1986年12期　1986年12月
从新诗运动上探我国诗体演化的轨迹　陈邦炎　文学遗产　1987年01期　1987年1月
试论中国诗歌形式之发展方向　赵晶晶　中国韵文学刊　创刊号　1987年6月

范型更替:古代诗体的演变与进化　陈一舟　福建师大学报　1987年04期　1987年12月
通变成文,极数定象——从《易经》的辩证思想谈我国诗歌形式的发展变化规律　宗小荣　成都师专学报　1988年01期　1988年4月
古代诗体演变的基本倾向——格律化　支菊生　天津师大学报　1988年02期　1988年4月
论两汉诗歌语言形式的发展及其在文学史上的意义　赵敏俐　青岛大学学报　1990年1—2期　1990年6月
论诗词形式的承袭与嬗变　徐应佩、周溶泉　阴山学刊　1990年02期　1990年7月
初唐五言律体律调完成过程之观察及其相关问题之讨论　邝健行　香港中文大学中国文化研究所学报　21期　1990年
论初唐五言古诗的演变　张明非　广西师范大学学报　1991年02期　1991年3月
论格律诗的源与流　马传纲　赣南师范学院学报　1991年01期　1991年4月
近体诗约句准篇的历史进程　陈玄荣　福建学刊　1991年04期　1991年8月
古乐的沉浮与诗体的变迁:四言诗的音乐属性及兴衰探源　高华平　中国社会科学　1991年05期　1991年9月
中国古代文体概观:谈中国古代诗体的演进　褚斌杰　古典文学知识　1991年05期　1991年9月
　　~改题:中国诗体散论　古典新论　褚斌杰　长沙:湖南人民出版社　2004年5月
晚唐律诗、绝句兴旺原因初探　田耕宇　西南民族学院学报　1991年06期　1991年12月
　　~衡阳师专学报　1992年05期　1992年10月
唐代律诗研究五题　许永璋　南京大学学报　1992年01期　1992年1月
论初盛唐的五言古诗　莫砺锋　唐代文学研究(第三辑)——中国唐代文学学会第五届年会暨唐代文学国际学术讨论会论文集　1992年6月
　　~唐代文学研究　3辑　桂林:广西师范大学出版社　1992年8月
　　~唐宋诗论稿　莫砺锋　沈阳:辽海出版社　2001年10月
　　~唐宋诗歌论集　莫砺锋　南京:凤凰出版社　2007年4月

绝句的发展流变与艺术特色　郁沅　江汉论坛　1992年10期　1992年7月
　　~唐代文学研究论著集成　第6卷(下)　论文摘要:大陆部分1991—2000　张明非主编　西安:三秦出版社　2004年10月
四言诗兴衰探故　汤化　福建师范大学学报　1992年03期　1992年9月
原始艺术形态的解体与周代诗歌的独立　汤化　福建论坛　1992年05期　1992年10月
论从古诗到律诗的语言结构发展　王德明、覃喆　广西社会科学　1992年06期　1992年12月
文人五言诗晚熟原因试析　杜蔚蓝、王成林　宝鸡师院学报　1992年04期　1992年12月
从民间"竹枝词"到文人"竹枝词"　屈小强　民间文学论坛　1992年06期
"龙朔文场变体"的历史成因及意义　尚定　文史知识　1993年03期　1993年3月
南北朝律诗和诗律概要　徐青　湖州师专学报　1993年02期　1993年5月
说"宫体所传,且变朝野"　张亚新　贵州社会科学　1993年05期　1993年6月
唐代诗文古今体之争和《旧唐书》的文学观　王运熙　文学遗产　1993年05期　1993年10月
　　~中国文学年鉴·1994　中国社会科学院文学研究所、《中国文学年鉴》编辑委员会编　北京:社会科学文献出版社　1995年7月
　　~唐代文学研究年鉴·1993、1994合辑　桂林:广西师范大学出版社　1996年
　　~当代学者自选文库·王运熙卷　王运熙　合肥:安徽教育出版社　1998年12月
　　~王运熙　望海楼笔记　上海:东方出版中心　1999年4月
　　~卿云集　复旦大学中文系七十五周年纪念论文集　复旦大学中文系编　上海:上海古籍出版社　2002年8月
　　~唐代文学研究论著集成　第6卷(下)　论文摘要:大陆部分1991—2000　张明非主编　西安:三秦出版社　2004年10月
　　~中古文论要义十讲　王运熙　上海:复旦大学出版社　2004年12月

~中国古代文论管窥(增补本)　王运熙　上海:上海古籍出版社　2006年7月
论班固的《咏史诗》与文人五言诗的发展成熟问题——兼评当代五言诗研究中流行的一种错误观点　赵敏俐　北方论丛　1994年01期　1994年1月
试论唐代律诗形成的历史因素　李国芳　吉林师范学院学报　1994年01期　1994年2月
玲玲如振玉,累累若贯珠:论"文章四友"近体诗的历史地位　聂永华　南都学刊:南阳师专学报　1994年02期　1994年3月
变化创新,美无止境:中国诗歌体式的回顾与展望　陈义烈　九江师专学报　1994年02期　1994年4月
略论隋代诗体的格律化进程　王步高　辽宁大学学报　1994年04期　1994年7月
盛唐清乐的衰落和古乐府诗的兴盛　葛晓音　社会科学战线　1994年04期　1994年8月
宋代文人竹枝词的变迁　傅如一、张琴　山西大学学报　1994年03期　1994年8月
唐代和诗的演变论略　赵以武　社科纵横　1994年04期　1994年8月
节奏与中国古代诗歌体式的演变　刘焕阳　烟台师范学院学报　1994年03期　1994年9月
楚歌·乐府·古诗——汉诗发展的道路　黄瑞云　湖北师范学院学报　1994年05期　1994年10月
楚歌·乐府·古诗(续)——汉诗发展的道路　黄瑞云　湖北师范学院学报　1995年01期　1995年2月
楚声流变与汉乐府的成熟　王小兰　社科纵横　1995年02期　1995年4月
论文体革新潮流与元和诗风　许总　贵州社会科学　1995年03期　1995年6月
诗体的演变(1)　叶嘉莹讲,安易整理　国文天地　11卷6期　1995年11月
论中国古典诗歌律化过程的概念背景　萧驰　中国文哲研究集刊　9期　1996年9月
文学的摹拟与文学的自觉:魏晋六朝杂拟诗略论　俞灏敏　学术月刊　1997年02期　1997年2月

试论七律的定型与成熟　韩成武　河北大学学报　1997年01期　1997年3月

节奏与中国古代诗歌体式的演变(下)　刘焕阳　烟台师范学院学报　1997年01期　1997年3月

亦谈"盛唐清乐的衰落和古乐府诗的兴盛"——与葛晓音先生商榷　迟乃鹏　成都师专学报　1997年02期　1997年5月

刘宋诗风对永明体的影响　湛东飚　中国韵文学刊　1997年01期　1997年6月

初盛唐七言歌行的发展:兼论歌行的形成及其与七古的分野　葛晓音　文学遗产　1997年05期　1997年9月

乐府古辞的经典价值:魏晋至唐代文人乐府诗的发展　钱志熙　文学评论　1998年02期　1998年3月

论中国各种诗歌体制的产生递变决定于口头语言的发展　胥陆华　中国文学研究　1998年02期　1998年4月

永明体"新变"说　张国星　文学评论　1998年05期　1998年9月

论初盛唐绝句的发展——兼论绝句的起源和形成　葛晓音　文学评论　1999年01期　1999年1月

吴声、西曲的产生与发展　王运熙　望海楼笔记　上海:东方出版中心　1999年4月

魏晋南北朝时期诗体的发展　刘贵武　胜利油田师范专科学校学报　1999年02期　1999年5月

汉语诗歌的构成及发展　启功　文学遗产　2000年01期　2000年1月

论律诗定型于初唐诸学士　陈铁民　文学遗产　2000年01期　2000年1月

唐代七言律诗之演进轨迹　陈晓兰　绵阳师范高等专科学校学报　2000年01期　2000年2月

唐代律诗发展的契机——浅论唐初宫体诗的功过　王君　南昌教育学院学报　2000年01期　2000年3月

汉代楚歌的新变与七言、五言之隐显　夏宇　中文自学指导　2000年02期　2000年4月

汉末文人五言诗的源流与影响　江艳华　云南师范大学学报　2000年04期　2000年8月

六朝文人挽歌诗的演变和定型　王宜瑷　文学遗产　2000年05期　2000年9月

论先唐的四言绝句　周啸天　西南民族学院学报　2000年09期　2000年9月

对于《汉语诗歌的构成及发展》的意见　蔡祥鲲　文学遗产　2000年06期　2000年11月

论永明体的格律诗地位　王思源　中国地质大学学报　2001年01期　2001年3月

诗、词、曲之分途　廖奔　河北学刊　2001年02期　2001年5月

谢朓永明体向唐人近体的转型轨迹　魏耕原　吉林大学社会科学学报　2001年03期　2001年5月

论汉语诗歌的形异现象：兼论汉语诗歌诗体的流变　王珂　东方丛刊　2001年02期　2001年6月

五言八句诗的成长和永明诗人　〔日〕兴膳宏著，钱鸥译　东方丛刊　2001年02期　2001年6月

论沈宋体诗与近体诗的完成　綦开云　黑龙江教育学院学报　2001年04期　2001年8月

试论制约古代诗体生成演变的诸种因素　李炳海　延边大学学报　2002年03期　2002年9月

建安时代诗—乐关系之新变动——以"魏之三祖"为中心　顾农　广西师范大学学报　2002年03期　2002年9月

论东汉诗体的流变　郭令原　西北师大学报　2002年06期　2002年11月

论近体诗形式演化形成的内在机制　邵盈午　解放军艺术学院学报　2002年04期　2002年12月

古代汉诗的诗体分类演变特点　王珂　西藏大学学报（汉文版）　2002年04期　2002年12月

"七言排律"不盛行的原因——从对偶表现的本质说起　〔日〕松浦友久著，黄仁生译　中国文学研究　2002年04期　2002年12月

先秦两汉诗歌体式嬗变考论　郑家治　四川师范学院学报　2003年01期　2003年1月

古代汉诗诗体的演变轨迹及生成特点　王珂　宁夏社会科学　2003年01期　2003年1月

从《文心雕龙》论《谐讔》的渊源与变迁　简翠贞　新竹师院学报　16期　2003年2月

汉魏六朝七言诗遭受冷遇深层原因论　王明辉　西南师范大学学报

2003年04期　2003年7月

论古代汉诗诗体的流变形态　王珂　沈阳师范大学学报　2003年05期　2003年9月

论格律诗是汉诗定型诗体及唐代的诗体格局　王珂　烟台师范学院学报　2003年03期　2003年9月

从"谣"、"谚"、"歌"看先秦诗歌的形态及其演变　韩高年　学习与探索　2003年05期　2003年10月

格律诗是古代汉诗主导诗体的原因——兼论词与曲在古代汉诗中的文体调和作用　王珂、代绪宇　南都学坛　2003年06期　2003年11月

从南朝乐府到唐人绝句　凌欣欣　东方人文学志　2卷4期　2003年12月

论汉代至初唐是古代汉诗定型诗体建设的重要过渡时期　代绪宇、王珂　青岛科技大学学报　2003年04期　2003年12月

关于龙朔文场变体的几个问题　沈履伟　中国文学研究　2004年01期　2004年3月

"诗亡而后春秋作"新解：韵文史诗向散文史书的嬗递　陈来生　社会科学　2004年06期　2004年6月

四言诗的发展历程和衰落原因　舒韶雄　培训与研究（湖北教育学院学报）　2004年03期　2004年6月

四言诗在汉代的余响和转化　吴贤哲　先秦两汉文学论集：祝贺褚斌杰教授从教50周年　北京：学苑出版社　2004年7月

六言诗体研究　卫绍生　中州学刊　2004年05期　2004年9月

南朝文人乐府诗演进述论　刘加夫　山东师范大学学报　2004年05期　2004年10月

宫体诗与近体诗　杜青山　南阳师范学院学报　2004年11期　2004年11月

"诗学汉魏"而"律近齐梁"——唐诗复古未竟其功原因探考　陈友冰　唐代文学研究（第十一辑）——中国唐代文学学会第十二届年会暨国际学术研讨会论文集　2004年11月

～唐代文学研究　11辑　桂林：广西师范大学出版社　2006年5月

从隐括修辞看宋词与诗合流的文体演变轨迹　孙虹　福建师范大学学报　2004年05期　2004年11月

论唐代以后古代汉诗的诗体建设　王珂　齐鲁学刊　2004年06期　2004年11月

《诗经》四言体诗歌创作在汉代的赓续和转化　吴贤哲　西南民族大学学报　2004年12期　2004年12月
论古典诗体形式的形成与变异　木斋　山东师范大学学报　2004年06期　2004年12月
从诗词的离合看唐宋词的演进　王兆鹏　中国社会科学　2005年01期　2005年1月
南朝公宴诗与五言诗的律化　黄亚卓　中国韵文学刊　2005年01期　2005年3月
中国文学史遗漏之唐近体诗兴盛因素　许清云　东吴中文学报　11期　2005年5月
六朝清商曲辞的产生地域、时代与历史地位　王运熙　中国文学研究（辑刊）　7辑　2005年5月
　　~乐府诗述论（增补本）　王运熙　上海：上海古籍出版社　2006年7月
论汉魏五言古诗的生成与流传　吴大顺　郑州大学学报　2005年03期　2005年6月
魏晋南北朝文人乐府诗体式的创新　龙新辉　湖南科技学院学报　2005年06期　2005年6月
唐前七绝发展史略论　王佺　新亚论丛　7期　2005年6月
唐代"排律"诗体的隔代及域外之名称确立初探——围绕明代及韩国的排律创作与评论展开　沈文凡　新疆师范大学学报　2005年03期　2005年9月
　　~唐代文学研究　11辑　桂林：广西师范大学出版社　2006年5月
南朝五言诗篇制的演进历程　曾肖　江西师范大学学报　2005年05期　2005年10月
先唐七言诗的流变　徐晓元　阜阳师范学院学报　2006年01期　2006年1月
六言诗为何未能广为流行——兼及六言诗的评价问题　卫绍生　中州学刊　2006年02期　2006年3月
六言诗的发展轨迹　张弦生　漳州师范学院学报　2006年01期　2006年3月
宫体诗派与古诗的律化　石观海　社会科学研究　2006年02期　2006年3月
初唐乐府诗论略　王立增　阜阳师范学院学报　2006年02期　2006年

3月

试论温庭筠的乐府歌诗与诗词体式过渡　沈文凡、李博昊　长春大学学报 2006年03期　2006年3月

论中国韵文文体唯美期之诗体演变　蒋长栋　衡阳师范学院学报　2006年02期　2006年4月

论汉魏三言体的发展及其与七言的关系　葛晓音　上海大学学报　2006年03期　2006年5月

　　~先秦汉魏六朝诗歌体式研究　葛晓音　北京：北京大学出版社　2012年3月

南北朝时期乐府鼓吹曲辞的文人化进程　韩宁　乐府学　1辑　北京：学苑出版社　2006年6月

隋唐五代诗歌在体制上的发展衍变　姜秀丽、刘萍　大庆师范学院学报 2006年03期　2006年6月

汉代文人七言诗的赋化倾向　何月　理论界　2006年07期　2006年7月

"柏梁联句"与"柏梁体"诗歌的发展　胡淑芳　江西社会科学　2006年07期　2006年7月

论唐近体律诗对永明体的改进　金光　南华大学学报　2006年04期 2006年8月

汉魏两晋四言诗的新变和体式的重构　葛晓音　北京大学学报　2006年05期　2006年9月

　　~先秦汉魏六朝诗歌体式研究　葛晓音　北京：北京大学出版社　2012年3月

隋代诗歌篇制形式的格律化　于英丽　福建论坛　2006年增刊　2006年9月

徐陵与近体诗的形成　丁功谊　中国诗学　11辑　北京：人民文学出版社　2006年10月

论六朝组诗的成因及文化意蕴　李正春　苏州大学学报　2006年06期 2006年11月

中国古代民谣的文学意义研究——中国古代民谣的形式、发展及其与文人创作关系　吕肖奂　新国学　6卷　2006年11月

从两晋南朝上巳诗看四言诗体的流变和特征　樊露露　阜阳师范学院学报　2006年06期　2006年11月

集句诗的发展及其特点　张明华　南京师范大学文学院学报　2006年04

期　2006年12月
论六言诗的嬗变　谷凤莲　枣庄学院学报　2007年01期　2007年2月
论歌行体的缘起及其在先唐的流变——从汉乐府"行"题歌诗到"歌行体"　王莉　山西师大学报　2007年02期　2007年3月
汉代文士颂诗概述　张侃　中国文学研究(辑刊)　2007年02期　2007年4月
早期七言的体式特征和生成原理——兼论汉魏七言诗发展滞后的原因　葛晓音　中国社会科学　2007年03期　2007年5月
　　~先秦汉魏六朝诗歌体式研究　葛晓音　北京:北京大学出版社　2012年3月
汉代的"七言"与七言诗——兼论汉后文人七言诗一度消歇的原因　李会玲　长江学术　2007年03期　2007年7月
论盛唐七古对七言古诗诗型完善的贡献　魏祖钦　西北师大学报　2007年04期　2007年7月
形式的力量——论形式在律诗诗体建立中的作用　陈静　首都师范大学学报　2007年04期　2007年8月
六言诗不兴盛原因之我见　陈莹　辽宁行政学院学报　2007年08期　2007年8月
佛曲的传入及其与法曲之关系　罗慧　乐府与诗歌国际学术研讨会论文集——乐府学(第三辑)　2007年8月
　　~乐府学　3辑　北京:学苑出版社　2008年8月
试论汉魏晋南北朝七言诗的发展历程　陈欣　绥化学院学报　2007年05期　2007年10月
论沾溉众体的两汉四言诗　吴章燕　福建师大福清分校学报　2007年06期　2007年11月
从刻烛诗到清代诗钟演变的考证　杨俊潮　大众文艺(理论)　2007年12期　2007年12月
歌诗与诵诗:汉代诗歌的文体流变及功能分化　赵敏俐　首都师范大学学报　2007年06期　2007年12月
初唐律体形成的几点考察　叶黛莹　中国韵文学刊　2007年04期　2007年12月
四言诗与雅乐的离合——从诗乐分离的角度考察四言诗衰落的原因　赵雷、李文倩　学术交流　2008年02期　2008年2月
中古七言体式的转型——兼论"杂古"归入"七古"类的原因　葛晓音　北

京大学学报　2008年02期　2008年3月
　　~先秦汉魏六朝诗歌体式研究　葛晓音　北京:北京大学出版社　2012年3月
律体诗的形成过程——兼论律诗的成型不能仅归功于沈、宋　叶萌　西北成人教育学报　2008年02期　2008年4月
先唐杂言诗的节奏特征和发展趋向——兼论六言和杂言的关系　葛晓音　文学遗产　2008年03期　2008年5月
　　~先秦汉魏六朝诗歌体式研究　葛晓音　北京:北京大学出版社　2012年3月
魏晋南北朝诗赋的骈偶化进程及其理论意义　韩高年　辽东学院学报　2008年03期　2008年6月
论盛唐声诗和绝句为唐曲词发生的前夜　木斋　新疆大学学报　2008年04期　2008年7月
论元嘉七言古诗诗体的成熟——兼论七古艺术形式的演进　戴建业　文艺研究　2008年08期　2008年8月
题、序、注、诗四位一体——论集会背景下宋诗形制的变化　熊海英　江汉大学学报　2008年04期　2008年8月
先唐七言诗发展变迁刍议　王晓暖　三明学院学报　2008年03期　2008年9月
关于唐前诗歌体式和文本研究的思考　葛晓音　中国唐代文学学会第十四届年会暨唐代文学国际学术讨论会——唐代文学研究(第十三辑)　2008年10月
　　~唐代文学研究　13辑　桂林:广西师范大学出版社　2010年9月
盛唐歌舞大曲的繁荣与杜甫"行"诗之构成　杨晓霭　中国唐代文学学会第十四届年会暨唐代文学国际学术讨论会——唐代文学研究(第十三辑)　2008年10月
　　~唐代文学研究　13辑　桂林:广西师范大学出版社　2010年9月
论教坊曲与唐代文学的关系　左汉林　中国诗歌研究　5辑　北京:中华书局　2008年12月
汉唐间文人相和歌辞的拟与变　王传飞　乐府学　4辑　2009年1月
文体视阈下的七言演进　李鹏　社会科学家　2009年02期　2009年2月
孔臧四赋与西汉诗赋分途发微　孙少华　文学遗产　2009年02期　2009年3月

略论四言诗的衰微　马黎丽　毕节学院学报　2009 年 03 期　2009 年 3 月

徐庾体与近体诗的形成　丁功谊　求索　2009 年 04 期　2009 年 4 月

论魏晋南北朝乐府体五言的文体演变——兼论其与徒诗五言体之间文体上的分合关系　钱志熙　中山大学学报　2009 年 03 期　2009 年 5 月

南北朝乐府歌辞的发生与流布　张彩秋、常贺敏、左玉梅　河北科技师范学院学报　2009 年 02 期　2009 年 6 月

从"约句准篇"看"四律"在律诗形成过程中的历史地位　黄崇浩　黄冈师范学院学报　2009 年 04 期　2009 年 8 月

略论诗歌律化进程的起点　李娟　浙江工业大学学报　2009 年 03 期　2009 年 9 月

唐代乐府诗格律化倾向探析　谈莉　安徽大学学报　2009 年 05 期　2009 年 9 月

论南朝乐府新声的发展历程　王志清　广西师范大学学报　2009 年 05 期　2009 年 10 月

汉魏六朝七言诗发展史上的三座丰碑　马婷婷　和田师范专科学校学报　2009 年 06 期　2009 年 11 月

应制诗对五言诗律化的影响——以平仄和句数为观照中心　程建虎　绍兴文理学院学报　2009 年 06 期　2009 年 11 月

文体交融与唐代诗文的变化革新　余恕诚　国学研究　24 卷　2009 年 12 月

初唐时期"律诗定型"探论　陈钟琇　明道通识论丛　7 期　2009 年 12 月

从《长安有狭斜行》到《三妇艳》看清商三调在南朝的演变　吴大顺　中国诗歌研究　6 辑　北京：中华书局　2009 年 12 月

论唐代"吟诗之风"及"诗赋取士"对于近体格律的影响　张英　焦作师范高等专科学校学报　2009 年 04 期　2009 年 12 月

南朝乐府"吴声"的形成历史和歌辞特征　王志清　咸阳师范学院学报　2010 年 01 期　2010 年 1 月

楚歌的嬗变刍议　杨鹏　电影评介　2010 年 04 期　2010 年 2 月

论七言佛偈传译与东晋南朝七言诗　龚贤　衡阳师范学院学报　2010 年 01 期　2010 年 2 月

宋代诗人典范选择与诗体演变的关系　雷艳平　当代教育理论与实践　2010 年 01 期　2010 年 2 月

论晚清诗歌的文体建构　吕周聚　齐鲁学刊　2010 年 02 期　2010 年

3月

南朝咏物诗对促进五言诗律化的意义　赵红菊　内蒙古大学学报　2010年02期　2010年3月

从江鲍与沈谢看宋齐五言诗的沿革　葛晓音　学术研究　2010年03期　2010年3月

　　~先秦汉魏六朝诗歌体式研究　葛晓音　北京：北京大学出版社　2012年3月

南朝五言诗体调的"古""近"之变　葛晓音　中国社会科学　2010年03期　2010年5月

　　~先秦汉魏六朝诗歌体式研究　葛晓音　北京：北京大学出版社　2012年3月

唐代音乐制度与文学的关系　左汉林　文学评论　2010年03期　2010年5月

论萧梁宫廷音乐文化建设与乐府诗发展　王志清　西南大学学报　2010年04期　2010年7月

论隋代初唐的燕乐歌诗写作　木斋　吉林师范大学学报　2010年04期　2010年7月

南宋"选体诗"的重新发现及其诗学意义　史伟　中国文学研究　2010年03期　2010年7月

乐府曲调的流传与初唐诗风之演变　韩宁　沈阳师范大学学报　2010年04期　2010年7月

略谈梁陈时期七言诗的发展　陈怀利　贵州师范学院学报　2010年08期　2010年8月

浅析古代四言诗的演变轨迹　李扬扬　美与时代（下）　2010年10期　2010年11月

论齐梁赠答诗的体式新变　韩蓉　安徽文学（下半月）　2010年11期　2010年11月

论北朝宫廷乐府　赵宏艳　乐府学　6辑　2010年12月

论齐梁陈隋时期诗坛的古今分流现象　钱志熙　河南师范大学学报　2011年01期　2011年1月

试论中晚唐七绝的发展趋势：徒诗艺术的扩张和深化　刘青海　安徽大学学报　2011年01期　2011年1月

论汉魏六朝颂的体式确立及流变　林晓光　兰州学刊　2011年02期　2011年2月

"诗与歌别"观念与汉魏六朝诗歌衍变　吴大顺　中南民族大学学报 2011 年 02 期　2011 年 3 月

论汉魏晋南北朝七言诗的体式　夏先忠、俞理明　中华文化论坛　2011 年 02 期　2011 年 3 月

南朝文人五言诗歌体式的走向与定位　崔涛　北方论丛　2011 年 02 期　2011 年 3 月

骚体诗及其在中唐骚体文学中的分布　穆伟、杨征　华章　2011 年 14 期　2011 年 5 月

艺术中的古词：诗词之辩——从苏轼词艺中的古诗传统及苏诗、苏词的分野中把握唐宋之际的文体演变　李侠　剑南文学(下半月)　2011 年 5 月

明代声诗及其学术背景　杨艳香　文艺评论　2011 年 06 期　2011 年 6 月

论楹联的产生与发展　张洪兴　天中学刊　2011 年 04 期　2011 年 8 月

论汉魏五言诗的发展状况　王芬涛　剑南文学(经典教苑)　2011 年 08 期　2011 年 8 月

论初盛唐时期古体诗体制的发展　钱志熙　南开学报　2011 年 05 期　2011 年 9 月

论中古乐府歌辞的原生态状况　胡大雷　广西师范学院学报　2011 年 04 期　2011 年 10 月

诗歌节奏的内在矛盾与七言诗体晚熟之原因及过程　姚爱斌　文化与诗学　2011 年 02 期　2011 年 12 月

论乐府歌诗创作在近体诗形成过程中的作用　周仕慧　名作欣赏　2012 年 02 期　2012 年 1 月

建安拟代诗的源流与范本价值　杜红亮　河南师范大学学报　2012 年 02 期　2012 年 3 月

初唐七言排律合律时间补论　龚祖培　文学评论丛刊　14 卷 1 期　2012 年 3 月

汉代四言诗对《诗经》四言诗的继承与发展　党薇薇　安徽文学(下半月) 2012 年 04 期　2012 年 4 月

以"永明体"与"沈宋体"论析汉语格律诗的发展　高薇　学理论　2012 年 15 期　2012 年 5 月

彭城刘孝绰家族与齐梁诗歌格律化走向　邹建雄　文艺评论　2012 年 06 期　2012 年 6 月

"以数立言"与九言诗之兴——谢庄《宋明堂歌》文体新变考论　李晓红

中山大学学报　2012年04期　2012年7月

汉代经学的演变与四言诗的走势　田胜利　郑州大学学报　2012年04期　2012年7月

六言诗的失落　夏悦　北方文学(下半月)　2012年09期　2012年9月

论陈代文会活动与五言诗的律化　毛振华　浙江外国语学院学报　2012年05期　2012年9月

北魏初四言诗兴盛之缘由　卢有泉　广西师范学院学报　2012年04期　2012年10月

论汉魏五言诗为两种不同的诗体　木斋　中国韵文学刊　2013年01期　2013年1月

汉魏五言诗的成立与木斋新说的思考　黄坤尧　中国韵文学刊　2013年01期　2013年1月

论初唐近体诗形成的宫廷文化属性　木斋　江西师范大学学报　2013年01期　2013年2月

论汉魏六朝七言诗歌的源流及其与音乐的关系　钱志熙　中华文史论丛　109期　2013年3月

论从音乐文学角度看古诗歌之兴衰　刘敏　语文建设　2013年12期　2013年4月

时代鼎革与文体流变——《中国诗歌通史·汉代卷》撰写的几点思考　赵敏俐　北京大学学报　2013年06期　2013年11月

古代诗歌"五言"取代"四言"原因探析　唐莉　语文天地(理论综合)　2013年11期　2013年11月

浅析汉代乐府民歌与五言诗的兴起和发展　方东杰、曲赫　芒种　2013年24期　2013年12月

二、体制论

【著作】

谜语研究　陈光尧　上海：商务印书馆　1920年12月　113页　百科小丛书

◎上海：商务印书馆　1930年12月　116页

　　第一章　总论；第二章　谜语的解说及定义；第三章　谜语的起源及历史；第四章　谜语的产生及演进；第五章　谜语的性质及分类；第六章

谜语的组合的原素;第七章 谜语与他语的比较;第八章 谜语与文学的关系;第九章 谜语的功能及影响;第十章 结论

谜史　钱南扬　广州:国立中山大学语言历史研究所　1928年7月　120页　民俗学会丛书(未见)
◎上海:上海文艺出版社　1986年12月　117页
再版前言;《谜史》新序;《谜史》原序;第一章 春秋至汉代之隐语;第二章 汉魏六朝之离合;第三章 魏晋六朝之谜语;第四章 唐代之谜语;第五章 宋代之谜语;第六章 宋谜录存;第七章 元明之接武;第八章 清代之谜语;第九章 谜语书籍;第十章 馀论

乐府通论　王易　上海:神州国光社　1933年4月　217页
序;述原第一;明流第二;辨体第三;征辞第四;斠律第五;馀论
◎上海:中国联合出版公司　1944年12月
◎上海:中国文化服务社　1946年10月　217页

谜语之研究　杨汝泉编　天津:大公报社　1934年4月　128页
一、谜语之意义;二、谜语溯源;三、谜语之范围;四、谜语之体格;五、制谜;六、猜谜;附录(谜话);后记

绝句论　洪为法　上海:商务印书馆　1934年6月　102页　百科小丛书
导言;第一章 溯源;第二章 特质;第三章 制作;第四章 品藻(上);第五章 品藻(下)

杂体诗丛考　曲滢生编　北京:清华园我辈语社　1935年3月　122页
序;体制;双声叠韵;四声;韵;律诗;杂言诗;杂句诗;附录:孔雀东南飞的时代考

律诗论　洪为法　上海:商务印书馆　1935年9月初版　小百科丛书　74页
引论;第一章 正名;第二章 溯源;第三章 流派;第四章 作法;第五章 辨形

诗体释例　胡才甫　上海:中华书局　1937年11月　145页
(甲)以风格分体;(乙)以音韵分体;(丙)以形式分体;(丁)以题名分体;(戊)以地域分体;(己)杂体

诗学概要　何达安　长沙:商务印书馆　1938年7月初版　166页　国学小丛书

第一章 诗的起源;第二章 诗的体例;第三章 诗的声律;第四章 诗的韵格;第五章 诗的章法;第六章 诗的句法;第七章 诗的字法;第八章 诗的对偶;第九章 诗的本质;第十章 诗的题目

诗论 朱光潜 重庆:国民图书出版社 1943年6月 270页

序;第一章 诗的起源;第二章 诗与谐隐;第三章 诗的境界——情趣和意象;第四章 论表现——情感思想与语言文字的关系;第五章 诗与散文;第六章 诗与乐——节奏;第七章 诗与画——评莱辛的诗画异质说;第八章 中国诗的节奏与声韵的分析(上):论声;第九章 中国诗的节奏与声韵的分析(中):论顿;第十章 中国诗的节奏与声韵的分析(下):论韵;附录:给一位写新诗的青年朋友

◎增订版 南京:正中书局 1948年3月

增补:增订版序;第十一章 中国诗何以走上"律"的路(上):赋对于诗的影响;第十二章 中国诗何以走上"律"的路(下):声律的研究何以特盛于齐梁以后;第十三章 陶渊明

◎北京:三联书店 1984年7月 295页

增补:中西诗在情趣上的比较(附第三章后);替诗的音律辩护(附第十二章后);后记

◎合肥:安徽教育出版社 1987年6月 331页 朱光潜全集 第3卷

增补附录:诗的实质与形式;诗与散文

闲话诗钟 张西厢 1953年6月(编按:出版者不详)

序一(陈其采);序二(楼桐孙);序三(谭元徵);钟话;钟格;钟联;钟选

中国歌谣 朱自清 北京:作家出版社 1957年9月 214页

一、歌谣释名;二、歌谣的起源与发展;三、歌谣的历史;四、歌谣的分类;五、歌谣的结构;六、歌谣的修辞;七、歌谣的评价;八、歌谣研究的面面;九、歌谣搜集的历史;十、歌谣叙录(后四章原缺,但存篇名);跋记(浦江清)

◎台北:东方文化供应社 1970—1980年间 213页 中国民俗学会国立北京大学民俗丛书

◎台北:开今文化事业有限公司 1994年8月 368页 朱自清文集·六

◎上海:复旦大学出版社 2004年7月 203页

◎北京:金城出版社 2005年1月 297页

汉唐大曲研究 王维真 台北:学艺出版社 1977年5月 302页

许序;曾序;自序;本书大纲;彩色插图目次;插图目次;表格目次;第一章 汉大曲的研究;第二章 唐大曲的形成;第三章 唐大曲的研究;第四章 大曲的遗响;第五章 结语;参考书目

两汉乐府诗之研究　张清钟　台北:台湾商务印书馆　1979年4月　80页

前言;上篇:绪论——乐府诗概论　第一章 乐府诗之定义;第二章 乐府诗之起源及产生背景;第三章 乐府诗之区类;第四章 乐府诗之格调及命题;

中篇:本论——两汉乐府诗之介述　第一章 引述;第二章 郊庙歌辞;第三章 燕射歌辞;第四章 舞曲歌辞;第五章 鼓吹曲辞(附横吹曲辞);第六章 相和歌辞(附清商曲);第七章 杂曲歌辞;

下篇:总论——两汉乐府之评价　第一章 两汉乐府之流变;第二章 两汉乐府之特质;第三章 两汉乐府之影响;第四章 馀言;主要参考书目

唐代诗评中风格论之研究　黄美铃　台北:文史哲出版社　1982年2月　141页　文史哲学集成

序言;第一章 唐以前风格理论之确立;第二章 唐代诗评中风格论之发展;第三章 皎然《诗式》之风格论;第四章 司空图《诗品》之风格论;第五章 唐代禅学与诗风格论;第六章 结论;主要参考书目

◎与涂淑敏《初盛唐五言近体诗声律研究》合刊　永和:花木兰文化出版社　2009年3月　107页　古典诗歌研究汇刊·第五辑

杂体诗释例　何文汇　香港:香港中文大学出版社　1986年12月　242页

罗忼烈教授题辞;周策纵教授序;自叙;第一章 释名;第二章 辨体;第三章 离合体;第四章 回文体;第五章 集句体;第六章 杂嵌体;第七章 杂声韵体;第八章 杂言体;第九章 风人体;馀论;附录;参考及征引书目举要

中国古代诗歌体裁概论　麻守中　长春:吉林大学出版社　1988年9月　382页

绪论;第一章 诗经体诗;第二章 楚辞体诗;第三章 赋体;第四章 乐府体诗;第五章 古体诗;第六章 近体诗;第七章 词;第八章 散曲;第九章 剧诗;第十章 说唱诗;第十一章 杂体诗;跋语

中国文学的对句艺术　〔日〕古田敬一著,李淼译　长春:吉林文史出版社 1989年7月　330页

写在中译本出版之前;序(公木);原序;第一章 对句的原理;第二章 对句的分类;第三章 对句的评价;第四章 诗的对句;第五章 散文的对句;第六章 骈文的对句;第七章 馀论;译后记

○《中国文学的对句艺术》笔谈　王元化　汕头大学学报　1990年02期　1990年7月
○《中国文学的对句艺术》读后　杨明照　汕头大学学报　1990年02期　1990年7月
○读《中国文学的对句艺术》随感　顾易生　汕头大学学报　1990年02期　1990年7月
○中国文学对偶艺术的审美功能——读《中国文学的对句艺术》　张文勋　汕头大学学报　1990年02期　1990年7月
○填补空白的力作——读《中国文学的对句艺术》　吴文治　汕头大学学报　1990年02期　1990年7月
○对句、楹联仍有生命力——读《中国文学的对句艺术》随感　霍松林　汕头大学学报　1990年02期　1990年7月
○快读古田敬一《中国文学的对句艺术》　顾易生、邵毅平　文学遗产　1991年04期　1991年11月

乐府诗述论　王运熙　上海:上海古籍出版社　1996年6月　510页

自序;上编:六朝乐府与民歌　吴声西曲的产生时代;吴声西曲的产生地域;吴声西曲的渊源;吴声西曲杂考;论六朝清商曲中之和送声;论吴声西曲与谐音双关语;神弦歌考;

中编:乐府诗论丛　汉魏两晋南北朝乐府官署沿革考略;汉武始立乐府说;清乐考略;说黄门鼓吹乐;汉代鼓吹曲考;杂舞曲辞杂考;汉代的俗乐和民歌;论《孔雀东南飞》的产生时代、思想、艺术及其问题;南北朝乐府中的民歌;汉魏六朝乐府诗研究书目提要;附录:七言诗形式的发展和完成;

下编:乐府诗再论　略谈乐府诗的曲名本事与思想内容的关系;乐府民歌和作家作品的关系;相和歌、清商三调、清商曲;读汉乐府相和、杂曲札记;蔡琰与《胡笳十八拍》;论吴声与西曲;吴声、西曲中的扬州;谢惠连体和《西洲曲》;柳恽的《江南曲》;梁鼓角横吹曲杂谈;读《汉魏六朝乐府文学史》;论乐府诗绝句四首;离合诗考;附录:研究乐府诗的一些情况和体会

◎增补本　上海:上海古籍出版社　2006年7月　568页　中华学术丛书
下编增补:六朝清商曲辞的产生地域、时代与历史地位;刘宋王室与吴声西曲的发展;郭茂倩与《乐府诗集》;增补本后记

诗词曲艺术通论　熊笃　郑州:中州古籍出版社　2000年7月(未见)
○博通、集成、创新、致用——评熊笃《诗词曲艺术通论》　傅璇琮　中国图书评论　2002年07期　2002年8月
○溯源条流　探骊得珠——评熊笃先生《诗词曲艺术通论》　尹富　重庆教育学院学报　2002年04期　2002年8月

楹联学论稿　刘德辉　延吉:延边人民出版社　2001年10月　244页　思想拷问丛书
会当凌绝顶,一览众山小(序,范进军);第一章　对联的文体性质;第二章　对联的起源发展;第三章　对联的语体特征;第四章　对联的对仗规则;第五章　对联的对仗方式;第六章　对联调平仄的基本要求;第七章　文言多句联句尾字的平仄;第八章　巧对种种;第九章　对联的社会应用;本书主要征引书目;后记
○对联,一个有趣的话题——读刘德辉先生的《楹联学论稿》　唐树芝　书屋　2004年05期　2004年5月
○板凳须坐十年冷　文章不写一句空——读刘德辉先生的《楹联学论稿》　曾钢城　株洲师范高等专科学校学报　2003年03期　2003年6月
○亮点烁烁耀人眼——读刘德辉《楹联学论稿》　陈瑞衡　株洲师范高等专科学校学报　2003年04期　2004年7月

风雅的诗钟　王鹤龄　北京:台海出版社　2003年9月　279页　火狐狸诗丛
前言;序言(周笃文);序言(白化文);上编:诗钟的面貌和写作　第一章　诗钟的基本体式;第二章　千姿百态的各类诗钟作品;第三章　诗钟文体面面观;第四章　诗钟的活动方式以及社会影响;第五章　诗钟作品写对仗的讲究;第六章　诗钟作品用典的讲究;第七章　诗钟作品造句的讲究;第八章　诗钟的艺术特色;第九章　对诗钟今后发展的思考
下编:对诗钟源、流和珍籍的研讨　第十章　对于诗钟来源的考证;第十一章　诗钟集、诗钟社和诗钟任务;第十二章　诗钟研究逐渐展开的过程;后记

中国楹联学概论　谷向阳　北京:昆仑出版社　2007年2月　677页　东方文化集成·中华文化编

  总序(季羡林);序(马萧萧);第一章 楹联概说;第二章 楹联史略;第三章 楹联的分类;第四章 楹联的格律;第五章 楹联的长短;第六章 楹联的修辞;第七章 楹联的创作;第八章 楹联的欣赏;后记;附录:主要参考书目

排律文献学研究(明代编)　沈文凡　长春:吉林人民出版社　2007年12月　656页　吉林大学哲学社会科学学术文库

  序(霍松林);导言;第一章 明代诗文集唐诗学文献缉考;第二章 诗社与明代近体律诗创作的繁盛;第三章 明代近体律诗与"平水韵";第四章 "排律"诗体名称确立考;第五章 百韵排律嬗变考述;第六章 明代排律题标韵数整理统计;第七章 明代唐诗选本排律诗目选粹;第八章 明代诗文别集中排律诗目总汇;结语;主要参考文献;后记

  ○排律文献学研究的奠基之作——沈文凡教授《排律文献学研究》(明代卷)评议　潘殊闲　牡丹江师范学院学报　2009年06期　2009年12月

  ○《排律文献学研究》(明代篇)印象　程刚、杨柏岭　广东技术师范学院学报　2009年11期　2009年11月

  ○中国古代排律文献缉考之开拓——《排律文献学研究(明代篇)》读后　孟祥娟　西华大学学报　2012年03期　2010年6月

  ○中国古代排律研究的开拓与创新——沈文凡教授《排律文献学研究(明代卷)》平议　曹书杰、张德恒　古籍整理研究学刊　2010年04期　2010年7月

  ○排律诗体文献研究领域的"地图"和"指南针"——沈文凡教授《排律文献学研究(明代篇)》读后　魏耕原、王崇任　吉林师范大学学报　2011年01期　2011年1月

  ○唐代排律接受史研究的开拓与延伸——沈文凡教授《排律文献学研究》(明代篇)评述　吴怀东　吉林师范大学学报　2012年01期　2012年1月

  ○排律诗体文献学之建构与变革——沈文凡教授《排律文献学研究(明代卷)》述评　王树海、聂垚　吉林师范大学学报　2012年04期　2012年7月

  ○中国古代排律研究的创新奠基之作——沈文凡教授《排律文献学研究(明代篇)》评述　曹萌、全崴　吉林师范大学学报　2012年05期

2012年9月

宋代声诗研究　杨晓霭　北京:中华书局　2008年1月　430页　中华文史新刊

　　胡忌先生评语(代序);序一(王小盾);序二(王兆鹏);第一章　绪论;第二章　唐音流韵;第三章　宋人歌宋诗;第四章　仪式声诗的制作;第五章　文人会吟及其诗乐观;第六章　民间声诗;第七章　乐语口号声诗;第八章　结论和馀论;主要参考文献及征引书目;后记

　　○《宋代声诗研究》序　王兆鹏　长江学术　2007年04期　2007年10月

　　○传承与创新并举:"声诗学"研究的又一部力作——评杨晓霭教授《宋代声诗研究》　柏红秀　中国诗歌研究动态　6辑　2010年4月

唐诗与传奇的生成　吴怀东　合肥:安徽大学出版社　2008年4月　283页　安徽大学文学研究丛书

　　序(余恕诚);导论:小说"文备众体"的文体属性;第一章　先唐"小说"传统对于唐传奇的哺育;第二章　唐传奇的世俗性、现实性及其与史书、志怪的分野;第三章　诗、赋与"小说"的共生性;第四章　尚文思潮与传奇的文学性质;第五章　诗、赋经验与唐传奇的创作性质;第六章　诗歌在传奇中的修辞功能;第七章　唐传奇与诗化小说;第八章　传奇小说对于诗歌的渗透;第九章　"奇"、诗性精神与科举制度;结语:文体互动、传奇精神与传奇文体的兴衰;附录:主要参考书目;后记

　　○文体学视野下的唐诗与传奇关系研究——评吴怀东《唐诗与传奇的生成》　米彦青　安徽农业大学学报　2009年02期　2009年3月

从《全唐诗》中六句诗看四句诗及八句诗之定体并附论六言诗　吕珍玉　永和:花木兰文化出版社　2008年9月　185页　古典诗歌研究汇刊·第四辑

　　自序;绪言;第一章　中国诗的结构形式;第二章　前人论六句诗的检讨和六句诗的历史发展;第三章《全唐诗》中六句诗的形貌;第四章　六句诗与四句诗及八句诗历史源流的比较;第五章　六句诗与四句诗、八句诗架构及内容特点的比较;结论;附论六言诗;附录一;附录二;附录三;参考书目

杂体诗歌概论　饶少平　北京:中华书局　2009年6月　281页

　　序一(杨镰);序二(赵仁珪);序三(孙郁);自序;折腰体;应字格;进退

格;辘轳格;葫芦格;全对格;散律诗;同音韵诗;促句格;三言体;盘中体;拆字体;藏头体;歇后体;嵌字体;神智体;换字体;大言体;小言体;重句体;首尾吟体;十七字诗;九言诗;翻韵诗;虚字诗;四声诗;二言诗;短柱体;三五七言诗阶梯诗;一字至七字诗宝塔诗;复字体;同头体;独木桥体;叠字体;重字体;连珠体;联珠格;连环体;借字体;两韵间押诗;蘩础体;风人体;四声韵诗;主要参考引用文献;后记

○谈言微中,解颐解纷——饶少平先生的《杂体诗歌概论》论略 赵目珍 北京工业大学学报 2011年03期 2011年6月

郊庙燕射歌辞研究 王福利 北京:北京大学出版社 2009年8月 330页 京华学术文库·乐府诗集分类研究

总序(吴相洲);上编:郊庙歌辞研究 第一章 先秦两汉郊祀乐歌概况;第二章 汉武帝"始立乐府"的真正含义及其礼乐问题;第三章 《乐府诗集》与两汉郊祀乐歌;第四章 房中乐歌;

下编:燕射歌辞研究 第一章 燕射的概念;第二章 夏商周至汉魏三国时期的燕射礼乐;第三章 晋燕射歌辞的载录情况及其相关问题;第四章 宋、齐、梁、北齐诸朝的燕射歌辞;第五章 北周的燕射歌辞;第六章 隋唐五代的燕射乐章;结论;主要参考文献

○《郊庙燕射歌辞研究》评介 张建华 中国诗歌研究动态 9辑 北京:学苑出版社 2011年12月

鼓吹横吹曲辞研究 韩宁 北京:北京大学出版社 2009年8月 306页 京华学术文库·乐府诗集分类研究

总序(吴相洲);绪言;上编:《乐府诗集》鼓吹曲辞研究 第一章 鼓吹曲辞的文献学研究;第二章 鼓吹曲辞的音乐学研究;第三章 鼓吹曲辞的文学研究;

下编:《乐府诗集》横吹曲辞研究 第一章 横吹曲辞的文献学研究;第二章 横吹曲辞的音乐学研究;第三章 横吹曲辞的文学研究;附录;结语;主要参考文献;后记

○乐府学研究的复归——读《鼓吹横吹曲辞研究》 王娜 中国诗歌研究动态 9辑 北京:学苑出版社 2011年12月

相和歌辞研究 王传飞 北京:北京大学出版社 2009年8月 377页 京华学术文库·乐府诗集分类研究

总序(吴相洲);序言(赵敏俐);绪论;第一章 滋生相和歌艺术的汉代新音乐文化;第二章 乐府相和歌艺术的产生与发展;第三章《乐府诗

集》著录相和歌辞的得失;第四章 深受歌诗生产影响的相和歌辞艺术;第五章 魏、晋相和歌辞的转型;第六章 文人相和歌辞的发展与演变;结语;附录;参考文献;后记

○歌者的现场与诗意的呈现——评王传飞《相和歌辞研究》 卫亚浩 中国诗歌研究动态 9辑 北京:学苑出版社 2011年12月

清商曲辞研究 曾智安 北京:北京大学出版社 2009年8月 258页 京华学术文库·乐府诗集分类研究

总序(吴相洲);引言:从整体的视野来研究清商曲辞及其与诗歌的关系;第一章 "清商"内涵的历史衍变;第二章 清商乐歌的音乐学研究;第三章 清商乐歌与南朝诗歌的互动关系;第四章 清商曲辞与唐代清商新辞及诗歌的创作;结论;附录:清商曲辞补录;参考文献;后记

○一部南朝乐府与歌诗研究的新作——评曾智安《清商曲辞研究》 何江波 中国诗歌研究动态 9辑 北京:学苑出版社 2011年12月

舞曲歌辞研究 梁海燕 北京:北京大学出版社 2009年8月 321页 京华学术文库·乐府诗集分类研究

总序(吴相洲);绪论;第一章 《乐府诗集》舞曲歌辞收录情况考论;第二章 雅舞歌辞的祭仪文化内涵探讨;第三章 杂舞歌辞的音乐学、舞蹈学研究;第四章 舞曲歌辞的文学研究;结论;参考文献;后记

○从深度解读到体系建构——评梁海燕《舞曲歌辞研究》 王媛 中国诗歌研究动态 9辑 北京:学苑出版社 2011年12月

琴曲歌辞研究 周仕慧 北京:北京大学出版社 2009年8月 282页 京华学术文库·乐府诗集分类研究

总序(吴相洲);绪论;第一章 上古琴歌;第二章 汉代琴歌;第三章 魏晋南北朝琴歌的新变;第四章 隋唐琴歌的复与变;结论;参考文献

近代曲辞研究 袁琇柏、曾智安 北京:北京大学出版社 2009年8月 234页 京华学术文库·乐府诗集分类研究

总序(吴相洲);绪论;第一章 近代曲辞的文献学研究;第二章 近代曲辞的音乐学研究;第三章 近代曲辞的文学研究;结论;参考文献;后记

杂曲歌辞与杂歌谣辞研究 向回 北京:北京大学出版社 2009年8月 399页 京华学术文库·乐府诗集分类研究

总序(吴相洲);绪论;上编:杂曲歌辞研究 第一章 杂曲歌辞文献学

研究;第二章 杂曲歌辞音乐学研究;第三章 杂曲歌辞文学研究;第四章 杂曲歌辞丛考;

下编:杂歌谣辞研究 第一章 杂歌谣辞文献学研究;第二章 杂歌谣辞音乐学研究;结论;附录:我国古代歌谣与乐歌的不同留存方式;主要参考文献;后记

○岂惟观乐,于焉识礼——评向回《杂曲歌辞与杂歌谣辞研究》 敬晓庆 中国诗歌研究动态 9辑 北京:学苑出版社 2011年12月

新乐府辞研究 张煜 北京:北京大学出版社 2009年8月 170页 京华学术文库·乐府诗集分类研究

总序(吴相洲);绪论;第一章 "新乐府辞"概念的界定及其收录补订;第二章 新乐府辞的入乐问题;第三章 唐代翰林学士与新乐府辞创作;第四章 白居易《新乐府》创作情况再考察;第五章 元白之外其他诗人的新乐府;结论;参考文献;后记

唐代试律研究 薛亚军 北京:中国戏剧出版社 2010年12月 220页 新知文丛·第3辑

前言;引子:相关研究成果述评;第一章 "诗赋取士"的确立;第二章 唐代试律的体性;第三章 唐代试律的套式;第四章 唐代试律的影响;附录一:《文苑英华》(卷180—189)所收唐代试律编号;附录二:唐代科举大事编年;附录三:唐代诗赋试题存目;附录四:《登科记考》订补;附录五:唐府州试诗题考辨;参考书目;后记

御用文体试贴诗 蔺德生、赵萍 北京:语文出版社 2011年5月 238页 鲤鱼跃龙门科举文化丛书

序言(十年砍柴);一、试贴诗概说;二、试贴诗的刊刻;三、试贴诗与蒙学教育;四、试贴诗的写作;五、试贴诗简析;六、试贴诗欣赏;七、试贴诗的价值;主要参考书目;丛书后记

诗体类说 潘善祺 上海:上海古籍出版社 2011年8月 339页

前言;古体编;近体编;乐府编;杂体杂名编

唐诗与其他文体之关系 余恕诚、吴怀东 北京:中华书局 2012年1月 361页

序(刘学锴);绪论;第一章 诗赋交融与唐诗演进;第二章 文中有诗与"以文为诗";第三章 唐诗与传奇小说的相互影响;第四章 唐诗与词的兴起、定型;结语:文体观念与时代精神异体交融与维护本色;参

○《唐诗与其他文体关系研究》序　刘学锴　安徽师范大学学报　2010年02期　2010年3月

○学术研究之通识——《唐诗与其他文体之关系》述论　胡可先　安庆师范学院学报　2012年05期　2012年10月

○立体而开放的研究景观——《唐诗与其他文体之关系》评论　王志清　中国韵文学刊　2012年04期　2012年10月

○唐代文体相互关系研究的奠基之作——《唐诗与其他文体之关系》述评　沈文凡、聂垚　吉林师范大学学报　2013年02期　2013年3月

乐府诗体式研究　周仕慧　北京：北京大学出版社　2013年8月　298页　京华学术文库

绪论；第一章　乐府诗的语体研究；第二章　乐府诗的结构研究；第三章　乐府诗中的句度研究；第四章　乐府诗的声律研究；参考文献

两汉乐府诗研究　陈利辉　北京：社会科学文献出版社　2013年8月　258页　乐府诗断代研究

总序(吴相洲)；绪论；第一章　汉乐府题名研究；第二章　汉乐府部分曲类配器研究；第三章　汉乐府体式研究；第四章　汉乐府题材研究；结论；参考文献；附录一：《诗经》题名命名情况分类表；附录二：《中国画像石全集》收录汉世乐舞场合配器情况表；附录三：明清文学批评论著中与汉乐府相关的论述；后记

魏晋乐府诗研究　王淑梅　北京：社会科学文献出版社　2013年8月　311页　乐府诗断代研究

总序(吴相洲)；绪论；第一章　魏晋乐府诗文献学研究；第二章　魏晋音乐体制研究；第三章　魏晋鼓吹曲辞研究；第四章　魏晋相和歌辞研究；第五章　魏晋杂曲歌辞研究；第六章　魏晋游仙乐府诗研究；结语；参考文献；后记

齐梁乐府诗研究　王志清　北京：社会科学文献出版社　2013年8月　280页　乐府诗断代研究

总序(吴相洲)；绪论；第一章　齐梁乐府诗的文献著录；第二章　齐梁乐府诗繁荣的音乐和文学背景；第三章　齐代宫廷音乐文化建设与乐府诗的发展；第四章　梁代宫廷雅乐建设与乐府歌辞的撰制；第五章　梁代宫廷俗乐建设与乐府歌辞的创作；第六章　齐梁重要乐府类型的

发展和新变;结论;参考文献

【学位论文】

汉代歌诗研究　刘旭青　扬州大学　2003 年　博士论文
宋代声诗研究　杨晓霭　扬州大学　2003 年　博士论文
排律文献学研究　沈文凡　陕西师范大学　2005 年　博士论文
相和歌辞研究　王传飞　首都师范大学　2006 年　博士论文
清商曲辞研究　曾智安　首都师范大学　2006 年　博士论文
"沈宋体"研究　李娟　浙江大学　2007 年　博士论文
唐大曲考　王安潮　上海音乐学院　2007 年　博士论文
中国古代诗歌文体研究　李晓红　中山大学　2010 年　博士论文
永明诗体研究　王俊英　陕西师范大学　2010 年　博士论文
《文苑英华》诗研究　何水英　广西师范大学　2010 年　博士论文
宋代帖子词研究　张晓红　西北师范大学　2010 年　博士论文
中古五言诗形式美学研究——以用典和律化为中心　李鹏飞　浙江大学　2012 年　博士论文

律诗研究　简明勇　台湾师范大学　1969 年　硕士论文
汉五七言诗考　林端常　中国文化大学　1970 年　硕士论文
唐代诗评中风格论之研究　黄美铃　台湾师范大学　1981 年　硕士论文
汉唐大曲研究　王维真　中国文化大学　1985 年　硕士论文
从全唐诗中六句诗看四句诗及八句诗之定体并附论六句诗　吕珍玉　东海大学　1990 年　硕士论文
魏晋诗歌"赋化"现象之研究　赖贞蓉　台湾大学　1997 年　硕士论文
八股文与明清古文和诗歌　赵永强　扬州大学　2005 年　硕士论文
《乐府诗集·琴曲歌辞》研究　周仕慧　首都师范大学　2005 年　硕士论文
杂曲歌辞与杂歌谣辞研究　向回　首都师范大学　2005 年　硕士论文
汉乐府相和大曲研究　丁同俊　杭州师范大学　2005 年　硕士论文
论唐代组诗的文体学意义　李正春　苏州大学　2006 年　硕士论文
沾溉众体,风雅犹存——两汉四言诗探略　吴章燕　福建师范大学　2006 年　硕士论文
《乐府诗集》"鼓吹曲辞"、"横吹曲辞"研究　韩宁　首都师范大学　2006 年　硕士论文
"篇"诗论　傅江　新疆师范大学　2006 年　硕士论文

六言歌诗研究　贾兵　河北师范大学　2007 年　硕士论文
琴歌文体研究　车颖　河北大学　2008 年　硕士论文
西汉郊庙乐府研究　赵颖畅　北京师范大学　2008 年　硕士论文
"儿郎伟"若干问题考辨　蔡艳　南京师范大学　2008 年　硕士论文
诸言体研究　谢瑾　中山大学　2009 年　硕士论文
唐诗之"反五律体"论略　刘佳龙　新疆师范大学　2009 年　硕士论文
骈文与律诗的文体联系　王敏　贵州师范大学　2009 年　硕士论文
汉魏六朝佛典佛教赞研究　黄毅洁　中正大学　2010 年　硕士论文
唐前诗体赋与诗的关系　田野　西北师范大学　2010 年　硕士论文
《艺文类聚》诗赋收录分类研究　吕维彬　广西师范大学　2010 年　硕士论文
《初学记》诗赋收录分类研究　黎丽莎　广西师范大学　2011 年　硕士论文
诗纪事体研究　潘卫卫　苏州大学　2011 年　硕士论文
楚歌与骚体文学研究二论　姚鹏举　南京师范大学　2012 年　硕士论文
乐府《子夜歌》研究　陈虹妙　嘉义大学　2012 年　硕士论文
宋代帖子词研究　徐利　安徽大学　2012 年　硕士论文
宋代端午帖子词研究　张多姣　湖南大学　2012 年　硕士论文
唐代律诗诗体风格研究　李鑫　河南大学　2012 年　硕士论文
《左传》、《国语》中"歌"、"谣"、"谚"研究　冀敏　南京师范大学　2012 年　硕士论文
从《挂枝儿》、《山歌》看明代民歌与散曲的关系　王宇明　南京师范大学　2012 年　硕士论文
宫体诗与南朝乐府之关系研究　李唐　山西大学　2012 年　硕士论文
史浩《鄮峰真隐漫录》中的表演文体研究　王东　四川师范大学　2012 年　硕士论文
从历代诗话看中国诗体篇幅长短之辩　尹尚胜男　北京大学　2013 年　硕士论文
先秦两汉隐语类诗文研究　张维振　山东大学　2013 年　硕士论文

【单篇论文】

1. 辨体：总论

诗体辨要　周祺君　中国学报　1916 年 1—3 期　1916 年 1—3 月

诗与诗体　唐钺　国故新探　上海：商务印书馆　1926年9月
～小说月报17卷号外·中国文学研究　上海：商务印书馆　1927年6月
～中国文学论丛　梁启超等　台北：明伦出版社　1969年11月
诗的歌与诵（上）　俞平伯　东方杂志　30卷1号　1933年1月
诗的歌与诵（下）　俞平伯　清华学报　9卷3期　1934年7月
～诗的歌与诵（两篇）　论诗词曲杂著　俞平伯　上海：上海古籍出版社　1983年10月
～诗的歌与诵（两篇）　20世纪中国文学研究论文选·通论卷　赵敏俐选编　北京：社会科学文献出版社　2010年1月
什么是古诗　什么是律诗　五七言诗的起源是怎样的　宋文瀚　文学百题　1935年7月
歌与诗　闻一多　中央日报·平明　16期　1939年6月5日
～闻一多全集·神话与诗　闻一多　上海：开明书店　1948年8月
～闻一多全集·文学史编　闻一多　武汉：湖北人民出版社　1993年12月
～文艺春秋　4卷4期　1947年4月（编按：此文与收入《神话与诗》同题之作不同）
词与诗曲　张友仁　国文月刊　77期　1949年3月
"诗"、"赋"、"词"体裁上的区别　疑霜　语文学习　1956年12期　1956年12月
诗词的分野　江风　新民晚报　1960年11月20日
旧诗的形式　陈清　中国青年报　1962年9月22日
论诗词曲体制风格同异　冯裕明　新亚生活　1969年5月
南北朝乐府诗之体制（1）　周诚明　中华诗学　6卷2期　1972年1月
由几首早期歌谣试论中国古诗的基本构成　柯庆明　幼狮文艺　41卷2期　1975年2月
南北朝乐府诗体制之研究　周诚明　台中商专学报　8期　1976年6月
论乐府诗——清商曲　汪中　幼狮月刊　44卷3期　1976年9月
略谈格律诗和自由诗的关系　郭绍虞　解放日报　1978年1月12日
唐诗中的五律浅谈　李稼丽　华文世界　23期　1981年3月
五律三论　童鹰九　嘉义师专学报　12期　1982年5月
古代诗体述略　大韧　编创之友　1982年02期　1982年5月
古诗体裁　伯年　岭南文史　1983年01期　1983年5月

诗词体性辨　胡国瑞　文学评论　1984年03期　1984年6月
　~诗词赋散论　胡国瑞　上海:上海古籍出版社　1992年8月
今体诗和词　邓天玲　昭通师专学报　1986年02期　1986年7月
中国诗的性格——诗与语言　〔日〕松浦友久著,蒋寅译　古代文学理论研究　11辑　1986年8月
诗与词有什么不同　施蛰存　古典文学三百题　上海:上海古籍出版社　1986年12月
诗与词　〔日〕村上哲见　唐五代北宋词研究　〔日〕村上哲见著,杨铁婴译,西安:陕西人民出版社　1987年8月
　~宋词研究　〔日〕村上哲见著,杨铁婴、金育理、邵毅平译　上海:上海古籍出版社　2012年4月
诗词界说　章明寿　辽宁广播电大学报　1988年04期
诗词曲的分界及其发展道路　万云骏　中华诗词　1辑　1990年1月
中国古典诗律之语言天赋　申小龙　学术研究　1993年05期　1993年5月
中国的歌词诗　王学仲　齐鲁学刊　1997年02期　1997年3月
中国古典诗歌形式之语言底蕴　申小龙　学术交流　1997年04期　1997年7月
诗骚异同简论　李诚　文学评论　1998年03期　1998年5月
　~辞赋研究　熊良智主编　北京:商务印书馆　2006年11月
诗歌鉴赏中的文体不辨之误　杨志学　名作欣赏　1998年06期　1998年12月
中国古典诗歌形式的本体性特征及其成因初探　赵维森　延安大学学报　2001年01期　2001年3月
诗骚异同再论　李诚　文学评论　2001年06期　2001年11月
　~辞赋研究　熊良智主编　北京:商务印书馆　2006年11月
《风》《骚》体制异同(编按:仅为提纲)　李金坤　诗经研究丛刊　2辑　北京:学苑出版社　2002年1月
　~改题:《风》《骚》体制异同论(上)　李金坤　衡水学院学报　2010年06期　2010年12月
　~改题:《风》《骚》体制异同论(下)　李金坤　衡水学院学报　2011年02期　2011年4月
"体"与"式"——中国诗学的文本范型论　陈伯海　南京师范大学文学院学报　2006年01期　2006年3月

试论宋代诗词文三体分疆观念与融合趋势及其原因　魏祖钦　2006 年词学国际学术研讨会论文集(一)　2006 年 8 月
《汉书·艺文志》"歌诗"考论　黄丽媛　长治学院学报　2010 年 01 期　2010 年 2 月
从咏剧诗看诗歌与戏曲文体表现的宽度与限度　吴晟　2010 年 02 期　2010 年 3 月
试论先秦散文与诗歌文体兼容的"原型"形态　杨景龙　中国古代散文国际学术研讨会论文集　陈庆元主编　南京:凤凰出版社　2011 年 12 月
唐诗的体裁系统及其艺术优越性　李定广　学术月刊　2013 年 05 期　2013 年 5 月

2. 辨体：分论一

美术篇:宋大曲考　王国维　国粹学报　63—68 期(第 6 年第 1—6 号) 1910 年 1—6 月
排律诗蠡说　钱有壬　学生杂志　6 卷 5 期　1919 年 5 月
谚语的研究　郭绍虞　小说月报　12 卷 2—4 期　1921 年 2—4 月
　　~照隅室古典文学论集·上编　郭绍虞　上海:上海古籍出版社　1983 年 9 月
唐人五七绝诗之研究　陈斠玄(陈中凡)　国学丛刊　2 卷 3 期　1924 年 9 月
　　~20 世纪中国文学研究论文选·隋唐五代卷　吴相洲选编　北京:社会科学文献出版社　2010 年 1 月
七言诗概谈　龚慕兰　艺林旬刊　1925 年 4 号　1925 年 5 月 10 日
七言诗概谈(续完)　龚慕兰　艺林旬刊　1925 年 5 号　1925 年 5 月 20 日
论唐人七绝　陈延杰　东方杂志　22 卷 11 号　1925 年 6 月
和诗辨　胡怀琛　小说世界　13 卷 1 期　1926 年 1 月
　　~中国文学辨正　胡怀琛　上海:商务印书馆　1927 年 9 月
再辨和诗　胡怀琛　小说世界　13 卷 2 期　1926 年 1 月
　　~中国文学辨正　胡怀琛　上海:商务印书馆　1927 年 9 月
论唐人七言歌行　陈延杰　东方杂志　23 卷 5 期　1926 年 3 月
民歌之竹枝词与绝诗　求幸福斋主　小说世界　13 卷 15 期　1926 年 4 月
评唐人近体诗　陈钟凡　国学专刊　1 卷 2 期　1926 年 5 月

论诗与乐府之区别　徐管略　东南论衡　1卷23期　1926年11月
乐府诗式三要件　厉小通　东南论衡　1卷28期　1927年1月
唐宋大曲考　王国维　国学论丛　1卷3期　1928年
古歌谣与乐府（序论）　梁任公（梁启超）　清华周刊　32卷1期　1929年10月
中国古代的无韵诗　陆侃如　文学年报　1932年1期
　　~陆侃如古典文学论文集　陆侃如　上海：上海古籍出版社　1987年1月
　　~二十世纪中国文学史论文精粹·诗词曲论卷　王钟陵　石家庄：河北教育出版社　2001年1月
论乐府　朱谦之　国立中山大学文史学研究所月刊　1卷3期　1933年3月
乐府清商三调讨论　黄节、朱自清　清华周刊　39卷8期　1933年5月
　　~朱自清古典文学论文集　朱自清　上海：上海古籍出版社　1981年7月
　　~朱自清说诗　朱自清　上海：上海古籍出版社　1998年12月
　　~20世纪中国文学研究论文选·汉代卷　赵敏俐选编　北京：社会科学文献出版社　2010年1月
绝句的研究　向荣　中华月报　1卷3期、2卷1期　1933年5月—1934年1月
七言绝句榷论　邵祖平　中国文学会集刊　1期　1933年6月
《唐宋大曲考》拾遗　李素英　文学　2卷6期　1934年6月
四言诗与七言诗　林庚　大公报文学副刊　158期　1935年6月30日
什么是"八股文"和"试贴诗"？　江伯训　文学百题　傅东华编　上海：生活书店　1935年7月
汉唐宋的大曲　由毓森　文学年报　2期　1936年5月
近代的新体诗　孙竹青　励学（山东大学）　6期　1936年7月
谈新乐府　余冠英　国文月刊　1卷1期　1940年6月
论宋大曲与小唱之不同　陈能群　同声月刊　9期　1941年8月
宋法曲大曲索隐　礨空居士　同声月刊　1卷10期　1941年9月
宋法曲大曲索隐　礨空居士　同声月刊　2卷6期　1942年6月
《五更调》之演变——从敦煌的叹五更到明代的闹五更　傅芸子　中国留日同学会季刊　1号　1942年9月
　　~白川集　傅芸子　沈阳：辽宁教育出版社　2000年1月

宋法曲大曲索隐　罍空居士　同声月刊　3卷12期　1943年1月
说五更转　王重民　申报·文史周刊　1947年12月13日
　　~冷庐文薮　王重民　上海：上海古籍出版社　1992年12月
离合诗之研究　王利器　文学杂志　2卷12期　1948年5月
隶事·声律·宫体——论齐梁诗　王瑶　清华学报　15卷1期　1948年10月
　　~中古文学史论集　王瑶　上海：古典文学出版社　1956年9月
　　~中古文学史论　王瑶　台北：长安出版社　1982年8月
　　~中古文学史论集　王瑶　上海：上海古籍出版社　1982年10月新1版
　　~中古文学史论　王瑶　北京：北京大学出版社　1986年1月
　　~王瑶全集　第1卷　王瑶　石家庄：河北教育出版社　2000年1月
唐宋大曲之来源及其组织　阴法鲁　国立北京大学五十周年纪念论文集　1948年12月
商谜考　居乃鹏　国文月刊　78期　1949年4月
离合诗考　王运熙　国文月刊　79期　1949年5月
　　~乐府诗述论　王运熙　上海：上海古籍出版社　1996年6月
　　~乐府诗述论（增订本）　王运熙　上海：上海古籍出版社　2006年7月
乐府诗　王瑶　文艺学习　1954年08期　1954年8月
　　~乐府诗研究论文集　作家出版社编辑部编　北京：作家出版社　1957年4月
说黄门鼓吹乐　王运熙　文学遗产选集　1辑　北京：作家出版社　1956年1月
　　~乐府诗论丛　王运熙　上海：古典文学出版社　1958年4月
　　~乐府诗论丛　王运熙　上海：中华书局　1962年2月
　　~当代学者自选文库·王运熙卷　王运熙　合肥：安徽教育出版社　1998年12月
　　~乐府诗述论　王运熙　上海：上海古籍出版社　1996年6月
　　~二十世纪中国文学史论文精粹·诗词曲论卷　王钟陵主编　石家庄：河北教育出版社　2001年1月
　　~乐府诗述论（增订本）　王运熙　上海：上海古籍出版社　2006年5月
略谈乐府　萧涤非　青岛日报　1956年10月27日

关于"乐府"　萧涤非　光明日报　1957年1月13日
　　~乐府诗研究论文集　作家出版社编辑部编　北京:作家出版社　1957年4月
　　~乐府诗词论薮　萧涤非　济南:齐鲁书社　1985年5月
　　~萧涤非说乐府　萧涤非　上海:上海古籍出版社　2002年6月
汉代鼓吹曲考　王运熙　复旦学报　1957年01期　1957年1月
　　~乐府诗论丛　王运熙　上海:古典文学出版社　1958年4月
　　~乐府诗论丛　王运熙　上海:中华书局　1962年2月
　　~当代学者自选文库·王运熙卷　王运熙　合肥:安徽教育出版社　1998年12月
　　~乐府诗述论　王运熙　上海:上海古籍出版社　1996年6月
　　~乐府诗述论(增订本)　王运熙　上海:上海古籍出版社　2006年5月
汉镜铭文学上潜在的遗产　陈直　文史哲　1957年04期　1957年4月
　　~20世纪中国文学研究论文选·汉代卷　赵敏俐选编　北京:社会科学文献出版社　2010年1月
汉乐府诗相和歌即汉清商说　王达津　文学研究　1958年01期　1958年3月
　　~古典文学研究丛稿　王达津　成都:巴蜀书社　1987年12月
杂舞曲辞杂考　王运熙　乐府诗论丛　上海:古典文学出版社　1958年4月
　　~乐府诗论丛　王运熙　上海:中华书局　1962年2月
　　~当代学者自选文库·王运熙卷　王运熙　合肥:安徽教育出版社　1998年12月
　　~乐府诗述论　王运熙　上海:上海古籍出版社　1996年6月
　　~乐府诗述论(增订本)　王运熙　上海:上海古籍出版社　2006年5月
清乐考略　乐府诗论丛　王运熙　上海:古典文学出版社　1958年4月
　　乐府诗论丛　王运熙　上海:中华书局　1962年2月
　　~乐府诗述论　王运熙　上海:上海古籍出版社　1996年6月
　　乐府诗述论(增订本)　王运熙　上海:上海古籍出版社　2006年5月
律诗和绝句　麦少麟　羊城晚报　1959年5月13日
略谈绝句诗的特点和唐人四首绝句诗　马茂元　语文教学　1959年11期

1959年11月
五言与七言　江风　新民晚报　1960年10月3日
古诗与律诗　江风　新民晚报　1960年11月3日
五绝和七绝　江风　新民晚报　1960年11月12日
汉代的相和与清商　李纯胜　大陆杂志　23卷7期　1961年10月
汉乐府与清商乐　阴法鲁　文史哲　1962年02期　1962年4月
汉大曲管窥　丘琼荪　中华文史论丛　1辑　1962年8月
　~20世纪中国文学研究论文选·汉代卷　赵敏俐选编　北京:社会科学文献出版社　2010年1月
竹枝词　张铁弦　光明日报　1963年2月23日
两汉乐府古辞研究(上)　韩屏周　昆山工专学报　1期　1973年7月
两汉乐府古辞研究(中)　韩屏周　昆山工专学报　2期　1976年10月
两汉乐府古辞研究(下)　韩屏周　昆山工专学报　3期　1978年2月
论历史上的新体诗　周寅宾　湖南师院学报　1978年1—2期　1978年5月
唐人近体诗形式简介　荀运昌　西南师院学报　1978年02期　1978年7月
六朝民歌是否徒歌？　孙致中　天津师院学报　1978年04期　1978年8月
律诗小议　西鲁　青海日报　1978年9月20日
隐语与谜语——读《文心雕龙·谐隐》　王仿　民间文学　1979年08期　1979年8月
关于七言歌行　陈仓　语文战线　1980年01期　1980年1月
中国古代诗歌中的唱和形式(待续)　阴法鲁　词刊　1980年01期　1980年1月
中国古代诗歌中的唱和形式(续完)　阴法鲁　词刊　1980年02期　1980年2月
"杂体诗"趣谈　高帆　语言文学　1980年01期　1980年2月
三句半与十七字诗　李翰　广州日报　1980年6月3日
试谈我国古代儿歌体式　关立　社会科学辑刊　1980年03期　1980年6月
论吴体　郭绍虞　古典文学论丛(复旦学报增刊)　上海:上海人民出版社　1980年8月
　~照隅室古典文学论集·下编　郭绍虞　上海:上海古籍出版社　1983

年9月
歌诗与诵诗——兼论诗歌与音乐的关系　公木　文学评论　1980年06期　1980年12月
乐府诗体　褚斌杰　文史知识　1981年03期　1981年5月
敦煌变文中诗歌形式之探讨　罗宗涛　"中研院"国际汉学会议论文集·文学组　1981年10月

　~汉学论文集　政治大学中文系所编　台北:文史哲出版社　1982年12月

　~中国诗歌研究　罗宗涛等　台北:文物供应社　1985年6月

五律漫谈　回俊才　牡丹江师院学报　1981年03期
奏新声于度曲——介绍别体趣味诗　陈冰原　美育　1982年02期
唐诗绝句杂说(上)　施蛰存　语文学习　1982年02期　1982年2月
唐诗绝句杂说(下)　施蛰存　语文学习　1982年03期　1982年3月
六言诗初探　黄征　杭州师院学报　1982年01期　1982年3月
对偶与对联　严恩萱　赣南师范学院学报　1982年01期　1982年4月
杜黄吴体诗析辨　曹淑娟　中国学术年刊　4期　1982年6月
六言绝句散论——兼谈诗歌六言句式的起源和兴衰　谭汝为、曹长河　天津社会科学　1983年06期　1983年12月
关于对联　程千帆　闲堂文薮　济南:齐鲁书社　1984年1月
联句集句琐话　白雉山　语文教学与研究　1984年01期　1984年1月
四言、五言和七言——谈古诗的体裁　余冠英、江殷　文史知识　1984年01期　1984年1月

　~中国文学史百题　文史知识编辑部编　北京:中华书局　1990年12月

古诗体裁浅说　萧然　语文学刊　1984年04期　1984年8月
论楚风　龙海清　求索　1984年04期　1984年8月
别体诗简论　吴积才　云南师范大学学报　1985年01期　1985年3月
浅谈七古格式及其他　柏仰苏　青海师大学报　1985年02期　1985年7月
古诗唱和体说略　赵以武　国文天地　11卷7期　1985年12月
回文诗词漫说　谭汝为　文学知识　1985年06期
汉魏六朝的四言体通俗韵文　王运熙　古典文学论丛　4辑　济南:齐鲁书社　1986年2月

　~当代学者自选文库·王运熙卷　王运熙　合肥:安徽教育出版社

1998年12月

~汉魏六朝唐代文学论丛(增补本)　王运熙　上海:复旦大学出版社　2002年5月

诗钟述要　许启烁　南昌大学学报　1986年03期　1986年10月
"数九"的韵文　蔡萌　读书　1986年12期　1986年12月
论混合式格律诗　徐青　湖州师专学报　1987年01期　1987年3月
论唐代的古题乐府　商伟　文学遗产　1987年02期　1987年4月
论"齐梁体"及其与五言声律形式的关系　吴小平　辽宁大学学报　1987年02期　1987年5月
异体诗种种　李艳　上饶师专学报　1987年02期　1987年5月
盛唐七绝刍议　陈贻焮　中国韵文学刊　创刊号　1987年6月

~论诗杂著　陈贻焮　北京:北京大学出版社　1989年5月

~20世纪中国文学研究论文选·隋唐五代卷　吴相洲选编　北京:社会科学文献出版社　2010年1月

论唐代六言近体诗的格律及其影响　刘继才　唐宋诗词论稿　沈阳:辽宁人民出版社　1987年11月
说《三五七言》诗及其归属　刘继才　唐宋诗词论稿　沈阳:辽宁人民出版社　1987年11月
隋唐燕乐　王小盾　中国首批文学博士学位论文选集　山东大学出版社编辑部编　济南:山东大学出版社　1987年12月
古典诗词中的"问体"　徐应佩、周溶泉　阅读与写作　1987年03期
论唐代六言近体诗的形成及其影响　刘继才　文学遗产　1988年02期　1988年2月
一种值得研究的古体诗——集句诗　陈默　西部学坛　1988年02期
嵌字诗漫谈　谭汝为　文史杂志　1988年03期　1988年6月
唐大曲及其基本结构类型　王小盾　中国音乐学　1988年02期　1988年7月
乐府与汉魏五言诗　齐天举　文学遗产　1988年06期　1988年12月
诗苑奇葩话"杂体"　金国杰　百科知识　1989年01期　1989年1月
回文诗词简论　徐元　文学遗产　1989年03期　1989年5月
五律定体考　杜青山　南都学坛　1989年03期　1989年6月
简述咏物诗谜　吴直雄　赣南师院学报　1989年02期　1989年7月
异体诗简述　徐元　浙江学刊　1989年05期　1989年10月
建除体　白焕然　内蒙古电大学刊　1989年11期　1989年11月

近体诗艺术形式之探究(上)　陈永宝　兴大中文学报　3 期　1990 年 1 月

竹枝系列考　赵曼初　吉首大学学报　1990 年 02 期　1990 年 7 月

"歌"与"行"有别乎？无别乎？——从《长恨歌》与《琵琶行》谈起　康苏　殷都学刊　1990 年 02 期　1990 年 7 月

唐代省试诗不限于六韵　张浩逊　文学遗产　1990 年 03 期　1990 年 8 月

什么叫"骚体诗"　潘啸龙　中国文学史百题　文史知识编辑部编　北京：中华书局　1990 年 12 月

近体诗艺术形式之探究(下)　陈永宝　兴大中文学报　4 期　1991 年 1 月

古诗·乐府·新乐府　陈文华　国文天地　6 卷 10 期　1991 年 3 月

唐代七言古诗简论　王锡九　扬州师院学报　1991 年 01 期　1991 年 4 月

唐代绝句的几个重要类型　施逢雨　唐代文化研讨会论文集　台北：文史哲出版社　1991 年 7 月

潇洒的稀客,创作的新洲——略谈六言诗的特长　艾岩　名作欣赏　1991 年 04 期　1991 年 8 月

从"混合"到单一：四言诗的文体特征及衰落原因　高华平　华中师范大学学报　1992 年 01 期　1992 年 3 月

巧体诗词曲：诗苑中的一枝奇葩　刘新宗　河北师院学报　1992 年 01 期　1992 年 3 月

白居易与"一字至七字诗"　卢传裔　文史杂志　1992 年 02 期　1992 年 4 月

　　~科学与文化　1996 年 06 期　1996 年 11 月

　　~宜春师专学报　1998 年 04 期　1998 年 8 月

　　~改题：白居易"兴化亭送别"与《一字至七字诗》　九江师专学报　1998 年 04 期　1998 年 8 月

论佛偈及其翻译文体　陈允吉　复旦学报　1992 年 06 期　1992 年 6 月

诗经体议析　雨辰　郑州大学学报　1992 年 04 期　1992 年 8 月

"吴体"与"拗体"　管遗瑞　杜甫研究学刊　1992 年 03 期　1992 年 9 月

说"诗钟"　王志生　文史杂志　1992 年 05 期　1992 年 10 月

永明诗歌平议　跃进(刘跃进)　文学评论　1992 年 06 期　1992 年 11 月

吴体与齐梁体　邝健行　唐代文学研究(第五辑)——中国唐代文学学会

成立十周年国际学术讨论会暨第六届年会论文集　1992年11月
　~唐代文学研究　5辑　桂林:广西师范大学出版社　1994年10月
略论竹枝词　李廷锦　中山大学学报　1993年01期　1993年3月
隐体之为诗　汪伯嗣　河南师范大学学报　1993年02期　1993年5月
集句论　吴承学　文学遗产　1993年04期　1993年7月
野诗杂谈　张勋宗　成都大学学报　1993年03期　1993年10月
药名诗·药名词·药名戏文　李祥林　文史杂志　1993年05期　1993年10月
律诗底研究　闻一多　闻一多全集·文学史编　武汉:湖北人民出版社　1993年12月
民歌"竹枝"溯源——竹枝词新论之一　傅如一、张琴　山西大学学报　1993年04期　1993年12月
曲回别趣,深藏妙机:古诗类说之七:古代谜体诗浅说　买鸿德　西北民族学院学报　1993年04期　1993年12月
漫谈中国古代的怪体诗　霍前锋　六安师专学报　1994年01期　1994年3月
三字分合诗　林涛　阅读与写作　1994年04期　1994年4月
关于乐府诗的几个问题　曹道衡　齐鲁学刊　1994年03期　1994年5月
李白乐府与歌吟异同论　郁贤皓　中国李白研究(1994年集)　1994年6月
论题壁诗——兼及相关的诗歌制作与传播形式　吴承学　文学遗产　1994年04期　1994年7月
浅谈打油诗　王鹤龄　中国典籍与文化　1994年04期　1994年11月
诗苑奇葩回文诗　葛磊　华夏文化　1994年5、6期合刊　1994年12月
"格律诗"辨　聂永华　南都学坛　1995年01期　1995年1月
奇特的《敦煌十字图诗》　李正宇　阳关　1995年01期　1995年2月
论竹枝词　丘良任　中华诗词　1995年01期
论四杰与唐诗体式规范　许总　学术研究　1995年02期　1995年4月
新乐府的缘起和界定　葛晓音　中国社会科学　1995年03期　1995年5月
诗序合一:唐诗创作的新潮流——唐代诗序体鸟瞰　王辉斌　西南师范大学学报　1995年02期　1995年5月
《太平经》中的七言诗　王建　贵州社会科学　1995年03期　1995年

6月
关于汉代五言诗的几个问题　张家英　山西师大学报　1995年04期　1995年10月
楹联论　莫非　贵州民族学院学报　1995年04期　1995年11月
诗钟　常善魁　中国韵文学刊　1995年02期　1995年12月
五言诗的生命力　赵素蓉　四川教育学院学报　1996年01期　1996年1月
论打油诗　郭延明　重庆教育学院学报　1996年01期　1996年3月
论谣谶与诗谶　吴承学　文学评论　1996年02期　1996年3月
　　～中国古代文体形态研究　吴承学　广州:中山大学出版社　2000年9月
《中华诗钟集萃》序　白化文　对联(民间对联故事)1996年03期　1996年6月
古体诗和近体诗　胡近　中文自修　1996年06期　1996年6月
诗钟·对联·无情对　盛星辉　对联(民间对联故事)　1996年04期　1996年8月
谐讔非"文笔杂"辨　颜瑞芳　文心雕龙研究　2辑　1996年9月
诗钟　王鹤龄　文史知识　1996年11期　1996年11月
富有情趣的十七字诗　白焕然　阅读与写作　1996年12期　1996年12月
论叙事绝句　钱仓水　淮阴师专学报　1997年01期　1997年1月
韵味隽永的怪体诗　李皓　合肥教院学报　1997年02期
骊珠串串话诗钟　白化文　民主　1997年03期　1997年3月
"柏梁体"与联句诗　唐嗣德　阅读与写作　1997年03期　1997年3月
论打油诗的文体起源、特征及价值　王珂　通俗文学评论　1997年03期
古体诗和近体诗　文灏　咸阳师专学报　1997年02期　1997年4月
"和意不和韵":试论中唐以前唱和诗的特点和体制　赵以武　甘肃社会科学　1997年03期　1997年6月
关于七言绝句:病榻琐谈　张白山　文学遗产　1998年01期　1998年2月
汉代两种五言诗之比较　孙玉峰　渤海学刊　1998年01期　1998年2月
"回文"三论　刘超班　江汉大学学报　1998年01期　1998年2月
论三言诗　张应斌　武陵学刊　1998年01期　1998年2月

建安乐制及拟乐府诗形态考述　吴怀东　江淮论坛　1998年02期　1998年4月
"十七字诗"与"三句半"　周正举　阅读与写作　1998年07期　1998年7月
回文古今谈　刘宗彬、黄桃红　吉安师专学报　1998年04期　1998年8月
试论唐短歌　韩玺吾　洛阳师专学报　1998年04期　1998年8月
"加冠诗"和"摘帽诗"　陆精康　语文月刊　1998年10期　1998年10月
颠倒诗与扯谎歌　黄炳麟　阅读与写作　1998年10期　1998年10月
顶真诗·回文诗·回旋诗　何中奇　阅读与写作　1998年11期　1998年11月
近体诗美学三论　聂永华　淮北煤师院学报　1998年04期　1998年11月
唐代谣歌研究　王小盾　中国人文社会科学博士硕士文库·文学卷　杭州：浙江教育出版社　1998年12月
试论唐代六言诗　刘万青　逢甲大学中文所研究生论文发表会　1998年
诗钟初探　李竹深　漳州职业大学学报　1999年01期　1999年2月
罕见的"三五七言诗"　徐敬恩　阅读与写作　1999年02期　1999年2月
谈谈我国特有的文化瑰宝——楹联　王世德　文史杂志　1999年02期　1999年3月
《诗经》对答之体及其历史意义　郭杰　文学遗产　1999年02期　1999年3月
汉乐府民歌的特殊体例　王运熙　望海楼笔记　上海：东方出版中心　1999年4月
情趣横溢的回文诗词　卢传裔　宜春师专学报　1999年03期　1999年6月
论初唐七言歌行体　张采民　南京师大学报　1999年04期　1999年7月
联句与对联　天性　文史杂志　1999年05期　1999年9月
"美术文学"：顶真诗　陈新　阅读与写作　1999年10期　1999年10月
敦煌诗述异　汪泛舟　敦煌研究　1999年04期　1999年12月
关于唐代省试诗的几个问题　张浩逊　烟台师范学院学报　1999年04期

1999年12月
"代言体"辨识　李军　鄂州大学学报　2000年01期　2000年1月
　~安顺师范高等专科学校学报　2001年01期　2001年1月
浅论四言诗　舒韶雅　黄石教育学院学报　2000年01期　2000年3月
"诗钟"漫说　陈新　阅读与写作　2000年03期　2000年3月
汉乐府诗的名义、分类及体制特征　林文华　中国古典文学研究　3期　2000年6月
《文选》杂体诗歌文体性质研究　洪顺隆　中国文哲研究集刊　17期　2000年9月
汉乐府的艺术体制　钱志熙　新国学　2卷　成都：巴蜀书社　2000年10月
话说"七字七物诗"　陈新　阅读与写作　2000年11期　2000年11月
隐语类型研究——兼论《伍子胥变文》的药名诗、占梦辞　欧天发　嘉南学报　26期　2000年11月
清代的试帖诗　孙菊生　紫禁城　2000年04期　2000年11月
略说古诗"柏梁体"　邹光椿　三明职业大学学报　2000年S2期　2000年12月
"辞""赋"与乐府　何涛、张桂萍　西南民族学院学报　2001年03期　2001年3月
中唐唱和诗述论　汤吟菲　文学遗产　2001年03期　2001年5月
绝句特点的六字诀　蔡义江　人民政协报　2001年5月22日
浅谈茶联——诗钟体例简说　炉火　茶叶机械杂志　2001年03期　2001年9月
刘禹锡诗歌中特殊形式的诗体　孙琴安　古典文学知识　2001年05期　2001年9月
论宋人杂体诗　祝尚书　四川大学学报　2001年05期　2001年9月
扬州的诗牌、诗钟和诗宝　李保华　档案与建设　2001年10期　2001年11月
赋得诗小探　何志军　中山大学中文系第三届研究生学术研讨会论文　2001年11月
"诗钟"浅说　张茂昌　阅读与写作　2002年01期　2002年1月
诗与谜新论　李开广　株州师范高等专科学校校报　2002年01期　2002年1月
关于《乐府诗集·琴曲歌辞》的几个问题　王小盾　中国诗歌与音乐关系

研究——第一届与第二届"中国诗歌与音乐关系"学术研讨会论文集 2002年4月
汉魏六朝挽歌考论 吴承学 文学评论 2002年03期 2002年5月
李白歌行特征论——兼论"歌行体"的定义与特点 马承五 唐代文学研究(第十辑)——中国唐代文学学会第十一届年会暨国际学术讨论会论文集 2002年5月
　　~改题:李白歌行特征论:兼论歌行的诗体定义与形式特点 马承五 华中师范大学学报 2003年06期 2003年11月
　　~唐代文学研究 10辑 桂林:广西师范大学出版社 2004年11月
宝塔诗在现代诗学视野中的文体价值 王珂 贵州社会科学 2002年04期 2002年7月
打油诗的文体特征、价值及传播方式 王珂 文史杂志 2002年04期 2002年7月
唐代风人诗述论 曾进丰 政治大学学报 84期 2002年7月
"沈宋体"形式与内涵新论 许总 江西师范大学学报 2002年03期 2002年9月
论古代六言诗 俞樟华、盖翠杰 文学评论 2002年05期 2002年9月
颂为"仪式叙述"说 韩高年 甘肃社会科学 2002年05期 2002年10月
汉代七言体铜镜铭文文体学意义初探 李立 学术交流 2002年06期 2002年11月
"新题乐府"与"新乐府"之辨析——以杜甫与白居易的创作为例 祁伟 新国学 4卷 成都:巴蜀书社 2002年12月
唐五代声诗与曲子词混杂现象试析 汤君 新国学 第4卷 成都:巴蜀书社 2002年12月
横吹曲考论 孙尚勇 中国音乐学 2003年01期 2003年1月
楚歌与《诗经》以后的先秦歌诗形式 周苇风 华中科技大学学报 2003年01期 2003年2月
论新乐府的界定 尚丽新 云南艺术学院学报 2003年01期 2003年2月
不存在儿郎伟文体和儿郎伟曲调 杨挺 敦煌研究 2003年01期 2003年2月
古代文人酬唱诗歌论略——以联句诗为中心 刘明华 重庆教育学院学报 2003年02期 2003年4月

三句半诗话　项楚　中国俗文化研究　1辑　2003年5月
唐宋"踏歌"考释(下篇)　张鸣　第二届宋代文学国际学术研讨会论文集　南京:江苏教育出版社　2003年6月
浅议宋代的声诗　罗红艳　北京化工大学学报　2003年02期　2003年6月
说"隐"　王长华、郗文倩　文艺理论研究　2003年03期　2003年7月
　～诗论与赋论　王长华　北京:学苑出版社　2011年10月
论打油诗最重要的文体特征平民性　王珂　山西大学学报　2003年05期　2003年10月
七言歌行的流变及其诗体特征简论　周尚义　郧阳师范高等专科学校学报　2003年05期　2003年10月
　～广东技术师范学院学报　2004年01期　2004年2月
唐代七古、七言歌行辨体　李中华、李会　光明日报　2003年11月12日
　～中国古代文学风貌与文学精神　李中华　武汉:湖北人民出版社　2005年6月
中国古代题壁诗的载体形式　刘洪生　商丘师范学院学报　2003年06期　2003年12月
唐代的白话诗派　项楚　江西社会科学　2004年02期　2004年2月
　～罗宗强先生八十寿辰纪念文集　北京:中华书局　2009年6月
回文与诗词　周春林　曲靖师范学院学报　2004年02期　2004年3月
　～楚雄师范学院学报　2004年04期　2004年8月
因难见巧:宋代六言绝句研究　周裕锴　中国诗学　9辑　北京:人民文学出版社　2004年6月
挽歌之礼仪与文体考察　林育信　兴大中文学报　16期　2004年6月
论汉代楚歌　胡如虹　先秦两汉文学论集:祝贺褚斌杰教授从教50周年　北京:学苑出版社　2004年7月
唐宋"踏歌"考释(上篇)　张鸣　先秦两汉文学论集:祝贺褚斌杰教授从教50周年　北京:学苑出版社　2004年7月
《周南》、《召南》之"南"正义——兼论二《南》与"楚风"的关系　郑志强、周颖　中州学刊　2004年06期　2004年11月
唐代省试诗体式叙论　邝健行　中国唐代文学学会第十二届年会暨国际学术研讨会论文集　2004年11月
　～唐代文学研究　11辑　桂林:广西师范大学出版社　2006年5月
论打油诗　王宜早　南京社会科学　2004年12期　2004年12月

"上官体"研究二题　聂永华　中国古典文学与文献学研究　3辑　北京：学苑出版社　2004年12月
《乐府诗集》"本辞"考　崔炼农　文学遗产　2005年01期　2005年1月
回文诗形式初探　陈世杰　商丘师范学院学报　2005年01期　2005年2月
从歌谣的体制看"《风》诗"的艺术特点——兼论对《毛诗》序传解诗系统的正确认识　钱志熙　北京大学学报　2005年02期　2005年3月
论对联的文体性质　刘德辉　湖南社会科学　2005年02期　2005年3月
南朝五言八句诗的组诗形态与题材类型　曾肖　广西社会科学　2005年03期　2005年3月
中国古代民谣的界定　吕肖奂　新国学　5卷　成都：巴蜀书社　2005年3月
对联性质综论　杨大方　贵州文史丛刊　2005年03期　2005年7月
唐人的歌行概念与李白的七言歌行范围　汤华泉　中国李白研究（2005年集）：中国李白研究会第十一次学术研讨会论文集　2005年7月
十二属诗与八音诗　李友唐　北方音乐　2005年08期　2005年8月
汉代铜镜铭文中的七言诗　胡淑芳　湖北大学学报　2005年04期　2005年8月
乐歌传统与《诗经》的文体特征　赵敏俐　学术研究　2005年09期　2005年9月
十七字诗和说诨话　于天池、郑秀琴　中国文化研究　2005年03期　2005年9月
挽歌考　杜瑞平　中北大学学报　2005年04期　2005年9月
诗钟与击钵吟之辨　黄乃江　台湾研究集刊　2005年04期　2005年12月
药名文学之原理及其形式之发展　欧天发　嘉南学报·人文类　31期　2005年12月
铜镜铭文与回文诗　姚小鸥、秦瑞利　寻根　2006年01期　2006年2月
异体诗漫谈　罗孟冬　重庆职业技术学院学报　2006年02期　2006年3月
文体学视野中的萧纲与宫体诗　邰攀峰、范明慧　濮阳职业技术学院学报　2006年02期　2006年5月
论近代曲辞与杂曲歌辞之异同　袁绣柏　乐府学　1辑　北京：学苑出版

社　2006年6月
再论相和歌及其与清商三调的关系　翟景运　乐府学　1辑　北京:学苑出版社　2006年6月
我国历史上的"十二属诗"　许锡强　语文天地　2006年12期　2006年6月
歌行诗体论　薛天纬　唐代文学研究　12辑　中国唐代文学学会第十三届年会暨唐代文学国际学术研讨会论文集　2006年8月
　～文学评论　2007年06期　2007年12月
对联三题　孙安邦　对联（民间对联故事）　2006年09期　2006年9月
永明体:古代诗歌语言技能的第一次全面成熟　徐艳　中国韵文学刊　2006年04期　2006年12月
唐人酒席间的歌舞与酒令　尹占华　中国典籍与文化　2006年04期　2006年12月
论唐代组诗的几种特殊形态　李正春　学术交流　2006年12期　2006年12月
唐代试律诗的称名、类型及性质　彭国忠　学术研究　2007年01期　2007年1月
汉魏大曲叙考　吴敢　徐州工程学院学报　2007年03期　2007年3月
无题诗刍议　王萌迪　西安外事学院学报　2007年01期　2007年3月
吴歌西曲之研究　吴淞濢　宜兰高商学报　3期　2007年4月
论二言体诗及其对韵文文体的开创意义　蒋长栋　长沙理工大学学报　2007年02期　2007年6月
论三言诗　周远斌　文学评论　2007年04期　2007年7月
论古代集句　俞樟华、方梅　江苏社会科学　2007年04期　2007年7月
先秦两汉组诗考论　李正春　江汉论坛　2007年07期　2007年7月
清代的试帖诗　王彦永　新闻爱好者　2007年07期　2007年7月
唐诗之"反七律体"　薛天纬　陕西师范大学学报　2007年05期　2007年9月
　～改题:唐诗之"反七律体"说略　中国唐代文学学会第十四届年会暨唐代文学国际学术讨论会——唐代文学研究（第十三辑）　2008年10月
　～唐代文学研究　13辑　桂林:广西师范大学出版社　2010年9月
论组诗文体特征与表达功能　李正春　学术交流　2007年10期　2007年10月

论唐代组诗的文体学意义　李正春　福建论坛　2007 年 10 期　2007 年 10 月

　~中国唐代文学学会第十四届年会暨唐代文学国际学术讨论会——唐代文学研究(第十三辑)　2008 年 10 月

　~唐代文学研究　13 辑　桂林:广西师范大学出版社　2010 年 9 月

古代歇后诗一瞥　朱安义　写作　2007 年 21 期　2007 年 11 月

汉魏大曲考　王安潮　交响—西安音乐学院学报　2007 年 04 期　2007 年 12 月

汉乐府铙歌的杂言结构及修辞特色　贾晓燕　湖北教育学院学报　2007 年 12 期　2007 年 12 月

论"回文"的艺术形式与技巧　余再山　襄樊学院学报　2007 年 12 期　2007 年 12 月

十二辰体诗　谢甄星　紫禁城　2008 年 01 期　2008 年 1 月

古诗、乐府考辨　易闻晓、黄红梅　贵州文史丛刊　2008 年 01 期　2008 年 1 月

论两汉的"歌诗"与"诗"　戴伟华　学术研究　2008 年 02 期　2008 年 2 月

简论帖子词　任竞泽　文学评论　2008 年 02 期　2008 年 3 月

略论唐代之"乐府诗体"　王立增　辽宁师范大学学报　2008 年 02 期　2008 年 3 月

古代六言诗研究　唐爱霞　中国石油大学学报　2008 年 02 期　2008 年 4 月

论联句诗　吴晟　学术研究　2008 年 04 期　2008 年 4 月

论清代试帖诗　陈志扬　学术研究　2008 年 04 期　2008 年 4 月

从朝鲜半岛上梁文看敦煌儿郎伟　王小盾　古典文献研究　11 辑　2008 年 4 月

试论集句诗与集曲　张小燕　长江师范学院学报　2008 年 03 期　2008 年 5 月

谣谚考辨　吴静　南阳师范学院学报　2008 年 05 期　2008 年 5 月

古今体诗辨识　王乃元　徐州教育学院学报　2008 年 02 期　2008 年 6 月

建除体初探　劳翠勤　新国学　7 卷　成都:巴蜀书社　2008 年 6 月

颂赞与四言诗的文体辨析　樊露露　西华大学学报　2008 年 03 期　2008 年 6 月

"小律"考论　文艳蓉　西南交通大学学报　2008年03期　2008年6月
建安四言诗的得与失　丁玲　励耘学刊(文学卷)　7辑　2008年8月
论八言诗及其相关问题　李晓红　学术研究　2008年09期　2008年9月
古体诗与近体诗之差异探究　刘国祥　华夏文化论坛　2辑　2008年9月
唐代挽歌诗简论　陈光锐　唐代文学研究(第十三辑)——中国唐代文学学会第十四届年会暨唐代文学国际学术讨论会　2008年10月
歌行之"行"考——关于郭茂倩《乐府诗集》中"行"的文献学研究　李庆　中国诗歌研究　5辑　北京:中华书局　2008年12月
两宋鼓吹歌曲考述　李驯之　乐府学　4辑　北京:学苑出版社　2009年1月
舞曲乐府诗的文体特征探讨　梁海燕　延安大学学报　2009年01期　2009年2月
禁体诗杂说　颜庆余　中国典籍与文化　2009年01期　2009年3月
汉代琴曲歌辞与乐府诗、五言诗的关系　高长山　艺术评论　2009年04期　2009年4月
也论"儿郎伟"　钟书林　社会科学评论　2009年02期　2009年6月
论仄韵近体诗　林海权　厦门广播电视大学学报　2009年02期　2009年6月
诗体三题　龚祖培　长沙理工大学学报　2009年02期　2009年6月
序数诗趣谈　苑举磊　文史天地　2009年07期　2009年7月
宋代"帖子词"始作及作者身份考论　张晓红　南阳师范学院学报　2009年10期　2009年10月
　～重庆师范大学学报　2010年01期　2010年2月
诗钟杂话　蒋谱成　书屋　2009年11期　2009年11月
宫体·宫词·词体　余恕诚　北京大学学报　2009年06期　2009年11月
魏晋文人游戏诗之联句　张宗刚　湖北第二师范学院学报　2009年11期　2009年11月
"歌诗":中国传统诗歌中一个相对独立的系统　苗菁　乐府学　5辑　北京:学苑出版社　2009年12月
简析古典白话小说中的文字游戏诗　陈少云、何尊沛　沈阳农业大学学报　2010年01期　2010年1月

浅谈佛教偈语　张红立　青年文学家　2010年01期　2010年1月
谣谚异同略论　张耀元　大众文艺　2010年09期　2010年5月
论"琴操"　甘宏伟　中国韵文学刊　2010年02期　2010年6月
宫词非宫体诗考论　王育红　贵州社会科学　2010年07期　2010年7月
古典诗歌四种特殊的修辞体式（编按：含嵌字、嵌数、独木桥、回文四体）　谭汝为　平顶山学院学报　2010年04期　2010年8月
从随俗到雅化——明清戏曲中"集句诗"的文学史意义　杨经华　飞天　2010年16期　2010年8月
唐诗中的吴体诗刍议　景遐东　湖北师范学院学报　2010年05期　2010年9月
六句律论略　朱少山　集宁师专学报　2010年03期　2010年9月
"祀谱"、"世系"与史诗——对《诗经》"史诗"诗体源流及演述方式、文化场域的考察　韩高年　文史哲　2010年05期　2010年9月
先秦古歌的叙事性和文体形态　张海鸥　兰州大学学报　2010年5月　2010年9月
两晋赠答诗体制析论——以四言体与五言体为中心　管琴　北京大学学报　2010年05期　2010年9月
论中国古代民俗文体中的方位诗　张慕华　民间文化论坛　2010年05期　2010年10月
试论古诗中的六句律——兼谈李白的六句律创作　朱少山　安阳师范学院学报　2010年06期　2010年12月
歌谣、乐章、徒诗——论诗歌史的三大分野　钱志熙　中山大学学报　2011年01期　2011年1月
刘向著述中的隐语　杨波　新闻爱好者　2011年01期　2011年1月
各类乐府诗的艺术体制　钱志熙　汉魏乐府艺术研究　北京：学苑出版社　2011年1月
相和歌辞与清商三调关系问题　钱志熙　汉魏乐府艺术研究　北京：学苑出版社　2011年1月
论魏晋送别诗的体式特点　张文娟　濮阳职业技术学院学报　2011年01期　2011年2月
论宋代的"禁体物语"诗　陈刚　中国诗学　第15辑　北京：人民文学出版社　2011年3月
盛唐"齐梁体"诗及相关问题考论　杜晓勤　北京大学学报　2011年02

期 2011 年 3 月
诗联的主题与文体 孙林泽 娘子关 2011 年 02 期 2011 年 4 月
简论郊祀歌辞三言诗 杜言 文学界(理论版) 2011 年 05 期 2011 年 5 月
陈子昂与初唐五言诗古、律体调的界分——兼论明清诗论中的"唐无五古"说 葛晓音 文史哲 2011 年 03 期 2011 年 5 月
滑稽故事与"十七言诗" 王杰文 贵州师范大学学报 2011 年 03 期 2011 年 6 月
吴体诗探论 蔡振念 文与哲 18 期 2011 年 06 月
楹联文体之辨 张洪兴 中国海洋大学学报 2011 年 04 期 2011 年 7 月
永明体之我见 翟志祥 中国报业 2011 年 14 期 2011 年 7 月
唐代格律诗的体式规范性 王向峰 汕头大学学报 2011 年 04 期 2011 年 8 月
论八音诗和八居诗 陈福康 苏州大学学报 2011 年 05 期 2011 年 9 月
中国诗词文的集句体 曾枣庄 古典文学知识 2011 年 05 期 2011 年 9 月
赋中"七体"与诗之"七绝"的共性 鲍宜成、熊冬冬 剑南文学(经典教苑) 2011 年 11 期 2011 年 11 月
论偈与诗的界限 张勇 古代文学理论研究 33 辑 2011 年 12 月
关于对联的文体及其不入文史的思考 张亦伟 山东社会科学 2011 年 S2 期 2011 年 12 月
论汉魏六朝的杂体诗 时国强 中南大学学报 2012 年 01 期 2012 年 2 月
二南、楚歌、乐府——楚地南音探微 苏慧霜 励耘学刊(文学卷) 2011 年 02 期 2012 年 2 月
论楚辞、楚歌的判断标准 周苇风 广西师范大学学报 2012 年 01 期 2012 年 2 月
中唐新乐府诗体探析 陈瑞娟 理论界 2012 年 02 期 2012 年 2 月
说吴体 曾枣庄 古典文学知识 2012 年 02 期 2012 年 3 月
汉至南北朝行体诗的叙事性 徐爽 河北民族师范学院学报 2012 年 01 期 2012 年 3 月
论魏晋时期的乐府"篇"诗 付江、董媛媛 时代文学(下半月) 2012 年

03 期　2012 年 3 月

《宋书·乐志》所载《白头吟》曲辞校笺——兼论大曲的体制及对有关音乐文献的理解　李鹭　乐府学　7 辑　北京:学苑出版社　2012 年 4 月

论吴应箕禁体与尖叉韵雪诗——兼论禁体的文化蕴涵　章建文　池州学院学报　2012 年 02 期　2012 年 4 月

"五更转"源流演变及其意义刍论　于东新、葛超　中国韵文学刊　2012 年 02 期　2012 年 4 月

乐府杂诗考　韩宁　乐府学　7 辑　北京:学苑出版社　2012 年 4 月

宋代新乐府的认定　张煜　乐府学　7 辑　北京:学苑出版社　2012 年 4 月

"精列"与《精列》、《气出唱》及汉魏相和歌形态新论　曾智安　乐府学　7 辑　北京:学苑出版社　2012 年 4 月

点鬼簿与算博士——论人名诗与数名诗　曾枣庄　古典文学知识　2012 年 03 期　2012 年 5 月

"俳谐"考论——以诗词为中心　王毅　文艺理论研究　2012 年 04 期　2012 年 7 月

唱和体诗　曾枣庄　古典文学知识　2012 年 04 期　2012 年 7 月

浅论绝句文体特点与《唐人万首绝句》编选目的的暗合　刘曼丽　文教资料　2012 年 26 期　2012 年 9 月

永明诗新论——以沈约为中心　戴燕　杭州师范大学学报　2012 年 05 期　2012 年 9 月

论唐代试律诗的制度特征　汤燕君　浙江传媒学院学报　2012 年 05 期　2012 年 10 月

论诗、偈的异同及偈颂的诗化　张昌红　河南师范大学学报　2012 年 06 期　2012 年 11 月

"乐府声诗并著""正解"商榷　杨晓霭　中国音乐学　2013 年 01 期　2013 年 1 月

论齐梁药名诗　孙艳平　太原师范学院学报　2013 年 01 期　2013 年 1 月

略谈唐代五言三韵诗　孟婕　名作欣赏　2013 年 02 期　2013 年 1 月

说说对联的起源、结构和句式　胡安顺　文史知识　2013 年 02 期　2013 年 2 月

论楹联的界定及其催生因素　张小华　西昌学院学报　2013 年 01 期　2013 年 3 月

相和、相和歌、清商三调、清商曲　柯利刚　乐府学　8 辑　北京：学苑出版社　2013 年 4 月
论古代宝塔诗　朱晶晶　青年文学家　2013 年 26 期　2013 年 9 月
中国古代"口号诗"的文体特征　任竞泽　厦门大学学报　2013 年 06 期　2013 年 11 月
从《诗》到《易》——说二言体　周锡䪖　诗经研究丛刊　25 辑　2013 年 11 月

3. 辨体：分论二

诗经的体类（古代文学史论之一）　姜亮夫　青年界　4 卷 4 期　1933 年 11 月
　~姜亮夫全集　卷 21　昆明：云南人民出版社　2002 年 10 月
《诗》有楚声论　潜思荃　江汉论坛　1980 年 04 期　1980 年 3 月
评"《诗》有楚声"说　彭丹　江汉论坛　1981 年 02 期　1981 年 2 月
略论《桃花源记》与系诗的关系　雒江生　文学遗产　1984 年 04 期　1984 年 12 月
《诗》三体平议　彭声洪　华中师大学报　1985 年 03 期　1985 年 6 月
《诗》三体平议（续）　彭声洪　华中师大学报　1985 年 06 期　1985 年 12 月
江淹《杂拟》三十首反映的文类学　游志诚　昭明文选学术论考　台北：台湾学生书局　1996 年 3 月
《杂体诗》在文学史上的意义　游志诚　昭明文选学术论考　台北：台湾学生书局　1996 年 3 月
《诗经》之"赋"探源　李蹊　山西大学师范学院学报　1996 年 03 期　1996 年 9 月
《易经》卦爻辞的诗性阐释：中国古代诗歌之起源　陈良运　人文杂志　1997 年 03 期　1997 年 5 月
李白《将进酒》是乐府诗还是歌行诗？——从形式和表现功能的视点考察　〔日〕松浦友久、夏文宝　中国李白研究（1997 年集）　1997 年 6 月
五言诗《长城谣》论考　朱光宝　四川教育学院学报　1997 年 04 期　1997 年 10 月
《周易》：先秦的一部诗集　张应斌　嘉应大学学报　1998 年 01 期　1998 年 2 月
《诗经·大雅》的文体特色　陈家煌　孔孟学报　78 期　2000 年 9 月

《诗经》叠咏体探赜　褚斌杰　诗经研究丛刊　1辑　2001年7月
　　~《诗经》叠咏体探赜(提要)　第五届诗经国际学术研讨会论文集　2001年8月
　　~古典新论　褚斌杰　长沙:湖南人民出版社　2004年5月
　　~褚斌杰文选　北京:北京大学出版社　2010年10月
《饮中八仙歌》源于汉代谣谚考　孙微　杜甫研究学刊　2003年04期　2003年12月
《乐府诗集》体例与收诗之商榷　刘德玲　中国学术年刊　26期　2004年9月
论江淹的《杂体诗三十首》并序　刘良政　安徽文学论文集　第2集　安徽省文学学会编　2005年2月
初论古诗十九首产生在建安曹魏时代——从五言诗形成历程角度的探寻　木斋　山西大学学报　2005年02期　2005年4月
《诗经》诗体正变简论　韩宏韬　辽宁师范大学学报　2005年04期　2005年7月
柏梁台诗真伪考辨　王晖　文学遗产　2006年01期　2006年1月
《左传》谣谚的语言特点　胡萍　黄山学院学报　2007年01期　2007年2月
汉铙歌《战城南》考——并论汉铙歌与后代鼓吹曲的关系　〔日〕户仓英美　乐府学　2辑　北京:学苑出版社　2007年8月
"《陌上桑》三解"考辨　张青　邢台学院学报　2008年02期　2008年6月
苏轼《琴诗》不是诗　刘尚荣　文史知识　2008年08期　2008年8月
从诗体流变看《西洲曲》的时代、作者及音韵特色　鄢化志、蒋月侠、杨淑敏　宿州学院学报　2009年06期　2009年12月
《古诗十九首》的时代作者与文体来源　赵东栓、孙少华　中国社会科学院研究生院学报　2010年02期　2010年3月
《诗经》中"二南"即楚风论辩　雷莎　理论月刊　2010年04期　2010年4月
《长恨歌》文体异说　徐翠先　山西大学学报　2010年03期　2010年5月
梁武帝《江南弄》七曲研究　许云和　武汉大学学报　2010年04期　2010年7月
《陌上桑》曲辞辨析　陈利辉　乐府学　6辑　北京:学苑出版社　2010年

12月

《吴越春秋》歌诗研究三题　于淑娟　中国诗歌研究　8辑　北京：中华书局　2011年12月

山歌唱来"曲"、"白"、"歌"——再探冯梦龙《山歌》体式　刘淑娟　中国语文　109卷6期　2011年12月

《红楼梦》"好了歌"文体源流考　任竞泽　海南大学学报　2013年03期　2013年6月

4. 文体关联

吴歌与词　刘尧民　中央大学半月刊　2卷5期　1930年12月

诗三百篇与长短句　陈友琴　青年界　4卷4期　1933年9月

诗三百篇之诗的意义及其与乐的关系　张西堂　师大月刊　14期　1934年1月

楚辞与五七言诗的兴起　刘信秋　中国新论　2卷2期　1936年2月

乐府与五言诗　孔祥瑛　国文月刊　1卷6期　1941年

乐府与五言诗（续）　孔祥瑛　国文月刊　1卷7期　1941年

吴歌与词　刘云翔　同声月刊　2卷2期　1942年2月

词曲与唐宋大曲之关系　梅应运　大陆杂志　14卷1—3期　1946年

诗与戏曲　孟超　诗刊　1960年11、12期合刊　1960年12月

词与乐府　江风　新民晚报　1960年12月21日

词与汉魏乐府南北朝宫体隋唐清乐俗乐及近体诗的关系　邝庆欢　新亚生活　9卷12期　1966年12月

辞赋对律诗之影响　易苏民　现代学苑　5卷11期　1968年11月

诗与谐隐　朱光潜　朱光潜美学文学论文选集　长沙：湖南人民出版社　1980年12月

唐代诗歌与小说的关系　王运熙、杨明　文学遗产　1983年01期　1983年3月

　～汉魏六朝唐代文学论丛（增补本）　王运熙　上海：复旦大学出版社　2002年5月

荀子《成相》与诗歌的"三三七言"　支菊生　河北大学学报　1983年03期　1983年10月

集联与诗词的渊源　裴国昌　江南诗词季刊　1985年04期

"风""骚"传统对后世文学形式的影响　杨公骥　文史知识　1986年05期　1986年5月

《诗经》与后世文体之赋间的源流关系　李湘　山东师大学报　1988年03期　1988年6月
试论中国诗歌与谜语的相互影响和发展　任蒙　湖北大学学报　1988年04期　1988年8月
词与诗的异同：与于沙先生商榷　王英惠　词刊　1991年03期　1991年5月
诗的赋化与赋的诗化——两汉魏晋诗赋关系之寻踪　徐公持　文学遗产　1992年01期　1992年2月
略论赋与诗的关系　马积高　社会科学战线　1992年01期　1992年3月
楹联与诗：《中国对联宝典》序　臧克家　散文　1992年07期　1992年7月
试论绝句与词的关系　赵其钧　江淮论坛　1993年01期　1993年3月
谜语与古咏物诗　周启云　河南大学学报　1993年05期　1993年10月
论《周易》象数对近体诗形式的影响　胡志勇　周易研究　1994年02期　1994年5月
论六朝诗歌与骈文的关系　王力坚　中国国学　1995年3卷　1995年11月
骈文与诗、赋相互影响的两点思考　吴在庆　宁德师专学报　1997年01期　1997年2月
诗钟与对联　白化文　文教资料　1997年02期　1997年4月
从歌谣、乐舞、赋诵看《诗》与辞赋文学之成立　欧天发　嘉南学报　23期　1997年11月
"声与诗"之我见　陈少松　学术月刊　1997年12期　1997年12月
略说近体诗与古诗的渊源关系　钱志熙　古典文学知识　1998年02期　1998年3月
从篇章结构看先秦辞赋与诗的关系　王晓鹏　西北师大学报　1998年6期　1998年11月
从继承看先秦辞赋与诗的关系　王晓鹏　钦州师范高等专科学校学报　2000年01期　2000年3月
楚辞与七言诗　郭建勋　中国楚辞学（第七辑）——2000年楚辞学国际学术研讨会论文专辑　2000年8月
　～先秦两汉文学论集：祝贺褚斌杰教授从教50周年　北京：学苑出版社　2004年7月

~中国楚辞学　7辑　北京:学苑出版社　2005年7月
中国古代小说与诗歌关系论略　刘书成　天水师范学院学报　2000年04期　2000年12月
论词与诗的对话差异　王金祥　牡丹江师范学院学报　2001年02期　2001年4月
初唐四杰的辞赋、骈文对诗歌革新的影响　胡朝雯　衡阳师范学院学报　2001年04期　2001年8月
再论赋与诗之关系　梁承德　论学谈言见挚情:洪顺隆教授逝世周年论文集　台北:万卷楼图书公司　2002年1月
诗联母女乎？抑姐妹乎？——论对联与律诗之血缘关系　青丙申、王社建　对联(民间对联故事)　2002年05期　2002年5月
诗骚形体因革略论　张震英　新余高专学报　2002年03期　2002年9月
论乐府诗对楚声楚辞的接受　郭建勋　中国文学研究　2002年04期　2002年12月
论词与曲作为格律诗的辅助诗体的作用　王珂　青岛科技大学学报　2003年01期　2003年3月
论六朝赋风对诗的影响　许瑶丽　四川师范大学学报　2003年02期　2003年4月
先秦两汉赋与隐语关系之考察　简宗梧　第四届汉代文学与思想学术研讨会论文集　台北:政治大学中国文学系　2003年4月
诗词韵文融入古代白话小说研究述论　孙步忠　立信会计高等专科学校学报　2003年02期　2003年6月
论唐五代小说与诗话的关系　罗立刚　学术研究　2003年07期　2003年7月
对偶句、骈文、律诗与对联之关系　罗冈　长沙民政职业技术学院学报　2003年03期　2003年9月
论类书与唐代檃括体诗　吴夏平　中国唐代文学学会第十二届年会暨国际学术研讨会论文集　2004年11月
~唐代文学研究　11辑　2006年5月
《诗经》诗体接受正变论　韩宏韬、李坚怀　嘉应学院学报　2006年01期　2006年2月
论楚歌的体制特点及对汉乐府的影响　蔡彦峰　湖南工程学院学报　2006年01期　2006年3月

~云梦学刊　2006年03期　2006年5月
唐代文人词与声诗关系之辨　陈双蓉　保定师范专科学校学报　2006年02期　2006年4月
论词、散曲与六言诗之渊源　王丹　湖南科技学院学报　2006年08期　2006年8月
从《九歌》到《燕歌行》——论《九歌》对七言诗的影响　李霁　岳阳职业技术学院学报　2006年06期　2006年12月
杂赋与乐府诗的关系　伏俊琏　西北师大学报　2007年02期　2007年3月
荆楚歌谣与楚辞　孟修祥　中国楚辞学（第十辑）——2007年楚辞学国际学术研讨会论文专辑（三）　2007年6月
　~中国楚辞学　10辑　北京:学苑出版社　2007年7月
汉代乐府与戏剧　钱志熙　北京大学学报　2007年04期　2007年7月
楚声与乐府诗　郭建勋、张伟　乐府与诗歌国际学术研讨会论文集——乐府学（第三辑）　2007年8月
　~乐府学　3辑　北京:学苑出版社　2008年8月
五言佛偈传译与东晋南朝五言诗　龚贤　集美大学学报　2007年03期　2007年9月
论乐府诗中的三言节奏与词　周仕慧　纪念辛弃疾逝世800周年学术研讨会论文汇编　2007年10月
谈初唐七言歌行和赋的相互渗透——以王勃《春思赋》和骆宾王《帝京篇》为例　陶眉兰　语文学刊　2007年21期　2007年11月
唐诗与唐人小说用诗流程之互观　崔际银　陕西师范大学学报　2008年02期　2008年3月
唐代五古长篇对赋体的吸收　余恕诚　中国唐代文学学会第十四届年会暨唐代文学国际学术讨论会——唐代文学研究（第十三辑）　2008年10月
　~唐代文学研究　13辑　桂林:广西师范大学出版社　2010年9月
论六朝时期诗歌对骈文的影响　陈鹏　孝感学院学报　2009年01期　2009年1月
略谈辞赋的句式及其对诗文的影响　赵成林、谢皓烨　湖南工程学院学报　2009年01期　2009年3月
教坊曲与唐代诗歌　文迪义　怀化学院学报　2009年06期　2009年6月

论宫体诗对七言诗的影响　何泽棠　江汉大学学报　2009年04期　2009年8月

再论楚辞体与七言诗之关系　郭建勋、闫春红　中国韵文学刊　2009年03期　2009年9月

　　~中国楚辞学(第十七辑)——2009年深圳屈原与楚辞学国际学术研讨会论文集　2009年10月

　　~中国楚辞学　17辑　北京:学苑出版社　2011年12月

汉代拟骚诗在文体层面对屈骚的继承与新变　王浩　辽东学院学报　2009年06期　2009年12月

对联与中国古典小说回目　李小龙　寻根　2010年03期　2010年6月

杜甫与唐代诗人创作对赋体的参用　余恕诚　文学遗产　2011年01期　2011年1月

五、七言诗体与汉乐府之关系　杨合林　安徽大学学报　2011年01期　2011年1月

汉赋模式影响唐诗考论　杨许波　南京大学学报　2011年03期　2011年5月

从郭茂倩《乐府诗集》初探汉唐乐府与楚辞的关系　苏慧霜　云梦学刊　2011年04期　2011年7月

论谶纬对汉代七言诗发展的影响　吴从祥　贵州大学学报　2011年04期　2011年7月

论汉乐府对箴铭、格言、谣谚的继承和发展——以乐府古辞为例　张建华　许昌学院学报　2011年06期　2011年11月

贞观时期宫廷文人赋与乐府诗相互融通之研究——从功能、风格两方面考察　胡淑贞　中国赋学　2卷　许结主编　南京:江苏教育出版社　2012年2月

论八股文与诗歌创作的嫁接——以尤侗的《论语诗》为考察文本　田子爽　江西社会科学　2012年04期　2012年4月

哪一种文体成就了唐诗　陶文鹏　中华读书报　2012年6月20日

从《长恨歌》与《长恨歌传》看中唐诗与小说之历史演进　徐海容　云梦学刊　2012年04期　2012年7月

论歌行与乐府的关系——以《文苑英华》为研究重点　王辉斌　长江大学学报　2012年08期　2012年8月

从骚体诗情感节奏特征看《楚辞》与七言诗的关系　姚爱斌　北京师范大

学学报 2012年05期 2012年9月
分咏体诗钟与八股文截搭题 田子爽 黑河学刊 2012年11期 2012年11月
唐诗对唐词形成的影响 黄昭寅 齐鲁师范学院学报 2012年06期 2012年12月
从偈颂到童谣——谈古今文体之关联性 吴承学 古典文学知识 2013年03期 2013年5月
晚唐五代诗词关系研究略论 宋娟、王洪 大众文艺 2013年09期 2013年5月

5. 风格论

诗品·构思·风格——司空图《诗品》风格论 吴调公 南京师院学报 1962年01期
乐府的诙谐性 萧涤非 乐府诗词论数 萧涤非 济南:齐鲁书社 1985年5月
　~萧涤非说乐府 萧涤非 上海:上海古籍出版社 2002年6月
　~20世纪中国文学研究论文选·汉代卷 赵敏俐选编 北京:社会科学文献出版社 2010年1月
古典诗歌风格辨析方法初探(一) 许自强 北京师院学报 1986年04期 1986年8月
古典诗歌风格辨析方法初探(二) 许自强 北京师院学报 1987年01期 1987年3月
五、七言律诗的风格与平仄之关系 叶桂桐 淮北煤师院学报 1987年01期 1987年4月
略谈诗、词、曲语的不同风格 李绍荫 黄冈师专学报 1988年01期 1988年4月
浅谈绝句语言的通俗性及成因 孙金涛 河北大学学报 1988年02期 1988年7月
中国古代诗歌体裁形式的美学特征 麻守中 齐齐哈尔师院学报 1988年06期 1988年12月
中国古典诗歌语言的浓缩特征 潘杰 淮北煤师院学报 1988年04期 1988年12月
论诡怪——古典诗歌风格辨析 许自强 北京师院学报 1989年01期 1989年1月

试论律诗的形式美　李明章　贵州教育学院学报　1989年01期　1989年4月

贯珠振玉　锦绣成文——近体诗格律形式美浅谈　支菊生、李威　河北大学学报　1989年01期　1989年4月

略论古典律体诗的形体美与声音美　张福深　齐齐哈尔师范学院学报　1994年01期　1994年2月

不着一字,尽得风流:说绝句之含蓄　王成国　北方论丛　1994年03期　1994年5月

论汉代文人五言诗的艺术特征　赵敏俐　文学遗产　1995年02期　1995年3月

汉乐府风格论　王运熙、邬国平　楚雄师专学报　1995年04期　1995年11月

试论"诗庄"、"词媚"的形成原因　许山河　海南师院学报　1995年04期　1995年11月

论六朝诗的赋化　李立信　第三届中国诗学会议论文集——魏晋南北朝诗学　彰化师范大学国文学系编　1996年5月

初唐歌行与诗风嬗变　张晶　文史知识　1996年12期　1996年12月

略论楹联的对称美　顾永芝、查美华　江苏教育学院学报　1998年03期　1998年7月

论中国古代诗体美学特征的嬗变　戴冠青　东南学术　1998年05期　1998年10月

诗词文体风格辨析　杨有山　信阳师范学院学报　2000年03期　2000年7月

《诗经》的风格体系　张淼　太原师范专科学校学报　2000年03期　2000年9月

诗的节奏韵律之美　陶文鹏　古典文学知识　2000年06期　2000年11月

诗意的巫咒:漫谈《诗经·国风》的咒语化特征　刘皓　思茅师范高等专科学校学报　2000年04期　2000年12月

试论古典诗歌风格的辩证性　丁海燕　长沙航空职业技术学院学报　2001年01期　2001年2月

元白"小碎篇章"与"花间"词风　叶帮义　安徽师范大学学报　2001年02期　2001年5月

文学自觉与诗赋的消长　林继中　东南学术　2002年01期　2002年

2月
试论李商隐在诗词文体嬗变中的作用　杨有山　周口师范学院学报 2002年03期　2002年7月
中国韵文格律的美学趣尚　蒋长栋　国文天地　18卷2期　2002年7月
格律与风格　李添富　辅仁国文学报　20期　2004年7月
宋代郊庙仪式声诗的舒迟和雅风格及其形成　杨晓霭　西北师大学报 2004年04期　2004年8月
论浮靡诗风与近体声律的关系　吴相洲　唐代文学研究（第十一辑）——中国唐代文学学会第十二届年会暨国际学术研讨会论文集　2004年11月　～唐代文学研究　11辑　桂林：广西师范大学出版社　2006年5月
论南宋后期词的雅化和诗的俗化——兼谈文体发展及文学与文化之关系 吕肖奂　文学遗产　2005年02期　2005年3月
唐代省试诗的衡量标准与齐梁体格　李定广　学术研究　2006年02期 2006年2月
论《诗经》的体式体貌及其对写实文体的奠基意义　蒋长栋　湖南文理学院学报　2006年02期　2006年3月
歌诗表演与汉、魏相和歌辞艺术新探　王传飞　乐府学　1辑　北京：学苑出版社　2006年6月
"雅体、野体、鄙体、俗体"新释——唐诗文术论札记　卢盛江　江西师范大学学报　2006年04期　2006年8月
绝句、律诗审美比较谈　杨映红　文教资料　2006年22期　2006年8月
宋代六言绝句的绘画美和建筑美　周裕锴　中国诗学研究　5辑（中国韵文学研究专辑）　2006年10月
赋的诗化与诗的赋化——魏晋南北朝诗赋关系探析　史培争、尤丽　语文学刊　2007年01期　2007年1月
论汉乐府叙事诗的戏剧性特质　杨晓　文教资料　2008年22期　2008年6月
试析唐七绝、五绝、六绝的风格之异——以王昌龄《从军行》、王维《辋川集》、《田园乐》为例　靳雅婷　天府新论　2009年增刊　2009年6月
"熔事"与叙事：论绝句艺术的特征　陈向春　辽宁师范大学学报　2009年05期　2009年9月
汉魏六朝隐语文学的特征　孙艳平　太原大学教育学院学报　2010年01期　2010年3月
论南朝宫廷宴集诗序的赋颂化倾向　钟涛　青海社会科学　2010年02期

2010 年 3 月

简约古雅,推陈出新——汉代四言诗风格特征　吴章燕　福建师大福清分校学报　2010 年 04 期　2010 年 7 月

"吴声"的雅化与风格演变　王志清　晋阳学刊　2010 年 06 期　2010 年 11 月

诗词"本色"论析解　陈远洋　文艺评论　2011 年 08 期　2011 年 8 月

乐府诗风格研究刍议　梁海燕　乐府学　7 辑　北京:学苑出版社　2012 年 4 月

钟嵘的永明诗歌风格论　蔡平　湖北社会科学　2012 年 08 期　2012 年 8 月

唐诗的口语化倾向　孟昭连　徐州工程学院学报　2012 年 06 期　2012 年 11 月

三、创作论

【著作】

汉语诗律学　王力　上海:新知识出版社　1958 年 1 月　957 页
　　序;导言;第一章　近体诗;第二章　古体诗;第三章　词;第四章　曲;第五章　白话诗和欧化诗
◎上海:上海教育出版社　1962 年 12 月　828 页
　　删去原第五章"白话诗和欧化诗"
◎香港:中华书局香港分局　1973 年　828 页
◎上海:上海教育出版社　1979 年 11 月新 2 版　980 页
　　增补;重版自序;原第五章"白话诗和欧化诗";附注
◎王力文集　第 14、15 卷　济南:山东教育出版社　1989 年 11 月
◎增订本　上海:上海教育出版社　2002 年 9 月　1015 页　世纪文库
◎上海:上海教育出版社　2005 年 4 月　911 页　世纪人文系列丛书
　　○批判王力《汉语诗律学》中的资产阶级学术思想　金连城　读书　1959 年 06 期　1959 年 4 月
　　○汉语古典诗歌语法研究的开山之作——兼述《汉语诗律学》以来之近体诗句法研究　孙力平　南昌大学学报　2000 年 04 期　2000 年 12 月
　　○《王力文集·汉语诗律学》诗例质疑　王福霞　语文学刊　2004 年 01

期　2004 年 1 月
○律体诗调平仄"拗救"说略——读王力《汉语诗律学》随札　宋恪震　黄河科技大学学报　2008 年 01 期　2008 年 1 月

诗词格律十讲　王力　北京:北京出版社　1962 年 5 月　66 页
　　前言;一、诗韵和平仄;二、五言绝句;三、七言绝句;四、五言律诗和长律;五、七言律诗;六、平仄的变格;七、对仗;八、古风;九、词牌和词谱;十、词韵和平仄;附:答读者问
◎北京:北京出版社　1978 年 9 月　53 页　语文小丛书
◎北京:商务印书馆　2002 年 12 月　227 页
　　增补:诗律馀论;音韵学初步;中国诗歌起源及其流变;中国格律诗的传统和现代格律诗的问题;中国古典文论中谈到的语言形式美;学习毛主席词四首;唐诗三首讲解;宋词三首讲解
◎与《诗词格律概要》合订　北京:世界图书出版公司　2008 年 10 月第 2 版　168 页　大学入门丛书

诗词格律　王力　北京:中华书局　1962 年 7 月　184 页
　　引言;第一章　关于诗词格律的一些概念;第二章　诗律;第三章　词律;第四章　诗词的节奏及其语法特点;结语;附录一:诗韵举要;附录二:词谱举要
◎收入《王力文集》第 15 卷　济南:山东教育出版社　1989 年 11 月
◎北京:中华书局　2000 年 4 月新 1 版　182 页　诗词常识名家谈四种
◎北京:中华书局　2009 年 5 月　245 页　诗词常识名家谈
　　增补:附录一:诗律馀论,原附录二种顺延为附录二、附录三

诗词格律浅说　贺巍　北京:北京人民出版社　1978 年 4 月　129 页
　　前言;一、诗词格律的内容;二、押韵和平仄;三、七言律诗;四、七言绝句;五、五言律诗;六、五言绝句;七、平仄的变格;八、粘、对和"一三五不论";九、律诗的对仗;十、古绝和古风;十一、词牌和词的押韵;十二、词的对仗和平仄;十三、词谱例说;附录:入声字表

诗词格律概要　王力　北京:北京出版社　1979 年 10 月　195 页
　　卷上:诗　第一章　诗的种类和字数;第二章　诗韵;第三章　诗的平仄;第四章　对仗;卷下:词　第一章　词牌和词谱;第二章　词韵;第三章　词的平仄;第四章　词的对仗
◎收入《王力文集》第 15 卷　济南:山东教育出版社　1989 年 11 月

◎北京:北京出版社　2002年8月　224页　大家小书
◎与《诗词格律十讲》(修订第3版)合订　北京:世界图书出版公司
2008年10月第2版　168页　大学入门丛书
　　○王力先生《诗词格律概要》拗救诗例归类献疑　卢一飞　中国韵文学刊　2007年03期　2007年9月

古典诗律史　徐青　西宁:青海人民出版社　1980年6月　230页
前言;第一章　绪论;第二章　诗律的萌芽;第三章　诗律的形成;第四章　诗律的成熟;第五章　诗律的流变
　　○喜读《古典诗律史》　怀冥　嘉兴师专学报　1981年01期　1981年3月

诗词曲格律纲要　涂宗涛　天津:天津人民出版社　1982年8月　326页
前言;上编　第一章　诗律纲要;第二章　词律纲要;第三章　曲律纲要;下编　第一章　词谱撮要;第二章　曲谱举隅;后记;
◎天津:天津人民出版社　2000年9月第2版　480页
增补:附录一:诗韵源流及改革刍议;附录二:词韵备要;附录三:曲韵简编;附录四:《元词斠律》(上编)对仗初探;修订再版附记
◎天津:天津人民出版社　2010年4月　421页　人民·联盟文库
　　○一部翔实适用的传世佳作——涂宗涛先生《诗词曲格律纲要》读后　张清华　周口师范高等专科学校学报　2002年01期　2002年3月

诗词通论　任秉义　沈阳:辽宁人民出版社　1984年12月　301页
引言;第一章　旧体诗的平仄;第二章　旧体诗的格律;第三章　诗的对仗;第四章　诗的章法;第五章　诗的炼字炼句;第六章　词的概说;第七章　词调和词的字数;第八章　词的平仄和字句;第九章　词谱和词韵;第十章　词的章法;第十一章　词的炼句炼字和对仗;第十二章　有关诗词的艺术规律和理论综述;附录

诗词格律与章法　林海权　福州:海峡文艺出版社　1986年6月　227页
前言;第一章　诗律;第二章　词律;第三章　诗词的语法特点;第四章　诗词的章法;附录一:诗韵常用字表;附录二:词谱举例

汉字的魔方:中国古典诗歌语言札记　葛兆光　香港:中华书局　1989年12月　262页　百家文库
第一章　背景与意义——中国古典诗歌研究中一个传统方法的反省;第二章　语言与印象——中国古典诗歌语言批评中的一个难题;第三

章　意脉与语序——中国古典诗歌中思维与语言的分合;第四章　论格律——中国古典诗歌语言结构的分析;第五章　论典故——中国古典诗歌特殊语词的分析之一;第六章　论虚字——中国古典诗歌特殊语词的分析之二;第七章　论诗眼——中国古典诗歌特殊语词的分析之三;第八章　从宋诗到白话诗——诗歌语言的再度演变;后记

◎沈阳:辽宁教育出版社　1999年1月　238页
　　增补:修订版后记
◎上海:复旦大学出版社　2008年4月　233页
　　增补:新版序
　○古典诗歌艺术的现代诠释——读《汉字的魔方》札记　夏晓虹　文学遗产　1990年04期　1990年7月

诗词读写丛话　张中行　北京:人民教育出版社　1992年7月　371页
再说几句;上场的几句话;家有敝帚享之千金;情意和诗境;写作和吟味;诗之境阔词之言长;读诗;读词;古今音;关键字;偏爱;旧韵新韵;奠基;近体诗格律;变通;拗字拗体;押韵;对偶一;对偶二;古体诗一;古体诗二;古体诗三;诗体馀话;词的格律一;词的格律二;词韵;试作;情意与选体;诗语和用典;外力;登程;捉影和绘影;凑合;辞藻书;勤和慎;附录:诗韵举要
◎北京:中华书局　2005年4月　300页
◎北京:中华书局　2009年5月　390页　诗词常识名家谈

诗词格律教程　朱承平　广州:暨南大学出版社　1999年9月　482页
绪言;上篇:诗律　第一章　近体诗的体式;第二章　近体诗的用韵;第三章　近体诗的平仄;第四章　近体诗的对仗;第五章　古体诗;第六章　近体诗的章法与句法;第七章　吟诵与唱酬;
下篇:词律　第八章　词和词的起源;第九章　词调及其体制;第十章　词的分片;第十一章　词的用韵;第十二章　词的句式和平仄;第十三章　选词择调;附录　附录一:诗韵常用字表;附录二:平仄两读字表;附录三:常见常用词谱;附录四:主要参考引用书目;后记

格律诗语式　颜景农　南京:江苏教育出版社　2002年7月　158页
序一(徐复);序二(窦天语);引言;第一章　单位的区分;第二章　结构的错列;第三章　语意的隐略;第四章　对仗的讲究;附录:格律简说;后记

旧体诗入门　方春阳、吴秋登　杭州:浙江古籍出版社　2003年2月　142页　古典文学名师讲座丛书
前言;一、概说;二、体裁;三、押韵;四、平仄;五、对仗;六、字名章法;附录一:诗律基础——五言排律选读;附录二:诗韵举要

读古诗入门　吴丈蜀　上海:上海古籍出版社　2004年5月　139页　古典文学知识入门
引言;第一章 诗歌的两个重要因素;第二章 诗歌的起源和演变;第三章 旧体诗的种类和区别;第四章 旧体诗的体派;第五章 旧体诗的专用词语;第六章 诗韵;第七章 绝句诗格律;第八章 律诗格律;第九章 格律中的其他规则;第十章 古体诗概说;第十一章 变体诗;附录:常见旧读入声字表
◎上海:上海古籍出版社　2010年4月　151页

诗律　郭芹纳　北京:商务印书馆　2004年9月　270页　汉语知识丛书
前言;引言;第一节 近体诗的字句与平仄;第二节 近体诗的"拗"与"救";第三节 平仄格律的例外情况;第四节 近体诗的用韵;第五节 诗韵例说;第六节 格律诗的对仗;第七节 入声识辨;第八节 平仄异读;附录;参考文献;后记

唐诗创作与歌诗传唱关系研究　吴相洲　北京:北京大学出版社　2004年10月　394页
引言;第一章 从歌诗角度研究唐诗需要首先弄清的几个问题;第二章 论初唐近体诗体式的形成与诗歌入乐之关系;第三章 盛唐诗的繁荣与歌诗传唱;第四章 中唐元白诗派的创作与歌诗传唱的关系;第五章 晚唐"才子词人"的歌诗创作;结论;主要参考;文献后记
○吴相洲《唐诗创作与歌诗传唱关系研究》评论　王志清　徐州教育学院学报　2006年02期　2006年6月
○新的收获,新的起点——评吴相洲《唐诗创作与歌诗传唱关系研究》　梁海燕　中国诗歌研究动态　2辑　2007年4月

中国诗句法论　易闻晓　济南:齐鲁书社　2006年1月　297页
弁言;第一章 文化的预设;第二章 语言与体制;第三章 句式与节奏;第四章 用字之讲求;第五章 造语之特点;第六章 体制与句格;引用文献;后语

永明体与音乐关系研究　吴相洲　北京:北京大学出版社　2006年7月

226 页

引言;第一章 永明声律说与音乐关系的逻辑分析;第二章 永明体与音乐关系的历史考察;第三章 "诵读说"与"转读说"辨析;第四章 来自初唐近体诗完善过程的印证;第五章 来自词律和曲律的印证;结论;主要参考文献;后记

诗词格律教程 谢桃坊 成都:巴蜀书社 2006 年 9 月 212 页

序;上编:诗律教程 第一讲 诗律的形成;第二讲 诗律的声韵标准;第三讲 四声与平仄;附录:唐人五言律诗四十首;第四讲 韵部;第五讲 诗律;附录:杜甫五言律诗四十首;第六讲 律诗和绝句;第七讲 声病;第八讲 结构与对偶;附录:诗韵;笠翁对韵;

下编:词律教程 第一讲 倚声填词与词律;第二讲 词律的构成;第三讲 词的字声规范;第四讲 词的用韵;第五讲 词调的选用;第六讲 按谱填词;附录:词韵;词谱尚论:关于诗词的创作问题;关于古典诗词的吟诵问题

○简评《诗词格律教程》 沈琏学 文史杂志 2007 年 02 期 2007 年 3 月

宋代诗话的格律论研究 刘万青 永和:花木兰文化出版社 2008 年 9 月 165 页 古典诗歌研究汇刊·第四辑

第一章 绪论;第二章 论抑扬之美——声律;第三章 论回环之美——韵律;第四章 论整齐之美——对仗;第五章 结论;参考书目举要;附录:宋代诗话的格律资料索引一览表

唐诗律 骆迅夫 杭州:杭州出版社 2009 年 6 月 331 页

序;第一篇:唐代近体诗形式本质 第一章 律点与律尾;第二章 押韵规则;第三章 押和规则;第四章 广式与优式;第五章 演绎系统;第六章 真值演算;第二篇:唐代近体诗新大陆剪影 第一辑 仄韵交和近体诗;第二辑 平韵广式近体诗;跋

诗词曲的格律和用韵 耿振生 郑州:大象出版社 2009 年 9 月 217 页 中国历史文化知识丛书

引论 关于诗歌格律的基础知识;一 五七言诗的格律和用韵 附:诗韵常用字表;二 词律和词韵 附:词谱举例;三 曲和曲韵 附:曲谱举例;后记

诗词格律浅说 郭一之 合肥:安徽大学出版社 2010 年 6 月 221 页

前言;第一章 诗词格律基础知识;第二章 诗律基本知识;第三章 词律基本知识;附录一:诗韵简编;附录二:词韵简编

诗律详解 林克胜 北京:商务印书馆 2010年7月 350页 诗词格律详解丛书

《诗词格律详解》总叙;《诗律详解》凡例;第一章 古体诗;第二章 五律;第三章 七律;第四章 五七言律的变格;第四章 五七言律的变格;第五章 六律;第六章 诗律综述;附录一:《笠翁对韵》;附录二:《诗律详解》主要参阅书目

南北朝至初唐五言律诗格律形成之研究 向丽频 新北:花木兰文化出版社 2011年3月 125页 古典诗歌研究汇刊·第九辑

自序;第一章 概说;第二章 南北朝至初唐五律篇制形成过程观察;第三章 从诗歌内部结构探求五言八句式篇制之成因;第四章 南北朝至初唐五言八句式律调之演进;第五章 南北朝至初唐律诗对偶形式的形成;第六章 结论;参考引用书目

大唐诗律学 钟如雄 北京:中国社会科学出版社 2011年3月 368页

《大唐诗律学》序(孙玉文);诗的格律与心灵的自由(陈筱芳);第一编:大唐诗律 导言;第一章 远古时代的"歌"与"诗";第二章 古代诗歌的分类;第三章 古风体诗歌的演变;第四章 音乐五音与汉语四声的关系;第五章 永明诗律形成的四要素;第六章 永明诗病说与大唐诗律;第七章 律体诗的平仄组合定律;第八章 律体诗平仄组合的宽与严;第九章 律体诗失对失黏矫正;第十章 律体诗"拗救"说之检讨;第十一章 律体诗的押韵规则;第十二章 入声字的辨别方法;第十三章 律体诗的对仗规律;第十四章 诗歌意境说的认同与辩正;第十五章 利用汉字的特征来创造诗歌意境;第二编 原野律诗自选集(略);附录:律体诗韵手册;后记

中国古典诗歌句法流变史略 孙力平 杭州:浙江大学出版社 2011年11月 463页

绪言;第一章 古典诗歌句法研究简史;第二章 古典诗歌句法的描写;第三章 先秦句法(上)——以《诗经》为例;第四章 先秦句法(下)——以《楚辞》为例;第五章 两汉句法——以《古诗十九首》为例;第六章 南朝句法——以大小谢五言诗为例;第七章 唐诗句法——以杜甫近体诗为例;结语:古典诗歌句法进程及其变异;附录:

中国古代诗歌句法研究资料选　一、历代文人论诗歌之"句法"　二、历代文人论词曲之"句法"　三、宋元明清含"句法"二字之诗句（部分）；参考文献；后记

中国诗词形式理论　施文德　上海：同济大学出版社　2011年12月　406页

序言；第一章　诗的演变和种类；第二章　诗的要素；第三章　格律诗的形式化及其原则；第四章　词的演变和一般概念；第五章　词的要素；第六章　词的形式化；第七章　词谱的形式符号；附一：诗韵举要；附二：词韵举要；附三：词谱的形式符号目录备索；后记

诗词曲联格律新论　雷仲篪　北京：中国文联出版社　2012年4月　586页

序；读《诗词曲联格律新论》（代序）；卷首陈言（自序）；导论：简析诗教与格律创新；第一篇：诗概论、格律及其创新　第一章　诗概论；第二章　诗格律；第三章　诗律创新；第二篇：词概论、格律及其创新　第一章　词概论；第二章　词格律；第三章　词律创新；第三篇：曲概论、格律及其创新　第一章　曲概论；第二章　曲格律；第三章　曲律创新；第四篇：联概论、格律及其创新　第一章　联概论；第二章　联格律；第三章　联律创新；辍笔心语；附录篇　（一）本著诗词曲联概念术语索引；（二）本著图表索引；（三）主要参考文献名录；（四）简论诗题与诗附件；（五）《佩文诗韵》常用字韵部、声调与平仄考；付梓寄情（后记）；补记

诗词格律新说　石观海　广州：暨南大学出版社　2013年4月　175页　弘道书系

上编：近体诗的格律　引子：近体诗的形成；第一节　入声字：把握近体诗格律的障碍；第二节　格律："平"与"仄"的有序组合；第三节　平仄格式记忆法；第四节　两种"特殊句"：颠覆律句的平仄；第五节　"拗救"：未尝有过的假古董；第六节　注意不"孤平"，但非绝对避忌；第七节　避免"三连平"，但也时而用之；第八节　拗句与拗体：近体格律的解构；第九节　韵脚与韵式；第十节　对仗：律体的要素；第十一节　酬唱；

下编：长短句的格律　引子：词的起源；第一节　词牌：来源、故实与意象；第二节　"曲子"消失之后：地道的"长短句"；第三节　类别：剪不断理还乱的划分；第四节　结构：辨别词类别的捷径；第五节　律句：近体诗的基因；第六节　"拗句"：合乐变声造成的混乱？第七节　领字：显

示新体诗的独特;第八节 对仗:容许创作自由;第九节 用韵:不再一成不变;第十节 填词:依样画葫芦

乐府诗题名研究　张煜　北京:北京大学出版社　2013年8月　294页　京华学术文库

总序(吴相洲);第一章 乐府诗类名研究概说;第二章 乐府诗题"歌"释义;第三章 乐府诗题"行"释义;第四章 乐府诗题"曲"释义;第五章 乐府诗题"谣"释义;第六章 乐府诗题"乐"释义;第七章 乐府诗题"引"释义;第八章 乐府诗题"篇"释义;第九章 乐府诗题"吟"释义;第十章 乐府诗题"辞"释义;第十一章 乐府诗个名研究概说;第十二章 郊庙歌辞;第十三章 燕射歌辞;第十四章 鼓吹曲辞;第十五章 横吹曲辞;第十六章 相和歌辞;参考文献

诗词曲与音乐十讲　解玉峰　南京:南京大学出版社　2013年10月　135页　南京大学文学院新生研讨课系列教材

总序(丁帆);第一讲 导论:诗、词、曲与音乐之关系;第二讲 先秦歌唱之类别;第三讲 先秦韵文的文体特征;第四讲 汉魏六朝歌唱之类别;第五讲 汉魏六朝歌唱"本辞"与"乐奏辞"之关系;第六讲 汉唐"乐府诗"辨议;第七讲 唐诗格律及中国韵文之演进;第八讲 律词之格律;第九讲 南北曲的宫调与曲牌;第十讲 诗词曲的歌唱;参考文献;后记

【学位论文】

汉魏六朝乐府辞乐关系研究　崔炼农　上海师范大学　2003年　博士论文
唐代诗序研究　张红运　陕西师范大学　2007年　博士论文
近体诗律研究　张培阳　南开大学　2013年　博士论文

九宫大成谱中唐声诗研究　谢怡奕　"东吴大学"　1985年　硕士论文
初盛唐五言近体诗声律研究　涂淑敏　东海大学　1992年　硕士论文
从语文学角度再探讨五言诗之相关问题　苏恩希　台湾大学　1992年　硕士论文
五言近体格律形成研究　林继柏　东海大学　1994年　硕士论文
南北朝至初唐五音律诗格律形成之研究　向丽频　(高雄)"中山大学"　1995年　硕士论文
从永明体到近体——徐陵诗歌声律考　丁功谊　广西师范大学　2002年

硕士论文
从六朝声病说到盛唐声律格式之实践:以五、七言诗为研究对象　彰化师范大学　2003年　硕士论文
唐诗诗序研究　黄爱平　武汉大学　2004年　硕士论文
唐诗声律研究　廖继莉　华中科技大学　2005年　硕士论文
六朝诗歌声律理论研究——以《文心雕龙·声律篇》为讨论中心　方柏琪　台湾大学　2005年　硕士论文
五言律诗声律的形成　杨文惠　清华大学　2005年　博士论文
《白纻》舞、歌、辞考论　方孝玲　安徽大学　2006年　硕士论文
《诗经》之诗乐观研究　郭付利　贵州大学　2007年　硕士论文
《古诗十九首》程序化特征研究　王津　陕西师范大学　2007年　硕士论文
律诗进程中的上官仪　李益　浙江大学　2008年　硕士论文
论近体诗诗话之研究　梁振国　南华大学　2008年　硕士论文
《梅花落》研究　王美凤　首都师范大学　2008年　硕士论文
《燕歌行》研究　范海浪　首都师范大学　2009年　硕士论文
汉语六言诗格律特点研究　伏睿　山东大学　2009年　硕士论文
沈约声律论探赜　刘姿　"东吴大学"　2009年　硕士论文
杜甫七律的诗体学研究　李牧遥　陕西师范大学　2010年　硕士论文
《文选》五言诗的韵律研究　王允雷　长春师范学院　2010年　硕士论文
唐代近体诗歌的声律特征与情感表达的关系　牛振　广西师范大学　2010年　硕士论文
沈约"八病"考论　朱娜　南京大学　2011年　硕士论文
齐梁音乐制作与文人乐府创作　蒋宁　上海师范大学　2011年　硕士论文
篇章意象组织论——以古典诗歌为考察范围　蔡幸君　台湾师范大学　2011年　硕士论文
唐声诗及其乐谱研究　张窈慈　(高雄)"中山大学"　2011年　博士论文
"初唐四杰"诗律研究　员平平　山东师范大学　2011年　硕士论文
"永明体"理论探索——以沈约为例　郑红艳　江南大学　2011年　硕士论文
从文体互渗入手评析韩愈"以文为诗"　李希　湘潭大学　2011年　硕士论文
两汉至宋代"赋"论研究——以《诗》六义之"赋"为中心　朱林霞　中央民

族大学　2012年　硕士论文
汉代乐府诗中三言句式的源流及诗体意义　郭雯　长沙理工大学　2012年　硕士论文
唐诗题序研究　刘宏民　河南师范大学　2012年　硕士论文
初唐七律格律研究　梁小玲　广西民族大学　2012年　硕士论文
声情和辞情——以唐代近体诗兼杂体诗为例　李贵兰　重庆师范大学　2012年　硕士论文
清商曲辞的辞乐关系研究　韩雨笑　陕西师范大学　2012年　硕士论文
从句法看南朝五言诗对唐诗的影响　张怡　浙江工业大学　2012年　硕士论文
汉语韵律构词法与古代诗歌的互动机制研究　董海燕　湖北师范学院　2013年　硕士论文
乐府古辞题名通考　韩倩　四川师范大学　2013年　硕士论文
元白唱和诗统计分析　李汉南　河南师范大学　2013年　硕士论文

【单篇论文】

1. 总说

论"以文为诗"　朱自清　大华日报　1947年6月5日
　　~朱自清古典文学论文集　上海：上海古籍出版社　1981年7月
　　~朱自清说诗　上海：上海古籍出版社　1998年12月
　　~20世纪中国文学研究论文选·隋唐五代卷　吴相洲选编　北京：社会科学文献出版社　2010年1月
韩退之以文作诗和以诗作文　刘百闵　东方　2期　1959年2月
韩愈以文为诗说　程千帆　古代文学理论研究　1辑　1979年12月
　　~古代文学理论研究丛刊　郭绍虞主编　台北：新文丰出版公司　1989年6月
　　~宋诗综论丛编　张高评主编　高雄：丽文文化事业股份有限公司　1993年10月
论五言绝句的表现方法　刘树勋　武汉师院汉口分部校刊　1979年12期　1979年
我国古典诗歌节奏的历史发展及其他　孙绍振　诗探索　1980年01期　1980年4月
古代诗变化例举(上)　史进　星星　1981年05期

联对艺术试论　曹聪孙　天津师大学报　1982年06期　1982年12月
怪体诗的修辞方法　吴积才　曲靖师专学报　1983年02期　1983年7月
"火"与"雪"：从体物到禁体物——论"白战体"及杜韩对它的先导作用　程千帆、张宏生　中国社会科学　1987年第4期　1987年7月
　　~被开拓的诗世界　程千帆、莫砺锋、张宏生　上海：上海古籍出版社　1990年10月
意脉与语序——中国古典诗歌语言的札记　葛兆光　文艺研究　1989年05期　1989年10月
"诗词有别"与"诗词一体"——温庭筠诗歌与词的联系初探　成松柳　长沙水电师院学报　1991年04期
论颜延之对偶诗对初唐律诗的影响　陈书录　南京师大学报　1992年01期　1992年4月
杜甫以文为诗，以议论为诗及其在中国文学史上承前启后的关系　万云骏　杜甫研究学刊　1993年01期　1993年3月
破体与宋诗特色之形成——以"以文为诗"、"以议论为诗"、"以赋为诗"为例　张高评　成大中文学报　2期　1994年2月
谈谈宋人的"以文为诗"　张福勋　文科教学　1995年01期　1995年6月
　　~阴山学刊　1997年01期　1997年3月
齐梁拟乐府诗赋题法初探——兼论乐府诗写作方法之流变　钱志熙　北京大学学报　1995年04期　1995年7月
乐府诗的体式嬗变与创格：杜甫"新题乐府"论（形式篇）　马承五　华中师范大学学报　1996年02期　1996年3月
唐诗艺术表现技巧例议　杨晓霭　青海师范大学学报　1996年02期　1996年5月
以文为诗，以文论诗：桐城诗派的诗学观　方任安　安庆师院社会科学学报　1997年01期　1997年2月
中国古代诗法叙论　陆凌霄　广西民族学院学报　1997年02期　1997年6月
"以文为诗"辨：关于唐宋诗变中一个文学观念的检讨　郭鹏　北京大学学报　1999年01期　1999年1月
　　~中国语言文学资料信息　1999年02期　1999年4月（编按：仅为摘要。）

"七言之制,断以明远为祖何?"——以诗歌形式为中心浅析鲍照七言诗和杂言诗　〔韩〕吕寅喆　山东教育学院学报　2000年01期　2000年2月
"声调渐响":论张说对初唐渐盛时期七言歌行的贡献　穆超君　学术交流　2000年04期　2000年7月
"破体出位"与宋代文学的整合研究——以诗、词、隐括为例　张高评　会通化成与宋代诗学　台南:成功大学出版组　2000年8月
以文为诗的观念嬗变　吴淑钿　中国文哲研究集刊　17期　2000年9月
"以文为诗"述评　高玉　湖北民族学院学报　2000年03期　2000年9月
试论五言近体诗组合与选择原则　巫称喜　江西教育学院学报　2001年01期　2001年4月
魏晋时期的诗歌创作论　冯仲平　首都师范大学学报　2001年03期　2001年6月
唐代歌诗的主要创作方式　刘明澜　中国诗歌与音乐关系研究——第一届与第二届"中国诗歌与音乐关系"学术研讨会论文集　2002年4月
韩愈"以文为诗"的历史渊源及其创新与贡献　熊飞　唐代文学研究(第十辑)——中国唐代文学学会第十一届年会暨国际学术讨论会论文集　2002年5月
　～唐代文学研究　10辑　桂林:广西师范大学出版社　2004年11月
尊体与破体——略论韩愈的诗与文　蒋骏　山东理工大学学报　2003年02期　2003年4月
谢庄诗歌律化初探——兼与刘跃进先生商榷　徐明英、熊红菊　长春师范学院学报　2004年01期　2004年1月
"以文为诗"不始于陶渊明——兼与高建新先生商榷　张明华、魏宏灿　淮南师范学院学报　2004年01期　2004年1月
　～九江师专学报　2004年02期　2004年4月
丽句与深采并流　偶意共逸韵俱发——对联写作要论兼议《文心雕龙·丽辞》及相关篇目　李金坤　钦州师范高等专科学校学报　2004年02期　2004年6月
　～潍坊学院学报　2011年01期　2011年2月
唐诗成熟的标志——论杜甫律诗的成就　葛景春　杜甫研究学刊　2006年01期　2006年3月
浅析中国古代诗歌节奏的形成　李晓翠　达县师范高等专科学校学报　2006年03期　2006年5月

论鲍照乐府诗的新变与贡献——兼及"歌行体"与七言歌行诸问题　王辉斌　河南教育学院学报　2007年02期　2007年3月
略论谢灵运与诗的律化　谌东飚、张志群　集美大学学报　2007年01期　2007年3月
从"以文为诗"到"以诗为词"——试析两种文体特征形成的原因及其发展特点　范修华　呼伦贝尔学院学报　2007年04期　2007年8月
曹丕七言诗的形成及对鲍照等人的影响　李中合　陕西教育学院学报　2007年04期　2007年11月
从字法、句法、章法看韩愈的"以文为诗"　赵彩娟　前沿　2008年01期　2008年1月
"以赋为诗"考辨　胡大雷　罗宗强先生八十寿辰纪念文集　北京：中华书局　2009年6月
　～中古赋学研究　胡大雷　桂林：广西师范大学出版社　2011年11月
王融与"永明体"关系再探讨　赵静　名作欣赏　2009年29期　2009年12月
　～改题：试论王融与"永明体"创立之关系　赵静　山东师范大学学报　2010年01期　2010年1月
再论张衡与七言诗之关系　刘丽华　赤峰学院学报　2010年01期　2010年1月
赋题法与永明体——齐梁陈拟乐府诗的革新　郑珊珊　福州大学学报　2010年02期　2010年3月
《白纻辞》的拟代——兼论乐府诗拟代中的复变规律　方孝玲　安徽农业大学学报　2010年02期　2010年3月
韩愈诗歌对赋体成分的吸收——兼论跨文体鉴赏　余恕诚　安徽师范大学学报　2010年02期　2010年3月
"以文为诗"三十年研究述评　刘磊　古代文学理论研究　30辑　2010年4月
杜诗变体与词体内质——以《风雨看舟前落花戏为新句》三首为考察中心　彭玉平　阅江学刊　2010年04期　2010年8月
宋人的乐府观与乐府诗创作——前者以宋人三部总集为例　王辉斌　南都学坛　2010年05期　2010年9月
苏轼与中国诗学"活法"说论考——从以文为诗、以文为赋等说起　曾明　社会科学研究　2010年06期　2010年11月
论金代王重阳与全真七子的"杂体诗词"创作　解秀玉、于东新　时代文

学(下半月) 2011年01期 2011年1月
韩愈"以文为诗"之渊源说 李希、曹炎 内蒙古农业大学学报 2011年02期 2011年4月
浅析赵翼论六言诗兼谈六言诗的发展 陈玉平 绥化学院学报 2011年04期 2011年8月
论韩愈的"文中之诗"及其意义 曹辛华 上饶师范学院学报 2011年05期 2011年10月
论杜甫七律"变格"的原理和意义——从明诗论的七言律取向之争说起 葛晓音 北京大学学报 2011年06期 2011年11月
以赋为诗:"白战体"对《雪赋》写作方法的规避与继承 曹逸梅 大理学院学报 2011年11期 2011年11月
李白、杜甫诗体与唐诗嬗变 申东城 安徽大学学报 2012年01期 2012年1月
汉魏六朝郊祀歌辞句式、韵式研究 李敦庆 海南大学学报 2012年01期 2012年2月
金代全真道士之杂体诗词刍论 于东新 集宁师范学院学报 2012年01期 2012年3月
椟胜于珠:旧体域外纪游诗中的"夹注"现象 苏明 天中学刊 2012年04期 2012年8月
论温庭筠的"乐府倚曲"及其文学史意义 王淑梅 徐州师范大学学报 2012年06期 2012年11月
宋代集句诗"以词为诗"现象梳理及诗学意义 张福清 中国文学研究 2013年02期 2013年4月

2. 结构章法

说中国诗篇中的次第律 刘大白 小说月报17卷号外·中国文学研究 1927年6月
　～中国文学论丛 梁启超等 台北:明伦出版社 1969年11月
诗经与楚辞之构造法 王桐龄 经世日报读书周刊 4期 1946年9月4日
乐府歌辞的拼凑和分割 余冠英 国文月刊 61期 1947年11月
　～汉魏六朝诗论丛 余冠英 上海:古典文学出版社 1956年12月
　～20世纪中国文学研究论文选·汉代卷 赵敏俐选编 北京:社会科学文献出版社 2010年1月

唐代民间歌谣的结构　邱燮友　中国书目季刊　9卷3期　1975年12月
　　~唐代研究论集·第一辑　中国唐代学会、编译馆编　台北:新文丰出版公司　1992年11月
"盐"曲小考　席臻贯　祁连歌声　1982年06期
　　~古丝路音乐暨敦煌舞谱研究　席臻贯　兰州:敦煌文艺出版社　1992年7月
乐府音乐中的"解"与歌辞中的"拼凑分割"　李济阻　天水师专学报　1985年01期　1985年4月
诗词"题引"例话　周本淳　江苏教育学院学报　1988年01期
古乐府艳歌之演变　齐天举　阴山学刊　1989年01期　1989年4月
　　~20世纪中国文学研究论文选·汉代卷　赵敏俐选编　北京:社会科学文献出版社　2010年1月
试论汉魏乐府诗之艳、趋、乱　安海民　青海民族学报　1991年01期　1991年4月
汉乐府诗的"解"与"乱"　张永鑫　无锡教育学院学报　1991年02期　1991年6月
从"起承转合"谈中国古诗结构的完整性　周乔建　九江师专学报　1992年04期　1992年8月
联章诗结构技法说要　吴绍礼、王立　齐齐哈尔社会科学　1993年04期　1993年8月
从六朝诗看中国古典诗歌结构的演进　王力坚　暨南学报　1994年03期　1994年7月
试论回文的逻辑结构　辛菊　山西师大学报　1998年04期　1998年10月
"诗序"渊源及其他　张红运　天中学刊　2006年01期　2006年2月
"乱"之源流考辨——《乐府诗集》音乐术语丛考之一　崔炼农　云南艺术学院学报　2006年03期　2006年9月
论唐诗诗序与诗作的关系　黄爱平　兰州学刊　2006年10期　2006年10月
试析回文诗结构　张绍诚　文史杂志　2007年05期　2007年9月
试论魏晋南北朝诗序的文体演进　钟涛　北京大学学报　2008年01期　2008年1月
"序"体溯源及先唐诗序的流变历程　吴振华　学术月刊　2008年01期　2008年1月

蔡邕与东汉诗序体考论　王辉斌　贵阳学院学报　2009年01期　2009年3月
应制诗"冒头"现象及其成因　程建虎　大连大学学报　2010年01期　2010年2月
论古代诗歌章法理论　张胜利　河南师范大学学报　2011年01期　2011年1月
从五古结构看"陶体"的特征和成因　葛晓音　中国诗学　15辑　北京：人民文学出版社　2011年3月
诗序范型与西晋名士剪影——论《思归引序》的双重价值　李乃龙　贺州学院学报　2011年01期　2011年3月
论乐府诗的对唱体式　周仕慧　文艺研究　2012年10期　2012年10月
论岑参歌行的复沓表现　孙歌　江西教育学院学报　2012年05期　2012年10月
《乐府诗集》"艳"考　阎运利　乐府学　8辑　北京：学苑出版社　2013年4月
浅谈唐诗的诗序　王进　作家　2013年12期　2013年6月
试探联章体诗词的结构特征　乔树宗　陕西广播电视大学学报　2013年02期　2013年6月

3. 技巧

俗语入诗的先例　陈友琴　青年界　4卷4期　1933年9月
中国诗言数的鸟瞰　少游　文艺战线　2卷37、38期　1933年12月
中国律诗何以趋重排偶　光潜(朱光潜)　华北日报·文艺周刊　2期　1934年4月9日
论吴声歌曲中的子夜歌群　游国恩　平明日报　1946年12月19日
　　~游国恩学术论文集　北京：中华书局　1989年1月
再论吴声歌曲中的子夜歌群　游国恩　平明日报　1947年1月12日
　　~游国恩学术论文集　北京：中华书局　1989年1月
诗辞代语缘起说　程会昌(程千帆)　国文月刊　78期　1949年4月
诗辞代语缘起说(续)　程会昌(程千帆)　国文月刊　79期　1949年5月
五七言和它的三字尾　林庚　文学评论　1959年02期　1959年5月
蜂腰鹤膝解　郭绍虞　社会科学战线　1979年03期　1979年6月
　　~照隅室古典文学论集·下编　郭绍虞　上海：上海古籍出版社　1983

年9月
略谈乐府诗的曲名本事与思想内容的关系　王运熙　河南师大学报 1979年06期　1979年12月
　　~汉魏六朝唐代文学论丛　王运熙　上海:上海古籍出版社　1981年10月
　　~当代学者自选文库·王运熙卷　王运熙　合肥:安徽教育出版社 1998年12月
　　~乐府诗述论　王运熙　上海:上海古籍出版社　1996年6月
　　~乐府诗述论(增订本)　王运熙　上海:上海古籍出版社　2006年5月
诗词的"眼"　慕学　古代文学理论研究　3辑　1981年2月
对属分类例释——唐诗体裁研究之一　蔡义江　杭州大学学报　1981年01期　1981年3月
古代诗词比兴手法的运用与评论　陈新璋　华南师院学报　1982年01期 1982年1月
诗歌用典的功能和技巧　李文沛　徐州师院学报　1982年01期　1982年3月
论律诗对偶形式与辩证思维　严北溟　社会科学战线　1982年03期 1982年6月
古典诗词中的叠字管见　林道立　延边大学学报　1982年02期　1982年7月
略论五七言诗之字尾及其源流　马君骅　徽州师专学报　1982年01期
唐诗流水对初探　祝建勋　重庆师范学院学报　1982年04期　1982年12月
略论古典诗歌中的迭字　王克仁　绍兴师专学报　1983年03期　1983年6月
问句与问答式在古代诗歌中的运用　凌左义　宜春师专学报　1983年02期
诗词曲中使用叠字举例　唐圭璋　河北师院学报　1985年02期
论五言律诗对偶形式的形成　吴小平　苏州大学学报　1986年02期 1986年3月
关于"对仗"　常德忠　宁夏大学学报　1986年04期　1986年12月
古诗"列锦"辞格研究　谭汝为　大学文科园地　1987年03期
唐诗"长句"考　郑骞　东吴文史学报　6期　1988年1月

～龙渊述学　郑骞　台北:大安出版社　1992年12月
试论古典诗词的用典　陈羽云　内蒙古社会科学　1988年02期　1988年4月
虚字备后神态出——古代诗词虚字浅谈　夏立华、张汉清　成都师专学报　1988年02期　1988年7月
旧体诗句式初探　朱正　浙江学刊　1988年06期　1988年12月
七绝"最是"式和"纵使"式　朱郭　湖州师专学报　1989年01期　1989年3月
乐府及诗词中的顶真(宋以前)　林丽桂　中国语文　64卷3期　1989年3月
关于古代译诗　师君侯、成长健　中国文学研究　1989年03期　1989年10月
论典故——中国古典诗歌中一种特殊意象的分析　葛兆光　文学评论　1989年05期　1989年10月
诗词语言艺术例论　吴孟复　安庆师专学报　1989年03期　1989年10月
唐诗律句、律联概要　徐青　湖州师专学报　1990年01期　1990年3月
浅谈古诗中的"句"　赵祖秦　徐州师院学报　1990年03期　1990年6月
中国古典诗中对偶的诸型态——以唐诗为中心　〔日〕松浦友久　中国诗歌原理　〔日〕松浦友久著,孙昌武、郑天刚译　沈阳:辽宁教育出版社　1990年7月
律诗对仗得失浅论　叶洲　丽水师专学报　1990年04期　1990年8月
略谈古诗词中的引用　程儒章　绥化师专学报　1990年03期　1990年10月
近体诗中的紧缩句探微　韩晓光　呼兰师专学报　1990年02期
律诗尾联的句法待征类析　韩晓光　景德镇教育学报　1991年01期
论杜甫奇数句诗　李立信　唐代文化研讨会论文集　台北:文史哲出版社　1991年7月
嵌字联探微　傅炳熙　殷都学刊　1991年04期　1991年12月
中国古典诗歌的对仗艺术发展鸟瞰　王德明　文史知识　1992年05期　1992年5月
对偶的曲折演变　于广元　扬州师院学报　1992年02期　1992年7月
近体诗语词超常嵌合及其审美功能　韩晓光　社会科学家　1992年06期

1992年12月
~绥化师专学报 1992年04期 1992年12月
连珠合璧,相映成趣:论"同异"格在古典诗歌中的运用 谭汝为 修辞学习 1993年04期
楹联对仗变通浅论 张清河 贵阳师专学报 1993年04期 1993年12月
反复与变文:论风诗的语言特色 舒光寰 吉首大学学报 1993年12期 1993年12月
浅谈古诗中典化对偶 孙孟明 修辞学习 1994年01期 1994年2月
律诗的句式和篇式 李艳红 焦作教育学院学报 1994年01期 1994年2月
古典诗歌"问答体"句法研究 谭汝为 天津师大学报 1994年03期 1994年6月
近体诗中一种语言现象的分析:论虚字 葛兆光 文学评论 1994年05期 1994年9月
论古诗四言句式的源起与感觉记忆 汪悃款、张力平、汤萍 浙江大学学报 1994年03期 1994年9月
撷用、扩用与化用:古典诗歌修辞札记 吴宗渊 宁夏大学学报 1994年04期 1994年10月
颜诗用典与诗的律化 谌东飚 求索 1994年06期 1994年12月
论流水对 王亚平 蒙自师范高等专科学校学报 1995年01期 1995年3月
齐杂对偶范畴及其在律诗中的体现 张思齐 信阳师范学院学报 1995年03期 1995年7月
唐代通俗诗的语言形式 谢思炜 文艺理论研究 1995年04期 1995年8月
四言诗与五言诗的句法结构与语言功能比较研究 赵敏俐 中州学刊 1996年03期 1996年5月
说"假对" 傅惠钧 修辞学习 1996年03期 1996年6月
诗钟嵌字 李人凤 阅读与写作 1996年07期 1996年7月
论古诗制题制序史 吴承学 文学遗产 1996年05期 1996年9月
六言格律诗对仗的特点 周崇谦 张家口大学学报 1997年01期 1997年2月
浅谈古典诗词中的互文和倒装 杨忠仁 吉首大学学报 1997年01期

1997年3月
俗语入诗词　崔益红　邯郸大学学报　1998年01期　1998年2月
一种特殊的对偶形式——珠扇对　金志仁　修辞学习　1998年04期　1998年8月
浅论近体诗中的对偶形态　童山东　深圳教育学院学报　1999年01期　1999年3月
浅谈叠字在古典诗歌创作中的作用　麻晓燕　北方论丛　1999年02期　1999年3月
"流水对"辨误　谭汝为　古汉语研究　1999年01期　1999年3月
　~中国语言文学资料信息　1999年02期　1999年4月(编按：仅为摘要。)
中国古代诗歌的句式选择　李祥文　四川师范学院学报　1999年04期　1999年7月
论律诗对仗的形成原因　王新霞　汉字文化　1999年04期　1999年11月
古典诗词中偷句、袭用与点化的美学特征　李纯良　成都大学学报　2000年01期　2000年1月
唐宋诗句的错置方式　朱承平　修辞学习　2000年01期　2000年2月
对偶句常用的修辞手法　王祥、罗彩云　黑龙江农垦师专学报　2000年01期　2000年3月
关于辘轳体、进退格　杜爱英　古典文学知识　2000年02期　2000年3月
骈与散的辩证运用——略谈格律诗的句法修辞　袁本良　修辞学习　2000年02期　2000年4月
崇尚"对偶句"的中国诗文　陈雷　辽宁师专学报　2000年04期　2000年8月
试论回文对联　张绍诚　文史杂志　2000年05期　2000年9月
叠字与声律、意象、创作心理　李鸿杰　山东师大学报　2000年05期　2000年9月
中古五言诗句法初探　陈祥明　镇江市高等专科学校学报　2000年03期　2000年9月
《诗经》的四言句式与周代诗歌的四拍式节奏　李翔翔、何丹　浙江师大学报　2000年06期　2000年11月
中国古典诗词中隐喻系统高度发达的原因　赵维森　中国人民大学学报

2000年06期　2000年11月
诗歌对偶的演变　郭焰坤　修辞学习　2000年5、6期合刊　2000年12月
中国古代诗文标题的发展　石建初　船山学刊　2000年04期　2000年12月
近体诗的句法特点　王昱昕　贵州文史丛刊　2001年01期　2001年1月
我国诗文标题发展史概论　石建初　中国文学研究　2001年01期　2001年2月
"吴歌"、"西曲"谐音现象探讨　王之敏　云汉学刊　8期　2001年6月
论律诗对偶的美学功能　谭德晶　湖南医科大学学报　2001年02期　2001年6月
～商丘师范学院学报　2001年03期　2001年6月
楹联写作中的"自对"简论　白雉山　鄂州大学学报　2001年02期　2001年5月
楹联中的析字、用典及征联　马君　文史精华　2001年05期　2001年5月
长篇诗题　苏澄　文学遗产　2001年04期　2001年7月
嵌字对联艺术特色探析　刘天堂　宿州师专学报　2001年03期　2001年8月
～阴山学刊　2002年02期　2002年4月
"鼎足对"与"三柱联"比较论略　刘长焕　贵州教育学院学报　2001年05期　2001年11月
奇体联例谈　聂焱　修辞学习　2001年06期　2001年12月
论楹联"流水对"　刘德辉　常德师范学院学报　2002年03期　2002年5月
即事名篇　萧涤非　萧涤非说乐府　上海：上海古籍出版社　2002年6月
试说对联的"正七字"和"倒七字"句式——兼说维护对联文体个性　言无妄、陈亦真　文史杂志　2002年04期　2002年7月
无情对与借对　盛星辉　对联（民间对联故事）　2002年10期　2002年10月
论"流水对"　刘德辉　文史杂志　2003年01期　2003年1月
汉语诗歌句式的构成和演变的规律　陈本益　南昌大学学报　2003年02

期 2003年3月

论《诗经》比兴的联想方式及其与四言体式的关系 葛晓音 文学评论 2004年03期 2004年5月

~先秦汉魏六朝诗歌体式研究 葛晓音 北京:北京大学出版社 2012年3月

《唐风》中的"套语"与《夏小正》 刘强 钦州师范高等专科学校学报 2004年03期 2004年9月

试论五言古诗对仗的律化 李苟华 嘉应学院学报 2005年01期 2005年2月

略谈汉魏乐府及古诗中的顶真修辞 谢奇峰 国文天地 20卷10期 2005年3月

有趣的玻璃对 李艳 语文知识 2005年06期 2005年6月

唐代近体诗的句法变奏与修辞 段曹林 湘南学院学报 2005年03期 2005年6月

摘句并非集句 廉仁 文史杂志 2006年02期 2006年3月

论初期五言诗的"四言格调" 孙立尧 古典文献研究 9辑 2006年6月

乐府琴歌题名考辨 周仕慧 乐府学 1辑 北京:学苑出版社 2006年6月

论对偶在诗中的节奏功能 欧阳骏鹏 汕头大学学报 2006年05期 2006年10月

四言诗虚字中心说 孙立尧 中国韵文学刊 2006年04期 2006年12月

诗与骈文句式比较 易闻晓 贵州师范大学学报 2006年06期 2006年12月

骈文、律诗、对联之对偶论略 刘长焕 贵州文史丛刊 2007年01期 2007年1月

汉唐乐府诗题目的创制 王立增 上饶师范学院学报 2007年01期 2007年2月

对联的自对手法及各种自对句式 肖大志 湖南科技学院学报 2007年02期 2007年2月

汉语诗歌形式的"细胞"——兼谈《诗经》四言句式的起源 陈本益 中国文学研究 2007年01期 2007年3月

对联的对仗谈 张延峰 沈阳工程学院学报 2007年02期 2007年

4月

关于近体诗"黏对"的定义　杨柳　修辞学习　2007年04期　2007年7月

《诗经·国风》中杂言句式的作用　王晓哲　西藏民族学院学报　2007年04期　2007年7月

古代杂言诗的调子　陈本益　西北民族大学学报　2007年04期　2007年8月

论乐府古题的传统　颜庆余　乐府学　2辑　北京:学苑出版社　2007年8月

论律诗对偶形式与古诗哲理表达　张银线　商丘职业技术学院学报　2007年06期　2007年12月

中国诗的韵律节奏与句式特征　易闻晓　中国韵文学刊　2007年04期　2007年12月

联语用典探概　李求真　对联(民间对联故事)　2008年03期　2008年3月

也谈近体诗"黏对"的定义——与杨柳同志商榷　卜永清　新闻爱好者(理论版)　2008年06期　2008年6月

"无情对"漫谈　吴校华　华夏文化　2008年02期　2008年6月

谢诗句法与诗体的律化　谌东飚、胡西波　求索　2008年11期　2008年11月

论"流水对"　孟繁颖　绥化学院学报　2008年06期　2008年12月

流水对类型新论　罗积勇、张鹏飞　武汉大学学报　2009年01期　2009年1月

汉唐乐府诗中歌辞性题目的诗体意义——以"歌"体诗为中心　王立增　乐府学　4辑　北京:学苑出版社　2009年1月

节奏·句式·诗境——古典诗歌传统的新解读　蔡宗齐、李冠兰　中山大学学报　2009年02期　2009年3月

"鼎峙格"与"鸿爪格"的定义应当统一——兼议某些嵌字联的多样性　马进　对联(民间对联故事)　2009年04期　2009年4月

古代歌辞中的顶真式迭句　崔炼农　第三届中国俗文化国际学术研讨会暨项楚教授七十华诞学术讨论会论文集　2009年7月

形骈神散　流畅有致——杨万里诗歌中的流水对浅析　韩晓光　景德镇高专学报　2009年03期　2009年9月

禅宗与对句　黄耀堃　传统中国研究集刊　7辑　2009年12月

从《全唐诗》所存录五代诗的考察看"列锦"辞格发展演进之状况　吴礼权　湖南科技大学学报　2010年01期　2010年1月
从《全唐诗》的考察看盛唐"列锦"辞格的发展演进状况　吴礼权　阜阳师范学院学报　2010年01期　2010年1月
唐代大曲曲名考　王安潮　浙江艺术职业学院学报　2010年01期　2010年3月
玻璃对　张培枫　咬文嚼字　2010年04期　2010年4月
　~语文教学与研究　2011年12期　2011年4月
浅论对联中对仗与语法的关系　胡湛、张健、龙腾　学理论　2010年15期　2010年5月
《文心雕龙》中的对仗修辞之"骨"　浦安迪　浦安迪自选集　〔美〕浦安迪（Andrew H. Plaks）著，刘倩等译　北京：三联书店　2011年2月
平行线交汇何方:中西文学中的对仗　浦安迪　浦安迪自选集　〔美〕浦安迪（Andrew H. Plaks）著，刘倩等译　北京：三联书店　2011年2月
从《诗人玉屑》看五七言律绝的"炼字"方法　牛勇军　现代语文（文学研究）　2011年02期　2011年2月
乐府"引"题本义考　张煜　文艺研究　2011年04期　2011年4月
联语对仗探异　孙德振　第三届世界汉诗大会会议论文　2011年6月
《诗经·国风》与"乐府古辞"齐杂言句式的比较及思考　文晓华　文艺评论　2011年08期　2011年8月
七绝"转笔"十式举隅　姜同　长江工程职业技术学院学报　2011年03期　2011年9月
隐喻与中国诗　〔美〕余宝琳撰，张万民译　古代文学理论研究　33辑　2011年12月
汉魏六朝乐府三言句功能浅探　郭雯　安徽文学（下半月）　2012年03期　2012年3月
唐五代诗格中的体、势诸范畴　李江峰　山西师大学报　2012年02期　2012年3月
由《全唐诗》的考察看中唐"列锦"辞格发展演进之状况　吴礼权　湖南科技大学学报　2012年04期　2012年7月
论回文联在汉语中存在的可行性　刘坤　北方文学（下半月）　2012年09期　2012年9月
论楹联艺术的用典　张亦伟　兰州教育学院学报　2012年08期　2012年11月

我国古典诗歌超稳态的基础:双言结构和三言结构　孙绍振　名作欣赏　2012年31期　2012年11月
中国古典诗歌的诗题论　颜庆余　作家　2012年22期　2012年11月
"日居月诸"与"日就月将":早期四言诗与祭祀礼辞释例　陈致　北京论坛(2012)文明的和谐与共同繁荣——新格局·新挑战·新思维·新机遇:"文明的构建:语言的沟通与典籍的传播"语言分论坛论文及摘要集　2012年11月
论乐府诗中的套语　周仕慧　乐府学　8辑　北京:学苑出版社　2013年4月
中国古代诗歌题目在宋代之前的发展　李树军　云南社会科学　2013年03期　2013年5月
钟嵘用事观辨析　武睿圆　江苏科技大学学报　2013年04期　2013年12月
皎然用事观辨析　张戬　新亚论丛　14期　2013年12月

4. 声律

国风入乐辨　胡怀琛　小说世界　13卷12期　1926年3月
　~中国文学辨正　胡怀琛　上海:商务印书馆　1927年9月
八病非病论　唐钺　国故新探　上海:商务印书馆　1926年9月
中国旧诗篇中的声调问题　刘大白　小说月报17卷号外·中国文学研究　1927年6月
　~中国文学论丛　梁启超等　台北:明伦出版社　1969年11月
汉三大乐歌声调辨　朱希祖　清华学报　4卷2期　1927年12月
　~20世纪中国文学研究论文选·汉代卷　赵敏俐选编　北京:社会科学文献出版社　2010年1月
中国诗词曲之轻重律　王光祈　大公报文学副刊　292期　1933年8月7日
中国诗歌中之双声叠韵　郭绍虞　文学　2卷6号　1934年6月
　~照隅室语言文字论集　郭绍虞　上海:上海古籍出版社　1985年4月
中国文学批评史上之永明声病说　郭绍虞　天津:益世报·文学副刊　1935年3月13、20日
　~改题:永明声病说　照隅室古典文学论集·上编　郭绍虞　上海:上海古籍出版社　1983年9月

~20世纪中国文学研究论文选·魏晋南北朝卷　曹旭选编　北京:社会科学文献出版社　2010年1月

格律论(并序)　董璠　文学年报　2期　1936年5月
从永明体到律体　郭绍虞　大公报文艺副刊　161、169期　1936年6月12、29日
　　~照隅室古典文学论集·上编　郭绍虞　上海:上海古籍出版社　1983年9月
　　~20世纪中国文学研究论文选·魏晋南北朝卷　曹旭选编　北京:社会科学文献出版社　2010年1月

《风》《雅》韵例　陆侃如　燕京学报　20期　1936年12月
　　~陆侃如古典文学论文集　陆侃如　上海:上海古籍出版社　1987年1月

六朝文学上的声律论　韩庭棕　西北论衡　5卷2期　1937年2月
诗律与词律　陈能群　同声月刊　1卷5号　1941年4月
乐府填词与韦昭　萧涤非　国文月刊　14期　1942年7月
　　~乐府诗词论薮　萧涤非　济南:齐鲁书社　1985年5月
　　~萧涤非说乐府　萧涤非　上海:上海古籍出版社　2002年6月

论杜诗中之拗律　詹安泰　文讯　4卷2、3期合刊　1943年3月
论六朝清商曲中之和送声　王运熙　国文月刊　81期　1949年7月
　　~六朝乐府与民歌　上海:文艺联合出版社　1955年7月
　　~六朝乐府与民歌　王运熙　上海:古典文学出版社　1957年1月
　　~当代学者自选文库·王运熙卷　王运熙　合肥:安徽教育出版社　1998年12月
　　~乐府诗述论　王运熙　上海:上海古籍出版社　1996年6月
　　~乐府诗述论(增订本)　王运熙　上海:上海古籍出版社　2006年5月

诗歌底格律　孙大雨　复旦学报　1956年02期　1956年3月
诗歌底格律(续)　孙大雨　复旦学报　1957年01期　1957年1月
中国格律诗的传统和现代格律诗的问题　王力　文学评论　1959年03期　1959年6月
论民歌、自由诗和格律诗　周煦良　文学评论　1959年03期　1959年6月
旧体诗词的格律　本刊资料室　宁夏文艺　1961年11期　1961年11月
试论律诗的"一三五不论,二四六分明"　刘永济　江汉学报　1963年01

期　1963年1月
诗的音乐性　王阜彤　温州师范学院学报　1963年01期　1963年4月
四声五音及其在汉魏六朝文学中之应用　詹锳　中华文史论丛　3辑　1963年5月
再论永明声病说　郭绍虞　中华文史论丛　4辑　1963年10月
　　~照隅室古典文学论集·下编　郭绍虞　上海:上海古籍出版社　1983年9月
论永明声律——四声　冯承基　大陆杂志　31卷9期　1965年11月
再论永明声律——八病　冯承基　大陆杂志　32卷4期　1966年2月
论永明声律　冯承基　中国诗季刊　3卷2期　1972年6月
唐人七言绝句格律的研究　席涵静　复兴岗学报　12期　1974年9月
略谈古典诗歌与音乐的关系　新苗　福建文艺　1976年01期　1976年1月
唐人七言律诗格律的研究　席涵静　复兴岗学报　14期　1976年3月
唐人五言绝句格律的研究　席涵静　复兴岗学报　15期　1976年6月
唐人五言律诗格律的研究　席涵静　复兴岗学报　16期　1977年1月
唐人七言古诗格律之研究　席涵静　复兴岗学报　18期　1978年1月
声韵与中国诗　黄礼科　畅流　56卷10期　1978年1月
古典格律诗的格律构成　吴福熙　甘肃师大学报　1978年01期　1978年2月
唐代格律诗的平仄规则　陈玄荣　黑龙江大学学报　1978年01期　1978年6月
近体诗首句用韵问题　林双福　幼狮月刊　48卷3期　1978年9月
关于七言律诗的音节问题兼论杜诗的拗体　郭绍虞　古代文学理论研究　2辑　1980年7月
　　~照隅室古典文学论集·下编　郭绍虞　上海:上海古籍出版社　1983年9月
律诗的形成及其平仄粘对　王迹　青海师范学院学报　1980年02期　1980年7月
中国诗的节奏与声韵的分析(上)——论声　朱光潜　朱光潜美学文论文选集　长沙:湖南人民出版社　1980年12月
中国诗的节奏与声韵的分析(中)——论顿　朱光潜　朱光潜美学文论文选集　长沙:湖南人民出版社　1980年12月
中国诗的节奏与声韵的分析(下)——论韵　朱光潜　朱光潜美学文论

文选集　长沙:湖南人民出版社　1980年12月
中国古典诗歌的语言与格律问题　张松如　吉林大学学报　1981年01期　1981年1月
声与诗　张永鑫　古代文学理论研究　3辑　1981年2月
"八病"后考　周流溪　学习与思考(中国社会科学院研究生院学报)1981年02期　1981年5月
诗乐关系管窥　周槐庭　浙江师院金华分校学报　1982年01期
齐梁体诗歌格律概说　徐青　嘉兴师专学报　1982年02期　1982年5月
永明声病说的再认识——谈平头、上尾、蜂腰、鹤膝　冯春田　语言研究　1982年01期　1982年5月
论古诗转韵艺术　金志仁　江苏师院学报　1982年01期　1982年6月
"相和歌"曲调考　逯钦立　文史　14辑　北京:中华书局　1982年7月
　　~20世纪中国文学研究论文选·汉代卷　赵敏俐选编　北京:社会科学文献出版社　2010年1月
关于旧诗的格律　张世禄　徐州师院学报　1982年04期　1982年8月
律诗的平仄和构律调声的规则　杭之　语文月刊　1983年01期　1983年1月
《瀛奎律髓》拗字类五言律诗解析　许清云　铭传学报　20期　1983年3月
诗律述要　叶元章　青海师专学报　1983年01期　1983年4月
试谈近体诗的格律　吴力生　信阳师范学院学报　1983年01期　1983年4月
从《春江花月夜》诗的形式演变谈中国古代诗歌形式与音乐的关系　高云光　人文杂志　1983年04期　1983年8月
论古代诗歌的节奏　周寅宾　湖南师院学报　1983年04期　1983年8月
论近体律绝"犯孤平"说　李立信　古典文学　5期　1983年12月
论汉乐府之声调　萧涤非　汉魏六朝乐府文学史　北京:人民文学出版社　1984年3月
　　~萧涤非说乐府　萧涤非　上海:上海古籍出版社　2002年6月
近体诗声律变化之探讨　陈永宝　中台医专学报　2期　1984年3月
唐代近体诗用韵通转现象之探讨　耿志坚　中华学苑　29期　1984年6月

诗歌新韵辙的"通押"总说　黎锦熙　徐州师院学报　1984 年 04 期　1984 年 8 月
论永明声律说的本质和起源　聂鸿音　兰州大学学报　1984 年 04 期　1984 年 12 月
略谈词律和诗律的关系　徐青　语文月刊　1984 年 07 期
近体诗声律论浅说　郑靖时　中国诗歌研究　台北：文物供应社　1985 年 6 月
中国诗歌中的语言旋律　曾永义　文史论文集——郑因百先生八十寿庆论文集　台北：台湾商务印书馆　1985 年 6 月
　～文讯　224 期　2004 年 6 月
　～曾永义学术论文自选集　曾永义　北京：中华书局　2008 年 8 月
论旧体诗格律的继承与改造　赵长胜　牡丹江师院学报　1985 年 04 期　1985 年 9 月
声律论与新体诗　金启华　盐城师专学报　1985 年 03 期　1985 年 10 月
试论中国古代诗歌中的平仄　叶桂桐　聊城师院学报　1985 年 04 期　1985 年 10 月
五律与七律之平仄比较　叶桂桐　山东师大学报　1985 年 06 期　1985 年 12 月
谈诗律和诗律学　徐青　语文知识　1986 年 02 期　1986 年 2 月
论汉代五言诗的声律　徐青　湖州师专学报　1986 年 02 期　1986 年 5 月
永明体向律体衍变过程中的四声二元化问题　何伟棠　韩山师专学报　1986 年 02 期　1986 年 7 月
永明体与诗的声律之美　郁沅　古代文学理论研究　11 辑　1986 年 8 月
从自然音韵到永明声律　张九林　淮北煤师院学报　1986 年 03 期　1986 年 10 月
永明体向律体衍变过程中的四声二元化问题（续）　何伟棠　韩山师专学报　1987 年 01 期　1987 年 2 月
初唐诗律概要　徐青　湖州师专学报　1987 年 02 期　1987 年 5 月
中国古代诗歌声律学史纲要　叶桂桐　聊城师院学报　1987 年 02 期　1987 年 7 月
"浮声""切响"管见——永明声律说的一个问题　陈庆元　南京师大学报　1987 年 02 期　1987 年 7 月
近体诗为何只押平声韵　叶桂桐　汕头大学学报　1987 年 03 期　1987

年10月

传统格律诗节奏的基础究竟是什么? 吴为善 争鸣 1987年06期 1987年11月

关于"一、三、五不论,二、四、六分明" 吴东平 孝感师专学报 1988年01期

唐代诗歌的仄韵律 徐青 湖州师专学报 1988年01期 1988年3月

唐代诗歌的转韵律 徐青 湖州师专学报 1988年02期 1988年4月

中国诗歌格律思想踪迹论 程文 黑龙江教育学院学报 1988年04期

盛唐的诗律特点 徐青 湖州师专学报 1988年04期 1988年8月

论中古的诗歌格律探索 余福智 佛山大学佛山师专学报 1988年05期 1988年10月

谈近体诗的平仄规则 檀广山 内蒙古电大学刊 1988年12期 1988年12月

唐代对式律诗概要 徐青 湖州师专学报 1989年01期 1989年3月

唐代混合式律诗概要 徐青 湖州师专学报 1989年02期 1989年5月

论诗、乐同源及分流与中国诗歌之基本特色 赵义山 四川师院学报 1989年05期 1989年10月

中国传统诗歌格律的美学价值 黄悦 中国社科院研究生院学报 1989年05期 1989年10月

近体诗格律及其变通 吴雨华 驻马店师专学报 1989年03期 1989年10月

关于汉语诗律学中的两个问题 齐月丰 汉字文化 1989年03期 1989年10月

六朝诗歌声律说的形成问题 戴燕 文学遗产 1989年06期 1989年12月

近体诗平仄四禁忌 陶蔚南 安庆师院学报 1989年04期 1989年12月

近体诗格律应先在平水韵基础上进行改革 王志华 山西大学师范学报 1990年02期 1990年7月

中国古典诗的节奏——节奏的本源与诗型的变迁 〔日〕松浦友久 中国诗歌原理 〔日〕松浦友久著,孙昌武、郑天刚译 沈阳:辽宁教育出版社 1990年7月

从节奏论所见"中国古典诗"与"和歌、俳句"——以"拍节节奏"为基准

〔日〕松浦友久　中国诗歌原理　〔日〕松浦友久著,孙昌武、郑天刚译　沈阳:辽宁教育出版社　1990年7月
李贺反格律辨？——驳李贺诗研究中一种"定论"　裘樟松　浙江大学学报　1990年02期　1990年7月
汉字的特点与中国古代文学研究之一——论古代诗歌的格律化　王文龙　盐城师专学报　1990年03期　1990年8月
唐代粘式律诗概要　徐青　湖州师专学报　1990年04期　1990年8月
初唐七律音韵风格的再考察　赵谦　文学遗产　1990年03期　1990年8月

　　~20世纪中国文学研究论文选·隋唐五代卷　吴相洲选编　北京:社会科学文献出版社　2010年1月

诗词格律与美声之道　周啸天　名作欣赏　1990年05期　1990年10月
古诗·格律·艺术　张鉴民　牡丹江师院学报　1990年03期
五律平仄组合的基本规则　陈日汉　合肥教育学院学报　1990年03期
诗律三论　苏宝荣　河北师范大学学报　1991年02期　1991年3月
从日本人的汉(唐)诗吟唱论唐诗与音乐关系　东明　交响　1991年01期　1991年4月
律诗形式的文化意蕴初探　熊笃　社会科学战线　1991年03期　1991年6月
论古代诗律的形成　徐青　湖州师专学报　1991年04期　1991年8月
沈约声律论新探　张静文　广西师范大学学报　1991年增刊　1991年12月
马蹄律:从昆明大观楼长联看对联的格律　刘东云　昆明师专学报　1992年04期　1992年2月
唐代今体诗格律一得　丁皓森　上海师范大学学报　1992年01期　1992年4月
从四声八病到四声二元化　〔日〕兴膳宏　唐代文学研究(第三辑)——中国唐代文学学会第五届年会暨唐代文学国际学术讨论会论文集　1992年6月

　　~唐代文学研究　3辑　桂林:广西师范大学出版社　1992年8月

近体诗律之一端　魏仲佑　东海中文学报　10期　1992年8月
重探参差均衡律:汉语古今新旧体诗的声律通途　卞之琳　诗刊　1993年03期　1993年4月
声律论和平仄律的比较研究　赵纪贞　烟台大学学报　1993年01期

1993年4月
释子的梵呗转读与近体诗的平仄格式　姜聿华　吉林大学学报　1993年06期　1993年6月
南朝诗中的次韵问题　启功　文史知识　1993年07期　1993年7月
南北朝对式律诗和诗律　徐青　湖州师专学报　1993年04期　1993年8月
愁极本凭诗遣兴　诗成吟咏转凄凉——试论杜甫的七律拗体　孟昭诠　贵州大学学报　1993年03期　1993年10月
近体诗律小议　徐仲旭　蜀都建设　1993年02期
中国歌诗的形式与音乐的关系　徐信义　陈伯元先生六秩寿庆论文集　台北：文史哲出版社　1994年3月
《周易》韵语对《诗经》音律的影响　李荀华　古汉语研究　1994年01期　1994年3月
马蹄韵：对联平仄运用的基本规则　余德泉　唐都学刊　1994年02期　1994年4月
律诗、绝句平仄格律的推导　李裕兴　武汉教育学院学报　1994年02期　1994年4月
论律诗之"律"的审美价值　熊笃　北方论丛　1994年03期　1994年5月
格律诗平仄谱的规律新探　陈型尧　衡阳师专学报　1994年(增刊)
浅谈近体诗的格律　何泽恒　钱穆先生纪念馆馆刊　2期　1994年7月
我国古代诗词和音乐的结合与分离　得雨　中国音乐　1994年03期　1994年9月
古诗转韵十法　金志仁　浙江师大学报　1995年01期　1995年1月
魏晋诗人对诗律的探索　徐青　湖州师专学报　1995年01期　1995年2月
我国古代诗乐的合与分　蔡穗予　江西师范大学学报　1995年02期　1995年6月
对近体诗"拗救"的再认识　邓玉荣　桂林市教育学院学报　1995年02期　1995年6月
南北朝仄韵律诗概要　徐青　湖州师专学报　1995年03期　1995年6月
近体诗有"二一二"这种节奏吗？　胡安顺　西安教育学院学报　1995年03期　1995年8月

古体诗词格律四题　王洪明　淮阴教育学院学报　1995年04期
论六言诗的格律　林亦　文学遗产　1996年01期　1996年1月
谈古今诗的格律形式　林政华　台北师院图书馆馆讯　4期　1996年2月
谈拗救　冷国俭　佳木斯师专学报　1996年01期　1996年2月
论"子美七言以古入律"：杜诗拗格试析　王硕荃　杜甫研究学刊　1996年01期　1996年3月
南北朝转韵律诗概要　徐青　湖州师专学报　1996年02期　1996年4月
五律拗救的分类　管仁健　中国语文　78卷5期　1996年5月
近体诗中仄仄脚句式的"拗救"　周崇谦　中国韵文学刊　1996年01期　1996年6月
"仄仄平平仄平仄"拗救句刍议　陈文运　山东教育学院学报　1996年03期　1996年6月
中晚唐时期的诗律特点　徐青　湖州师专学报　1996年03期　1996年6月
古诗声调论的萌生　蒋寅　古典文学知识　1996年04期　1996年7月
北朝诗格律化趋势及其进程　〔日〕樋口泰裕　社会科学战线　1996年6期　1996年12月
南北朝诗人对诗律的探索和贡献　徐青　湖州师专学报　1997年01期　1997年2月
完善与破弃：对杜甫"拗体"的思考　刘明华　杜甫研究学刊　1997年02期　1997年6月
六言格律诗的平仄格律　周崇谦　中国韵文学刊　1997年01期　1997年6月
关于诗病"上尾"的讨论　王振权　榆林高专学报　1997年03期　1997年8月
格律诗的节奏刍议　胡安顺　陕西师范大学学报　1997年03期　1997年9月
何逊《伤徐主簿》与齐梁诗律试验　林石　宁德师专学报　1997年04期　1997年11月
近体诗声律结构体现的美学文化精神　张国庆　社会科学战线　1997年06期　1997年12月
南北朝诗歌律句和律联概要　徐青　湖州师专学报　1998年02期　1998

年 4 月
中国诗歌押韵的起源　周锡韡　中国社会科学　1998 年 04 期　1998 年 7 月
初盛唐诗歌革新的音乐性　章军华　抚州师专学报　1998 年 04 期　1998 年 11 月
关于犯孤平　赵克刚　重庆师院学报　1998 年 12 期　1998 年 12 月
汉语诗歌要求押韵　张清常　语言教学与研究　1998 年 04 期　1998 年 12 月
近体诗"孤平"杂说　何文汇　中国文化研究所学报　7 期　1998 年
从古乐谱看乐调和曲辞的关系　葛晓音、〔日〕户仓英美　中国社会科学　1999 年 01 期　1999 年 1 月
汉语音韵特点与中国古典诗歌的声律　肖永凤　六盘水师范高等专科学校学报　1999 年 01 期　1999 年 2 月
中国古代诗律体系(上)　徐青　湖州师专学报　1999 年 01 期　1999 年 2 月
中国古代诗律体系(下)　徐青　湖州师专学报　1999 年 01 期　1999 年 4 月
同与异的辩证追求:略谈格律诗的语音修辞　袁本良　修辞学习　1999 年 02 期　1999 年 4 月
朱光潜论中国诗的声律及诗体衍变　钱念孙　文学遗产　1999 年 03 期　1999 年 5 月
"但歌"与"但曲"　胡红波　成大中文学报　7 期　1999 年 6 月
《诗经》的韵式与偶句韵成因探索　廖扬敏　第四届诗经国际学术研讨会论文集　1999 年 8 月
~广西师院学报　2000 年 01 期　2000 年 12 月
律诗变格是汉语语音的实际反映　杜爱英　山东师大学报　1999 年 05 期　1999 年 9 月
谈六言近体诗的格律　林海权　厦门广播电视大学学报　1999 年 02 期　1999 年 9 月
单句律化:永明声律运动走向律化的一个关键过程　施逢雨　清华学报　29 卷 3 期　1999 年 9 月
汉语言文化与永明诗歌声律论　普慧、张进　江海学刊　1999 年 05 期　1999 年 10 月
中国原始诗歌韵律考辨:兼与周锡韡先生商榷　张中宇　重庆大学学报

1999年04期　1999年12月
唐代七言格律拟议　蔡瑜　台湾大学文史哲学报　51期　1999年12月
近体诗声律浅析　尤廷芳　辽宁广播电视大学学报　2000年01期　2000年2月
入乎其律,出乎其律,高于其律,妙合自然:谈律诗中之拗律　阮永谦　绵阳师范高等专科学校学报　2000年01期　2000年2月
沈约声病说新探　〔日〕井上一之　学海　2000年02期　2000年4月
论初唐近体诗律的形成与歌诗入乐的关系　吴相洲　首都师范大学学报　2000年02期　2000年4月
中国古典诗歌韵律与体式的演进　张中宇　沈阳师范学院学报　2000年03期　2000年5月
律诗的节奏与诗诀的假说　范守义　外交学院学报　2000年02期　2000年6月
唐传古乐谱和与之相关的音乐文学问题　王小盾、陈应时　中国社会科学　2000年05期　2000年9月
唐诗格律述要　徐青　厦门广播电视大学学报　2000年02期　2000年9月
初唐诗人与其"八病说"运用　〔日〕加藤聪　唐代文学研究(第九辑)——中国唐代文学学会第十届年会暨国际学术研讨会论文集　2000年10月　～唐代文学研究　9辑　桂林:广西师范大学出版社　2002年4月
齐梁诗歌声律论与佛经转读及佛教悉昙　普慧　文史哲　2000年06期　2000年11月
近体诗平仄律的判断　杨巨中　陕西广播电视大学学报　2000年04期　2000年12月
近体诗句法变异的韵律与语用分析:以杜甫诗为例　孙力平　南昌大学学报　2001年02期　2001年1月
拗救简说　李坤栋　渝州教育学院学报　2001年01期　2001年2月
南北朝诗律述要　徐青　厦门广播电视大学学报　2001年01期　2001年3月
中国古代诗歌与音乐的关系略论　马青芳　青海民族学院学报　2001年02期　2001年5月
论中国诗歌发展中诗与音乐的合与分　鄢化志　宿州师专学报　2001年02期　2001年5月
从音乐格调到语言声律——中国诗格律化的逻辑　王守雪　古代文学理

论研究　19辑　2001年7月
谈古代诗歌的平仄　宙浩　南京师范大学文学院学报　2001年03期　2001年7月
汉语诗律结构原理述要　徐青　厦门广播电视大学学报　2001年02期　2001年9月
论汉语诗歌语言的音乐性　沈亚丹　江海学刊　2001年05期　2001年10月
唐人古体声律初探　李立信　中华传统文化与新世纪国际学术研讨会论文集　2001年10月
唐代近体诗首句用邻韵研究——文学批评与语言学的空间　黄耀堃　汉学研究集刊　1期　2001年12月
　～黄耀堃语言学论文集　南京:凤凰出版社　2004年8月
"一三五不论,二四六分明"杂说——兼论近体诗拗句　何文汇　中国文化研究所学报　10期　2001年
诗乐关系之我见　洛地　中国诗歌与音乐关系研究——第一届与第二届"中国诗歌与音乐关系"学术研讨会论文集　2002年4月
　～文艺研究　2002年04期　2002年7月
略谈唐代旧题乐府的入乐问题　吴相洲　中国诗歌与音乐关系研究——第一届与第二届"中国诗歌与音乐关系"学术研讨会论文集　2002年4月
　～社会科学战线　2002年05期　2002年9月
　～改题:论唐代古题乐府入乐问题　乐府歌诗论集　吴相洲　北京:商务印书馆　2013年8月
对联格律的宽和严　李伍久　对联(民间对联故事)　2002年04期　2002年4月
初盛唐七古的核心技巧——调韵　白朝晖　古典文献研究　5辑　南京:江苏古籍出版社　2002年4月
《文心雕龙》声律论对格律诗文制式形成的作用与影响(上)　祝诚、江慰庐　镇江高专学报　2002年02期　2002年4月
关于白话联的平仄　刘德辉　株洲师范高等专科学校学报　2002年03期　2002年5月
通向寂静之途——论汉语诗歌音乐性的变迁　沈亚丹　南京师大学报　2002年03期　2002年6月
《文心雕龙》声律论对格律诗文制式形成的作用与影响(下)　祝诚、江慰庐　镇江高专学报　2002年03期　2002年7月

关于"一三五不论"的内涵　吴东平　西南民族学院学报　2002年09期　2002年9月

汉代诗歌格律述要　徐青　厦门广播电视大学学报　2002年02期　2002年9月

简论近体诗格律的正与变　霍松林　文学遗产　2003年01期　2003年1月

～中华诗词　2003年04期　2003年4月

近体诗仄仄脚律句的拗救　于进海　河南师范大学学报　2003年01期　2003年1月

近体诗创作中的四声递用与抑扬清浊阐说　邝健行　重庆工商大学学报　2003年01期　2003年2月

著腔子唱好诗——宋人歌诗方法分析　杨晓霭　西北师大学报　2003年02期　2003年4月

关于《江南弄》和声的位置——黄翔鹏"曲调考证"文献补正一例　崔炼农　中国音乐学　2003年03期　2003年7月

"斜粘"与"斜对"：格律诗平仄规律的奥妙　朱英贵　成都大学学报　2003年03期　2003年7月

唐代律赋与诗歌在押韵方面的相互影响　余恕诚　江淮论坛　2003年04期　2003年8月

对联基本格律的六要素与六禁忌　肖大志　对联(民间对联故事)　2003年10期　2003年10月

对"二四六分明"的重新认识　左林霞　云梦学刊　2004年03期　2004年5月

声律:汉语言文学的听觉美感　辛刚国　聊城大学学报　2004年04期　2004年7月

论声律的情感意蕴　辛刚国　黄冈师范学院学报　2004年04期　2004年8月

从韵律音韵学制约谈近体诗之格律问题　吴瑾玮　国文学报　36期　2004年12月

唐代省试赋用韵考述　王士祥　中国古典文学与文献学研究　3辑　北京:学苑出版社　2004年12月

格律诗平仄小议　王笑琴　语文教学与研究　2005年05期　2005年2月

格律诗平仄格式的规律及其应用　李岗　西南交通大学学报　2005年01

期 2005年2月

也谈韵、律与中国古代诗歌的繁荣——与张中宇先生商榷 吴振华 中国韵文学刊 2005年02期 2005年6月

谢朓诗声律的接受史考察 马荣江 宝鸡文理学院学报 2005年03期 2005年6月

新乐府辞入乐问题辨析 张煜 西北师大学报 2005年03期 2005年6月

沈约"声律论"再审视 张泉 山东师范大学学报 2005年03期 2005年6月

近体诗的拗救 王金龙、王玉红 黑龙江教育学院学报 2005年04期 2005年8月

仄韵五律之声律和韵律研究 韩成武 安阳师范学院学报 2005年04期 2005年8月

汉乐府歌诗演唱与语言形式之关系 赵敏俐 文学评论 2005年05期 2005年9月

《渭城曲》在宋代的歌唱与"渭城体" 杨晓霭 宁波大学学报 2005年05期 2005年10月

论永明体与音乐之关系 吴相洲 中国古代文艺思想国际学术研讨会论文集 左东岭主编 北京:学苑出版社 2005年12月

《竹枝》歌唱在宋代的变化与《竹枝歌》体 杨晓霭 文学遗产 2006年03期 2006年5月

近体诗的平仄组合规律 李红梅 河北大学成人教育学院学报 2006年02期 2006年6月

方师铎先生《唐诗的格律》评介兼论三字尾问题 吕珍玉 东海中文学报 18期 2006年7月

规律的先声——八病之自觉意识与近体格律的内在关系 张锈桦 辅大中研所学刊 16期 2006年10月

今体诗"对"、"粘"定义质疑 王乃元 徐州教育学院学报 2006年04期 2006年12月

对联格律古今谈(一) 李文郑 对联(民间对联故事) 2007年01期 2007年1月

对联格律古今谈(二) 李文郑 对联(民间对联故事) 2007年04期 2007年4月

论五言古诗体式韵调韵式的律定 李荀华 嘉应学院学报 2007年02期

2007年4月
浅析中国古代诗歌的音乐性　石利娟　石河子大学学报　2007年02期　2007年4月
汉横吹曲《出塞》曲调来源考　徐文武、韩宁　文献　2007年02期　2007年4月
从《唐诗三百首》看"拗救"问题　袁庆述　中国文学研究　2007年02期　2007年4月
乐府诗题"行"、"篇"的音乐含义与诗体特征　王立增　文学遗产　2007年03期　2007年5月
魏晋相和歌辞的入乐情况辨析　王淑梅　乐府学　2辑　北京:学苑出版社　2007年8月
论《江南》古辞——乐府诗中的明珠　范子烨　乐府学　2辑　北京:学苑出版社　2007年8月
论唐乐府《白雪》歌的复与变　周仕慧　乐府学　2辑　北京:学苑出版社　2007年8月
乐府横吹曲《梅花落》考　韩宁　乐府与诗歌国际学术研讨会论文集——乐府学(第三辑)　2007年8月
　~乐府学　3辑　北京:学苑出版社　2008年8月
《行路难》体制分析与搭配曲调推究　林仁昱　兴大人文学报　39期　2007年9月
浅谈平仄在近体诗判定中的作用　王福霞　语文学刊　2007年17期　2007年9月
五言今体诗平仄句式初探　王乃元、孟宪章　徐州师范大学学报　2007年06期　2007年11月
汉乐、汉赋与汉诗——汉代诗赋的音乐性考察　陈松青　中国文学研究　2007年04期　2007年12月
浅析音乐对《诗经》文体形式的影响　尹慧　山东文学　2008年01期　2008年1月
乐语口号的表演与近体诗在宋代的入乐　杨晓霭　江海学刊　2008年01期　2008年1月
曹植乐府不入乐说质疑　向回　暨南学报　2008年01期　2008年1月
浅论中国古体诗的音乐美及生成策略　任继敏　昭通师范高等专科学校学报　2008年01期　2008年2月
八音节奏与中国五言、七言诗体　〔日〕吉川末喜著,谭阳译,陆晓光校

古代文学理论研究　25 辑　2008 年 3 月
王力五言律诗两种格式补证　蔡振念　成大中文学报　20 期　2008 年 4 月
试论仄声韵格律诗的平仄格式　刘志纲　广东教育学院学报　2008 年 02 期　2008 年 4 月
唐代格律诗的写成与传唱　黄震云　光明日报　2008 年 5 月 1 日
贞观诗坛宫廷诗格律的发展探察——以李世民为中心　陈菁怡　河北工程大学学报　2008 年 02 期　2008 年 6 月
《宛转歌》本事流传及诗体特征考　周仕慧　乐府学　4 辑　北京：学苑出版社　2009 年 1 月
《水调》考　张璐　乐府学　4 辑　北京：学苑出版社　2009 年 1 月
论唐代大曲《陆州》、《凉州》　王颜玲　乐府学　4 辑　北京：学苑出版社　2009 年 1 月
唐代六言诗格律探析　王世豪　中国语文　104 卷 3 期　2009 年 3 月
"永明体"一联声律规则还原——以比照不同时期"齐梁调诗"作分析　胡大雷　南京师范大学文学院学报　2009 年 01 期　2009 年 3 月
浅谈唐朝六言诗的平仄格律　郑嘉玮　问学　13 期　2009 年 6 月
论唐代乐府诗之律化与入乐　蔡振念　文与哲　15 期　2009 年 12 月
《梅花落》研究（上）　王美凤　乐府学　5 辑　北京：学苑出版社　2009 年 12 月
隋唐曲《杨柳枝》源流再探索　孙华娟　湖北师范学院学报　2010 年 01 期　2010 年 1 月
汉乐府"日出东南隅"曲调归属辨析　陈利辉　北方论丛　2010 年 01 期　2010 年 1 月
音乐与乐府诗关系探微　罗焕玉　陕西教育学院学报　2010 年 01 期　2010 年 3 月
诗词与音乐关系浅论　胡湛、张健、龙腾　宜春学院学报　2010 年 02 期　2010 年 3 月
也谈永明体与音乐的关系　亓娟莉　玉溪师范学院学报　2010 年 03 期　2010 年 3 月
南朝时代中原旧曲的"新声化"现象　王志清　吉首大学学报　2010 年 02 期　2010 年 3 月
《白纻辞》与七言诗体的发展　方孝玲、吴怀东　宁夏师范学院学报　2010 年 02 期　2010 年 4 月

以乐为诗　声律谐美——永明体诗声律之管窥　王兵　铜陵学院学报　2010年02期　2010年4月

近体诗"拗救"说之检讨　钟如雄　励耘学刊（语言卷）　2010年01期　2010年6月

汉语诗歌与音乐　赵洁、赵巍　长城　2010年06期　2010年6月

论何逊诗歌的两类声律模式　俞必睿　社会科学论坛　2010年14期　2010年7月

谈永明声律理论与中国古代乐论　亓娟莉、贺岩　大庆师范学院学报　2010年04期　2010年7月

永明诗病说猜想（上）——揭秘平头、上尾、蜂腰、鹤膝　钟如雄　社会科学研究　2010年05期　2010年9月

齐梁时代的音乐观念及乐府诗的创作面貌　王志清　江汉论坛　2010年10期　2010年10月

《梅花落》研究（下）　王美凤　乐府学　6辑　北京：学苑出版社　2010年12月

曹植乐府之"乖调"探微　李成林　乐府学　6辑　北京：学苑出版社　2010年12月

从音乐风格角度看乐府诗的声、辞关系　王昊　乐府学　6辑　北京：学苑出版社　2010年12月

论阴铿诗歌的声律　梁杰夫　华中人文论丛　2010年02期　2010年12月

论唐代诗格中的"八病"对律诗声律节奏之意义　刘若缇　文与哲　17期　2010年12月

趣话宝塔诗　鲁莒　老年教育　2010年12期　2010年12月

永明诗病说猜想（下）——揭秘大韵、小韵、旁纽、正纽　钟如雄　社会科学研究　2011年01期　2011年1月

论乐府古题《豫章行》及其流变　吴大顺、吴昀珊　湖南人文科技学院学报　2011年02期　2011年3月

五言诗联的矩阵聚类分析与"平平仄平仄"特拗而律　黄杰晟、黄谷甘　广东技术师范学院学报　2011年03期　2011年3月

论唐五代谣谚的基本形态及用韵特点　陈振华　现代语文（语言研究版）　2011年09期　2011年9月

浅谈《诗品》中的"自然声律"论　龚珏　大众文艺　2011年18期　2011年9月

近体诗绝句的声学特征分析　李卫君、陈玉东、杨玉芳、吕士楠　第十一届全国人机语音通讯学术会议论文集(一)　2011年10月

诗歌节奏和音节结构——试论中国古诗体节奏模式　杨春锦　时代文学(下半月)　2011年11期　2011年11月

论初唐乐府诗的去音乐化现象　木斋、侯海荣　学术交流　2011年11期　2011年11月

论皎然声律观:兼论中唐诗坛可能存在的声律现象　杨文惠　儒学研究论丛　4期　2011年12月

《文镜秘府论》的一些病犯研究　卢盛江　古代文学理论研究　33辑　2011年12月

折腰体新探　张培阳　古代文学理论研究　33辑　2011年12月

初唐七言律诗用韵研究　梁小玲　桂林航天工业高等专科学校学报　2011年04期　2011年12月

从《文心雕龙》窥探诗与乐的合分之变　余春柯　长江师范学院学报　2012年01期　2012年1月

沈约声律论管窥　杨和为　六盘水师范学院学报　2012年01期　2012年2月

沈约所评魏晋五言诗的声律分析　杜晓勤　文史知识　2012年02期　2012年2月

乐府诗换韵与乐曲的关系　朱刚　陕西师范大学学报　2012年02期　2012年3月

论全真音乐机制与全真道士的诗词艺术　于东新　中央民族大学学报　2012年02期　2012年3月

中唐"新乐府"与"乐府诗"押韵韵脚四声韵律之比较研究——以白居易、元稹为例　耿志坚　乐府学　7辑　北京:学苑出版社　2012年4月

"永明体"到"沈宋体"的声律演变　黄震云、高薇　乐府学　7辑　北京:学苑出版社　2012年4月

论乐府诗的可歌性对永明新体诗创作的影响　周仕慧　名作欣赏　2012年17期　2012年6月

格律诗平仄的结构单位和分布链接规律以及应用　李昌年　江西教育学院学报　2012年04期　2012年8月

"永明体"诗的调声与用韵　蔡平　首都师范大学学报　2012年04期　2012年8月

论五言诗的韵律与体式的意义　王向峰　辽宁师范大学学报　2012年05

期　2012 年 9 月

乐府曲调的演化及其对乐府文学发展的影响　王志清、杨基燕　云南大学学报　2012 年 05 期　2012 年 9 月

乐府诗体式因素与音乐的相关性　王志清　文艺研究　2012 年 10 期　2012 年 10 月

《四声指归》所引声律论详析　魏学宝　中国文化研究　2012 年 04 期　2012 年 11 月

《昭明文选》五言诗的韵律类型　邹德文、王允雷　长春师范学院学报　2012 年 11 期　2012 年 11 月

论清人诗话中的七古声调观念　刘俊廷　慈惠通识学术专业期刊　2 期　2012 年 12 月

北朝诗歌声律探讨　羊莉君　吉林广播电视大学学报　2013 年 02 期　2013 年 2 月

隐括与点化：宋代诗、乐融合的两种方式　韩伟　大连理工大学学报　2013 年 01 期　2013 年 3 月

汉乐府诗题"歌"的音乐含义与诗体特征　董晓　赤峰学院学报　2013 年 04 期　2013 年 4 月

近体律句考——以唐五律为中心　张培阳　文学遗产　2013 年 03 期　2013 年 5 月

《文选》五言诗存在的韵律探析　杨懿娟　作家　2013 年 12 期　2013 年 6 月

在"雅"与"郑"之间游走——论音乐与汉代五言诗的关系　贡巧丽　长城　2013 年 06 期　2013 年 6 月

元兢"调声三术"分析　魏学宝　中国诗歌研究　9 辑　北京：中华书局　2013 年 9 月

四声与南北音　戴伟华　学术研究　2013 年 10 期　2013 年 10 月

唐人作诗是否拗救？这是一个问题——读石观海《诗词格律新说》　尚永亮　中国韵文学刊　2013 年 04 期　2013 年 10 月

四、批评论

【著作】

诗话学　蔡镇楚　长沙：湖南教育出版社　1990 年 10 月　454 页

序;第一章 绪论:诗话学的学科体系;第二章 诗话正名论;第三章 诗话源流论;第四章 诗话分类论;第五章 诗话形态学;第六章 诗话史论;第七章 诗话体系理论(上);第八章 诗话体系理论(下);第九章 比较诗话学;第十章 诗话文献学;附录:徐英《诗话学发凡》

比较诗话学　蔡镇楚、龙宿莽　北京:北京图书馆出版社　2006年8月　438页

第一章 绪论:论比较诗话学及其比较文学研究价值;第二章 诗话;第三章 诗话学;第四章 东方诗话与儒家文化;第五章 东方诗话与佛教文化;第六章 阿拉伯诗学与伊斯兰教文化;第七章 东方诗话圈;第八章 东方诗话与审美语言学;第九章 中韩日三国诗话之祖;第十章 中韩日三国第一部诗话比较;第十一章 中国诗话与朝鲜—韩国诗话;第十二章 中国诗话与日本诗话;第十三章 中国诗话与印度梵语诗学;第十四章 中国诗话与西方诗学;第十五章 中国诗话与文化诗学;第十六章 结论:千秋诗话　功罪几何;附录:Chinese Shihua and Its Japanese Counterpart;跋语

明代前中期诗学辨体理论研究　邓新跃　上海:上海古籍出版社　2007年3月　385页　文史哲研究丛刊

序;绪论;第一章 明代诗学辨体理论的学术渊源;第二章 高棅与李东阳的诗学辨体理论;第三章 李梦阳与何景明的诗学辨体理论;第四章 杨慎的诗学辨体理论;第五章 后七子的诗学辨体理论;参考文献;后记

汉乐府研究史论　赵明正　北京:同心出版社　2009年1月　235页

序(方铭);导论;第一章 汉代:汉乐府研究的滥觞;第二章 魏晋南北朝:汉乐府研究的发展;第三章 唐宋:汉乐府研究的集成;第四章 元明清:汉乐府研究的总结;第五章 20世纪:汉乐府研究的转型;结语 汉乐府研究展望;附录一:历代名家评汉乐府;附录二:作品异名表;参考文献;后记

【学位论文】

明朝前中期诗学辨体理论研究　邓新跃　中山大学　2004年　博士论文
明代诗歌辨体批评研究　汪群红　南京大学　2006年　博士后出站报告
南朝文学批评意识的两个维度　潘慧琼　浙江大学　2006年　博士论文
唐代论诗诗研究　朱大银　陕西师范大学　2008年　博士论文

明代诗歌文体批评研究　李树军　辽宁大学　2008 年　博士论文
论诗绝句研究　李良　复旦大学　2011 年　博士论文
唐代诗格声律论研究　刘若缇　淡江大学　2011 年　博士论文
吴兢《乐府古题要解》研究　李娜　郑州大学　2012 年　博士论文
方回《瀛奎律髓》研究　田金霞　浙江大学　2013 年　博士论文
唐诗分体选本研究　刘万青　逢甲大学　2013 年　博士论文

宋代诗话的格律论研究　刘万青　逢甲大学　1999 年　硕士论文
明末清初诗词正变观研究——以二陈、王、朱为对象之考察　陈美朱　成功大学　2001 年　硕士论文
从唐人诗文别集认识唐人律诗观　洪如薇　东海大学　2001 年　硕士论文
《唐声诗》研究　冯淑华　首都师范大学　2003 年　硕士论文
雅切——梁章钜对联批评的核心范畴　鲁晓川　中南大学　2004 年　硕士论文
唐代诗体理论的文体学意义　杨新平　西北师范大学　2005 年　硕士论文
"艳词"义蕴流变考　李玉玲　山东师范大学　2006 年　硕士论文
明成化至隆庆末诗文辨体理论研究　陈昌云　广西师范大学　2006 年　硕士论文
清代梁章钜《楹联丛话》研究　任先大　华中师范大学　2006 年　硕士论文
北宋诗坛古、近体之争　杨毅　华中科技大学　2007 年　硕士论文
诗格"八病"现象研究　李海英　山东师范大学　2009 年　硕士论文
杨载《诗法家数》之体法论　赵苗苗　广西民族大学　2010 年　硕士论文
明诗话宋诗破体论争研究　肖珂　青岛大学　2010 年　硕士论文
金圣叹《杜诗解》的诗歌形式理论　邓旺　湖南师范大学　2010 年　硕士论文
唐五代诗格研探若干理论问题研究　杨星丽　陕西师范大学　2010 年　硕士论文
严羽诗体论研究　王亚芳　江南大学　2010 年　硕士论文
《沧浪诗话》的语言观　杨丹　华东师范大学　2010 年　硕士论文
《全唐试律类笺》研究　姚光明　南京师范大学　2011 年　硕士论文
沈德潜《唐诗别裁集》之"别裁"研究　于海安　暨南大学 2011 年 硕士论文

杨慎与六朝初唐诗学观研究　蒋旅佳　安庆师范学院　2011 年　硕士论文

《白氏长庆集》四分类法新探　吴雨洁　中国社会科学院研究生院　2012 年　硕士论文

《文苑英华》诗歌类目分类体系研究　高娟　鲁东大学　2012 年　硕士论文

许学夷《诗源辩体》的诗学体系重构　蔡缵荣　"中央大学"　2013 年　硕士论文

【单篇论文】

1. 辨名

唐声诗之范围与定义　任二北　四川大学学报　1957 年 03 期　1957 年 6 月

"长句"仅指七言古诗吗？　金韦　学术研究　1981 年 04 期　1981 年 5 月

长句正名——兼与施蛰存先生商榷　杨军　铁道师院学报　1986 年 02 期　1986 年 7 月

试论"七言古诗"含义的演变　王锡九　文学遗产　1988 年 02 期　1988 年 2 月

唐诗中的"留别"与"赠别"　吴承学　文学遗产　1996 年 04 期　1996 年 7 月

歌行的基本含义及其由来——唐歌行诗体论之一　林心治　渝州大学学报　1996 年 04 期　1996 年 12 月

艳、艳歌、艳词及其他——《花间集》丛考之一　闵定庆　中文自学指导　1998 年 01 期　1998 年 2 月

歌行含义的衍变兼论歌行之体格——唐歌行诗体论之三　林心治　渝州大学学报　1998 年 02 期　1998 年 5 月

"相合"一名的涵义　王运熙　望海楼笔记　上海：东方出版中心　1999 年 4 月

从张王乐府诗体看元白的"新乐府"概念　谢思炜　北京师范大学学报　1999 年 05 期　1999 年 9 月

从文献到文体，从接受到创作　蒋鹏举　聊城师范学院学报　2000 年 03 期　2000 年 6 月

佛经偈颂与中古绝句的得名　李小荣、吴海勇　贵州社会科学　2000 年 03 期　2000 年 6 月
　　~佛教与中国文学散论：梦枕堂丛稿初编　李小荣　南京：凤凰出版社　2012 年 6 月
"艳词"考　岳珍　文学遗产　2002 年 05 期　2002 年 9 月
　　~音乐与文献论集　岳珍　武汉：华中科技大学出版社　2010 年 4 月
说歌行　蔡义江　文史知识　2002 年 10 期　2002 年 10 月
杜诗"艳曲"解　岳珍　杜甫研究学刊　2002 年 02 期　2002 年 12 月
　　~音乐与文献论集　岳珍　武汉：华中科技大学出版社　2010 年 4 月
南朝乐府名义辨析　刘加夫　山东师范大学学报　2003 年 03 期　2003 年 6 月
《乐府诗集》"新乐府辞"义界与分类意义之商榷　朱我芯　兴大中文学报 15 期　2003 年 6 月
初盛唐诗体概念考辨　白朝晖　德州学院学报　2004 年 01 期　2004 年 2 月
新乐府名义辨析　陈才智　南阳师范学院学报　2004 年 07 期　2004 年 7 月
唐人所说"乐府"涵义考　张煜　社会科学辑刊　2004 年 06 期　2004 年 11 月
"长句"名辩　徐丹丽　修辞学习　2005 年 04 期　2005 年 7 月
《乐府诗集》"鼓吹"概念考论　韩宁　文献　2005 年 04 期　2005 年 10 月
为唐代乐府诗"正名"——唐代乐府诗中几个相关概念的解析　王立增　中国韵文学刊　2005 年 04 期　2005 年 12 月
"歌行"本义考　李会玲　武汉大学学报　2006 年 06 期　2006 年 11 月
释赋：从诗体到诗歌技巧及赋体　贾晋华　古代文学理论研究　24 辑　2006 年 12 月
　　~诗经研究丛刊　15 辑　2008 年 11 月
　　~中国文学与文化的传统及变革　周宪、徐兴无编　南京：南京大学出版社　2008 年 11 月
方回《瀛奎律髓》中"吴体"之所指分析　张秋娥　殷都学刊　2007 年 01 期　2007 年 3 月
《"艳词"考》商榷　符继成　中国文学研究　2007 年 01 期　2007 年 3 月
"歌诗"、"声诗"辨——与赵敏俐等先生榷谈　王军明、任淑红　徐州教育

学院学报　2007 年 03 期　2007 年 9 月
辨"隐"　孙艳平　太原大学教育学院学报　2008 年 01 期　2008 年 3 月
李清照《词论》中的"乐府"、"声诗"诠解　余恕诚　文学遗产　2008 年 03 期　2008 年 5 月
李清照《词论》"乐府"诠疑　孙尚勇　文学遗产　2008 年 06 期　2008 年 11 月
古体诗、乐府诗、歌行体关系之浅探　欧阳叔雯　科教文汇(中旬刊)　2009 年 02 期　2009 年 2 月
删繁就简一尊鼎——也谈"鼎峙格"与"鸿爪格"的称谓应当统一　刘功永　对联(民间对联故事)(下半月)　2009 年 06 期　2009 年 6 月
中唐"古乐府"涵义辨析　方向明　成人教育　2009 年 08 期　2009 年 8 月
中国古代科场应试诗名称辨析　杨春俏　唐山师范学院学报　2010 年 01 期　2010 年 1 月
七言诗在汉代为什么称为言不称为诗　吴宁霞　北方文学(下半月)　2010 年 05 期　2010 年 7 月
诗之"体"初探　王玫、施年花　兰州大学学报　2010 年 05 期　2010 年 9 月
"联话"释义　任先大　云梦学刊　2010 年 05 期　2010 年 9 月
"艳"字内涵流变述略　李博昊　兰台世界　2010 年 21 期　2010 年 11 月
"声诗"概念与李清照《词论》"乐府声诗并著"之解读　李定广　文学遗产　2011 年 01 期　2011 年 1 月
乐府"行"题本义新考　张煜　首都师范大学学报　2011 年 01 期　2011 年 1 月
乐府"行"之本义再探讨　钱志熙　汉魏乐府艺术研究　北京:学苑出版社　2011 年 1 月
《汉志》"诗赋"内涵辨析　侯文学　学术交流　2011 年 02 期　2011 年 2 月
乐府"古辞"释名　张建华　师大学报(语言与文学类)　57 卷 1 期　2012 年 3 月
"行歌"与"艳歌"　赵川兵　语文建设　2012 年 05 期　2012 年 3 月
作为体裁名称的"乐府"　〔美〕宇文所安(Stephen Owen)　中国早期古典诗歌的生成　〔美〕宇文所安著,胡秋蕾、王宇根、田晓菲译　北京:三联书店　2012 年 6 月

《南齐书·陆厥传》"永明体"内涵辨证　蔡平、张学松　中州学刊　2012年05期　2012年9月
关于格律诗词之名称　张海鸥　人民政协报　2012年12月31日
"歌"、"谣"、"诵"小考　王娟　北京大学学报　2013年04期　2013年7月
古代"乐府"内涵的变迁　孙尚勇　中国社会科学报　2013年7月5日
声诗还是歌诗：宋代音乐文学概念辨析　韩伟　大连理工大学学报　2013年04期　2013年10月

2. 分类说

复友人论唐诗分体书　箸超　民权素　6期　1915年5月
古今诗歌变迁史　胡怀琛　小说世界　16卷25期　1927年12月
诗之流别　陈柱　学艺　10卷1期　1930年2月
两汉乐府的新分类　章桢　光华大学半月刊　2卷3期　1933年11月
唐代七截的体裁及其分类　钱井萃　艺风月刊　3卷10期　1935年10月
乐府歌辞类别考订　张寿平　大陆杂志　31卷12期　1965年12月
　　~大陆杂志语文丛书·第二辑·第六册：诗词歌赋戏曲小说　台北：大陆杂志社　1975年10月
古代诗歌体格的分类和审辨　何伟棠　语文月刊　1984年12期　1984年12月
唐人绝句体类散论　李传国　中州学刊　1991年04期　1991年8月
唐人的诗体分类　王运熙　中国文化　1995年02期　1995年12月
　　~当代学者自选文库·王运熙卷　合肥：安徽教育出版社　1998年12月
　　~汉魏六朝唐代文学论丛（增补本）　王运熙　上海：复旦大学出版社　2002年5月
对联分类浅谈　陈学梁　对联.民间对联故事　1996年01期　1996年2月
唐代乐府诗的三种类型　王运熙　唐诗风骚　万杰选编　南昌：江西教育出版社　1999年1月
　　~望海楼笔记　王运熙　上海：东方出版中心　1999年4月
浅谈乐府诗的发展演变及分类　陈红　沧州师范专科学校学报　2000年03期　2000年8月

《诗经》"风""雅""颂"分类　胡安莲　南都学坛　2000年04期
歌诗之"类"与"六义"次第　俞志慧　古代文学理论研究　19辑　2001年7月
论《文选》诗歌、乐府支类的文类性质　洪顺隆　魏晋南北朝文学与思想学术研讨会论文集　4辑　台北：文津出版社　2001年10月
略谈中国古代诗歌的体类　顾农　阅读与写作　2002年03期　2002年3月
乐府之界说与分类　萧涤非　萧涤非说乐府　上海：上海古籍出版社　2002年6月
对联的种类及特征　罗维扬　北京印刷学院学报　2003年02期　2003年6月
《文选》诗以"类"相分的形成及影响　胡大雷　广西师范大学学报　2004年02期　2004年3月
"舞曲歌辞"类目成因考　梁海燕　乐府学　1辑　北京：学苑出版社　2006年6月
介绍一个"理想"的对联分类理论体系　刘苍穹　对联（民间对联故事）2006年09期　2006年9月
关于清诗总集的分类　朱则杰　甘肃社会科学　2008年01期　2008年1月
吴讷《文章辨体》的"乐府"分为六类　李树军　文献　2008年04期　2008年10月
试论《文选》"杂诗"适志作品的编选——兼论萧统的诗体分类观念　李有鹏　六盘水师范高等专科学校学报　2009年01期　2009年2月
汉魏六朝隐语文学的类型　孙艳平　太原大学教育学院学报　2009年02期　2009年6月
《艺文类聚》与《文选》诗歌分类之比较　邹晓霞　湖南人文科技学院学报　2009年06期　2009年12月
论《毛诗序》的文体分类思想　马建智　飞天　2012年12期　2012年6月
《汉志·诗赋略》分类论略　左宜华、陈祥谦　湖南工业大学学报　2013年01期　2013年2月

3. 功能论及价值论

汉代乐府诗的社会功能　亓婷婷　国文学报　18期　1989年6月

论对联在文学史上应有的地位　殷启生　宜春师专学报　1989年01期
中国古典诗的诗型与表现功能——论诗的认识基调　〔日〕松浦友久　中国诗歌原理　〔日〕松浦友久著,孙昌武、郑天刚译　沈阳:辽宁教育出版社　1990年7月
乐府·新乐府·歌行论——论三者表现功能之异同　〔日〕松浦友久　中国诗歌原理　〔日〕松浦友久著,孙昌武、郑天刚译　沈阳:辽宁教育出版社　1990年7月
近体诗语词超常嵌合及其审美功能　韩晓光　绥化师专学报　1992年04期　1992年12月
　　~社会科学家　1992年06期　1992年12月
楹联的艺术及其社会功能　李其钦　广州日报　1992年12月25日
汉代对诗歌文体功能的论述与"诗言志"传统　胡大雷　广西师范大学学报　1993年02期　1993年3月
再论对联在文学史上应有的地位　殷启生　宜春师专学报　1993年04期
小说结构中的三类对联　朱辉　对联(民间对联故事)　1995年01期　1995年2月
　　~改写:章回小说结构中的对联　胡星林　阅读与写作　1998年01期　1998年1月
杂文体诗审美价值漫议　廖平波　中华诗词　1995年03期
楹联文化的功能和效益　李世名　南方文坛　1995年02期　1995年4月
三论对联在文学史上应有的地位　殷启生　宜春师专学报　1996年06期　1996年12月
论对联在文学史上不宜占有席位　袁晓东　宜春师专学报　1997年04期　1997年8月
回文的机趣及其应用　刘济民　阅读与写作　1999年02期　1999年2月
论对联的功用与意义　曾伯藩　南昌职业技术师范学院学报　2000年01期　2000年2月
诗可以群——从魏晋南北朝诗歌创作形态考察其文学观念　吴承学、何志军　中国社会科学　2001年05期　2001年9月
　　~中国古代文体学研究　吴承学　北京:人民出版社　2011年3月
近体诗形式的文化功能　邵盈午　上海师范大学学报　2002年04期　2002年7月

《史记》歌谣谚功能浅论　陈才训　张家口师专学报　2002 年 05 期　2002 年 10 月

朱彝尊《蕃锦集》平议——兼谈"集句"之价值　马大勇　南京师范大学文学院学报　2003 年 03 期　2003 年 9 月

对联的向善功能浅析　苏永青、王卫　青岛农业大学学报　2007 年 01 期　2007 年 3 月

汉魏两晋南北朝文人诗序论略　蒋振华　文学遗产　2008 年 03 期　2008 年 5 月

论以诗为教的产生与诗教观的确立　金宝　理论界　2008 年 08 期　2008 年 8 月

浅谈明清传奇中的集句诗　李珊珊　现代语文（文学研究版）　2008 年 12 期　2008 年 12 月

中国古代诗歌为用的文体意义　吴晟　浙江社会科学　2009 年 07 期　2009 年 7 月

七言古诗体制对其表现功能的影响　魏祖钦　重庆社会科学　2010 年 01 期　2010 年 1 月

乐府歌辞的娱乐功能和伦理价值　钱志熙　汉魏乐府艺术研究　北京：学苑出版社　2011 年 1 月

论谣谚的社会警示功能　黄绍清　贺州学院学报　2011 年 01 期　2011 年 3 月

近十年四言诗研究综述　欧蕾、徐开良　安阳师范学院学报　2011 年 03 期　2011 年 6 月

中国政治诗学的起源——以先周诗功能的演变为中心的考察　俞艳庭、李梅　理论学刊　2012 年 01 期　2012 年 1 月

中古文学创作的愉悦性倾向——从《玉台新咏》的创作目的说起　胡大雷　宁夏师范学院学报　2012 年 01 期　2012 年 2 月

陆游晚唐诗词矛盾价值观探析　王昊　绍兴文理学院学报　2012 年 04 期　2012 年 7 月

从宋诗看诗与画在文体表现上的宽度与限度　熊丹丹　广西职业技术学院学报　2012 年 04 期　2012 年 8 月

论杜甫交往诗的应用文体特征　高振博　长江大学学报　2013 年 05 期　2013 年 10 月

4. 历代文体批评与批评文体

诗话学发凡　徐英　安徽大学季刊　1 卷 2 期　1936 年 4 月

清初诗学中的形式批评(附卷:明末清初吴中文学年表)　吴宏一　编译馆馆刊　11卷1期　1982年6月
唐代诗评中风格论之研究　黄美铃　台湾师范大学国文研究所集刊　26期　1982年6月
简论诗话体制特征　门立功　齐鲁学刊　1991年06期　1991年12月
宋人"诗庄词媚"观念平议　房开江　贵州大学学报　1992年01期　1992年4月
诗话的正名与辨体　张伯伟　中国诗学　2辑　南京:南京大学出版社　1992年12月
古代文论中的诗格论　张伯伟　文艺理论研究　1994年04期　1994年8月
论韩孟诗派的思想倾向与文体观念　许总　求索　1995年02期　1995年4月
近代宋诗派的诗体论　吴淑钿　华东师范大学学报　1996年02期　1996年4月
　~福建学刊　1996年04期　1996年7月
古代六言诗体裁研究述评　王明津　通化师院学报　1997年02期　1997年2月
中国对联学研究　谷向阳　北京大学学报　1998年04期　1998年7月
对中国最初诗歌评点形态的探讨　孙琴安　社会科学　1999年02期　1999年2月
唐代诗话、诗格论述诗歌风格之品类与表述方法　林淑贞　中国学术年刊　20期　1999年3月
古汉诗体感性形式与理性形式初探　许伯卿、田素芬　徐州师范学院学报　1999年02期．1999年6月
别求新声于异邦——介绍近年永明声病理论研究的重要进展　跃进　文学遗产　1999年04期　1999年7月
20世纪汉语诗歌文体建设的历史回顾与理想构建　王珂　艺术广角　1999年06期　1999年12月
论诗文体性之异:明代诗学的一项重要建树　陈文新　武汉大学学报　2000年03期　2000年5月
论宋代的诗歌句法理论　王德明　新疆大学学报　2000年03期　2000年9月
句图论考　凌郁之　文学遗产　2000年05期　2000年9月

关于唐五代诗格中的诗歌体式研究　刘则鸣、李刚　零陵师范高等专科学校学报　2001年01期　2001年2月
　　～胡淑慧、李刚　内蒙古社会科学　2001年03期　2001年5月
诗话学论要　陈良运　福建论坛　2001年04期　2001年8月
明代诗学文献的文体形态　朱易安　古代文学理论研究　20辑　2002年12月
中古时期的"歌"、"谣"观——以《乐府诗集》"杂歌谣辞"为例　尚丽新　云南艺术学院学报　2003年03期　2003年8月
论唐代作家的叙事诗文体意识　陈晓兰　广东农工商职业技术学院学报　2003年04期　2003年12月
《诗》作为喻体——先秦文体意识探析　郭全芝　淮北煤炭师范学院学报　2004年05期　2004年10月
唐诗在宋代的歌唱与宋人的声诗观　杨晓霭　中国唐代文学学会第十二届年会暨国际学术研讨会论文集　2004年11月
　　～唐代文学研究　11辑　桂林：广西师范大学出版社　2006年5月
　　～改题：唐诗在宋代的歌唱及其对宋人声诗观的影响　杨晓霭　华南师范大学学报　2005年02期　2005年4月
析初盛唐时期诗学中的体势论　骆礼刚　中国唐代文学学会第十二届年会暨国际学术研讨会论文集　2004年11月
　　～唐代文学研究　11辑　桂林：广西师范大学出版社　2006年5月
明代"格律派"之格律诗说及其理论发展　李锐清　新亚学报　23期　2005年1月
清代诗歌声律学著作举要　蒋寅　太原师范学院学报　2005年01期　2005年2月
论宋代的诗学辨体理论　邓新跃　江淮论坛　2005年01期　2005年2月
明代诗学辨体理论的尊体意识与典范意识　邓新跃　南都学坛　2005年02期　2005年3月
北宋"话"体诗学论辨　张海鸥、梁穗雅　中山大学学报　2005年03期　2005年5月
文体学视角与古代诗学辨体理论研究　邓新跃、刘杼　上海交通大学学报　2005年03期　2005年6月
探索诗歌分体研究的新思路——以诗骚体式为例　葛晓音　人文中国学报　11期　2005年8月

释"诗体正变"——中国诗学之诗史观　陈伯海　社会科学　2006年04期　2006年4月

关于建构乐府学的思考　吴相洲　北京大学学报　2006年03期　2006年5月

　～乐府学　1辑　北京:学苑出版社　2006年6月

　～乐府歌诗论集　吴相洲　北京:商务印书馆　2013年8月

"意格"说的文体学阐释　周进芳　郧阳师范高等专科学校学报　2006年04期　2006年8月

"论诗诗":中国古代一种独特的诗性批评文体　邓新华　武汉大学学报　2007年01期　2007年1月

六朝诗赋观考辨——以《文赋》、《文章流别论》、《文选》、《文心雕龙》为中心　周萌　深圳大学学报　2007年05期　2007年9月

诗钟格目理论中的几个关键性问题　黄乃江　福建师范大学学报　2008年02期　2008年3月

联话与诗话　任先大　对联(民间对联故事)　2008年04期　2008年4月

论明代复古主义的诗歌文体学　李旭　学术界　2008年03期　2008年5月

明代诗话中的文体史料与文体批评　吴承学、何诗海　文艺理论研究　2008年04期　2008年7月

20世纪以来歌诗研究综述　宋亚莉　中国诗歌研究动态　4辑　2008年10月

元代诗法论析——兼论《二十四品》在元代的冷落际遇　李春桃　甘肃社会科学　2008年06期　2008年11月

宗欧与宗钟:宋诗话的表现形态及文化解读　刘飞、赵厚均　古代文学理论研究　27辑　2009年3月

清商三调研究综述　成军　南京艺术学院学报　2009年02期　2009年5月

从文体学视角看古代诗学的发展规律　邓心强　广东广播电视大学学报　2009年03期　2009年6月

关于"四声"与佛经转读关系的研究综述　谭洁　河北大学学报　2009年03期　2009年6月

《乐府诗集分类研究》简介　曾智安　乐府学　5辑　北京:学苑出版社　2009年12月

明代唐诗选本编选中的辨体意识　金生奎　淮南师范学院学报　2010年01期　2010年1月

论北宋诗人对七绝诗体的认识　周子翼　齐鲁学刊　2010年03期　2010年5月

论"永明体"诗学观念对文学理论的影响　蔡平　北方论丛　2010年03期　2010年5月

简评《〈乐府诗集〉分类研究》丛书　赵敏俐　文学评论　2010年04期　2010年7月

语录体与宋代诗学　马自力　北京大学学报　2010年05期　2010年9月

～中国古代散文国际学术研讨会论文集　陈庆元主编　南京:凤凰出版社　2011年12月

论元和诗人的诗体意识——以白居易与韩愈为中心　张学君　中国诗歌研究　7辑　北京:中华书局　2010年12月

"诗变为词"说辨证　解玉峰、何萃　学术研究　2011年02期　2011年2月

从《文苑英华》看宋初歌行观　何水英　文艺评论　2011年04期　2011年4月

五言诗发生问题研究述评　王禹琪　剑南文学(经典教苑)　2011年04期　2011年4月

从清人所编宋诗选本看清代宋诗学之辨体　谢海林　武汉大学学报　2011年03期　2011年5月

绝句文体批评考论　李晓红　学术研究　2011年06期　2011年6月

"永明体"理论之管见——"永明体"理论之提出　郑红艳　大众文艺　2011年11期　2011年6月

古近体诗辨析方法研究　于丽媛　齐齐哈尔工程学院学报　2011年02期　2011年6月

清代词学视野中的诗词差异论　胡建次、周永忠　山西师大学报　2011年04期　2011年7月

唐诗范型之争与"诗变"论　方锡球　文化与诗学　2011年01期　2011年8月

明清诗学视野中的七言古诗　魏祖钦　南阳师范学院学报　2012年01期　2012年1月

三十年来晚唐"温李"诗歌向词体发展演变研究综述　杨善啸　现代语文

(学术综合版) 2012年01期 2012年1月
论明代诗学中辨体与集大成的矛盾——以七子派对待杜甫诗的态度为例 闫霞 齐齐哈尔大学学报 2012年01期 2012年2月
《巾舞歌辞》研究方法辨析 姚小鸥、王克家 学术研究 2012年02期 2012年2月
初唐到中唐诗词观的朦胧分化 贺严 时代文学(下半月) 2012年03期 2012年3月
～名作欣赏 2012年18期 2012年6月
"以文为诗"之争:唐宋诗文文体观念衍变的个案 刘磊 湘潭大学学报 2012年02期 2012年3月
五言诗起源说综述 张娟平 和田师范专科学校学报 2012年03期 2012年3月
明清时期赋比兴表现手法的探讨——兼论唐宋诗争 郭前孔 理论学刊 2012年04期 2012年4月
论曹魏乐府诗音乐研究的重要性 傅炜莉 求索 2012年04期 2012年4月
有意义的声音——乾嘉诗学谈声韵 吴中胜 古代文学理论研究 34辑 2012年6月
乐府文学研究中的"音乐视角" 王志清 西北大学学报 2012年04期 2012年7月
从辨体思想看明清诗学对韦、柳五古之接受 洪迎华、尚永亮 中国人民大学学报 2012年04期 2012年7月
《小说月报》中的"诗钟话"考察 李德强 聊城大学学报 2012年04期 2012年8月
20世纪《周易》古歌研究综论 姚小鸥、杨晓丽 文艺评论 2012年08期 2012年8月
唐代试律诗研究述评 朱栋 名作欣赏 2012年29期 2012年10月
唐代试律诗研究述补 张婷、朱栋 理论界 2012年10期 2012年10月
"兼剂"与"正变"——明人论诗体互动 方锡球 中国文学研究 2012年04期 2012年11月
清代唐试帖诗选对试律基本问题的认识 贺严 芒种 2013年04期 2013年2月
江淹的嗣响:关于宋以后诗学的拟古与辨体 颜庆余 中国文学研究(辑

刊） 21辑 2013年6月
句数：古人论诗歌体制的一个基本视角 赵继承 中国韵文学刊 2013年03期 2013年7月
西晋时期的乐府诗批评——以荀勖《荀氏录》与崔豹《古今注》为研究重点 王辉斌 宁夏师范学院学报 2013年04期 2013年8月
试析古人的"言数"观念——兼及古代诗歌创作格局的形成 赵继承 励耘学刊（文学卷） 2013年01期 2013年10月
论宋明两代的诗学辨体理论 陈艾红 黄冈师范学院学报 2013年05期 2013年10月
中国古代诗学中"以古为律"思想的演进 刘占召 文艺理论研究 2013年06期 2013年11月
唐代诗学辨体批评 任竞泽 人文杂志 2013年12期 2013年12月

5. 专书及学者

钟嵘的诗歌评论 牟世金 文学评论 1962年02期 1962年5月
文心雕龙乐府论研究 陈糜珠 淡江学报（文学部） 13期 1975年1月
《楹联丛话》不是最早的联语专著 常江 社会科学战线 1982年03期 1982年6月
试论联句批评与《六一诗话》的关系 张双英 中外文学 11卷9期 1983年2月
胡应麟的诗体论 陈国球 东方文化 21卷2期 1983年
律诗——中国式的艺术美——闻一多律诗研究述评 袁謇正 武汉大学学报 1985年01期 1985年1月
沈德潜对历代诗体的批评 胡幼峰 幼狮学志 18卷4期 1985年10月
胡应麟的辨体批评 陈国球 古代文学理论研究 11辑 1986年8月
杜甫律诗技法论——方回诗论探微 詹杭伦 成都大学学报 1987年03期 1987年10月
《诗品》二题 李伯勋 兰州大学学报 1992年01期 1992年4月
张戒《岁寒堂诗话》的文体观念及其有关问题 林美秀 高雄工商专校学报 24期 1994年12月
《声调四谱图说》简评 牛贵琥 山西大学学报 1996年01期 1996年2月
《选》诗评点所见文类学方法：兼论山水诗归类问题 游志诚 昭明文选

学术论考　台北:台湾学生书局　1996年3月
许学夷《诗源辨体》评议　汪泓　江海学刊　1996年02期　1996年4月
《诗》入乐与《汉书·艺文志》中的诗观念　汪祚民　安徽师范大学学报　1996年03期　1996年8月
《文苑英华》歌行体性辨——唐歌行诗体论之二　林心治　渝州大学学报　1997年02期　1997年6月
论傅玄的文体观与乐府诗创作　朱家亮、吴玉兰　求是学刊　1999年06期　1999年11月
释《文心雕龙·乐府》中的几个问题——兼谈刘勰的思想方法　杨明　文学遗产　2000年02期　2000年3月
"诗文一理,取径不同"——姚鼐"以文论诗"观点厘析　杨淑华　台中师院学报　14期　2000年6月
析王夫之对诗与其他文体的界分及其诗学理论意义　陶水平　江西师范大学学报　2000年02期　2000年6月
文字游戏与汉字诗学——《诗牌谱》研究　吴承学　学术研究　2000年07期　2000年7月
黄庭坚的诗歌句法理论　王德明　东方丛刊　2000年03期　2000年8月
阅时取证,比采而推——简论刘勰五言诗起源说及其对文学史研究的启示　马庆洲　镇江师专学报　2001年02期　2001年4月
评《联对作法》的联律观　余德泉　湖南省社会主义学院学报　2001年02期　2001年5月
刘勰乐府论探析　〔韩〕李长镦　许昌师专学报　2001年03期　2001年5月
以体论源:从"文体"观点看《诗品》体源论　何雅雯　中国文学研究　15期　2001年6月
刘勰《文心雕龙》乐府诗论探析　温光华　中国古典文学研究　5期　2001年6月
文体、文备众体及其他——陈寅恪唐诗笺证的诗学价值三论　党艺峰、党大恩　西藏民族学院学报　2001年03期　2001年9月
有方与通变:诗体的规范与进化——论刘勰诗本体论中的诗文体观　王珂　齐齐哈尔大学学报　2002年01期　2002年2月
徐青的诗律研究　曾传兴　厦门广播电视大学学报　2002年01期　2002年3月

话体文学批评的肇端——重估《六一诗话》的诗学地位及价值　彭玉平、杨金文　安徽师范大学学报　2002年03期　2002年5月

试帖诗与律赋——读《关中课士诗赋注》　詹杭伦　中国诗歌研究　1辑　北京:中华书局　2002年6月

关于诗型与节奏的研究——松浦友久教授访谈录　葛晓音　文学遗产　2002年04期　2002年7月

冯班的乐府诗论　杨淑玲　云汉学刊　9期　2002年7月

《四溟诗话》研究——以古体源流与近体创作为论　郑成益　辅大中研所学刊　12期　2002年10月

对胡应麟诗话中用事主张的分析　郑礼炬　江苏广播电视大学学报　2002年05期　2002年10月

略论李渔的对联创作与理论　骆兵　南京社会科学　2002年10期　2002年11月

方玉润《诗经原始》的文体学批评视角　肖力　湖南省政法管理干部学院学报　2002年S2期　2002年12月

元白诗体理论探析　钱志熙　中国文化研究　2003年01期　2003年2月

以"体"论"源":《诗品》品评诗歌的方法论思维　黄伟伦　中国古代文学研究　9期　2003年6月

"辩体"不"辩意"——许学夷论"体制为先"　汪泓　江西社会科学　2003年09期　2003年9月

赵翼眼中的杂体诗:诗歌里的创体　李鹏　文史知识　2003年10期　2003年10月

论吴恭亨《对联话》及其理论价值　任先大　湖南社会科学　2003年06期　2003年11月

《诗品》的流传与诗话创体及演进　蔡静平　古代文学理论研究　21辑　2003年12月

"上官体"诗学理论辑议　聂永华　郑州大学学报　2003年06期　2003年12月

《沧浪诗话》的文体意识和严羽的审美理想　申朝晖　邵阳学院学报　2004年02期　2004年4月

许学夷"诗体"论的文化整合特点　方锡球　社会科学辑刊　2004年03期　2004年5月

《文选》为何不收五言四句体　何诗海　中国典籍与文化　2004年02期

2004年6月
　～古籍整理研究学刊　2004年04期　2004年7月
《沧浪诗话》与明代诗学辨体理论　邓新跃　湖南城市学院学报　2004年06期　2004年11月
高棅《唐诗品汇》与明代格调派诗学辨体理论　邓新跃　湖南科技大学学报　2005年02期　2005年3月
《毛诗正义》的辨体观　白长虹　诗经研究丛刊　9辑　2005年7月
李梦阳的诗学辨体理论　邓新跃　社科纵横　2005年03期　2005年8月
欧阳修《六一诗话》文体的特色　〔日〕东英寿　第四届宋代文学国际研讨会论文集　2005年9月
对殷璠"开元十五年后,声律风骨始备"的解读　赵爱华　承德民族师专学报　2005年04期　2005年12月
郭茂倩的声诗观与《乐府诗集》的编纂　杨晓霭　西北师大学报　2006年01期　2006年1月
王世贞对前七子诗学辨体理论的发展　邓新跃　船山学刊　2006年03期　2006年7月
论李东阳以声辨体的诗学思想　邓新跃　中南大学学报　2006年04期　2006年8月
梁章钜《楹联丛话》的诗学研究　任先大　重庆三峡学院学报　2007年02期　2007年3月
论皎然五言律诗的理论与实践——从《唐人选唐诗》说起　黄腾德　思辨集　10期　2007年4月
梁章钜楹联起源论评述　任先大　株洲师范高等专科学校学报　2007年03期　2007年6月
《古文辞类纂》圈点系统初探　汪祚民　第三届全国桐城派学术研讨会论文集　2007年6月
论严羽《沧浪诗话》之辨体批评　任竞泽　北方论丛　2007年04期　2007年7月
西晋荀《录》与汉魏乐府　陈君　乐府学　2辑　北京:学苑出版社　2007年8月
论钟嵘《诗品》对五言诗发展的影响　刘晓星　安徽文学(下半月)　2007年08期　2007年8月
冯班与清代乐府观念的转向　蒋寅　文艺研究　2007年08期　2007年

8月

论《玉台新咏》的诗史意识与诗体意识　张蕾　燕赵学术　2007年02期　2007年10月

浅论《文心雕龙·谐隐》　吴绪星　皖西学院学报　2007年06期　2007年12月

论皎然"五格"品诗及其唐诗观　许连军　中国文学研究　2007年04期　2007年12月

梁章钜《楹联丛话》的楹联美学思想初探　任先大　云梦学刊　2008年01期　2008年1月

高棅的"四唐七变"说　方锡球　安徽师范大学学报　2008年01期　2008年1月

《诗品》与《画品》的文体学比较　郑琳　许昌学院学报　2008年01期　2008年1月

《文章辨体》与《文体明辨》的歌行与乐府研究　李树军　贵州文史丛刊　2008年02期　2008年3月

王世贞"才、思、调、格"的文体意义　李树军　江汉论坛　2008年03期　2008年3月

方回的"吴体"诗论及其诗学批评意义　王奎光　文学遗产　2008年04期　2008年7月

"正变系乎诗"——试论叶燮对"诗体代变"的原创性阐释　杨晖　甘肃社会科学　2008年04期　2008年7月

《二十四诗品》的结构原理及其与《文心雕龙》"八体"说的关系　杨园　古代文学理论研究　26辑　2008年8月

郑樵《通志·乐略》的编撰体例及其音乐史学思想初探　黄敏学　乐府学　3辑　北京：学苑出版社　2008年8月

《宋书·乐志》与汉魏六朝乐府歌诗　翟景运　乐府学　3辑　北京：学苑出版社　2008年8月

许学夷唐体之辨及其诗歌史意义　查清华　求是学刊　2008年06期　2008年11月

论陈寅恪《元白诗笺证稿》中的文体意识　招敏　淮阴师范学院教育科学论坛　2008年04期　2008年12月

金代诗学与元好问的"正体"论　张毅　中国文体学国际学术研讨会暨《文学遗产》论坛论文集　2008年12月

～罗宗强先生八十寿辰纪念文集　北京：中华书局　2009年6月

说《文选》中的四言诗——兼论萧统与刘勰和钟嵘诗学观的异同　周伟　钦州学院学报　2009年01期　2009年2月

《文心雕龙》与魏晋南北朝诗学辨体理论的发展　邓新跃　西安电子科技大学学报　2009年02期　2009年3月

袁枚《随园诗话》中的"联话"研究　任先大　云梦学刊　2009年03期　2009年5月

五言之制,独秀众品——萧子显之"文章"义及其论五言诗之流变　童岭　古代文学理论研究　28辑　2009年6月

"诗为乐体,声为乐心"——试论《文心雕龙·乐府》篇　闫文静　安徽文学(下半月)　2009年07期　2009年7月

论《唐诗品汇》的诗体正变观　申东城　安徽农业大学学报　2009年04期　2009年7月

钟嵘《诗品》体论探析　林英德　江汉大学学报　2009年04期　2009年8月

～许昌学院学报　2009年06期　2009年11月

论《沧浪诗话》中的辨体意识　蔚凤燕　聊城大学学报　2010年02期　2010年3月

"正之积弊"与"变能启盛"——试论叶燮诗体代变之动力观　杨晖、陈亮　船山学刊　2010年02期　2010年4月

胡震亨《唐音癸签》之诗体观述论　刘浏　武陵学刊　2010年03期　2010年5月

略论《文体明辨》对《文章辨体》的发展——以诗歌为中心　杨道伟、雷磊　怀化学院学报　2011年01期　2011年1月

《孔子诗论》正名再讨论——兼论《孔子诗论》的文体特征　汤斐琼　中国哲学史　2011年01期　2011年2月

《文心雕龙》声律理论探析　梁成龙　传奇·传记文学选刊(理论研究)　2011年02期　2011年2月

《诗源辩体》中的唐代七律诗论　秦军委　河北北方学院学报　2011年03期　2011年5月

"清丽":刘勰理想的五言诗风貌　石恪　绥化学院学报　2011年03期　2011年6月

《诗品序》四言诗论矛盾说解异　韩品玉　山东师范大学学报　2011年03期　2011年6月

论诗绝句的集成与绝唱——陈融《读岭南人诗绝句》的批评史和文体史意

义　左鹏军　中山大学学报　2011 年 04 期　2011 年 7 月
20 世纪 30 年代对七言诗起源与演进的有益探索——黎昔非和他的《唐以前的七言诗》　马鸿雁　嘉应学院学报　2011 年 07 期　2011 年 7 月
论王船山的诗体观　杨艳香　船山学刊　2011 年 03 期　2011 年 7 月
《文心雕龙》的五言诗论　贾琳　绥化学院学报　2011 年 04 期　2011 年 8 月
从《文心雕龙》看刘勰对民间歌谣的认识　柳倩月　甘肃社会科学　2011 年 05 期　2011 年 9 月
辨体：许学夷论汉魏六朝诗歌流变　陈斌　河北科技师范学院学报　2011 年 04 期　2011 年 11 月
胡应麟唐诗体格之辨　查清华　吉林大学社会科学学报　2011 年 06 期　2011 年 11 月
王夫之的诗歌文体观：幽明之际　张胜利　"文艺学新问题与教学改革"学术研讨会　2011 年 11 月
　~烟台大学学报　2012 年 02 期　2012 年 4 月
论《诗品》"以赋诠诗"　蒋晓光　长江大学学报　2011 年 12 期　2011 年 12 月
本色要求与体制之辨——明代七子派的"本色论"　闫霞　山西大同大学学报　2012 年 01 期　2012 年 2 月
《本事诗》的性质辨析　杨铖、王银洁　唐山职业技术学院学报　2012 年 01 期　2012 年 3 月
吴乔论诗体之渐变——以古、律为例　胡幼峰　辅仁国文学报　34 期　2012 年 4 月
钟嵘《诗品》之文体学思想　任竞泽　云南社会科学　2012 年 03 期　2012 年 5 月
对李攀龙"唐无五言古诗"的再思考　陈颖聪　兰州学刊　2012 年 05 期　2012 年 5 月
《文笔式》——初唐一部重要的声病说著作　卢盛江　文学遗产　2012 年 04 期　2012 年 7 月
《沧浪诗话》"本色说"的文体学解释　顾瑞雪　长江学术　2012 年 03 期　2012 年 7 月
试析严羽《沧浪诗话》的诗体论　方向红　长江学术　2012 年 03 期　2012 年 7 月
《艺概·诗概》的诗歌叙事理论——刘熙载叙事观探索之一　董乃斌　文

学遗产　2012 年 04 期　2012 年 7 月

李渔楹联理论浅析　李永平　重庆科技学院学报　2012 年 20 期　2012 年 10 月

《文苑英华》编者的乐府观　王辉斌　阅江学刊　2012 年 05 期　2012 年 10 月

胡应麟论诗体　冯韵　长春理工大学学报　2012 年 11 期　2012 年 11 月

《诗薮》中"格"的含义与功能　李思涯　文学评论丛刊　14 卷 2 期　2012 年 12 月

李调元诗歌体式嬗变论初探　郑家治　蜀学　7 辑　2012 年 12 月

诗学史背景下的《八种韵》研究　卢盛江　中国文学研究（辑刊）　20 辑　2012 年 12 月

《文选》和《文心雕龙》中乐府定位之比较　杨毅　文学教育（上）　2013 年 01 期　2013 年 1 月

傅燮诃古体诗辨体研究　王帅　贵州师范学院学报　2013 年 02 期　2013 年 2 月

从《明诗》篇管窥刘勰之诗论　石恪　吉林省教育学院学报（上旬）　2013 年 02 期　2013 年 2 月

船山诗歌文体观探析——以诗歌评选为中心　严春华　长沙理工大学学报　2013 年 02 期　2013 年 3 月

读新发现的黎昔非佚文《唐以前的七言诗》　梁德林　宜春学院学报　2013 年 04 期　2013 年 4 月

20 世纪七言诗源、诗史研究的开山之作——黎昔非先生《唐以前的七言诗》　徐宝余　扬州大学学报 2013 年 03 期　2013 年 5 月

论钟嵘《诗品》的批评文体特色　潘链钰　四川职业技术学院学报　2013 年 03 期　2013 年 6 月

《文心雕龙·谐隐》新论　刘彩凤　语文教学通讯·D 刊（学术刊）　2013 年 07 期　2013 年 7 月

浅析刘勰对五言诗的批评　张冰　参花（下）　2013 年 08 期　2013 年 8 月

"落日余光"与"春晴始旦"：王夫之的近体诗观　吴梅玲　湖南科技学院学报　2013 年 09 期　2013 年 9 月

元稹的诗体理论　杜学霞　河南教育学院学报　2013 年 06 期　2013 年 11 月

Ⅴ 词　　编

一、源流论

【著作】

词学 ABC　胡云翼　上海:ABC 丛书社　1930 年 1 月　97 页　ABC 丛书
　　本书的主旨;第一章 从诗的时代到词的时代;第二章 词的起源;第三章 何为词;第四章 晚唐五代词的发展;第五章 北宋词的四时期;第六章 南宋的白话词;第七章 一群珍贵的女词人;第八章 南宋的乐府词;第九章 五百年来词的末运;第十章 论词体之弊;附录:词的参考书举要
◎收入《民国丛书》第五编　上海:上海书店　1989 年

词史　刘毓盘　上海:群众图书公司　1931 年 2 月　216 页
◎影印本　上海:上海书店　1985 年 5 月　216 页
　　江山刘先生遗著目录叙;自序;第一章 论词之初起由诗与乐府之分;第二章 论隋唐人词以温庭筠为宗;第三章 论五代人词以西蜀南唐为盛;第四章 论慢词兴于北宋;第五章 论南宋词人之多;第六章 论宋七大家词;第七章 论辽金人词以汉人为多;第八章 论元人词至张翥而衰;第九章 论明人词之不振;第十章 论清人词至嘉道而复盛;第十一章 结论;跋

宋词研究　胡云翼　上海:商务印书馆　1933 年　240 页
◎改题:词学概论　胡云翼　上海:世界书局　1934 年 12 月
◎成都:巴蜀书社　1989 年 5 月　185 页　宋代文学研究丛书
　　出版说明;自序(一九二五年);重印序;上篇:宋词通论　一、研究宋词的绪论;二、词的起源;三、何谓词;四、宋词的先驱;五、宋词发达的因缘;六、宋词概观(上);七、宋词概观(下);八、论宋词的派别及其分类;九、宋词之弊;下篇:宋词人评传(略)

词曲研究　卢冀野　上海:中华书局　1934 年 12 月　172 页　中华百科丛书

总序;自序;第一章 词的启源和创始;第二章 词各方面的观察;第三章 几个重要的词家(上);第四章 几个重要的词家(下);第五章 从词到曲底转变;第六章 曲各方面的观察;第七章 几个重要的曲家(上);第八章 几个重要的曲家(下);附录:一个最低度研究词曲的书目;名词索引

◎卢前曲学论著三种　北京:商务印书馆　2014 年 5 月　中华现代学术名著丛书

增补:删除《名词索引》

敦煌曲初探　任二北　上海:上海文艺联合出版社　1954 年 11 月　493 页　中国戏曲理论丛书

序;弁言;第一章 撮要;第二章 曲调考证;第三章 曲辞校订;第四章 舞容一得;第五章 杂考与臆说;附录:考屑;后记

中国诗词演进史——中国文学欣赏导读全集　嵇哲　台北:庄严出版社　1981 年 9 月　316 页　古典新刊

自序;第一章 诗歌之起源;第二章 三百篇之结集;第三章 六义之意义;第四章《诗经》与音乐之关系;第五章 楚辞之兴起;第六章 诗骚赋之递嬗;第七章 乐府诗之发展;第八章 五七言诗之演进;第九章 声律与诗体之关系;第十章 近体诗之极盛;第十一章 浪漫派与写实派;第十二章 险怪派之剧变;第十三章 功利派与新乐府;第十四章 唯美派与晚唐诗人;第十五章 西昆体及革新派;第十六章 宋诗之宗派;第十七章 辽金元明诗;第十八章 清诗之复兴;第十九章 诗之规式;第二十章 诗之要则与作法;第二十一章 音乐变迁与诗词递嬗之关系;第二十二章 词之兴起;第二十三章 词之演进;第二十四章 南唐北宋令词之发展;第二十五章 慢词之创兴与词体之解放;第二十六章 婉约派与豪放派;第二十七章 南宋词之风格;第二十八章 金元词之就衰;第二十九章 宋词与元曲之关系;第三十章 散曲之兴起及种类;第三十一章 戏曲之发达及南北曲之作家;第三十二章 南北曲结构之异同;第三十三章 元代散曲之派别;第三十四章 散曲之盛兴与明词之衰敝;第三十五章 明代散曲之作家;第三十六章 昆腔之盛行与散曲之衰敝;第三十七章 清词之复兴;第三十八章 清词之派别;第三十九章 清词之结局;第四十章 词之组织与作法

◎武汉:武汉大学出版社　1998年12月　294页
　　增补:先君事略(嵇义达)

唐宋词通论　吴熊和　杭州:浙江古籍出版社　1985年1月　434页
　　第一章 词源;第二章 词体;第三章 词调;第四章 词派;第五章 词论;第六章 词籍;第七章 词学;附录
◎北京:商务印书馆　2003年10月　456页　浙大学术精品文丛
◎上海:上海古籍出版社　2010年11月　456页　历代词通论
　　○评《唐宋词通论》　肖瑞峰　文学评论　1985年06期　1985年12月

晚唐迄北宋词体研究与词人风格　〔美〕孙康宜著,李奭学译　台北:联经出版事业公司　1994年6月　312页
◎改题:词与文类研究　北京:北京大学出版社　2004年9月　216页　文学史研究丛书
　　"文学史研究丛书"总序　陈平原;北大版自序;中文版序;谢辞;常引书目简称;前言;第一章 词源新谭;第二章 温庭筠与韦庄——朝向词艺传统的建立;第三章 李煜与小令的全盛期;第四章 柳永与慢词的形成;第五章 苏轼与词体地位的提升;结语;附录一:敦煌慢词二例;附录二:北美二十年来词学研究——兼记缅因州国际词学会议;附录三:柳如是和徐灿的比较:阴性风格或女性意识?译后记;参考书目
　　○孙康宜著《晚唐迄北宋词体研究与词人风格》　郭凌云　中国诗歌研究动态　1辑　2004年1月

唐五代北宋前期词之研究:以诗词互动为中心　董希平　北京:昆仑出版社　2006年3月　282页　东方文化集成
　　序言;绪论;第一章 中唐时期诗与词的相互渗透;第二章 晚唐五代诗歌的演进与词体的确立;第三章 高峰的显现——北宋前期词坛;结语;主要参考文献

曲词发生史　木斋　北京:光明日报出版社　2011年9月　244页　高校社科文库
　　绪论:曲词发生史研究述评;第一章 论商乐始于建安曹魏——兼论《燕歌行》;第二章 六朝清乐和乐府诗的演进历程及其意义;第三章 北朝隋代初唐燕乐及其演进历程;第四章 著辞歌舞在初唐后期的盛行;第五章 盛唐的音乐变革;第六章 盛唐声诗和声诗绝句为词体发生的前夜;第七章 李白对词体的创制;第八章 王维李白在曲词写作

上的分野;第九章 中唐中前期文人词的渐次兴起;第十章 白居易刘禹锡与元和长庆时期的诗词写作;第十一章 温庭筠为词体发生史初步完成标志;参考文献
  ○力辟旧说,为词体起源问题开辟全新境界——木斋《曲词发生史》读后　马兴荣　天中学刊　2011年06期　2011年12月
  ○系统揭示曲词起源发生的历史图景——评木斋先生《曲词发生史》　曾维刚　中国韵文学刊　2012年04期

唐宋诗词的文体观照　曹辛华　北京:中华书局　2011年12月　269页
随园文史研究丛书·第二辑
  序一(杨海明);题曹君辛华《唐宋诗词的文体观照》(钟振振);上篇:唐诗的文体观照　论杜诗"遣兴体"及其诗史意义;论韩愈的"文中之诗"及其意义;论韩愈诗文创作理论与古赋之关系;论韩愈诗文创作实践与古赋之关系;下篇:唐宋词的文体学观照　论唐宋词体演进与律赋之关系;论唐宋词与小赋之关系;论唐宋渔父词的文化意蕴与词史意义;论唐宋《望江南》词体的演进与意义;论中国分调词史的建构及其意义;外篇:论《文选》"补亡诗"体及其诗史意义;论陈满铭的词学贡献;论杨海明与唐宋词研究的深化;后记

【学位论文】

敦煌情爱曲词:兼论词的起源　周延良　河北大学　1995年　博士论文
两宋"词人词"雅化的发展与嬗变研究——以柳、周、姜、吴为探究中心　黄雅莉　台湾师范大学　2001年　博士论文
北宋文人词的雅化历程　叶帮义　苏州大学　2002年　博士论文
宋代令词研究　霍明宇　山东大学　2008年　博士论文
两宋词雅化进程研究　张屏　华东师范大学　2011年　博士论文
宋元词曲递变研究　刘芳　南京大学　2013年　博士论文

唐代文人词之研究　杨肃衡　台湾师范大学　1999年　硕士论文
词体起源与唐声诗关系之研究　陈枚秀　逢甲大学　2000年　硕士论文
印刷术与词体演进关系初探　季品锋　苏州大学　2003年　硕士论文
"词"体之发生与形成　黄静　扬州大学　2004年　硕士论文
从"敦煌曲子词"看"词"的初始状态　韩波　东北师范大学　2005年　硕士论文
中晚唐诗变与词体独立　余祖坤　华中科技大学　2006年　硕士论文

唐宋词体溯源——论令引近慢的产生与发展　李莉　武汉音乐学院　2008 年　硕士论文
唐曲子词研究　齐红霞　河北大学　2008 年　硕士论文
论金元时期的词曲之变　陈素香　河北师范大学　2008 年　硕士论文
宋代连体组词研究　刘少坤　河北大学　2009 年　硕士论文
宋代转踏词研究　陈一榆　广州大学　2009 年　硕士论文
宋代檃括词研究　徐烨　陕西师范大学　2009 年　硕士论文
宋代联章词纵向研究　徐梅　广西大学　2013 年　硕士论文

【单篇论文】

1. 文体起源

说词　李万育　国学丛刊　1 卷 3 期　1923 年 9 月
词的启源　郑振铎　小说月报　20 卷 4 期　1929 年 4 月
　　~ 词学研究论文集（1919—1949）　华东师范大学中文系古典文学研究
　　　室编　上海：上海古籍出版社　1988 年 3 月
词源　〔日〕铃木虎雄著，汪馥泉译　语丝　5 卷 16、17 期　1929 年 6、7 月
　　~〔日〕铃木虎雄著，汪馥泉译　中国文学论集　上海：神州国光社
　　　1930 年 5 月
　　~〔日〕铃木虎雄著，王群译　日本学者中国词学论文集　王水照、保苅
　　　佳昭编选　上海：上海古籍出版社　1991 年 5 月
关于词格底短句发达底原因　〔日〕青木正儿著，汪馥泉译　语丝　5 卷 19
期　1929 年 7 月
　　~ 关于词格的长短句发达的原因　〔日〕青木正儿著，王群译　日本学
　　　者中国词学论文集　王水照、保苅佳昭编选　上海：上海古籍出版社
　　　1991 年 5 月
词的起原　胡适　清华学报　1 卷 2 期　1924 年 12 月
　　~ 胡适文存　3 集卷 8　上海：亚东图书馆　1930 年 9 月
　　~ 胡适文存　台北：远东图书公司　1961 年
　　~ 词选　台北：台湾商务印书馆　1970 年 11 月
　　~ 词学论荟　北京：中国文联出版公司　1985 年
　　~ 20 世纪中国文学研究论文选·隋唐五代卷　吴相洲选编　北京：社
　　　会科学文献出版社　2010 年 1 月
"词"的原始与形成　姜亮夫　现代文学　1 卷 5 期　1930 年 11 月

~词学论荟　北京:中国文联出版公司　1985年
~词学研究论文集(1919—1949)　华东师范大学中文系古典文学研究室编　上海:上海古籍出版社　1988年3月
~20世纪中国文学研究论文选·宋代卷　诸葛忆兵选编　北京:社会科学文献出版社　2010年1月
词的起源　荃荪　百科杂志　1期　1932年7月
词的起源　胡云翼　现代学生　2卷7期　1933年4月
词调的来历与佛教经唱　霍世休　清华周刊　41卷3、4期合刊　1934年4月
　　~敦煌学研究　孙彦、萨仁高娃、胡月平选编　北京:国家图书馆出版社　2009年4月
词之起源时间考　鸣佩　中华周刊　1934年9月
词学起源的时间考　华连圃(华钟彦)　北强月刊　2卷1期　1935年1月
词调来源与佛教舞曲　田子贞　人间世　23期　1935年3月
论词之起源　支抱拙　沪江附中　1935年6月
词的起源　唐圭璋　时事新报·学灯　178期　1935年
令词出于酒令考　夏承焘　词学季刊　3卷2号　1936年6月
　　~20世纪中国文学研究论文选·隋唐五代卷(又收入宋代卷)　吴相洲选编　北京:社会科学文献出版社　2010年1月
词源流考　〔日〕目加田诚著,于式玉译　文学年报　3期　1937年5月
　　~王群译　日本学者中国词学论文集　王水照、保苅佳昭编选　上海:上海古籍出版社　1991年5月
词的起源及令词的发展　吴烈　文学研究　1卷5期　1940年2月
词之起源与音乐之关系　沤盦　政治月刊　5卷2期　1943年2月
论词之起源　萧涤非　国学月刊　26期　1943年
　　~乐府诗词论薮　萧涤非　济南:齐鲁书社　1985年5月
论词的起源　杨宪益　新中华　复刊4卷19期　1946年10月
论词之起源　许梦因　中央日报　1947年6月4日
词之起源与唐代政治　李嘉言　文艺复兴　文学研究号　1948年9月10日
　　~改题:词的起源与唐代政治　古诗初探　李嘉言　上海:古典文学出版社　1957年3月
　　~李嘉言古典文学论文集　上海:上海古籍出版社　1987年3月

论词的特性和诗词的分界　怀玖　文艺复兴(中国文学研究号)下　1949年8月
词之起源及其特征　李辰冬　台湾新生报　1950年10月28日、11月4日
词之起源辨　陈炜良　文学世界　冬季号　1957年1月
　　~中国古典文学论文精选丛刊·诗歌类　台北:幼狮文化事业公司
　　　1980年8月
西域音乐与词体兴起(上)　梅应运　建设　5卷10期　1957年3月
西域音乐与词体兴起(中)　梅应运　建设　5卷11期　1957年4月
西域音乐与词体兴起(下)　梅应运　建设　5卷12期　1957年5月
词曲探源　浦江清　光明日报　1957年11月17日
　　~浦江清文录　北京:人民文学出版社　1958年10月
　　~浦江清文选　张鸣编选　北京:北京大学出版社　2010年10月
词的起源与敦煌曲子词　王延龄　哈尔滨师院学报　1959年01期
论词的起源　唐圭璋等　北京师院学报　1964年05期
关于词的起源问题　阴法鲁　北京大学学报　1964年05期
　　~词学研究论文集(1949—1979)　华东师范大学中文系古典文学研究
　　　室编　上海:上海古籍出版社　1982年3月
论述词之起源　张君　新亚生活　7卷8期　1964年10月
从"选词以配音"与"由乐以定辞"看词的形成　台静农　现代文学　33期　1967年12月
　　~中国古典文学研究丛刊——诗歌之部(二)　柯庆明、林明德主编
　　　台北:巨流图书公司　1979年10月
　　~静农论文集　台北:联经出版事业公司　1989年
试论敦煌曲之起源、内容与修辞　方瑜　现代文学　40期　1970年3月
　　~中国古典文学研究丛刊——诗歌之部(二)　柯庆明、林明德主编
　　　台北:巨流图书公司　1979年10月
从长短句起源与隆替再说到六代词汇　陈立夫　"中央日报"　1971年4月9日
词的起源浅谈　觉觉　"东吴大学"中文季刊　1971年5月
论唐宋曲子之源流　张世彬　中国学人　3期　1971年6月
由敦煌曲看词的起原　林玫仪　中国书目季刊　1975年1期　1975年3月
　　~词学考诠　林玫仪　台北:联经出版事业公司　1987年12月

词的起源　陈善相　中华日报　1977年6月23日
论词的起源　唐圭璋、潘君昭　南京师大学报　1978年01期　1978年4月
　　~词学研究论文集(1949—1979)　华东师范大学中文系古典文学研究室编　上海:上海古籍出版社　1982年3月
词学探源　魏广霖　弘光护专学报　6期　1978年6月
词曲之起源　彭国栋　明道文艺　28期　1978年7月
略谈词的起源　赵知人　大华晚报　1978年9月17日
略论词的起源、发展、体制、特色　〔日〕田森襄著,洪顺隆译　文艺复兴　113期　1980年6月
词的起源和词体形成　潘天宁　郑州师专学报　1981年01期
词体起源之多元性　张梦机　庆祝阳新成楚望先生七秩诞辰论文集　台北:文史哲出版社　1981年2月
唐宋曲子渐兴于隋说　徐信义　庆祝阳新成楚望先生七秩诞辰论文集　台北:文史哲出版社　1981年2月
论敦煌歌辞与词的源流　吴肃森　社会科学　1981年04期　1981年8月
　　~1983年全国敦煌学术讨论会论文集　文史·遗书(下)　兰州:甘肃人民出版社　1987年3月
隋唐燕乐对词体形成之影响　张梦机　中国学术年刊　4期　1982年6月
词当起于中唐　高梦林　辽宁教育学院学报　1983年01期
从诗与乐的相互关系看词体的起源与形成　周圣伟　华东师大学报　1984年01期　1984年2月
　　~词学论稿　华东师范大学中文系古代文学研究室编　上海:华东师范大学出版社　1986年9月
　　~华东师范大学文学研究年鉴1986　华东师范大学文学研究所编　上海:华东师范大学出版社　1990年2月
　　~中国古典诗文论集　周圣伟　上海:上海古籍出版社　2012年11月
词体产生之音乐背景　张梦机　"中央大学"文学院院刊　2期　1984年6月
略论燕乐的兴起与词的起源　黄进德　扬州师院学报　1989年03期　1984年9月
论词之起源　叶嘉莹　中国社会科学　1984年06期　1984年11月

~灵谿词说　缪钺、叶嘉莹　上海：上海古籍出版社　1987年11月
　　~灵谿词说　叶嘉莹　台北：国文天地杂志社　1989年12月
　　~唐宋词名家论集　台北：桂冠图书股份有限公司　2000年2月
从诗与乐的关系谈到词的产生　邱鸣皋　中国韵文学会成立大会学术论文　1984年11月
论词的起源　孙其芳　甘肃教育学院学报　1985年01期
词体兴起的因素　王熙元　文艺复兴　159期　1985年1月
　　~古典文学散论　王熙元　台北：台湾学生书局　1987年3月
敦煌词词调词体源流考（上）　孙其芳　甘肃教育学院学报　1986年02期
词产生于什么时候？是怎样形成的？　周圣伟　古典文学三百题　上海：上海古籍出版社　1986年12月
敦煌词词调词体源流考（下）　孙其芳　甘肃教育学院学报　1987年01期
词源三考　蘋芙　中国韵文学刊　创刊号　1987年6月
词的起源及其他　王昆吾（王小盾）　中国韵文学刊　创刊号　1987年6月
词源流考　〔日〕村上哲见　唐五代北宋词研究　〔日〕村上哲见著，杨铁婴译　西安：陕西人民出版社　1987年8月
　　~宋词研究　〔日〕村上哲见著，杨铁婴、金育理、邵毅平译　上海：上海古籍出版社　2012年4月
词源之我见　熊熊　孝感师专学报　1988年01期
词源六说批判　赵曼初　吉首大学学报　1988年03期　1988年9月
词的起源　涂景一　内蒙古电大学刊　1988年12期　1988年12月
略谈词的起源与产生时代　詹亚园　淮北煤师院学报　1988年04期　1988年12月
敦煌曲子词与唐人词论略——兼谈词的产生　章士严　古今谈　1989年03期
词的意义和起源及其变化　郭天沅　中国文化月刊　120期　1989年10月
略论词产生的内部原因　夏连保　晋阳学刊　1989年06期　1989年12月
论敦煌佛曲与词的起源　吴肃森　敦煌学辑刊　1989年02期　1989年12月

~浙江与敦煌学:常书鸿先生诞辰一百周年纪念文集　张涌泉等编　杭州:浙江古籍出版社　2004年12月
关于燕乐的商榷——兼及词之起源　李伯敬　学术月刊　1990年02期　1990年3月
词的起源问题:兼论唐朝五代词的地位与如何赏析　潘慎　太原师专学报　1990年03期
词是在曲子的基础上产生的　夏连保　新华文摘　1990年03期
关于词的起源　张晶　文史知识　1990年09期　1990年9月
"词起源于民间"说质疑　李伯敬　文学评论　1990年06期　1990年12月
词的起源问题研究综述　章尚正　文史知识　1991年01期　1991年1月
词源概说　赵福坛　广西师院学报　1991年03期
词源新谭　〔美〕孙康宜著,李奭学译　中外文学　19卷10期　1991年3月
词的源流新探　毛雨先　江西教育学院学报　1991年01期　1991年4月
词的产生与诗乐舞的重新结合　涂公遂　艾庐文史论述　台北:文史哲出版社　1991年8月
也谈词的起源　龙双林　辞书研究　1992年04期　1992年8月
"词起源于民间"说的重新审视与界说　刘尊明　文学评论　1993年01期　1993年3月
燕乐界定说的困惑:关于词体起源问题的再思考　徐英　暨南学报　1993年01期　1993年4月
"词"之为"词"在其律:关于律词起源的讨论　洛地　文学评论　1994年02期　1994年3月
论歌妓在词体形成中的作用　李剑亮　学术论坛　1995年02期　1995年3月
词起源于民间再阐释　刘尊明　中国韵文学刊　1995年01期　1995年6月
从词体形成的条件看词的起源　王小盾　扬州师院学报　1995年03期　1995年9月
　　~从敦煌学到域外汉文学　王昆吾(王小盾)　北京:商务印书馆　2003年3月

再论词的起源　吴肃森　理论导刊　1995年11期　1995年11月
论中唐文人词源于声诗　孙维城　安庆师院社会科学学报　1996年01期　1996年2月
隋唐"燕乐"与"词"的关系　周延良　文艺研究　1996年02期　1996年3月
词的本质特征与词的起源——词学研究两个基本理论问题的阐释　刘尊明、王兆鹏　文学评论　1996年05期　1996年9月
论宗教与词体的兴起　陶尔夫　说诗说稗　陶尔夫、刘敬圻　哈尔滨:黑龙江教育出版社　1997年8月
　　~佳木斯大学社会科学学报　1998年02期　1998年4月
　　~想像力的世界——二十世纪"道教与古代文学"论丛　吴光正、郑红翠、胡元翎主编　哈尔滨:黑龙江人民出版社　2006年6月
诗乐离合与词体确立　汪聚应　天水师专学报　1997年12期　1997年12月
　　~(编按:有改写)　陕西师范大学学报　2000年04期　2000年12月
词的产生及早期的词论　段晓华、龚岚　晋阳学刊　1998年02期　1998年3月
也谈词的产生与成熟　王勇　青海师范大学学报　1998年02期　1998年5月
试析尊体观念对词源理论的影响　蔡仁燕　中山大学研究生学刊　1998年02期　1998年6月
当代关于词之起源研究综述　罗艳婷　徐州教育学院学报　1999年01期　1999年2月
词的起源面面观　刘尊明　文史知识　1999年03期　1999年3月
词体起源新论　许伯卿　淮阴师范学院学报　2000年05期　2000年10月
论词体生成与诗乐结合的文化传统　汪聚应　兰州大学学报　2001年02期　2001年4月
　　~中国音乐文学文献研究(下)　邢慧玲主编　呼和浩特:远方出版社　2005年8月
词体的产生——《词学札记》之一　倪雅男　黔西南民族师专学报　2001年03期　2001年9月
燕乐声乐化与词体的产生　刘崇德、徐文武　中国诗歌与音乐关系研究——第一届与第二届"中国诗歌与音乐关系"学术研讨会论文集　2002

年4月

　　~文学前沿　9辑　2004年12月

隋唐燕乐小曲考论——关于词体发生方式的研究　岳珍　中国诗歌与音乐关系研究——第一届与第二届"中国诗歌与音乐关系"学术研讨会论文集　2002年4月

　　~文学前沿　9辑　2004年12月

　　~音乐与文献论集　岳珍　武汉：华中科技大学出版社　2010年4月

词起源于什么时候？　耿百鸣　章回小说　2003年06期　2003年6月

唐末曲子词文学的成立　〔日〕冈村繁、张寅彭　词学　14辑　2003年8月

华乐、胡乐与词：词体发生再论　李昌集　文学遗产　2003年06期　2003年11月

词起源于中唐诗客论——兼论中国文学史上的第一个词派　王辉斌　贵州社会科学　2003年06期　2003年11月

论隋唐燕乐促成词体兴起之积极性　林宛瑜　人文及社会学科教学通讯　14卷6期　2004年4月

关于"词起源于隋唐燕乐"的再思考——与李昌集先生商榷　岳珍　文学遗产　2004年05期　2004年9月

　　~音乐与文献论集　岳珍　武汉：华中科技大学出版社　2010年4月

词的起源：一个凝重的文化命题　周桂峰　新疆大学学报　2005年01期　2005年1月

"词体发生于民间"与"词起源于隋唐燕乐"——答岳珍学友商榷文　李昌集　徐州师范大学学报　2005年03期　2005年6月

　　~云龙学术　杨亦鸣主编　徐州：中国矿业大学出版社　2006年10月

从隋唐五代燕乐与曲子词、声诗的关系论词的起源　梁旭艳　西安文理学院学报　2006年02期　2006年4月

词之起源：一个千年学案的当代反思　李昌集　文学评论　2006年03期　2006年5月

试论词体的起源及特征　田苗　乐山师范学院学报　2006年06期　2006年6月

词调来源考　赵瑾　开封大学学报　2006年03期　2006年9月

论燕乐的滋兴与词体的诞生　杨庆存　宋代文学论稿　上海：复旦大学出版社　2007年3月

燕乐与词关系新论——与岳珍女士商榷　郑家治　西华大学学报　2007

年 02 期　2007 年 4 月
论盛唐声诗和绝句为唐曲词发生的前夜　木斋　新疆大学学报　2008 年 04 期　2008 年 7 月
"隋唐燕乐"的不同系统与词的起源　成松柳、陈江雄　长沙理工大学学报　2008 年 03 期　2008 年 9 月
略论词产生于盛唐宫廷——关于词的起源、界说和发生　木斋、宋娟　学习与探索　2008 年 05 期　2008 年 9 月
文学、音乐的辩证发展与词体的生成　邓乔彬、王晓东　文艺理论研究 2008 年 06 期　2008 年 11 月
　　~ 邓乔彬学术文集·第 7 卷·词学论文集　邓乔彬　合肥：安徽师范大学出版社　2013 年 8 月
论李白词为词体发生的标志　木斋　中州学刊　2009 年 01 期　2009 年 1 月
论曲江宴等宴饮活动在词的起源中的作用　吉星　长春工程学院学报 2009 年 04 期　2009 年 12 月
论江南清乐及乐府诗的属性及与曲词发生的起源关系　木斋、焦宝　求是学刊　2010 年 06 期　2010 年 11 月
从唐代酒令探讨词之起源　张高鑫　剑南文学（经典教苑）　2011 年 03 期　2011 年 3 月
中国古典词源"倚声"论的承传　胡建次、汪素琴　兰州学刊　2011 年 05 期　2011 年 5 月
词乃乐府的"格"、"律"化——词体生成问题新论　曹辛华　江海学刊 2011 年 04 期　2011 年 7 月
"词的起源"新论　李飞跃　北京大学学报　2011 年 05 期　2011 年 9 月
论唐代乐舞制度变革与曲词起源　木斋　文学评论　2011 年 05 期　2011 年 9 月
综论词的起源（上）　王伟勇、薛乃文　中国韵文学刊　2012 年 03 期 2012 年 7 月
综论词的起源（下）　王伟勇、薛乃文　中国韵文学刊　2012 年 04 期 2012 年 10 月
对词体起源"宫廷说"的一点思考　胡元翎、宋学达　山西大学学报 2013 年 01 期　2013 年 1 月
论清商乐对五言诗及词体起源的两大促动　王立　学习与探索　2013 年 06 期　2013 年 6 月

2. 文体沿革

入声演化和词曲发达的关系　唐钺　东方杂志　23卷1号　1926年1月
词的起源和发展　方欣庵　一般　3卷3号　1927年11月
词体之演进　龙沐勋(龙榆生)　词学季刊　1卷1号　1933年4月
　~中国文学史论文精选　台北:学海出版社　1984年9月
　~词学研究论文集(1919—1949)　华东师范大学中文系古典文学研究室编　上海:上海古籍出版社　1988年3月
　~龙榆生词学论文集　上海:上海古籍出版社　1997年7月
　~20世纪中国文学研究论文选·隋唐五代卷　吴相洲选编　北京:社会科学文献出版社　2010年1月
北宋词论　张尊五　无锡国专季刊　1933年01期　1933年5月
由诗到词发展的径路　陈子展　读书杂志　3卷7期　1933年7月
词之矩律　林大椿　出版周刊　112号　1935年1月
　~词学论荟　台北:五南图书出版公司　1989年7月
词是怎样发生和发展　卢冀野　文学百题　上海:生活书店　1935年7月
北宋词体的转变及其派别　李炳掺　文史丛刊(安徽大学)　1卷1期　1935年7月
词的发展　李素　民族　3卷9、10期　1935年9、10月
词的演变和派别　刘缉熙　新东方杂志　1卷8期　1940年9月
词的起源与演变　曾今可　台湾新生报　1948年2月26日
词　王瑶　文艺学习　1954年9期　1954年12月
　~中国诗歌发展讲话　王瑶　北京:中国青年出版社　1982年6月
　~王瑶全集　卷2　石家庄:河北教育出版社　2000年1月
宋词发展的几个阶段　龙榆生　新建设　1957年08期
　~龙榆生词学论文集　上海:上海古籍出版社　1997年7月
从敦煌曲子词和《花间集》谈词的发展　宛敏灏　语文教学　1957年09期　1957年9月
柳永和慢词　丰嘉化、刘芝中　光明日报　1958年1月19日
由诗到词的演变　尚逴斋　建设　7卷12期　1959年5月
论"词合流于诗"的问题——与夏承焘先生商榷　黄墨谷　光明日报　1959年10月25日
词的盛衰与音乐的关系　锡珍　"中央日报"　1959年12月29日

词题与词的演进　何敬群　文史学报(香港珠海书院)　1 期　1964 年 7 月
词由代言体至立言体之转变　张文荣　新亚书院中国文学系年刊　1965 年 3 月
词学丛话(3):词的演变　丁可　现代国家　27、28、34、36、38、40、51、52、53 期　1967 年 4、5、11 月,1968 年 1、3、5 月,1969 年 4、5、6 月
论词的起源及其演进　张行源　新亚书院中国文学系年刊　1968 年 6 月
论词衰于明曲衰于清　郑骞　景午丛编(上编)　台北:台湾中华书局　1972 年 1 月
关于唐曲子问题商榷　任二北　文学遗产　1980 年 02 期　1980 年 9 月
唐代的音乐与曲子词(上)　阴法鲁　词刊　1982 年 02 期
唐代的音乐与曲子词(下)　阴法鲁　词刊　1982 年 03 期
诗词曲的递嬗与发展(中):词的兴起与发展　吴宏一、吕正惠　新文艺　316 期　1982 年 7 月
　~中国文学的发展概述　台北:文物供应社　1982 年 9 月
苏轼以诗为词促成词体革命　朱靖华　东坡词论丛　成都:四川人民出版社　1982 年 9 月
词的诗化——宋词蓬勃发展的一项重要因素　徐信义　古典文学　4 期　1982 年 12 月
中国词体的演变——从晚唐到北宋　阎华　文学研究动态　1983 年 11 期
长短句合乐歌词的产生与发展　施议对　陕西师大学报　1986 年 02 期　1986 年 7 月
结构的优势是宋词兴盛的一个内因　陈一舟　文学遗产　1987 年 02 期　1987 年 4 月
略论词的发展与流变　肖世杰　湖北教育学院学报　1987 年 02 期　1987 年 6 月
词的起源与发展　吴文蔚　民主宪政　60 卷 1 期　1988 年 5 月
论唐宋词体式的发展　金志仁　东北师大学报　1988 年 06 期　1988 年 12 月
论词曲递兴及其雅俗分流　张惠民　汕头大学学报　1988 年 04 期　1988 年 12 月
从温庭筠到柳永——诗乐矛盾在唐宋词历史进程中的第一次折变　周圣伟　词学　7 辑　1989 年 2 月
　~中国古典诗文论集　周圣伟　上海:上海古籍出版社　2012 年 11 月

浅论词的文学形体的渊源及发展　张高宽　社会科学辑刊　1989年06期　1989年12月
论诗词形式的承袭与嬗变　徐应佩、周溶泉　阴山学刊　1990年02期　1990年7月
论词体演进的两度轮回　刘学忠　阜阳师范学院学报　1990年04期　1990年12月
千年诗歌大合唱——谈建安诗至元曲中国诗歌发展的轨迹　金启华　盐城师专学报　1991年01期　1991年4月
唐宋元小令流变论　陈绪万　人文杂志　1992年02期　1992年4月
"词家三李"对词体发展的贡献　胡元坎　宁德师专学报　1992年03期　1992年6月
从词到曲——论金词的过渡型特征及道教词人的贡献　赵山林　山东师大学报　1992年03期　1992年6月
　　~改题:从词到曲——论金词人的贡献　赵山林　诗词曲论稿　北京:中华书局　2006年12月
"词别是一家"说兼论格律派及其咏物词　刘澍声　汉中师院学报　1992年02期　1992年7月
从乐府诗到曲子词　郑临川　四川师范学院学报　1992年04期　1992年8月
简论格律词之源与流　马传纲　赣南师范学院学报　1992年04期　1992年12月
宋代曲子兴衰思辨　朱敬修　中国音乐　1992年04期　1992年12月
　　~宋元音乐文学研究　修海林、孙克强、赵为民主编　开封:河南大学出版社　2004年12月
从篇制句式看唐五代词体式之演进　詹亚园　淮北煤师院学报　1993年02期　1993年7月
从句法、韵型看唐五代词之体式演进　詹亚园　淮北煤师院学报　1993年03期　1993年10月
词体出现与发展的诗史意义　罗漫　襄阳师专学报　1995年01期　1995年2月
　　~中国社会科学　1995年05期　1995年9月
　　~不惑集:中央民族大学文学与新闻传播学院四十周年论文选　白薇、傅承洲主编　北京:民族出版社　2004年11月
词发展史上的"复归"与升华　严安正　唐都学刊　1995年01期　1995

年2月
论宋词衰落的原因　龙建国、黄曼玲　信阳师范学院学报　1995年02期　1995年4月
从边缘到中心——词、曲、小说的文体变迁与知识分子话语转型　张荣翼　中国社会科学　1996年02期　1996年3月
唱和与词体的兴衰　黄文吉　彰化师范大学国文系集刊　1期　1996年6月
浅谈词与燕乐的亲缘关系　谢剑飞　三明师专学报　1996年03期　1996年8月
中国的歌词诗　王学仲　齐鲁学刊　1997年02期　1997年3月
长调词的勃兴　王勇　东方论坛　1997年03期　1997年9月
文人词从兴起到词体的成熟　莫秀英　贵州大学学报　1998年02期　1998年3月
诗化:近代词衰微的基本原因　陈铭　浙江学刊　1999年01期　1999年1月
　～中国语言文学资料信息　1999年02期　1999年4月(编按:仅为摘要。)
从词的艺术特征看辛弃疾的"词界革新"　车永强、蓝小瑶　海南师院学报　1999年02期　1999年6月
诗之余与词之变——中国诗歌演进轨迹　施议对　澳门日报　1999年10月31日、11月14日、11月28日、12月12日、12月26日、2000年1月9日
词的形式嬗变与词的鼎盛　徐乃为　南通师范学院学报　2000年02期　2000年4月
词的产生、发展与嬗变　李西玲、孙娟　西部论坛　2001年01期
论元词衰落的音乐背景　陶然　文学遗产　2001年01期　2001年1月
明代永乐词坛三体论　张仲谋　泰安师专学报　2001年01期　2001年2月
类诗与类曲:论词体特征在金元时期的嬗变　赵维江　阴山学刊　2001年02期　2001年4月
　～宋代文学研究年鉴2000～2001　刘扬忠、王兆鹏、刘尊明主编　武汉:武汉出版社　2002年10月
诗、词、曲之分途　廖奔　河北学刊　2001年02期　2001年5月
南北文化融合与词体的确立　赵山林　华东师范大学学报　2001年04期　2001年7月

~诗词曲论稿　赵山林　北京:中华书局　2006年12月
金元词曲演变与音乐的关系　赵山林　中国诗歌与音乐关系研究——第一届与第二届"中国诗歌与音乐关系"学术研讨会论文集　2002年4月
　　~社会科学战线　2002年05期　2002年9月
　　~诗词曲论稿　赵山林　北京:中华书局　2006年12月
论柳、周、姜、吴四家词法及其特色——从词体之发展与嬗变的角度切入　黄雅莉　中国学术年刊　23期　2002年6月
两宋词创调四大家论略　金志仁　南通师范学院学报　2002年03期　2002年8月
从曲子词到格律诗——唐宋词体演进的历史轨迹　高峰　南阳师范学院学报　2003年02期　2003年2月
论唐宋词体的类层和演进　木斋　天中学刊　2003年03期　2003年6月
宋代歌妓繁盛对词体之影响　黄文吉　黄文吉词学论集　台北:台湾学生书局　2003年11月
试论北宋慢词的演变轨迹　岳淑珍　河南社会科学　2003年06期　2003年12月
敦煌曲子词在词史上的意义　汤椿　唐都学刊　2004年03期　2004年6月
略论敦煌曲子词的文学史意义　周虹　长春师范学院学报　2004年09期　2004年9月
从隐括修辞看宋词与诗合流的文体演变轨迹　孙虹　福建师范大学学报　2004年05期　2004年11月
从诗词的离合看唐宋词的演进　王兆鹏　中国社会科学　2005年01期　2005年1月
　　~唐宋诗词考论　王兆鹏　北京:中国社会科学出版社　2013年6月
从《香奁》到《花间》——晚唐五代词体文学发展演变的艺术轨迹　王小兰　甘肃社会科学　2005年01期　2005年2月
倚声与倚声之学——关于文体因革以及科目创置问题　施议对　词学　16辑　2006年1月
乐变与词变——以《渔父》等三支曲调为例谈词体演进轨迹　董希平　文艺学的开拓空间　张晶、杜寒风主编　北京:中国传媒大学出版社　2006年1月
试论温庭筠的乐府歌诗与诗词体式过渡　沈文凡、李博昊　长春大学学报

2006年03期　2006年3月

诗界革命:词体的"缺席"　张宏生　南京大学学报　2006年02期　2006年3月

　～改题:诗界革命:词体的"缺席"与"在场"　清词探微　张宏生　上海:上海古籍出版社　2008年5月

由中晚唐诗词关系看曲子词的演变轨迹　李定广　新国学研究　4卷　2006年7月

依"调"填词与词体的完型化　黄静　广西教育学院学报　2007年02期　2007年3月

对"曲化"与"明词衰弊"因果链的重新思考　胡元翎　中国韵文学刊　2007年01期　2007年3月

明代中后期"花间"词统建构与词体　余意　中国雅俗文学研究　1辑　朱栋霖、范培松主编　上海:上海三联书店　2007年7月

因乐而兴,因乐而衰——论宋词兴衰的内在原因　骆新泉　徐州工程学院学报　2007年09期　2007年9月

唐五代诗体背景下词体的形成与发展　王伟　南京社会科学　2008年04期　2008年4月

试论唐五代联章词的创制以及叙事性　刘姣　安徽文学(下半月)　2008年05期　2008年5月

从"倚声"论唐宋词体之形成与初步发展　邓乔彬、周韬　上海大学学报　2008年04期　2008年7月

从曲子词到独立新诗——词、乐关系之变化对词体演进的影响　宋秋敏　甘肃联合大学学报　2008年05期　2008年9月

诗词关系与唐五代词的发展　黄静　文教资料　2008年30期　2008年10月

"词曲递变"初探——兼析"唐曲暗线说"和"唐宋词乐主体说"　王昊　吉林大学社会科学学报　2009年03期　2009年5月

　～中国韵文学刊　2009年02期　2009年6月

　～词学　22辑　2009年12月

词调、词题和词序——论词成为独立的韵文体制的发展过程　段红伟　牡丹江大学学报　2009年06期　2009年6月

词文体的演进和新诗形的诞生　宋湘绮　船山学刊　2009年03期　2009年7月

唐代音乐制度与文学的关系　左汉林　文学评论　2010年03期　2010

年 5 月
明代礼乐制度与乐章体词曲　叶晔　浙江大学学报　2010 年 05 期　2010 年 9 月
论盛唐的音乐变革和乐舞制度变革对曲词发生的影响(外两篇)　木斋　2010 年词学国际学术研讨会论文集　2010 年 10 月
论金词与元词的异质性——兼析"词衰于元"传统命题　王昊　文学遗产 2011 年 02 期　2011 年 3 月
宋代词人贬谪与词体"诗化"　张英　文艺评论　2011 年 04 期　2011 年 4 月
艺术中的古词:诗词之辩——从苏轼词艺中的古诗传统及苏诗、苏词的分野中把握唐宋之际的文体演变　李侠　剑南文学(下半月)　2011 年 5 月
论词体的徒诗化进程　钱志熙　词学　25 辑　2011 年 6 月
曲子词盛于宋代的文学史意义　沈家庄　词学　25 辑　2011 年 6 月
明代诗词关系与词体演进　宋瑞芳　广播电视大学学报　2011 年 02 期 2011 年 6 月
宋代书会与词体的发展　龙建国　文学遗产　2011 年 04 期　2011 年 7 月
论中唐文人词体制的确立　徐拥军　海南师范大学学报　2011 年 05 期 2011 年 9 月
从"自是一家"到"别是一家"　赵婷婷　文教资料　2011 年 36 期　2011 年 12 月
词的兴起与成熟　李颖利　山西煤炭管理干部学院学报　2012 年 01 期 2012 年 2 月
《花间集》的编辑传播与新词体的建构　李飞跃　中州学刊　2012 年 03 期　2012 年 5 月
从胡适《词选》看民初词体革新的新诗化倾向　刘兴晖　中南大学学报 2012 年 03 期　2012 年 6 月
关于"词曲递变"研究的几个问题　李昌集　吉林大学学报　2012 年 06 期　2012 年 11 月
唐五代时期的词体演进与词体定型　宋秋敏　古典文学知识　2013 年 01 期　2013 年 1 月
从音乐附庸到独立新诗——论词乐分离于南宋文人词　宋秋敏　玉林师范学院学报　2013 年 03 期　2013 年 6 月
论清词中兴与词体文人化进程的重启与完成　张亭立　词学　29 辑

2013年6月

宋词诗化论　刘华民　常熟理工学院学报　2013年05期　2013年9月

论唐宋词三次尊体运动　木斋、祖秋阳　词学　30辑　2013年12月

唐宋词与燕乐的兴衰　于杰　语文建设　2013年35期　2013年12月

二、体制论

【著作】

词学常识　徐敬修编著　上海:大东书局　1925年4月　116页　国学常识

　　提要;第一章　总说;第二章　历代词学之变迁;第三章　研究词学之方法

◎收入《国学常识》　徐敬修　扬州:江苏广陵书社　2009年5月　民国丛书

长短句　郑宾于　北京:海音书局　1926年8月　120页　海音丛书

　　序(潘梓年);刊印单篇长短句自序;正文

词曲通义　任中敏编　上海:商务印书馆　1931年2月　60页

　　一、大意;二、源流;三、体制;四、牌调;五、音谱;六、意境;七、性质;八、派别;九、余意;十、选例

◎香港:商务印书馆　1964年3月　60页

◎北京:中国图书馆学会高校分会委托中献拓方电子制印公司复印　2009年　60页

词曲史　王易　上海:神州国光社　1931年11月　530页

　　序(周岸登);例言;导言;明义第一;溯源第二;具体第三;衍流第四;析派第五;构律第六;启变第七;入病第八;振衰第九;测运第十;后序

◎上海:中国文化服务社　1948年11月　530页

◎台北:广文书局　1960年

◎台北:洪氏出版社　1981年1月　530页

◎北京:东方出版社　1996年　451页　民国学术经典文库　文学史类丛

◎南京:江苏教育出版社　2005年8月　326页　国学书库·文史类丛

◎南京:江苏文艺出版社　2008年9月　332页　北斗丛书

◎长沙:岳麓书社　2011年8月　379页　民国学术文化名著

◎改题:王易中国词曲史　长春:吉林人民出版社　2013年3月　367页　中国学术文化名著文库

　　○王易的《词曲史》(正文标题作:词曲史)　雨渊　文学　2卷6号　1934年6月

词学　梁启勋　北京:京城印书局　1932年　238页

　　例言;上编　一、总论;二、词之起源;三、调名;四、小令与长调;五、断句;六、平仄;七、发音;八、换头煞尾;九、慢近引犯;十、暗韵;十一、衬音;十二、宫调;下编(略)

◎北京:中国书店　1985年3月　238页

词学通论　吴梅　上海:商务印书馆　1933年12月　185页　国学小丛书

　　第一章　绪论;第二章　论平仄四声;第三章　论韵;第四章　论音律;第五章　作法;第六章　概论一　唐五代;第七章　概论二　两宋;第八章　概论三　金元;第九章　概论四　明清

◎上海:商务印书馆　1933年12月　万有文库
◎上海:商务印书馆　1947年2月　180页　新中学文库
◎台北:台湾商务印书馆　1988年4月
◎收入《民国丛书》第五编　上海:上海书店　1989年
◎上海:上海古籍出版社　2006年3月　131页　世纪文库丛书
◎南京:江苏文艺出版社　2008年4月　159页　北斗丛书
◎收入《吴梅词曲论著集》　解玉峰编　南京:南京大学出版社　2008年10月　南雍学术经典
◎上海:上海古籍出版社　2010年7月　191页　"词"系列丛书

　　○吴梅与《词学通论》　周远斌　光明日报　2008年2月4日

词曲　蒋伯潜、蒋祖怡　上海:世界书局　1941年12月　242页　国学自学辅导丛书·第二辑

　　自序;第一章　词曲的艺文价值与名称的商榷;第二章　唐宋乐制的复杂与词的起来;第三章　宋代大曲队舞和北曲的关系;第四章　南北曲的渊源;第五章　所谓"散曲";第六章　南戏北曲之比较;第七章　从格律形式文字上来辨别诗词的不同;第八章　词曲风格音律上的差异;第九章　题目与调名;第十章　长调中调小令及其他;第十一章　词韵和曲韵;第十二章　词的初轫时期;第十三章　全盛时期的词坛概括;第十四章　元曲概括;第十五章　南戏之权威时期;第十六章　词的衰落时期之

名作者;第十七章 词的复兴;第十八章 填词与作曲;附录一:词话曲话与词曲集;附录二:双声叠韵与宫调

◎台北:中华书局 1960年 172页
◎上海:上海书店出版社 1997年5月 226页 古典文史基本知识丛书
　　增补:前言(钱伯城)

词与音乐　刘尧民　云南大学文史系　1946年　国立云南大学文史丛书
◎昆明:云南人民出版社 1982年8月 316页
　　词与音乐叙(罗庸);导言;词的名义;第一编:长短句之形成　第一章 诗歌之进化与词之产生;第二章 古诗与音乐的冲突;第三章 近体诗与音乐的接近;第四章 从绝句到词;第五章 绝句成为词的三种方式;第六章 绝句的基本音与装饰音;第七章 由声多词少的绝句成为词;第八章 由词多声少的绝句成为词;
　　第二编:词之旋律　第一章 声调与词;第二章 词的声律;第三章 词的声律与音乐;第四章 结论;
　　第三编:从以乐从诗到以诗从乐　第一章 以乐从诗的时代;第二章 以诗从乐的时代;第三章 诗歌与音乐关系的三个阶段;第四章 以诗从乐的进化性;第五章 以诗从乐的合理性;
　　第四编:燕乐与词　第一章 研究燕乐的两个目的;第二章 什么是燕乐;第三章 旧音乐的没落与新音乐的创造;第四章 燕乐的精华——法曲;第五章 新音乐的大众化;第六章 燕乐的律调与词;第七章 燕乐的情调与词;第八章 燕乐的形式与词;第九章 燕乐的乐器与词;后记(张文勋)

词调与大曲　梅应运　香港:新亚研究所　1961年10月　183页
　　引言;上篇　词体产生之背景;词体之酝酿及其形成;下篇　词调与唐宋大曲之关系;附录:唐宋律调异名表

读词常识　夏承焘、吴熊和　北京:中华书局　1962年11月　111页　知识丛书
　　插图;第一章 词的起源与特点;第二章 词的名称;第三章 词调;第四章 词与四声;第五章 词韵的分部与协法;第六章 词的分片与句式;第七章 词书
◎北京:中华书局 1981年4月第2版 84页 中国文学史知识丛书
◎北京:中华书局 2000年4月新1版 95页 诗词常识名家谈四种
◎北京:中华书局 2009年5月 223页 诗词常识名家谈

增补:附录一:谈有寄托的咏物词;附录二:填词怎样选调;附录三:词调与声情;附录四:词的转韵;附录五:宋词用典举例;附录六:说小令的结句;附录七:词韵约例

词学通论　王淑英　大中国图书公司　1963年12月(未见)

慢词考略　叶咏琍　台北:中国文化大学研究所　1973年　240页

自序;凡例;第一章 慢词声律之基础;第二章 慢词词牌考略;第三章 慢词规律;第四章 馀论:慢词作家;参考书目

词曲概论　龙榆生　上海:上海古籍出版社　1980年4月　181页

上编:论源流　第一章 词曲的特性和两者的差别;第二章 唐代民间词和诗人的尝试写作;第三章 令词在五代北宋间的发展;第四章 论唐宋大曲和转踏;第五章 慢曲盛行和柳永在歌词发展史上的地位;第六章 宋词的两股潮流;第七章 论诸宫调;第八章 论元人散曲;第九章 论元杂剧;第十章 论明清传奇;

下编:论法式　第一章 论平仄四声在词曲结构上的安排和作用;第二章 阴阳上去在北曲南曲中的搭配;第三章 韵位疏密与表情的关系;第四章 韵位的平仄转换与表情的关系;第五章 宋词长调的结构和声韵安排;第六章 论适用入声韵和上去声韵的长调

◎北京:北京出版社　2004年1月　263页　大家小书·第3辑

增补:钱鸿瑛序

词学新探　孙正刚　天津:天津人民出版社　1980年9月　135页

周序;一、简述;二、调与题;三、格律;四、散论;后记;寇跋;附录:新词韵

词律探原　张梦机　台北:文史哲出版社　1981年11月　426页　文史哲学集成

自序;第一章 中国诗乐关系略说;第二章 乐曲嬗变与词体之建立;第三章 词乐之音律与宫调;第四章 唐五代词考源及订律;结语;重要参考书目

读词常识　陈振寰　上海:上海古籍出版社　1982年12月　135页　中国古典文学基本知识丛书

一、什么是词;二、词的起源和流变;三、词的格律;四、词的语法特点;五、词的用典;六、词的章法举隅——开头、过片、结尾;七、词集、词话、词谱;结束语

◎台北:万卷楼图书公司　1990年3月　176页　中国古典文学基本知识丛书
◎改题:读词入门　上海古籍出版社　2004年5月　138页　古典文学知识入门

词学概说　吴丈蜀　北京:中华书局　1983年6月　135页
　　前言;第一章 词的起源;第二章 词的流派;第三章 词的分类和体裁;第四章 词的异名和有关词的专用语;第五章 词牌、词谱、词调;第六章 诗韵和词韵;第七章 诗律和词律;第八章 词在声律上的特殊要求;第九章 句式;第十章 词与诗的区别
◎北京:中华书局　2000年4月新1版　153页　诗词常识名家谈四种
◎北京:中华书局　2009年5月　228页　诗词常识名家谈
　　增补:附录一:声律发蒙;附录二:时古对类

词与音乐关系研究　施议对　北京:中国社会科学出版社　1985年7月　379页
　　绪论;上卷:唐宋合乐歌词概论　第一章 燕乐与填词;第二章 唐五代合乐歌词;第三章 北宋时期的乐曲歌词创作;第四章 南宋词合乐及词乐分离的趋势;
　　中卷:词与乐的关系　第五章 我国诗歌由先诗后乐到先乐后诗转变的三个阶段;第六章 燕乐的情调与词的特性;第七章 词的声律与燕乐的律调;第八章 词的乐曲形式;第九章 词与乐关系的发展变化;第十章 词与乐关系的发展变化对词的特性及词体演变的影响;
　　下卷:唐宋词合乐的评价问题　第十一章 唐宋词合乐的成就;第十二章 唐宋词合乐所产生的流弊;第十三章 驳音乐束缚论;第十四章 驳声律无用论;结束语;后记;引用书目
◎北京:中国社会科学出版社　1989年4月　384页　中国社会科学博士论文文库
◎北京:中华书局　2008年8月　344页
　　增补:施议对主要著作目录
　　○令人欣喜使人获益的力作——介绍《词与音乐关系研究》　端木遐龄　联合书讯　1986年1月15日
　　○我读《词与音乐关系研究》　赵丽雅　光明日报　1986年5月6日
　　○词的音乐印记——读《词与音乐关系研究》　薛俊安　泉州晚报　1987年12月17日

○词学宏观研究的一项新成果——施议对《词与音乐关系研究》简评　赵山林　中国社会科学院研究生院学报　1988年1月

○喜读《词与音乐关系研究》　周采泉　东坡赤壁诗词　1989年01期

唐宋词风格论　杨海明　上海：上海社会科学院出版社　1986年3月　270页

序言(唐圭璋)；引言；上编：唐宋词的"主体风格"及其变革　第一章 抒情的"狭深性"造就了词的"总体风格"；第二章 晚唐五代小令词——"总体风格"的形成阶段；第三章 "世运升降"——"总体风格"形成的"时代"原因；第四章 "南国情味"——"总体风格"形成的"地域"原因；第五章 "曲子词"——"总体风格"形成的文体原因；第六章 "虽小却好,虽好却小"——对晚唐五代词体现的"总体风格"的历史评价；第七章 柳永慢词——"主体风格"的第一次变态；第八章 周邦彦词——"主体风格"的第二次变态；第九章 南宋"雅词"——"主体风格"的第三次变态；第十章 "以诗为词"——对"主体风格"的变革；第十一章 "以文为词"——对"主体风格"的进一步变革；第十二章 不同风格之间的并存和交融

下编：杂论　第十三章 雅与俗；第十四章 刚与柔；第十五章 疏与密；第十六章 自然与雕琢；馀论

词学概论　宛敏灏　上海：上海古籍出版社　1987年7月　240页

第一章 词和词学；第二章 词的体制；第三章 词调的由来及其繁衍；第四章 词的章法；第五章 词的句法；第六章 关于音律；第七章 字声在词里的运用；第八章 词的协韵；第九章 谈词谱；第十章 谈词韵；第十一章 谈词话；第十二章 馀论

◎北京：中华书局　2009年5月　381页　诗词常识名家谈
　增补：校后记

词学名词释义　施蛰存　北京：中华书局　1988年6月　96页　文史知识文库

引言；一、词；二、雅词；三、长短句；四、近体乐府；五、寓声乐府；六、琴趣外篇；七、诗馀；八、令·引·近·慢；九、大词·小词；十、阕；十一、变·徧·遍·片·段·叠；十二、双·重头·双曳头；十三、换头·过片·么；十四、拍(一)(二)；十五、促拍；十六、减字·偷声；十七、摊破·添字；十八、转调；十九、遍·序·歌头·曲破·中腔；二十、犯；二十一、填腔·填词；二十二、自度曲·自制曲·自过

腔;二十三、领字(虚字·衬字);二十四、词题·词序;二十五、南词·南乐

词学综论 马兴荣 济南:齐鲁书社 1989年11月 238页 词学研究丛书

序(唐圭璋);上编 一 词的起源;二 词调;三 词的平仄、句式、对仗;四 词韵;下编 一 唐五代词;二 宋词;三 金元词;四 明清词;附录:词学简要书目;后记

○词学理论和词史的开拓性研究——《词学综论》读后札记 刘凌 湖州师专学报 1991年02期 1991年5月

词范 徐柚子 上海:华东师范大学出版社 1993年4月 431页

内容简介;序例;第一编:词论 第一章 词之源流;第二章 词之声调;第三章 词之句法;第四章 词之章法;第五章 词之意境;第六章 词之风格;第二编:词选;第三编:词律;第四编:词韵;可通之韵补正表;正韵辨证

词 王景琳、徐匋 北京:人民文学出版社 1994年7月 199页 中国古代文体丛书

引言;第一章 词的起源;第二章 词调;第三章 词的结构与句法;第四章 词的声韵格律;第五章 早期词的体式;第六章 小令的发展与完善;第七章 长调的兴盛;第八章 词体的革新;第九章 词体的僵滞与衰落

唐代酒令艺术:关于敦煌舞谱、早期文人词及其文化背景的研究 王昆吾(王小盾) 上海:东方出版中心 1995年1月 320页 东方学术丛书

引言;第一章 唐代酒令;第二章 唐代酒令的歌舞化;第三章 唐著辞;第四章 唐著辞的相关艺术品种和著辞格律的来源;第五章 下次据令和敦煌舞谱;第六章 下次据令的令格;第七章 下次据令舞的形成过程;第八章 唐代酒令艺术的文化背景;结语;附录:一、敦煌舞谱校释;二、唐著辞纪事;后记

○无意著辉煌——读王昆吾《唐代酒令艺术》 初国卿 中国图书评论 1996年02期 1996年2月

唐宋词体通论 苗菁 郑州:中州古籍出版社 1998年3月 221页 学人文库

上编:唐宋词的定位 第一章 唐宋词是一种音乐文学;第二章 唐宋

词是一种心绪文学;第三章 唐宋词是一种娱乐文学;
下编:唐宋词体的研究 第一章 论唐宋词的内容;第二章 论唐宋词的意境;第三章 论唐宋词的体制;第四章 论唐宋词的结构;第五章 论唐宋词的谋篇;第六章 论唐宋词的抒情方法;第七章 论唐宋词的语言;第八章 论唐宋词的流派;后记

诗词曲艺术通论 熊笃 郑州:中州古籍出版社 2000年7月(未见)
　○博通、集成、创新、致用——评熊笃《诗词曲艺术通论》 傅璇琮 中国图书评论 2002年07期 2002年8月
　○溯源条流 探骊得珠——评熊笃先生《诗词曲艺术通论》 尹富 重庆教育学院学报 2002年04期 2002年8月

诗词曲的体性之别与文体嬗变 杨有山 北京:中国文联出版社 2000年9月 240页
　前言;上编:总论 第一章 诗词曲本体特征之不同;第二章 诗词曲文体风格辨析;第三章 诗词曲语言特点的不同;第四章 诗词曲在赋比兴运用上的区别及对各自文体个性的影响;第五章 诗人、词人与曲家思想倾向、人生态度与艺术趣味的不同;第六章 诗词曲的互相渗透与影响;第七章 诗词曲文体嬗变的过程;第八章 诗词曲文体嬗变的原因;第九章 诗词曲的文体嬗变所体现的文学发展趋势;
　下编:分论 第十章 从咏物诗、咏物词、咏物曲的比较看诗词曲的不同文体特征;第十一章《四库全书总目》对诗词体性之别的认识;第十二章 试论欧阳修在确立词体上的贡献;第十三章 "苏辛词派"辨;第十四章 关汉卿是俗文学的一面旗帜;第十五章 试论元代散曲中表现的"离心"倾向;后记
　○文体辨异同 嬗变寻规律——简评《诗词曲的体性之别与文体嬗变》 罗家坤 信阳师范学院学报 2001年03期 2001年6月

宋词雅化的发展与嬗变:以柳、周、姜、吴为探究中心 黄雅莉 台北:文津出版社 2002年6月 630页 博士文库
　第一章 绪论;第二章 南、北宋雅词观的差异;第三章 柳、周、姜、吴四家词情感内涵雅化的嬗变;第四章 柳、周、姜、吴四家词法及思维模式的演变;第五章 柳、周、姜、吴四家词结构雅化的发展与嬗变;第六章 柳、周、姜、吴四家词风格雅化的承继与嬗变;第七章 结论;参考书目

词体构成 洛地 北京:中华书局 2009年10月 352页

前言;书中所使用的部分符号、字体的说明;上编　律句——句律;律句——句格;一字领——兼说词体句式无所谓"句法";韵断;换头与易尾;词调三类:令、破、慢——释"均(韵断)";

下编　"词"之为"词"在其律——关于律词起源的讨论;"和声"辨说;板·拍·眼——节奏一板拍一句乐;犯;律词之唱,"歌永言"的演化——将"词"视为"隋唐燕乐"的"音乐文学",是20世纪词学研究中的一个根本性大失误;后记

词体审美特征论　曹艳春　成都:巴蜀书社　2010年5月　330页
　　绪论;第一章　词情;第二章　词言;第三章　词笔;第四章　词境;结语

中国诗词形式理论　施文德　上海:同济大学出版社　2011年12月　406页
　　序言;第一章　诗的演变和种类;第二章　诗的要素;第三章　格律诗的形式化及其原则;第四章　词的演变和一般概念;第五章　词的要素;第六章　词的形式化;第七章　词谱的形式符号;附一:诗韵举要;附二:词韵举要;附三:词谱的形式符号目录备索;后记

南宋前期诗词之文体互渗研究　许芳红　北京:中国社会科学出版社　2012年10月　306页　淮上文丛
　　《淮上文丛》总序;绪论;第一章　宋代诗词互渗之现象论;第二章　南宋前期诗词互渗之题材论;第三章　南宋前期诗词互渗之艺术论;第四章　南宋前期诗词互渗之风格论;第五章　南宋前期诗词互渗之身份论;第六章　南宋前期诗词互渗之文化论;参考文献;致谢

　　○新思维、新视野、新收获——评许芳红先生的《南宋前期诗词之文体互渗研究》　李征宇　淮阴师范学院学报　2012年06期　2012年11月

　　○诗词关系的全景探析——评许芳红著《南宋前期诗词之文体互渗研究》　朱光立　绍兴文理学院学报　2014年01期　2014年1月

【学位论文】

词与音乐关系研究　施议对　中国社会科学院　1988年　博士论文
诗学背景下词体特征的确立——中晚唐五代诗歌和同时期文人词关系研究　高翀骅　华东师范大学　2006年　博士论文
"流行歌曲"视角下的唐宋词　宋秋敏　苏州大学　2008年　博士论文
两宋联章词研究　郑淑玲　中国文化大学　2012年　博士论文

唐宋词体论要　李飞跃　北京大学　2012 年　博士论文

慢词考略　叶咏琍　中国文化学院中国文学研究所　1964 年　硕士论文
唐宋俚词叙论　赵成林　湘潭大学　2002 年　硕士论文
唐五代词调词体研究　王昕　天津师范大学　2003 年　硕士论文
宋词在形式上的突破与发展　谭海燕　新疆师范大学　2004 年　硕士论文
唐五代慢词研究　李晓云　首都师范大学　2004 年　硕士论文
词体结构层次研究　尹祚鹏　山东师范大学　2007 年　硕士论文
论唐五代词与南方音乐的关系　黄贤忠　西南大学　2010 年　硕士论文
词的解构　伍三土　扬州大学　2010 年　硕士论文
从敦煌词牌的流传论词之别体　赵蕊蕊　东北师范大学　2011 年　硕士论文
词调"又一体"结构研究——以《九宫大成南北词宫谱》、《碎金词谱》为例　代媛媛　中央音乐学院　2011 年　硕士论文
论唐宋时期词体婉约本色的建构　林怡劭　政治大学　2012 年　硕士论文
两宋檃括词研究　李颖　鲁东大学　2012 年　硕士论文
词曲异同论——以同曲牌的散曲与宋词作品为例　师歌　首都师范大学　2012 年　硕士论文
苏轼杂体词研究　夏小凤　广西师范大学　2012 年　硕士论文
跨界书写:蒋士铨《铜弦词》对词之文化、赋化与曲化的继承与新创　萧琬茹　中兴大学　2013 年　硕士论文
明代戏曲中的词作研究　龚宗杰　浙江大学　2013 年　硕士论文

【单篇论文】

1. 辨体：总论

词的界说　周辨明　科学　8 卷 4 期　1923 年 4 月
词与曲之区别　吴梅　国学研究会演讲录　第 1 集　东南大学、南京高师国学研究会编　上海:商务印书馆　1923 年 8 月
　～吴梅词曲论著集　解玉峰编　南京:南京大学出版社　2008 年 10 月
宋词体制略考　王敦化　国学丛刊(齐鲁大学)　1 集　1929 年 6 月
词曲合并研究　任二北　新民半月刊　1929 年 02 期　1929 年 8 月
词曲合并研究(续上期)　任二北　新民半月刊　1929 年 03 期　1929 年

8月

词曲合并研究概论　任二北　清华周刊　32卷8期　1929年12月
词曲合并研究概论(续)　任二北　清华周刊　32卷9期　1929年12月
词曲合并研究概论(续)　任二北　清华周刊　32卷10期　1929年12月
原词　张君达　国专学生自治会季刊　1期　1930年12月
宋代的歌词　朱谦之　现代史学　1卷2期　1933年2月
词比(字句第一)　陈锐　词学季刊　1卷1号　1933年4月
词通(论字)　失名(徐棨)　词学季刊　1卷1号　1933年4月
词比(韵协、律调)　陈锐　词学季刊　1卷2号　1933年8月
词通(论韵)　失名(徐棨)　词学季刊　1卷2号　1933年8月
词通(论律)　失名(徐棨)　词学季刊　1卷3号　1933年12月
词通(论格、论名、论谱)　失名(徐棨)　词学季刊　1卷4号　1934年4月
词曲文辨　卢前　词学季刊　1卷2号　1933年8月
　～酒边集　卢前　上海:上海会文堂新记书局　1934年6月
　～卢前文史论稿·酒边集　卢前　北京:中华书局　2006年4月
略谈词曲异同　痴恒毅　1卷1期　1940年
词曲同异浅说　俞平伯　华北作家月报　1943年6月
　～论诗词曲杂著　俞平伯　上海:上海古籍出版社　1983年10月
词和曲的界限(附表)　王玉章　文史杂志　4卷11、12期　1944年12月
北曲小令与词的分野　隋树森　中央日报·俗文学周刊　52期　1948年1月30日
　～元人散曲论丛　隋树森　济南:齐鲁书社　1986年11月
　～词曲研究　王小盾、杨栋　武汉:湖北教育出版社　2004年1月
词曲异同的分析　王季思　国文月刊　70期　1948年8月
论词的特性和词诗的分界　怀玖　文艺复兴·文学研究号　1948年9月
词与诗曲　张友仁　国文月刊　77期　1949年3月
论词曲的规律　郑骞　公论报　1954年8月15日
"诗"、"赋"、"词"体裁上的区别　疑霜　语文学习　1956年12月期　1956年12月
词和诗曲的一些区别　陆恩涌　语文教学通讯　1957年1期
词与其他曲词的一些区别　陆恩涌　语文教学通讯　1957年1期
词体辨　刘兆棋　华国　1期　1957年7月
关于"词"的基础知识　宛敏灏　语文教学　1957年08期　1957年8月

词曲的规律　郑骞　中国一周　456期　1959年11月
诗词的分野　江风　新民晚报　1960年11月26日
论词之形式与内容　明允中　幼狮学报　4卷1、2期　1961年10月
词的形式　夏承焘　文汇报　1961年12月19日
　　~唐宋词欣赏　夏承焘　天津:百花文艺出版社1980年7月
　　~唐宋词欣赏　夏承焘　北京:北京出版社　2002年1月
　　~夏承焘集　第2册　杭州:浙江古籍出版社、浙江教育出版社
　　　1997年
词曲的特质　郑骞　中国文化论集　1辑　1953年3月
　　~从诗到曲　台北:科学出版社　1971年3月
　　~景午丛编(上编)　郑骞　台北:台湾中华书局　1972年1月
　　~中国文学史论文选集(四)　台北:台湾学生书局　1979年4月
　　~中国文学史论文精选　罗联添　台北:学海出版社　1984年9月
词曲同异——益智仁室论曲之一　何敬群　文史学报(香港珠海书院)
4期　1967年6月
论诗词曲体制风格同异　冯裕明　新亚生活　1969年5月
词曲概说示例　郑骞　景午丛编(上编)　郑骞　台北:台湾中华书局
1972年1月
词何以不同于诗　刘咏娴　大华晚报　1972年7月24日
沈英名谈词的体制　程榕宁　大华晚报　1973年8月20日、9月3日、9
月10日、9月24日、10月1日、10月8日、10月15日、10月22日
论词体的通名与个性——金云鹏著《唐宋词评论书目》小序　周策纵　诗
学　1期　1976年10月
词体辨证　王况裴　中华国学　1卷10期　1977年10月
词的体制——从《满江红》说起　黄礼科　畅流　56卷4期　1977年
10月
论词和词律　李玉岐　陕西师大学报　1978年3期　1978年10月
宋词　吴世昌　中国文学(英、法文版)　1980年2月号
　　~改题:唐宋词概说　吴世昌全集·第四册　吴世昌著,吴令华编　石
　　　家庄:河北教育出版社　2003年1月
词的体制——词学讲话之一　宛敏灏　安徽师大学报　1980年01期
1980年3月
词与曲的比较　黄礼科　畅流　63卷1期　1981年2月
宋词之音律与体制　涂公遂　珠海文史学报　15期　1981年

词　褚斌杰　文史知识　1982年03期　1982年3月
词有别体　徐经谟　语文园地　1982年06期
词的格式简介　金启华　徐州师院学报　1983年01期　1983年3月
怎样读宋词　唐玲玲　语文教学与研究　1983年08期　1983年8月
唐宋词体式初探　金志仁　南京大学学报　1984年01期
诗词体性辨　胡国瑞　文学评论　1984年03期　1984年6月
　~诗词赋散论　胡国瑞　上海：上海古籍出版社　1992年8月
"诗词有别"——城市经济带给词的印记　杨海明　湘潭大学学报　1984年02期　1984年7月
词和曲的区别　万云骏　文科月刊　1985年03期　1985年3月
从敦煌曲子词考词体的正与变　梦初　常德师专学报　1986年02期
词论　〔日〕仓石武四郎著，何乃英译　日本学者中国文学研究译丛　第1辑　长春：吉林教育出版社　1986年5月
今体诗和词　邓天玲　昭通师专学报　1986年02期　1986年7月
诗与词有什么不同　施蛰存　古典文学三百题　上海：上海古籍出版社　1986年12月
诗与词　〔日〕村上哲见　唐五代北宋词研究　〔日〕村上哲见著，杨铁婴译　西安：陕西人民出版社　1987年8月
　~宋词研究　〔日〕村上哲见著，杨铁婴、金育理、邵毅平译　上海：上海古籍出版社　2012年4月
词别是一家——兼及词与诗的分野　李德宣　延边大学学报　1987年04期　1987年12月
诗词界说　章明寿　辽宁广播电大学报　1988年04期
诗词曲的分界及其发展道路　万云骏　中华诗词　1辑　1990年1月
论词体的特征和词体的形成　徐英　华南师大学报　1990年03期　1990年4月
词的文学形体及其渊源嬗变　小蒙　古典文学知识　1990年04期
谈诗词曲之区别　陈如江　大公报　1990年9月9日
词体三谈　曹济平　文教资料　1991年03期
词与诗的异同：与于沙先生商榷　王英惠　词刊　1991年03期　1991年5月
词体的特殊性与局限性——百年词通论续六　施议对　大公报　1992年1月17日
词"别是一家"——论词的体性及其由来　蒋哲伦　上海社会科学院学术

季刊 1992 年 03 期 1992 年 9 月
　～词别是一家　蒋哲伦　上海:上海社会科学院出版社　2005 年 7 月
论词的艺术特征:关于诗词体性之辨的再思考　程章灿　南京社会科学 1994 年 02 期　1994 年 2 月
词体:两大声律系统的复合　韩经太　文学遗产　1994 年 05 期　1994 年 9 月
词:隋唐时期产生的流行歌曲歌词　孟昭燕　华夏文化　1995 年 06 期 1995 年 12 月
论唐宋词体式的独立存在　金志仁　南通教育学院学报　1996 年 01 期
浅析金元词、曲　黄曙光　学术论坛　1996 年 01 期　1996 年 1 月
　～中文自修　1996 年 06 期　1996 年 6 月
试论词定型时期所形成的文体特征　苗菁　南都学坛增刊　1997 年
词,是音乐文学——《唐五代北宋词史》引言之一　陶尔夫　北方论丛 1999 年 03 期　1999 年 5 月
词的文学特性(未完待续)　〔美〕刘若愚著,赵祖坤、赵祖武译　安顺师专学报　2000 年 01 期
尊词与辨体:宋词独特风貌形成中的一对矛盾因子　钱建状、刘尊明　湖北大学学报　2000 年 03 期　2000 年 5 月
论词体　赵曼初　湖南广播电视大学学报　2000 年 03 期　2000 年 8 月
论词体生存之奥秘　周静敏　宁波大学学报　2001 年 01 期　2001 年 3 月
浅析词与曲的区别　王桂芬　赤峰教育学院学报　2001 年 03 期　2001 年 6 月
怎样读宋词　谢桃坊　古典文学知识　2001 年 06 期　2001 年 11 月
词的体裁　蔡义江　人民政协报　2002 年 6 月 11 日
词曲异同论　赵义山　词曲研究的新拓展　周云龙主编　北京:高等教育出版社　2003 年 1 月
律词申议　谢桃坊　南阳师范学院学报　2003 年 02 期　2003 年 2 月
宋词的音乐文学性质　谢桃坊　东南大学学报　2003 年 04 期　2003 年 7 月
论作为文体的词　黎岑伟　中山大学研究生学刊　2004 年 03 期　2004 年 10 月
"律词"之唱,"歌永言"的演化——将"词"视为"隋唐燕乐"的"音乐文学",是 20 世纪词学研究中的一个根本性大失误　洛地　浙江艺术职业学

院学报　2005年01期　2005年3月
"歌永言"——不只是一种"唱法"——读洛地《"律词"之唱,"歌永言"的演化》后　姚品文　浙江艺术职业学院学报　2005年04期　2005年12月
音乐文学与律词问题——读洛地《律词之唱,歌永言的演化》　谢桃坊　浙江艺术职业学院学报　2005年04期　2005年12月
试论宋代诗词文三体分疆观念与融合趋势及其原因　魏祖钦　2006年词学国际学术研讨会论文集（一）　2006年8月
初盛唐文人词的体制　丁昊　文教资料　2008年34期　2008年12月
"词之曲化"辨　胡元翎　文学遗产　2009年02期　2009年3月
词体结构层次新论　邓红梅、尹祚鹏　东南大学学报　2009年05期　2009年9月
　　~改题:词体结构论　尹祚鹏　中国韵文学刊　2010年01期　2010年3月
词是"南曲"辨　许金华　文学评论　2010年05期　2010年9月
论词别是一家之"别"　李蓉　品牌（理论月刊）　2011年03期　2011年3月
唐宋时期乐府诗曲子词分际的探讨　马婧　文学遗产　2012年02期　2012年3月
《全唐诗》是否应收"词"?　解玉峰　文艺理论研究　2012年04期　2012年7月
词体构成的文学因素　何晓敏　词学　30辑　2013年12月

2. 辨体：分论一

南宋的白话词　胡适　晨报副刊　1922年12月1日
与榆生论急慢曲书　吴梅　词学季刊　1卷1号　1933年4月
　　~改题:与龙榆生论引、近、令、慢之别　吴梅词曲论著集　解玉峰编　南京:南京大学出版社　2008年10月
令词引论　卢前　词学季刊　2卷1号　1934年10月
词的"回文"体　平凡　羊城晚报　1959年7月20日
慢词考略　叶咏琍　庆祝瑞安林景伊先生六秩诞辰论文集　台北:政治大学国文研究所　1969年12月
小令的格式　顾一樵　东方杂志　4卷4期　1970年10月
唐词长调考　黄坤尧　幼狮学志　15卷3期　1979年6月

~词学 2辑 1983年10月
谈词中的隐括体 侯振潍 大华晚报 1971年5月31日
词体中俳优格例证试探 张敬 "中研院"国际汉学议论文集·文学组 台北:"中研院" 1981年10月
宋词杂体 罗忼烈 两小山斋论文集 北京:中华书局 1982年7月
令引近慢考 林玫仪 古典文学 4期 1982年12月
~词学考诠 林玫仪 台北:联经出版事业公司 1987年12月
说苏东坡的隐括词 唐玲玲 华中师院学报 1984年06期 1984年12月
刍议词的"同调异体"中的两个问题 徐经谟 南充师院学报 1985年03期
法曲子论——从敦煌本《三皈依》谈唱道词与曲子词关涉问题 饶宗颐 1985年中国敦煌吐鲁番学术讨论会论文集 1985年8月
~中华文史论丛 37辑 1986年3月
从小令到长调 王熙元 幼狮少年 108期 1985年10月
回文诗词漫说 谭汝为 文学知识 1985年06期
论唐宋词中的小令 徐培均 文学研究丛刊 1986年05期
古典诗词中的"问体" 徐应佩、周溶泉 阅读与写作 1987年03期
词中令引近慢与小令中调长调是如何划分的 王景琳 文史知识 1987年08期 1987年8月
回文诗词简论 徐元 文学遗产 1989年03期 1989年5月
巧体诗词曲:诗苑中的一枝奇葩 刘新宗 河北师院学报 1992年01期 1992年3月
说双拽头 冯统一 学人 2辑 南京:江苏文艺出版社 1992年7月
试论词中"代言体" 王文龙 盐城师专学报 1993年01期 1993年4月
药名诗·药名词·药名戏文 李祥林 文史杂志 1993年05期 1993年10月
谈金元词中的藏头体 潘慎 晋阳学刊 1996年02期 1996年6月
论词调中的双拽头体 陈宏铭 高雄师大学报 8期 1997年4月
"双拽头"和"双拽尾" 钱仁康 音乐艺术(上海音乐学院学报) 1998年01期 1998年2月
论奇偶言板块运动的高速状态:慢词 周静敏 宁波大学学报 1999年01期 1999年3月

情趣横溢的回文诗词　卢传裔　宜春师专学报　1999年03期　1999年6月
两宋集句词形式考——兼论两宋集句词未必尽集前人成句　王伟勇　宋代文学研究丛刊　5期　1999年12月
　　~词学专题研究　王伟勇　台北：文史哲出版社　2003年4月
论宋代檃括词　吴承学　文学遗产　2000年04期　2000年7月
唐代酒令与令词　沈松勤　浙江大学学报　2000年04期　2000年8月
凄凉一片秋声——蒋捷《声声慢》独木桥体的妙用　范晓燕　写作　2000年11期　2000年11月
好奇而别有创获——简论蒋捷的几首福唐独木桥体词　路成文　文学遗产　2002年01期　2002年1月
一种奇特的词体——"福唐独木桥体"考辨　钱建状、刘尊明　古典文学知识　2002年03期　2002年3月
两宋隐括词探析　王伟勇　宋元文学学术研讨会论文集　2002年3月
　　~词学专题研究　王伟勇　台北：文史哲出版社　2003年4月
小议宋代回文词　墙峻峰　韩山师范学院学报　2002年04期　2002年12月
敦煌曲子词辨　汤君　成都大学学报　2003年01期　2003年1月
"小词"考述　许兴宝　第三届宋代文学国际研讨会论文集　2003年9月
　　~中国韵文学刊　2003年02期　2003年12月
　　~新疆大学学报　2003年04期　2003年12月
试辨慢词与长调之关系　李晓云　陕西广播电视大学学报　2003年03期　2003年9月
乐剧词浅探　杨万里　第三届宋代文学国际研讨会论文集　2003年9月
　　~负暄集　杨万里　上海：上海大学出版社　2010年9月
宋代杂体词综论　刘华民　常熟高专学报　2004年01期　2004年1月
回文与诗词　周春林　曲靖师范学院学报　2004年02期　2004年3月
　　~楚雄师范学院学报　2004年04期　2004年8月
两宋檃括词考　〔日〕内山精也撰，朱刚译　学术研究　2005年01期　2005年1月
　　~日本学者论中国古典文学：村山吉广教授古稀纪念集　李寅生译　成都：巴蜀书社　2005年4月
　　~传媒与真相：苏轼及其周围士大夫的文学　〔日〕内山精也撰，朱刚译　上海：上海古籍出版社　2005年8月

隐括体词浅论——以宋人的创作为中心　彭国忠　词学　16辑　2006年1月
宋词中的独特体式：福唐独木桥体　沈文凡、李博昊　社会科学辑刊　2006年01期　2006年1月
奇趣为宗，反常合道——论宋代集句体词　华建铭　江苏技术师范学院学报　2006年05期　2006年10月
宋明文人异调组词刍议　张若兰　长沙理工大学学报　2007年09期　2007年9月
词中"小令"一体辨析　霍明宇　殷都学刊　2007年03期　2007年9月
　～福建论坛　2007年12期　2007年12月
论宋元话本中的俗词　程静　聊城大学学报　2010年02期　2010年3月
论金代王重阳与全真七子的"杂体诗词"创作　解秀玉、于东新　时代文学(下半月)　2011年01期　2011年1月
蒋捷与福唐独木桥体　李青　才智　2011年04期　2011年2月
唐五代联章词的特点及其影响　刘少坤　保定学院学报　2011年02期　2011年3月
从流行歌曲视角看唐宋词的"另类"文体特性　宋秋敏　唐都学刊　2011年05期　2011年9月
中国诗词文的集句体　曾枣庄　古典文学知识　2011年05期　2011年9月
明代戏曲中的词作初探——以毛晋《六十种曲》所收传奇为中心　汪超　中国石油大学学报　2011年05期　2011年10月
宋词中的独特词体与作者的逞才习气　彭洁明　哈尔滨学院学报　2011年10期　2011年10月
论宋代多片词　赵雪沛、陶文鹏　江海学刊　2012年01期　2012年1月
"设论体"词探微　彭洁明　安康学院学报　2012年01期　2012年2月
明代曲化词探析　宋瑞芳　内蒙古师范大学学报　2012年03期　2012年5月
"俳谐"考论——以诗词为中心　王毅　文艺理论研究　2012年04期　2012年7月
唱和体词　曾枣庄　古典文学知识　2012年05期　2012年9月
论回文体宋词的创作及特点　华建铭、韩瑞　大众文艺　2013年24期　2013年12月

3. 辨体：分论二【本编无此类】

4. 文体关联

吴歌与词　刘尧民　中央大学半月刊　2 卷 5 期　1930 年 12 月
诗三百篇与长短句　陈友琴　青年界　4 卷 4 期　1933 年 9 月
诗律与词律　陈能群　同声月刊　1 卷 5 号　1941 年 4 月
吴歌与词　刘云翔　同声月刊　2 卷 2 期　1942 年 2 月
词调与唐宋大曲之关系（上）　梅应运　大陆杂志　14 卷 1 期　1957 年 1 月 15 日
词调与唐宋大曲之关系（中）　梅应运　大陆杂志　14 卷 2 期　1957 年 1 月 31 日
词调与唐宋大曲之关系（下）　梅应运　大陆杂志　14 卷 3 期　1957 年 2 月 15 日
词与乐府　江风　新民晚报　1960 年 12 月 21 日
词与汉魏乐府南北朝宫体隋唐清乐俗乐及近体诗的关系　邝庆欢　新亚生活　9 卷 12 期　1966 年 12 月
楚辞与宋词　王延龄　楚辞研究　《北方论丛》编辑部编　1983 年 4 月
唐代酒令与词　王小盾　文史　30 辑　1988 年 7 月
　～词曲研究　王小盾、杨栋　武汉：湖北教育出版社　2004 年 1 月
论赋对宋词的影响　刘乃昌　文史哲　1990 年 05 期　1990 年 5 月
诗词在传奇中的运用　林逢源　中国诗学会议论文集　彰化师范大学国文学系主编　1992 年 9 月
试论绝句与词的关系　赵其钧　江淮论坛　1993 年 01 期　1993 年 3 月
论唐宋词体演变与律赋之关系　曹辛华　宋代文学研究丛刊　4 期　高雄：丽文文化事业股份有限公司　1998 年 12 月
论词与诗的对话差异　王金祥　牡丹江师范学院学报　2001 年 02 期　2001 年 4 月
论词对楚辞的接受　郭建勋　求索　2002 年 01 期　2002 年 2 月
论诸宫调与曲子词的关系　龙建国　南京师范大学文学院学报　2002 年 02 期　2002 年 6 月
唐五代声诗与曲子词混杂现象试析　汤君　新国学　4 卷　成都：巴蜀书社　2002 年 12 月
论诗对宋词的渗透与影响　杨海明　宋代文学研究丛刊　8 期　高雄：丽

文文化事业股份有限公司　2002年12月
论唐宋词与小赋之关系　曹辛华　宋代文学研究丛刊　7期　高雄:丽文文化事业股份有限公司　2003年5月
诗词韵文融入古代白话小说研究述论　孙步忠　立信会计高等专科学校学报　2003年02期　2003年6月
论宋词与南戏曲调的关系　俞为民　第二届宋代文学国际研讨会论文集　南京:江苏教育出版社　2003年6月
词曲传承关系刍议　赵成林、张忠智、庄桂英　江汉论坛　2003年03期　2003年6月
论元代之词曲互动　陶然　浙江社会科学　2003年05期　2003年10月
金代全真词与元代散曲的俳体　吴国富　中国道教　2005年03期　2005年6月
唐代文人词与声诗关系之辨　陈双蓉　保定师范专科学校学报　2006年02期　2006年4月
试论金元之际词曲互渗现象——白朴词与散曲的比较研究　马琳娜　南京晓庄学院学报　2006年05期　2006年9月
"敦煌曲子词"与"文人词"体制之比较　韩波　新学术　2007年03期　2007年6月
论北曲小令与词的关系　肖肖　商丘职业技术学院学报　2007年06期　2007年11月
明代话本小说中的词作考论　张仲谋　明清小说研究　2008年01期　2008年4月
南北朝乐府中少数民族民歌对词体的影响　吴刚　中央民族大学学报　2008年03期　2008年5月
寄生词与明代章回小说的文体变迁　万伟成、赵义山　华南师范大学学报　2009年03期　2009年6月
"三言二拍"多用《西江月》词原因探析　祝东　内蒙古大学学报　2009年02期　2009年3月
宫体·宫词·词体　余恕诚　北京大学学报　2009年06期　2009年11月
词与曲的分与合——以明清之际词坛与《牡丹亭》的关系为例　张宏生　武汉大学学报　2011年01期　2011年1月
论唐声诗与词的关系及词体的形成　龙建国　文学评论　2011年02期　2011年3月

寄生词在明代文言小说中的嬗变轨迹　郑海涛　赵义山　晋阳学刊
2011年02期　2011年3月
从《调笑》与转踏的离合看转踏对词的影响　彭洁明　四川师范大学学报
2011年03期　2011年5月
寄生词曲与明代话本小说的文体变迁　郑海涛、赵义山　云南社会科学
2011年06期　2011年11月
试论骈文对宋代慢词的沾溉　郑虹霓　中国古代散文国际学术研讨会论文集　陈庆元　南京:凤凰出版社　2011年12月
寄生词曲与明代章回小说的文体变迁　郑海涛　广东社会科学　2012年02期　2012年3月
论词体文学演进中对吴声西曲的容受　李博昊　江苏社会科学　2012年03期　2012年6月
论律赋在唐宋词体演进中的作用　曹辛华　文史哲　2012年04期　2012年7月
隋唐五代燕乐的发展及其对曲子辞创作的影响　高红梅　广播电视大学学报　2012年03期　2012年9月
晚明时曲影响下的曲化词创作情况述略　胡元翎　明清文学与文献　1辑　杜桂萍主编　哈尔滨:黑龙江大学出版社　2012年12月
唐诗对唐词形成的影响　黄昭寅　齐鲁师范学院学报　2012年06期　2012年12月
论唐五代词对传统诗学的容受与反馈　许伯卿　东南大学学报　2013年02期　2013年3月
晚唐五代诗词关系研究略论　宋娟、王洪　大众文艺　2013年09期　2013年5月
寄生词曲与明代中篇传奇小说的文体变迁　郑海涛、赵义山　浙江学刊　2013年05期　2013年9月

5. 风格论

两宋词风转变论　龙榆生　词学季刊　2卷1号　1934年10月
　　～龙榆生词学论文集　上海:上海古籍出版社　1997年7月
　　～词曲研究　王小盾、杨栋编　武汉:湖北教育出版社　2004年1月
谈谈词的艺术特征　龙榆生　语文教学　1957年06期　1957年6月
　　～龙榆生词学论文集　上海:上海古籍出版社　1997年7月
苏轼"以诗为词"辨　邓玉阶　江汉论坛　1982年03期　1982年3月

论"以诗为词"　杨海明　文学评论　1982年02期　1982年5月
总论词体的特质　缪钺　四川大学学报　1982年03期
　　~灵谿词说　缪钺、叶嘉莹　上海：上海古籍出版社　1987年11月
　　~缪钺说词　缪钺　上海：上海古籍出版社　1999年12月
　　~20世纪中国文学研究论文选·宋代卷　诸葛忆兵选编　北京：社会科学文献出版社　2010年1月
论词的空与实　万云骏、赵山林　光明日报　1983年3月15日
婉约、豪放与正变　高建中　词学　2辑　1983年10月
论修辞　詹安泰词学论稿　汤擎民整理　广州：广东人民出版社　1984年1月
　　~詹安泰词学论集　詹伯慧编　汕头：汕头大学出版社　1997年10月
　　~詹安泰文集　吴承学、彭玉平编　广州：中山大学出版社　2004年11月
　　~詹安泰全集　卷5　上海：上海古籍出版社　2011年10月
"本色"论三题　张惠民　汕头大学学报　1985年02期　1985年7月
略论词优于诗的抒情特征　熊大权　九江师专学报　1988年02期　1988年4月
略谈诗、词、曲语的不同风格　李绍荫　黄冈师专学报　1988年01期　1988年4月
"诗庄词媚"管窥　杜毅、潘善祺　中国韵文学刊　2、3期　1988年12月
北宋词之"本色"与淮海词　杨燕　山东大学学报　1989年03期　1989年10月
试论词体风格特色"沉郁"　毛宣国、孙立　湖北民族学院学报　1990年01期　1990年4月
　　~镇江师专学报　1991年04期　1991年12月
　　~中国美学诗学研究　毛宣国　长沙：湖南师范大学出版社　2003年7月
论词曲本色　罗忼烈　明报月刊　1991年4月
论词曲风格的互化　彭国元　湖南师范大学社会科学学报　1991年06期　1991年12月
　　~衡阳师专学报　1992年05期　1992年10月
话说词之"正宗"与"别格"：就"词以婉约为正宗"与萧世杰先生商榷　刘少平　湖北教育学院学报　1993年01期
宋词雅化规范化之宏观透视　欧明俊　绍兴师专学报　1993年01期

1993年3月
婉约与豪放:"本色"词与"诗化"词　杨有山　信阳师范学院学报　1994年03期　1994年7月
试论"诗庄"、"词媚"的形成原因　许山河　海南师院学报　1995年04期　1995年11月
试论"以诗为词"的判断标准　刘石　中国文化研究所学报　4期　1995年
　　~词学　12辑　2000年4月
词为艳科辨　谢桃坊　文学遗产　1996年02期　1996年3月
　　~宋词辨　谢桃坊　上海:上海古籍出版社　1999年1月
论宋词雅化的历史成因及价值取向　祁光禄　吉安师专学报　1997年01期　1997年2月
论曹组的诗词创作:兼论词的曲化　曹辛华　河南师范大学学报　1998年01期　1998年1月
诗词结构与诗庄词媚　孙绿江　社科纵横　1998年01期　1998年2月
唐宋词雅化问题之重新检讨　李定广、陈学祖　湖北大学学报　1998年03期　1998年5月
说词中的"自是一家"与"别是一家"　余国钦　内蒙古师大学报　1998年03期　1998年6月
宋词文体特征的文化阐释　沈家庄　文学评论　1998年04期　1998年7月
从柳、周、姜词结构看宋婉约词的雅化过程　罗章　西南师范大学学报　1998年06期　1998年12月
略论唐宋词声情相谐的美学特征　吴惠娟　上海大学学报　1998年06期　1998年12月
　　~中国语言文学资料信息　1999年01期　1999年2月（编按:仅为摘要。）
论"词为艳科"的词学观念　陈学广　求是学刊　1999年04期　1999年7月
　　~改题:"词为艳科"观念的文化观照　词学散步　陈学广　合肥:黄山书社　2004年10月
以柔为美:略论词艺术风格形成的历史成因及价值特征　祁光禄　河南师范大学学报　1999年04期　1999年7月
从柳永词四言句论词体建构的语言美学问题　苏涵　山西师大学报

1999年04期 1999年10月
"正宗"与"别体"辨析 余国钦 内蒙古师大学报 2000年03期 2000年5月
诗词文体风格辨析 杨有山 信阳师范学院学报 2000年03期 2000年7月
论苏轼词如何体现"要眇宜修"的文体特性 李旭 培训与研究 2000年06期 2000年11月
试论北宋词发展的重要途径——赋化 吴惠娟 宋代文学研究丛刊 6期 高雄:丽文文化事业股份有限公司 2000年12月
论宋词中的"骚""辩"之旨 邓乔彬 文学遗产 2001年01期 2001年1月
论宋词语言的审美特征 康锦屏 北京教育学院学报 2001年01期 2001年3月
类诗与类曲——论词体特征在金元时期的嬗变 赵维江 阴山学刊 2001年02期 2001年4月
元白"小碎篇章"与"花间"词风 叶帮义 安徽师范大学学报 2001年02期 2001年5月
"词之为体如美人"——唐宋词形体美初探 刘尊明 文艺研究 2001年06期 2001年11月
论宋代民间词的曲化倾向 王晓骊 学术研究 2002年02期 2002年2月
曲的词化与词的曲化——论宋代文人俗词 郭立刚 廊坊师范学院学报 2002年01期 2002年3月
论豪放与婉约风格的不同话语方式 王咏梅 廊坊师范学院学报 2002年02期 2002年6月
试论李商隐在诗词文体嬗变中的作用 杨有山 周口师范学院学报 2002年03期 2002年7月
词敛而曲放——词、曲风格比较之一 周云龙 词曲研究的新拓展 周云龙主编 北京:高等教育出版社 2003年1月
略论金元词的曲化倾向 赵维江 词曲研究的新拓展 周云龙主编 北京:高等教育出版社 2003年1月
~齐鲁学刊 2003年03期 2003年5月
"以诗为词"与词体文学的雅化——论苏轼词与"雅词"的关系 田耕宇 西南民族学院学报 2003年03期 2003年3月

词体之"要眇宜修"论　张家梅　广西社会科学　2004年01期　2004年1月

论词的文体风格　吴松山　广东行政学院学报　2004年01期　2004年2月

论南宋后期词的雅化和诗的俗化——兼谈文体发展及文学与文化之关系　吕肖奂　文学遗产　2005年02期　2005年3月

论词之"大""小"　杨雨、谈笑　中南大学学报　2005年05期　2005年10月

词集的出现与词之主体风格的形成——试论晚唐五代词体演进的一个重要标志　董希平　清华大学学报　2004年06期　2004年12月

南宋雅词之探　赵瑾　开封大学学报　2005年01期　2005年3月

论宋代词学的"骚雅"　郭锋　济南大学学报　2005年03期　2005年5月

试论"诗庄词媚"的成因　万美娟　山东教育学院学报　2006年01期　2006年2月

论词之"浓"与"淡"　贺日波、杨雨　科技信息　2006年02期　2006年2月

论词之"深""浅"　杨雨、谢凤英　长沙铁道学院学报　2006年01期　2006年3月

宋词"金曲"《念奴娇》审美探幽　陈欣、刘尊明　江汉论坛　2006年05期　2006年5月

论"质实"　周明秀　词学　17辑　2006年6月

词体绮艳风格的形成　孙克强　中国中世文学研究论集　章培恒主编　上海：上海古籍出版社　2006年12月

"六朝"风调与"花间"词统——论《花间集》与词体文学特征的历史形成　余意　文艺理论研究　2008年04期　2008年7月

明词曲化现象述评　洪静云　韩山师范学院学报　2008年04期　2008年8月

南宋民间词的曲化倾向　宋秋敏　太原师范学院学报　2009年02期　2009年3月

性别视角下的文体特质——以词体美感问题为例　张静　南开学报　2009年06期　2009年11月

～中国古代文学与文化的性别审视　陈洪、乔以钢等　天津：南开大学出版社　2009年12月

论明词曲化的表现和成因——兼谈对明词曲化的评价　郑海涛、霍有明　长江学术　2010 年 01 期　2010 年 1 月

宋人的词体审美观念之重新审视——美学视阈中的宋词形态研究之一　沈家庄　湖南师范大学社会科学学报　2010 年 02 期　2010 年 3 月

情雅致词雅：从易安体看宋词雅化之路径　郭鹏、康建国　集宁师专学报　2010 年 03 期　2010 年 9 月

杨慎词的曲化现象阐释　王晓翌　飞天　2010 年 18 期　2010 年 9 月

婉约之"约"与词体本色　杨雨　中山大学学报　2010 年 05 期　2010 年 9 月

从"敦煌曲子词"到"唐五代文人词"词体审美风格之嬗变　韩波　大庆师范学院学报　2011 年 01 期　2011 年 1 月

论词之"哀感顽艳"说　彭玉平　文学遗产　2011 年 04 期　2011 年 7 月

诗词"本色"论析解　陈远洋　文艺评论　2011 年 08 期　2011 年 8 月

词学史上的"尽头艳语"论　彭玉平、王卫星　求是学刊　2011 年 05 期　2011 年 9 月

宋词闲雅审美品格探微　谢珊珊　词学　26 辑　2011 年 10 月

论北宋文人词的雅化　程秀美、王琨　池州学院学报　2011 年 05 期　2011 年 10 月

词人之词与晏几道词的艺术特征　李洋　文教资料　2012 年 11 期　2012 年 4 月

宋词创作观念矛盾与词文学美学体征的变化　蔡燕　曲靖师范学院学报　2012 年 06 期　2012 年 11 月

风雅之致：从易安体看宋词的复雅　高淑红　江苏技术师范学院学报　2012 年 06 期　2012 年 12 月

词之"朴""艳"与"深""浅"　谢凤英　牡丹江大学学报　2013 年 05 期　2013 年 5 月

词之"朴""艳"　谢凤英　山花　2013 年 12 期　2013 年 6 月

词"被女性作"之反思　张静　河南大学学报　2013 年 04 期　2013 年 7 月

论中唐文人词的词体特征　孙艳红、李昊　古籍整理研究学刊　2013 年 04 期　2013 年 7 月

词体的唐宋之辨：一个被冷落的词学论题　符继成、赵晓岚　文艺研究　2013 年 10 期　2013 年 10 月

论南宋酬赠唱和词的文人化倾向　陈丽丽　河南科技大学学报　2013 年

06 期　2013 年 12 月

三、创作论

【著作】

词学指南　谢无量编著　上海:中华书局　1918 年 11 月　98 页
　　第一章　词学通论;第二章　填词实用格式
◎上海:中华书局　1935 年 10 月　初中学生文库　94 页

词调溯源　夏敬观　上海:商务印书馆　1931 年 5 月　231 页　国学小丛书
　　一、词体得名之始;二、词与音乐密切的历史;三、词所配的音乐始于隋代;四、腔调与律调;五、律之名称;六、七音八十四调;七、郑译演龟兹乐的真相;八、郑译的图;九、事林广记所载的律谱即南宋谱;十、古今谱字表;十一、沈补笔谈的二十八调谱字与事林广记谱字的比较;十二、图与谱的用法;十三、凌廷堪燕乐考原所论谱字十声只是七声;十四、谱字配律唐宋不同;十五、令慢引近等等的分别;十六、凡词言犯有一定的规则;十七、二十八调的词牌名
◎台北:台湾商务印书馆　1967 年 10 月　231 页
◎收入《民国丛书》第五编　上海:上海书店　1989 年

汉语诗律学　王力　上海:新知识出版社　1958 年 1 月　957 页
　　序;导言;第一章　近体诗;第二章　古体诗;第三章　词;第四章　曲;第五章　白话诗和欧化诗
◎上海:上海教育出版社　1962 年 12 月　828 页
　　删去原第五章"白话诗和欧化诗"
◎香港:中华书局香港分局　1973 年　828 页
◎上海:上海教育出版社　1979 年 11 月新 2 版　980 页
　　增补;重版自序;原第五章"白话诗和欧化诗";附注
◎王力文集　第 14、15 卷　济南:山东教育出版社　1989 年 11 月
◎增订本　上海:上海教育出版社　2002 年 9 月　1015 页　世纪文库
◎上海:上海教育出版社　2005 年 4 月　911 页　世纪人文系列丛书
　　〇批判王力《汉语诗律学》中的资产阶级学术思想　金连城　读书 1959 年 06 期　1959 年 4 月
　　〇汉语古典诗歌语法研究的开山之作——兼述《汉语诗律学》以来之近

体诗句法研究　孙力平　南昌大学学报　2000年04期　2000年12月

○《王力文集·汉语诗律学》诗例质疑　王福霞　语文学刊　2004年01期　2004年1月

○律体诗调平仄"拗救"说略——读王力《汉语诗律学》随札　宋恪震　黄河科技大学学报　2008年01期　2008年1月

诗词格律十讲　王力　北京:北京出版社　1962年5月　66页
　　前言;一、诗韵和平仄;二、五言绝句;三、七言绝句;四、五言律诗和长律;五、七言律诗;六、平仄的变格;七、对仗;八、古风;九、词牌和词谱;十、词韵和平仄;附:答读者问

◎北京:北京出版社　1978年9月　53页　语文小丛书

◎北京:商务印书馆　2002年12月　227页
　　增补:诗律馀论;音韵学初步;中国诗歌起源及其流变;中国格律诗的传统和现代格律诗的问题;中国古典文论中谈到的语言形式美;学习毛主席词四首;唐诗三首讲解;宋词三首讲解

◎与《诗词格律概要》合订　北京:世界图书出版公司　2008年10月第2版　168页　大学入门丛书

诗词格律　王力　北京:中华书局　1962年7月　184页
　　引言;第一章　关于诗词格律的一些概念;第二章　诗律;第三章　词律;第四章　诗词的节奏及其语法特点;结语;附录一:诗韵举要;附录二:词谱举要

◎王力文集　第15卷　济南:山东教育出版社　1989年11月

◎北京:中华书局　2000年4月新1版　182页　诗词常识名家谈四种

◎北京:中华书局　2009年5月　245页　诗词常识名家谈
　　增补:附录一　诗律馀论,原附录二种顺延为附录二、附录三

诗词格律浅说　贺巍　北京:北京人民出版社　1978年4月　129页
　　前言;一、诗词格律的内容;二、押韵和平仄;三、七言律诗;四、七言绝句;五、五言律诗;六、五言绝句;七、平仄的变格;八、粘、对和"一三五不论";九、律诗的对仗;十、古绝和古风;十一、词牌和词的押韵;十二、词的对仗和平仄;十三、词谱例说;附录:入声字表

诗词格律概要　王力　北京:北京出版社　1979年10月　195页
　　卷上:诗　第一章　诗的种类和字数;第二章　诗韵;第三章　诗的平仄;

第四章 对仗;卷下:词 第一章 词牌和词谱;第二章 词韵;第三章 词的平仄;第四章 词的对仗

◎王力文集 第15卷 济南:山东教育出版社 1989年11月
◎北京:北京出版社 2002年8月 224页 大家小书
◎与《诗词格律十讲》(修订第3版)合订 北京:世界图书出版公司 2008年10月第2版 168页 大学入门丛书
　○王力先生《诗词格律概要》拗救诗例归类献疑 卢一飞 中国韵文学刊 2007年03期 2007年9月

词论 刘永济 上海:上海古籍出版社 1981年3月 136页
　卷上 通论:名谊第一;缘起第二;宫调第三 (附)燕乐四均二十八调表;调名缘起;声韵第四 (附)毛先舒:唐人韵四声表;风会第五;卷下 作法:总术第一;取径第二;赋情第三;体物第四;结构第五;声采第六;馀论第七
◎与《宋词声律探源大纲》合订 北京:中华书局 2007年10月 209页 刘永济集

诗词曲格律纲要 涂宗涛 天津:天津人民出版社 1982年8月 326页
　前言;上编 第一章 诗律纲要;第二章 词律纲要;第三章 曲律纲要;下编 第一章 词谱撮要;第二章 曲谱举隅;后记;
◎天津:天津人民出版社 2000年9月第2版 480页
　增补;附录一:诗韵源流及改革刍议;附录二:词韵备要;附录三:曲韵简编;附录四:《元词斟律》(上编)对仗初探;修订再版附记
◎天津:天津人民出版社 2010年4月 421页 人民·联盟文库
　○一部翔实适用的传世佳作——涂宗涛先生《诗词曲格律纲要》读后 张清华 周口师范高等专科学校学报 2002年01期 2002年3月

词牌释例 严建文 杭州:浙江文艺出版社 1984年7月 307页
　序;凡例;正文;词牌笔画索引
◎杭州:浙江古籍出版社 2003年8月 302页
◎杭州:浙江古籍出版社 2012年12月 430页 诗文雅韵入门小丛书

诗词通论 任秉义 沈阳:辽宁人民出版社 1984年12月 301页
　引言;第一章 旧体诗的平仄;第二章 旧体诗的格律;第三章 诗的对仗;第四章 诗的章法;第五章 诗的炼字炼句;第六章 词的概说;第七章 词调和词的字数;第八章 词的平仄和字句;第九章 词谱和词韵;

第十章 词的章法;第十一章 词的炼句炼字和对仗;第十二章 有关诗词的艺术规律和理论综述;附录

诗词格律与章法 林海权 福州:海峡文艺出版社 1986年6月 227页
前言;第一章 诗律;第二章 词律;第三章 诗词的语法特点;第四章 诗词的章法;附录一:诗韵常用字表;附录二:词谱举例

诗词读写丛话 张中行 北京:人民教育出版社 1992年7月 371页
再说几句;上场的几句话;家有敝帚享之千金;情意和诗境;写作和吟味;诗之境阔词之言长;读诗;读词;古今音;关键字;偏爱;旧韵新韵;奠基;近体诗格律;变通;拗字拗体;押韵;对偶一;对偶二;古体诗一;古体诗二;古体诗三;诗体馀话;词的格律一;词的格律二;词韵;试作;情意与选体;诗语和用典;外力;登程;捉影和绘影;凑合;辞藻书;勤和慎;附录:诗韵举要

◎北京:中华书局 2005年4月 300页
◎北京:中华书局 2009年5月 390页 诗词常识名家谈

词谱格律原论 徐信义 台北:文史哲出版社 1995年1月 146页 文史哲学集成
自序;壹 绪论;贰 词谱格律的形成;叁 词谱格律与音乐的关系;肆 词谱格律与语言音律的关系;伍 结论;参考文献

倚声学:词学十讲 龙沐勋(龙榆生) 台北:里仁书局 1996年1月 233页
第一讲 唐宋歌词的特殊形式和发展规律;第二讲 唐人近体诗和曲子词的演化;第三讲 选调和选韵;第四讲 论句度长短与表情关系;第五讲 论韵位安排与表情关系;第六讲 论对偶;第七讲 论结构;第八讲 论四声阴阳;第九讲 论比兴;第十讲 论欣赏和创作;附录一:四声的辨别和练习;附录二:谈谈词的艺术特征;附录三:宋词发展的几个阶段

◎改题:词学十讲 龙榆生 北京:北京出版社 2005年5月 242页 大家小书

诗词格律教程 朱承平 广州:暨南大学出版社 1999年9月 482页
绪言;上篇:诗律 第一章 近体诗的体式;第二章 近体诗的用韵;第三章 近体诗的平仄;第四章 近体诗的对仗;第五章 古体诗;第六章 近体诗的章法与句法;第七章 吟诵与唱酬;

下篇:词律　第八章　词和词的起源;第九章　词调及其体制;第十章　词的分片;第十一章　词的用韵;第十二章　词的句式和平仄;第十三章　选词择调;附录　附录一　诗韵常用字表;附录二　平仄两读字表;附录三　常见常用词谱;附录四　主要参考引用书目;后记

诗词格律教程　谢桃坊　成都:巴蜀书社　2006年9月　212页
　　序;上编:诗律教程　第一讲　诗律的形成;第二讲　诗律的声韵标准;第三讲　四声与平仄;附录　唐人五言律诗四十首;第四讲　韵部;第五讲　诗律;附录　杜甫五言律诗四十首;第六讲　律诗和绝句;第七讲　声病;第八讲　结构与对偶;附录　诗韵;笠翁对韵;
　　下编:词律教程　第一讲　倚声填词与词律;第二讲　词律的构成;第三讲　词的字声规范;第四讲　词的用韵;第五讲　词调的选用;第六讲　按谱填词;附录　词韵;词谱尚论:关于诗词的创作问题;关于古典诗词的吟诵问题
　○简评《诗词格律教程》　沈琺学　文史杂志　2007年02期　2007年3月

宋词声律探源大纲(与《词论》合订)　刘永济　北京:中华书局　2007年10月　209页　刘永济集
　　词论　卷上:通论　名谊第一;缘起第二;宫调第三　(附)燕乐四均二十八调表;调名缘起;声韵第四　(附)毛先舒:唐人韵四声表;风会第五;卷下:作法　总术第一;取径第二;赋情第三;体物第四;结构第五;声采第六;馀论第七
　　宋词声律探源大纲　一、总论;二、汉魏古诗之声律出于自然;三、永明新变体;四、唐人律诗;五、宋词格律;六、总结;
　　附录:略谈词家用典的问题;略谈词家抒情的几种方法;《刘永济集》后记
◎北京:中华书局　2010年7月　210页　刘永济集

明清词谱史　江合友　上海:上海古籍出版社　2008年5月　410页　清词研究丛书
　　总序;前言;第一章　明代中后期词谱的发轫;第二章　顺康词坛与词谱的成立;第三章　清代中后期词谱的发展流变;第四章　词韵纂辑及其与词谱的关系;结语;附录一:明清词谱词韵文献叙录;附录二:明清词谱词韵编纂年表初编;附录三:明清词谱词韵编纂作者基本情况表;主要参考文献;后记

填词丛谈　陶然　杭州:浙江古籍出版社　2008年7月　266页　古典文学名师讲座丛书

　　前言;第一节 什么是词;第二节 词调;第三节 词的分片;第四节 词的句法;第五节 词的声韵;第六节 填词的准备;第七节 确定意旨与选声择调;第八节 布置格局;第九节 填词手法;附录一:常用词谱;附录二:词韵简编

◎杭州:浙江古籍出版社　2012年12月　357页　诗文雅韵入门小丛书

诗词曲的格律和用韵　耿振生　郑州:大象出版社　2009年9月　217页　中国历史文化知识丛书

　　引论 关于诗歌格律的基础知识;一 五七言诗的格律和用韵　附:诗韵常用字表;二 词律和词韵　附:词谱举例;三 曲和曲韵　附:曲谱举例;后记

诗词格律浅说　郭一之　合肥:安徽大学出版社　2010年6月　221页

　　前言;第一章 诗词格律基础知识;第二章 诗律基本知识;第三章 词律基本知识;附录一:诗韵简编;附录二:词韵简编

词律综述　林克胜　北京:商务印书馆　2010年7月　260页　诗词格律详解丛书

　　《诗词格律详解》总叙;第一章 词体与调式;第二章 词的句法与对偶;第三章 词句的平仄律;第四章 词中六言句论析;第五章 词韵和词谱;附录:《词律综述》主要参阅书目

倚声探源:对宋词本体的研究　郑绍平、赵卫华、董昌武、刘中庆　北京:学苑出版社　2011年6月　344页

　　上篇:总论　绪言;第一章 宋代词体文学与音乐关系的概述;第二章 填词择调的原则与协韵方法;第三章 词的章法与结构;第四章 词的句法与字声;第五章 关于犯调的词与三律同曲歌辞的行腔;

　　下篇:词调实例举凡　第一章《菩萨蛮》词体解构与内容赏析;第二章《鹧鸪天》词体解构与内容赏析;第三章《破阵子》词体解构与内容赏析;第四章《声声慢》词体解构与内容赏析;第五章《高阳台》词体解构与内容赏析;附录一:唐宋词词牌所用宫调统计;附录二:宋代乐律表;附录三:汉语四声调值表;附录四:粤语四声九调乐音谱;主要参考书目;后记

汉语词律学　孙霄兵　上海:华东师范大学出版社　2011年11月

580 页

  导言;第一部分:词的格律总论　第一章 中国古典诗词格律概论;第二章 词的格律的形成和发展;第三章 词的文本;

  第二部分:词体　第四章 词体的特点和来源;第五章 词体的自身发展和变化;第六章 词牌;第七章 阕;

  第三部分:词的句子　第八章 词的句子的一般理论;第九章 词的句子的节奏;第十章 词的句行格律;第十一章 词的句子的对仗;第十二章 词的句子的粘对;第十三章 词的叠句;

  第四部分:词的声韵　第十四章 词的声韵的一般规律;第十五章 押韵变化形成的词体;第十六章 词的声韵与句子的平仄;第十七章 词的句子的平仄的多样性;结束语:词的格律对于新诗创作的借鉴意义;后记;附录一:《词律》发凡;附录二:《词林正韵》发凡

诗词曲联格律新论　雷仲篯　北京:中国文联出版社　2012 年 4 月 586 页

  序;读《诗词曲联格律新论》(代序);卷首陈言(自序);导论:简析诗教与格律创新;第一篇:诗概论、格律及其创新　第一章 诗概论;第二章 诗格律;第三章 诗律创新;第二篇:词概论、格律及其创新　第一章 词概论;第二章 词格律;第三章 词律创新;第三篇:曲概论、格律及其创新　第一章 曲概论;第二章 曲格律;第三章 曲律创新;第四篇:联概论、格律及其创新　第一章 联概论;第二章 联格律;第三章 联律创新;辍笔心语;附录篇　(一) 本著诗词曲联概念术语索引;(二) 本著图表索引;(三) 主要参考文献名录;(四) 简论诗题与诗附件;(五)《佩文诗韵》常用字韵部、声调与平仄考;付梓寄情(后记);补记

词调史研究　田玉琪　北京:人民出版社　2012 年 11 月　600 页

  序;引言;上编:历代词调史研究　第一章 词调总论;第二章 南北朝和隋唐五代词调;第三章 两宋与金词调;第四章 元明清词调;第五章 词人与词调;第六章 历代词调研究;下编:历代词调考析　说明;一、六朝、隋及初盛唐词调(四十五调);二、中晚唐词调(六十七调);三、五代十国词调(七十一调);四、北宋词调(五百八十九调);五、南宋词调(二百一十二调);六、金代词调(七十三调);七、元代词调(十六调);八、明代词调(七十调);九、清初词调(一百五十二调);附录一:历代同名异调一览表;附录二:《全宋词》、《全金元词》、《全明词》、《全清词》之曲牌曲体;主要参考文献;后记

○千年词调终有识——评田玉琪教授的《词调史研究》　张志勇　漳州师范学院学报　2013年01期　2013年3月

宋词题序研究　张晓宁　西安:陕西人民出版社　2013年1月　222页(未见)

诗词格律新说　石观海　广州:暨南大学出版社　2013年4月　175页　弘道书系

> 上编:近体诗的格律　引子:近体诗的形成;第一节　入声字:把握近体诗格律的障碍;第二节　格律:"平"与"仄"的有序组合;第三节　平仄格式记忆法;第四节　两种"特殊句":颠覆律句的平仄;第五节　"拗救":未尝有过的假古董;第六节　注意不"孤平",但非绝对避忌;第七节　避免"三连平",但也时而用之;第八节　拗句与拗体:近体格律的解构;第九节　韵脚与韵式;第十节　对仗:律体的要素;第十一节　酬唱;
>
> 下编:长短句的格律　引子:词的起源;第一节　词牌:来源、故实与意象;第二节　"曲子"消失之后:地道的"长短句";第三节　类别:剪不断理还乱的划分;第四节　结构:辨别词类别的捷径;第五节　律句:近体诗的基因;第六节　"拗句":合乐变声造成的混乱?第七节　领字:显示新体诗的独特;第八节　对仗:容许创作自由;第九节　用韵:不再一成不变;第十节　填词:依样画葫芦

诗词曲与音乐十讲　解玉峰　南京:南京大学出版社　2013年10月　135页　南京大学文学院新生研讨课系列教材

> 总序(丁帆);第一讲　导论:诗、词、曲与音乐之关系;第二讲　先秦歌唱之类别;第三讲　先秦韵文的文体特征;第四讲　汉魏六朝歌唱之类别;第五讲　汉魏六朝歌唱"本辞"与"乐奏辞"之关系;第六讲　汉唐"乐府诗"辨议;第七讲　唐诗格律及中国韵文之演进;第八讲　律词之格律;第九讲　南北曲的宫调与曲牌;第十讲　诗词曲的歌唱;参考文献;后记

【学位论文】

词律探原　张梦机　台湾师范大学　1981年　博士论文

词体语言研究——以语言形态和言说方式为中心　李东宾　南开大学　2009年　博士论文

宋词题序研究　张晓宁　陕西师范大学　2009年　博士论文

词牌与词意关系研究——以首见词为探论范围　张白虹　（高雄）"中山大学"　2010年　博士论文

辛派词人"以文为词"之研究　简秀娟　"中央大学"　1994年　硕士论文
宋人择调之翘楚：《浣溪沙》词调研究　林钟勇　彰化师范大学　2002年　硕士论文
《蝶恋花》词牌研究　王美珠　彰化师范大学　2002年　硕士论文
《乐章集》首见词调（体）初探　陈华兴　首都师范大学　2004年　硕士论文
《渔家傲》词牌研究　谢素真　彰化师范大学　2005年　硕士论文
《水龙吟》词牌研究　施维宁　彰化师范大学　2005年　硕士论文
明清词谱的发展概况　田桂芬　山东师范大学　2005年　硕士论文
词调的本体论与创作论意义初探　张文胜　南京师范大学　2006年　硕士论文
宋词格律研究　胡玉　华中科技大学　2006年　硕士论文
《虞美人》词调研究　李柔娴　彰化师范大学　2006年　硕士论文
苏轼以文为词研究　蔡凌　贵州大学　2007年　硕士论文
宋金词词序研究　王海南　吉林大学　2007年　硕士论文
清真"以赋为词"探论　佘筠珺　台湾大学　2008年　硕士论文
论宋词"以词为戏"　蒋志琳　河南大学　2008年　硕士论文
宋词题序研究　郑诚　郑州大学　2008年　硕士论文
《忆江南》词调及其内容研究——以唐宋词为例　陈扬广　成功大学　2008年　硕士论文
宋代词题序研究　胡丽媛　中南大学　2010年　硕士论文
唐宋《临江仙》词研究　李莹　南京师范大学　2011年　硕士论文
唐宋《菩萨蛮》研究　刘振乾　广西师范大学　2012年　硕士论文
宋词四十二字及以下小令词律研究　陈玉　山东师范大学　2012年　硕士论文
宋词五十六字以上小令词律研究　周雷　山东师范大学　2012年　硕士论文
《全宋词》四十三字至四十六字小令词谱研究　翟丽丽　山东师范大学　2012年　硕士论文
《全宋词》五十至五十五字小令词谱研究　玄婷婷　山东师范大学　2012年　硕士论文
苏辛词牌比较研究　吴双　成功大学　2012年　硕士论文

唐宋《江城子》词调及其词作研究　杨阳　东北师范大学　2013年　硕士论文

姜白石词调声情研究　张鹏　兰州大学　2013年　硕士论文

唐宋《菩萨蛮》词研究　李芳　南京师范大学　2013年　硕士论文

《全宋词》四十七至四十九字小令词谱研究　李业兰　山东师范大学　2013年　硕士论文

【单篇论文】

1. 总说

词之作法　吴梅　出版周刊　112号　1935年1月

论词之作法　唐圭璋　中国学报　创刊号　1943年1月

　　~词学论丛　唐圭璋　上海：上海古籍出版社　1986年6月

　　~20世纪中国文学研究论文选·宋代卷　诸葛忆兵选编　北京：社会科学文献出版社　2010年1月

词的体调及其作法　黄勋吾　南大中文学报　1期　1962年12月

词之赋比兴　弓英德　文史学报（中兴大学）　2期　1972年5月

诵帚词筏　刘永济　古代文学理论研究　4辑　1981年10月

诵帚词筏（二）　刘永济　古代文学理论研究　7辑　1982年11月

　　~即《词论》之《声韵》、《风会》　刘永济　上海：上海古籍出版社　1981年3月

"以诗为词"析——兼评苏词对词体革新的意义　何凤奇　齐齐哈尔师范学院学报　1983年02期　1983年5月

"诗词有别"与"诗词一体"——温庭筠诗歌与词的联系初探　成松柳　长沙水电师院学报　1991年04期

论张先"以小令作法写慢词"　孙维城　安庆师院社会科学学报　1997年02期　1997年5月

令词创作漫谈　刘庆云　中华诗词　1997年02期

从诗词分界看苏轼"以诗为词"　史素昭　郴州师范高等专科学校学报　1998年03期　1998年9月

　　~改题：从诗词分界看苏轼"以诗为词"革新路上的两重性　史素昭　中国文学研究　2003年01期　2003年3月

辛弃疾"以文为词"简论　王修华　唐山师专学报　1999年06期　1999年12月

"破体出位"与宋代文学的整合研究——以诗、词、隐括为例　张高评　会通化成与宋代诗学　台南:成功大学出版组　2000年8月
试论周词"以赋为词"的艺术创新　司春艳　辽宁广播电视大学学报　2002年01期　2002年2月
论韦庄词与"以诗为词"的源头　莫立民　甘肃社会科学　2002年04期　2002年8月
　　~薪火集:湘潭大学中国古代文学论文选　北京:中国社会科学出版社　2006年12月
对"以诗为词"的重新认识　彭国忠　词学　14辑　2003年8月
苏轼"以诗为词"新论　苗菁　山东商业职业技术学院学报　2003年03期　2003年9月
以诗为词与以赋为词——论东坡词之"破体"　仲冬梅　文学前沿　2004年01期　2004年8月
略论"以文为词"　李静　北京大学学报　2005年02期　2005年3月
苏轼"以诗为词"的文体价值与文本意义　宋先梅　天府新论　2005年03期　2005年5月
试论苏、黄等词的同体异用现象　邓子勉　南京师大学报　2005年03期　2005年5月
隐括:宋词独特的创作方法　徐胜利　鄂州大学学报　2005年04期　2005年7月
论"以诗为词"的词学意义　余意　阴山学刊　2005年05期　2005年10月
宋词句、韵、平仄摭谈　骆新泉　徐州教育学院学报　2006年03期　2006年9月
"以诗为词"亦"檃括"创作词调歌曲　杨晓蔼　西北师大学报　2007年01期　2007年1月
从"以文为诗"到"以诗为词"——试析两种文体特征形成的原因及其发展特点　范修华　呼伦贝尔学院学报　2007年04期　2007年8月
试论李白乐府诗与曲子词创作之关系　刘尊明　文学遗产　2007年06期　2007年11月
苏轼"以诗为词"涵义综论　木斋、彭文良、梁英岩　长春师范学院学报　2008年11期　2008年11月
苏轼"以诗为词"新探　徐安琪　词学　20辑　2008年12月
唐宋词的游戏创作观及其价值重估　金国正　词学　20辑　2008年

12月

唐宋语境中的"以诗为词"　彭玉平　复旦学报　2009年05期　2009年9月

以"民间说话"为词——论宋词发展的另一重要趋向　曲向红　山东大学学报　2010年02期　2010年3月

论杨慎词曲的"互融""互异"　胡元翎　2010年词学国际学术研讨会　2010年10月

　　~改题:论杨慎词曲的"互融""互异"兼及"明词曲化"的研究理路　胡元翎、张笑雷　文学评论　2011年05期　2011年9月

文词交融的"破体"实践——试论宋代的"引文入词"　冯婵、张海明　中国文学研究　2011年01期　2011年1月

试论黄山谷杂体词　刘建发、刘尊明　古典文学知识　2011年01期　2011年1月

从词中议论透视以文为词的文体学价值——以苏轼词为例分析　蔡凌　延安职业技术学院学报　2011年01期　2011年2月

论元好问以传奇为词现象　赵维江、夏令伟　文学遗产　2011年02期　2011年3月

稼轩词古文辞赋手法运用之探析　耿光华、张朝辉　河北北方学院学报　2012年01期　2012年1月

效体·辨体·破体——论元好问的词体革新　赵维江　文艺研究　2012年01期　2012年1月

词学史上的"潜气内转"说　彭玉平　文学评论　2012年02期　2012年3月

论金词之别宗:全真道士词　于东新　求是学刊　2012年02期　2012年3月

金代全真道士之杂体诗词刍论　于东新　集宁师范学院学报　2012年01期　2012年3月

张先词创作模式的转移及其文体意义　李东宾　广播电视大学学报　2012年02期　2012年6月

阅读与演唱价值的失衡——论辛弃疾以文为词及其案头化倾向　宋皓琨　求是学刊　2012年04期　2012年7月

黄庭坚"以诗为词"及其文学史意义　梅华　唐都学刊　2012年06期　2012年11月

也说辛弃疾"以文为词"——从辛词题序中喜用"赋"字谈起　房日晰　词

学　28辑　2012年12月
论周密以笔记为词现象　操瑞文　中国韵文学刊　2013年02期　2013年4月
苏轼以唐诗入词的动因研究　李锦　求索　2013年05期　2013年5月
唐末五代词的现代文体分析　王皓　绥化学院学报　2013年06期　2013年6月
隐括体的主要创作方法　雷江红　忻州师范学院学报　2013年03期　2013年6月
苏轼以诗为词辨　施议对　词学　30辑　2013年12月
贺铸"以诗为词"说　房日晰　词学　30辑　2013年12月

2. 结构章法

词的体制格调及句的组织法　黄勖吾　南华学报　1期　1948年5月
词的分片　夏承焘　语文学习　1957年12期
　　~唐宋词欣赏　夏承焘　天津:百花文艺出版社1980年7月
　　~唐宋词欣赏　夏承焘　北京:北京出版社　2002年1月
　　~夏承焘集　第2册　杭州:浙江古籍出版社、浙江教育出版社1997年
略谈词的章法　宛敏灏　语文教学　1959年11期　1959年11月
论大词结构法　许妙珍　新亚生活　8卷13期　1966年1月
词的章法和句法——词学讲话之二　宛敏灏　安徽师大学报　1980年02期　1980年4月
说小令的结句　夏承焘　唐宋词欣赏　天津:百花文艺出版社1980年7月
　　~唐宋词欣赏　夏承焘　北京:北京出版社　2002年1月
　　~夏承焘集　杭州:浙江古籍出版社、浙江教育出版社　1997年
论意格——词学研究之五　詹安泰　暨南学报　1980年03期　1980年9月
　　~詹安泰词学论稿　汤擎民整理　广州:广东人民出版社　1984年1月
　　~詹安泰词学论集　詹伯慧编　汕头:汕头大学出版社　1997年10月
　　~詹安泰文集　吴承学、彭玉平编　广州:中山大学出版社　2004年11月
　　~詹安泰全集　卷5　上海:上海古籍出版社　2011年10月

章法——诗词曲赋常识之七　荆鸿　辽宁日报　1980年10月4日
略谈词的上下片做法　唐圭璋　文史知识　1981年05期　1981年8月
宋词的结构　顾淡如　中国音乐　1982年04期　1982年12月
词的序文　唐景凯　语文月刊　1984年06期　1984年6月
略谈词的起结　唐圭璋　江海诗词　5辑　1985年
从词体的发展演变看词的结构技巧　沈义芙　赣南师范学院学报　1986年02期　1986年7月
宋词的结构与过片　朱德才　文史知识　1986年08期　1986年8月
诗词"题引"例话　周本淳　江苏教育学院学报　1988年01期
词的章法与结构　陈满铭　教学与研究　1989年11期　1989年6月
简说诗词的离合与开合问题　万云骏　大公报　1989年11月10日
"七宝楼台"是怎样建构的?　枕求　赣南师范学院学报　1992年02期　1992年7月
词体结构论简说　施议对　中国文哲研究通讯　3卷2期　1993年6月
　～冰茧彩丝集　四川大学历史系编　成都:成都出版社　1994年9月
　～宋词正体　施议对　澳门:澳门大学出版中心　1996年12月
梦窗词结构方式初探　潘裕民　求索　1994年03期　1994年6月
宋词结构的发展　赵仁珪　北京师范大学学报　1996年03期　1996年5月
宋词小序泛论　欧阳逸　阴山学刊　1996年03期　1996年9月
　～湘潭大学学报　1996年05期　1996年10月
唐宋词结构举隅　蒋介夫　阅读与写作　1997年07期　1997年7月
唐宋词结构问题略论　苗菁　聊城师范学院学报　1997年03期　1997年9月
试论唐宋词发展史上的五个里程碑及其词史意义　王洪　中国人民大学学报　1998年02期　1998年3月
十六字玉尺——吴世昌与词体结构论(四)　施议对　镜报　1998年9月
唐宋词体组合规律探赜　金志仁　南通教育学院学报　1998年02期
唐宋词体组合规律探赜(续)　金志仁　南通教育学院学报　1998年03期
二元对立定律的运用——结构分析方法举例(一)　施议对　澳门日报　2000年4月16日
名花倾国两相欢,常得君王带笑看——结构分析方法举例(二)　施议对　澳门日报　2000年4月30日

问君能有几多愁,恰似一江春水向东流——结构分析方法举例(三)　施议对　澳门日报　2000年5月14日
柳阴直,烟里丝丝弄碧——结构分析方法举例(四)　施议对　澳门日报　2000年5月28日
也谈柳永慢词的铺叙特征　田彩仙　泰安师专学报　2000年05期　2000年10月
宋词题序略论　李冬红　贵州社会科学　2002年04期　2002年7月
论宋词小序　赵晓岚　文学遗产　2002年06期　2002年11月
白石词小序略论　邵娟　中文自学指导　2002年06期　2002年12月
慢词风致与赋体手法　韩水仙　洛阳师范学院学报　2002年06期　2002年12月
宋词小序综论　刘华民　常熟高专学报　2003年01期　2003年1月
浅谈宋词题序流变　肖捷飞　安徽文学(下半月)　2006年10期　2006年10月
苏轼与宋词题序　李惠玲　黄河科技大学学报　2007年01期　2007年1月
唐宋词体式组合规律探赜　金志仁　南通大学学报　2007年01期　2007年1月
词的开头、结尾与过片　左林霞　湖北第二师范学院学报　2008年12期　2008年12月
共生互补——简论宋词题序的价值与功能　尹祚鹏　时代文学(双月上半月)　2008年06期　2008年12月
词的起结与过片　杨宛　贵州文史丛刊　2008年04期　2008年12月
时文章法与清人的宋词作法论　曹明升　湖南大学学报　2009年05期　2009年9月
词体章法形式及其审美特质　朱崇才　文学遗产　2010年01期　2010年1月
论唐宋词起、结与过片的表现技法　赵雪沛、陶文鹏　西南民族大学学报　2010年02期　2010年2月
白石词题序研究　朱少山　上饶师范学院学报　2011年02期　2011年4月
晏几道词"苦无铺叙"说新论——从李清照《词论》谈起　祁宁锋　中国韵文学刊　2011年02期　2011年4月
词序在南宋和金元的分化发展　段红伟　理论界　2012年07期　2012

年7月
论唐宋词的章法　高艳阳　卫生职业教育　2012年16期　2012年8月
试探联章体诗词的结构特征　乔树宗　陕西广播电视大学学报　2013年02期　2013年6月
文学研究中的语汇与语汇系统——关于宋初体以及宋词基本结构模式的确立与推广　施议对　词学　29辑　2013年6月

3. 技巧

词中叠字　丁易　晨报　1935年7月26日
谈谈词的用字　许颖　新民报半月刊　1卷5期　1939年8月
论词之句法　吴征铸　斯文　1卷14期　1941年6月
略论词之句法　杨国权　斯文　3卷8期　1943年4月
长短句　夏承焘、怀霜　文汇报　1961年12月21日
　　~唐宋词欣赏　夏承焘　天津:百花文艺出版社1980年7月
　　~唐宋词欣赏　夏承焘　北京:北京出版社　2002年1月
　　~夏承焘集　第2册　杭州:浙江古籍出版社、浙江教育出版社 1997年
词眼,一篇之警策　万云骏　文汇报　1962年2月15日
填词衬字释例　罗忼烈　词曲论稿　香港:中华书局香港分局　1977年8月
　　~词曲论稿　罗忼烈　台北:木铎出版社　1982年6月
宋词用典举例　夏承焘　唐宋词欣赏　天津:百花文艺出版社1980年7月
　　~唐宋词欣赏　夏承焘　北京:北京出版社　2002年1月
　　~夏承焘集　第2册　杭州:浙江古籍出版社、浙江教育出版社 1997年
诗词的"眼"　慕学　古代文学理论研究　3辑　1981年2月
论章句——词学研究之四　詹安泰、汤擎民　中山大学学报　1981年04期　1981年8月
　　~詹安泰词学论集　詹伯慧编　汕头:汕头大学出版社　1997年10月
　　~詹安泰词学论稿　汤擎民整理　广州:广东人民出版社　1984年1月
　　~詹安泰文集　吴承学、彭玉平编　广州:中山大学出版社　2004年11月

~詹安泰全集　卷5　上海:上海古籍出版社　2011年10月
换头举例　夏承焘稿,吴常云整理　词学　1辑　1981年11月
古代诗词比兴手法的运用与评论　陈新璋　华南师院学报　1982年01期　1982年1月
谈诗词中叠字的运用　门立功　山东师大学报　1983年03期　1983年6月
词有无衬字　吴迦陵　词学　2辑　1983年10月
诗词曲中使用叠字举例　唐圭璋　河北师院学报　1985年02期
论词之衬字　林玫仪　文史论文集:郑因百先生八十寿庆论文集　该书编委会主编　台北:台湾商务印书馆　1985年6月
~词学考诠　林玫仪　台北:联经出版事业公司　1987年12月
词眼　唐景凯　语文月刊　1985年7、8期　1985年7月
词曲鼎足对简论　谭汝为　天津师大学报　1986年04期　1986年8月
夏承焘先生论词的造句　施议对　大公报　1986年11月24日—12月22日
~今词达变(施议对词学论集第二卷)　施议对　澳门:澳门大学出版中心　1997年9月
说唐宋词中的"鼎足对"　苏锡仁　盐城师专学报　1986年04期　1986年12月
从词的本质特征看词对比兴的运用　曹保合　东疆学刊　1987年1、2期合刊　1987年7月
试论古典诗词的用典　陈羽云　内蒙古社会科学　1988年02期　1988年4月
敦煌写卷中的曲子《还京洛》及其句式　柴剑虹　敦煌语言文学论文集　杭州:浙江古籍出版社　1988年10月
词的句式和领字　黄丽贞　华文世界　50期　1988年12月
词要如何用典　陈庆煌　国文天地　1989年8月1日
词用典的原则、方法及例释　陈庆煌　书友　26期　1989年4月
~中华诗学　1989年8月
诗词语言艺术例论　吴孟复　安庆师专学报　1989年03期　1989年10月
唐五代词"对叠"初探　刘晓农　东岳论丛　1989年05期　1989年10月
试说词的代字问题　周玉魁　中国韵文学刊　1990年01期　1990年7月

诗词之眼　陈如江　大公报　1990年8月31日
略谈古诗词中的引用　程儒章　绥化师专学报　1990年03期　1990年10月
三五七词律　刘念兹　阴山学刊　1990年04期　1990年12月
论柳永的对句法　〔日〕宇野直人　日本学者中国词学论文集　王水照、保苅佳昭编选　上海：上海古籍出版社　1991年5月
也谈苏轼《念奴娇》赤壁词的格式　曾永义　中国语文通讯　20期　1992年5月
　～参军戏与元杂剧　曾永义　台北：联经出版事业公司　1992年4月
词的衬字问题　周玉魁　词学　10辑　1992年12月
论"领字"及其与词体建构的关系　蒋哲伦　社会科学战线　1994年04期　1994年8月
　～词别是一家　蒋哲伦　上海：上海社会科学院出版社　2005年7月
谈词中领字　蒋哲伦　第一届词学国际研讨会论文集　"中研院"中国文学研究所筹备处编　1994年11月
浅论词中的齐杂问题　张思齐　西南民族学院学报　1995年02期　1995年4月
从稼轩词中语气词的运用看宋词与唐代近体诗语言的差异　王绍新　湖北大学学报　1995年03期　1995年5月
唐宋词的语言范式和表情艺术　张志强　福建论坛　1996年06期　1996年12月
浅谈古典诗词中的互文和倒装　杨忠仁　吉首大学学报　1997年01期　1997年3月
俗语入诗词　崔益红　邯郸大学学报　1998年01期　1998年2月
论"一字领"：兼说词体句式无所谓"句法"　洛地　古今谈　1998年02期
古代词类观与古诗词炼字法　黄文龙　西北师大学报　1998年06期　1998年11月
典故词对典故因素的摄取：典故词的形成之研究　李景新、王吉鹏　湛江师范学院学报　1999年03期　1999年9月
浅论《小山词》的对句法　林丽　四川大学学报　1999年增刊　1999年12月
古典诗词中偷句、袭用与点化的美学特征　李纯良　成都大学学报　2000年01期　2000年1月
中国古典诗词中隐喻系统高度发达的原因　赵维森　中国人民大学学报

2000 年 06 期　2000 年 11 月
敦煌词叠字与佛教关系浅探　沈荣森　东岳论丛　2001 年 01 期　2001 年 2 月
敦煌曲子词叠字美浅探　沈荣森　昆明师范高等专科学校学报　2001 年 02 期　2001 年 6 月
辛词以文为词的语篇分析　易匠翘　社会科学战线　2002 年 05 期　2002 年 9 月
词中的"领字"　张其煌　阅读与写作　2003 年 06 期　2003 年 6 月
集句：宋词的创作方法之二　徐胜利　湖北职业技术学院学报　2005 年 01 期　2005 年 3 月
词的领字　张守刚　语文知识　2006 年 05 期　2006 年 5 月
词体"领字"之义界与运用　王伟勇、赵福勇　成大中文学报　14 期　2006 年 6 月
借鉴与创新——也谈古典诗词中的"用典"　邵俊奇　时代文学　2007 年 03 期　2007 年 8 月
论乐府诗中的三言节奏与词　周仕慧　纪念辛弃疾逝世 800 周年学术研讨会论文汇编　2007 年 10 月
辛稼轩善用骈文填词　肇明、潘兆民　纪念辛弃疾逝世 800 周年学术研讨会论文汇编　2007 年 10 月
宋词韵句结构分析　张仲谋　词学　19 辑　2008 年 6 月
唐宋词中领字的功能　徐菲　文学教育（上）　2008 年 11 期　2008 年 11 月
从《全唐诗》所录唐及五代词的考察看"列锦"辞格发展演进之状况　吴礼权　楚雄师范学院学报　2010 年 01 期　2010 年 1 月
三言句式在词中的出现及其词体意义　白朝晖　文学遗产　2010 年 05 期　2010 年 9 月
苏轼词中用典及其文体学价值刍议　蔡凌　江汉大学学报　2011 年 02 期　2011 年 3 月
试论词体长短句式的表意特征　茯苓花、李东宾　内蒙古民族大学学报　2011 年 06 期　2011 年 11 月
中国古典词学用事论的承衍　胡建次　南昌大学学报　2011 年 06 期　2011 年 11 月
苏轼词对唐诗的化用与择取　张艳　语文学刊　2012 年 21 期　2012 年

11月

4. 声律

南宋词之音谱拍眼考　二北(任半塘)　东方杂志　24卷12期　1927年6月25日

　　~20世纪中国文学研究论文选·宋代卷　诸葛忆兵选编　北京:社会科学文献出版社　2010年1月

中国诗词曲之轻重律　王光祈　大公报文学副刊　292期　1933年8月7日

《菩萨蛮》调考证　华钟彦　女师学院期刊(河北省立女子师范学院)　2卷1期　1933年12月

　　~宋元音乐文学研究　修海林、孙克强、赵为民主编　开封:河南大学出版社　2004年12月

词律质疑　龙沐勋(龙榆生)　词学季刊　1卷3号　1933年12月

　　~词学论荟　台北:五南图书出版公司　1989年7月

　　~龙榆生词学论文集　上海:上海古籍出版社　1997年7月

论词亦有泛声　邹啸　青年界　6卷1期　1934年6月

词律笺榷卷一　徐荣　词学季刊　2卷2号　1935年1月

词律笺榷卷二　徐荣　词学季刊　2卷3号　1935年4月

词律笺榷卷三　徐荣　词学季刊　2卷4号　1935年7月

词律笺榷卷四　徐荣　词学季刊　3卷1号　1936年3月

词律笺榷卷五　徐荣　词学季刊　3卷2号　1936年6月

论词谱——词学通论之一节　龙榆生　语言文学专刊　1卷1期　1936年3月

　　~龙榆生词学论文集　上海:上海古籍出版社　1997年7月

周词订律序　邵瑞彭　词学季刊　3卷1号　1936年3月

论平仄四声　龙沐勋(龙榆生)　词学季刊　3卷2号　1936年6月

　　~龙榆生词学论文集　上海:上海古籍出版社　1997年7月

令词之声韵组织　龙榆生　制言　37期　1937年3月4日

　　~龙榆生词学论文集　上海:上海古籍出版社　1997年7月

宋词阳上作去辨　眉孙(吴庠)　同声月刊　1卷4期　1941年3月

填词句读及平仄格式　陈能群　同声月刊　1卷8号　1941年7月

中国文学上之倚声问题　詹安泰　中山学报　1卷1期　1944年11月

~宋词散论　詹安泰　广州:广东人民出版社　1980年11月

~詹安泰词学论集　詹伯慧编　汕头:汕头大学出版社　1997年10月

~詹安泰文集　吴承学、彭玉平编　广州:中山大学出版社　2004年11月

~詹安泰全集　卷5　上海:上海古籍出版社　2011年10月

论填词可不必严守声韵　詹安泰　文史杂志　5卷1、2期合刊　1945年1月

~20世纪中国文学研究论文选·宋代卷　诸葛忆兵选编　北京:社会科学文献出版社　2010年1月

~詹安泰全集　卷5　上海:上海古籍出版社　2011年10月

词韵约例　夏承焘　国文月刊　55期　1947年5月

词调增韵换韵及句末平仄通用例　陈奇猷　天津益世报　1947年6月2日

~唐宋词论丛　上海:古典文学出版社　1956年12月

~夏承焘集　第2册　杭州:浙江古籍出版社、浙江教育出版社　1997年

"阳上作去""入派三声"说　夏承焘　国文月刊　68期　1948年6月

~唐宋词论丛　夏承焘　上海:古典文学出版社　1956年12月

~夏承焘集　第2册　杭州:浙江古籍出版社、浙江教育出版社　1997年

读"阳上作去入派三声说"后　何汉章　国文月刊　74期　1948年

~唐宋词论丛　夏承焘　上海:古典文学出版社　1956年12月

~夏承焘集　第2册　杭州:浙江古籍出版社、浙江教育出版社　1997年

唐宋词字声之演变　夏承焘　唐宋词论丛　上海:古典文学出版社　1956年12月

~词学论荟　北京:中国文联出版公司　1985年

~夏承焘集　第2册　杭州:浙江古籍出版社、浙江教育出版社　1997年

~词曲研究　王小盾、杨栋　武汉:湖北教育出版社　2004年1月

词律三义　夏承焘　唐宋词论丛　上海:古典文学出版社　1956年12月

~夏承焘集　第2册　杭州:浙江古籍出版社、浙江教育出版社　1997年

谈谈词及词谱　罗敦伟　畅流　15卷5期　1957年4月
唐宋词声调浅说　夏承焘　语文学习　1958年6期
论词的音律与四声　弓英德　师大学报　4期　1959年6月
　～词学新诠　弓英德　台北:台湾商务印书馆　1982年9月
《菩萨蛮》及其相关之诸问题(上中下)　张琬　大陆杂志　20卷1—3期　1960年1—2月
论词之音律　明允中　幼狮学报　3卷1期　1960年10月
论宋词之四声阴阳　张世彬　新亚生活　4卷15期　1962年3月
关于词调　田恬　浙江日报　1962年8月29日
词调约例——说"犯调"　夏承焘　文史　2辑　1963年4月
宋词上去声字与剧曲关系及四声体考证　王琴希　文史　2辑　1963年4月
诗余牌调杀声考　詹昭伦　词学集刊　台北:师范大学国文系编　1966年6月
论唐宋词字声之演变　张世彬　新亚书院学术年刊　9期　1967年9月
唐宋词曲宫调经见表　袁帅南　中山学术文化集刊　4期　1969年11月
再论词调　郑骞　景午丛编(上编)　台北:台湾中华书局　1972年1月
词曲的音乐性　郑骞　中文季刊　8卷4期　1972年6月
词韵研究撮要　张世彬　中华文化复兴月刊　10卷3期　1977年3月
略论唐宋词之韵法　张世彬　中国学人　1977年06期　1977年9月
柳永的词牌特色　梁丽芳　中外文学　7卷1期　1978年6月
温庭筠与词调的成立　赖桥本　国文学报　8期　1979年6月
　～词曲散论　赖桥本　台北:文津出版社　1990年3月
词律　吴熊和　语文战线　1979年01期
词律简说　刘宋川　中学语文　1980年02期　1980年3月
唐宋词调的演变　吴熊和　杭州大学学报　1980年03期　1980年6月
　～吴熊和词学论稿　吴熊和　杭州:杭州大学出版社　1999年4月
谈词谱——词学讲话之三　宛敏灏　安徽师大学报　1980年03期　1980年6月
从白石道人自度曲看唐宋词人度曲的方法　赖桥本　国文学报　9期　1980年6月
　～词曲散论　赖桥本　台北:文津出版社　1990年3月
填词怎样选调　唐宋词欣赏　夏承焘　天津:百花文艺出版社　1980年

7月
　　~唐宋词欣赏　夏承焘　北京:北京出版社　2002年1月
　　~夏承焘集　第2册　杭州:浙江古籍出版社、浙江教育出版社　1997年
词调与声情　夏承焘　唐宋词欣赏　天津:百花文艺出版社　1980年7月
　　~唐宋词欣赏　夏承焘　北京:北京出版社　2002年1月
　　~夏承焘集　第2册　杭州:浙江古籍出版社、浙江教育出版社　1997年
词的转韵　夏承焘　唐宋词欣赏　天津:百花文艺出版社　1980年7月
　　~唐宋词欣赏　夏承焘　北京:北京出版社　2002年1月
　　~夏承焘集　第2册　杭州:浙江古籍出版社、浙江教育出版社　1997年
谈词韵——词学讲话之四　宛敏灏　安徽师大学报　1980年04期　1980年8月
词律浅说　穆一衡　知识窗　1981年01期
柳永所用词牌之特色　梁丽芳　南开学报　1982年04期
选声择调与词调声情　吴熊和　杭州大学学报　1983年02期　1983年5月
　　~吴熊和词学论稿　吴熊和　杭州:杭州大学出版社　1999年4月
论声韵　詹安泰词学论稿　汤擎民整理　广州:广东人民出版社　1984年1月
　　~詹安泰词学论集　詹伯慧编　汕头:汕头大学出版社　1997年10月
　　~詹安泰文集　吴承学、彭玉平编　广州:中山大学出版社　2004年11月
　　~詹安泰全集　卷5　上海:上海古籍出版社　2011年10月
论音律　詹安泰词学论稿　汤擎民整理　广州:广东人民出版社　1984年1月
　　~詹安泰词学论集　詹伯慧编　汕头:汕头大学出版社　1997年10月
　　~詹安泰文集　吴承学、彭玉平编　广州:中山大学出版社　2004年11月
　　~詹安泰全集　卷5　上海:上海古籍出版社　2011年10月
词的声律　唐景凯　语文月刊　1984年01期　1984年1月
论调谱——词学研究之三　詹安泰　武汉大学学报　1984年02期　1984

年3月
　　~詹安泰词学论稿　汤擎民整理　广州:广东人民出版社　1984年1月
　　~詹安泰词学论集　詹伯慧编　汕头:汕头大学出版社　1997年10月
　　~詹安泰文集　吴承学、彭玉平编　广州:中山大学出版社　2004年11月
　　~詹安泰全集　卷5　上海:上海古籍出版社　2011年10月
诗词曲律概述(正续)　朱星　唐山师专学报　1984年03期、1985年01期
略谈词律和诗律的关系　徐青　语文月刊　1984年07期
略谈曲律和词律的关系　徐青　语文月刊　1984年11期
宋词音谱的形迹　吴迦陵　词学　3辑　1985年2月
词平仄规律考察　金志仁　苏州大学学报　1985年02期　1985年3月
燕乐与填词　施议对　中国文学史研究集　上海:上海古籍出版社　1985年11月
二晏对词牌的发展与创造　吴林抒　二晏研究辑刊　1期　1986年7月
说杨柳枝、贺圣朝、太平时　施蛰存　词学　4辑　1986年8月
声诗和声与词体的关系　黄坤尧　词学　5辑　1986年10月
宫调与声律　吴迦陵　词学　5辑　1986年10月
词的用韵与平仄有哪些规则　曹光甫　古典文学三百题　上海:上海古籍出版社　1986年12月
词律与词谱是怎样的书　曹光甫　古典文学三百题　上海:上海古籍出版社　1986年12月
略谈诗词的用韵　吴世昌　文教资料　1987年01期
《渔父》词考　〔日〕村上哲见　唐五代北宋词研究　〔日〕村上哲见著,杨铁婴译　西安:陕西人民出版社　1987年8月
　　~宋词研究　〔日〕村上哲见著,杨铁婴、金育理、邵毅平译　上海:上海古籍出版社　2012年4月
《下水船》词订律　许庄叔　贵州师范大学学报　1987年04期　1987年12月
词乐论　施议对　中国首批文学博士学位论文选集　山东大学出版社编辑部编　济南:山东大学出版社　1987年12月
燕乐二十八调调名的来源　胡均　民族民间音乐　1988年01期
词律来源新考　邱耐久　广东社会科学　1988年02期　1988年4月

"词"与音乐　余毅恒　宜宾师专学报　1989年03期　1989年6月

增订词律之商榷　任二北　词学论荟　台北:五南图书出版公司　1989年7月

念奴娇乐调的名实之变——宋词曲调考证三例　黄翔鹏　音乐研究　1990年01期　1990年3月

《忆秦娥》词牌探源(论文摘要)　亚平　文学遗产　1990年02期　1990年5月

词的韵律与节奏　林玫仪　扬芬集　台北:诗书画家协会　1990年5月

诗词格律与美声之道　周啸天　名作欣赏　1990年05期　1990年10月

谈谈词调与曲调的关系　廖可斌　中国文学研究　1990年03期　1990年10月

金元词调考　周玉魁　词学　8辑　1990年10月

词调考辨:《小秦王》及《阳关曲》　周圣伟　华东师范大学学报　1991年02期

《杨柳枝》词考　〔日〕村上哲见　日本学者中国词学论文集　王水照、保苅佳昭编选　上海:上海古籍出版社　1991年5月

略述两宋词的宫调与词牌　曹济平、张成　中国首届唐宋诗词国际学术讨论会　1991年5月

《菩萨蛮》的创调与流传　邱燮友　唐代文化研讨会论文集　台北:文史哲出版社　1991年7月

词调考辨:《芳草渡》与《系裙腰》　周圣伟　华东师范大学学报　1991年05期

音律、声律、格律　刘学顺　殷都学刊　1991年03期　1991年10月

声律韵规与制腔选调——词学札记　田园　中国文化月刊　149期　1992年3月

词牌述要　李再添　新埔学报　12期　1992年4月

苏轼《念奴娇》赤壁词格律与原文试考　周策纵　中国语文通讯　20期　1992年5月

论唐宋词与音乐的一般关系　丁宇礼　贵州教育学院学报　1992年04期　1992年12月

以唐、五代小令为例试述词律之形成　王伟勇　东吴文史学报　11号　1993年3月

论宋词声韵的历史特征　张惠民　汕头大学学报　1993年01期　1993年4月

~宋代词学审美理想　张惠民　北京:人民文学出版社　1995年4月
《浪淘沙》源流　赵曼初　吉首大学学报　1993年01期　1993年4月
论《三台》词调结构:兼论慢二急三节拍形式　庄永平　交响　1994年01期
宋代音乐与慢词　刘学忠　阜阳师范学院学报　1994年01期　1994年2月
《声声慢》词名非源于蒋捷考　易健贤　贵州教育学院学报　1994年01期　1994年3月
试论词调《河传》的特色　连文萍　东吴中文研究集刊　1期　1994年5月
《诉衷情》词调分析　曾秀华　东吴中文研究集刊　1期　1994年5月
论宋词词韵与音乐之关系　刘明澜　中国音乐学　1994年03期　1994年6月
论词与音乐的关系及后世词谱的缺失　洪惟助　中国文哲研究通讯　4卷2期　1994年6月
论词调的变化　刘明澜　音乐艺术　1994年2期　1994年6月
读施蛰存先生《说杨柳枝、贺圣朝、太平时》　姜书阁　中国韵文学刊　1994年01期　1994年6月
　　~改题:读《说杨柳枝、贺圣朝、太平时》一文　文史说林百一集正续编　姜书阁　杭州:浙江大学出版社　2010年4月
词韵的建构从试拟到完成——朱敦儒、沈谦、戈载三家词韵述评　谢桃坊　中华词学　1期　1994年7月
隋唐音乐与词的关系试探　沈冬　中国文哲研究通讯　4卷3期　1994年9月
词之宫商雌黄——试以实验语音学的方法探讨词之音乐性　罗立刚　学术月刊　1994年11期　1994年11月
论词之格律与音乐的关系　徐信义　第一届词学国际研讨会论文集　台北:"中研院"中国文哲研究所筹备处　1994年11月
词与乐之关系及其嬗变　周学明　天津社会科学　1994年06期　1994年12月
韵律分析在宋词研究上之意义　林玫仪　中国文哲研究集刊　6期　1995年3月
《南歌子》词调试析　郭娟玉　东吴中文研究集刊　2期　1995年5月
试论词调《浪淘沙》之特色　黄慧祯　东吴中文研究集刊　2期　1995年

5月
在诗律与词律之间——《渔歌子》词调分析　谢俐莹　东吴中文研究集刊　2期　1995年5月
词的用韵类型　周崇谦　中国韵文学刊　1995年01期　1995年6月
再论《贺圣朝》与《杨柳枝》　姜书阁　中国韵文学刊　1995年02期　1995年12月
古体诗词格律四题　王洪明　淮阴教育学院学报　1995年04期
词谱琐谈　夏五　广西教育学院学报　1996年01期　1996年3月
《洛阳春》词调初考　郑祖襄　中央音乐学院学报　1996年02期　1996年5月
《更漏子》词调研究　林宜陵　东吴中文研究集刊　3期　1996年5月
词律探源　王明政　淮阴师专学报　1996年03期　1996年7月
《虞美人》词调试析　陶子珍　中国国学　24期　1996年10月
填词律谱论　章钰　江苏文史研究　1996年01期
论《花间集》词的格律现象　徐信义　中山人文学报　5期　1997年1月
《汉宫春》探微　李朝今　古今艺文　23卷2期　1997年2月
《满江红》词调溯原　谢桃坊　中国韵文学刊　1997年01期　1997年6月
短调深情——《临江仙》词调及创作漫议　刘庆云　中国韵文学刊　1997年01期　1997年6月
《念奴娇》词调考原　岳珍　中国韵文学刊　1997年01期　1997年6月
　～音乐与文献论集　岳珍　武汉：华中科技大学出版社　2010年4月
《沁园春》的形式特点与发展历程　龙建国　中国韵文学刊　1997年01期　1997年6月
浅论《水调歌头》　王兆鹏　中国韵文学刊　1997年01期　1997年6月
词调丛考　周玉魁　中国韵文学刊　1997年01期　1997年6月
填词与选调　龙榆生　龙榆生词学论文集　上海：上海古籍出版社　1997年7月
　～词学季刊　3卷4号（编按：此期有残存校稿目录，全书未刊行）
论词"均"　徐信义　中山人文学术论丛　1辑　1997年10月
词调丛考(续篇)　周玉魁　中国韵文学刊　1997年02期　1997年12月
《生查子》词调综考　陈清茂　海军军官学校学报　7期　1997年12月
词律、词谱比较研究　林玫仪　2001"国科会"补助专题研究报告　台北："国科会"微缩小组　1997年

《生查子》词调试析　杜静鹤　东吴中文研究集刊　5期　1998年5月
《西江月》词牌研究　李雅云　东吴中文研究集刊　5期　1998年5月
《九宫大成》与中国古代词曲音乐　刘崇德　河北大学学报　1998年02期　1998年6月
古典诗词"四声"辨　陈浩望　东坡赤壁诗词　1999年03期
《杨柳枝》词调析论　沈冬　台大中文学报　11期　1999年5月
论词与音乐的融合　鄢化志　宿州师专学报　1999年02期　1999年5月
词调与声情——探求词调声情的几条途径　陈满铭　诗词新论　台北：万卷楼图书公司　1999年8月
试析东坡词与音律变革　余晓莉　阜阳师范学院学报　1999年04期　1999年11月
词律与曲律——中国诗歌演进轨迹（二零）　施议对　澳门日报　2000年1月23日、2月20日
道教音乐与唐五代词　尚丽新　晋阳学刊　2000年04期　2000年7月
词调读札　高建中　楚雄师专学报　2001年01期　2001年3月
谈宋代的词乐　张金城　国教世纪　195期　2001年4月
唐五代词创调史述要　金志仁　南通师范学院学报　2001年04期　2001年11月
《虞美人》胜当诗词合璧体词牌成因解析　月人　陕西广播电视大学学报　2001年04期　2001年12月
谈词的句中韵　田玉琪　湛江师范学院学报　2002年01期　2002年2月
"苏幕遮"的乐与辞——胡乐入华的个案研究与唐代歌曲声、辞关系的探讨　李昌集　中国诗歌与音乐关系研究——第一届与第二届"中国诗歌与音乐关系"学术研讨会论文集　2002年4月
～中国文化研究　2004年02期　2004年5月
文词格律与词曲音乐兴衰　路应昆　中国诗歌与音乐关系研究——第一届与第二届"中国诗歌与音乐关系"学术研讨会论文集　2002年4月
宋代词律无成规　张炎均拍无法击　张林　黄钟（武汉音乐学院学报）　2003年01期　2003年3月
论词律的演进与词体的诗化　许伯卿　中国韵文学刊　2004年01期　2004年3月
唐宋词调之冠——《浣溪沙》初探　白静、刘尊明　湖北大学学报　2004

年02期　2004年3月

论唐宋词与燕乐之关系　胡遂、习毅　湖南大学学报　2004年06期　2004年11月

和韵:宋词的创作方法之一　徐胜利　湖北职业技术学院学报　2004年04期　2004年12月

《江城子》的律调与词情　景刚　滁州学院学报　2004年04期　2004年12月

从《教坊记》曲目考察词调中的西域音乐因子　高人雄　西域研究　2005年02期　2005年6月

《无限曲》及其影响　岳珍　华中科技大学学报　2005年03期　2005年6月

　～改题:《无限曲》及其他　音乐与文献论集　岳珍　武汉:华中科技大学出版社　2010年4月

唐宋词调与皖南目连戏声腔曲牌的关系　陈星、张隽　阜阳师范学院学报　2006年02期　2006年3月

《骤雨打新荷》是词调还是曲牌　潘慎、秋枫　文化月刊(诗词版)　2006年03期　2006年3月

同名词牌、曲牌初论　林逢源　国文学志　12期　2006年6月

怎样解读词谱　谢桃坊　古典文学知识　2006年06期　2006年11月

倚声之源流与体制考论　彭玉平　江海学刊　2007年01期　2007年1月

《虞美人》词牌的源流考　陈秋芳　文教资料　2007年07期　2007年3月

唐五代词调在两宋的运用　田玉琪　长江学术　2007年04期　2007年10月

试答彊村散水调之疑　周韬　词学　18辑　2007年12月

施蛰存论作词和词律　刘效礼　词学　18辑　2007年12月

曲牌体音乐与词曲文学关系之研究　郑祖襄　首都师范大学学报　2007年06期　2007年12月

词谱检论　谢桃坊　文学遗产　2008年01期　2008年1月

词曲同名异调析论——以《天仙子》为例　涂茂奇　东方人文学志　7卷1期　2008年3月

论依调填词的几个问题　田玉琪　2008年词学国际学术研讨会论文集　呼和浩特　2008年8月

论秦巘《词系》及其词谱制作的开拓性　江合友　燕赵学术　2008年02期　2008年10月

《念奴娇》源流考　王玖莉　云南农业大学学报　2009年01期　2009年2月

音乐与文学的关系——以燕乐与宋词为例　石磊　艺海　2009年05期　2009年5月

循宋词倚声而作的若干特点及词体的发展　包克菲　内蒙古师范大学学报　2010年01期　2010年1月

诗词与音乐关系浅论　胡湛、张健、龙腾　宜春学院学报　2010年02期　2010年3月

"金风调"均调名考索　岳珍　音乐与文献论集　武汉：华中科技大学出版社　2010年4月

大晟府创制新调考论　龙建国　词学　23辑　2010年6月

《明集礼》中词作与宫调　田玉琪　华夏文化论坛　5辑　2010年9月

三声通协与词曲之辨　田玉琪　纪念辛弃疾诞生870周年"辛弃疾与词学"国际学术论坛论文集　2010年10月

~上饶师范学院学报　2011年01期　2011年2月

词与音乐——以柳、苏《八声甘州》为例　施议对、金春媛　词学　24辑　2010年12月

《倾杯乐》源流考　刘芳　词学　24辑　2010年12月

词、曲按"牌"填词的比较分析　武秋莉　语文学刊　2010年23期　2010年12月

从北曲格律看词曲渊源　吕薇芬　文学遗产　2011年02期　2011年3月

论明清词选的谱体特点　李冬红　暨南学报　2011年02期　2011年3月

敦煌曲子词格式演变试探——以《浣溪沙》《山花子》《杨柳枝》《喜秋天》《卜算子》词牌为例　〔韩〕金贤珠、〔韩〕朴美淑　中国语文　108卷4期　2011年4月

读詹安泰先生的《论声韵》　张振兴　韩山师范学院学报　2011年05期　2011年10月

唐宋词调考实　谢桃坊　文学遗产　2012年01期　2012年1月

宋词调与宫调　洛地　西华师范大学学报　2012年01期　2012年1月

明清词谱中的"同调异体"　李冬红　齐鲁学刊　2012年02期　2012年

3月

唐宋词乐律体系考论　龙建国　词学　27辑　2012年6月

论《乌夜啼》曲牌来源及其填制　王莉　玉林师范学院学报　2012年04期　2012年8月

依时曲入歌——"明词曲化"表现方式之一　胡元翎　吉林大学社会科学学报　2012年06期　2012年11月

论文人词对近体诗声律的模仿、突破与回归　刘芳　江苏社会科学　2013年01期　2013年2月

唐宋词曲关系新探——曲调、曲辞、词谱阶段性区分的意义　戴伟华、张之为　音乐研究　2013年02期　2013年3月

论宋词之词调与宫调的关系　谢桃坊　东南大学学报　2013年02期　2013年3月

从声律句式论古代词体特征　柯立中　淮海工学院学报　2013年09期　2013年5月

唐宋《望江南》词调的创制源流与声情特征　刘尊明、余泽薇　湖北大学学报　2013年03期　2013年5月

宋代《洞仙歌》词调探微　胡倩　湖北科技学院学报　2013年09期　2013年9月

姜夔词"出韵"现象析疑——兼谈宋代词人用韵观念与用韵变化　刘庆云　词学　30辑　2013年12月

宋词调水调歌头考　马里扬　词学　30辑　2013年12月

四、批评论

【著作】

中国词学史　谢桃坊　成都:巴蜀书社　1993年6月　449页
　　　引论;第一章　词学的创始;第二章　词学的建立;第三章　词学的中衰;第四章　词学的复兴;第五章　词学的极盛;第六章　现代的词学研究;馀论　新时期词学研究述评;附录:新时期词学研究著作索引;后记
　　○建构独到　创意精深——评谢桃坊《中国词学史》　一鸣　天府新论　1994年03期　1994年5月
　　○一部锐意求新的填补空白之作——简评谢桃坊的《中国词学史》　黄圭　文史杂志　1994年03期　1994年6月

○《宋词概论》与《中国词学史》的写作过程　谢桃坊　古典文学知识　1994年04期　1994年7月

○评《中国词学史》　扬忠(刘扬忠)　社会科学研究　1994年05期　1994年9月

◎修订本　成都:巴蜀书社　2002年12月　609页

增补:唐代新体音乐文学——曲子词及最早的词学文献;宋人词体起源说;杨慎的词学;谢元淮关于词乐的探寻;改补:王灼的词学思想;朱敦儒试拟的词韵;胡云翼对现代词学理论的贡献;新时期词学研究述评等节

○学科命运的关注与历史的反思——评修订本《中国词学史》　张承凤　社会科学研究　2003年04期　2003年7月

古代词学理论的建构　刘贵华　北京:中国文史出版社　2006年3月　313页　当代学者人文论丛

序(王兆鹏);绪论;第一章 起源论;第二章 词体论;第三章 创作论;第四章 词史论;第五章 风格论;第六章 词派论;第七章 正变论;第八章 词境论;第九章 鉴赏论;第十章 批评论;主要参考书目;后记

清代词体学论稿　鲍恒　北京:人民文学出版社　2007年5月　352页　中国古典文学研究丛书

序(刘崇德);第一章 引论——词体与词体学;第二章 清代词体学总论;第三章 清代词体学之基本特征;第四章 清代之词乐研究;第五章 清代之词谱研究;第六章 清代之词韵研究;结语——清代词体学的历史地位与价值;主要参考书目;后记

宋词体演变史　木斋　北京:中华书局　2008年12月　331页

序(刘尊明);前言;第一章 总论:唐宋词体的演变;第二章 论宋初体;第三章 论柳永体;第四章 论晏欧体;第五章 论张先始创应社之瘦硬体;第六章 论东坡体;第七章 论小晏体及其词史意义;第八章 论少游体;第九章 论山谷体与方回体;第十章 论美成体;第十一章 论易安体;第十二章 论稼轩体;第十三章 论白石体;第十四章 论梦窗体;参考文献;后记

○略论文学史的写法——以木斋《宋词体演变史》为视角的探讨　欧明俊　江西师范大学学报　2009年05期　2009年10月

○词体学的初步建构——论木斋《宋词体演变史》　刘尊明　天中学刊　2009年03期　2009年6月

○诗词互动的词体运行轨迹与诗词同构的词史理论框架——木斋《宋词体演变史》研究方法蠡探　尚雪红、宋娟　天中学刊　2010 年 03 期　2010 年 6 月

○别样的词史——木斋《宋词体演变史》方法论研究　侯海荣　天中学刊　2010 年 03 期　2010 年 6 月

中国分体文学学史:词学卷　彭玉平　太原:山西教育出版社　2013 年 6 月　532 页

绪论:词学的古典与现代——词学学科体系与学术源流;第一章　倚声之源流与体制;第二章　诗馀与词体特征;第三章　杜诗变调与词体内质——以《风雨看舟前落花戏为新句》三首为考察中心;第四章《花间集序》与清艳词风;第五章　音情之悲与词体之尊——李清照《词论》新探;第六章　唐宋语境中的"以诗为词";第七章　词之"哀感顽艳"说;第八章　词之"尽头艳语"说;第九章　词之"潜气内转"说;第十章《草堂诗馀》与明代词学;第十一章　清代词学中的《诗》学话语;第十二章　端木埰之词学思想;第十三章　陈廷焯之词学思想;第十四章　沈曾植之词学思想;第十五章　朱祖谋与晚清和民国时期的梦窗词风;第十六章　词选经典:《宋词三百首》;第十七章　"纤"与况周颐之词学理论;第十八章《人间词话》:文本的增删;第十九章　王国维的境界说及其范畴体系;第二十章　叶恭绰的清词研究与新体乐歌之观念;第二十一章　詹安泰之词学思想;第二十二章　唐圭璋与晚清民国词学的源流和谱系;第二十三章　邱世友之词学研究;第二十四章　晚清民国的词体观念;主要参考文献;本书各章发表情况一览;后记

【学位论文】

清代词学尊体之论述研究　颜妙容　(高雄)"中山大学"　2005 年　博士论文

词为"倚声"论　周韬　暨南大学　2008 年　博士论文

词体正变观研究　王卫星　中山大学　2012 年　博士论文

词话之批评与功用研究　王国昭　"东吴大学"　1986 年　硕士论文

明末清初诗词正变观研究——以二陈、王、朱为对象之考察　陈美朱　成功大学　2001 年　硕士论文

"艳词"义蕴流变考　李玉玲　山东师范大学　2006 年　硕士论文

唐教坊曲子曲名乐调源流考　孙晓霞　山西大学　2006 年　硕士论文

论唐宋词娱乐功用的历史呈现与原因　韩国彩　东北师范大学　2007 年　硕士论文
《四库全书总目》词曲观研究　卢盈君　政治大学　2009 年　硕士论文
从词"正体"到"词三品"——婉约词文学地位变迁研究　李庆　中国石油大学　2011 年　硕士论文
李清照的词学思想　谭伟红　华中师范大学　2011 年　硕士论文
张炎词学思想研究　董洋　海南师范大学　2011 年　硕士论文
李渔词学理论研究　刘铭　苏州大学　2012 年　硕士论文
稼轩词学思想研究　牛思仁　兰州大学　2013 年　硕士论文
护法词宗，别树新声——万树《词律》研究　谷敏　安徽大学　2013 年　硕士论文
明嘉靖至崇祯朝词学观念之演进及指向研究　唐玉雄　东华理工大学　2013 年　硕士论文

【单篇论文】

1. 辨名

词牌考证　盛世强　世界日报　1928 年 3 月 5、12、19 日
词调变名考（目录误作"调词变名考"）　李维　清华周刊　41 卷 3、4 期合刊　1934 年 4 月
词名考源（词曲牌名之来源）　江寄萍　新光杂志　1 卷 4、5 期　1940 年 6、7 月
词名的创作（词曲牌名之来源）　蒙钰　新民报半月刊　3 卷 13 期　1941 年
"词牌"浅释　顾学颉　中国青年报　1957 年 1 月 29 日
关于词牌　江风　新民晚报　1960 年 12 月 31 日
词和词牌　李阳　吉林日报　1961 年 1 月 29 日
"词牌"简谈　陈长河　陕西日报　1962 年 7 月 25 日
杂话词牌　福建日报　长工、晏得　1962 年 9 月 2 日
词牌种种　张英　南方日报　1962 年 12 月 19 日
词学丛话（2）：词是什么　丁可　现代国家　26 期　1967 年 3 月
词·词调·词牌　谭朔　解放日报　1977 年 11 月 27 日
说"诗余"　施蛰存　文艺理论研究　1982 年 01 期　1982 年 3 月
　~词学论稿　华东师范大学中文系古代文学研究室编　上海：华东师范

大学出版社　1986年9月
词源八十四调名笺释　王延龄　北方论丛　1982年02期　1982年4月
词学名词解释(1)——长短句　施蛰存　文史知识　1984年05期　1984年5月
词学名词解释(2)——雅词　施蛰存　文史知识　1984年06期　1984年6月
词学名词解释(3)——近体乐府、寓声乐府　施蛰存　文史知识　1984年07期　1984年7月
词学名词解释(4)——琴趣外篇、阕　施蛰存　文史知识　1984年08期　1984年8月
词学名词解释(5)——令引近慢　施蛰存　文史知识　1984年10期　1984年10月
词学名词解释(6)——变、偏、遍、片、段、叠　施蛰存　文史知识　1984年11期　1984年11月
词学名词解释(7)——双调、重头、双曳头　施蛰存　文史知识　1984年12期　1984年12月
词学名词解释(8)——换头、过片、么　施蛰存　文史知识　1985年02期　1985年2月
词学名词解释(9)——拍　施蛰存　文史知识　1985年04期　1985年4月
词学名词解释(10)——减字偷声　施蛰存　文史知识　1985年05期　1985年5月(编按:本系列论文无第11组)
词学名词解释(12)——摊破、添字　施蛰存　文史知识　1985年07期　1985年7月
词的名称　唐景凯　语文月刊　1985年09期　1985年9月
词非诗余辨　于承武　信阳师院学报　1985年03期　1985年10月
词学名词解释(13)——遍、序、歌头、曲破、中腔　施蛰存　文史知识　1985年11期　1985年11月
词名词解释(14)——自度曲、自制曲、自过腔　施蛰存　文史知识　1985年12期　1985年12月
词名词解释(15)——填腔、填词　施蛰存　文史知识　1986年02期　1986年2月
何谓词牌？何谓小令与慢词？和谓单调双调三迭四迭？　施蛰存　古典文学三百题　上海:上海古籍出版社　1986年12月

"词"的语义和作为韵文样式的"词" 〔日〕村上哲见 唐五代北宋词研究 〔日〕村上哲见著,杨铁婴译 西安:陕西人民出版社 1987年8月
~宋词研究 〔日〕村上哲见著,杨铁婴、金育理、邵毅平译 上海:上海古籍出版社 2012年4月
关于词的异称 〔日〕村上哲见 唐五代北宋词研究 〔日〕村上哲见著,杨铁婴译 西安:陕西人民出版社 1987年8月
~宋词研究 〔日〕村上哲见著,杨铁婴、金育理、邵毅平译 上海:上海古籍出版社 2012年4月
什么是词 吴熊和 古典文学知识 1988年04期 1988年7月
坚决废除"唐词"名称 任半塘 词学 6辑 1988年7月
为"唐词"进一解 饶宗颐 明报月刊 1989年11月
宋词异名考 暴拯群、韩华 学习论坛 1990年03期
~暴拯群 语文学刊 1999年05期 1999年10月
唐词再辨——谈印行李卫公《望江南》的旨趣和曲子词的欣赏问题 饶宗颐 明报月刊 1990年12月
对于"词"的认识及其名称的变迁 〔日〕村上哲见 日本学者中国词学论文集 王水照、保苅佳昭编选 上海:上海古籍出版社 1991年5月
"唐词"辨正 饶宗颐 九州学刊 4卷4期 1992年
"诗余"平议 聂安福 求索 1992年03期 1992年6月
关于"词"的名称与定义的重新审视与界说 刘尊明 湖北大学学报 1993年02期 1993年5月
说说宋词的异名 暴拯群 文史知识 1994年05期 1994年5月
敦煌歌辞、敦煌词、民间词与文人词之考辨 刘尊明 湖北大学学报 1995年02期 1995年3月
关于宋词别名长短句的补充 何根基 文史知识 1995年05期 1995年5月
唐前"辞(词)"名义源流考 周廷良 河北大学学报 1995年02期 1995年6月
词调考辨 方智范 华东师范大学学报 1995年03期 1995年6月
词名叙论 孙其芳 甘肃广播电视大学学报 1998年04期 1998年11月
浅谈词的名称与形体特征 刘尊明、赵晓涛 湖北大学成人教育学报 1999年05期 1999年10月
"诗余"小考 熊盛元 山西大学师范学院学报 1999年04期 1999年

12月

词调三类:令、破、慢　洛地　古今谈　1999年04期

　　~改题:词调三类:令、破、慢:释"均(韵断)"　文艺研究　2000年05期
　　2000年9月

　　~词曲研究　王小盾、杨栋　武汉:湖北教育出版社　2004年1月

"艳词"考　岳珍　文学遗产　2002年05期　2002年9月

　　~音乐与文献论集　岳珍　武汉:华中科技大学出版社　2010年4月

以"体"论词之"体"辨　尚继武　哈尔滨学院学报　2004年12期　2004年12月

古代词论中的"诗余"范畴　周明秀　社科纵横　2005年04期　2005年8月

关于"词"的定义的通信　施蛰存　华东师范大学学报　2005年06期　2005年11月

诗馀考　彭玉平　汕头大学学报　2006年03期　2006年6月

《"艳词"考》商榷　符继成　中国文学研究　2007年01期　2007年3月

宋元"小唱"名实辨　赵义山　文艺研究　2008年01期　2008年1月

　　~改题:论宋元"小唱"之名同实异　赵义山　宋代文化研究　16辑　2009年1月

"诗余"何解？　耿宝强　阅读与写作　2008年10期　2008年10月

从唐五代文献试探"曲子"、"曲子词"之名的由来——以敦煌写本为中心　周瑶　求索　2009年01期　2009年1月

敦煌佛教曲子词之调名源流考辨　王志鹏　敦煌研究　2009年03期　2009年6月

"小词"与"词小"辨析　许兴宝、左宏阁　北方民族大学学报　2010年02期　2010年3月

词的别称与词的音乐特性探析　吴薇　牡丹江师范学院学报　2011年01期　2011年2月

"令引近慢"合称概指词体考论　李飞跃　郑州大学学报　2011年05期　2011年9月

古典词论中的"本色"概念辨析　王卫星　河南师范大学学报　2011年05期　2011年9月

"诗余"考论　于广杰、邢宇　集宁师范学院学报　2012年02期　2012年6月

关于格律诗词之名称　张海鸥　人民政协报　2012年12月31日

2. 分类说

需"提倡一些文体分类学"——评《新近发现东坡词考辨补证》 曾枣庄 乐山师范学院学报 2005 年 10 期 2005 年 10 月

词的体式与分类 张仲谋 徐州工程学院学报 2007 年 11 期 2007 年 11 月

观念差异与分体标准——清代词谱分体法的当代反思 祁宁锋 文学遗产 2013 年 05 期 2013 年 9 月

3. 功能论及价值论

从敦煌所出《望江南》《定风波》申论曲子词之实用性 饶宗颐 第二届敦煌学国际研讨会论文 1990 年 7 月

苏轼与词体地位的提升 孙康宜著,李奭学译 中外文学 20 卷 6 期 1991 年 11 月

从词的实用功能看宋代文人的生活 黄文吉 编译馆馆刊 20 卷 2 期 1991 年 12 月

～国际宋代文化研讨会论文集 成都:四川大学出版社 1991 年 1 月

小令在诗传统中的地位 〔美〕高友工 词学 9 辑 1992 年 7 月

谈张惠言的尊体理论 曹保合 贵州教育学院学报 1993 年 01 期 1993 年 4 月

～云南教育学院学报 1993 年 02 期 1993 年 5 月

试论尊词与轻词——兼评苏轼词学观 刘石 文学评论 1995 年 01 期 1995 年 1 月

宋代词学的矛盾价值观 朱崇才 文学遗产 1995 年 01 期 1995 年 1 月

清初"尊体"词论辨析 〔新加坡〕王力坚 第四届清代学术研讨会论文集 1995 年 11 月

论唐宋词的实用功能及其与歌妓的关系 李剑亮 杭州大学学报 1996 年 01 期 1996 年 2 月

论清词"尊体"说 艾治平 嘉应大学学报 1996 年 04 期 1996 年 8 月

《三国演义》诗词的功能、意蕴和价值 郑铁生 河北大学学报 1997 年 01 期 1997 年 3 月

清代词论中的尊体观念初探 孙致文 "中央大学"中国文学研究所论文集刊 4 期 1997 年 5 月

清代词学的"尊体"观　皮述平　学术月刊　1997年11期　1997年11月
清初"错位尊体"词论的困惑　〔新〕王力坚　浙江学刊　1998年01期　1998年1月
析谭献的尊体论　曹保合　新疆教育学院学报　1998年01期　1998年2月
　　~改题:谈谭献的尊体论　甘肃广播电视大学学报　1998年01期　1998年2月
略论词学尊体史　杨万里　云梦学刊　1998年02期　1998年5月
清初"本位尊体"词论辨析　〔新〕王力坚　文学评论　1998年04期　1998年7月
从"艳科"、"小道"到"时代文学":略析我国古代词论中"尊体说"的发展　张丽　四川师范学院学报　1999年01期　1999年1月
苏轼、秦观的词与宋人的尊体意识　王珏　河南大学学报　1999年01期　1999年1月
清代词学尊体与古代文学价值观　陈水云　黄冈师专学报　1999年01期　1999年2月
道学思潮对北宋令词的影响　孙民　天水师专学报　2000年01期　2000年6月
唐宋词体的文化功能与运行系统　沈松勤　文学评论　2001年04期　2001年7月
近代词家对词体地位及体性的思考　杨柏岭　古代文学理论研究　20辑　2002年12月
论词与曲作为格律诗的辅助诗体的作用　王珂　青岛科技大学学报　2003年01期　2003年3月
宋初百年间词之功能的推移——宋代文化构建中的宋词　董希平　文学评论　2003年04期　2003年7月
宋代侑酒词及茶词汤词的文体特征与文学功能考论　沈家庄　第三届宋代文学国际研讨会论文集　2003年9月
格律诗是古代汉诗主导诗体的原因——兼论词与曲在古代汉诗中的文体调和作用　王珂、代绪宇　南都学坛　2003年06期　2003年11月
论词的叙事性　张海鸥　中国社会科学　2004年02期　2004年3月
词亦"可以群":论宋代南渡唱和词　何春环　西南师范大学学报　2005年03期　2005年5月
尊体意识与南宋词选之兴盛　薛泉　求索　2005年11期　2005年11月

论唐宋词及理论之演变与尊体　曹庆鸿　中国文化研究　2006年02期　2006年5月
　~追求科学与创新:复旦大学第二届中国文论国际学术会议论文集　黄霖、邬国平主编　北京:中国文联出版社　2006年12月
近25年来陈维崧词研究的回顾与展望——兼谈文体功能研究的重要意义　刘明玉　中国韵文学刊　2007年01期　2007年3月
词学反思与强势选择——马洪的历史命运与朱彝尊的尊体策略　张宏生　文学遗产　2007年04期　2007年7月
五代、两宋时期词体功能的考察　杨金梅　贵州社会科学　2007年11期　2007年11月
辛派词人尊体意识述论　朱慧玲、刘西山　陕西师范大学学报　2008年S2期　2008年9月
诗意的接受——苏轼词题序所显示的词体文化价值取向　马丁良　苏州教育学院学报　2008年04期　2008年12月
"苏李之争":词功能嬗变的迷局与词学家的困惑——兼论宋代词论的两种基本观点及其演化方向　朱惠国　文艺理论研究　2009年01期　2009年1月
词学尊体研究综述　汪超　重庆文理学院学报　2009年01期　2009年1月
论周济词学尊体观　汪超、涂育珍　温州大学学报　2009年02期　2009年3月
"辨体"与"破体"异流同归于"尊体"——论清代词体观的建构历程　黄雅莉　"中央大学"人文学报　40期　2009年10月
词别是一家——以"尊体"为中心　陈登英　柳州师专学报　2009年06期　2009年12月
清代词学中的辨体与尊体论　刘桂华　南阳师范学院学报　2010年01期　2010年1月
强合则两贤相陁　利导则两美相得——兼论《人间词话》的批评文体价值　李小兰　理论界　2010年02期　2010年2月
　~改写:《红楼梦评论》和《人间词话》的文体比较　李小兰　理论月刊　2010年03期　2010年3月
从"小道"、"诗余"到"尊体":中国古代词体价值观的历史演变　祁志祥　文艺理论研究　2010年02期　2010年3月
南宋词"尊体"的两面:以《花间集》的接受为中心　黄海　毕节学院

2010年03期 2010年3月
词体论中"小道"、"诗余"说及其演变 祁志祥 中国中外文艺理论学会年刊(2009年卷) 2010年4月
尊体的革命——试论王国维、梁启超、胡适对词学尊体的贡献 许博 古代文学理论研究 30辑 2010年4月
宋代"诗词辨体"之论述冲突所显示词体构成的社会文化性流变现象 颜昆阳 中正大学中文学术年刊 15期 2010年6月
~第六届宋代文学国际研讨会论文集 周裕锴编 成都:巴蜀书社 2011年5月
文体同尊·以诗衡词·试论渗透——清初词学破体尊体的三向维度 朱秋娟 古代文学理论研究 31辑 2010年12月
浅论宋代僧词对词体功能的拓展 王池琦 文教资料 2011年22期 2011年8月
"词有别才兼本色"——浅论卢前的尊体意识 吴悦 北方文学(下半月) 2011年05期 2011年10月
陆游晚唐诗词矛盾价值观探析 王昊 绍兴文理学院学报 2012年04期 2012年7月
南宋遗民词"以词存史"的叙事功能考察 陈瑜 福建师范大学学报 2013年01期 2013年1月
王士禛词学之尊体说与创作实践 余柱青 芒种 2013年10期 2013年5月
从词体功能的变化看苏轼"以诗为词" 姚菊 中国韵文学刊 2013年03期 2013年7月

4. 历代文体批评和批评文体

论词话 谢之勃 无锡国专季刊 1933年01期 1933年5月
研究词学之商榷 龙沐勋(龙榆生) 词学季刊 1卷4期 1934年4月
《词话丛编》序 吴梅 词学季刊 2卷3号 1935年4月
词话论词的艺术特征 万云骏 古代文学理论研究 1辑 1979年12月
对词体认识之演进 刘庆云 湘潭大学学报(中国古典文学论集) 1986年S1期 1986年12月
"以诗为词"和"词别是一家"关系辩 卫传荣 银川师专学报 1987年01期
宋人词体观念形成的文化条件 谢桃坊 社会科学战线 1990年01期

1990年3月
　～宋词辨　谢桃坊　上海：上海古籍出版社　1999年1月
试论词体观念之嬗变　金五德　长沙水电师院学报　1991年01期　1991年4月
论两宋尊体观念的流变　张子宏　山东教育学院学报　1991年06期
论词学的产生及其在五代、北宋的发展　丁放　安徽教育学院学报　1992年01期　1992年4月
宋人"诗庄词媚"观念平议　房开江　贵州大学学报　1992年01期　1992年4月
宋人词体论审测　许兴宝　西北第二民族学院学报　1993年01期　1993年4月
宋人词体观念的形成及其对词体发展的影响初探　柯雅芬　中华学苑44期　1994年4月
宋人对词体的论辩与开展　宋邦珍　辅英学报　14期　1994年12月
试论词体正变说的历史发展　邵明珍　宁波师院学报　1995年04期　1995年8月
论宋人娱宾遣兴的词体观念　萧庆伟　漳州师院学报　1996年01期　1996年3月
论常州词派理论之流变　黄志浩　广东民族学院学报　1997年03期　1997年9月
明代词论的主情论与音律论　段学俭　学术月刊　1998年06期　1998年6月
宋人词体起源说检讨　谢桃坊　宋词辨　上海：上海古籍出版社　1999年1月
　～文学评论　1999年05期　1999年9月
清代词学批评视野中的正变论　胡建次、周逸树　赣南师范学院学报　1999年04期　1999年8月
清代词学批评中正变论的嬗变及其特征　胡建次　贵州文史丛刊　1999年04期　1999年8月
康熙年间词学的辨体与尊体　陈水云　华中师范大学学报　1999年06期　1999年11月
世纪回眸：词体与词派研究　张毅　文学前沿　1999年01期　1999年12月
论理学与宋代词学观念　许总　青海社会科学　2000年01期　2000年

1月

论词体观念的嬗变　欧明俊　福建师范大学学报　2000年01期　2000年1月

词学本色论在唐宋时期的形成与发展:兼论"本色论"与儒家审美文化的关系　徐安琪　华中理工大学学报　2000年02期　2000年5月

论康熙年间河南词人群的词学思想　陈水云　商丘师范学院学报　2000年03期　2000年6月

清代词学的诗学化　陈水云　武汉水利电力大学学报　2000年04期　2000年8月

20世纪词的起源研究述略　刘尊明　文史知识　2000年12期　2000年12月

本色之论与雅俗之辨:论宋代词学批评的标准与蕲向　李扬　东方丛刊　2000年03期

词与赋:观察张惠言词学的一个角度　张宏生　南京大学学报　2001年03期　2001年6月

常州词派的尊体论　高锋　淮阴师范学院学报　2001年05期　2001年10月

明代兼具选词与订谱作用之谱体词选——《诗余图谱》、《诗余》、《啸余谱》试论　陶子珍　中国古典文学研究　6期　2001年12月

论宋人词体观念的建构　王昊　第二届宋代文学国际研讨会论文集　2002年8月

　　~第二届宋代文学国际研讨会论文集　莫砺锋编　南京:江苏教育出版社　2003年6月

　　~中国文化研究　2004年02期　2004年5月

　　~宋代文学研究年鉴2004—2005　刘扬忠、王兆鹏、刘尊明主编　武汉:武汉出版社　2007年5月

词体与词体学略论——词学研究中的两个基本问题　鲍恒　安徽大学学报　2002年05期　2002年11月

"小词"与"尊体"两种词学观之得失　李旭　荆州师范学院学报　2003年06期　2003年12月

娱宾遣兴的词体观念与宋人词选的兴盛　薛泉　安徽教育学院学报　2004年01期　2004年2月

清初词坛的词曲之辨　艾立中　贵州社会科学　2004年05期　2004年9月

尊体意识与雅化观念　陈学广　词学散步　合肥:黄山书社　2004年10月
清代词学由辨体向尊体的批评转向　伏涤修　烟台大学学报　2004年04期　2004年10月
明清词学中的正变批评观　刘贵华　湖北师范学院学报　2005年04期　2005年7月
清代词学中的破体、辨体与推尊词体　曹明升　中国文学研究　2005年03期　2005年9月
词为宋代"一代之文学"说质疑　欧明俊　第四届宋代文学国际研讨会论文集　2005年9月
　～中国韵文学刊　2005年04期　2005年12月
清人词体发生诸说检讨　曹明升　扬州大学学报　2005年06期　2005年11月
宋人诗余观念的形成　刘少雄　台大中文学报　23期　2005年12月
"宋词一代之胜说"释疑　沈松勤　浙江大学学报　2006年01期　2006年1月
晚清词家对词体音乐性的阐释　杨柏岭　淮北煤炭师范学院学报　2006年02期　2006年4月
"辨体"与"破体"两种尊词指向的交融——宋代词体观的建构　黄雅莉　国文学志　12期　2006年6月
词谱的出现及其词学史意义　余意　阜阳师范学院学报　2007年04期　2007年7月
　～南阳师范学院学报　2007年07期　2007年7月
民国时期的词体观念　彭玉平　文学遗产　2007年05期　2007年9月
　～文史知识　2007年11期　2007年11月
近世广东词坛的词体研究　谢永芳　纪念辛弃疾逝世800周年学术研讨会论文汇编　2007年10月
北宋中后期词坛"曲词派"词体诗化理论发皇　许伯卿　宁波大学学报　2007年06期　2007年11月
论词体观念的确立——从明代词论重新检讨常州词派词学思想　余意　词学　18辑　2007年12月
清初"词史"观念的确立与建构　张宏生　南京大学学报　2008年01期　2008年1月
诗学模范与词格重建:清初当代词选中的辨体与尊体　闵丰　南京大学学

报　2008年01期　2008年1月

清初词坛的诗词之辨　孙克强　古代文学理论研究　25辑　2008年3月

宋代词体诗化理论演进史论　许伯卿　文学评论　2008年03期　2008年5月

论词绝句在清代的运用与发展　邱美琼、胡建次　重庆社会科学　2008年07期　2008年7月

宋词题序研究述略　张晓宁　南京社会科学　2008年10期　2008年10月

二十世纪词源问题研究述略　何晓敏　词学　20辑　2008年12月

清代论词绝句的运用类型　胡建次　广西社会科学　2009年02期　2009年2月

论中国分调词史的建构及其意义　曹辛华　中国韵文学刊　2009年01期　2009年3月

晚清民国时期词选批评形态论略　刘兴晖　词学　21辑　2009年6月

清代论词绝句的词史观念及价值　孙克强、杨传庆　学术研究　2009年11期　2009年11月

从本色论看"以诗为词"与"别是一家"之异同　赵立波　文学前沿　2009年01期　2009年12月

先秦儒道美学观对宋人词体观念的影响　张东艳　现代语文（文学研究版）　2009年10期　2009年10月

近现代词学史上的文体批评　陈水云　词学　23辑　2010年6月

词与诗的对接——论北宋词学尊体思想的发展流变　许博　文学评论丛刊　12卷2期　2010年6月

"情志"、"情意"与"情趣"——诗词曲辨体过程中的范畴转型　杨雨　词学　23辑　2010年6月

曲词发生史研究的学术史误区　木斋　井冈山大学学报　2010年04期　2010年7月

中国古典词源"诗余"论的承传　胡建次　青海民族大学学报　2010年04期　2010年9月

论词绝句的历史发展　陈水云　国文天地　26卷6期　2010年11月

四库馆臣之词学观　王腾飞、邓乔彬　词学　24辑　2010年12月

词史正变说检讨　张再林　古代文学理论研究　31辑　2010年12月

"以诗为词"辨　诸葛忆兵　2010年词学国际学术研讨会论文集　2010年10月

～北京大学学报　2011年01期　2011年1月
清代词学批评视野中的词源论　胡建次　华南农业大学学报　2011年01期　2011年1月
"诗变为词"说辩证　解玉峰、何萃　学术研究　2011年02期　2011年2月
金元词体诗化理论发皇　许伯卿　中国韵文学刊　2011年03期　2011年7月
清代词学视野中的诗词差异论　胡建次、周永忠　山西师大学报　2011年04期　2011年7月
曲词民间起源论检讨——曲词发生史研究的回顾与反思　木斋、焦宝　吉林大学社会科学学报　2011年04期　2011年7月
三十年来晚唐"温李"诗歌向词体发展演变研究综述　杨善啸　现代语文（学术综合版）　2012年01期　2012年1月
中国古典词学中词曲之异论的承衍　胡建次、袁芳　中南民族大学学报　2012年02期　2012年3月
初唐到中唐诗词观的朦胧分化　贺严　时代文学（下半月）　2012年03期　2012年3月
　～名作欣赏　2012年18期　2012年6月
中国古典词学中诗词体性之辨的承衍　胡建次、汪素琴　南昌大学学报　2012年04期　2012年7月
词集评点形式及其批评功能的实现　刘军政　北方论丛　2012年05期　2012年9月
以诗为词：诗学内涵的历史演变及其相关论断评议　张巍　北方论丛　2012年05期　2012年9月
清代词学批评正变之论的承衍　胡建次　东南大学学报　2013年02期　2013年3月
中国古典词体本色之论的承衍　胡建次、夏晨　南昌大学学报　2013年02期　2013年3月
　～改写：持守与破解：中国古典词风本色之论的承衍　胡建次　浙江师范大学学报　2013年03期　2013年5月
元明词学衰落与明末清初词学兴盛的文体原因　木斋、娄美华　社会科学家　2013年04期　2013年4月
中国传统词学中词曲之辨的承衍　胡建次　社会科学辑刊　2013年04期　2013年7月

两宋词体雅化理论比较论　祝云珠　文艺评论　2013年08期　2013年8月
南宋词论"求雅"审美取向的异同　曹琳　哈尔滨学院学报　2013年08期　2013年8月
宋代杂体词研究综述　华建铭　常州大学学报　2013年05期　2013年9月
清代词学尊体原因概说　木斋、李恒　文艺评论　2013年10期　2013年10月
宋代词话的文体形态研究——以语录体为中心　马小会　前沿　2013年21期　2013年11月

5. 专书及学者

刘熙载论词曲关系　萧深　词刊　1980年02期
孙康宜论李煜在词的形式上的革新　阎华　光明日报　1983年3月29日
由撰写《灵谿词说》谈论词绝句、词话、词论诸体之得失　叶嘉莹　唐宋文学论丛（四川大学学报丛刊21辑）　1983年11月
　　~灵谿词说　缪钺、叶嘉莹　上海：上海古籍出版社　1987年11月
　　~唐宋名家词论稿　叶嘉莹　石家庄：河北教育出版社　1997年7月
张炎词论浅议　单书安　徐州师范学院学报　1987年02期　1987年5月
试论苏轼的词乐革新思想　齐文榜　河南大学学报　1987年05期　1987年10月
对李清照《词论》论音律的理解　魏文远　宁夏大学学报　1987年03期　1987年10月
张炎《词源》新论　邓承奇　齐鲁学刊　1989年03期　1989年6月
张炎《词源》论词标准初探　杨佐义　东北师大学报　1989年06期　1989年12月
《花间集序》在传统词体观念形成过程中的意义　岳珍　社会科学研究　1990年06期　1990年12月
　　~前后蜀的历史与文化：前后蜀的历史与文化学术讨论会论文集　成都王建墓博物馆编　成都：巴蜀书社　1994年11月
词的文质及理论探微——从《词论》到《词源》　张思齐　海南大学学报　1995年01期　1995年3月
词别是一家——评李清照《词论》　梁华　桂林市教育学院学报　1995年

02期 1995年6月

~广西社会科学 1997年03期 1997年6月

谈沈义父的典雅词论 曹保合、刘根生 河南社会科学 1997年04期 1997年8月

走出误区——吴世昌与词体结构论之一 施议对 澳门日报 1997年12月28日

从文体特质探讨李清照"词别是一家说" 郑惠丽 古典文学知识 1998年01期 1998年1月

词心体验——吴世昌与词体结构论之三 施议对 澳门日报 1998年1月25日

结构分析——吴世昌与词体结构论之四 施议对 澳门日报 1998年2月8日

以小词说故事——吴世昌与词体结构论之五 施议对 澳门日报 1998年2月22日、3月8日

合中求异——吴世昌与词体结构论之七 施议对 澳门日报 1998年3月22日

异中求合——吴世昌与词体结构论之八 施议对 澳门日报 1998年4月5日

人面桃花型——吴世昌与词体结构论之九 施议对 澳门日报 1998年4月19日、5月3日

西窗翦烛型——吴世昌与词体结构论之十一 施议对 澳门日报 1998年5月17日、31日

标准及基本原理——吴世昌与词体结构论之十三 施议对 澳门日报 1998年6月14日、28日

方法及实际运用——吴世昌与词体结构论之十五 施议对 澳门日报 1998年7月12日、26日

业绩及里程标志——吴世昌与词体结构论之十七 施议对 澳门日报 1998年8月9日、23日

词的本体特征:李渔词论的焦点 张晶 社会科学战线 1998年06期 1998年12月

刘熙载的风格论 曹保合 中华女子学院学报 1998年04期 1998年12月

吴世昌词体观述评 欧明俊 中国韵文学刊 1999年02期 1999年9月

中国古代音乐文学史的考察——《碧鸡漫志》简介　谢桃坊　古典文学知识　1999年06期　1999年11月
苏词明体:论李清照《词论》对东坡词的批评难以成立　金志仁　南通师范学院学报　2000年02期　2000年4月
陈廷焯正变观疏论　彭玉平　词学　12辑　2000年4月
唐宋词韵的拟构——《词林正韵》简介　谢桃坊　古典文学知识　2000年04期　2000年7月
唐宋词声律的总结——《词律》简介　谢桃坊　古典文学知识　2000年05期　2000年9月
论周济的词学音律观　徐枫　西南师范大学学报　2001年03期　2001年6月
吴世昌与词体结构论　施议对　文学遗产　2002年01期　2002年1月
唐宋燕乐歌辞的历史考察——论《碧鸡漫志》的主旨及其意义　谢桃坊　社会科学研究　2002年01期　2002年1月
词为诗裔与以诗为词——苏轼词体观念新论　陈学广　江苏社会科学　2002年03期　2002年5月
　　～改题:"以诗为词"与"词为诗裔"的词体观念　词学散步　陈学广　　　合肥:黄山书社　2004年10月
词:一体两面——从宋人对东坡词的批评与东坡词论考察宋代的词体观　邓红梅　山东师范大学学报　2002年03期　2002年6月
　　～诗词论稿——邓红梅遗集　邓红梅　北京:人民出版社　2014年　　　6月
论《人间词话》的文体特点——兼论其对当代中国文学批评的启示　阎霞　河西学院学报　2002年04期　2002年8月
罗庸先生论中唐的三种新文体(编按:三种文体分别是传奇文、俗讲及其他俗文学、曲子词)　郑临川、徐希平　西南民族学院学报　2002年S4期　2002年12月
词别是一家——再读李清照的《词论》　向良争、陈志斌　南华大学学报　2002年04期　2002年12月
"词别是一家"的内涵及其现代诠释　陈学广　内蒙古大学学报　2003年02期　2003年3月
　　～词学散步　陈学广　合肥:黄山书社　2004年10月
推尊词体与开示门径——周济《宋四家词选》札记　张宏生　第二届宋代文学国际研讨会论文集　南京:江苏教育出版社　2003年6月

~改题:周济的推尊词体与开示门径　清词探微　张宏生　上海:上海古籍出版社　2008年5月

传统词体观的终结——梁启超词学思想评议之一　杨柏岭、彭国忠　词学14辑　2003年8月

殊途同归——论苏轼、李清照提高词的地位的途径　王可喜　咸宁学院学报　2003年05期　2003年11月

从"自是一家"与"别是一家"略窥东坡、易安词学观之异同　何旭　四川师范大学学报　2004年03期　2004年5月

论《词源》中之"骚雅"　李岳、朱国林　长江大学学报　2004年06期　2004年12月

《词源》片论　王昊、张秋爽　殷都学刊　2005年01期　2005年3月

唐宋词体研究的新探索——木斋近期词体研究评述　赵晓星、库万晓、万露、彭文良　天中学刊　2005年03期　2005年6月

　　~改题:唐宋词接受视角的新建构——木斋近期词体研究评述　彭文良、赵晓星、库万晓　新疆师范大学学报　2006年01期　2006年3月

声韵探讨与推尊词体——以戈载《词林正韵》为中心　沙先一　叶嘉莹教授八十华诞暨国际词学研讨会纪念文集　张红主编　天津:南开大学出版社　2005年12月

从诗词关系看李清照《词论》的词学意义　申焕　西安文理学院学报　2006年01期　2006年2月

王灼《碧鸡漫志》的诗词乐关系论探微　黄世民　钦州师范高等专科学校学报　2006年01期　2006年2月

宋代词论"自是一家"到"别是一家"的历史发展——苏轼与李清照词学观之比较　黄雅莉　淡江中文学报　14　2006年6月

论《四库全书总目》的词体美学观　冯淑然、艾洪涛　河北大学学报　2006年03期　2006年6月

刘熙载词体论初探　马莎　论衡　4辑　任剑涛、彭玉平主编　广州:中山大学出版社　2006年8月

诗化倾向与对词体特征的把握——略谈张炎的词学理论　李康　2006年词学国际学术研讨会论文集(二)　2006年8月

论张綖"婉约—豪放"二体说的形成及理论贡献　朱崇才　文学遗产　2007年01期　2007年1月

音情之悲与词体之尊——李清照《词论》新探　彭玉平　中山大学学报

2007年03期　2007年5月
张炎"清空"观新论　马丽娜　齐齐哈尔师范高等专科学校学报　2008年01期　2008年1月
声韵探讨与词风演进：兼论戈载《词林正韵》的尊体策略　沙先一　文史哲　2008年02期　2008年3月
李清照《词论》中的"乐府"、"声诗"诠解　余恕诚　文学遗产　2008年03期　2008年5月
略论《词源》对词体的影响　叶露　中共贵州省委党校学报　2008年03期　2008年5月
论徐师曾《词体明辨》的词谱性质——兼论《啸馀谱》与《词体明辨》之关系　张仲谋　西北师大学报　2008年05期　2008年9月
徐师曾《词体明辨》的谱式体例及其词学影响　江合友　江淮论坛　2008年05期　2008年10月
略论张炎词学理论的诗化倾向与对词体本质特征的把握　李康　求索学刊　2008年06期　2008年11月
词"别是一家"之说——谈李清照《词论》　李晴　哈尔滨市委党校学报　2009年01期　2009年1月
《花间集序》与词体清艳观念之确立　彭玉平　江海学刊　2009年02期　2009年3月
唐宋词体的"应体"论——论木斋的词学研究　孟祥娟　天中学刊　2009年03期　2009年6月
木斋词体起源及发生研究之反思　欧明俊　中州学刊　2009年04期　2009年7月
"分体编录"型文学总集不录词体辨——以《文苑英华》为例　何水英　新世纪图书馆　2009年04期　2009年7月
张炎"清空"说简析　张萧绎　牡丹江大学学报　2009年10期　2009年10月
李渔词论的曲学化特征与词体观　程华平　词学　22辑　2009年12月
沈雄《古今词话》的文体特点、文献价值及其意义　孙克强、刘军政　南开学报　2010年03期　2010年5月
浅析《乐府指迷》的雅词理论　牛犁　浙江万里学院学报　2010年05期　2010年9月
《词源》"清空"简论　徐文武　大众文艺　2010年18期　2010年9月
"能为曲者方能为词"——尤侗词曲观考释　邹锋　中山大学研究生学刊

2010年03期　2010年9月
　~改题:尤侗词曲观考释　温州大学学报　2011年02期　2011年3月
论王世贞的词学辨体理论　蒋旅佳　常熟理工学院学报　2010年11期　2010年11月
从《词品》与《升庵诗话》的重出条目看杨慎的词学尊体意识　巨传友　名作欣赏　2011年02期　2011年1月
刘克庄"本色"说的词学观批评　肖林桓　大众文艺　2011年05期　2011年3月
辨体与合体——李渔的词曲渗透之论及其时代　张宏生　中国韵文学刊　2011年03期　2011年7月
詹安泰词学风格论述评　殷学国　韩山师范学院学报　2011年04期　2011年8月
李清照"别是一家"的词论　王高宇　长春教育学院学报　2012年02期　2012年2月
沈谦对明代词论的承继与重构　李瑞　重庆三峡学院学报　2012年02期　2012年3月
李清照"别是一家"的词论主张与苏轼"自是一家"的词创主张的殊途同归　白静　商　2012年13期　2012年7月
推尊词体的悖论——读《粤东词钞》札记　谢永芳　黄冈师范学院学报　2012年05期　2012年10月
论邹祗谟的词学思想　陈丽丽　上海大学学报　2013年01期　2013年1月
管窥《钦定词谱》的律学思想　刘少坤　华北电力大学学报　2013年01期　2013年2月
李渔词本体论再议　胡元翎　学术交流　2013年02期　2013年2月
新世纪以来张炎《词源》研究述评　罗海燕　武陵学刊　2013年03期　2013年5月
立"纵"尊"横"与阴阳正变——刘熙载词体正变观研究　王卫星　词学29辑　2013年6月
《词论》与《填词》的比较研究　王元元　湖南工业职业技术学院学报　2013年03期　2013年6月
欧阳炯《花间集序》词体审美标准探源　李雪萍　名作欣赏　2013年23期　2013年8月
张炎词体正变观新探　王卫星　文艺评论　2013年08期　2013年8月

论南宋前中期的词坛风尚及尊体进程　陈丽丽　江西社会科学　2013年08期　2013年8月

张炎《词源》研究综论　罗海燕、于广杰　保定学院学报　2013年05期　2013年9月

从刘勰的通变观看宋词辨体论与破体论之得失　方建煌　励耘学刊（文学卷）　2013年01期　2013年10月

简析张炎的宋词作法论　李伟　牡丹江师范学院学报　2013年05期　2013年10月

词学辨体与审美的风向标——评王世贞"南唐二主为正始，温韦为变体"的论断及影响　王卫星　广西民族大学学报　2013年06期　2013年11月

Ⅵ 小 说 编

一、源流论

【著作】

中国小说史大纲(第 1 编:总论)　张静庐　上海:泰东图书局　1920 年 6 月　96 页　上海新潮丛书:文学系

  第一编　总论;序一(王无为);序二(王靖);序三(周剑云);序四(蔡晓舟);

  卷一:小说的定义与性质　第一章 小说的名称;第二章 小说的意义;第三章 小说的性质;卷二:小说的沿革　第一章 小说的胚胎时期;第二章 小说的演进时期;第三章 小说的发达时期;卷三:现代的小说思潮　第一章 欧美小说入华史;第二章 现代小说思潮;卷四:小说的派别与种类　第一章 小说的派别;第二章 小说的种类;卷五:附刊——传奇与弹词略言　1 传奇;2 弹词

说部常识　徐敬修编　上海:大东书局　1925 年 4 月　108 页　国学常识

  第一章 总说;第二章 列代小说之变迁;第三章 研究小说之方法

中国小说史略　鲁迅　北京:北新书局　1927 年 8 月　347 页

  序言;识语;第一篇 史家对于小说之著录及论述;第二篇 神话与传说;第三篇《汉书》《艺文志》所载小说;第四篇 今所见汉人小说;第五篇 六朝之鬼神志怪书(上);第六篇 六朝之鬼神志怪书(下);第七篇《世说新语》与其前后;第八篇 唐之传奇文(上);第九篇 唐之传奇文(下);第十篇 唐之传奇集及杂俎;第十一篇 宋之志怪及传奇文;第十二篇 宋之话本;第十三篇 宋元之拟话本;第十四篇 元明传来之讲史(上);第十五篇 元明传来之讲史(下);第十六篇 明之神魔小说(上);第十七篇 明之神魔小说(中);第十八篇 明之神魔小说(下);第十九篇 明之人情小说(上);第二十篇 明之人情小说(下);

第二十一篇　明之拟宋市人小说及后来选本;第二十二篇　清之拟晋唐小说及其支流;第二十三篇　清之讽刺小说;第二十四篇　清之人情小说;第二十五篇　清之以小说见才学者;第二十六篇　清之狭邪小说;第二十七篇　清之侠义小说及公案;第二十八篇　清末之谴责小说;后记

◎北京:北大第一院新潮社　1923年12月—1924年6月初版　354页
◎上海:作家书屋　1943年9月　240页
◎北京:人民文学出版社　1952年4月　314页
◎北京:人民文学出版社　1973年8月　309页
◎鲁迅全集　第8卷　北京:人民文学出版社　1957年12月　309页
◎征求意见本　北京:人民文学出版社　1979年　454页
◎鲁迅全集　第9卷　北京:人民文学出版社　2005年11月　307页
　○鲁迅是中国小说史研究的开拓者——读《中国小说史略》　齐裕焜　兰州大学学报　1981年03期　1981年10月
　○论鲁迅的小说文体意识——从《中国小说史略》谈起　张向东　延边大学学报　1997年03期　1997年8月
　○唐"始有意为小说"——从鲁迅的《中国小说史略》看现代小说(fiction)观念　关诗珮　鲁迅研究月刊　2007年04期　2007年4月
　○《中国小说史略》"汉书艺文志所载小说"辨正　王齐洲　黑龙江社会科学　2008年02期　2008年4月
　○从《中国小说史略》看鲁迅的小说观　刘畅　河南广播电视大学学报　2009年02期　2009年4月
　○小说如何入史——鲁迅《中国小说史略》关于"小说"和"小说史"的理论设计　鲍国华　首都师范大学学报　2010年01期　2010年1月

中国小说的起源及其演变　胡怀琛　南京:正中书局　1934年8月　132页

第一章　本书所说到的范围;第三章　小说的起源及小说二字在中国文学上涵义之变迁;中国小说"形"的方面的演变;中国小说"质"的方面的演变;第五章　现代小说;第六章　研究中国小说参考的书目

中国小说概论　胡怀琛　上海:世界书局　1934年11月　133页　中国文学丛书

第一章　绪论;第二章　中国古代对于小说二字的解释;第三章　古代所谓小说;第四章　唐人的传奇;第五章　宋人的平话;第六章　清人传奇平话以外的创作;第七章　西洋小说输入后的中国小说;第八章　总结

◎收入《中国文学八论》第四种　刘麟生主编　上海:世界书局　1936年6月　54页

◎收入《中国文学八论》(影印本)　北京:中国书店　1985年6月　54页

◎收入《中国文学七论》　桂林:广西师范大学出版社　2007年1月

宋元明讲唱文学　叶德钧　上海:古典文学出版社　1953年9月　74页
　　一、讲唱文学的一般情形;二、乐曲系讲唱文学;三、诗赞系讲唱文学(上):涯词和陶真;四、诗赞系讲唱文学(中):词话;五、诗赞系讲唱文学(下):从词话到弹词、鼓词

◎收入《戏曲小说丛考》　北京:中华书局　1979年5月

中国小说的发展源流　林辰　沈阳:辽宁教育出版社　1992年10月　152页　古代小说评介丛书·第一辑
　　开头:中国小说史的提纲;一、什么是小说?——从小说的概念说起;二、黄河之水天上来——中国小说史的三个源头;三、历史长河的第一次洪峰——记事录闻体小说的源流;四、作意好奇,设幻为文——传奇体小说的诞生与发展;五、花开两朵,各取一枝——文言与通俗的分流;六、千溪万流归大海——章回体小说的诞生与发展;七、会当凌绝顶,一览众山小——从《金瓶梅》到《红楼梦》;八、浪涛滚滚,泥沙俱下——晚清小说的大趋势;结尾:中国小说史的特征

中国古典小说的文体独立　董乃斌　北京:中国社会科学出版社　1994年2月　278页　宏观文学史丛书
　　第一章　文学与事的关系;第二章　叙事作为人的本质力量;第三章　中国叙事文学演变轨迹探微;第四章　小说的孕育;第五章　唐传奇与小说文体的独立(上);第六章　唐传奇与小说文体的独立(下);第七章　文体独立后的中国古典小说
　　○小说文体研究的新创获——评《中国古典小说的文体独立》　王立　中国图书评论　1997年02期　1997年2月

中国小说源流论　石昌渝　北京:生活·读书·新知三联书店　1994年2月　397页　三联·哈佛燕京学术丛书
　　第一章　小说与小说文体诸要素;第二章　小说文体的孕育;第三章　史传与小说之间;第四章　传奇小说;第五章　话本小说;第六章　章回小说
　　○评石昌渝《中国小说源流论》　吴峤　文学评论　1995年06期

1995年11月

小说 石昌渝 北京:人民文学出版社 1994年7月 220页 中国古代文体丛书

绪论;第一章 小说起源于史传;第二章 史统散而小说兴;第三章 传奇小说及其流变;第四章 话本小说;第五章 长篇章回小说

传奇小说文体研究 李军均 武汉:华中科技大学出版社 2007年1月 353页 喻园语言文学论丛

导言;第一章 传奇小说名实考;第二章 传奇小说文体渊源辨证;第三章 唐五代传奇小说文体分析;第四章 宋代传奇小说文体分析;第五章 元明清传奇小说文体略说;主要参考文献;后记

中国古代小说史叙论 刘勇强 北京:北京大学出版社 2007年10月 629页

绪论:小说史意义上的文体与文本;上编:从肇始到成熟:两大系统及其演进 概说;第一章 小说文体的孕育;第二章 小说的原初形态;第三章 文言小说的文体独立;第四章 说唱艺术的初潮;第五章 说话艺术的繁荣;第六章 文言小说的辑集与流变;第七章 章回小说的形成;下编:文人独立创作普遍化时代的小说世界 概说;第一章 从世代积累向文人独创的过渡;第二章 小说题材的类型化与发展;第三章 短篇白话小说的新发展;第四章 文言小说的中兴;第五章《红楼梦》;第六章 思想化和才学化向小说创作的挑战;第七章 文人精神的衰退与回归世俗;第八章 小说观念变化中的晚清小说;馀论 小说观与小说史的回顾与期待;参考书目;附录:中国古代小说要目简释;后记

○评刘勇强《中国古代小说史叙论》 刘勇刚 北京大学学报 2010年05期 2010年9月

中国古代小说文体流变刍论 胡继琼 贵阳:贵州大学出版社 2008年8月 374页

绪论;第一章 中国古代小说的起源与小说文体的孕育;第二章 汉代小说文体形式的文学性特征;第三章 古小说文体的孕育——汉魏六朝的笔记体小说;第四章 小说文体的独立——唐代传奇体小说;第五章 宋元演说体小说——话本;第六章 小说文体的成熟——长篇章回体小说;第七章 中国古代小说文体流变馀论;参考文献;后记

齐鲁典籍与小说滥觞 王恒展 济南:齐鲁书社 2008年12月 299页

齐鲁文化与中国古代文学研究丛书

总序(王志民);绪论;第一编:齐鲁经学典籍与小说滥觞　第一章《尚书》与小说滥觞;第二章《春秋》与小说滥觞;第三章《左传》与小说滥觞;第四章《公羊传》与小说滥觞;第五章《谷梁传》与小说滥觞;

第二编:齐鲁史籍与小说滥觞　第六章《国语》与小说滥觞;第七章《战国策·齐策》与小说滥觞;

第三编:齐鲁诸子典籍与小说滥觞　第八章《管子》与小说滥觞;第九章《论语》与小说滥觞;第十章《孟子》与小说滥觞;第十一章《荀子》与小说滥觞;第十二章《庄子》与小说滥觞;第十三章《墨子》与小说滥觞;第十四章《晏子春秋》与小说滥觞;主要参考文献

中国古代小说文体生成及其他　纪德君　北京:商务印书馆　2012年7月　360页　广州大学人文精品丛书

序(沈伯俊);古代小说章回体制形成原因及过程新探;"按鉴"与历史演义小说文体的生成;说唱词话对明代长篇小说的孕育;说书与清代英雄传奇小说文体的生成;说书与清代公案侠义小说文体的生成;说书与古代通俗小说文体兼容关系初探;说书与古代通俗小说的传播;中国古代"说书体"小说文体特征综探;明清通俗小说编创方式的多维考察;明清通俗小说文体交叉融混现象刍议;明清通俗小说创作中的浊流;书坊编创与明清通俗小说流派的形成;书坊翻刻与明清通俗小说的传播;宋元"说话"的书面化与"说话"底本蠡测;宋元话本小说的时空设置及其文化意蕴;"拍案"何以"惊奇"?——"二拍"传奇艺术论;世代累积型集体创作说献疑;世代累积型集体创作说再思考;关于历史演义序跋评点研究的若干思考;百年来曹操形象研究的回顾与思考;后记

稗史文心——明末清初白话小说的文章化现象研究　张永葳　上海:上海三联书店　2013年4月　267页　宝琛文库

序(廖可斌);绪论;第一章　明末清初白话小说文章化的背景;第二章　明末清初白话小说理论建构的文章化倾向;第三章　明末清初白话小说创作的文章化表现;第四章　明末清初白话小说鉴赏阅读的文章化模式;第五章　明末清初白话小说文章化的影响;第六章　明末清初白话小说文章化的意义;结语;附录:明末清初文章化的白话小说简要编年;参考文献;后记

中国说话文学之诞生　〔日〕高桥稔著，申荷丽译　北京：商务印书馆　2013年5月　217页

> 序言；修订版序言；绪论　探讨新的中国小说史；第一章　小说的概念；第二章　"讲史文学"和"说话"；第三章　关于说话体裁的创作；本论　中国说话文学之诞生；第一章　说话的定义；第二章　"小说"及"神话"、"说话"和"讲史文学"；第三章　先秦的说话；第四章　汉代的说话；第五章　中国说话文学之诞生；第六章　六朝时代的宗教和说话；第七章　六朝时代的说话和讲史文学等；第八章　六朝说话中的民间传说；第九章　关于说话创作的起源；后记；附：中国古代小说史年表

○《中国说话文学之诞生》述评　陆人瑞　苏州大学学报　1989年01期　1989年2月

【学位论文】

吕氏春秋寓言研究　吴福相　中国文化大学　1999年　博士论文
唐宋传奇小说文体研究　李军均　华东师范大学　2004年　博士论文
稗史文心——论明末清初白话小说的文章化现象　张永葳　浙江大学　2008年　博士论文
汉代小说史叙论　王守亮　山东师范大学　2009年　博士论文
汉魏晋南北朝寓言研究　权娥麟　复旦大学　2010年　博士论文
从变文到元明词话的文体流变研究　韩洪波　扬州大学　2013年　博士论文

论话本小说衰落的文体因素　何取林　湖北大学　1995年　硕士论文
从寓言的独立到文体的全面成熟——柳宗元、苏轼寓言的比较研究　翟晓慧　山西大学　2007年　硕士论文
中国早期小说研究　申宾　四川师范大学　2008年　硕士论文
宋元话本小说的基本特征及成因研究　马圣玉　广西民族大学　2009年　硕士论文

【单篇论文】

1. 文体起源

中国小说考源　胡寄尘（胡怀琛）　小说世界　1卷11期　1923年3月
白话小说起原考　方欣庵　国立中山大学语言历史学研究所周刊　5卷52期　1928年10月

中国上古小说之雏形(寓言、喻词、神话)　张长弓　文艺月报(开封)　1卷3期　1931年

中国小说之起源　恨水　天津益世报语林　1932年10月20—22日

中国小说的起源及其演变(一)　胡寄尘(胡怀琛)　珊瑚　2卷1号　1933年1月

中国小说的起源及其演变(二)　胡寄尘(胡怀琛)　珊瑚　2卷2号　1933年1月

中国小说的起源及其演变(三)　胡寄尘(胡怀琛)　珊瑚　2卷3号　1933年2月

中国小说的起源及其演变(四)　胡寄尘(胡怀琛)　珊瑚　2卷4号　1933年2月

中国小说的起源及其演变(五)　胡寄尘(胡怀琛)　珊瑚　2卷5号　1933年3月

中国小说的起源及其演变(六)　胡寄尘(胡怀琛)　珊瑚　2卷6号　1933年3月

中国小说的起源及其演变(七)　胡寄尘(胡怀琛)　珊瑚　2卷7号　1933年4月

中国小说的起源及其演变(八)　胡寄尘(胡怀琛)　珊瑚　2卷8号　1933年4月

中国小说的起源及其演变(九)　胡寄尘(胡怀琛)　珊瑚　2卷9号　1933年5月

中国小说的起源及其演变(十)　胡寄尘(胡怀琛)　珊瑚　2卷10号　1933年5月

中国小说的起源及其演变(十一)　胡寄尘(胡怀琛)　珊瑚　2卷11号　1933年6月

中国小说的起源及其演变(十二)　胡寄尘(胡怀琛)　珊瑚　2卷12号　1933年6月

小说家出于稗官说　余嘉锡　辅仁学志　6卷1、2合期　1937年
　~余嘉锡论学杂著　北京:中华书局　1963年1月
　~余嘉锡文史论集　长沙:岳麓书社　1997年5月

中国小说何时发生？小说、传奇是否一回事？宋元评话小说与明清的小说传奇有无关系？　朱一玄　历史教学　1956年06期　1956年6月

试谈"变文"的产生和影响　王庆菽　新建设　1957年03期
　~敦煌变文论文录　周绍良、白化文编　上海:上海古籍出版社　1982

年4月
论宋代话本小说的起源——兼与郑振铎、孙楷第诸先生商榷　滕维雅　新建设　1958年09期　1958年9月
"说话"艺术溯源　胡士莹　文汇报　1963年1月23日
　　~宛春杂著　胡士莹　杭州：浙江人民出版社　1981年2月
六朝志怪与小说的诞生　De Woskin, Kenneth J.（杜志豪）著，赖瑞和译　中外文学　9卷3期　1980年8月
"六朝志怪与小说的诞生"读后　叶庆炳　中外文学　9卷3期　1980年8月
谈有关六朝小说的几个问题——"六朝志怪与小说的诞生"读后　王国良　中外文学　9卷7期　1980年12月
变文源流初探　赵后起　南艺学报　1981年01期　1981年4月
论唐代变文的出现及其渊源　冯宇　北方论丛　1981年06期
"说话"探源　黄进德　扬州师院学报　1982年3、4期合刊　1982年12月
中国散韵相间、兼说兼唱之文体的来源——且谈变文之"变"　牛龙菲　敦煌学辑刊　创刊号　1983年6月
中国小说起源探迹　王齐洲　文学遗产　1985年01期　1985年3月
　　~中国文学观念论稿　王齐洲　武汉：湖北教育出版社　2004年3月
从变文形式推究变文之源　宋洪志　齐鲁学刊　1985年03期　1985年6月
中国短篇小说源流发微　何满子　文史知识　1985年08期　1985年8月
　　~中国文学史百题　文史知识编辑部编　北京：中华书局　1990年12月
　　~何满子学术论文集·上卷·古小说经典谈丛　何满子　福州：福建人民出版社　2002年9月
中国小说的起源　〔美〕倪豪士（William H. Nienhauser, JR）　古典文学7集　1985年
　　~传记与小说——唐代文学比较论集　〔美〕倪豪士　台北：南天书局有限公司　1995年8月
　　~传记与小说——唐代文学比较论集　〔美〕倪豪士　北京：中华书局　2007年2月
古小说探源　吴志达　武汉大学学报　1986年06期　1986年12月

古小说探源　伊波　社会科学(甘肃)　1987年01期　1987年3月
古代的小说观念及通俗小说的起源　王开富　明清小说研究　1988年03期　1988年8月
论我国通俗小说的起源和流变　陈策　渤海学刊　1990年2、3期合刊　1990年10月
中国古代小说源流　〔日〕吉川幸次郎著,蔡申译　固原师专学报　1991年01期　1991年4月
小说汉代起源论　王枝忠　东岳论丛　1991年03期　1991年6月
中国小说源流新探　王江　四川师范大学学报　1991年03期　1991年6月
中印文学"结婚"的硕果——谈变文与话本小说的产生　胡邦炜　文史杂志　1991年03期　1991年6月
先秦时期无小说——兼论史学著作对小说的影响　王枝忠　海南大学学报　1991年04期　1991年12月
关于通俗小说起源研究中几个问题的辩证　萧相恺　复旦学报　1993年05期　1993年5月
庄子是中国小说之祖　陆永品　河北大学学报　1993年03期　1993年10月
从物语到小说——中国小说生成史序说　〔日〕大冢秀高　文学遗产　1994年02期　1994年3月
　～学术月刊　1994年09期　1994年9月
志人小说论纲——中国小说探源　张锦池　北方论丛　1994年06期　1994年11月
论先秦诸子散文中的小说因素　王恒展　管子学刊　1995年01期　1995年3月
"说话"溯源　张兵　复旦学报　1995年03期　1995年5月
中国古典长篇小说的产生及形式特征　费鸿根　东疆学刊　1996年01期　1996年1月
笔记与小说源流初探　胡继琼　贵州大学学报　1997年02期　1997年6月
论《世说》开始有意为小说　吴代芳　郴州师专学报(综合版)　1997年04期　1997年12月
《桃花源记》与小说源流　韩春萌　九江师专学报　1998年01期　1998年2月

关于中国小说的起源问题　董贵杰　黑龙江教育学院学报　1998年01期　1998年3月

变文生成年代新论　李小荣　社会科学研究　1998年05期　1998年9月

中国古代小说探源　张元　北京教育学院学报　1998年04期　1998年11月

关于中国早期寓言的文学独立性　郝建国　河北学刊　1999年04期　1999年7月

敦煌藏卷中的白话小说是中国白话小说的源头　孙步忠　敦煌研究　1999年03期　1999年8月

小说与稗官　罗宁　四川大学学报　1999年06期　1999年11月

古代通俗小说之源：佛家"论议"、"说话"考　潘承玉　复旦学报　2001年01期　2001年1月

论变文的产生　刘玉红　贵州文史丛刊　2001年01期　2001年1月

经说·经传·经变　再说"变文"之"变"　陇菲（牛龙菲）　国学论衡（第二辑）——甘肃中国传统文化研究会学术论文集　2001年6月

　～陇菲　国学论衡　2辑　兰州：兰州大学出版社　2002年5月

小说的起源与小说独立文体的形成　李剑国　锦州师范学院学报　2001年03期　2001年8月

　～古稗斗筲录——李剑国自选集　李剑国　天津：南开大学出版社　2004年9月

从"有说有唱"形式来看敦煌"变文"之来源研究　〔韩〕金敏镐　唐代文学研究（第十辑）——中国唐代文学学会第十一届年会暨国际学术讨论会论文集　2002年5月

　～唐代文学研究　10辑　桂林：广西师范大学出版社　2004年11月

中国小说起源说概论　庞金殿　宁夏大学学报　2002年03期　2002年6月

中国古代小说探源　程芳银　求索　2002年05期　2002年10月

关于中国古代小说起源的再思考　冯汝常　云南师范大学学报　2002年02期　2003年3月

中国古代小说起源于《左传》　刘继保　中州学刊　2004年01期　2004年1月

论中国小说多源共生　庞金殿　延安大学学报　2004年02期　2004年4月

论中国小说发生期的期限　叶岗　浙江社会科学　2004年03期　2004年5月

中国古代小说探源论略　张喜全　攀枝花学院学报　2004年04期　2004年8月

小说起源辨　龚世学　重庆教育学院学报　2004年04期　2004年8月

论中国寓言的独立　马世年　光明日报　2004年9月1日

中国古代长篇章回小说的产生和雏形　庞金殿　廊坊师范学院学报　2005年01期　2005年3月

从《庐山远公话》看早期话本的文学渊源　伍晓蔓　宗教学研究　2005年02期　2005年6月

先秦典籍与小说滥觞　王恒展　山东师范大学学报　2005年05期　2005年10月

"稗官说"质疑兼论"小说起源于《左传》"　刘继保　首都师范大学学报　2005年05期　2005年10月

试论先秦时期是中国古代小说的成型期　程芳银　学术交流　2005年10期　2005年10月

小说起源问题的三重含义　刘勇强　明清小说研究　2006年01期　2006年3月

"说话"源起新探　宁登国　商丘师范学院学报　2006年03期　2006年6月

关于中国小说起源的思考　张同胜　汕头大学学报　2006年06期　2006年12月

六朝志怪的崛起与小说文体的萌芽　陈建农、王振宇　文史知识　2006年12期　2006年12月

中国古代通俗小说产生于元代论　卢世华　江汉大学学报　2008年04期　2008年8月

论小说的起源：从"语"到"说"　〔日〕小南一郎　南开学报　2008年05期　2008年9月

说书艺人的底本研究——兼论话本小说的形成　倪钟之　明清小说研究　2008年03期　2008年10月

明清章回体小说文体探源　杨小敏、饶道庆　社会科学家　2009年12期　2009年12月

《庄子》与中国小说的起源　张应斌　湛江师范学院学报　2010年10期　2010年10月

中国小说起源新论　庞金殿　名作欣赏　2011年29期　2011年10月
先秦两汉故事俗赋与古小说之发生　苏腾　陕西理工学院学报　2011年04期　2011年11月
汉传佛教的语言观及其对变文文体生成的影响　李小荣　河南师范大学学报　2011年06期　2011年11月
　　~佛教与中国文学散论:梦枕堂丛稿初编　李小荣　南京:凤凰出版社　2012年6月
先秦"话体"的生成、性质及文体嬗变　夏德靠　吉首大学学报　2012年02期　2012年3月
瞽矇与"成相"——说唱文学探源　鲍震培　文学与文化　2012年04期　2012年11月
事·文·义:从历史到演义　杨绪容　贵阳学院学报　2013年01期　2013年2月
先秦"说体"的生成、类型及文体意义——兼论《汉书·艺文志》"小说"的观念与分类　夏德靠　河南师范大学学报　2013年02期　2013年3月
演义及其文体生成的佛经渊源　李金松　人文杂志　2013年04期　2013年4月
从《汉志》"小说家"看中国小说概念及文体的生成　王绪霞　云南民族大学学报　2013年04期　2013年7月

2. 文体沿革

敦煌发见唐朝之通俗诗及通俗小说　静庵(王国维)　东方杂志　17卷8号　1920年4月
小说的略史与历代史家的观念　舒啸　小说世界　8卷6期　1924年
中国小说的历史的变迁　鲁迅　国立西北大学、陕西教育厅合办暑期学校讲演集(二)　西安:西北大学出版部　1925年3月
　　~收获　创刊号　1957年7月
　　~鲁迅全集　第8卷　北京:人民文学出版社　1957年12月
　　~中国小说史略(征求意见本)　鲁迅　北京:人民文学出版社　1979年
　　~鲁迅全集　第9卷　北京:人民文学出版社　2005年11月
从变文到弹词　汪伟　民锋半月刊　3期　1932年
宋元话本是怎样发展起来的？　郑振铎　文学百题　傅东华编　上海:生活书店　1935年7月

~文学百题　傅东华编　长沙:岳麓书社　1987年10月
　　~文学百题　傅东华主编　郑州:中州古籍出版社　1992年9月
韩愈与唐代小说　陈寅恪撰,程会昌(程千帆)译　国文月刊　57期　1947年7月
　　~闲堂文薮　程千帆　济南:齐鲁书社　1984年1月
中国短篇白话小说的发展与艺术上的特点　孙楷第　文艺报　1951年5月25日
　　~改题:中国短篇白话小说的发展　沧州集　孙楷第　北京:中华书局　1965年12月
谈谈"变文"的产生和影响　王庆菽　新建设　1957年03期　1957年3月
试论唐传奇与古文运动的关系　王运熙　光明日报　1957年11月10日
　　~文学遗产选集　3辑　北京:中华书局　1960年5月
　　~汉魏六朝唐代文学论丛　王运熙　上海:上海古籍出版社　1981年10月
　　~当代学者自选文库・王运熙卷　王运熙　合肥:安徽教育出版社　1998年12月
　　~汉魏六朝唐代文学论丛(增补本)　王运熙　上海:复旦大学出版社　2002年5月
论小说　浦江清　文学遗产增刊　6辑　1958年5月
　　~浦江清文录　北京:人民文学出版社　1958年10月
　　~浦江清文选　张鸣编选　北京:北京大学出版社　2010年10月
略谈宋元讲史的渊源　程毅中　光明日报　1958年6月1日
唐代民间、宫廷、寺院中的"说话"　胡士莹　光明日报　1963年3月24日
　　~宛春杂著　胡士莹　杭州:浙江人民出版社　1981年2月
晚周寓言的衍变与影响　陈静言　河北师院学报　1979年03期　1979年10月
关于宋代的话本小说　程千帆、吴新雷　社会科学战线　1981年03期　1982年6月
话本的演变:从六十家小说到三言两拍　侯志汉　汉学论文集　台北:文史哲出版社　1982年12月
敦煌话本研究三题　张锡厚　社会科学(甘肃)　1983年02期　1983年5月

唐变文的形成及其与俗讲的关系　李骞　敦煌学辑刊　1985年02期　1985年12月
论变文在我国小说史上的地位和作用　舒佩实　贵州大学学报　1985年04期　1985年12月
唐传奇"始有意为小说"刍议　韩黎范　古代文学理论研究　11辑　1986年8月
试论中国近代小说运动中的"文章"化倾向　袁进　晋阳学刊　1986年06期　1986年12月
汉代小说试论　张家顺　河南大学学报　1987年05期　1987年10月
先秦小说渊源探索　陈铁镔　锦州师院学报　1989年03期　1989年10月
从史的政事纪要式到小说的生活细节化——论唐传奇与小说文体的独立　董乃斌　文学评论　1990年05期　1990年10月
叙事方式和结构的新变——二论唐传奇与小说文体的独立　董乃斌　文学遗产　1991年01期　1991年2月
汉魏六朝"世说体"小说的流变　杨义　中国社会科学　1991年04期　1991年7月
宋话本源流及其影响　王波云　文艺研究　1991年04期　1991年8月
汉魏六朝杂史小说的形态　杨义　文学遗产　1991年04期　1991年11月
笑话的形成和发展　王利器　王利器论学杂著　台北：贯雅文化事业有限公司　1992年1月
金代话本小说刍议　林校生　齐齐哈尔师范学院学报　1993年03期　1993年6月
中国寓言的源流、特色及其发展　金江　衡阳师专学报　1993年04期　1993年10月
唐传奇在中国小说发展中的地位与作用　罗南超　华中师范大学学报　1994年03期　1994年5月
中国古代寓言的范畴、起源、分期新探　陈蒲清　求索　1994年04期　1994年8月
释"有意为小说"　何满子　古典文学知识　1994年05期　1994年9月
清末民初小说形式的演变与外来影响　袁荻涌　青海社会科学　1994年06期　1994年12月
中国古代城市笔记小说的源、流、变　周笑添、周建江　西北师大学报

1995年02期　1995年4月
论所谓先秦小说　冯维林、王恒展　山东师大学报　1995年03期　1995年5月
论中国古代小说两大系统论　刘兴汉　社会科学战线　1995年03期　1995年6月
中国古小说的演进　陈平原　寻根　1996年03期　1996年6月
中国古小说的演进（续一）　陈平原　寻根　1996年04期　1996年8月
中国古小说的演进（续二）　陈平原　寻根　1996年05期　1996年10月
中国古小说的演进（续完）　陈平原　寻根　1996年06期　1996年12月
刘向书与中国前小说的形态特征　戴红贤　四川师范大学学报　1997年01期　1997年1月
中西小说文体形成的历史轨迹　阎奇男　梧州师专学报　1997年02期　1997年5月
～枣庄师专学报　1998年04期　1998年11月
变文绝迹考　周飞　敦煌学辑刊　1997年01期　1997年6月
～人文杂志　1997年04期　1997年7月
说小说　林冠夫　华侨大学学报　1997年03期　1997年9月
古小说源流　王长青　管理教育学刊　1998年01期　1998年2月
志怪小说：遥远的呼应与承接——论中国小说观念的觉醒和中国小说的真正成立　刘明琪　北京师范大学学报　1998年02期　1998年3月
中国小说的历史空白　刘明琪　陕西师范大学学报　1998年01期　1998年3月
论唐人小说对史传传统的内在超越——中国古典小说文体独立历程再回顾　李钊平　陕西师范大学学报　1998年01期　1998年3月
北宋的"说话"和话本　张兵　复旦学报　1998年02期　1998年3月
从历史演义看古代小说章回体式的形成原因及成熟过程　纪德君　西北师大学报　1998年03期　1998年5月
"市井细民"的文学革命——简论宋代话本小说　陈敏直　人文杂志　1998年04期　1998年7月
诸子文章流变与六朝小说的生成　宁稼雨　南开学报　1998年04期　1998年8月
～改题：诸子的"舛驳"走向与小说的生成　传神阿堵，游心太玄——六朝小说的文体与文化研究　宁稼雨　天津：百花文艺出版社　2002年8月

论先秦"小说"　徐克谦　社会科学研究　1998年05期　1998年9月
晚清小说与报刊媒体发展之关系　方晓红　江海学刊　1998年05期　1998年9月
敦煌话本小说叙事模式的定型　〔韩〕朴完镐　社科纵横　1998年05期　1998年10月
古代白话小说的发展系统　鲁德才　明清小说研究　1998年04期　1998年12月
试论韩愈古文与小说的关系　周敏　周口师范高等专科学校学报　1999年01期　1999年1月
　　~改题：试论韩愈古文与小说的关系　西北大学学报　1999年01期　1999年2月
从《文心雕龙·论说》看唐宋说体寓言　颜瑞芳　文心雕龙国际学术研讨会论文集　台湾师范大学　1999年5月
　　~《文心雕龙》国际学术研讨会论文集　台北：文史哲出版社　2000年3月
话本小说之体制形式在清初的重大变化　徐志平　嘉义技术学院学报　64期　1999年6月
诗赋散体化对六朝小说生成的作用　宁稼雨　天津大学学报　1999年02期　1999年6月
　　~改题：诗赋散体化对小说形成的制约　传神阿堵，游心太玄——六朝小说的文体与文化研究　宁稼雨　天津：百花文艺出版社　2002年8月
古代长篇小说章回体制形成原因及过程新探　纪德君　江海学刊　1999年04期　1999年8月
试论变文的消亡　李小荣　贵州社会科学　1999年06期　1999年12月
小说史上的先秦文学　杨兴华　衡阳师范学院学报　2000年02期　2000年4月
拟话本小说夭折探源　周怡　东岳论丛　2000年03期　2000年5月
"传奇"体小说衍变之辨析　孙逊、赵维国　上海师范大学学报　2001年01期　2001年1月
史传、讲史、章回小说创作目的之演进　罗书华　上海大学学报　2001年01期　2001年2月
中国早期小说源流　〔美〕赛珍珠（Pearl S. Buck）著，张丹丽译，姚君伟校　镇江师专学报　2001年02期　2001年4月

也谈变文的消亡　袁书会　敦煌研究　2001年02期　2001年6月
明清短篇白话小说体制的演变　王言锋　社会科学辑刊　2002年02期　2002年3月
明代的拟话本小说　程毅中　明清小说研究　2002年02期　2002年6月
唐人"始有意为小说"辨析　刘金仿　武汉职业技术学院学报　2002年04期　2002年11月
文体特征发育与古代小说演进　丁夏　清华大学学报　2002年06期　2002年12月
已始"有意为小说"——《幽明录》散论　王恒展　蒲松龄研究　2002年04期　2002年12月
俗讲及民间讲书唱书促成了白话小说韵散相间体式的定型　孙步忠　敦煌研究　2003年03期　2003年6月
唐人"始有意为小说"的现象还原——从胡应麟的"实录"理念出发　刘金仿、李军均　鄂州大学学报　2003年03期　2003年8月
　　~改题:唐人小说观新探——对唐人"始有意为小说"的现象还原　思茅师范高等专科学校学报　2003年04期　2003年12月
从"支遁传"的成书看传奇体制在唐前的确立　凌宏发　上海师范大学学报　2004年01期　2004年1月
从《殷芸小说》看小说文体和地位的意义生成及变化　李艳婷　张家口师专学报　2004年01期　2004年3月
中国小说的起源和演变　周楞伽　上海师范大学学报　2004年02期　2004年3月
敦煌话本小说叙事模式的定型　王璐　西安联合大学学报　2004年04期　2004年8月
论敦煌变文叙事体制的渊源与衍变　俞晓红　湛江师范学院学报　2004年04期　2004年8月
从潜在的史诗结构看早期章回小说的形成　李舜华　浙江学刊　2004年05期　2004年9月
明书判体公案小说集之间的相互关系及文体演变　杨绪容　复旦学报　2005年01期　2005年1月
白话小说由口传走向书面——台湾版《中国古典白话小说史论》前言　杨义　中国古代小说研究　1辑　中国社会科学院文学研究所、中国古代小说研究中心编　北京:人民文学出版社　2005年6月

从汉魏六朝杂传到唐人传奇——关于唐人传奇渊源的再思考　熊明　社会科学辑刊　2005年05期　2005年9月
唐代小说观的演进和传奇小说文体的独立　李军均　华中科技大学学报　2005年06期　2005年12月
再论唐人传奇的文体特征　陈文新　齐鲁学刊　2006年01期　2006年1月
　～传统小说与小说传统(第二版)　陈文新　武汉:武汉大学出版社　2007年8月
中国古代小说文体流变研究论略　谭帆、王庆华　文艺理论研究　2006年03期　2006年5月
同源异派,二水分流——略论中国古代章回小说的两个发展路径　冯保善　明清小说研究　2006年02期　2006年6月
解构与建构:试论拟话本小说体制的衍变　宋若云　中国文哲研究通讯　16卷2期　2006年6月
唐传奇文体独立的小说观探析　黄炎军　河南理工大学学报　2006年03期　2006年8月
在史学与文学的边缘:对六朝小说文体的考察——以《搜神记》、《世说新语》为例　周昌梅　青岛大学师范学院学报　2006年03期　2006年9月
谈我国古代寓言文体的演革　冯万里　文教资料　2006年26期　2006年9月
明传记体公案小说集之间的相互关系及文体演变　杨绪容、黄霖　中国古代小说研究　第2辑　中国社会科学院文学研究所、中国古代小说研究中心编　北京:人民文学出版社　2006年10月
论清前期话本小说文体之适俗化发展　王庆华　中文自学指导　2006年05期　2006年9月
论清中后期话本小说文体之变异　王庆华　北方论丛　2006年05期　2006年9月
传奇体的衰落与唐宋文风的嬗变　凌郁之　苏州科技学院学报　2006年04期　2006年11月
《太平广记》与白话小说的崛起　牛景丽　菏泽学院学报　2006年06期　2006年12月
寻求小说文体自身的演化——兼谈唐传奇的诞生和"行卷"说　林辰　文化学刊　2007年01期　2007年1月
文人话本的衰微过程与原因　傅承洲　东南大学学报　2007年02期

2007年3月
谈古代寓言创作的历史沿革　冯万里　绥化学院学报　2007年03期　2007年5月
论明末清初拟话本的非文体化现象——以《豆棚闲话》为个案　张永葳　湖南大学学报　2007年03期　2007年5月
唐传奇"始有意为小说"辨——从"小说"之两类概念谈起　彭磊、鲜正确　重庆社会科学　2007年07期　2007年7月
先秦寓言源流及其修辞功能　过常宝　中国文学研究　2007年03期　2007年8月
清代小说文体流变研究　王庆华　中文自学指导　2007年05期　2007年9月
中国先秦小说的原生态及其真实性问题　高华平　天津社会科学　2007年05期　2007年9月
关于宋代小说变迁的几个问题　凌郁之　苏州科技学院学报　2007年04期　2007年11月
唐人小说中的"诗笔"与"诗文小说"的兴衰　程毅中　文学遗产　2007年06期　2007年11月
　～文史知识　2008年01期　2008年1月
　～程毅中文存续编　北京：中华书局　2010年3月
讲史的文体形式及其在章回小说生成史上的重要作用　罗书华　南京师范大学学报　2008年01期　2008年1月
纯洁小说文体的自觉意识——吴趼人小说的文体意识研究之一　胡全章　淮北煤炭师范学院学报　2008年01期　2008年2月
早期的中国短篇小说　〔美〕韩南（Patrick Hanan）　韩南中国小说论集　北京：北京大学出版社　2008年3月
清初话本的新变　傅承洲　西北师大学报　2008年03期　2008年5月
宋元话本小说的形成与体制研究　戴和圣　安徽文学（下半月）　2008年08期　2008年8月
清中期白话短篇小说衰落原因探析　代智敏　山西师大学报　2008年05期　2008年9月
中国古代小说文体变迁的文化机制　杨星映　重庆师范大学学报　2008年05期　2008年10月
论明代书坊对通俗小说体制发展的贡献——兼论演义的概念及其渊源　程国赋　明代文学与科举文化国际学术研讨会论文集　2008年11月

中国古典小说文体流变及其与史传渊源考　武传阳　新余高专学报　2008年06期　2008年12月
唐传奇对中国古代小说文体确立的贡献　于歌、邵平和　现代语文(文学研究版)　2009年01期　2009年1月
论唱导文的发展演进——兼论六朝唱导文是话本产生的来源之一　吴福秀　华中师范大学学报　2009年02期　2009年2月
从诸子学说到小说文体——论《汉志》"小说家"的文体演变　姚娟　西南交通大学学报　2009年02期　2009年4月
唐传奇——中国小说文体的独立　蒙瑞萍　语文学刊　2009年07期　2009年4月
民初的骈体小说创作何以繁盛　郭战涛　内蒙古大学学报　2010年01期　2010年1月
文、史互动与唐传奇的文体生成　吴怀东、余恕诚　文史哲　2010年03期　2010年5月
雏形期小说的文体意义——以《搜神记》中的两篇小小说为例　周先慎　古典文学知识　2010年05期　2010年9月
"四大奇书"与章回小说文体的形成　刘晓军　学术研究　2010年10期　2010年10月
　～章回小说文体研究　刘晓军　上海：华东师范大学出版社　2011年9月
论话本小说文体的形成与时代文化背景的关系——以"三言"为中心　王飞　重庆理工大学学报　2011年06期　2011年6月
战国小说说略　王守亮　江汉大学学报　2011年03期　2011年6月
论先秦两汉小说文体意义的形成　曾祥旭　中州学刊　2011年04期　2011年7月
中古小说观——孕育"谐谑小说"类型之温床　孟稚　吉林师范大学学报　2011年04期　2011年7月
章回体例与连载方式：论清末民初章回小说文体的变革　刘晓军　文艺理论研究　2011年04期　2011年7月
　～章回小说文体研究　刘晓军　上海：华东师范大学出版社　2011年9月
论我国古代寓言的产生及其发展　赵志成　渤海大学学报　2011年06期　2011年11月
宋代"话本"的崛起及其历史地位论略　郭学信　济宁学院学报　2012年

04期 2012年8月
论"唐人始有意为小说" 方文熳 时代文学(下半月) 2012年09期 2012年9月
浸润与迁流:词话文体演变的因缘蠡测 韩洪波 钦州学院学报 2012年06期 2012年10月
唐传奇——中国古代小说的文体独立 周闫 文学界(理论版) 2012年11期 2012年11月
由《世说新语》论"世说体"小说发展特征 张涛 湖南工业大学学报 2013年03期 2013年6月
宋元话本小说的文体形态与繁荣经济下的市民文化 任莹 现代语文(学术综合版) 2013年11期 2013年11月
论中国古代小说文体的浑和性生成 王澍 中南民族大学学报 2013年06期 2013年11月
"唐传奇"辩证 解玉峰 暨南学报 2013年12期 2013年12月

二、体制论

【著作】

中国小说研究 胡怀琛 上海:商务印书馆 1929年10月 144页 万有文库
  第一章 绪论;第二章 中国小说实质上之分类及研究;第三章 中国小说形式之分类及研究;第四章 中国小说在时代上之分类及研究
◎上海:商务印书馆 1933年 144页 百科小丛书
◎北京:中国书籍出版社 2006年6月 182页 国学名家选粹

小说纂要 蒋祖怡编著 上海:正中书局 1948年5月 189页 国学汇纂丛书
  第一章 小说的领域及其本质;第二章 中国小说之源流及其形态;第三章 中国小说内容之演化;第四章 中国小说外形之嬗变;第五章 中国小说之整理与研究

论中国短篇白话小说 孙楷第 上海:棠棣出版社 1953年11月 138页
◎改题:俗讲、说话与白话小说 北京:作家出版社 1956年6月 98页
  序;中国短篇白话小说的发展与艺术上的特点;宋朝说话人的家数问

题;说话考;词话考;唐代俗讲轨范与其本之体裁

宋元话本 程毅中 北京:中华书局 1964年5月 148页 知识丛书
第一章 说话和话本;第二章 讲史;第三章 小说;第四章 宋元话本在文学史上的地位

◎**宋元话本(重印)** 北京:中华书局 2003年4月 148页 国学入门丛书
增补:第四章 说经及其他;原第四章顺延为第五章;改版附记

话本小说概论 胡士莹 北京:中华书局 1980年5月 755页
序;第一章"说话"的起源和演变;第二章 宋代的说话;第三章 宋代话说的政治倾向和艺术特色;第四章 说话的家数;第五章 话本;第六章 话本的名称;第七章 现存的宋人话本;第八章 宋元以来官私著述中所载的宋人话本名目;第九章 元代的说书与话本;第十章 宋元话本小说的思想性与艺术性;第十一章 明代的说书和话本;第十二章《三言》、《二拍》及其他拟话本小说;第十三章 明代话本的著录和叙录;第十四章 明代拟话本故事的来源和影响;第十五章 清代的说书和拟话本;第十六章 明清说公案;第十七章 关于讲史;第十八章 总论

◎北京:商务印书馆 2011年9月 959页 中华现代学术名著丛书
增补:《后记》《胡士莹先生学术年表》《胡士莹先生的学术生涯与〈话本小说概论〉》《校后记》

○简评《话本小说概论》 程毅中 文学遗产 1981年02期 1981年6月

○《话本小说概论》补阙 薛洪 文学遗产 1982年02期 1982年6月

○胡士莹、赵景深和《话本小说概论》 裘金康 社会科学报 2000年7月20日

○胡士莹先生的学术生涯与《话本小说概论》 宁稼雨 中华读书报 2011年11月30日

○胡士莹先生的学术生涯与《话本小说概论》(附:《胡士莹学术年表》) 宁稼雨 明清小说研究 2011年04期 2011年11月

敦煌变文论文录 周绍良、白化文编 上海:上海古籍出版社 1982年4月 880页
上册 编辑说明;敦煌发见唐朝之通俗诗及通俗小说(王国维);论唐

代佛曲(向达);记伦敦所藏的敦煌俗文学(向达);唐代俗讲考(向达);唐代俗讲轨范与其本之体裁(孙楷第);敦煌俗文学之发见及其展开(傅芸子);俗讲新考(傅芸子);读《唐代俗讲考》(周一良);《读〈唐代俗讲考〉》的商榷(关德栋);补说唐代俗讲二三事——答周一良、关德栋两先生(向达);关于《俗讲考》再说几句话(周一良);关于《俗讲考》再说几句话·附记(向达);谈"变文"(关德栋);略说"变"字来源(关德栋);读变文二则(孙楷第);漫谈变文的起源(周叔迦);试谈"变文"的产生和影响(王庆菽);敦煌变文研究(王重民);我对变文的几点初步认识(徐嘉龄);变文笔记两则(宋毓珂);敦煌壁画《祇园记图》考(金维诺);《祇园记图》与变文(金维诺);漫谈"变文"的名称、形式、渊源及影响(冯宇);关于变文的几点探索(程毅中);唐代的说话与变文(路工);谈唐代民间文学——读《中国文学史》中"变文"节书后(周绍良);关于唐代民间文学研究的几点意见(挚谊);什么是变文(白化文);下册(略)

◎台北:明文书局　1985年1月

徘徊在诗与历史之间——论小说的文体特性　王先霈、张方　武汉:长江文艺出版社　1987年11月　168页

小序:小说向哪里变?一、小说文体观念演变的历史轨迹和未来趋向;二、小说与历史的关系及小说的历史内容;三、小说与诗的关系及小说的诗意和诗化;结语:在适应社会需要过程中不断前进;后记

古代小说与诗词　林辰、钟离叔　沈阳:辽宁教育出版社　1992年10月　164页　古代小说评价丛书·第四辑

丛书出版说明;一、形是诗词似也非——小说和诗词的关系;二、信手拈来随心裁——诗词在小说里的作用;三、水有源头山有脉——诗词入于小说的源流;

话本小说史　欧阳代发　武汉:武汉出版社　1994年5月　491页　中国文学专著系列

序;第一章　绪论;第二章　话本小说的源流;第三章　话本小说的萌生;第四章　话本小说的兴盛——宋代话本;第五章　元代话本小说;第六章　明代话本小说;第七章　晚明拟话本小说的大繁荣;第八章　杰出的通俗文学家冯梦龙和"三言";第九章　凌濛初和"二拍";第十章　明末其他拟话本小说;第十一章　清初拟话本代表作家李渔;第十二章　清初其他拟话本小说;第十三章　清中叶后拟话本小说的衰落;结语;

后记
○话本小说研究的新收获——评《话本小说史》　石麟　湖北大学学报　1995年03期　1995年9月

章回小说史　陈美林、冯保善、李忠明　杭州:浙江古籍出版社　1998年12月　341页　中国小说史丛书

第一章 章回小说界说;第二章 章回小说溯源;第三章 元末明初的章回小说;第四章 明代中晚期的章回小说;第五章 清代初中期的章回小说;第六章 清代晚期以来的章回小说;第七章 章回小说的艺术嬗变;第八章 章回小说与相关艺术形式;第九章 章回小说的历史地位与影响;第十章 明清章回小说批评概观

○小说史研究的新创获——评《章回小说史》　张进德、蔡玉芝　南京师大学报　2000年03期　2000年5月
　～水浒争鸣　2001年创刊号　2001年2月

中国古代小说文体论　宋常立　天津:天津社会科学院出版社　2000年7月　241页　"大视野"文艺研究丛书

导言:中国古代小说文体的界定;第一章 文言小说的起源;第二章 杂史小说的文体特征;第三章 笔记小说的文体特征;第四章 唐人传奇小说的文体特征;第五章 话本体制溯源;第六章 话本入话的形式、作用及演变;第七章 话本正话的类别与发展;第八章 宋元讲史平话与章回小说;第九章《三国志演义》的成书方式与文体特征;第十章《水浒传》的成书方式与文体特征;第十一章《金瓶梅》文体的承前启后;第十二章《红楼梦》文体的创新;附录;主要参考书目;后记

话本小说史　萧欣桥、刘福元　杭州:浙江古籍出版社　2003年4月　436页　中国小说史丛书

第一章 唐五代的说话;第二章 唐五代的宗教话本;第三章 唐五代的世俗话本;第四章 宋元时代的说话;第五章 宋元时代的讲史话本;第六章 宋元时代的小说话本;第七章 宋元时代的说经话本;第八章 话本小说在明代的全盛;第九章 明代的说唱词话;第十章 冯梦龙及其"三言";第十一章 凌濛初及其"二拍";第十二章 明末其他短篇话本小说;第十三章 清初短篇话本小说;第十四章 李渔及其短篇话本小说创作;第十五章 清代的评话;第十六章 短篇话本小说在清代的衰落;后记

○话本小说研究的新收获——评《话本小说史》　石麟　湖北大学学报

1995年05期 1995年9月

话本小说文体研究 王庆华 上海:华东师范大学出版社 2006年10月 249页

序(谭帆);导言;第一章 论"话本"——"话本小说"文体概念考辨;第二章 话本小说文体之发生;第三章 话本小说文体之独立与成熟;第四章 话本小说文体之发展与演变;第五章 话本小说之文体特性——话本体与其他古代小说文体类型之比较;第六章 话本体对其他小说文体之影响;附录:明清话本小说及其他短篇白话小说集编年叙录;主要参考书目;后记

唐诗与传奇的生成 吴怀东 合肥:安徽大学出版社 2008年4月 283页 安徽大学文学研究丛书

序(余恕诚);导论:小说"文备众体"的文体属性;第一章 先唐"小说"传统对于唐传奇的哺育;第二章 唐传奇的世俗性、现实性及其与史书、志怪的分野;第三章 诗、赋与"小说"的共生性;第四章 尚文思潮与传奇的文学性质;第五章 诗、赋经验与唐传奇的创作性质;第六章 诗歌在传奇中的修辞功能;第七章 唐传奇与诗化小说;第八章 传奇小说对于诗歌的渗透;第九章 "奇"、诗性精神与科举制度;结语:文体互动、传奇精神与传奇文体的兴衰;附录:主要参考书目;后记

○文体学视野下的唐诗与传奇关系研究——评吴怀东《唐诗与传奇的生成》 米彦青 安徽农业大学学报 2009年02期 2009年3月

敦煌变文的口头传统研究 富世平 北京:中华书局 2009年11月 245页 中华文史新刊

绪论:敦煌变文研究的成就与不足;第一章 敦煌变文研究中的基本问题阐释;第二章 敦煌变文口头性的历史传统;第三章 敦煌变文的文本类型与文本特点;第四章 敦煌变文程式分析(上);第五章 敦煌变文程式分析(下);第六章 敦煌变文的审美风格与审美特征;结语;主要引用参考书目;后记

稗官与才人:中国古代小说考论 王齐洲 长沙:岳麓书社 2010年2月 385页

上篇(略);中篇 说体文的产生及其对中国传统小说观念的影响;在子史之间寻找位置——史志著录所反映的中国传统小说观念;试论欧阳修的小说观念;刘知幾与胡应麟小说分类思想之比较;《三国演义》

与明代小说观念;小说观、小说史观与六朝小说史研究——兼论鲁迅《中国小说史略》的有关论述;下篇 "四大奇书"命名的文化意义;(下略)后记

○用材料说话 靠求实创新——读王齐洲先生《稗官与才人:中国古代小说考论》 杨继刚 江汉论坛 2011年06期 2011年6月

敦煌变文写本的研究 〔日〕荒见泰史 北京:中华书局 2010年12月 321页 华林博士文库

总序(季羡林);序(陈允吉);导言;序论部 敦煌文献和变文研究回顾;

本论部:敦煌变文及其体裁 第一章 变文——敦煌变文研究概述以及新观点;第二章 敦煌的故事略要本与变文;第三章 敦煌的讲唱体文献;

各论部:佛教仪式与变文的关系 第一章 九、十世纪的通俗讲经和敦煌;第二章 敦煌本"庄严文"初探——唐代佛教仪式上的表白对敦煌变文的影响;第三章 押座文及其在唐代讲经轨范上的位置;附录:P.3849V《佛说诸经杂缘喻因由记》;主要参考文献;后记

唐代变文:佛教对中国白话小说及戏曲产生的贡献之研究 〔美〕梅维恒(Victor H. Mair)著,杨继东、陈引驰译 上海:中西书局 2011年2月 309页

序;中译本自序;译者序;新发现;第一章 敦煌与敦煌文书;第二章 变文资料及其相关体裁;第三章 "变文"的含义;第四章 变文的形式、套语和特征;第五章 演艺人、作者和抄手;第六章 转变存在的证据;注释及参考文献中使用的缩略语;参考文献目录;附录:唐五代变文对后世中国俗文学的贡献;香港版译后记

章回小说文体研究 刘晓军 上海:华东师范大学出版社 2011年9月 387页

序言;导言;上编:总体研究 第一章 章回小说名实考辨;第二章 章回小说文体之渊源;第三章 明代章回小说文体之流变;第四章 清代章回小说文体之流变;

下编:专题研究 第五章 "四大奇书"与章回小说文体的形成;第六章 题材类型与章回小说的叙事模式;第七章 图文互补:对插图本章回小说的文体考察;第八章 雅俗文学文体的交融与悖离:论明代章回小说中的诗词;第九章 "递入"与"互见":论《儒林外史》的结构方式

及其影响;第十章 章回体例与连载方式:论清末民韧章回小说文体的嬗变;结语;主要参考书目;后记

中国说唱文学之发展流变　盛志梅　北京:中国社会科学出版社　2013年7月　348页

序(齐森华);导言;上编:敦煌遗书中的唐代说唱文学　第一章 唐代说唱文学的研究范畴与分类原则;第二章 俗讲与讲经文;第三章 变文;第四章 敦煌遗书中的唐代其他说唱文学;

中编:宋金元明说唱文学——诸宫调、陶真、词话　第五章 诸宫调发展历史之概述;第六章 诸宫调存目作品概说;第七章 诸宫调叙事体制的源流;第八章 诸宫调音乐体制的源流;第九章 陶真;第十章 元明词话;

下编:清代说唱文学——弹词、鼓词(大鼓)、子弟书、宝卷、俚曲及《红楼梦》的说唱改编　第十一章 弹词;第十二章 鼓词与大鼓书;第十三章 子弟书;第十四章 宝卷;第十五章 以《聊斋俚曲》为代表的清代文人俗曲说唱;第十六章《红楼梦》的说唱改编;主要参考文献;后记

明代小说寄生词曲研究　赵义山　北京:商务印书馆　2013年12月　353页

前言;绪论;第一章 明代小说的散韵结合与明代社会文化背景;第二章 明代小说寄生词曲的体式及特征;第三章 明代小说寄生词曲的文学特性;第四章 明代小说寄生词曲的文化意蕴;第五章 明代小说寄生词曲与小说叙事;第六章 寄生词曲与明代小说的文体变迁;馀论;主要参考文献

○从文体交汇与融合的角度切入明代词曲与小说发展史研究——评《明代小说寄生词曲研究》　门岿　中国韵文学刊　2014年02期　2014年4月

话本小说与诗词关系研究　梁冬丽　北京:中国社会科学出版社　2013年12月　321页

序(沈家庄);绪论;第一章 话本小说体制演化与诗词的引入;第二章 话本小说编创方式与诗词的引入;第三章 话本小说叙事方式与诗词的引入;第四章 话本小说叙事模式的转变与诗词的引入;第五章 话本小说文本变易与诗词的引入;结语;主要参考文献;附录1:明代话本、拟话本小说;附录2:清代拟话本小说;附录3:话本小说诗词体裁、数量;后记

【学位论文】

中国古代小说文体研究　詹丹　上海师范大学　1999 年　博士论文
中国小说选本研究　任明华　华东师范大学　2003 年　博士论文
话本小说文体形态研究　王庆华　华东师范大学　2003 年　博士论文
敦煌变文的口头传统研究　富世平　四川大学　2005 年　博士论文
明代章回小说文体研究　刘晓军　华东师范大学　2007 年　博士论文
《韩诗外传》研究　艾春明　东北师范大学　2008 年　博士论文
宋元"说话"研究　李晓晖　华中师范大学　2008 年　博士论文
民国初年骈体小说研究　郭战涛　华东师范大学　2008 年　博士论文
中国章回小说文体研究　刘晓军　中山大学　2009 年　博士后出站报告
中国古代小说中的"史传"传统及其历史变迁　何悦玲　陕西师范大学　2011 年　博士论文
文言小说诗化特征研究　侯桂运　山东师范大学　2011 年　博士论文
清末民初小说语体研究　何云涛　南开大学　2013 年　博士论文

敦煌变文研究　邱镇京　中国文化大学　1965 年　硕士论文
唐传奇与辞赋关系之考察　崔末顺　政治大学　1997 年　硕士论文
论洪迈的小说观念与《夷坚志》的文体特征　张进飞　北京大学　1998 年　硕士论文
变文与宝卷关系之研究　王正婷　中正大学　1998 年　硕士论文
敦煌佛教讲经文及其文学表现研究　李思慧　逢甲大学　2000 年　硕士论文
《世说新语》文体研究　刘强　上海师范大学　2001 年　硕士论文
集腋为裘　文备众体——《聊斋志异》文体论　李汉举　山东师范大学　2002 年　硕士论文
唐传奇"文备众体"论　杨欣　西北大学　2002 年　硕士论文
宋元"平话"之名义、体制研究——以《新编五代史平话》、《全相平话五种》为例　胡长茵　中正大学　2003 年　硕士论文
赋体文与小说文体之形成　王景龙　上海师范大学　2004 年　硕士论文
中国古代笔记体小说的文体形态及理论批评　向冲　重庆师范大学　2004 年　硕士论文
敦煌变文体式的发展流变　李明　华中师范大学　2005 年　硕士论文
《聊斋志异》的辨体研究　潘丹　黑龙江大学　2007 年　硕士论文
《韩非子》"说林"、"储说"研究　蒋振江　南京师范大学　2007 年　硕士

论文
论宋前小说与宋代早期诗话之关系　沈梅　西南交通大学　2008 年　硕士论文
民初骈体小说文体学研究　张广兴　苏州大学　2008 年　硕士论文
酒泉宝卷与话本小说的文体共性初探　孙小霞　兰州大学　2010 年　硕士论文
口头逻辑视域中的话本与拟话本小说　龚哲　南开大学　2011 年　硕士论文
《大唐秦王词话》研究　郑敏婕　陕西师范大学　2011 年　硕士论文
敦煌佛教讲经文研究　郝翠玉　河南师范大学　2011 年　硕士论文
文本与口传——试论话本小说的双重属性　杨谷怀　中国社会科学院研究生院　2011 年　硕士论文
《狯园》的辨体研究　蔡雯姬　天津师范大学　2012 年　硕士论文
《世说新语》：从史传文学到唐传奇　吕春晖　河南师范大学　2012 年　硕士论文

【单篇论文】

1. 辨体：总论

中国小说研究　胡怀琛　小说世界　16 卷 13 期　1927 年
中国小说研究（二）　胡寄尘（胡怀琛）　小说世界　16 卷 14 期　1927 年
中国小说研究（三）　胡寄尘（胡怀琛）　小说世界　16 卷 15 期　1927 年
中国小说研究（四）　胡寄尘（胡怀琛）　小说世界　16 卷 17 期　1927 年
中国小说研究（五）　胡寄尘（胡怀琛）　小说世界　16 卷 21 期　1927 年
中国小说研究（六）　胡寄尘（胡怀琛）　小说世界　16 卷 22 期　1927 年
中国小说研究（七）　胡寄尘（胡怀琛）　小说世界　16 卷 23 期　1927 年
中国小说研究（八）　胡寄尘（胡怀琛）　小说世界　16 卷 24 期　1927 年
中国小说研究（九）　胡寄尘（胡怀琛）　小说世界　16 卷 25 期　1927 年
中国的小说　〔美〕赛珍珠（Pearl S. Buck）著，飞白译　朔风　12、13 期　1939 年 10 月
　~赵景深译　宇宙风（乙刊）　22、23 期　译文 1940 年 3 月 4 日
　~汪宏声译　文学集林·第 4 辑·特辑　1940 年 4 月
古代小说本体性的思考：文体、类型、叙述　宁宗一　天津外国语学院学报　1995 年 01 期　1995 年 3 月

~通俗文学评论　1995 年 3 期
中国古典小说的本体论和文体发生发展论　杨义　社会科学战线　1995 年 04 期　1995 年 8 月
同体而异构——中国古代小说、戏曲体制之比较研究　沈新林　艺术百家　2000 年 03 期　2000 年 9 月
《中国文言小说家评传》前言：文化的·民间的·传说的——中国文言小说的本质特征——兼论文言小说观念的历史演进　萧相恺　明清小说研究　2003 年 01 期　2003 年 3 月
通俗小说的文本形态及本质属性　张从容　辽宁师范大学学报　2003 年 03 期　2003 年 5 月
试论先秦的"准小说"　刘军　黑龙江社会科学　2003 年 06 期　2003 年 12 月
唐前"小说"非小说论　石昌渝　中国古代小说研究　1 辑　中国社会科学院文学研究所、中国古代小说研究中心编　北京：人民文学出版社　2005 年 6 月
古代小说文体的动态特征与研究思路　刘勇强　文学遗产　2006 年 01 期　2006 年 1 月
谈中国古代小说的文体　鲁德才　明清小说研究　2006 年 03 期　2006 年 9 月
小说文体的基本特征　何镇邦　文学教育（上）　2012 年 06 期　2012 年 6 月
论晚清"新小说"的文体特征与语体建构　何云涛　中南大学学报　2012 年 03 期　2012 年 6 月
清华简《赤鹄之集汤之屋》与先秦"小说"——略说清华简对先秦文学研究的价值　黄德宽　复旦学报　2013 年 04 期　2013 年 7 月

2. 辨体：分论一

佛曲与俗文变文　西谛（郑振铎）　小说月报　20 卷 1 号　1929 年 1 月
宋人话本　郑振铎　中学生　11 期　1931 年 1 月
唐代俗讲考　向达　燕京学报　16 期　1934 年 12 月
　　~唐代俗讲考（编按：有改写）　文史杂志　3 卷 9、10 期合刊　1944 年
　　~国学季刊　6 卷 4 期　1950 年 1 月
　　~敦煌变文论文录　周绍良，白化文编　上海：上海古籍出版社　1982 年 4 月

~唐代长安与西域文明　向达　北京:三联书店　1957年4月
~唐代长安与西域文明　向达　台北:明文书局　1981年9月
~唐代长安与西域文明　向达　石家庄:河北教育出版社　2001年11月
~20世纪中国文学研究论文选·隋唐五代卷　吴相洲选编　北京:社会科学文献出版社　2010年1月

话本及其影响　陈福熙　黄钟　9卷3期　1936年8月
唐代俗讲之科范与体裁　孙楷第　国立北京大学国学季刊　6卷2号　1937年6月
~改题:唐代俗讲轨范及其本之体裁　论中国短篇白话小说　孙楷第　上海:棠棣出版社　1953年11月
~俗讲、说话与白话小说　孙楷第　北京:作家出版社　1956年6月
~沧州集　孙楷第　北京:中华书局　1965年12月

谈宋元话本　吕叔湘　国文杂志　3卷2期　1944年
谈变文　关德栋　觉群周报　1946年1—11期　1946年
~敦煌变文论文录　周绍良、白化文编　上海:上海古籍出版社　1982年4月

我对变文的几点初步认识　徐嘉玲　光明日报　1956年9月16日
试谈我国的寓言　魏金枝　人民文学　1957年04期　1957年4月
关于"合生"　戴望舒　小说戏曲论集　戴望舒著,吴晓铃编　北京:作家出版社　1958年2月
唐"话本"初探　李骞　辽宁大学学报　1959年02期　1959年5月
漫谈"变文"的名称、形式、渊源及影响　冯宇　哈尔滨师范学院学报　1960年01期
~敦煌变文论文录　周绍良、白化文编　上海:上海古籍出版社　1982年4月

唐代的说话与变文　路工　民间文学　1962年06期　1962年6月
~敦煌变文论文录　周绍良、白化文编　上海:上海古籍出版社　1982年4月

关于变文的几点探索　程毅中　文学遗产增刊　10辑　1962年7月
~敦煌变文论文录　周绍良、白化文编　上海:上海古籍出版社　1982年4月
~程毅中文存　北京:中华书局　2006年9月

谈唐代民间文学——读《中国文学史》中"变文"节书后　周绍良　新建设

1963年01期
 ~敦煌变文论文录　周绍良、白化文编　上海:上海古籍出版社　1982年4月
 ~绍良丛稿　周绍良　济南:齐鲁书社　1984年1月
关于变文的题名、结构和渊源　曾永义　现代文学　38期　1969年7月
释话本　庞德新　东方文化　10卷2期　1972年6月
敦煌变文体裁述略　罗宗涛　中华学苑　19期　1977年3月
笔记、传奇、变文、话本、公案——综论中国传统短篇小说的形式　马幼垣、刘绍铭　幼狮文艺　48卷4期　1978年10月
 ~中国古典小说研究专集　1期　1979年8月
关于俗讲的几个问题　刘铭恕　郑州大学学报　1980年04期　1980年8月
敦煌讲唱文学的体制及类型初探——兼论几种《中国文学史》有关提法的问题　张鸿勋　教学研究(天水师范学院学报)　1981年01期　1981年4月
 ~改题:敦煌讲唱文学的体制及其类型初探——兼论几种《中国文学史》有关提法的问题　敦煌学辑刊　2辑　1981年12月
 ~改题:敦煌讲唱文学的体制及类型初探——兼谈几部文学史的有关提法　文学遗产　1982年02期　1982年6月
说唱文学的源流和体制　赵景深　文史知识　1982年01期　1982年1月
 ~中国文学史百题　文史知识编辑部编　北京:中华书局　1990年12月
宋代"话本"和唐代"说话"、"俗讲"、"变文"、"传奇小说"的关系　王庆菽　社会科学(甘肃)　1982年01期　1982年3月
神话文体辨正　陶思炎　华南师范大学学报　1983年03期　1983年4月
敦煌变文三议　宋洪志　齐鲁学刊　1983年04期　1983年8月
唐代变文及其他(上)　周绍良　文史知识　1985年12期　1985年12月
唐代变文及其他(下)　周绍良　文史知识　1986年01期　1986年1月
宋元话本与明清拟话本叙事体制之比较　袁健　明清小说研究　1986年02期　1986年7月
 ~安庆师院学报　1986年02期　1986年7月
变文源流例说　姚又权、夏侯嗣　中学语文　1987年05期　1987年5月

"世说体"初探　宁稼雨　中国古典文学论丛　6辑　北京:人民文学出版社　1987年10月
什么是唐传奇——唐传奇的体制特征及其渊源　朱迎平　文史知识　1988年03期　1988年3月
　　~古典文学与文献论集　朱迎平　上海:上海财经大学出版社　1998年6月
俗赋、词文、通俗小说　程毅中　文史知识　1988年03期　1988年3月
　　~中国文学史百题　文史知识编辑部编　北京:中华书局　1990年12月
变文与俗讲　白化文　文史知识　1988年03期　1988年3月
　　~中国文学史百题　文史知识编辑部编　北京:中华书局　1990年12月
一条唐"话本"资料的探考　张兵　文学遗产　1988年03期　1988年6月
"说参请"考辨　庆正轩　兰州教育学院学报　1989年02期　1989年8月
论子部小说　段国超、连杨柳、张晓明　信阳师范学院学报　1989年03期　1989年10月
变文的讲唱艺术——转变考略　曲金良　敦煌学辑刊　1989年06期　1989年12月
杂纂简议　〔苏联〕齐一得(И.Э.Циперович)　学术交流　1990年05期　1990年10月
我国章回小说的民族形式　高光起　阴山学刊　1991年01期　1991年4月
拟话本二论　陈大康　文学遗产　1991年02期　1991年5月
论志怪三体　陈文新　学术论坛　1995年06期　1995年11月
　　~中国小说的谱系与文体形态　陈文新　北京:中国社会科学出版社　2012年10月
说书人与叙事者——话本小说研究　陈平原　上海文学　1996年07期　1996年7月
唐宋拟人传体寓言探究　颜瑞芳　古典文学　14期　1997年5月
小说话本与话本小说　倪钟之　教师博览　1997年05期　1997年5月
"准话本"刍议　张兵　苏州大学学报　1998年01期　1998年2月
敦煌变文　刘进宝　国文天地　13卷10期　1998年3月

唐代俗讲文体制补说　敦煌语言文学研究　北京:北京大学出版社　1998年7月
　~程毅中文存　北京:中华书局　2006年9月
合生考论　王振良　天津师大学报　1998年05期　1998年10月
"传奇体"辨正——兼论裴铏《传奇》在神怪小说史上的地位　欧阳健　复旦学报　1999年01期　1999年1月
释道儒"变文"考辨——兼论变文的生成及三教思想　李小荣　淮阴师范学院学报　1999年02期　1999年4月
唐传奇文体考辨　孙逊、潘建国　文学遗产　1999年06期　1999年11月
话本二题　李钊平　钦州师范高等专科学校学报　2000年01期　2000年3月
"体兼说部"的"诗话"与明代"诗文小说"　王冉冉　明清小说研究　2000年01期　2000年3月
古代寓言论　郭延明　重庆教育学院学报　2000年02期　2000年6月
关于唐代的俗讲与转变　李小荣　九江师专学报　2000年04期　2000年8月
话本研究二题　萧欣桥　浙江学刊　2000年05期　2000年9月
敦煌藏卷中白话小说的"韵散相间"体式与佛典传译　孙步忠　敦煌研究　2000年04期　2000年12月
艺人话本与文人话本　傅承洲　湖北民族学院学报　2002年04期　2002年8月
艺人说话与宋元话本韵散兼用的叙述特点　朱迪光　十堰职业技术学院学报　2002年04期　2002年12月
罗庸先生论中唐的三种新文体(编按:指传奇文、俗讲及其他俗文学、曲子词)　郑临川、徐希平　西南民族学院学报　2002年S4期　2002年12月
宋人说诨话与《问答录》——《宋元小说研究》订补之二　程毅中　文学遗产　2003年01期　2003年1月
论唐传奇史传式文体特征　于志鹏　西华师范大学学报　2003年05期　2003年9月
"演义"辨略　黄霖、杨绪容　文学评论　2003年06期　2003年11月
变文之"变"的文化阐释　胡连利　人民政协报　2003年12月23日
变文与变曲的关系考论——"变文"之"变"的渊源探讨　富世平　文学遗产　2004年02期　2004年3月

论唐传奇的杂传实质　武丽霞　西南师范大学学报　2004年03期　2004年5月

唐代佛曲与俗讲　王定勇　长春师范学院学报　2004年09期　2004年9月

讲史平话的体制与款式　楼含松　浙江大学学报　2004年05期　2004年9月

敦煌的讲唱体文献　〔日〕荒见泰史　敦煌学　25辑　2004年9月

魏晋"志怪"的社会新闻文体论证　赵振祥　厦门大学学报　2004年05期　2004年9月

敦煌讲唱写本的读本可能性考　〔韩〕金敏镐　唐代文学研究（第十一辑）——中国唐代文学学会第十二届年会暨国际学术研讨会论文集　2004年11月

　　~唐代文学研究　11辑　桂林：广西师范大学出版社　2006年5月

传、记辞章化：从中国叙事传统看唐人传奇的文体特征　陈文新、王炜　武汉大学学报　2005年02期　2005年3月

　　~改题：传记辞章化：对唐人传奇文化属性的一种描述　传统小说与小说传统　陈文新　武汉：武汉大学出版社　2005年5月

论宋代小说伎艺的文本形态　于天池　北京师范大学学报　2005年03期　2005年5月

俗讲：中国佛教的俗文学　吕建福　世界宗教文化　2005年02期　2005年6月

说"平话"　顾青　中国古代小说研究　1辑　中国社会科学院文学研究所、中国古代小说研究中心编　北京：人民文学出版社　2005年6月

"文人小说"与"奇书文体"　〔美〕浦安迪（Andrew H. Plaks）　人文中国学报　11期　2005年8月

　　~浦安迪自选集　〔美〕浦安迪著，刘倩等译　北京：三联书店　2011年2月

试论宋代说话人的底本　卢世华　江汉大学学报　2005年06期　2005年12月

从辨体角度看明清章回小说的几个特征　陈文新　文艺研究　2006年02期　2006年2月

　　~中国小说的谱系与文体形态　陈文新　北京：中国社会科学出版社　2012年10月

敦煌变文叙事形式叙略　俞晓红　洛阳师范学院学报　2006年01期

2006年2月
"合生"与唐宋伎艺　刘晓明　文学遗产　2006年02期　2006年3月
论变文是俗讲的书录本　俞晓红　温州师范学院学报　2006年04期　2006年8月
《醉翁谈录·舌耕叙引》发微　凌郁之　中国典籍与文化　2006年04期　2006年12月
话本的本与文言话本　鲁德才　明清小说研究　2007年01期　2007年3月
宋代的合生　于天池、李书　文史知识　2007年05期　2007年5月
"说参请"考释——"说参请"源流研究系列之一　庆振轩、唐启翠　宋元小说戏曲研究论稿　庆振轩、唐启翠、胡颖　兰州：兰州大学出版社　2007年7月
～改署：庆振轩　长江大学学报　2012年02期　2012年2月
"说铁骑"考　唐启翠、庆振轩　宋元小说戏曲研究论稿　庆振轩、唐启翠、胡颖　兰州：兰州大学出版社　2007年7月
中国古代"说书体"小说文体特征新探　纪德君　文艺研究　2007年07期　2007年7月
中国古代的"寓言"理论及文体形态　张群　黄冈师范学院学报　2007年04期　2007年8月
在史传与小说之间——传奇小说的文体与观念　闫立飞　天津社会科学　2007年05期　2007年9月
中唐传奇文"辨体"——从"陈寅恪命题"出发　陈珏　汉学研究（台北）　2007年02期　2007年12月
"志人小说"非小说论　杨东甫　广西师范学院学报　2008年01期　2008年1月
话本小说体制辨析　黎藜　四川师范大学学报　2008年03期　2008年5月
宋元"说话"的书面化与"说话"底本蠡测　纪德君　广东技术师范学院学报　2009年01期　2009年1月
世说体研究的文体学意义　刘伟生　学术界　2009年03期　2009年3月
"话本"由来与"拟话本"的区别　王珍华　中国语文　104卷4期　2009年4月
论"未曾有经"文体及其影响　李小荣　武汉大学学报　2009年03期

2009年5月
再论"变"和"变文"　杨成忠　连云港职业技术学院学报　2009年02期　2009年6月
论"文家小说"　张永葳　漳州师范学院学报　2009年02期　2009年6月
简论汉译佛典之"譬喻"文体　李小荣　福建师范大学学报　2009年05期　2009年9月
论案头小说及其文体　林岗　中山大学学报　2009年06期　2009年11月
从"三言二拍"看话本小说的可拟性　吴昌林、王莹　华东交通大学学报　2009年06期　2009年12月
敦煌讲经文是否为变文争议之平议　郑阿财　百年敦煌文献整理研究国际学术讨论会论文集(上册)　杭州　2010年4月
　~敦煌吐鲁番研究　12卷　季羡林先生纪念专号　中国敦煌吐鲁番学会等编　上海：上海古籍出版社　2011年7月
论"故事集缀"型章回体小说　张蕾　文学评论　2010年04期　2010年7月
西夏俗文学"辩"初探　孙伯君　西夏研究　2010年04期　2010年11月
论话本小说的奇书文体、转折性结构和劝谕图式——以《八洞天》为例　王委艳　社会科学论坛　2011年02期　2011年2月
论"笔记体小说"之基本文体观念　王庆华　浙江学刊　2011年03期　2011年5月
浅析各代公案小说文体及作品　杨程程　怀化学院学报　2011年06期　2011年6月
"世说体"小说文体特征论　林宪亮　文艺评论　2011年08期　2011年8月
"讲经文"质疑　孟昭连　明清小说研究　2011年04期　2011年11月
"唐人说话"略说　何剑平　古典文学知识　2011年06期　2011年11月
试论明代小说序跋的文体特征与文学价值　王猛　重庆师范大学学报　2011年06期　2011年12月
文备众体：论变文之"杂"　韩洪波　山西师大学报　2012年02期　2012年3月
《醉翁谈录》中"新话"考　韩洪波、陈安梅　宝鸡文理学院学报　2013年02期　2013年4月

鼓子词与话本是"说唱"的吗？　张正学　求是学刊　2012 年 04 期　2012 年 7 月
论叙事文学传统下的"奇书文体"　黄文虎　求索　2013 年 04 期　2013 年 4 月
独树一帜——论变文文体之"新"　韩洪波　河西学院学报　2013 年 04 期　2013 年 8 月
合生琐考　凌郁之　苏州科技学院学报　2013 年 05 期　2013 年 9 月
先秦两汉史传文学体裁体例之浅析　石伟伟　太原城市职业技术学院学报　2013 年 11 期　2013 年 11 月
论"外传体"古典小说的文体特征　李军　南昌大学学报　2013 年 06 期　2013 年 11 月
笔记辨体与笔记小说研究　刘正平　杭州师范大学学报　2013 年 06 期　2013 年 12 月

3. 辨体：分论二

"大唐三藏取经诗话"为宋人说经话本考　方诗铭　文史杂志　5 卷 7、8 期合刊　1945 年
京本通俗小说——宋代短篇小说集　徐调孚　中学生　194 期　1947 年 12 月
小说、笔记小说与《世说》　刘兆云　新疆大学学报　1981 年 02 期　1981 年 5 月
谈《聊斋志异》的文体　张载轩　淮阴师专学报　1987 年 01 期　~蒲松龄研究　1993 年 3、4 期合刊　1993 年 12 月
《三言》中的明话本和明拟话本辨　陈辽　盐城师专学报　1988 年 01 期　1988 年 4 月
关于《两拍》体裁的若干思考　李延　上海师范大学学报　1990 年 01 期　1990 年 4 月
《金瓶梅》小说文体的创新　石昌渝　文学遗产　1990 年 04 期　1990 年 11 月
唐代的一个俳优戏脚本——敦煌石窟发现《茶酒论》考述　赵逵夫　中国文化　1990 年 02 期　1990 年 12 月
章回体的衰变与困扰——《红楼梦》叙事体制上的变革与折衷　李庆信　社会科学研究　1992 年 04 期　1992 年 8 月
《二拍》中也有话本　陈辽　益阳师专学报　1993 年 02 期　1993 年 5 月

《聊斋志异》小说体制的继承与创新　战化军　蒲松龄研究　1993年1、2期合刊　1993年7月

《红楼梦》的文体展览格局　徐振辉　红楼梦学刊　1994年03期　1994年8月

《红楼梦》与"奇书"文体　〔美〕浦安迪(Andrew H. Plaks)　1993年中国古代小说国际研讨会论文集　北京:开明出版社　1996年7月

～浦安迪自选集　〔美〕浦安迪著,刘倩等译　北京:三联书店　2011年2月

《世说新语》的文体特征及与清谈之关系　张海明　文学遗产　1997年01期　1997年1月

《聊斋志异》寓言体类之研究　吴福相　"中央大学"人文学报　15期　1997年6月

《庄子》寓言文体新论　刘访　重庆师院学报　1997年03期　1997年9月

《刎颈鸳鸯会》是话本而非鼓子词　于天池　文学遗产　1998年06期　1998年11月

《儒林外史》文体渊源试探　王进驹　广西师院学报　1999年01期　1999年1月

南宋的"说铁骑儿"话本和《宣和遗事》　张兵　华东师范大学学报　1999年01期　1999年2月

《红楼梦》文体论　陈世钟　红楼　1999年02期

曹雪芹与《红楼梦》文体　陈世钟　衡水师专学报　1999年03期　1999年8月

《世说新语》非小说论　刘军　哈尔滨工业大学学报　2000年02期　2000年6月

《庄子》与《吕氏春秋》寓言体类之比较研究　吴福相　警专学报　2卷8期　2000年9月

《世说新语》文体特色研究　陈川　中山大学研究生学刊　2000年04期　2000年12月

《游仙窟》的创作背景及文体成因新探　李鹏飞　山西师范大学学报　2001年01期　2001年2月

《燕丹子》成书时代及其文体考　孙晶　古籍整理研究学刊　2001年02期　2001年3月

《西游记》文体特征的再认识　杨扬　运城高等专科学校学报　2001年1

期　2001年4月

《聊斋志异》的文体辨析　敖丽　蒲松龄研究　2001年03期　2001年9月

　　~明清小说研究　2001年03期　2001年9月

从《商调蝶恋花》到《刎颈鸳鸯会》——《宋元小说研究》补订之一　程毅中　文学遗产　2002年01期　2002年1月

论《型世言》对话本体制的突破　王言锋　沈阳教育学院学报　2002年01期　2002年3月

论《三国志通俗演义》的文体特征　楼含松　浙江学刊　2002年04期　2002年8月

试论《世说新语》文体的戏剧性特征　刘强　上海师范大学学报　2002年05期　2002年9月

话本小说文体形态的初步独立——《清平山堂话本》文体形态论考　王庆华　华东师范大学学报　2003年01期　2003年1月

《三国志演义》:演义文体的典范　欧阳健　荆州师范学院学报　2003年01期　2003年2月

　　~改题:演义文体的典范——《三国志演义》　中华文化论坛　2003年02期　2003年4月

《吕氏春秋》寓言之创作　吴福相　警专学报　3卷3期　2003年6月

中国说唱文学之祖新探——荀子《成相篇》在中国说唱文学史的价值和地位　黎传绪　江西社会科学　2004年03期　2004年3月

《十二楼》对中晚明拟话本体制的超越　温春仙　枣庄师范专科学校学报　2004年03期　2004年6月

　　~改写:《十二楼》结构体制中的变化因素　株洲师范高等专科学校学报　2004年04期　2004年8月

《世说新语》不是小说　张松辉　湖南文理学院学报　2005年01期　2005年1月

唐刘肃《大唐新语》之文体性质探微　黄东阳　北商学报　7期　2005年1月

《世说新语》文体考辨　刘强、吴寅　复旦学报　2005年02期　2005年3月

论《韩非子·说林》的性质与文体学意义　马世年　南京师大学报　2005年02期　2005年3月

《清平山堂话本》不是"话本"　〔韩〕金敏镐　中国古代小说研究　1辑

中国社会科学院文学研究所、中国古代小说研究中心编　北京：人民文学出版社　2005年6月

《青琐高议》的艺术形式及其在小说文体变革中的价值　冯勤　四川大学学报　2005年06期　2005年11月

《鼓掌绝尘》与多回体拟话本小说　赵勖、吴建国　中国文学研究　2005年04期　2005年12月

并非底本——论《五代史平话》编写方式　卢世华　太原理工大学学报　2006年01期　2006年3月

关于《新序》、《说苑》、《列女传》的性质　周云中　广西大学梧州分校学报　2006年02期　2006年4月

也谈《世说新语》的文体　尹雪华　西华大学学报　2006年02期　2006年4月

刘向《列女传》的体例创新与编撰特色　陈东林　明清小说研究　2006年02期　2006年6月

试析《燕丹子》之"杂史小说"的文体特征　吴奇　重庆三峡学院学报　2006年04期　2006年7月

元刊平话是说话人的底本吗？——以《秦并六国平话》的成书为例　卢世华　中国古代小说研究　2辑　中国社会科学院文学研究所、中国古代小说研究中心编　北京：人民文学出版社　2006年10月

属"小说"类，但非小说——关于《世说新语》的一桩公案　周远斌　蒲松龄研究　2007年01期　2007年3月

论岭南小说《俗话倾谈》之文体形态　耿淑艳　广州大学学报　2007年03期　2007年3月

中国古代"寓言"的体式特征与文化内涵　刘汉光　中文自学指导　2007年03期　2007年5月

《世说新语》的文体成因　刘伟生　社会科学辑刊　2008年01期　2008年1月

《聊斋志异》叙事序列与文体形态简析　尚继武　湖南科技学院学报　2008年01期　2008年1月

关于先秦"寓言小说"的反思——以《庄子》寓言为中心　王颖　黄冈师范学院学报　2008年01期　2008年2月

《新序》、《说苑》之小说考辨　马振方　文艺研究　2008年04期　2008年4月

浅析《燕丹子》之"杂史杂传"的文体特征　尹彩霞　绥化学院学报　2008

年03期 2008年6月

邓志谟"争奇"系列作品的文体研究——兼论古代戏剧与小说的文体分野 戚世隽 文学遗产 2008年04期 2008年7月

《世说新语》文体辨析 林宪亮 北方论丛 2009年01期 2009年1月

杂史杂传为体，地理博物为用——论《拾遗记》的文体特征 王兴芬 西北师大学报 2009年03期 2009年5月

论刘向《说苑》的历史意识——兼论《说苑》在中国小说文体形成过程中的作用 高月 西南大学学报 2009年04期 2009年7月

由《玉剑尊闻》考察清初世说体之文体特质 黄东阳 东吴中文学报 17期 2009年5月

《列子》寓意文体辨析 马振方 北京大学学报 2009年05期 2009年9月

《西京杂记》文体刍议 吴婷婷 大众文艺 2010年02期 2010年1月

中国说唱文学之祖——论荀子《成相篇》 刘延福 江西教育学院学报 2010年01期 2010年2月

师旷与小说《师旷》 伏俊琏 贵州社会科学 2010年04期 2010年4月

《红楼梦》众文体的作用 孙爱玲 红楼梦学刊 2010年03期 2010年5月

《水浒传》与"说参请" 项裕荣 湖南社会科学 2010年04期 2010年7月

《新序》属小说文体之批判 张海涛 乐山师范学院学报 2010年09期 2010年9月

刘向《列女传》的文体特征管窥 郑先彬 山花 2010年20期 2010年10月

《聊斋志异》与杂纂 巩聿信 蒲松龄研究 2011年01期 2011年3月

《新编五代史平话》的话语形式及其含蕴 李作霖 中国文学研究 2011年02期 2011年4月

《聊斋志异》的文体探析 李良 北方文学（下半月） 2011年05期 2011年5月

论《游仙窟》骈体小说的成因 于伟娜、安月辉 作家 2011年12期 2011年6月

敦煌写本《茶酒论》文体考论 钟书林 图书馆理论与实践 2011年07期 2011年7月

《左传》与"古体小说"二三谈　郝敬、张莉　新世纪图书馆　2011年07期　2011年7月

《世说新语》的文体及其他　杨瑰瑰、高华平　江汉论坛　2011年11期　2011年11月

《三国演义》成书的文体演变　赵璐　前沿　2011年24期　2011年12月

论《杂钞》与"杂纂体"　李娜　黄冈师范学院学报　2012年01期　2012年2月

《水浒传》与说唱词话之关系新证　纪德君　广州大学学报　2012年03期　2012年3月

《汲冢琐语》与先秦"说体"考察　廖群　理论学刊　2012年04期　2012年4月

宋代笔记与《江谈抄》的体裁——说话与笔记的界限　李育娟　汉学研究30卷2期　2012年6月

《新序》文体的重新定位　张海涛　淮北师范大学学报　2012年03期　2012年6月

《花笺记》语体与古代小说的联系　叶岗　绍兴文理学院学报　2012年05期　2012年9月

试论蓝鼎元《鹿洲公案》之文本性质　龚敏　中山大学学报　2012年06期　2012年11月

浅论《世说新语》的文体及与《晋书》之比较　李慧　枣庄学院学报　2012年06期　2012年12月

《义山杂纂》及历代续仿之作　曲彦斌　寻根　2013年02期　2013年3月

略论《大唐三藏取经诗话》的文体特性　韩洪波、崔常俊　淮阴工学院学报　2013年02期　2013年4月

史与诗的完美结合:《世说新语》文体考辨　董晔　中国文学研究　2013年02期　2013年4月

《世说新语》著作性质考辨　李杰　湖南科技学院学报　2013年05期　2013年5月

《史记·荆轲传》与《燕丹子》比较论——兼谈《燕丹子》的小说文体属性及意义　张海明　文学评论　2013年03期　2013年5月

刘向《新序》文本的小说性考辨　孟庆阳　山花　2013年12期　2013年6月

论《大唐三藏取经诗话》的体制　梁利玲　嘉应学院学报　2013年07期

2013 年 7 月
《世说新语》文体辨析——与《晋书》比较　马芳　内蒙古电大学刊　2013 年 05 期　2013 年 9 月
略谈《世说新语》的文体　席静　赤峰学院学报　2013 年 09 期　2013 年 9 月
《墨子》"说"体与先秦小说　董芬芬　暨南学报　2013 年 10 期　2013 年 10 月

4. 文体关联

鼓子词与变文　杜颖陶　剧学月刊　5 卷 2 期　1937 年 2 月
中国"骈文"与"小说"之关系　〔日〕原田季清作，林火译　中国公论　2 卷 3 期　1939 年 12 月
诸宫调和唐变文　贺昌明　文艺报　1963 年 1 月
从踵事增华到虚实相生——中国古典小说与史传文学艺术渊源探微　汪道伦　齐鲁学刊　1985 年 04 期　1985 年 8 月
唐代传奇的骈文成分　邓仕樑　古典文学　8 期　1986 年 4 月
艺术形式的借鉴与交流——中国小说与戏曲比较研究之一　刘辉　艺术百家　1987 年 04 期　1987 年 8 月
河西宝卷与敦煌变文的比较　谢生保　敦煌研究　1987 年 04 期　1987 年 12 月
敦煌俗赋的渊源及其与变文的关系　程毅中　文学遗产　1989 年 01 期　1989 年 2 月
　　~程毅中文存　北京：中华书局　2006 年 9 月
中国古代小说的文备众体　方正耀　中州学刊　1989 年 01 期　1989 年 3 月
中国诗歌在古代小说中的地位　徐中秋　宁波师院学报　1992 年 04 期　1992 年 12 月
敦煌文献所见变文与变相之关系　杨富学　社科纵横　1994 年 01 期　1994 年 2 月
　　~敦煌研究　1995 年 02 期　1995 年 6 月
敦煌变文与唐代俗文学的关系　陈海涛　社科纵横　1994 年 04 期　1994 年 8 月
中国古典小说中诗文融合传统的渊源与发展　郭杰　中国文学研究　1995 年 02 期　1995 年 4 月

略谈中国古典小说中的诗文融合传统　郭杰　文史知识　1995年06期　1995年6月
宋元明短篇话本小说中韵文的运用——以"六十家小说"、"熊龙峰小说四种"为例　许丽芳　中山中文学刊　1期　1995年6月
杂传体志怪与史传的关系——从文类观念所作的考察　刘苑如　中国文哲研究集刊　8期　1996年3月
"诗"在中国古典长篇小说中的功能　李万钧　文史哲　1996年03期　1996年5月
寓言与赋之关系研究　欧天发　嘉南学报　22期　1996年11月
简论唐传奇和汉魏六朝杂传的关系　王运熙　中西学术　2集　上海：复旦大学出版社　1996年11月
　～汉魏六朝唐代文学论丛（增补本）　王运熙　上海：复旦大学出版社　2002年5月
俗赋与讲经变文关系之考察　简宗梧　第三届国际辞赋学学术研讨会论文集　1996年12月
中国古代小说中的诗文融合传统　郭杰　学术研究　1997年07期　1997年7月
论"俗讲"与"转变"的关系　伏俊连　北京图书馆馆刊　1997年04期　1997年12月
骈文　蒲松龄　《聊斋志异》　王恒展　蒲松龄研究　1998年04期　1998年10月
拟话本与"拟剧本"之比较　许祥麟　明清小说研究　1998年04期　1998年12月
佛教俗讲、转变伎艺与宋元说话　潘建国　上海师范大学学报　1999年04期　1999年4月
敦煌讲唱文学影响拾零　杨柳　甘肃广播电视大学学报　1999年02期　1999年6月
论变文与讲经文的关系　伏俊琏　敦煌研究　1999年03期　1999年9月
宋元话本与杂剧的文体共性探因　宋若云　求是学刊　1999年05期　1999年9月
论评书与小说的联系及区别　蒋方才　湖南师范大学社会科学学报　1999年05期　1999年10月
汉译佛典与六朝小说　李鹏飞　中国文学研究　1999年04期　1999年

10月

历史与小说的不解之缘　张新科　运城高专学报　2000年01期　2000年2月

佛经义疏与讲经文因缘文及变文的关系探讨　尚永琪　社会科学战线　2000年01期　2000年3月

《尚书》与中国小说　王恒展　山东师大学报　2000年03期　2000年5月

论唐传奇"文备众体"的艺术体制　孟昭连　南开学报　2000年04期　2000年7月

变文变相关系论——以变相的创作和用途为中心　李小荣　敦煌研究　2000年03期　2000年9月

中国古代小说与诗歌关系论略　刘书成　天水师范学院学报　2000年04期　2000年12月

论中国古代公案小说与古代判词的文体融合及其美学品格　苗怀明　齐鲁学刊　2001年01期　2001年1月

"以史汉才作为稗官"：《儒林外史》形态特征与史著文体的关系　赵建坤　中山大学研究生学刊　2001年01期　2001年4月

说话的艺术特征及其对话本小说的文体影响　张勇　苏州大学学报　2001年02期　2001年6月

六朝杂传与传奇体制　熊明　武汉大学学报　2001年05期　2001年9月

"赋"的含义及其对传奇、话本的影响　朱迪光　西南民族学院学报　2002年03期　2002年3月

试论唐传奇的"文备众体"　景凯旋　中国典籍与文化　2002年01期　2002年3月

"稗官野乘悉为制义新编"——论明清小说对八股文的影响　黄强　明清小说研究　2002年04期　2002年12月

关于中国古代小说与戏曲关系研究的回顾与思考　徐大军　甘肃社会科学　2003年01期　2003年1月

诗词韵文融入古代白话小说研究述论　孙步忠　立信会计高等专科学校学报　2003年02期　2003年6月

试析变文对白话小说的影响　李紫薇　贵州民族学院学报　2003年03期　2003年6月

论中国小说与史之关系　梅显懋　辽宁师范大学学报　2003年04期

2003 年 7 月
论唐五代小说与诗话的关系　罗立刚　学术研究　2003 年 07 期　2003 年 7 月
浅析宋元话本对章回小说的影响　王昭、李辉　黄石高等专科学校学报　2003 年 04 期　2003 年 8 月
判文与小说　陈洪英　贵州大学学报　2004 年 04 期　2004 年 8 月
话本小说中诗体话语的修辞功能　朱玲　修辞学习　2005 年 02 期　2005 年 3 月
佛经叙事对中古志怪小说文体特征的渗入与冲击　张二平　天水师范学院学报　2005 年 03 期　2005 年 6 月
明清白话小说中的俗赋及其文学史意义　葛永海　中国古代小说研究　1 辑　中国社会科学院文学研究所、中国古代小说研究中心编　北京：人民文学出版社　2005 年 6 月
论古白话小说对文言传奇形式的影响　马振方　北京大学学报　2006 年 01 期　2006 年 1 月
稗戏相异论——古典小说戏曲"叙事性"与"通俗性"辨析　谭帆　文学遗产　2006 年 04 期　2006 年 7 月
史传文学影响下的古代长篇小说　韩玺吾　河南大学学报　2006 年 06 期　2006 年 11 月
八股文与《红楼梦》——兼论从文章学的角度研究八股文　黄强、李玉亭　考试研究　2007 年 02 期　2007 年 4 月
叙事赋与中国小说的发展　程毅中　中国文化　24 期　2007 年 5 月　~程毅中文存续编　北京：中华书局　2010 年 3 月
明清小说中所见"说参请"影响零拾——"说参请"源流研究系列之三　庆振轩、王魁星　宋元小说戏曲研究论稿　庆振轩、唐启翠、胡颖　兰州：兰州大学出版社　2007 年 7 月
诗与文的互渗与互现——兼论古典小说的文体演变　金鑫荣　南京社会科学　2007 年 08 期　2007 年 8 月
论唐代寺院讲经变文的产生及对中国古代白话小说的影响　胡杨　晋中学院学报　2007 年 06 期　2007 年 12 月
论赋对变文讲唱的影响　邹星旺　安徽文学（下半月）　2008 年 01 期　2008 年 1 月
唐诗与唐人小说用诗流程之互观　崔际银　陕西师范大学学报　2008 年 02 期　2008 年 3 月

论古典短篇小说穿插诗词韵语模式的三大历史形态及其作用　陈昌云、颜鹄　中国韵文学刊　2008年02期　2008年6月
论宋代话本小说与诗词的互动关系　杨峰　齐鲁学刊　2008年04期　2008年7月
话本小说与禅宗下火文　项裕荣　浙江学刊　2008年04期　2008年7月
俗赋与小说的关系——由刘勰的《文心雕龙·谐隐》谈起　白晓帆　现代语文(文学研究版)　2008年08期　2008年8月
论俗讲变文对章回小说文体之影响　刘晓军　敦煌研究　2008年04期　2008年8月
雅俗文学文体的交融与悖离——论明代章回小说中的诗词质素　刘晓军　明清小说研究　2008年04期　2008年12月
赋与古代小说的关系探析　王猛　武汉理工大学学报　2008年06期　2008年12月
汉代俗赋与中国古代小说发生研究　廖群　理论学刊　2009年05期　2009年5月
话本小说与禅宗预言偈——从《水浒传》中的预言偈说起　项裕荣　四川大学学报　2009年03期　2009年5月
寄生词与明代章回小说的文体变迁　万伟成、赵义山　华南师范大学学报　2009年03期　2009年6月
章回体长篇小说对百韵长律的接受——以《镜花缘》为例　沈文凡、王赟馨　华夏文化论坛　4辑　2009年11月
论唐人小说接受诗歌之方式　崔际银　南开学报　2010年01期　2010年1月
～文史知识　2010年04期　2010年4月
八股文对拟话本文体的塑造　张永葳　福建师范大学学报　2010年01期　2010年1月
论散文和传奇的关系　林高峰　江西科技师范学院学报　2010年02期　2010年4月
唐人小说"文备众体"辨　何亮　求索　2010年06期　2010年6月
史传、杂史和笔记小说的共生互动——以王仁裕《王氏见闻录》为中心　蒲向明　社科纵横　2010年07期　2010年7月
书牍文与唐小说的文体生成　何亮　甘肃社会科学　2010年04期　2010年7月

类书体例与明代类书体文言小说集　刘天振　明清小说研究　2010年03期　2010年8月
唐代小说"文备众体"之研究——以赵彦卫的"文备众体"说及其指涉的相关议题为主　康韵梅　文学与文化　2011年01期　2011年2月
论佛教俗讲与曲词兴盛的关系　李明华　社会科学战线　2011年03期　2011年3月
清代小说与八股文关系三论　陈才训　文艺研究　2011年03期　2011年3月
寄生词在明代文言小说中的嬗变轨迹　郑海涛　赵义山　晋阳学刊　2011年02期　2011年3月
八股文与小说的嫁接——以《七十二朝人物演义》为考察文本　田子爽　求索　2011年04期　2011年4月
浅析古代类书编排体例与古典小说艺术表现形式的关系　叶方石、曹海东　湖北水利水电职业技术学院学报　2011年03期　2011年9月
图文并茂,借图述事——河西宝卷与敦煌变文渊源探论之一　庆振轩　敦煌学辑刊　2011年03期　2011年9月
寄生词曲与明代话本小说的文体变迁　郑海涛、赵义山　云南社会科学　2011年06期　2011年11月
白话小说对明代中篇文言传奇的文体渗透——以若干明代中篇文言传奇的刊行与删改为例　潘建国　暨南学报　2012年02期　2012年2月
论明清小说对八股文的接受　覃佳　传奇·传记文学选刊(理论研究)　2012年02期　2012年2月
寄生词曲与明代章回小说的文体变迁　郑海涛　广东社会科学　2012年02期　2012年3月
明清小说对八股因素的直接容纳　王玉超、刘明坤　唐山学院学报　2012年02期　2012年3月
铭文与唐小说的文体生成　何亮　求索　2012年03期　2012年3月
话须通俗方传远,语必关风始动人——以《京本通俗小说》为例谈短篇白话小说与诗词之关系　王功双　佳木斯教育学院学报　2012年04期　2012年4月
史传论赞流变与通俗小说篇尾诗的生成　梁冬丽　安康学院学报　2012年02期　2012年4月
"说话"艺术的生命形式与明清话本小说的文本形制　王委艳　成都理工大学学报　2012年03期　2012年5月

以韵入散:诗歌与小说的交融互动　李鹏飞　北京大学学报　2012 年 03 期　2012 年 5 月

中国古代小说的文体兼容性　刘勇强　北京大学学报　2012 年 03 期　2012 年 5 月

明代白话长篇小说中骈文运用的演变　肖扬碚　河池学院学报　2012 年 03 期　2012 年 6 月

从《长恨歌》与《长恨歌传》看中唐诗与小说之历史演进　徐海容　云梦学刊　2012 年 04 期　2012 年 7 月

诗词参与古代小说叙事之原因探析　林沙欧、吴时红　宁波大学学报　2012 年 05 期　2012 年 9 月

论话本小说的"韵"与"散"　王委艳　大庆社会科学　2012 年 05 期　2012 年 10 月

融诗于史——宋元讲史平话引用诗词韵语考察　韩洪波、崔常俊　河池学院学报　2012 年 06 期　2012 年 12 月

试论宋传奇的"文备众体"　时娜　理论界　2013 年 03 期　2013 年 3 月

唐五代小说中判文的文体意义　何亮　中国社会科学报　2013 年 4 月 26 日

敦煌讲经变文"古吟上下"与南北朝骈文关系试探　刘国平　大叶大学通识教育学报　11 期　2013 年 5 月

形式的结合与内质的融合——论中国古典诗歌对小说文体与艺术的影响　周先慎　北京大学学报　2013 年 04 期　2013 年 7 月

"文备众体"与唐小说的文体生成　何亮　兰州学刊　2013 年 07 期　2013 年 7 月

佛教与三言二拍的文体构成　姜良存　齐鲁学刊　2013 年 04 期　2013 年 7 月

寄生词曲与明代中篇传奇小说的文体变迁　郑海涛、赵义山　浙江学刊　2013 年 05 期　2013 年 9 月

论唐传奇韵散结合的形态、渊源及对宋元以来小说之影响　吴怀东　明清小说研究　2013 年 04 期　2013 年 11 月

论敦煌讲唱文学对宋话本体例及叙事的影响　钟海波　中国古代小说戏剧研究　兰州:甘肃人民出版社　9 辑　2013 年 12 月

近五年赋体文学与小说关系研究述评　王楠　河北科技师范学院学报　2013 年 04 期　2013 年 12 月

5. 风格论

诗话的通俗性浅析　陈之力　上海师范大学学报　1988年03期　1988年9月

论古代文言小说的语言特色　陈炳熙　东岳论丛　1991年02期　1991年5月

论古代文言小说的笔记性　陈炳熙　齐鲁学刊　1991年05期　1991年10月

敦煌俗文学作品中的骈俪文风　邵文实　敦煌学辑刊　1994年02期　1994年12月

论笔记体与传奇体的品格差异　陈文新　学术研究　1995年01期　1995年2月

　~中国小说的谱系与文体形态　陈文新　北京:中国社会科学出版社　2012年10月

论轶事小说之"小"　陈文新　贵州社会科学　1996年04期　1996年8月

　~改题:轶事小说之"轶"与轶事小说之"小"　传统小说与小说传统　陈文新　武汉:武汉大学出版社　2005年5月

中国古小说"小而杂"特色溯源　李正民、宋俊玲　明清小说研究　2000年02期　2000年6月

冯梦龙与话本小说的雅化　李双华　重庆师院学报　2002年04期　2002年12月

叙述者、小说观念与文言小说的文体特征　王平　蒲松龄研究　2002年04期　2002年12月

论中国古代小说文体特征的民族性　叶岗　社会科学战线　2004年04期　2004年7月

论明末话本小说文体之雅俗分流　王庆华　明清小说研究　2006年04期　2006年12月

论唐人小说与曲子词文体特征的内在契合　丁楹　肇庆学院学报　2007年03期　2007年5月

中国白话小说中诗词赋赞的蜕变和语言转型　徐德明　北京师范大学学报　2008年02期　2008年3月

稗史文心——论明末清初白话小说的"文章化"现象　张永葳　北方论丛　2009年05期　2009年9月

论民国初年骈体小说的文体特征　郭战涛　甘肃社会科学　2009年06期　2009年12月
论中国古代骈体小说的文体特征　郭战涛　温州大学学报　2010年01期　2010年1月
论"传奇观"与明清戏曲小说的文体关系　汪超　求是学刊　2010年06期　2010年11月
古代白话小说语体之形成及特征　王凌　兰州学刊　2010年12期　2010年12月
宋代文白消长与小说语体之变　孟昭连　中国社会科学　2011年03期　2011年5月
论唐传奇语言的审美化　陈际斌　三峡大学学报　2012年01期　2012年1月
文言小说"谐"与"笑"解　朱星瑶　学习与探索　2012年02期　2012年2月
论八股文对明清小说语言的影响　王玉超、刘明坤　渭南师范学院学报　2012年03期　2012年3月
赋体小说的诗化特征——以《神乌傅》《洛神赋》为例　侯桂运、陈会清　芒种　2012年06期　2012年3月
"文章小说观"与通俗小说雅俗之变的开始　张永葳　福建师范大学学报　2013年01期　2013年1月

三、创作论

【著作】

话本楔子汇说　庄因　台北:台湾大学文学院　1965年12月　180页　台湾大学文史丛刊
　　第一章 楔子;第二章 话本楔子的来龙去脉;第三章 话本楔子的体裁;第四章 话本中几个楔子异名的诠释;附录:话本楔子异名演变表;历代讲唱演变表;引用及参考书目
◎台北:联经出版公司　1978年6月　183页
　　楔子;话本中楔子的来龙去脉;话本中楔子的体裁;话本中几个楔子异名的诠释;引用及参考书目
中国古典小说叙事话语的诗性特征:以四大名著叙事话语中的诗歌为例

李志艳　成都:巴蜀书社　2009年10月　506页
　　绪论;第一章 诗歌成为明清小说叙事话语组成部分的缘由;第二章 叙事话语中的诗歌与中国古典小说的叙事技法;第三章 叙事话语中的诗歌与中国古典小说的情节结构;第四章 叙事话语中的诗歌与人物"情"、"性"的刻画;第五章 叙事话语中的诗歌与中国古典小说的情景透视;结语　中国古典小说叙事话语的诗性特征;参考文献;后记
　　○民族精神内核的追问——评李志艳《中国古典小说叙事话语的诗性特征》　潘秋子　世界文学评论　2010年01期　2010年5月

形式与细读:古代白话小说文体研究　王凌　北京:人民出版社　2010年9月　327页　西安工业大学语言文学研究丛书
　　绪论;第一章 语言形式;第二章 修辞形式及人物话语表述形式;第三章 人称与视角;第四章 顺序与节奏;第五章 叙述结构;参考文献;后记

中国古典小说回目研究　李小龙　北京:北京大学出版社　2012年8月　560页　励耘文库
　　序:在小题目中含蕴着大境界(郭英德);绪论;第一章 雅文学的趋俗之旅——中国古典小说回目的形成及其背景(上);第二章 通俗文学的自身演进——中国古典小说回目的形成及其背景(下);第三章 定型时期的椎轮大辂——中国古典小说回目发展史论(上);第四章 成熟之后的沿革与衰微——中国古典小说回目发展史论(下);第五章 中国古典小说回目之要素及叙事功能;第六章 中国古典小说回目在亚洲的传播与影响;第七章 中国古典小说回目与欧洲小说标目方式的比较;结语:回目研究的反思与收获;索引;附录一:中国古典小说回目情况统计表;附录二:有关回目演进的部分小说叙录;主要参考书目;后记
　　○小题目含蕴大境界——《中国古典小说回目研究》对中国文化民族特性的追索　郭英德　中国文化报　2010年1月25日

中国古代小说文法论研究　杨志平　济南:齐鲁书社　2013年1月　294页
　　序(谭帆);第一章 绪论;第二章 小说文法论之渊源;第三章 小说文法论之流变;第四章 小说文法论之价值;附录;主要引用和参考书目;后记

【学位论文】

明清小说运用辞赋的研究　高桂惠　政治大学　1990 年　博士论文
中国古代小说技法论研究　杨志平　华东师范大学　2008 年　博士论文
形式与细读：古代白话小说文体研究　王凌　南开大学　2009 年　博士论文

话本楔子研究　庄因　台湾大学　1964 年　硕士论文
明清章回小说开头研究　李小菊　郑州大学　2000 年　硕士论文
明刊话本小说入话研究　徐兴菊　暨南大学　2004 年　硕士论文
金圣叹的文法理论　范玲玲　华中师范大学　2005 年　硕士论文
中国古典小说回目研究　李小龙　北京师范大学　2005 年　硕士论文
水浒传中韵文的地位和作用　赵鹏　东北师范大学　2006 年　硕士论文
论明初章回小说中韵文框架的形成——以罗贯中三部作品为例　颜鹄　广西师范大学　2006 年　硕士论文
对明代小说中赋作的初步研究　张敏　首都师范大学　2008 年　硕士论文
宋元小说话本中的韵文研究　李良　新疆师范大学　2009 年　硕士论文
明代神魔小说中赋体文及其应用研究　黄铃雅　中正大学　2010 年　硕士论文
中国古代寓言创作探微　李娟　华中师范大学　2011 年　硕士论文
才子佳人小说题名研究　唐江涛　暨南大学　2011 年　硕士论文
毛氏父子《三国演义》评点"结构"观之探讨　刘永成　山东大学　2012 年　硕士论文
话本小说叙事节奏探析　孙亚蕊　中国海洋大学　2012 年　硕士论文
"三言二拍"入话研究　张晓庆　宁波大学　2012 年　硕士论文
"三言"入话研究　吉丽君　渤海大学　2012 年　硕士论文
明清拟话本小说"入话"研究　吕红侠　中国海洋大学　2012 年　硕士论文
明代章回小说中的告语类文体研究——以《三国演义》、《金瓶梅》、《封神演义》为例　罗维　湖南师范大学　2012 年　硕士论文
明清章回小说开场诗和收场诗研究——以四大名著为中心　张林　延边大学　2013 年　硕士论文
李渔《十二楼》用典探析　刘莎　宁夏大学　2013 年　硕士论文

【单篇论文】

1. 总说

晚清白话短篇小说叙事体制的演变　袁健　宁夏社会科学　1987年02期　1987年5月

　　~明清小说研究　1996年02期　1996年6月

中国白话小说的语言和叙述形式　〔美〕P. 韩南（Patrick Hanan）　中国白话小说史　〔美〕P. 韩南著,尹慧珉译　杭州:浙江古籍出版社　1989年12月

论唐人传奇的文体规范　陈文新　中州学刊　1990年04期　1990年8月

唐人小说中的辞赋风貌——以《牛肃女》及《游仙窟》为中心的讨论　高桂惠　唐代文化研讨会论文集　台北:文史哲出版社　1991年7月

我国古典小说的"赞"、"赋"——以《三国演义》和《西游记》为例的探讨　高桂惠　第二届国际赋学研讨会　香港:香港中文大学　1992年

　　~新亚学术集刊　13期　1994年

谈中国古小说中的范式　陈辽　社会科学研究　1996年01期　1996年1月

李渔小说创作论　李时人　文学评论　1997年03期　1997年5月

从叙事方式看唐人小说对史传传统的内在超越　李钊平　河池师专学报　1997年04期　1997年11月

《水浒传》评点中的小说技巧论　孟昭连　南开学报　1999年02期　1999年3月

"无声戏"与"结构第一":试论李渔的叙事主张　黄果泉　河南师范大学学报　2001年06期　2001年11月

古代小说技法学成因及渊源探迹　罗德荣　明清小说研究　2002年01期　2002年3月

试论李渔对话本小说体制的发展　孙福轩　烟台师范学院学报　2004年03期　2004年9月

明清小说中的凡例研究　沈梅丽　哈尔滨学院学报　2007年03期　2007年3月

唐代古文与小说的交涉——以韩愈、柳宗元的作品为考察中心　康韵梅　台大文史哲学报　68期　2008年5月

中国古代小说话语方式考论　骆冬青　古籍整理研究学刊　2008年06期　2008年11月
论苏轼独立成篇寓言的文体升华　张统宣　兰台世界　2011年16期　2011年7月
"小说作法与制艺同"——论八股文对清代小说创作的影响　张永葳　西华师范大学学报　2011年05期　2011年9月
从展示性与表演性看唐传奇的小说艺术观念——以张鷟《游仙窟》为中心　刘俐俐　南开学报　2013年05期　2013年9月

2. 结构章法

得胜头回与楔子　沈启无　新苗　7期　1936年9月
宋元小说的结构　王虹　中国文艺　8卷2期　1943年4月
古代小说、戏曲之类的开头　胡行之　语文学习　1957年07期　1957年7月
短篇话本的常用布局　叶庆炳　中外文学　8卷3期　1979年8月
　　~中国古代小说研究:台湾香港论文选辑　刘世德编　上海:上海古籍出版社　1983年5月
中国古代长篇小说结构简论　孙逊　上海师范大学学报　1984年03期　1984年9月
话本中楔子的体裁　庄因　论中国古典小说的艺术:台湾香港论著选辑　宁宗一、鲁德才编　天津:南开大学出版社　1984年11月
中国古典小说结构与历史编纂形式的平行纵向观　万光治　四川师院学报　1985年02期　1985年5月
明清长篇小说结构简论　孙逊　明清小说论稿　上海:上海古籍出版社　1986年5月
中国古代小说的史体结构　一波　社会科学　1987年02期　1987年5月
试论古典小说中的"回环三叠"结构　姜兆国　鞍山师范学院学报　1990年01期　1990年4月
　　~沈阳师范学院学报　1993年04期
中国古典长篇小说结构形态演进轨迹考察　刘书成　西北师大学报　1991年04期　1991年6月
试论古典小说的"诗词贯体"结构　姜兆国　鞍山师范学院学报　1991年02期　1991年7月

试论中国古典长篇小说的结构模式　李忠明　明清小说研究　1991年02期　1991年7月
古代讽刺小说假体结构模式浅探　韩春萌　赣南师范学院学报　1992年04期　1992年9月
论中国古代长篇小说结构的嬗变　陈辽　江海学刊　1995年01期　1995年2月
论中国古典小说中的"有诗为证"　郭光华　湖南师范大学社会科学学报　1992年05期　1992年10月
拟话本中"插话"的语言叙事功能　张青运　淮阴师专学报　1993年01期　1993年4月
简论宋元话本小说的艺术结构　刘立云　四川教育学院学报　1996年01期　1996年1月
试论古代章回小说中的"重叠式"结构　张瑜　湖州师专学报　1996年01期　1996年2月
话本"头回"一说——读《话本小说概论》札记　李雁　山东教育学院学报　1996年01期　1996年2月
说话艺术对古代白话短篇小说结构艺术的影响　郝诗仙、洪永平　学术界　1998年01期　1998年2月
试论"三言"的入话　危砖黄　福建论坛（文史哲版）　1998年03期　1998年6月
明清历史演义小说结构论　纪德君　社会科学战线　1998年04期　1998年8月
论《儒林外史》的纪传性结构形态　张锦池　文学遗产　1998年05期　1998年10月
"天人合一"与中国古代小说结构的若干模式　杜贵晨　齐鲁学刊　1999年01期　1999年1月
　　~中国语言文学资料信息　1999年02期　1999年4月（编按：仅为摘要。)
论《红楼梦》的楔子——兼论中国古典长篇小说的开头模式　刘相雨　红楼梦学刊　1999年01期　1999年2月
从整饬到错位——初兴期章回小说的整体框架　李舜华　明清小说研究　1999年01期　1999年3月
"榜"与中国古代小说结构　孙逊、宋莉华　学术月刊　1999年11期　1999年11月

章回小说之"章回"考察　罗书华　齐鲁学刊　1999 年 06 期　1999 年 11 月
叙事结构史体化与历史演义小说的开创　郑铁生　海南大学学报　1999 年 04 期　1999 年 12 月
《京本通俗小说》中"入话诗"之运用　金明求　中国古典文学研究　7 期　2002 年 6 月
从纪事本末体论章回小说的结构　劳悦强　明代小说面面观:明代小说国际学术研讨会论文集　辜美高、黄霖主编　上海:学林出版社　2002 年 9 月
从《陈巡检梅岭失妻记》到《陈从善梅岭失浑家》——兼谈短篇话本小说的分回　李小红　社科纵横　2003 年 02 期　2003 年 6 月
论明清章回小说的开头模式及成因　李小菊、毛德富　河南大学学报 2003 年 06 期　2003 年 11 月
论宋元话本小说词文结合的创作模式　何春环　新疆大学学报　2004 年 03 期　2004 年 9 月
话本小说中入话的发展及其原因　李亚峰　辽宁教育行政学院学报 2004 年 11 期　2004 年 11 月
话本小说结构体制演进之考察　胡莲玉　江海学刊　2004 年 06 期　2004 年 12 月
入话探源　徐兴菊　船山学刊　2004 年 04 期　2004 年 12 月
话本小说"篇首"的结构形式及其历史演进　吴礼权　云南师范大学学报 2005 年 04 期　2005 年 7 月
话本小说"头回"的结构形式及其历史演进的修辞学研究　吴礼权　复旦学报　2006 年 02 期　2006 年 3 月
先秦寓言的文体形态及其审美结构——对先秦文学史上一个重要创作现象的再考察　林文锜　福州大学学报　2006 年 02 期　2006 年 4 月
试论"三言二拍"的"葫芦格"结构　秦军荣　湖北广播电视大学学报 2007 年 08 期　2007 年 8 月
"中国套盒"术——宋元话本小说的开头　张恩鹏　时代文学(双月上半月)　2008 年 02 期　2008 年 4 月
敦煌变文中的程式及其意义　富世平　敦煌研究　2008 年 04 期　2008 年 8 月
略论宋元话本小说词文相生创作模式的成因及功能　马圣玉　太原师范学院学报　2009 年 05 期　2009 年 9 月

论戏剧引戏与宋元话本入话、头回的相似性　刘想如　青年文学家　2010年13期　2010年7月
《三言》入话、头回探究　付震震　运城学院学报　2010年04期　2010年8月
论拟话本小说"入话"成因　张晓庆　传奇·传记文学选刊(理论研究)　2011年01期　2011年1月
宋元话本与明话本之入话比较　杨林夕　江汉大学学报　2011年02期　2011年3月
话本小说入话的发展演变　杨林夕　嘉应学院学报　2011年03期　2011年3月
～中国古代散文研究论丛(2012)　广州:世界图书出版广东有限公司　2013年8月
八股结构对明清小说布局的影响　刘明坤、王玉超　河南社会科学　2011年03期　2011年5月
论"三言二拍"入话诗词　张晓庆　现代语文(文学研究)　2011年05期　2011年5月
话本小说"头回"的演变史考察　秦军荣、李显梅　小说评论　2011年S2期　2011年11月
谈"入话"的渊源及作用——以"三言"为本　吉丽君　衡水学院学报　2011年06期　2011年12月
"明确头回"与"隐藏头回"——浅析宋元话本小说中的"头回"　常鹏飞　周口师范学院学报　2012年03期　2012年5月
从《水浒传》中的"横插诗歌"说起——关于古代小说中"特殊语言"的运用与批评　石麟　内江师范学院学报　2012年05期　2012年5月
话本小说篇尾源流及其规范化特征　王飞　绵阳师范学院学报　2013年01期　2013年1月
关于章回小说结构及其研究之反思　潘建国　北京大学学报　2013年03期　2013年5月
史传序例:通俗小说篇首诗功能之前源　梁冬丽　广西社会科学　2013年08期　2013年8月
"有诗为证":从被批判到被理解　梁冬丽　百色学院学报　2013年05期　2013年9月
宋元话本小说结构体制论略　杨庆鹏　语文建设　2013年29期　2013年10月

3. 技巧

章回小说回目的演变　阿蒙　羊城晚报　1962年7月14日
浅谈"且听下回分解"　梅庆吉　学习与探索　1982年01期　1982年3月
章回小说回目形式浅探　朱世滋　辽宁大学学报　1982年02期　1982年5月
敦煌讲唱文学韵例初探　张鸿勋　敦煌研究　1982年02期　1982年7月
古代白话小说回目的字数及对仗问题考察　朱世滋　沈阳师范学院学报　1985年02期
中国小说诗韵成分的形成及衰败原因　谢伟民　江汉论坛　1987年12期　1987年8月
谈谈《红楼梦》的回目　赵文增　红楼梦学刊　1988年03期　1988年9月
《三国演义》回目的创立及其演进　郑铁生　河北大学学报　1990年02期　1990年7月
回目对仗精工的通俗小说始于哪一部？　陈辽　中州学刊　1994年06期　1994年11月
回尾诗与回目之比较　谭真明　阅读与写作　1996年03期　1996年3月
《金瓶梅词话》的回首与回末——词话定式言语研究之一　章一鸣　电大教学　1996年03期　1996年6月
金圣叹小说叙事技法论评述　刘春生　国际关系学院学报　1997年03期　1997年3月
章回小说结构中的对联　胡星林　阅读与写作　1998年01期　1998年1月
史传传统对唐人小说的影响——兼论唐人小说以"传、记"命名现象　梁瑜霞　唐都学刊　1998年04期　1998年10月
章回小说的命名和前称　罗书华　明清小说研究　1999年02期　1999年6月
七言标题回目形式溯源　秦川　光明日报　2002年9月11日
类书编纂与章回小说的标目　刘天振　浙江师范大学学报　2003年04期　2003年8月

章回小说回目的来源演变及其文化意蕴　石麟　明清小说研究　2004年01期　2004年3月

古小说回目考　憨斋　阅读与写作　2004年03期　2004年3月

小说可以兴——浅论"兴"对中国古典小说的影响　陈才训　北方论丛　2005年03期　2005年5月

话本小说"题目"的形式及其历史演进　吴礼权　平顶山学院学报　2005年06期　2005年12月

史书叙事趣味的增长对中国古典小说回目形成的影响　李小龙　励耘学刊(文学卷)　2009年01期　2009年6月

古代通俗小说的命名方式及特点　任永安　水浒争鸣　11辑　北京:中央文献出版社　2009年10月

《红楼梦》与八言回目地位的确立　李小龙　红楼梦学刊　2009年06期　2009年11月

开头结尾的独特魅力——《三国演义》回目和回末对句的文体特点对比分析　侯桂运　名作欣赏　2010年05期　2010年2月

中国古典小说回目对叙事的控制　李小龙　明清小说研究　2010年02期　2010年5月

对联与中国古典小说回目　李小龙　寻根　2010年03期　2010年6月

《青琐高议》《绿窗新话》等标题形式并非"仿话本"——略论宋代文言小说七言标目形式的发生　王庆华、杜慧敏　兰州学刊　2010年07期　2010年7月

中国古典小说回目对传教士汉文小说的影响　李小龙　长江学术　2010年03期　2010年7月

文言小说标目对古典小说回目的催生　李小龙　云南大学学报　2010年06期　2010年11月

试论中国古典小说回目与图题之关系　李小龙　文学遗产　2010年06期　2010年11月

论古代通俗小说的命名　任永安　明清小说研究　2010年04期　2010年12月

《姑妄言》回目体制试探　李小龙　古典文学知识　2011年02期　2011年3月

论中国古代小说命名的文体意义　程国赋　明清小说研究　2011年02期　2011年5月

~中国古典小说论稿　程国赋　北京:中华书局　2012年12月

论中国古代白话小说的命名艺术　邓宇英　名作欣赏　2011 年 29 期　2011 年 10 月
中国古代小说命名刍议　程国赋　文艺研究　2011 年 11 期　2011 年 11 月
　　~改题:中国古代小说命名研究　中国古典小说论稿　程国赋　北京:中华书局　2012 年 12 月
唐五代小说的命名艺术　程国赋、廖华　安徽大学学报　2012 年 01 期　2012 年 1 月
八股文雅论语言对明清小说的影响　王玉超、刘明坤　衡水学院学报　2012 年 05 期　2012 年 10 月
"三言"标题形式的规范化特征　王飞　绵阳师范学院学报　2013 年 04 期　2013 年 4 月
从题目的重整看明拟话本对其文言旧本的再创造——以"剪灯三话"与《三国演义》回目对偶的分类和表达效果研究　邓煜　榆林学院学报　2013 年 05 期　2013 年 9 月
"三言二拍"为例　郑宏萍　陇东学院学报　2013 年 06 期　2013 年 11 月
话本小说巧嵌中药名　韩德承　上海中医药报　2013 年 11 月 1 日

4. 声律【本编无此类】

四、批评论

【著作】

中国小说批评史略　方正耀　北京:中国社会科学出版社　1990 年 7 月　308 页
　　关于中国古代小说理论批评特点问题(代序);绪论;第一编:小说批评的萌发时期(先秦至宋元)　概说;第一章　朦胧的小说观念;第二章　幻奇理论的产生;第三章　实录理论的形成;第四章　小说功能的发现;第二编:小说批评的形成时期(明代)　概说;第一章　小说观的形成;第二章　小说传道的倡导;第三章　虚实理论的探讨;第四章　写诗理论的崛起;第三编:小说批评的发展时期(清代)　概说;第一章　小说观的分歧;第二章　世情说的贡献;第三章　典型论的产生;第四章　文法和语言艺术;第四编:小说批评的繁荣时期(晚清)　概说;第一章　小

说观的突破;第二章 创作规律的探寻;第三章小说史论的发唱;第四章 小说变革的研讨;结束语;后记

○《中国小说批评史略》韩国语版序　郭豫适　华东师范大学学报 1994年04期　1994年8月

中国小说学通论　宁宗一主编　合肥:安徽教育出版社　1995年12月　1111页

导言;第一编:小说观念学　第一章 先秦两汉的"小说"观念;第二章 小说观念的觉醒;第三章 小说观念的拓展;第四章 小说观念的成熟;第五章 才子佳人小说观;第六章 清代小说观念的继承与丰富;第七章 旧小说观念的终结与小说观念的"现代化";

第二编:小说类型学　第一章 唐前小说及其类型;第二章 传奇小说及最早的小说分类;第三章 宋元说话的"四家数";第四章 小说话本与话本小说;第五章 长篇章回小说类型及艺术体制;

第三编:小说美学　第一章 觉醒与起步;第二章 走向辉煌;第三章 崇尚写实的理论新阶段;第四章 步入近代;第五章 小说美学审美范畴论;第六章 小说美学创作方法论;第七章 小说美学审美命题论;

第四编:小说批评学　第一章 小说批评的纵向研究;第二章 小说批评的横向研究;第三章 小说批评的民族性、系统性及其他;第五编 小说技法学;第一章 小说技法学历史发展叙略;第二章 人物技法论;第三章 情节技法论;第四章 叙事技法论;主要参考书目;后记

○求索·创新·超越——读《中国小说学通论》　胡荣　天津社会科学 1996年06期　1996年12月

明清之际小说评点学之研究　林岗　北京:北京大学出版社　1999年11月　225页

序(饶芃子);第一章 序论;第二章 晚明背景下的文人文化;第三章 评点学的渊源;第四章 小说话语与评点学的文学自觉;第五章 叙事文结构的美学观念;第六章 叙事文理的章法;第七章 语文修辞的文笔意趣;结语　深具文化意蕴的批评方式;附录:建立小说的形式批评框架——西方叙事理论研究述评;后记

◎改题:明清小说评点　林岗　北京:北京大学出版社　2012年9月　196页　中国古代文体学研究丛书·第二辑

增补:删原序、后记,增补再版后记

《中国小说史略》批判　欧阳健　太原:陕西人民出版社　2008年1月

200页

序(侯忠义);自序;第一章 文献篇;第二章 观念篇;第三章 体例篇;第四章 评骘篇

○批判的批判:读《中国小说史略批判》 刘杰 粤海风 2008年03期 2008年5月

○求真务实,博大精深——读欧阳健《〈中国小说史略〉批判》 曲沐 贵州大学学报 2009年02期 2009年3月

○如何客观对待鲁迅《中国小说史略》——从欧阳健先生《〈中国小说史略〉批判》谈起 温庆新、朱启迪 内江师范学院学报 2012年03期 2012年3月

汉唐小说观念论稿 罗宁 成都:巴蜀书社 2009年3月 343页 跨文明对话书系

总序(徐行言);提纲;绪论;第一章 先秦和汉代的小说观念;第二章 小说家与诸子各家及各文体的关系;第三章 魏晋南北朝的小说观念;第四章 唐代小说观念;结语;参考文献;附录一:《黄帝说》及其他《汉志》小说;附录二:小说与稗官;附录三:汉待诏考;附录四:从语词小说到文类小说——解读《汉书·艺文志》小说家序;附录五:论《殷芸小说》及其反映的六朝小说观念;附录六:中国古代的两种小说观念;后记

胡应麟与中国小说理论史 陈卫星 北京:中国社会科学出版社 2011年3月 345页

序(陈文新);绪论;第一章 胡应麟及其学术成就;第二章 胡应麟的小说研究与小说创作;第三章 胡应麟的小说观念;第四章 胡应麟的小说分类思想;第五章 胡应麟小说史研究;结语;主要参考文献;附录一:《胡应麟年谱》补正;附录二:胡应麟所论小说之提要;附录三:胡应麟研究论著目录索引;后记

○评陈卫星《胡应麟与中国小说理论史》 董春林 文学教育(下) 2012年02期 2012年2月

○中国古代小说理论史的新探索——简评陈卫星《胡应麟与中国小说理论史》 王齐洲 重庆三峡学院学报 2012年02期 2012年3月

中国古代小说文体文法术语考释 谭帆主编 上海:上海古籍出版社 2013年3月 356页 国家哲学社会科学成果文库

序;术语的解读:小说史研究的特殊理路;文法术语:小说叙事法则的

独特呈现;

上卷 "小说"考;"寓言"考;"志怪"考;"稗官"考;"笔记"考;"传奇"考;"话本"考;"词话"考;"平话"考;"演义"考;"按鉴"考;"奇书"与"才子书"考;"章回"考;"说部"考;"稗史"考;

下卷 释"草蛇灰线";释"羯鼓解秽";释"狮子滚球";释"背面铺粉";释"横云断山"与"山断云连";释"水穷云起";释"斗笋";释"大落墨法";释"加一倍法";释"章法";释"白描";释"绝妙好辞(词)";中国古代小说文体文法术语研究论著总目;主要参考书目;后记

〇谭帆的《中国古代小说文体文法术语考释》 金志军 华东师范大学学报 2013年05期 2013年9月

中国分体文学学史:小说学卷 谭帆、王冉冉、李军均 太原:山西教育出版社 2013年6月 552页

前言(黄霖);绪论;第一章 先唐"小说"与小说学;第二章 唐代小说学;第三章 宋元小说学;第四章 明代小说学的基础观念;第五章 小说评点之萌兴及其衍流;第六章 "四大奇书"的文本阐释;第七章 明代的小说著录、选本、禁毁与改订;第八章 清代小说学变迁之大势;第九章 清代小说评点的流变;第十章 "四大奇书"在清代的文本阐释;第十一章 "新经典"的确立与文本阐释思路之多元;第十二章 清代的小说禁毁、著录与选本;参考文献;后记

【学位论文】

毛宗岗小说理论研究 李正学 山东师范大学 2007年 博士论文
胡应麟小说思想研究 陈卫星 华中师范大学 2007年 博士论文
中国小说观念的近代化进程 贺根民 扬州大学 2008年 博士论文
元前小说观演变研究 郭丽 山东大学 2010年 博士论文
宋前小说观念流变研究 郝敬 南京大学 2012年 博士论文
中国古代白话小说教化研究 孔庆庆 南开大学 2012年 博士论文

梁启超政治功能论小说观 朱永香 湘潭大学 2002年 硕士论文
明代话本小说的教化功能 曹月 陕西师范大学 2005年 硕士论文
论中国近代小说观念的演变 李联君 四川大学 2006年 硕士论文
余象斗小说评点研究 原方 暨南大学 2007年 硕士论文
明清的小说序跋研究 姜丽娟 兰州大学 2007年 硕士论文
变文研究之发现、整理、命名、形态及消亡综述 张亮 东北师范大学

2009年　硕士论文
明清小说评点文体研究　涂慕喆　武汉大学　2010年　硕士论文
毛宗岗小说评点范畴研究　欧阳泱　北京大学　2011年　硕士论文
从《说郛》看陶宗仪"泛小说"观　董志　上海师范大学　2012年　硕士论文

【单篇论文】

1. 辨名

小说专名考释(含"说话"考、"词话"考)　孙楷第　师大月刊　10期　1934年3月
　　~说话考　词话考　论中国短篇白话小说　孙楷第　上海：棠棣出版社　1953年11月
　　~说话考　词话考　俗讲、说话与白话小说　孙楷第　北京：作家出版社　1956年6月
　　~说话考　沧州集　孙楷第　北京：中华书局　1965年12月
　　~词话考　沧州集　孙楷第　北京：中华书局　1965年12月
　　~词话考　20世纪中国文学研究论文选·辽金元卷　张燕瑾选编　北京：社会科学文献出版社　2010年1月
什么叫做"变文"？和后来的"宝卷""诸宫调""弹词""鼓词"等文体有怎样的关系？　郑振铎　文学百题　1935年7月
　　~郑振铎古典文学论文集　郑振铎　上海：上海古籍出版社　1984年1月
　　~郑振铎说俗文学　上海：上海古籍出版社　2000年5月
读变文杂识(含：变文变字之解、唱经题之变文)　孙楷第　现代佛学　1卷10期　1951年6月
　　~改题：读变文　沧州集　孙楷第　北京：中华书局　1965年12月
　　~敦煌变文论文录　周绍良、白化文编　上海：上海古籍出版社　1982年4月
什么叫章回小说　陈干　中国青年报　1961年12月23日
论"章回小说"应正名为"卷回小说"——明清长篇小说体制演进之考察　皮述民　中国学术年刊　2期　1978年6月
变文考略　胡士莹　宛春杂著　杭州：浙江人民出版社　1981年2月
词话考释　胡士莹　宛春杂著　杭州：浙江人民出版社　1981年2月

论"话本"一词的定义(附:王秋桂论"话本"一词的定义校后记)　〔日〕增田涉著,前田一惠译　中国古典小说研究专集　3期　1981年6月
论"话本"的定义　〔日〕增田涉　中国古典小说研究专集　3集　台北:联经出版公司　1981年7月
　~(摘要)　古典文学知识　1988年02期　1988年4月
传奇的定名及其他　金启华　文史知识　1982年02期　1982年2月
　~中国文学史百题　文史知识编辑部编　北京:中华书局　1990年12月
我国小说概念的变迁及其源流　迟子　吉林大学社会科学学报　1982年02期　1982年3月
"变文"名实新辨　曲金良　敦煌研究　1986年02期　1986年7月
关于敦煌《变文》的"变"字来源管见　杨府　许昌学院学报　1986年03期　1986年10月
中国古代小说概念初探　熊发恕　康定民族师专学报　总第2期　1987年6月
说"话本"　施蛰存　文史知识　1988年10期　1988年10月
中国古小说概念的发生与演变　王齐洲　荆州师专学报　1989年03期　1989年6月
以文为戏的文学观对明清艺人小说与文人小说之不同影响　王先霈　华中师范大学学报　1990年03期　1990年6月
话本的定义及其他　张兵　苏州大学学报　1990年04期　1990年6月
宋话本"小说"家数释名　蔡铁鹰　杭州师范学院学报　1990年05期　1990年10月
汉魏六朝小说观念的不确定性　董志广　古典文学知识　1990年06期　1990年11月
关于"话本"定义的思考——评增田涉《论"话本"的定义》　萧欣桥　明清小说研究　1990年3、4期合刊　1990年12月
也谈"变相"、"变文"的"变"　王骧　镇江师专学报　1991年01期　1991年4月
略谈笔记小说的含义及范围　程毅中　古籍整理研究学刊　1991年02期　1991年5月
论演义与小说之关系　徐安怀　四川师范大学学报　1991年06期　1991年12月
演义述考　刘勇强　明清小说研究　1993年01期　1993年4月

"小说"界说　石昌渝　文学遗产　1994年01期　1994年1月
敦煌变文新论　陈海涛　敦煌研究　1994年01期　1994年3月
炫学小说的产生与古代小说观念　冯保善　社会科学研究　1994年05期　1994年9月
旧事重提说"话本"　陈午楼　读书　1994年10期　1994年10月
"小说"概念的历史演进与分化凝结　袁惠聪　内蒙古教育学院学报　1995年2、3期合刊　1995年9月
唐代"传奇"名称问题辨析　王小琳　中山人文学报　3期　1995年4月
试论神话的定义与形态　陈建宪　黄淮学刊　1995年04期　1995年12月
汉代"小说家"考　李忠明　南京师大学报　1996年01期　1996年1月
小说为什么被叫做"小说"？——小说概念的词源学和语义学考察　魏家骏　淮阴师专学报　1996年03期　1996年7月
中国古代小说概念流变与定位再思考　张开焱　广东民族学院学报　1997年03期　1997年9月
敦煌文学之"变文"辨　徐志啸　中国文学研究　1997年04期　1997年10月
两种小说观念和对唐前小说作品的再思考　薛洪勋、王汝梅　明清小说研究　1997年04期　1997年12月
"传奇"辨　张进德　古典文学知识　1998年01期　1998年1月
中国古代小说的概念、范围及其研究分歧　李日星　中国文学研究　1998年03期　1998年7月
我国早期的小说概念及其审美性辨析　王铁　新疆师范大学学报　1998年03期　1998年8月
说话家数考辨补正　吴光正　海南大学学报　1998年03期　1998年9月
古典小说的概念、范围及早期形态　周先慎　文史知识　1998年10期　1998年10月
小说观念与《全唐五代小说》的编纂　李时人　文学评论　1999年03期　1999年5月
先秦"小说"释义　杜贵晨　泰安师专学报　2000年02期　2000年4月
说"变文"　潘国英　湖州师范学院学报　2000年02期　2000年4月
关于宋人"说话"的几个问题　张毅　南开学报　2000年03期　2000年5月

中国古代"小说"观念辨证　王培元　山东大学学报　2000 年 04 期
2000 年 7 月
中国古代小说与戏曲概念之比较　沈新林　淮阴师范学院学报　2000 年
04 期　2000 年 8 月
先秦两汉"小说"概念辨证　刘凤泉　山西大学师范学院学报　2000 年 04
期　2000 年 12 月
《汉书·艺文志》之"小说"与中国小说文体确立　汪祚民　安庆师范学院
学报　2000 年 06 期　2000 年 12 月
早期小说观与小说概念的科学界定　李剑国　武汉大学学报　2001 年 05
期　2001 年 9 月
论《汉书·艺文志》小说家　王庆华　内蒙古社会科学　2001 年 06 期
2001 年 11 月
辨"小说"　朱惠国　中文自学指导　2001 年 06 期　2001 年 12 月
"小说"的释义——兼及中国古代白话长篇（章回）小说近代意义的思考
李舜华　北京社会科学　2002 年 01 期　2002 年 2 月
论小说之义界　孙望　南京师范大学文学院学报　2002 年 01 期　2002
年 3 月
"演义"考　谭帆　文学遗产　2002 年 02 期　2002 年 3 月
唐传奇得名考　刘立云　宜宾学院学报　2002 年 03 期　2002 年 6 月
刘向小说的定位思考　周蔚　南京师大学报　2002 年 03 期　2002 年
6 月
中国古代小说的界定　徐乃为　南通师范学院学报　2002 年 02 期　2002
年 6 月
六朝小说界说　宁稼雨　传神阿堵,游心太玄——六朝小说的文体与文化
研究　天津:百花文艺出版社　2002 年 8 月
"小说"考辨　孟昭连　南开学报　2002 年 05 期　2002 年 9 月
《庄子·外物》称谓"小说"正义　饶龙隼　郑州大学学报　2002 年 05 期
2002 年 10 月
唐之"传奇"正音及其他　赖晓东　龙岩师专学报　2002 年 05 期　2002
年 10 月
诸子"小说"正义　饶龙隼　新国学　4 卷　2002 年 12 月
中国古代的两种小说概念　罗宁　社会科学研究　2003 年 02 期　2003
年 3 月
"笔记小说"与笔记研究　陶敏、刘再华　文学遗产　2003 年 02 期　2003

年3月
　～唐代文学与文献论集　陶敏　北京:中华书局　2010年4月
"传奇"小说学考　李军均　武汉职业技术学院学报　2003年02期　2003年6月
释家变文原初意义之推考　李小荣　敦煌研究　2003年03期　2003年6月
再辨"话本"非"说话人之底本"　胡莲玉　南京师大学报　2003年05期　2003年9月
中国古代小说概念及类型辨析　丁峰山　福州大学学报　2003年04期　2003年11月
变文之"变"　钟海波　光明日报　2003年12月3日
《变文之"变"》商榷　富世平　光明日报　2004年4月28日
释"变"与"变文"　俞晓红　上海师范大学学报　2004年03期　2004年5月
"志怪"与"志怪小说"　王伟　山东理工大学学报　2004年03期　2004年6月
"话本"词义的演变及其与白话小说关系考论　许并生　明清小说研究　2004年02期　2004年6月
《汉志》"小说"考　叶岗　文学评论　2004年04期　2004年7月
重新认识中国传统"小说"概念的演变　高小康　南京师大学报　2005年02期　2005年3月
关于"话本小说"概念的一些思考　胡莲玉　明清小说研究　2005年01期　2005年3月
中国古代小说概念的演变与小说文体的形成　李忠明　明清小说研究　2005年01期　2005年3月
从语词小说到文类小说——解读《汉书·艺文志》小说家序　罗宁　天津大学学报　2005年04期　2005年7月
宋"说话四家"研究论争焦点论析　尚继武、王敏　南华大学学报　2005年04期　2005年8月
敦煌变文的名与实　李明　北京工业大学学报　2005年03期　2005年9月
我国小说目录及小说概念的发展　师婧昭　中共郑州市委党校学报　2005年06期　2005年11月
从古代目录学看中国文言小说观念的演变　刘湘兰　江淮论坛　2006年

01期 2006年1月
从语义看元代"平话"观念　卢世华　江汉大学学报　2006年03期　2006年6月
"章回体"称谓考　刘晓军　上海大学学报　2006年04期　2006年7月
六朝小说概念的"Y"走势　宁稼雨　山西大学学报　2007年03期　2007年5月
从文类视角看中国古代"小说"概念的演变　蓝哲　科教文汇(中旬刊)　2007年08期　2007年8月
"传奇"是唐以后古代小说与戏曲之通称　钟明奇　古代文学理论研究　25辑　2008年3月
"小说"与"杂家"　王庆华　浙江学刊　2008年02期　2008年3月
敦煌变文新论　李明　咸宁学院学报　2008年02期　2008年4月
拟话本概念的理论缺失　傅承洲　文艺研究　2008年04期　2008年4月
论古典目录学的"小说"概念的非文体性质——兼论古今两种"小说"概念的本质区别　邵毅平、周峨　复旦学报　2008年03期　2008年5月
说"调话"　徐大军　文学遗产　2008年03期　2008年5月
"稗史"考　刘晓军　中山大学学报　2008年04期　2008年7月
从《说苑》看《汉志》"小说家"命名　姚娟　殷都学刊　2008年03期　2008年9月
对《汉书·艺文志》中"小说家"命名的思考　姚娟　海南大学学报　2008年05期　2008年10月
唐人小说"诗笔"义项索辨　崔际银　中国唐代文学学会第十四届年会暨唐代文学国际学术讨论会——唐代文学研究(第十三辑)　2008年10月
　～唐代文学研究　13辑　桂林:广西师范大学出版社　2010年9月
"词话"辨正　王庆华　学术研究　2009年02期　2009年2月
《汉书·艺文志》"小说家"考论　郭丽　东岳论丛　2009年06期　2009年6月
"平话"辨正　王庆华　兰州学刊　2009年12期　2009年12月
敦煌变文的名称及其文体来源的再认识　王志鹏　百年敦煌文献整理研究国际学术讨论会论文集(上册)　杭州　2010年4月
　～改署:王志鹏、朱瑜章　敦煌研究　2010年05期　2010年10月
俗讲新考　侯冲　敦煌研究　2010年04期　2010年8月
古代文类体系中"笔记"之内涵指称——兼论近现代"笔记小说"概念的起

源及推演　王庆华　华东师范大学学报　2010年05期　2010年9月
中西小说概念源起比较　吴茜　剑南文学(经典教苑)　2011年01期　2011年1月
先秦两汉小说概念辨析　袁文春　信阳师范学院学报　2011年02期　2011年3月
笔记小说的概念、演变及价值　郭彦龙　洛阳师范学院学报　2011年03期　2011年3月
古代"通俗小说"内涵考辨　韩洪波　邯郸学院学报　2011年01期　2011年3月
中国古典小说文法术语考论　谭帆、杨志平　文学遗产　2011年03期　2011年5月
"寓言"及"寓言小说"的定义与范畴　翁小芬　东海大学图书馆馆讯117期　2011年6月
汉代短书：先秦两汉小说概念的联结点　袁文春　大连理工大学学报　2011年02期　2011年6月
从域外汉籍看元明之"平话"　张莉　新世纪图书馆　2011年06期　2011年6月
"寓言"考　王庆华、杜慧敏　求是学刊　2011年04期　2011年7月
《汉书·艺文志》小说家研究三题　孙振田　理论月刊　2011年08期　2011年8月
小说称名之"子书"传统与小说"文体众备"之关系　张岳林　广西民族师范学院学报　2011年04期　2011年8月
清代民国"鼓词体小说"概念阐释　刘昭、李雪梅　山西煤炭管理干部学院学报　2011年03期　2011年8月
"志怪"语义源流考论　李军均　文艺理论研究　2011年05期　2011年9月
"小说"考　谭帆、王庆华　文学评论　2011年06期　2011年11月
"传奇"考　李军均、曾垂超　厦门教育学院学报　2011年04期　2011年11月
《汉书·艺文志》"小说家"考论　夏德靠　吉首大学学报　2011年06期　2011年11月
古小说之名义、界限及其文类特征——兼谈中国古代小说研究中存在的问题　罗宁　社会科学研究　2012年01期　2012年1月
"平话"概念流变考　张莉　安徽大学学报　2012年02期　2012年3月

"唱导"辩章　鲁立智　宗教学研究　2012年01期　2012年3月
基于《山海经》看古小说之"名"　董熠　安徽文学(下半月)　2012年09期　2012年9月
唐传奇概念与唐代的小说观　孙雅淇　山西师大学报　2012年S3期　2012年9月
"笔记"文体界义　邹志勇　绥化学院学报　2012年05期　2012年10月
"正本清源"看"话本"——再论"话本"之含义　周文　湖北科技学院学报　2012年11期　2012年11月
百年来笔记小说概念研究综述　袁文春　学术界　2012年12期　2012年12月
《庄子》"志怪""小说"用意探微　袁文春　宁夏大学学报　2013年01期　2013年1月
"稗官"新诠　王齐洲、伍光辉　南京大学学报　2013年03期　2013年5月
"小说"源流与唐传奇的民间口说传统——以"小说"及相关概念为考察中心　吴怀东　江苏科技大学学报　2013年03期　2013年9月
明前"小说"语义源流考论　李军均　中国文学研究(辑刊)　2013年02期　2013年12月

2. 分类说

宋朝说话人的家数问题　孙楷第　学文　1期　1930年
　　~论中国短篇白话小说　孙楷第　上海:棠棣出版社　1953年11月
　　~俗讲、说话与白话小说　孙楷第　北京:作家出版社　1956年6月
　　~沧州集　孙楷第　北京:中华书局　1965年12月
　　~20世纪中国文学研究论文选·宋代卷　诸葛忆兵选编　北京:社会科学文献出版社　2010年1月
南宋"说话"四家数　胡士莹　杭州大学学报　1962年02期　1962年5月
　　~宛春杂著　胡士莹　杭州:浙江人民出版社　1981年2月
宋人"说话"分类的商榷　皮述民　北方论丛　1987年01期
宋人"说话"究为几家　大中　上海师范大学学报　1988年01期　1988年4月
《大唐三藏取经诗话》"说话"家数考论——兼谈宋人"说话"分类问题　张锦池　学术交流　1989年03期　1989年6月

明清章回小说类分之我见　石麟　湖北师范学院学报　1992年05期　1992年10月

中国古代长篇小说类型的演变　齐裕焜　福建学刊　1993年05期　1993年10月

中国古代小说类型理论的演进之迹　刘书成　社科纵横　1994年01期　1994年2月

敦煌文学与唐代讲唱艺术　王小盾　中国社会科学　1994年03期　1994年5月

唐代古文家寓言之发展及其体类　颜瑞芳　国文学报　23期　1994年6月

"传奇"名义及文言小说分类　杜贵晨　明清小说研究　1994年02期　1994年6月

敦煌文学中"敦煌文"的研究和分类评价　李明伟　敦煌研究　1995年04期　1995年12月

南宋说话四家的再探讨　刘兴汉　文学遗产　1996年06期　1996年11月

明清史家对"小说"的分类及其相关问题　童庆松　浙江学刊　1998年04期　1998年7月

文言小说界限与分类之我见　宁稼雨　明清小说研究　1998年04期　1998年12月

　　~改题:文言小说的界限与分类　传神阿堵,游心太玄——六朝小说的文体与文化研究　宁稼雨　天津:百花文艺出版社　2002年8月

传奇体的确立与宋人古体小说的类型意识　赵维国　宁夏大学学报　1999年03期　1999年7月

宋代"说话"家数平议　王荣华、张惠玲　社科纵横　1999年04期　1999年8月

从《文心雕龙》文体论探讨《庄子》、《吕氏春秋》寓言分类之适应性　吴福相　论刘勰及其《文心雕龙》　中国文心雕龙学会编　北京:学苑出版社　2000年2月

　　~《文心雕龙》国际学术研讨会　2000年4月

中国古代文言小说总集的类型特征　秦川　南昌大学学报　2001年02期　2001年1月

先唐古小说的分类　李剑国　古典文学知识　2002年02期　2002年3月

唐代小说类型考论　景凯旋　南京大学学报　2002年05期　2002年9月
宋人说话家数考辨　冯保善　明清小说研究　2002年04期　2002年12月
论唐代文言小说分类　罗宁　西南师范大学学报　2003年03期　2003年5月
宋人"说话"四家数管窥　李亦辉　陕西教育学院学报　2004年01期　2004年2月
　～黑龙江教育学院学报　2004年01期　2004年2月
文言小说的"类"　段庸生　信阳师范学院学报　2004年04期　2004年8月
《丁约剑解》与传奇文体问题　尹德翔　求是学刊　2005年05期　2005年9月
论南宋杭州的"说话"家数　张慧禾　浙江社会科学　2006年05期　2006年9月
辨性质　明角度　趋大流——略谈古代小说的分类　黄霖　明清小说研究　2006年03期　2006年9月
论胡应麟的文言小说分类观——兼及文言小说分类之发展流变　陈丽媛　明清小说研究　2006年04期　2006年12月
刘知幾与胡应麟小说分类思想之比较　王齐洲　江海学刊　2007年03期　2007年6月
宋人说话家数再辨　冯保善　明清小说研究　2007年03期　2007年9月
"传奇"与《四库全书总目》小说分类　王颖　中国社会科学院研究生院学报　2008年04期　2008年7月
谈中国古代小说的类型　丁万武、徐莹　大众文艺（理论）　2009年19期　2009年10月
敦煌的唱导资料及其分类方法　〔日〕荒见泰史　百年敦煌文献整理研究国际学术讨论会论文集（上册）　杭州　2010年4月
论鲁迅先生关于"宋代说话"分类之误　田冬梅、张颖夫　忻州师范学院学报　2010年04期　2010年8月
《史通》"偏记小说"类目厘定的文学意义　段庸生　晋阳学刊　2010年05期　2010年9月
论《通志·艺文略》的小说分类思想　袁文春　广东广播电视大学学报

2011 年 01 期　2011 年 2 月
论宋元小说的类型意识　王同舟　长江学术　2013 年 03 期　2013 年 7 月

3. 功能论及价值论

论云麓漫钞所述传奇与行卷之关系　冯承基　大陆杂志　35 卷 8 期　1967 年 10 月
小说杂话:(一) 古人轻视小说的缘由　姜希礽　语文教学与研究　1983 年 01 期　1983 年 1 月
中国古代小说发展中接受的地位及其变化　刘上生　湖南教育学院学报　1989 年 04 期
由"辅教"到"示人"——唐人小说观念的一个转变　吴新生　复旦学报　1992 年 06 期　1992 年 6 月
中国古代小说的教化意识　陈美林、李忠明　明清小说研究　1993 年 03 期　1993 年 10 月
从孔子的"小道观"到梁启超的"小说为文学之最上乘"——试论我国小说观念的转换更新　蔡景康　内蒙古师大学报　1994 年 01 期　1994 年 2 月
论梁启超的小说功能论　单桂茹　浙江师大学报　1996 年 03 期　1996 年 6 月
"补史"论的产生与形成　范道济　明清小说研究　1999 年 02 期　1999 年 6 月
金圣叹论小说功能——《水浒传》"金批"读札　范道济　2000 年水浒学会年会暨学术研讨会论文集　2000 年 6 月
中国小说价值观的变革轨迹　王立鹏　东岳论丛　2000 年 05 期　2000 年 9 月
由《申报》所刊三则小说征文启事看晚清小说观念的演进　潘建国　明清小说研究　2001 年 01 期　2001 年 3 月
唐代举子是用传奇行卷的吗——兼论唐代科举与传奇的关系　李润强　西北师大学报　2001 年 03 期　2001 年 5 月
中国小说观的文化坐标系　刘登阁　中国人民大学学报　2001 年 03 期　2001 年 5 月
小说征文与晚清小说观念的演进　潘建国　文学评论　2001 年 06 期　2001 年 11 月

"小说"与"演义"的分野——明中叶人的两种小说观　李舜华　江海学刊　2004年01期　2004年2月

古代小说的史鉴功能和劝戒功能——中国古代小说评点派研究二题　石麟　湖北师范学院学报　2004年01期　2004年3月

传统功能论小说观之表征　朱永香　零陵学院学报　2004年08期　2004年8月

小说之"用"的价值比较——以冯梦龙的"三言"为例谈明代白话小说与当今小说的共同性　雷岩岭　中国古代小说戏剧研究丛刊　2辑　2004年9月

从古代目录看传统小说观念的演变　冯丽丽　广西广播电视大学学报　2004年04期　2004年12月

从"文"到"学"——清中叶传统小说观念的回归与歧变　王冉冉　明清小说研究　2005年01期　2005年3月

简论梁启超的小说功能观　彭云　河北建筑科技学院学报　2005年02期　2005年6月

论元刊平话之"全相"的表述功用　卢世华　华中师范大学学报　2006年03期　2006年5月

梁启超政治功能论小说观　朱永香　湖南工程学院学报　2006年04期　2006年12月

论梁启超对小说功用的理论创新　何轩　云梦学刊　2007年01期　2007年1月

从明清笑话看笑话的文体和功能　王敬敏　现代语文(文学研究版)　2007年02期　2007年2月

教科之助：晚清小说教育功能的歧变　贺根民　中国矿业大学学报　2007年01期　2007年3月

诗词的娱乐性与宋元话本小说　杨峰　第二届中国俗文化国际学术研讨会论文集　2007年10月

《红楼梦》前八十回回目功能解读　任岩岩　阅读与写作　2008年10期　2008年10月

宋元话本小说娱乐功能探析　樊庆彦　太原理工大学学报　2008年04期　2008年12月

真、善、美与俗、利、趣——论晚清小说价值观念　曹建国、李兴阳　湖北师范学院学报　2009年01期　2009年1月

小说可以"观"——魏晋南北朝志怪小说观念考　袁宪泼　北方论丛

2009年02期　2009年3月
石破天惊　鞭辟入里——胡应麟的小说功用论　陈丽媛　漳州师范学院学报　2009年01期　2009年3月
论话本小说的消费功能及其艺术特征　王运涛、杜军　十堰职业技术学院学报　2010年03期　2010年6月
唐传奇被"贬"之因探析　张吉珍　南都学坛　2010年05期　2010年9月
唐代话本小说娱乐功能探析　陈怀利、樊庆彦　湖南师范大学社会科学学报　2010年05期　2010年9月
中国古典小说回目的叙事功能　李小龙　文艺理论研究　2011年03期　2011年5月
从"以言载道"到"以事娱人"——宋前"话"的流变考论　张莉　中南大学学报　2011年03期　2011年6月
论小说与汉赋的亲缘关系　张宜斌　社会科学论坛　2011年07期　2011年7月
古代小说中的戏曲因子及其功能　潘建国　北京大学学报　2012年03期　2012年5月
宋元小说家话本"娱心"和"劝惩"功能的文体呈现　韩洪波、崔常俊　青岛大学师范学院学报　2012年02期　2012年6月
史家小说功能观的确立——汉代小说功能论概观　范道济　广东技术师范学院学报　2012年07期　2012年7月
清人笔记小说的"诗话"功能——以纪昀《阅微草堂笔记》小说为例　王晓燕　社科纵横　2013年04期　2013年12月

4. 历代文体批评与批评文体

中国小说观念的转变　罗锦堂　大陆杂志　33卷4期　1966年8月
论唐人对小说本质的全面把握　胡大雷　广西师范大学学报　1985年04期　1985年5月
略论先秦两汉时期的小说理论　毕桂发　许昌学院学报　1986年02期　1986年7月
先秦小说观及其消极影响　张小忠　上海师范大学学报　1986年04期　1986年12月
谈先秦两汉时期人们对小说的认识——与毕桂发同志商榷　张志合　许昌学院学报　1987年02期　1987年7月

中国早期小说观的历史衍变　李昌集　文学遗产　1988 年 03 期　1988 年 6 月
中国古代小说观念的三次重大更新　宁宗一　武汉教育学院学报　1988 年 03 期　1988 年 6 月
在新旧小说观念之间——胡应麟的小说研究述评　刘晓峰　清华大学学报　1988 年 03 期　1988 年 9 月
魏晋小说观之再认识　孟昭连　许昌学院学报　1988 年 04 期　1988 年 12 月
敦煌"变文"研究史述论　曲金良　烟台师范学院学报　1990 年 04 期　1990 年 12 月
从目录学看古代小说观念的演变——兼谈目录学与文学的关系　蒋寅　广西师范大学学报　1991 年 01 期　1991 年 1 月
试论中国古代小说观念的演变　武艳平　玉溪师专学报　1991 年 04 期　1991 年 8 月
从目录书中看小说观念的改变　刘若缇　联合学报　8 期　1991 年 11 月
中国小说观的历史演进　姜东赋　天津师大学报　1992 年 01 期　1992 年 3 月
论六朝人的宗史小说观　吴新生　天津师大学报　1992 年 05 期　1992 年 10 月
中国小说观念演进描述　金国华　南京师大学报　1992 年 04 期　1992 年 12 月
现代小说观念与中国古典小说　董乃斌　文学遗产　1994 年 02 期　1994 年 3 月
论中国小说观念的趋于成熟　王立鹏　临沂师专学报　1995 年 01 期　1995 年 2 月
关于"小说文体史"研究　李洁非　文艺报　1995 年 11 月 17 日
论近代小说本体论　王旭川　上海师范大学学报　1996 年 04 期　1996 年 11 月
试论先秦小说观念　陆林　安徽大学学报　1996 年 06 期　1996 年 12 月
汉代小说观念的转变及其理论意义　张庆利　绥化师专学报　1996 年 04 期　1996 年 12 月
南宋说话四家研究评析　宁恢　社科纵横　1997 年 02 期　1997 年 4 月
唐代文人的小说观——以唐代小说序言为考察范围　吴碧贞　中文研究学报　1 期　1997 年 6 月

两宋时期新小说观念的觉醒　潘承玉　晋阳学刊　1997年05期　1997年9月

明清之际小说评点考论　林岗　学术研究　1997年12期　1997年12月

汉魏至宋元小说批评刍议　石麟、姚泽锋　湖北师范学院学报　1998年01期　1998年2月

中国古代小说观念沿变线索浅探　罗瑞宁　南宁师专学报　1998年01期　1998年2月

由错位到逐渐重合——宋前小说及其观念的历史变迁　萧相恺　明清小说研究　1998年01期　1998年3月

中国古代小说评点形态论　谭帆　文艺理论研究　1998年02期　1998年4月

书录中的明代小说观新变与定位　陈燕　大庆高等专科学校学报　1999年02期　1999年5月

～涪陵师专学报　1999年04期　1999年11月

～昆明师范高等专科学校学报　2000年01期　2000年3月

～赣南师范学院学报　2000年02期　2000年4月

论中国古代小说评点之类型　谭帆　文学遗产　1999年04期　1999年7月

小说史研究中的文体学方法　夏德勇　常德师范学院学报　1999年05期　1999年10月

～广州师院学报　2000年12期　2000年12月

近代小说文体观的基本特征　董小玉　呼兰师专学报　1999年04期　1999年11月

小说评点的解读——《中国小说评点研究·导言》　谭帆　文艺理论研究　2000年01期　2000年1月

论中国小说观念的嬗变　杨庆辰　学习与探索　2000年01期　2000年2月

中西小说文体意识发端与走向　胡冰洁　辽宁师专学报　2000年02期　2000年4月

试论曹雪芹的文体意识　刘智明　中国文学研究　2000年02期　2000年4月

变文研究述评二题——敦煌变文研究回顾与思考之一　张鸿勋　敦煌研究　2000年02期　2000年6月

从歌、传相和现象看唐人的传奇意识　洪雁　牡丹江师范学院学报　2001

年 03 期　2001 年 6 月

"小说学"论纲——兼谈 20 世纪中国古代小说理论批评研究　谭帆　中国社会科学　2001 年 04 期　2001 年 7 月

20 世纪中国古代章回小说文体研究述评　李小菊　中州学刊　2002 年 04 期　2002 年 7 月

魏晋六朝小说观念初探　李军均　中文自学指导　2002 年 05 期　2002 年 10 月

从越南俗文学文献看敦煌文学研究和文体研究的前景　王小盾　中国社会科学　2003 年 01 期　2003 年 1 月

六朝轶事小说综合研究述评　陈文新　齐鲁学刊　2003 年 01 期　2003 年 1 月

论《殷芸小说》及其反映的六朝小说观念　罗宁　明清小说研究　2003 年 01 期　2003 年 3 月

古代通俗小说观念的起源：宋代说话之小说观念　卢世华　江汉大学学报　2003 年 02 期　2003 年 4 月

一种小说观及小说史观的形成与影响——20 世纪"以西例律我国小说"现象分析　刘勇强　文学遗产　2003 年 03 期　2003 年 5 月

加强中国文言小说的辨体研究——我写《文言小说审美发展史》的一点体会　陈文新　蒲松龄研究　2003 年 03 期　2003 年 9 月

　～改题：加强中国文言小说的辨体研究　传统小说与小说传统　陈文新　武汉：武汉大学出版社　2005 年 5 月

古代小说观念的若干文化透视　王冉冉　中文自学指导　2003 年 06 期　2003 年 11 月

六朝文体批评视域中的小说　贾奋然　中国文学研究　2004 年 01 期　2004 年 3 月

说体文的产生及其对中国传统小说观念的影响　王齐洲　中国文学观念论稿　武汉：湖北教育出版社　2004 年 3 月

在子史之间寻找位置——史志所反映的中国传统小说观念　王齐洲　中国文学观念论稿　武汉：湖北教育出版社　2004 年 3 月

中国古代小说学研究　黄卉　殷都学刊　2004 年 03 期　2004 年 9 月

二十世纪中国古代小说概念的辨析与界定　苗怀明　广州大学学报　2005 年 06 期　2005 年 6 月

历史与小说——小说观念发展略论　马自力　北京科技大学学报　2005 年 02 期　2005 年 6 月

明清小说评点中的戏曲概念析　张世君　学术研究　2005年10期　2005年10月

走向文学的本体——魏晋六朝小说观念解析　黄炎军　信阳师范学院学报　2006年02期　2006年4月

汉代的"小说"观念及其对后世小说创作的影响　唐洁璠　广西大学梧州分校学报　2006年03期　2006年7月

应该重视中国古代小说文体研究　王齐洲　明清小说研究　2006年03期　2006年9月

应当重视文言态话本的研究　于天池　中国古代小说研究　2辑　中国社会科学院文学研究所、中国古代小说研究中心编　北京：人民文学出版社　2006年10月

小说应"小"：中国传统小说观念的考察——从《搜神记》和《世说新语》的文体异同入手　周昌梅　重庆社会科学　2006年12期　2006年12月

小说观念和小说文体的演变轨迹——从潘建国的《中国古代小说书目研究》说开去　潘丹　学术交流　2007年01期　2007年1月

历史与小说的互文——中国小说文体观念的变迁　闫立飞　明清小说研究　2007年01期　2007年3月

余象斗"评林体"初探　原方　明清小说研究　2007年03期　2007年9月

二十世纪中国古代章回小说文体研究的回顾与反思　刘晓军　中国文学研究　2007年04期　2007年12月

古代"小说选本"命名的理论批评价值　任明华　文艺理论研究　2008年01期　2008年1月

论明代小说学的基础观念　谭帆　中山大学学报　2008年02期　2008年3月

"小说"与"杂史"、"传记"——以《四库全书总目》为例　杜慧敏、王庆华　南京社会科学　2008年04期　2008年4月

20世纪以来宋元"说话"研究回顾　李晓晖　明清小说研究　2008年01期　2008年4月

由"子之末"到"史之余"——论中国传统文言小说文类观的生成过程　王庆华　海南大学学报　2008年02期　2008年4月

明代小说著录与古代"小说"观念　王冉冉　南阳师范学院学报　2008年05期　2008年5月

文言小说评点之界说　董玉洪　阜阳师范学院学报　2008年04期　2008

年7月
目录学观照下唐传奇作品的发掘及其反思　顾友泽　南通大学学报2008年04期　2008年7月
试论明代小说评点的形式渊源　张玉华　商丘师范学院学报　2008年10期　2008年10月
古代小说中诗词曲赋研究综论　陈恩维、赵义山　明清小说研究　2008年03期　2008年10月
小说观、小说史观与六朝小说史研究——兼论鲁迅《中国小说史略》的有关论述　王齐洲、姚娟　湖北大学学报　2008年06期　2008年11月
　~稗官与才人:中国古代小说考论　王齐洲　长沙:岳麓书社　2010年2月
论中国古代小说文体研究的四个层面　刘勇强　中国古代小说研究　3辑　中国社会科学院文学研究所、中国古代小说研究中心编　北京:人民文学出版社　2008年12月
　~北大中文学刊　2009　北京大学中文系编著　北京:北京大学出版社　2009年11月
从魏晋志怪小说到唐人传奇——论唐人小说观念的演进　陈艳秋　山花2009年06期　2009年3月
简论中国古代小说观念的演变　刘明坤　社会科学家　2009年03期　2009年3月
中国小说理论批评文体形式的近代变革　程华平　学术月刊　2009年10期　2009年10月
从话本选本看话本经典的形成　傅承洲　文艺研究　2010年01期　2010年1月
对志怪小说历史地位的再思考——两种不同小说观念的矛盾与六朝小说研究　姚娟　南阳师范学院学报　2010年02期　2010年2月
小说话:近代小说批评的形式突破与观念更新　贺根民　大连大学学报2010年03期　2010年6月
明清人的小说序跋中小说本体探析　姜丽娟　安徽广播电视大学学报2010年03期　2010年9月
史传传统对中国小说观念的束缚　武传阳　新余高专学报　2010年05期　2010年10月
南宋"说话四家"研究的回顾与思考　胡莲玉　南京师大学报　2010年06期　2010年11月

由《冤魂志》的著录看志怪小说观念的演变　常昭　山西师大学报　2010年06期　2010年11月

中国古人对小说杂义性的认识　张开焱　古代文学理论研究　31辑　2010年12月

中国古代小说与史传关系认知的历史变迁　何悦玲　思想战线　2011年01期　2011年1月

论六朝小说观　魏世民　文艺理论研究　2011年03期　2011年5月

汉人小说观念探赜　王齐洲、屈红梅　南京大学学报　2011年04期　2011年7月

文学小说观念的确立——论南宋说话四家之"小说家"对小说观念发展的贡献　卢世华　湖北大学学报　2011年06期　2011年11月

话本小说序跋的小说观念　王委艳　武汉科技大学学报　2011年06期　2011年12月

汉唐小说文体研究综述　何亮　兰州学刊　2012年04期　2012年4月

明清小说评点对八股文体式的借用　王玉超、刘明坤　贵州师范大学学报　2012年02期　2012年4月

"小说"与子、史——论"子部小说"共识的形成及其理论蕴涵　陈文新　文艺研究　2012年06期　2012年6月

明代历史演义序跋批评中的文体论　王猛　国文天地　28卷3期　2012年8月

《文选》如何能录"小说"——以先秦至初唐"小说"的性质为考查对象　孙振田、陈康　文艺评论　2012年12期　2012年12月

先秦时期小说观念刍论　张乡里　重庆邮电大学学报　2013年01期　2013年1月

论中国古体小说的观念流变　郝敬、张莉　明清小说研究　2013年01期　2013年2月

诸子"短书"与汉代"小说"观念的形成　孙少华　吉林大学社会科学学报　2013年03期　2013年5月

学术之小说与文体之小说——中国传统小说观念的两种视角　王齐洲、王丽娟　上海大学学报　2013年03期　2013年5月

中国古代小说观念论略　王鸿卿　鞍山师范学院学报　2013年03期　2013年6月

中国古代小说文体研究的回顾与反思　刘晓军　新疆大学学报　2013年05期　2013年9月

文章学与明清小说的理论建构　张永葳　西南交通大学学报　2013 年 05 期　2013 年 9 月

论中国古代小说文体研究的四种关系　谭帆　学术月刊　2013 年 11 期　2013 年 11 月

5. 专书及学者

胡应麟的小说理论　王先霈　华中师范学院学报　1981 年 03 期　1981 年 6 月

明清时期两种对立的小说论——金圣叹与纪昀　〔日〕前野直彬著，陈熙中译　古代文学理论研究　5 辑　1981 年 10 月

刘勰论中国古小说探略——从"青史曲缀以街谈"说起　杨序春　怀化师专社会科学学报　1989 年 01 期　1989 年 3 月

从《文心雕龙》看古代小说观念的演变　杨星映　重庆师院学报　1991 年 02 期　1991 年 7 月

韩愈、柳宗元的古文"小说"观　蒋凡　学术月刊　1993 年 12 期　1993 年 12 月

　　~蒋凡学术论文集　台北：万卷楼图书有限公司　2001 年 11 月

四库全书子部小说家类图书著录之评议　吴哲夫　故宫学术季刊　13 卷 1 期　1995 年秋

对"话本"理论的再审视——兼评增田涉《论"话本"的定义》　刘兴汉　社会科学战线　1996 年 04 期　1996 年 8 月

开明的迂腐与困惑的固执——《四库全书总目提要》小说观的现代观照　季野　小说评论　1997 年 04 期　1997 年 8 月

论欧阳修的小说观念　王齐洲　齐鲁学刊　1998 年 02 期　1998 年 3 月

　　~中国文学观念论稿　王齐洲　武汉：湖北教育出版社　2004 年 3 月

纪昀何以将笔记小说划归子部　陈文新　山西师大学报　2001 年 01 期　2001 年 2 月

刘知幾《史通》与"小说"观念的系统化——兼论唐传奇文体发生过程中小说与历史的关系　韩云波　西南师范大学学报　2001 年 02 期　2001 年 4 月

萧氏父子文学集团的小说思想观念　王汝梅　文艺理论研究　2001 年 04 期　2001 年 7 月

《汉书·艺文志》之"小说"的由来和观念实质　卢世华、石昌渝　中国社会科学院研究生院学报　2002 年 04 期　2002 年 7 月

胡应麟和中国古代小说研究　汪燕岗　内蒙古社会科学　2003 年 04 期 2003 年 7 月
《聊斋志异》文体研究述评　李汉举　厦门教育学院学报　2003 年 03 期 2003 年 9 月
史统散而小说兴——论冯梦龙的小说文体意识　曾礼军　语文学刊 2004 年 01 期　2004 年 1 月
《四库全书总目》小说类探析　夏翠军　山东图书馆季刊　2004 年 01 期 2004 年 2 月
文臣之法　学者之眼　才子之心——纪昀小说观新探　苗怀明　江苏行政学院学报　2004 年 01 期　2004 年 2 月
"因文生事"——金圣叹的小说观　陈亚利　上饶师范学院学报　2004 年 01 期　2004 年 2 月
鲁迅"小说之起源"论辩证——中国小说起源于民间讲故事说　杜贵晨 光明日报　2004 年 5 月 26 日
论《四库全书总目提要》的小说观　凌硕为　江淮论坛　2004 年 04 期 2004 年 8 月
著书者之笔和才子之笔——纪昀的小说观评析　许彰明　柳州职业技术学院学报　2004 年 03 期　2004 年 9 月
"小说"的目录学定位——以《四库全书总目》的小说观为视点　翁筱曼 华南师范大学学报　2005 年 03 期　2005 年 5 月
论胡应麟的古代小说理论及其在文学史上的贡献　叶国志　语文学刊 2005 年 16 期　2005 年 8 月
中国小说发生期现象的理论总结——《汉书・艺文志》中的小说标准与小说家　叶岗　文艺研究　2005 年 10 期　2005 年 10 月
学说之别而非文体之分——《汉书・艺文志》小说观探原　陈卫星　天府新论　2006 年 01 期　2006 年 1 月
　~古典文献与古代小说理论研究　陈卫星　北京:光明日报出版社 　2009 年 6 月
胡应麟小说思想研究综述　陈卫星　齐齐哈尔大学学报　2006 年 02 期 2006 年 3 月
《文选》不录"说"体辨——"说"的文体辨析与小说的形成　胡大雷　广西师范大学学报　2006 年 03 期　2006 年 7 月
从《世说新语》的文体特征看《隋志》的小说观念　周昌梅　社会科学辑刊 2006 年 05 期　2006 年 9 月

纪昀与蒲松龄小说观之异中有同　姜丽娟　辽宁行政学院学报　2006年10期　2006年10月
明初"剪灯二话"序文中的小说理论　李铁晓　十堰职业技术学院学报2006年06期　2006年12月
《四库全书总目》的小说观及其原因探析　韩春平　贵州文史丛刊　2007年01期　2007年1月
魏晋六朝文论中的小说观念与潜观念——以《文心雕龙》的文体论为例　张开焱　暨南学报　2007年05期　2007年9月
试析《四库全书总目》小说类的分类问题——以《博物志》、《山海经》为例　贺珍　呼伦贝尔学院学报　2008年01期　2008年2月
论《四库全书总目》小说家类的著录标准及著录特点　程国赋、蔡亚平　明清小说研究　2008年02期　2008年7月
浦安迪"奇书文体"结构理论探微　陈亮　语文学刊　2008年17期　2008年9月
《文心雕龙·谐讔》——谐谑小说的理论阐释　孟稚　中国矿业大学学报　2008年03期　2008年9月
从《古今谭概·微词部·寓言》谈冯梦龙的寓言概念　陈秋良　东吴中文在线学术论文　3期　2008年9月
《世说新语》文体研究综述　林宪亮　中国海洋大学学报　2008年06期　2008年11月
刘知幾《史通》的笔记小说观念　王燕华、俞钢　上海师范大学学报　2008年06期　2008年11月
胡适"传统小说两种体裁"论之反思　石昌渝　中国古代小说研究　3辑　中国社会科学院文学研究所、中国古代小说研究中心编　北京：人民文学出版社　2008年12月
王庆菽《试谈"变文"的产生和影响》与"推源溯流"研究方法　陈颖姮　语文学刊　2010年07期　2010年4月
认同与超越——论胡应麟小说理论对古代小说概念厘清的重要作用　陈丽媛　西安石油大学学报　2010年03期　2010年8月
《汉书·艺文志》小说观对后世的影响　郑宁　福建论坛　2010年S1期　2010年11月
"奇书文体"：浦安迪明清长篇小说研究的新范式　李勇　咸阳师范学院学报　2011年01期　2011年1月
《文选》不录"小说"与李善注引"小说"新探——兼论"小说"观念在唐宋

时期的嬗变　郝敬　文艺评论　2011年02期　2011年2月
小说评点文体的独立：从子史之评到文学之评——刘辰翁《世说新语》评点的源流及意义论析　曾垂超、李军均　蒲松龄研究　2011年01期　2011年3月
桓谭小说思想的新变　袁文春　文艺评论　2011年04期　2011年4月
略论刘辰翁对《世说新语》的文体评点　张璐　长城　2011年04期　2011年4月
小说价值标准的调整与虚构的合法化——以《四库全书总目》为例　袁文春　山西师大学报　2011年03期　2011年5月
对鲁迅"唐传奇"文类说的检讨——《中国小说史略》辨正（一）　温庆新　内江师范学院学报　2011年07期　2011年7月
论王圻《稗史汇编》之编纂及其"史稗一体"观　刘天振　复旦学报　2011年04期　2011年7月
论欧阳修对唐人"小说"之学的重建　郝敬　中南大学学报　2011年04期　2011年8月
钱锺书古小说观探微　杨金川　剑南文学（经典教苑）　2011年08期　2011年8月
刘勰《文心雕龙》不论"小说"辨　郝敬　贵州师范大学学报　2011年04期　2011年8月
论荀子的小说观念——以《荀子·正名篇》为中心　王齐洲　孝感学院学报　2011年05期　2011年9月
九世纪的中日史志"小说"观念——以《日本国见在书目录》所著录"小说"为考察核心　郝敬　西南大学学报　2011年05期　2011年9月
文体之辨对小说观念形成初期的意义——对刘勰《文心雕龙》小说观念的再思考　郝敬　西南交通大学学报　2011年06期　2011年11月
论陆机与刘勰对"说"的不同看法　李玉琦　群文天地　2011年24期　2011年12月
从《文心雕龙》的文体论看刘勰的小说文体概念　简翠贞　语文学报　17期　2011年12月
《四库全书总目》"小说家类"序文发微　张进德　晋阳学刊　2012年01期　2012年1月
论庄子的小说观念　王齐洲　三峡大学学报　2012年02期　2012年3月
《四库全书总目》"小说家类"价值发微　张进德　明清小说研究　2012年

04期 2012年11月

援子入史的误读与误判——刘知幾《史通》"小说"辨 郝敬 北京理工大学学报 2012年06期 2012年11月

"历三变尽失古人之源流"——简论章学诚的小说流变观 张富林 牡丹江师范学院学报 2013年01期 2013年2月

《四库全书总目提要》小说观探微 曾军娥 现代语文(学术综合版) 2013年02期 2013年2月

古代小说评点类型的分野——金圣叹论文型小说评点刍议 张永葳 明清小说研究 2013年02期 2013年5月

"奇书文体"与浦安迪对中国文学叙事传统的重塑 李勇 咸阳师范学院学报 2013年05期 2013年9月

目录学视角下的"小说"观念探析——以《汉书·艺文志》和《隋书·经籍志》为例 郭炳瑞 牡丹江大学学报 2013年10期 2013年10月

梁启超小说理论中的文体观探析 陈敬容 神州 2013年28期 2013年10月

《文心雕龙》中的小说观 张颖 青年文学家 2013年32期 2013年11月

Ⅶ 戏 曲 编

一、源流论

【著作】

宋元戏曲史　王国维　上海：商务印书馆　1915年9月　199页　文艺丛刻甲集

　　自序;第一章　上古至五代之戏剧;第二章　宋之滑稽戏;第三章　宋之小说杂戏;第四章　宋之乐曲;第五章　宋官本杂剧段数;第六章　金院本名目;第七章　古剧之结构;第八章　元杂剧之渊源;第九章　元剧之时地;第十章　元剧之存亡;第十一章　元剧之结构;第十二章　元剧之文章;第十三章　元院本;第十四章　南戏之渊源及时代;第十五章　元南戏之文章;第十六章　馀论;附录：元戏曲家小传

◎上海：商务印书馆　1930年4月初版,1939年9月简编版　176页　万有文库

◎上海：商务印书馆　1933年3月国难后1版　176页　国学小丛书

◎重庆：商务印书馆　1943年7月1版　140页　国学小丛书

◎杨扬校订　上海：华东师范大学出版社　1995年12月　171页　二十世纪国学丛书　199页

◎叶长海导读　上海：上海古籍出版社　1998年12月　167页　蓬莱阁丛书

　　增加附录八种：一、曲录自序(1908年8月,1909年5月)　王国维;二、致铃木虎雄(1912年12月26日)　王国维;三、致缪荃孙(1913年1月5日)　王国维;四、《宋元戏曲史》(1918年)　傅斯年;五、国学论丛王静安先生纪念专号序(1927年仲冬)　梁启超;六、王静安先生遗书序(1934年6月3日)　陈寅恪;七、读《宋元戏曲史》(1936年)　赵景深;八、鲁迅与王国维(1946年9月14日)　郭沫若

◎宋元戏曲史疏证　马美信疏证　上海：复旦大学出版社　2004年8月

234 页

◎ 上海:上海古籍出版社　2008 年 5 月　151 页　世纪人文系列丛书·世纪文库

◎ 黄仕忠讲评　南京:凤凰出版社　2010 年 1 月　181 页

○ 王国维之《宋元戏曲史》　孟真(傅斯年)　新潮　1 卷 1 期　1919 年 1 月

○ 读《宋元戏曲史》　赵景深　青年界　9 卷 9 期　1936 年 3 月

○ 宋元戏曲史商榷　王玉章　国立中央大学文史哲季刊　3 卷 1 期　1945 年 11 月

○ 中国戏曲史的开山之作——读王国维的《宋元戏曲史》　叶长海　戏剧艺术　1999 年 01 期　1999 年 2 月

○ 重读《宋元戏曲史》　程毅中　书品　2000 年 2 期

○ 王国维《宋元戏曲史》之今读　解玉峰　文学遗产　2005 年 02 期　2005 年 3 月

中国戏曲概论　吴梅　上海:大东书局　1926 年 10 月　142 页

　　卷上　一、金元总论;二、诸杂院本;三、诸宫调;四、元人杂剧;五、元人散曲;

　　卷中　一、明总论;二、明人杂剧;三、明人传奇;四、明人散曲;

　　卷下　一、清总论;二、清人杂剧;三、清人传奇;四、清人散曲

◎ 收入《吴梅戏曲论文集》　王卫民编　北京:中国戏剧出版社　1983 年 5 月

◎ 与《顾曲麈谈》合订　上海:上海古籍出版社　2000 年 5 月　蓬莱阁丛书

◎ 与《顾曲麈谈》合订　北京:中国人民大学出版社　2007 年 9 月　中国文库　第三辑　艺术类

◎ 收入《吴梅词曲论著集》　解玉峰编　南京:南京大学出版社　2008 年 10 月　南雍学术经典

○ 史、论、评相结合的研究方法——读吴梅《中国戏曲概论》　刘伟林、陈永标　文学遗产　1985 年 02 期　1985 年 6 月

词曲史　王易　上海:神州国光社　1931 年 11 月　530 页

　　序(周岸登);例言;导言;明义第一;溯源第二;具体第三;衍流第四;析派第五;构律第六;启变第七;入病第八;振衰第九;测运第十;后序

◎ 上海:中国文化服务社　1948 年 11 月　530 页

◎台北:广文书局　1960 年
◎台北:洪氏出版社　1981 年 1 月　530 页
◎北京:东方出版社　1996 年　451 页　民国学术经典文库　文学史类丛
◎南京:江苏教育出版社　2005 年 8 月　326 页　国学书库·文史类丛
◎南京:江苏文艺出版社　2008 年 9 月　332 页　北斗丛书
◎长沙:岳麓书社　2011 年 8 月　379 页　民国学术文化名著
◎改题:王易中国词曲史　长春:吉林人民出版社　2013 年 3 月　367 页　中国学术文化名著文库
　　○王易的《词曲史》(正文标题作:词曲史)　雨渊　文学　2 卷 6 号　1934 年 6 月

中国近代戏曲史　郑震编译　上海:北新书局　1933 年 3 月　458 页(编按:是书主体为节译青木正儿的《支那近世戏曲史》)
　　编译略例;序;第一篇:元明之间的南北曲　第一章　古代戏曲发展的鸟瞰;第二章　南北曲的起源;第三章　南北曲的分派;第四章　南北曲的消长;
　　第二篇:明清之间的昆曲　第一章　昆曲的勃兴和北曲的衰亡;第二章　初期的昆曲;第三章　极盛时期的昆曲;第四章　后期的昆曲;第五章　衰落期的昆曲;
　　第三篇:清之花部——皮黄　第一章　花部诸腔的初兴和昆曲的没落;第二章　昆曲没落时期的戏曲;馀论:南北曲的异同;附录
　　○中国近代戏曲史　橥　剧学月刊　2 卷 6 期　1933 年
　　○青木正儿的《支那近代戏曲史》(正文题作:《支那近世戏曲史》)　翌仪　文学　2 卷 6 号　1934 年 6 月(编按:作者云附论郑震编译本,故系此)

明清戏曲史　卢冀野　南京:钟山书局　1933 年 12 月　114 页　钟山学术讲座
　　自序;第一章　明清剧作家之时地;第二章　传奇之结构;第三章　杂剧之余绪;第四章　沈璟与汤显祖;第五章　短剧之流行;第六章　南洪北孔;第七章　花部之纷起
◎卢前　上海:商务印书馆　1935 年 6 月　107 页　国学小丛书
◎卢前　香港:商务印书馆　1961 年 5 月　107 页
◎卢前　台北:台湾商务印书馆　1971 年 10 月　107 页
◎卢前著,陈企孟校点　扬州师范学院中文系词曲研究室编印　1982 年

9月
◎收入《卢前曲学四种》　北京:中华书局　2006年4月　冀野文钞
◎与《八股文小史》合订　长沙:岳麓书社　2011年12月　166页　民国学术文化名著丛书
◎收入《卢前曲学论著》　上海:上海书店出版社　2013年4月

中国戏剧概论　卢冀野　上海:世界书局　1934年3月　299页　中国文学丛书
　　一、戏曲之起原;二、戏曲之萌芽;三、宋戏之繁盛;四、金代的院本;五、元代的杂剧;六、元代的传奇;七、明代的杂剧;八、明代的传奇;九、清代的杂剧;十、清代的传奇;十一、乱弹之纷起;十二、话剧之输入
◎收入《中国文学八论》第六种　上海:世界书局　1936年6月　160页
◎上海:世界书局　1944年4月新1版　160页　中国文学丛书
◎台北:庄严出版社　1981年9月　306页　古典新刊
◎收入《中国文学七论》　桂林:广西师范大学出版社　2007年1月
◎收入《卢前曲学论著》　上海:上海书店出版社　2013年4月
◎卢前曲学论著三种　北京:商务印书馆　2014年5月　中华现代学术名著丛书
　　○中国戏剧概论　绿依(杜颖陶)　剧学月刊　3卷9期　1934年9月
　　○略论卢前《中国戏剧概论》的贡献与不足　李跃忠　湖南第一师范学院学报　2010年03期　2010年6月

中国近世戏曲史　〔日〕青木正儿原著,王古鲁译述　上海:商务印书馆　1936年2月　737页
　　原序;吴序(吴梅);译者叙言;专门用语略说;第一篇:南戏北剧之由来　第一章　宋以前戏剧发达之概略;第二章　南北曲之起源;第三章　南北曲之分歧;
　　第二篇:南戏复兴期(自元中叶至明正德)　第四章　南戏之复兴;第五章　复兴期内之南戏;第六章　保存元曲馀势之杂剧;
　　第三篇:昆曲昌盛期(自明嘉靖至清乾隆)　第七章　昆曲之兴隆与北曲之衰亡;第八章　昆曲勃兴时代之戏曲(自嘉靖至万历初年);第九章　昆曲极盛时代(前期)之戏曲(万历年间);第十章　昆曲极盛时代(后期)之戏曲(自明天启至清康熙初年);第十一章　昆曲余势时代之戏曲(自康熙中叶至乾隆末叶);

第四篇:花部勃兴期(自乾隆末至清末) 第十二章 花部之勃兴与昆曲之衰颓;第十三章 昆曲衰落时代之戏曲;

第五篇:馀论 第十四章 南北曲之比较;第十五章 剧场之构造及南戏之脚色;第十六章 沈璟之南九宫十三调曲谱与蒋孝之九宫十三调二谱;附录 附录一:国立北平图书馆所藏之蒋孝旧南九宫谱;附录二:蒋孝旧编南九宫谱与沈璟南九宫十三调曲谱;附录三:曲学书目举要;索引

◎增补修订本　北京:中华书局　1954年9月　773页

　　增补:重版本的修订增补;附录四:曲学书目举要补(古鲁);附录五:奢摩他室藏曲待价目;新一版附录:曲学书目举要再补

◎增补修订本　上海:上海文艺联合出版社　1956年1月　773页　中国古典文学研究丛刊

◎北京:作家出版社　1958年1月　788页

　　增补:改写《译著者叙言》;附录三:曲学书目举要(古鲁重编);"奢摩他室藏曲待价目"改为附录四

◎〔日〕青木正儿著,王吉庐译　台北:台湾商务印书馆　1965年3月　794页　大学丛书

　　编按:此本用商务印书馆1936年版重印。

◎〔日〕青木正儿原著,王古鲁译著,蔡毅校订　北京:中华书局　2010年1月　598页

　　增补:译著者叙言;出版说明;校订后记

　　○一个日本人的中国戏曲史观——青木正儿《中国近世戏曲史》及其影响　汪超宏　戏剧艺术　2001年03期　2001年6月

　　○谈《中国近世戏曲史》的创见性　王宏芹　华中人文论丛　2013年02期　2013年6月

中国戏剧史略　周贻白　上海:商务印书馆　1936年9月　105页　戏剧小丛书

　　一、戏剧的发端;二、中国戏剧的初型;三、汉代的乐舞与百戏;四、六朝时代对于戏剧的表见;五、隋唐间戏剧的各方面;六、宋官本杂剧及大曲;七、南戏的出生及其进展;八、诸宫调与元杂剧;九、元杂剧的结构及其他;十、南戏的复兴与琵琶记;十一、从海岩腔到昆山腔;十二、沈璟与汤显祖;十三、明清戏剧的趋势;十四、花部和雅部的分野;十五、花部诸腔的兴替;十六、皮黄剧的来源及其现况

南北戏曲源流考　〔日〕青木正儿著，江侠庵译述　长沙：商务印书馆　1938年10月　105页　国学小丛书

译者序；本篇之参考书；上篇：南北戏曲的起源　一、宋代戏剧所用底乐曲；二、南宋戏剧和金的院本；三、元代戏剧的改进；四、南戏发达的径路

下篇：南北戏曲的消长　五、元代北曲的盛行和南区的下沉；六、南曲的兴隆和其余势；七、北曲的就衰和其末路；八、南北曲的音乐底差异

中国戏剧小史　周贻白　上海：永祥印书馆　1945年5月初版　84页　青年知识文库·第一辑

第一章 中国戏剧的形成；第二章 唐宋间的戏剧；第三章 南戏与北剧；第四章 明代戏剧情况；第五章 昆曲与乱弹；第六章 皮黄剧的勃兴；第七章 文明戏与话剧；第八章 中国戏剧前途的展望

古剧说汇　冯沅君　上海：商务印书馆　1947年1月　381页

自序（1945年）；一、古剧四考；二、古剧四考跋；三、说赚词；四、说赚词跋；五、金瓶梅词话中的文学史料；六、金瓶梅词话中的文学史料跋；七、南戏拾遗补；八、南戏拾遗补跋；九、天宝遗事辑本题记；十、天宝遗事辑本题记跋；十一、金院本补说；十二、金院本补说跋；十三、元剧中二郎斩蛟的故事；十四、古优解补正；十五、附录

◎北京：作家出版社　1956年12月　400页

自序（1955年）一、古剧四考；二、古剧四考跋；三、说赚词；四、说赚词跋；五、金瓶梅词话中的文学史料；六、金瓶梅词话中的文学史料跋；七、天宝遗事辑本题记；八、天宝遗事辑本题记跋；九、金院本补说；十、金院本补说跋；十一、古本元明杂剧钞本题记；十二、附录

◎合肥：安徽教育出版社　2011年8月　334页　陆侃如冯君合集·第13卷

增补：十二、元剧中二郎斩蛟的故事；"附录"改为十三。

○评介冯沅君著古剧说汇　郑骞　龙渊述学　台北：大安出版社　1992年12月

元曲概说　〔日〕盐谷温著，隋树森译　上海：商务印书馆　1947年11月　84页

译者序；第一章 歌曲之沿革；第二章 唐之歌舞戏；第三章 宋之杂剧；第四章 金之院本；第五章 元曲之勃兴；第六章 元曲之作家；第七章 北曲之体制；第八章 南北曲之比较；第九章 元曲选之解题

中国戏剧简史　董每戡　上海:商务印书馆　1949年7月　172页
　　前言;第一章　考原(史前时期);第二章　巫舞(先秦时期);第三章　百戏(汉魏六朝时期);第四章　杂剧(唐宋时期);第五章　戏曲(元明时期);第六章　花部(满清时期);第七章　话剧(民国时期);后语
◎收入《董每戡文集》上卷　黄天骥、陈寿楠编　广州:广东高等教育出版社　1999年8月

宋金杂剧考　胡忌　上海:古典文学出版社　1957年4月　331页
　　序;第一章　名称;第二章　渊源与发展;第三章　角色名称;第四章　内容与体制;第五章　其他;附录一:元代演剧史料——"淡行院"散曲注笺;附录二:征引书目
◎上海:中华书局　1959年7月新1版　334页
◎订补本　北京:中华书局　2008年9月　276页
　　增补:出版说明;三版后记;新版后记

唐戏弄　任半塘　北京:作家出版社　1958年6月　1069页
　　王序;弁言;凡例;第一章　总说;第二章　辨体;第三章　剧录;第四章　脚色;第五章　伎艺;第六章　设备;第七章　演员;第八章　杂考;附载;补说;后记;索引
◎上海:上海古籍出版社　1984年10月　1416页
　　增补:续后记;增订十余万字
◎台北:汉京文化事业公司　1985年9月　1416页　四部刊要
◎上海:上海古籍出版社　2006年6月　1416页　任半塘文集
◎南京:凤凰出版社　2013年12月　任中敏文集
　　○还唐戏的历史真貌——新版《唐戏弄》读后　沙啸　读书　1985年07期　1985年4月
　　○别出机杼　自成一家——评介新版《唐戏弄》　辛夷　文学遗产　1985年03期　1985年9月
　　○论《唐戏弄》对戏剧史研究的重大贡献　曹明纲　扬州师院学报　1986年01期　1986年4月
　　○《唐戏弄》在戏曲史研究上的地位　胡忌　扬州大学学报　1997年03期　1997年5月

中国戏剧史长编　周贻白　北京:人民文学出版社　1960年1月　662页
　　出版说明;自序;凡例;第一章　中国戏剧的胚胎;第二章　中国戏剧的形成;第三章　宋元南戏;第四章　元代杂剧;第五章　明代传奇;第六章

明代戏剧的演进;第七章 清初的戏剧;第八章 清代戏剧的转变;第九章 皮黄班;附录:中国戏剧本事取材之沿袭

◎上海:上海书店出版社 2004年3月 662页
　　增补:再版序(周华斌);周贻白传略(周华斌)
◎上海:上海书店出版社 2007年4月 700页 世纪人文系列丛书·世纪文库
　○《中国戏剧史长编》再版序　周华斌　戏曲艺术　2003年03期 2003年8月

明清传奇导论　张敬　台北:东方书店　1961年3月　184页
◎台北:华正书局　1986年10月　198页
　　第一编:绪论——传奇的源流;第二编:明清传奇发展的特质　第一章 初期的传奇;第二章 明代的传奇;第三章 清代的传奇;第三编:明清传奇技巧的研究　第一章 明代传奇用韵的研究;第二章 明清传奇的比较;第四编:结论——剧艺综合的检讨　第一章 传奇分场的研究;第二章 传奇的分脚和分场;第三章 传奇结构的程序;第四章 明清传奇的目录;附:参考书目

元明清剧曲史　陈万鼐　台北:鼎文书局　1966年2月　540页
　　一、我国戏曲之变迁;二、杂剧与传奇之意义;三、我国戏曲之特质;四、戏剧之文学地位;五、音律;六、宫调;七、北曲曲调及其联套;八、曲之声韵;九、北词谱;一○、元杂剧的体例;一一、我国古剧本事梗概;一二、元杂剧搬演情形考;一三、元杂剧作家;一四、近六十年来元明杂剧之发现;一五、知见法国学者拔残译述元剧目录;一六、元杂剧分类;一七、元曲之文章;一八、南戏起源;一九、南戏体例与传奇之关系;二○、明初五大传奇及南戏戏目;二一、昆腔起源;二二、明清传奇流派;二三、南曲曲调及其联套;二四、南词谱附集曲、衬字;二五、明清传奇谱法;二六、明清传奇歌法;二七、传奇排场及布置;二八、角色及剧场;二九、传奇之衰微;三十、名曲举例;三一、知见现存明清传奇目录;三二、明清传奇作家事迹及本事考略;三三、知见现存清杂剧目录;三四、明清杂剧家及杂剧体例;三五、杂剧没落原因及北曲音响;重要参考书目;本书图像歌谱目次
◎增订本　台北:文史哲出版社　1974年10月　732页

明杂剧概论　曾永义　台北:嘉新水泥公司　1978年5月　405页　嘉新水泥公司文化基金会研究论文

◎台北:学海出版社　1999年　622页　中国戏曲论著丛刊·第2辑
　　第一章 总论;第二章 初期杂剧;第三章 周宪王及其诚斋杂剧;第四
　　章 中期杂剧;第五章 后期杂剧;附录:明代杂剧年表;参考书目

中国戏曲发展史纲要　周贻白　上海:上海古籍出版社　1979年10月　563页
　　《中国戏曲发展史纲要》序;一、中国戏曲的起源及其艺术因素;
　　二、汉代的散乐(百戏)与雅乐;三、三国及六朝时代的各种伎艺;
　　四、隋代的散乐与歌舞;五、唐代的乐舞与杂戏;六、北宋时期的歌舞
　　与杂剧;七、南宋时期的杂剧和戏文;八、元代的杂剧;九、元代的南
　　戏;一○、明代的传奇——琵琶记与荆、刘、拜、杀;一一、金印记、五伦
　　记、香囊记、宝剑记;一二、明代的杂剧;一三、明代的戏曲声腔——昆
　　山腔与梁辰鱼;一四、汤显祖与沈璟;一五、明代的戏曲批评;
　　一六、弋阳腔及其剧作;一七、明代的戏班及其演出;一八、清代初年
　　的昆山腔;一九、弋阳腔与昆山腔的争胜;二○、各地方剧种的繁兴;
　　二一、桃花扇与长生殿;二二、内廷大戏及其演出排场;二三、花雅两
　　部的分野;二四、四大徽班与皮黄;二五、京剧与各地方剧种;
　　二六、辛亥革命前后的各地方戏曲
　　○河市乐与戏曲——重读周贻白《中国戏曲发展史纲要》　文忆萱　艺
　　海　2000年04期　2000年8月

中国戏曲史　孟瑶　台北:传记文学出版社　1979年11月　910页　传记文学丛书
　　俞大纲序;前言;定义;起源;先秦;两汉;魏晋南北朝;隋唐五代;宋金;
　　元;明;清;皮黄;地方戏鸟瞰;附录

中国戏曲通史(上)　张庚、郭汉城主编　北京:中国戏剧出版社　1980年4月　452页
　　第一编:戏曲的起源与形成　第一章 戏曲的起源;第二章 戏曲的形
　　成;第二编:北杂剧与南戏(公元十二世纪至十五世纪的戏曲)　第一
　　章 综述;第二章 北杂剧的作家与作品;第三章 南戏的作家与作品;
　　第四章 北杂剧与南戏的舞台艺术

中国戏曲通史(中)　张庚、郭汉城主编　北京:中国戏剧出版社　1981年6月　422页
　　第三编:昆山腔与弋阳诸腔戏(公元十四世纪中叶至十八世纪初叶的
　　戏曲)　第一章 综述;第二章 昆山腔的作家与作品;第三章 弋阳诸

中国戏曲通史(下)　张庚、郭汉城主编　北京:中国戏剧出版社　1981年12月　319页

  第四编:清代地方戏(公元十七世纪六十年代至十九世纪四十年代的戏曲)第一章 综述;第二章 清代地方戏作品;第三章 清代地方戏的舞台艺术

◎修订版　全三册　北京:中国戏剧出版社　1992年4月　1190页

  增补:修订说明;编写说明

  ○戏曲历史科学的新硕果——略评《中国戏曲通史》　祝肇年　戏剧报　1983年08期　1983年5月

  ○评《中国戏曲通史》　刘彦君　戏曲艺术　1983年03期　1983年10月

  ○述往事 兴来者——读《中国戏曲通史》　沉雪　文艺研究　1985年01期　1985年3月

戏文概论　钱南扬　上海:上海古籍出版社　1981年3月　268页

  前言;引论第一　第一章 名称;第二章 时代背景与经济条件;第三章 戏文以前的古剧;源委第二　第一章 戏文的发生;第二章 戏文的发展;第三章 元明戏文的隆衰;第四章 三大声腔的变化;剧本第三　第一章 一篇总账;第二章 存佚概况;第三章 明剧本概况;内容第四　第一章 概观;第二章 戏文三种;第三章 琵琶记;第四章 荆、刘、拜、杀;形式第五　第一章 结构;第二章 格律;演唱第六　第一章 书会与剧团;第二章 戏场;第三章 演唱;引用书目

◎与《谜史》合订　北京:中华书局　2009年11月　335页

  ○我国戏曲史研究的一部力作——《戏文概论》　姚柯夫　文献　1982年01期　1982年4月

  ○钱南扬教授的名著《戏文概论》　吴新雷　曲苑　1集　南京:江苏古籍出版社　1984年7月

  ○钱南扬《戏文概论》介绍　张新建　绍兴师专学报　1986年01期　1986年3月

  ○曲学上的拓荒补阙之作——谈钱南扬的《戏文概论》　蔡孟珍　中国书目季刊　31卷3期　1997年12月

中国诗词演进史——中国文学欣赏导读全集　嵇哲　台北:庄严出版社　1981年9月　316页　古典新刊

自序;第一章 诗歌之起源;第二章 三百篇之结集;第三章 六义之意义;第四章《诗经》与音乐之关系;第五章 楚辞之兴起;第六章 诗骚赋之递嬗;第七章 乐府诗之发展;第八章 五七言诗之演进;第九章 声律与诗体之关系;第十章 近体诗之极盛;第十一章 浪漫派与写实派;第十二章 险怪派之剧变;第十三章 功利派与新乐府;第十四章 唯美派与晚唐诗人;第十五章 西昆体及革新派;第十六章 宋诗之宗派;第十七章 辽金元明诗;第十八章 清诗之复兴;第十九章 诗之规式;第二十章 诗之要则与作法;第二十一章 音乐变迁与诗词递嬗之关系;第二十二章 词之兴起;第二十三章 词之演进;第二十四章 南唐北宋令词之发展;第二十五章 慢词之创兴与词体之解放;第二十六章 婉约派与豪放派;第二十七章 南宋词之风格;第二十八章 金元词之就衰;第二十九章 宋词与元曲之关系;第三十章 散曲之兴起及种类;第三十一章 戏曲之发达及南北曲之作家;第三十二章 南北曲结构之异同;第三十三章 元代散曲之派别;第三十四章 散曲之盛兴与明词之衰敝;第三十五章 明代散曲之作家;第三十六章 昆腔之盛行与散曲之衰敝;第三十七章 清词之复兴;第三十八章 清词之派别;第三十九章 清词之结局;第四十章 词之组织与作法

◎武汉:武汉大学出版社　1998年12月　294页

增补:先君事略(嵇义达)

中国戏剧起源　李肖冰、黄天骥、袁鹤翔、夏写时编　上海:知识出版社　292页　1990年5月

前言(夏写时);第一辑　中国古典戏剧的形成(曾永义);我国戏曲的起源和发展(王季思);说"歌""舞""剧"(董每戡);古剧角色考余说(王国维);论国人戏剧意识的萌生与戏剧观的形成(夏写时);

第二辑　中西戏剧的起源比较(陆润棠);楚剧体例及其在汉剧上底点点滴滴(许地山);戏文的起来(郑振铎);"旦"、"末"与外来文化(黄天骥);论两宋的饮食习俗与戏剧演进(翁敏华);如何面对古剧晚出的命题(唐文标);中国戏剧发展较西方为迟缓的原因(张晓风);

第三辑(略)

中国古代散曲史　李昌集　上海:华东师范大学出版社　1991年8月　761页

第一卷:散曲形式发展史　第一章 北曲之渊源与形成;第二章 南曲之渊源与形成;第三章 南北曲之格律;第四章 散曲之篇制;第五章

散曲的语体形式;

第二卷:散曲文学潮流史　上编:散曲文学的总体特征　第一章 散曲文学精神的构架;第二章 散曲文学的审美构成;下编:散曲文学潮流史　第一章 散曲文学的兴起与元初散曲三流;第二章 元前期散曲的豪放之潮与雅化之流;第三章 元后期散曲伤感文学的波动与形式美的强化;第四章 明前期散曲文学的波澜跌宕;第五章 晚明南曲的隆兴与散曲文学风貌的逆转;第六章 明代小曲;第七章 从短暂的振作走向复古的清初散曲;第八章 清中叶后曲坛复古主义的延续与民间小曲的繁盛;第九章 近代散曲文学的余波与消亡;

第三卷:散曲作家创作史　第一章 元代散曲家;第二章 明代散曲家;第三章 清代散曲家;后记

◎上海:华东师范大学出版社　2007年12月第2版　775页

元散曲通论　赵义山　成都:巴蜀书社　1993年7月　350页

序(李修生);第一章 北曲的形成;第二章 北曲的曲牌宫调;第三章 元散曲的体式;第四章 元散曲的特征;第五章 元散曲的作家构成与群体风貌;第六章 元散曲的演化阶段;第七章 元散曲的始盛阶段;第八章 元散曲的鼎盛时期;第九章 元散曲的衰落阶段;第十章 元人的曲论;附录:元散曲研究基本文献叙录;后记

◎修订本　上海:上海古籍出版社　2004年3月　377页

初版序(李修生);第一章 北曲的形成;第二章 北曲的曲牌宫调;第三章 元散曲的体式;第四章 元散曲的特征;第五章 元散曲与元杂剧;第六章 元散曲的作家构成与群体风貌;第七章 元散曲的演化阶段;第八章 元散曲的始盛阶段;第九章 元散曲的鼎盛时期;第十章 元散曲的衰落阶段;第十一章 元人的曲论;第十二章 元散曲研究基本文献叙录;附录:斜出斋词曲小集;初版后记;修订后记

○元散曲研究的最新成果——评《元散曲通论》　施轩、武舟　中国文学研究　1994年02期　1994年4月

戏曲　幺书仪　北京:人民文学出版社　1994年7月　205页　中国古代文体丛书

绪论;第一章 戏曲的准备阶段;第二章 戏曲形式走向完备;第三章 中国戏曲的完善;第四章 中国戏曲的高峰;第五章 中国戏曲的变化;结束语

宋元南戏考论　俞为民　台北:台湾商务印书馆　1994年9月　448页

自序;南戏起源考辨;南戏四大唱腔考述;宋元的婚变戏与明代的翻案戏;南戏《荆钗记》的作者与版本考述;南戏《白兔记》的版本及其流变;南戏《拜月亭》的作者与版本及其成就考论;南戏《杀狗记》的作者与版本考述;南戏《破窑记》的版本及其流变;南戏《金印记》的版本及其流变;南戏《赵氏孤儿》的本事与版本考述;南戏《金钗记》的版本及其流变;南戏《琵琶记》的版本流变及其主题考论;《风月锦囊》所辑南戏佚曲考述;南曲谱的沿革与流变;北曲谱的沿革与流变

宋金杂剧概论 景李虎 广州:广东高等教育出版社 1996年11月 278页 广东中华文化王季思学术基金丛书

第一章 宋金杂剧概貌;第二章 宋金杂剧的艺术体制;第三章 宋金杂剧的表演场所;第四章 宋金杂剧的角色;第五章 宋金杂剧的化妆;第六章 宋金戏剧观念;第七章 宋金杂剧发展成长的社会文化动力;附录;后记;再记

明清传奇史 郭英德 南京:江苏古籍出版社 1999年8月 688页 中国分体断代文学史

绪论:明清传奇和明清传奇史;第一编:从戏文到传奇(明成化初至万历十四年,1465—1586) 第一章 风起于青苹之末;第二章 传奇体制的确立;第三章 昆腔新声的崛起;第四章 传统主题的变异;第五章 时代主题的先声;

第二编:传奇的风行(明万历十五年至清顺治八年,1587—1651) 第六章 晚明社会与剧坛风气;第七章 汤显祖的文化意义;第八章 沈璟和吴江派;第九章 传奇文体规范的成熟;第十章 曲海词山,于今为烈;

第三编:传奇的繁盛(清顺治九年至康熙五十七年,1652—1718) 第十一章 文化思潮与传奇繁盛;第十二章 传奇文体规范的再构;第十三章 李玉和苏州派;第十四章 李渔和风流文人;第十五章 文人之曲;第十六章 南洪北孔;

第四编:强弩之末的传奇(清康熙五十八年至嘉庆二十五年,1719—1820) 第十七章 社会审美需要的嬗递;第十八章 传奇内容的道德化;第十九章 传奇艺术的诗文化;

第五编:漂泊无依的传奇(清道光元年至宣统三年,1821—1911) 第二十章 风云变幻的剧坛;第二十一章 文人传奇的余绪;第二十二章 传奇文体的消解;余论:明清传奇的文化价值;附录:明清戏曲研究书

目举要;后记

◎北京:人民文学出版社　2012年4月　803页　中国断代专题文学史丛刊

增补:再版后记

○如何突破文学史写作的三大传统?——《明清传奇史·后记》　郭英德　佳木斯大学社会科学学报　1998年01期　1998年2月
○明清戏曲研究的又一力作——评《明清传奇史》　晋杜娟　艺术百家　2000年02期　2000年6月
○戏剧史的新思维——评《明清传奇史》　刘祯　中国图书评论　2000年06期　2000年6月

中国戏曲演进与变革史　蒋中崎　北京:中国戏剧出版社　1999年12月　743页　中青年学者文丛

第一编:戏曲的渊源与戏曲诸因素的发展　第一章　从先秦歌舞到隋唐歌舞戏;第二章　从古优的表演到唐代参军戏的演出;第二编:杂剧的形成与发展　第三章　宋代"杂"杂剧;第四章　元代的北杂剧;第五章　明代与清代的南杂剧;第三编:戏文的产生与传奇的繁盛　第六章　宋代的戏文;第七章　元代的南戏;第八章　明代与清代的传奇;第四编—第九编(略);主要征引参考文献

中国戏剧史　〔日〕田仲一成著,云贵彬译　北京:北京广播学院出版社　2002年9月　504页

中译本自序;序论;第一章　戏剧发生的结构;第二章　戏剧发生的萌芽;第三章　巫系舞剧的传承;第四章　元代戏剧的形成;第五章　明代戏剧的变质;第六章　清代戏剧的发展;第七章　近代商业戏剧的形成;结语　中国戏剧的现阶段;凡例;附录:巫风傩影中的戏曲源流——就《中国戏剧史》的译介访日本学者田仲一成教授与戏曲史家周华斌教授;译后记

◎布和译,吴真校译　北京:北京大学出版社　2011年7月　479页　文学史研究丛书

"文学史研究丛书"总序;序言;凡例;导言　视点与方法;第一章　戏剧的产生;第二章　戏剧的萌芽;第三章　巫类舞戏的传承;第四章　元代戏剧的形成;第五章　明代戏剧的质变;第六章　清代戏剧的展开;第七章　近代商业戏剧的形成;索引;日文版后记;中文版后记;作者小传;译者小传;校译者小传

○中国戏剧发源于乡村祭祀仪礼说质疑——评田仲一成《中国戏剧史》
  傅谨　文艺研究　2008年07期　2008年7月

宋元南戏考论续编　俞为民　北京:中华书局　2004年3月　383页
　　自序;上篇:南戏源流考论　南戏流变考述;宋元南戏曲调探源;论南戏与北曲杂剧之异;元代南北戏曲的交流与融合;
　　下篇:南戏剧作考论　南戏《张协状元》考论;南戏《错立身》与《小孙屠》的来源及产生年代考述;南戏《荆钗记》考论;南戏《白兔记》考论;南戏《拜月亭》考论;南戏《琵琶记》考论;宋元南戏补辑
○南戏研究的又一高峰:《宋元南戏考论续编》　孙书磊　四川戏剧　2006年03期　2006年5月

明清传奇戏曲文体研究　郭英德　北京:商务印书馆　2004年7月　426页
　　绪论:明清传奇戏曲文体研究的构想;第一章　传奇戏曲的兴起与文化权力的下移;第二章　规范与创造——明清传奇戏曲的剧本体制;第三章　典雅与通俗——明清传奇戏曲的语言风格;第四章　独白与对话——明清传奇戏曲的抒情特性;第五章　寓言与虚构——明清传奇戏曲的叙事方式(上);第六章　开放与内敛——明清传奇戏曲的叙事方式(下);附录一:论明清戏曲家的戏曲结构理论;附录二:雪泥鸿爪——从我的博士论文写作谈起;主要参考书目;索引;后记
○文体学研究的新范式——《明清传奇戏曲文体研究》评介　王海燕　人民政协报·学术家园　2004年12月27日
　　～励耘学刊(文学卷)　2005年01期　2005年1月
○文体学研究的成功范例——评郭英德《明清传奇戏曲文体研究》　范红娟　戏曲研究　66辑　2004年
○淘尽黄沙始见金——郭英德先生《明清传奇戏曲文体研究》印象　光明日报　2005年7月5日
○评郭英德《明清传奇戏曲文体研究》　谭帆、杨再红　文艺理论研究　2006年01期　2006年1月
○古代戏曲研究的"旧学"与"新知"——评郭英德《明清传奇戏曲文体研究》　程芸　戏曲艺术　2006年01期　2006年2月

明清散曲史　赵义山　北京:人民出版社　2007年5月　465页　国家社科基金成果文库
　　绪论;第一章　兴衰论要:明散曲史研究中的几个关键问题;第二章　异

代承传:元明散曲过渡期;第三章 谷底徘徊:明散曲低落期;第四章 才子情怀:明散曲复兴期;第五章 北派豪吟:明散曲鼎盛期(上);第六章 南派雅唱:明散曲鼎盛期(下);第七章 香风大炽:明散曲继盛期(上);第八章 晚霞灿烂:明散曲继盛期(下);第九章 曲坛绝艺:时尚小曲与冯梦龙等人的拟作;第十章 易代悲歌:清初散曲的振拔变异;第十一章 纷零不整:清中叶散曲的衰落;第十二章 夕阳晚景:晚清散曲的式微;第十三章 民间歌吹:清代时尚小曲;结语

○别出手眼创格局 昭代曲史有新篇——评赵义山《明清散曲史》 李真瑜、李克 励耘学刊(文学卷) 2007年02期 2007年6月

○锲而不舍,金石可镂——评赵义山《明清散曲史》 熊笃 东南大学学报 2008年04期 2008年7月

○散曲断代史研究的又一力作——赵义山著《明清散曲史》简评 测海 阅读与写作 2011年12期 2011年12月

杂剧形成史 刘晓明 北京:中华书局 2007年10月 510页 中华文史新刊

前言:理论与方法;第一章 杂剧的发生;第二章 唐代杂剧释疑;第三章 宋代杂剧及其演化机理;第四章 脚色的起源;第五章 宋代官本杂剧剧目研究;第六章 金元院本研究;第七章 元杂剧的表演形态;主要引用文献;后记

○类群理论:类群因子之聚合——评刘晓明《杂剧形成史》 刘介民 广州大学学报 2010年02期 2010年2月

戏曲源流新论(增订本) 曾永义 北京:中华书局 2008年7月 410页
序言;自序;绪论;戏曲的渊源、形成与发展;参军戏及其演化之探讨;"南戏"的名称、渊源、形成与流播;"北剧"的名称、渊源、形成与流播;宋元南戏体制规律的渊源与形成;元杂剧体制规律的渊源与形成;戏文和传奇的分野及其质变过程;明代杂剧演进的情势及其特色;中国地方戏曲形成与发展的径路;梨园戏之渊源形成及其所蕴含之古乐古剧成分;台闽歌仔戏关系之探讨

宋元南戏史 刘水云、俞为民 南京:凤凰出版社 2009年6月 335页
前言;第一章 南戏的起源和形成;第二章 南戏的艺术体制;第三章 南戏的舞台演出;第四章 南戏的分期与发展;第五章 两宋时期的婚变戏;第六章《永乐大典戏文三种》;第七章 宋元四大南戏——《荆》《刘》《拜》《杀》;第八章《牧羊记》等元代南戏;第九章 高明和《琵琶

记》;第十章 南戏研究;小结;主要参考文献

诸宫调与中国戏曲形成 吕文丽 北京:中国戏剧出版社 2011 年 5 月 234 页

序;引言;第一章 诸宫调的艺术形式;第二章 诸宫调与宋杂剧、金院本;第三章 诸宫调影响戏曲形成的迹象;第四章 诸宫调影响戏曲形成的方式;结语;参考文献;后记;附录 1:诸宫调历代资料汇编;附录 2:诸宫调佚曲选辑

○谈《诸宫调与中国戏曲形成》 李旭婷 中华戏曲 2013 年 01 期 2013 年 6 月

中国分体文学学史:戏剧学 刘明今 太原:山西教育出版社 2013 年 6 月 876 页

绪言;第一章 早期戏剧文化诸传统及种种戏剧观念的形成与影响;第二章 元前史家、杂学家、艺文家对戏剧现象的审视;第三章 元至明初的北杂剧学;第四章 弘、正、嘉、隆时期戏剧批评风尚的形成;第五章 万历时期戏剧创作、品评之学;第六章 明代戏剧史学与文献学;第七章 明代戏剧文本的评点;第八章 晚明剧论新思潮;第九章 由明入清传统戏剧学的成熟与定型;第十章 清前期戏剧评点的新貌;第十一章 清中后期戏剧学的新变;第十二章 清末民初传统戏剧学的现代转化;参考文献;后记

中国说唱文学之发展流变 盛志梅 北京:中国社会科学出版社 2013 年 7 月 348 页

序(齐森华);导言;上编:敦煌遗书中的唐代说唱文学 第一章 唐代说唱文学的研究范畴与分类原则;第二章 俗讲与讲经文;第三章 变文;第四章 敦煌遗书中的唐代其他说唱文学;

中编:宋金元明说唱文学——诸宫调、陶真、词话 第五章 诸宫调发展历史之概述;第六章 诸宫调存目作品概说;第七章 诸宫调叙事体制的源流;第八章 诸宫调音乐体制的源流;第九章 陶真;第十章 元明词话;

下编:清代说唱文学——弹词、鼓词(大鼓)、子弟书、宝卷、俚曲及《红楼梦》的说唱改编 第十一章 弹词;第十二章 鼓词与大鼓书;第十三章 子弟书;第十四章 宝卷;第十五章 以《聊斋俚曲》为代表的清代文人俗曲说唱;第十六章《红楼梦》的说唱改编;主要参考文献;后记

【学位论文】

明杂剧研究　曾永义　台湾大学　1971 年　博士论文
晚明戏曲剧种及声腔研究　林鹤宜　台湾大学　1991 年　博士论文
明代嘉隆间戏曲三论　林立仁　"辅仁大学"　2004 年　博士论文
明中期戏曲研究　刘竟　浙江大学　2006 年　博士论文
宋元词曲递变研究　刘芳　南京大学　2013 年　博士论文

金元杂剧之研究　谢朝栻　中国文化学院艺术研究所　1964 年　硕士论文
宋元戏文研究　林振辉　中国文化学院　1978 年　硕士论文
唐宋小戏研究　陈季蔓　台湾大学　1987 年　硕士论文
明代文士化南戏之研究　陈慧珍　台湾大学　1998 年　硕士论文
论金元时期的词曲之变　陈素香　河北师范大学　2008 年　硕士论文
杂剧衰微与传奇兴盛研究　王家东　兰州大学　2011 年　硕士论文
文学传播学视野下的北散曲起源研究　周颖　云南大学　2013 年　硕士论文

【单篇论文】

1. 文体起源

原戏　刘师培　国粹学报　3 卷 9 期　1907 年 9 月
  ~戏杂志　6 号　1923 年 1 月
戏曲考原　王国维　国粹学报　48、50 期　1909 年 2 月
  ~海宁王忠悫公遗书·四集　罗振玉编校　1927—1929 年
  ~王静安先生遗书　赵万里、王国华合编　上海:商务印书馆　1940 年
  ~王国维戏曲论文集　王国维　北京:中国戏剧出版社　1984 年 7 月
  ~王国维全集·第 1 卷　谢维扬、房鑫亮主编　杭州:浙江教育出版社、广州:广东教育出版社　2009 年 12 月
  ~20 世纪中国文学研究论文选·辽金元卷　张燕瑾选编　北京:社会科学文献出版社　2010 年 1 月
中国戏曲起源之我观　刘大白　文学周报　231 期　1926 年 6 月
中国戏剧之起源　方欣庵　一般　4 卷 4 号　1928 年 4 月
论南戏的起源　张寿林　北平华北日报·徒然周刊　19 期　1929 年 5 月 21 日

戏剧的起源　薛超　剧学月刊　4卷3期　1935年8月
戏剧的源流　顾仲彝　演剧艺术讲话　上海：光明书局　1940年2月
中国戏曲的起源及其史的进展　李啸仓　国民杂志　1卷6期　1941年
近代戏曲原出宋傀儡戏影戏考(附表)　孙楷第　辅仁学志　11卷1、2合期　1942年12月
　　～傀儡戏考原　孙楷第　上海：上杂出版社　1952年9月
　　～改题：近世戏曲的唱演形式出自傀儡戏影戏考　沧州集　孙楷第　北京：中华书局　1965年12月
南北曲探原　陶光　北平新生报·语言与文学　65、67期　1948年1月13、27日
　　～陶光先生论文集　陶光　台北：广文书局　1964年
戏剧考原　董每戡　大公报·戏剧与电影　68、69期　1948年2月4、18日
说套曲的成立　凌景埏　文史杂志　6卷1期　1948年3月
散曲之形成与其特质　金达凯　民主评论　10卷2期　1948年
宋杂剧在什么基础上发展起来的　牛生　历史教学　1956年03期　1956年3月
谈元杂剧的产生和体制　王初复等　语文教学通讯　1957年1、2期
中国戏剧的起源和发展　周贻白　戏剧论丛　1辑　1957年2月
关于戏剧起源问题的一封信　周贻白　戏剧论丛　1辑　1957年2月
词曲探源　浦江清　光明日报　1957年11月17日
　　～浦江清文录　北京：人民文学出版社　1958年10月
　　～浦江清文选　张鸣编选　北京：北京大学出版社　2010年10月
我国戏曲的起源和发展　王季思　学术研究　1962年04期　1962年5月
试论戏曲的起源与发展　张庚　新建设　1963年01期　1963年1月
南戏源流考　郑康民　建设　12卷9期　1964年2月
从隋唐大曲试探当时歌舞戏的形成　陈钟凡　南京大学学报　1964年3月
关于元末昆山腔起源的几个问题　施一揆　南京大学学报　1978年02期　1978年5月
先秦古剧考略——宋元以前戏曲新探之一　陈多、谢明　戏剧艺术　1978年02期　1978年7月
戏曲古源辨——对《先秦古剧考略》一文的意见　乌丙安　戏剧艺术

1978 年 04 期　1978 年 12 月
"百戏"是形成中国戏曲的摇篮——《与先秦古剧考略》一文商榷　祝肇年、彭隆兴　戏剧学习　1979 年 03 期
戏曲的起源　张庚　文艺研究　1979 年 01 期　1979 年 3 月
论《九歌》不是原始戏剧——《九歌十论》之八　萧兵　黑龙江大学学报　1979 年 04 期　1979 年 8 月
中国戏剧起源问题的探讨　周到　戏曲艺术　1980 年 01 期
中国戏曲源流浅谈　彭隆兴　百科知识　1980 年 06 期
试谈元杂剧的起源——宋杂剧考略　索俊才　内蒙古师院学报　1980 年 03 期　1980 年 9 月
我国最早的剧本　周传家　河北日报　1980 年 12 月 10 日
中国戏剧起源及形成探疑　宋绵有　天津市语文学会一九八〇年年会论文选　1980 年
中国戏曲的起源和发展脉络　赵景深　文史知识　1982 年 12 期　1982 年 12 月
　～中国戏曲丛谈　赵景深　济南:齐鲁书社　1986 年 5 月
　～中国文学史百题　文史知识编辑部编　北京:中华书局　1990 年 12 月
南北曲的产生与宋元时代的戏曲　胡忌　戏曲艺术　1982 年 04 期
有关南戏与北杂剧形成几个问题的商讨——读《中国戏曲通史》(上)　胡雪冈、徐顺平　中华文史论丛　25 辑　上海:上海古籍出版社　1983 年 2 月
　～南戏探讨集选编　温州市艺术研究所　2007 年 8 月
我国戏剧正式形成时期与标志问题刍议　谢宇衡　成都大学学报　1983 年 01 期　1983 年 4 月
南戏形成时间辨　金宁芬　文学遗产增刊　15 辑　1983 年 9 月
我国戏曲究竟源于何时　张月中　大舞台　1983 年 02 期
南宋"温州杂剧"产生问题的商榷　郑西村　戏剧艺术　1984 年 02 期　1984 年 5 月
论中国古代戏剧的形成　李晖等　北方论丛　1984 年 03 期
元杂剧的形成及繁荣的原因　邓绍基　河北学刊　1985 年 04 期　1985 年 7 月
中国戏剧起源片谈　钟蕴晴　中山大学研究生学刊　1986 年 01 期
南戏的形成　刘念兹　戏曲论丛　1 辑　兰州:甘肃人民出版社　1986 年

5 月

论板式变化体戏曲的形成　孟繁树　中国首批文学博士学位论文选集　山东大学出版社编辑部编　济南:山东大学出版社　1987 年 12 月

中国戏剧起源诸说辨析(上、下)　黄竞新　编译馆馆刊　16 卷 1、2 期　1987 年 6、12 月

元杂剧形成新论　张惠杰　中华戏曲　5 辑　1988 年 3 月

中国戏曲起源论综述　叶长海　中华戏曲　6 辑　1988 年 8 月

戏文的艺术渊源及其初期形态试探　吴戈　南戏论集　福建省戏曲研究所编　北京:中国戏剧出版社　1988 年 12 月

我国最早的歌舞剧《公莫舞》演出脚本研究　赵逵夫　中华文史论丛　44 期　1989 年 3 月

中国古典戏剧的起源和形式刍议　张辰　文学评论丛刊　31 辑　1989 年 3 月

中国戏剧溯源　吴孟君　自贡师专学报　1989 年 01 期　1989 年 4 月

北曲形成论:渊源篇　季国平　扬州师院学报　1989 年 03 期　1989 年 10 月

诸宫调体制源流考辨　宋克夫　文学遗产　1989 年 06 期　1989 年 12 月

戏曲的起源和形成　周传家　大舞台　1990 年 03 期

北曲形成论:联套篇　季国平　中国音乐学　1990 年 01 期　1990 年 4 月

中国戏剧起源探迹　曹文心　淮北煤师院学报　1990 年 01 期　1990 年 4 月

论元杂剧特殊体制的形成　季国平　文学遗产　1990 年 02 期　1990 年 5 月

元杂剧起源新议　张发颖　社会科学辑刊　1990 年 04 期　1990 年 8 月

关于中国戏曲的起源与形成　廖奔　河北学刊　1991 年 01 期　1991 年 3 月

关于元杂剧产生的年代　王钢　中州学刊　1991 年 02 期　1991 年 5 月

也谈中国戏剧的起源　张松林、贺静　四川外语学院学报　1991 年 02 期　1991 年 7 月

戏曲形成论述评　吴新雷　河北师院学报　1991 年 04 期

《九歌》二"湘"古歌舞剧悬解　龚维英　衡阳师专学报　1992 年 02 期　1992 年 4 月

元杂剧体制规律的渊源与形成　曾永义　参军戏与元杂剧　台北:联经出版事业公司　1992 年 4 月

～元杂剧研究　吴国钦等编　武汉:湖北教育出版社　2003年8月
　～戏曲源流新论(增订本)　曾永义　北京:中华书局　2008年7月
中国戏剧发生时间新探　王业　剧影月报　1993年03期
中国戏剧起源诸家说　文木　社科信息　1993年04期
南戏起源考辨　俞为民　艺术百家　1993年02期　1993年5月
中国戏曲形成问题辨疑　娄瑞怀　杭州师范学院学报　1993年04期　1993年8月
宋元时期非戏剧形态目连救母故事与宝卷的形成　刘桢　民间文学论坛　1994年01期　1994年2月
南戏形成之探讨　刘幼娴　中山中文学刊　1期　1995年6月
试论中国古典戏剧的源头特征　高利华　绍兴师专学报　1996年01期　1996年2月
"中国戏曲源于印度梵剧说"考辨　孙玫　艺术百家　1997年02期　1997年6月
曲的起源新探　梁扬　广西大学学报　1997年03期　1997年6月
戏曲起源、形成若干问题再探讨　黄仕忠　艺术百家　1997年02期　1997年6月
中国戏剧起源与形成问题讨论综述　翁敏华　中国戏剧与民俗　台北:学海出版社　1997年12月
元曲杂剧兴于南方说　洛地　艺术百家　1998年01期　1998年3月
　～洛地戏曲论集　台北:国家出版社　2006年11月
中国戏剧的起源　黄竹三　古典文学知识　1998年05期　1998年9月
古散曲源流　王长青　管理教育学刊　1998年4、5期合刊　1998年10月
中国戏剧的孕育——泛戏剧形态　黄竹三　古典文学知识　1999年01期　1999年1月
中国戏剧的形成:宋金杂剧(上)　黄竹三　古典文学知识　1999年02期　1999年3月
中国戏剧的形成:宋金杂剧(下)　黄竹三　古典文学知识　1999年03期　1999年5月
《我国最早的歌舞剧〈公莫舞〉演出脚本研究》商榷　姚小鸥　东北师大学报　1999年03期　1999年5月
论《公莫舞》非歌舞剧演出脚本——兼与赵逵夫先生商榷　叶桂桐　文艺研究　1999年6期　1999年11月

《九歌》戏剧因素探析　马世年　甘肃高师学报　2000年01期　2000年2月

　　~贵州社会科学　2000年03期　2000年6月
论中国戏曲成熟之标志——王国维"戏曲大成于元代"说补证　冯健民　艺术百家　2000年01期　2000年3月
杂剧起源新论　刘晓明　中国社会科学　2000年03期　2000年5月
中国宝卷的渊源　车锡伦　扬州大学学报　2000年05期　2000年9月
　　~敦煌研究　2001年02期　2001年6月
《巾舞歌辞》与中国早期戏剧的剧本形态　姚小鸥　淮阴师范学院学报　2001年02期　2001年4月
南戏缘起新论　刘晓明　南戏国际学术研讨会论文集　温州市文化局编　北京：中华书局　2001年5月
正本而清源——中国古代小说、戏曲起源之比较研究　沈新林　艺术百家　2002年01期　2002年3月
北曲的缘起　廖奔　中华文史论丛　68辑　2002年4月
北杂剧不会比南戏晚　〔韩〕梁会锡　中华戏曲　27辑　2002年7月
弹词渊源流变考述　盛志梅　求是学刊　2004年01期　2004年1月
戏文——我国"真戏剧"之成　洛地　戏文　2004年05期　2004年10月
　　~洛地戏曲论集　台北："国家出版社"　2006年11月
中国戏剧及其生成因素叙说　李占鹏　中国古代小说戏剧研究丛刊　3辑　2005年9月
"中国戏曲源于印度梵剧说"再探讨　孙玫　文学遗产　2006年02期　2006年3月
浅谈戏曲的起源与形成　陈月红　徐州教育学院学报　2006年04期　2006年12月
《九歌》与中国古代戏曲的起源　吴广义　现代语文（文学研究版）　2008年01期　2008年1月
中国戏剧起源"傀儡戏说"再思考　徐大军　社会科学战线　2008年08期　2008年8月
我国古代几个早期的戏剧剧本　张彦丽　中国古代小说戏剧研究丛刊　6辑　2008年12月
从宝卷的特征看其渊源　吴玉堂　湖南医科大学学报　2009年02期　2009年3月
试论中国古典戏剧形成于《踏摇娘》　冯艳军　大众文艺（理论）　2009年

16 期　2009 年 8 月
明清短剧渊源探析　李黎　戏剧艺术　2009 年 06 期　2009 年 12 月
简论南戏的源起及其原因　马玲　北方文学（下半月）　2010 年 02 期　2010 年 4 月
弹词起源析辨　赵海霞　大家　2011 年 02 期　2011 年 1 月
浅析《湘君》《湘夫人》中的戏剧因素　岳上铧　名作欣赏　2011 年 17 期　2011 年 6 月
昆曲的形成与魏良辅的改革　俞为民　古典文学知识　2011 年 06 期　2011 年 11 月
《九歌》与戏曲起源考辩　张洋　沈阳师范大学学报　2011 年 06 期　2011 年 11 月
浅谈戏曲的起源　任文姝　佳木斯教育学院学报　2011 年 06 期　2011 年 11 月
中国戏剧起源形态评议　尹飞　大众文艺　2012 年 01 期　2012 年 1 月
论《九歌》中的戏曲因素　高刚　忻州师范学院学报　2013 年 06 期　2013 年 12 月

2. 文体沿革

宋元戏曲史（序、第一章）　王国维　东方杂志　9 卷 10 号　1913 年 4 月
宋元戏曲史（第二章）　王国维　东方杂志　9 卷 11 号　1913 年 5 月
宋元戏曲史（第三、四章）　王国维　东方杂志　10 卷 3 号　1913 年 9 月
宋元戏曲史（第五、六、七章）　王国维　东方杂志　10 卷 4 号　1913 年 10 月
宋元戏曲史（第八、九章）　王国维　东方杂志　10 卷 5 号　1913 年 11 月
宋元戏曲史（第十、十一章）　王国维　东方杂志　10 卷 6 号　1913 年 12 月
宋元戏曲史（第十二、十三、十四章）　王国维　东方杂志　10 卷 8 号　1914 年 2 月
宋元戏曲史（第十五、十六章、附录）　王国维　东方杂志　10 卷 9 号　1914 年 3 月
元人的曲子　胡适　努力周报·读书杂志　1922 年 4 期
元曲研究　铁郎　学灯　1923 年 11 月 23 日
南北戏曲概言　吴梅　国学丛刊　1 卷 3 期　1923 年
~20 世纪中国文学研究论文选·辽金元卷　张燕瑾选编　北京：社会

科学文献出版社　2010年1月
入声演化和词曲发达的关系　唐钺　东方杂志　23卷1号　1926年1月
元代的戏曲　谢婉莹　燕京学报　1期　1927年6月
明清戏曲的特色　顾敦鍒　燕京学报　2期　1927年12月
杂剧的转变　郑振铎　小说月报　21卷1号　1930年1月
宋金元诸宫调考　郑振铎　文学年报　1期　1932年7月
　～郑振铎全集・第5卷　石家庄:花山文艺出版社　1998年11月
从变文到弹词　汪伟　民锋半月刊　3期　1932年
南戏传奇之发展及其社会背景　陈子展　青年界　3卷4号　1933年
中国戏曲源流考　谷剑尘　矛盾月刊　第2卷5—6期　1933年
散曲的历史观　赵万里　文学(上海)　2卷6号　1934年6月
中国唐代的戏剧　刘大白　文学周报　231期　1935年1月
中国唐代的戏剧　〔德〕埃克斯(E·Erkes)　亚洲新闻　1935年
由说书变成戏剧的痕迹　李家瑞　中央研究院历史语言研究所集刊　7本3分　1937年
元代杂剧的历史研究　扬歌辰　文学研究　1卷3期　1939年12月
南戏与北剧之交化　凌景埏　燕京学报　27期　1940年6月
　～中国文学史论文精选　台北:学海出版社　1984年9月
　～20世纪中国文学研究论文选·辽金元卷　张燕瑾选编　北京:社会科学文献出版社　2010年1月
南北曲产生之先后　贾天慈　三六九画报　10卷16期　1941年8月
宋代戏曲概说　〔日〕盐谷温,隋树森译　时代精神　3卷5期　1941年
五更调的演变:从敦煌叹五更到明代的闹五更　傅芸子　中国留日同学会季刊　1期　1942年
中国戏曲史上的南北曲问题——论南北曲流派分化和合流　杨绍萱　人民戏剧　1950年2、3期　1950年6月
明代的昆曲　路工　雨花　1961年07期　1961年7月
中国戏曲之演变　罗锦堂　大陆杂志　23卷11期　1961年12月
　～大陆杂志语文丛书第一辑第四、五册:文学　台北:大陆杂志社　1963年10月
　～锦堂论曲　罗锦堂　台北:联经出版事业公司　1977年3月
从宋元南戏说到明传奇(上、中、下)　罗锦堂　大陆杂志　28卷3、4、5期　1964年2、3月
　～上篇收入大陆杂志语文丛书第二辑第六册:诗词歌赋戏曲小说　台

北:大陆杂志社　1975年10月
　~锦堂论曲　罗锦堂　台北:联经出版事业公司　1977年3月
元人杂剧论略(上、中、下)　罗锦堂　大陆杂志　35卷9、10、11期　1967年11、12月
　~上篇收入《宋辽金元史研究论集》　台北:大陆杂志社　1970年9月
　~大陆杂志语文丛书第二辑第六册:诗词歌赋戏曲小说　台北:大陆杂志社　1975年10月
　~锦堂论曲　罗锦堂　台北:联经出版事业公司　1977年3月
论词衰于明曲衰于清　郑骞　景午丛编(上编)　台北:台湾中华书局　1972年1月
明代南化的北杂剧　曾永义　幼狮学志　42卷2期　1975年8月
明代杂剧演进的情势　曾永义　中国古典文学论丛·册二·文学批评与戏剧之部　台北:中外文学月刊社　1976年5月
中国古代戏曲发展漫话之一　吴国钦　中山大学学报　1978年06期　1978年12月
中国古代戏曲发展漫话之二　吴国钦　中山大学学报　1979年01期　1979年3月
中国古代戏曲发展漫话之三　吴国钦　中山大学学报　1979年02期　1979年5月
从宋元南戏到温州昆剧　唐湜、海岚　南京大学学报　1979年02期　1979年5月
中国古代戏曲发展漫话之四　吴国钦　中山大学学报　1979年03期　1979年6月
明清传奇(上)　曾庆全、朱承朴　广西师范学院学报　1980年03期　1980年9月
从四种戏文看南戏的早期发展　翁敏华　上海师范学院学报　1980年第04期　1980年12月
诸宫调的兴起和衰微　汪天成　中外文学　10卷4期　1981年9月
关于戏文(编按:系残稿)　魏建功　文献　1981年03期　1981年10月
早期南戏的"温州腔"及其与"四大声腔"的关系　胡雪冈、徐顺平　温州师专学报　1982年02期　1982年7月
诗词曲的递嬗与发展(下):曲的兴起与发展　吴宏一、吕正惠　新文艺317期　1982年8月
北曲在明代衰亡史略考　刘荫柏　复旦学报　1985年02期　1985年

3 月

诸宫调与戏曲发展的关系　朱平楚、朱鸿　曲靖师专学报　1985 年 02 期　1985 年 7 月

　　~朱平楚　娄底师专学报　1985 年 03 期　1985 年 10 月

论宋代戏曲形成的标志及原因　薛瑞兆　文学遗产　1986 年 04 期　1986 年 8 月

论散曲体制的形成与发展　范尚信　商丘师专学报　1987 年 03 期　1987 年 10 月

唐代戏剧形式之探索——敬质《唐戏弄》作者任半塘先生　蒋星煜　中国戏曲史索隐　济南:齐鲁书社　1988 年 10 月

　　~中国戏曲史钩沉(上)　蒋星煜　北京:人民出版社　2010 年 7 月

论词曲递兴及其雅俗分流　张惠民　汕头大学学报　1988 年 04 期　1988 年 12 月

宋金杂剧与元杂剧　王毅　湖北大学学报　1989 年 04 期　1989 年 8 月

我国古典短剧的兴衰　何云麟　福建师范大学学报　1990 年 02 期　1990 年 7 月

近代传奇杂剧对传统戏曲形式的维护与背离　康保成　文学遗产　1991 年 02 期　1991 年 5 月

元杂剧发展述略　李修生　文学遗产　1991 年 02 期　1991 年 5 月

浅谈中国戏曲的发展　王坚　松辽学刊　1991 年 03 期　1991 年 10 月

从词到曲——论金词的过渡型特征及道教词人的贡献　赵山林　山东师大学报　1992 年 03 期　1992 年 6 月

　　~改题:从词到曲——论金词人的贡献　诗词曲论稿　赵山林　北京:中华书局　2006 年 12 月

试论明代散曲的流变　田守真　四川师范大学学报　1992 年 05 期　1992 年 10 月

宋元南戏的兴起和发展　李修生　艺术百家　1993 年 02 期　1993 年 5 月

谈关汉卿的"初为杂剧之始"　胡忌　关汉卿国际学术研讨会论文集　台北:文化建设委员会　1994 年 1 月

　　~菊花新曲破:胡忌学术论文集　北京:中华书局　2008 年 9 月

综论元曲源流　张月中　河北日报　1994 年 4 月 5 日

明清小曲的流变及其他　翁敏华　上海师范大学学报　1995 年 01 期　1995 年 2 月

论中华戏剧的三种历史形态　廖奔　戏剧　1995 年 02 期　1995 年 4 月
试论南北曲的合流与发展　孔繁信　河北师院学报　1995 年 03 期　1995 年 7 月
中国宝卷的发展、分类及其社会文化功能　车锡伦　语文、情性、义理——中国文学的多层面探讨国际学术会议论文集　台北：台湾大学出版中心　1996 年 7 月
温州杂剧与中国古典戏曲　周先慎　文史知识　1996 年 10 期　1996 年 10 月
明清南杂剧的发展轨迹　蒋中崎　戏剧艺术　1996 年 04 期　1996 年 11 月
从诸宫调到宋金元杂剧和南戏传奇　姜书阁　中国韵文学刊　1996 年 02 期　1996 年 12 月
南戏北剧之形成与发展　黄仕忠　文学遗产　1997 年 04 期　1997 年 7 月
传奇与传奇发展的三个历史阶段　徐建中　文史哲　1998 年 04 期　1998 年 7 月
关于南戏和传奇历史断限问题的再认识　孙玫　明代戏曲国际研讨会论文集　台北："中研院"中国文哲研究生筹备处　1998 年 8 月
"拟剧本"：未走通的文体演变之路——兼评廖燕《柴舟别集》杂剧四种　许祥麟　文学评论　1998 年 06 期　1998 年 11 月
南北曲融合与古代戏剧　赵山林　华东师范大学学报　1998 年 06 期　1998 年 12 月
　～中国语言文学资料信息　1999 年 1 月
也谈戏曲的渊源、形成与发展　曾永义　台大中文学报　12 期　2000 年 5 月
试论南戏发展及与北杂剧之关系　杜立新、李忠良　徐州教育学院学报　2000 年 03 期　2000 年 9 月
曲牌联套体戏曲的兴衰概述　徐朔方　徐朔方说戏曲　上海：上海古籍出版社　2000 年 12 月
　～古代戏曲小说研究　徐朔方　杭州：浙江大学出版社　2008 年 11 月
诗、词、曲之分途　廖奔　河北学刊　2001 年 02 期　2001 年 5 月
南戏流变考述——兼谈南戏与传奇的界限　俞为民　艺术百家　2002 年 01 期　2002 年 3 月
金元词曲演变与音乐的关系　赵山林　中国诗歌与音乐关系研究——第

一届与第二届"中国诗歌与音乐关系"学术研讨会论文集　2002年4月
　　～社会科学战线　2002年05期　2002年9月
　　～诗词曲论稿　赵山林　北京：中华书局　2006年12月
从南戏—传奇、元杂剧到明清南杂剧——试论南杂剧对南北戏曲文化的继承和发展　张正学　重庆师院学报　2002年04期　2002年12月
元代的宝卷　李豫　殷都学刊　2002年04期　2002年12月
元代散曲的剧化倾向与戏曲的形成　窦楷、任孝温　词曲研究的新拓展　周云龙主编　北京：高等教育出版社　2003年1月
元代南北戏曲的交流与融合（上）　俞为民　山西师大学报　2003年01期　2003年2月
元代南北戏曲的交流与融合（下）　俞为民　山西师大学报　2003年02期　2003年5月
试论明清杂剧中雅化倾向的发展　陈建华　艺术百家　2003年04期　2003年12月
元末雅俗文化的交融与戏剧形态的蜕变　张大新　文学评论　2004年01期　2004年1月
近代传奇杂剧的文体变革及其文学史意义　左鹏军　华南师范大学学报　2004年02期　2004年4月
　　～山东近代文学会——第十届年会论文集　2004年6月
朱有燉杂剧对元杂剧体制的突破　赵晓红　戏曲研究　65辑　2004年5月
温州杂剧·戏文·永嘉戏曲·南戏诸腔——宋元南戏发展史的四个阶段　苏子裕　浙江艺术职业学院学报　2004年02期　2004年6月
　　～中华戏曲　2005年01期　2005年8月
唐代戏剧形成与戏剧意识萌芽　胡明伟　怀化学院学报　2004年04期　2004年8月
诸宫调的发展历程探讨　龙建国　江西师范大学学报　2004年04期　2004年8月
北曲曲体的沿革与流变　俞为民　文史　2005年2辑　2005年5月
宋辽金俗文学交流若干事实的文学史意义　杨万里　殷都学刊　2005年04期　2005年12月
杂剧的成熟以及与散曲的关系　吕薇芬　文学遗产　2006年01期　2006年1月
明散曲发展历程之重新认识　赵义山　中国社会科学　2006年01期

2006年1月
从剧诗到单折戏——论明杂剧对文学体裁的两个贡献　徐子方　江苏大学学报　2007年02期　2007年3月
汉代乐府与戏剧　钱志熙　北京大学学报　2007年04期　2007年7月
试论元杂剧"套"的形成与曲式特点　龙建国　江西财经大学学报　2007年04期　2007年7月
破体・解体・衰亡：晚明杂剧艺术论略　刘召明　内蒙古社会科学　2007年05期　2007年9月
试论杂剧体制在元末明初的变化　王平　戏曲研究　75辑　2008年4月
南杂剧的创制及发展沿革述略　王志勤　现代语文（文学研究版）　2008年11期　2008年11月
"词曲递变"初探——兼析"唐曲暗线说"和"唐宋词乐主体说"　王昊　吉林大学社会科学学报　2009年03期　2009年5月
　～中国韵文学刊　2009年02期　2009年6月
　～词学　22辑　2009年12月
明代禁毁歌谣俚曲与时调小曲的兴起——兼谈散曲文体特征的分化与解放　丁淑梅　戏曲研究通讯　6期　2010年1月
杂剧元代分折论　黄季鸿　学术研究　2010年09期　2010年9月
明代礼乐制度与乐章体词曲　叶晔　浙江大学学报　2010年08期　2010年9月
形成期之宝卷与佛教之忏法、俗讲和"变文"　车锡伦　民族文学研究　2011年01期　2011年2月
饱和化与经典化——论元末开始的杂剧创作减少的原因　王家东　中国古代小说戏剧研究丛刊　7辑　2011年4月
戏文只曲的嬗变与发展　许建中　文学遗产　2011年03期　2011年5月
元杂剧体制在元明的传播与演进——以《改定元贤传奇》为研究中心　孙书磊　戏曲艺术　2011年03期　2011年8月
花部戏曲的兴起与传奇杂剧的创变　左鹏军　华南师范大学学报　2011年06期　2011年12月
旧话重说：散曲的流变及体式特征　赵义山　西华师范大学学报　2012年01期　2012年1月
试论清代弹词的文体分化过程及其特点　盛志梅　上海大学学报　2012年04期　2012年7月

关于"词曲递变"研究的几个问题　李昌集　吉林大学学报　2012 年 06 期　2012 年 11 月

诸宫调音乐叙事体制流变考论　盛志梅　文艺理论研究　2013 年 02 期　2013 年 3 月

康海南曲四考——试述明代中期南北曲风文体渐变问题　陈胤　文艺评论　2013 年 10 期　2013 年 10 月

元杂剧发展考究　秦宇　青春岁月　2013 年 22 期　2013 年 11 月

二、体制论

【著作】

顾曲麈谈（上、下册）　吴梅编　上海：商务印书馆　1916 年 12 月　123 页
　　原曲；制曲；度曲；谈曲
◎上海：商务印书馆　1926 年 10 月　108 页　文艺丛刻甲集
◎上海：商务印书馆　1934 年 4 月国难后 1 版　187 页　国学小丛书
◎收入《吴梅戏曲论文集》　王卫民编　北京：中国戏剧出版社　1983 年 5 月
◎与《中国戏曲概论》合订　上海：上海古籍出版社　2000 年 5 月　蓬莱阁丛书
◎与《中国戏曲概论》合订　北京：中国人民大学出版社　2007 年 9 月　中国文库　第 3 辑　艺术类
◎收入《吴梅词曲论著集》　解玉峰编　南京：南京大学出版社　2008 年 10 月　南雍学术经典

词曲通义　任中敏编　上海：商务印书馆　1931 年 2 月　60 页
　　一、大意；二、源流；三、体制；四、牌调；五、音谱；六、意境；七、性质；八、派别；九、余意；十、选例
◎香港：商务印书馆　1964 年 3 月　60 页
◎北京：中国图书馆学会高校分会委托中献拓方电子制印公司复印　2009 年　60 页　据 1933 年商务印书馆该书国难后第一版本复印

散曲概论　任讷　散曲丛刊　上海：中华书局　1931 年　218 页
　　提要；卷一　序说第一；书录第二；名称第三；体段第四；用调第五；作家第六；
　　卷二　作法第七；内容第八；派别第九；馀论第十

◎南京:凤凰出版社　2013年4月　　任中敏文集

词曲研究　卢冀野　上海:中华书局　1934年12月　172页　中华百科丛书

  总序;自序;第一章　词的启源和创始;第二章　词各方面的观察;第三章　几个重要的词家(上);第四章　几个重要的词家(下);第五章　从词到曲底转变;第六章　曲各方面的观察;第七章　几个重要的曲家(上);第八章　几个重要的曲家(下);附录:一个最低度研究词曲的书目;名词索引

◎卢前曲学论著三种　北京:商务印书馆　2014年5月　中华现代学术名著丛书

  增补:删除《名词索引》

词曲　蒋伯潜、蒋祖怡　上海:世界书局　1941年12月　242页　国学自学辅导丛书·第二辑

  自序;第一章　词曲的艺文价值与名称的商榷;第二章　唐宋乐制的复杂与词的起来;第三章　宋代大曲队舞和北曲的关系;第四章　南北曲的渊源;第五章　所谓"散曲";第六章　南戏北曲之比较;第七章　从格律形式文字上来辨别诗词的不同;第八章　词曲风格音律上的差异;第九章　题目与调名;第十章　长调中调小令及其他;第十一章　词韵和曲韵;第十二章　词的初轫时期;第十三章　全盛时期的词坛概括;第十四章　元曲概括;第十五章　南戏之权威时期;第十六章　词的衰落时期之名作者;第十七章　词的复兴;第十八章　填词与作曲;附录一:词话曲话与词曲集;附录二:双声叠韵与宫调

◎台北:中华书局　1960年　172页

◎上海:上海书店出版社　1997年5月　226页　古典文史基本知识丛书

  增补:前言(钱伯城)

鼓子曲言　张长弓编著　上海:正中书局　1948年8月　176页

  一、历史与源流;二、牌子与杂调;三、牌子杂调组织法;四、牌子杂调唱奏时之变化;五、过门;六、清唱与宾白;七、牌子杂调名目臆解;八、乐器;九、鼓子曲中南北派之分别;十、牌子杂调与南曲北曲宫调谱;十一、鼓子曲与八角鼓牌子杂调比较观;十二、霓裳续谱白雪遗音与鼓子曲;十三、读音;十四、取材范围与体别;十五、题材来源考;十六、鼓子曲与俗文学;十七、体制与内容;十八、鼓子曲与高台曲;十九、题记;二十、附录:曲谱一种　曲子三出

说剧 董每戡 上海:文光书店 1950年6月 122页
　　自序;说傀儡;"说傀儡"补说;说"角抵""奇戏";说"丑""相声";说女演员
◎改题:说剧——中国戏剧史专题研究论文集 北京:人民文学出版社 1983年1月 415页
　　序;一、说"歌""舞""剧";二、说"傀儡";三、《说"傀儡"》补说;四、说"郭郎"为"俳儿之首";五、说"角抵""奇戏";六、说"武戏";七、说"影戏";八、说"礼毕"——"文康乐";九、说女演员;一〇、说"踏谣娘"——"谈容娘";一一、说"丑""相声";一二、《说"相声"》补说;一三、说"杂剧";一四、说"滑稽戏";一五、说"戏文";一六、说"历史剧";一七、说我国戏剧体制;一八、说元剧的"黄金时代";一九、说"昆腔""昆山曲派";二〇、说"科介";二一、说戏行祖师;二二、说艺人今昔;二三、说"老郎疮";二四、说"大鼓佬""场面";二五、说"脸谱";二六、说"假面";二七、说"行头";二八、说"布景""效果""照明";二九、说"断送""饶头""打通""打散";三〇、说"说话""鼓词""成相俑";编后记
◎收入《董每戡文集》上卷 黄天骥、陈寿楠编 广州:广东高等教育出版社 1999年8月
　　○值得一读的戏剧史专著——董每戡教授《说剧》一书简评 张铁燕 中国文学研究 1986年01期 1986年4月

词曲概论 龙榆生 上海:上海古籍出版社 1980年4月 181页
　　上编:论源流 第一章 词曲的特性和两者的差别;第二章 唐代民间词和诗人的尝试写作;第三章 令词在五代北宋间的发展;第四章 论唐宋大曲和转踏;第五章 慢曲盛行和柳永在歌词发展史上的地位;第六章 宋词的两股潮流;第七章 论诸宫调;第八章 论元人散曲;第九章 论元杂剧;第十章 论明清传奇;
　　下编:论法式 第一章 论平仄四声在词曲结构上的安排和作用;第二章 阴阳上去在北曲南曲中的搭配;第三章 韵位疏密与表情的关系;第四章 韵位的平仄转换与表情的关系;第五章 宋词长调的结构和声韵安排;第六章 论适用入声韵和上去声韵的长调
◎北京:北京出版社 2009年3月 226页 大家小书

南戏新证 刘念兹 北京:中华书局 1986年11月 390页
　　第一章 南戏概说;第二章 南戏的产生;第三章 南戏的发展;第四章

南戏的流变;第五章 南戏总目;第六章 福建遗存的宋元南戏剧目;第七章 福建遗存的元明南戏剧目;第八章 福建南戏特有剧目;第九章 南戏剧本题材与形式特点;第十章 南戏的曲牌及其遗存情况;第十一章 南戏音乐的特征;第十二章 南戏的演出排场及其他;附录:南戏补正;后记

◎北京:文化艺术出版社 2014年4月 412页 前海戏曲研究丛书

○柳暗花明又一村——读刘念兹《南戏新证》有感 金宁芬 烟台师范学院学报 1988年1期 1988年4月

○《南戏新证》献疑 郑尚宪 艺术百家 1990年04期 1990年8月

南戏研究变迁 金宁芬 天津:天津教育出版社 1992年5月 373页 学术研究指南丛书

上编 一、南戏释名;二、南戏形成的时间与地区;三、南戏的渊源;四、南戏产生的社会背景;五、南戏的发展;六、南戏的形式特点;七、南戏的声腔;八、剧目及作品存佚;九、南戏作品概述;十、南戏作品流失的原因;

下编 一、永乐大典戏文三种;二、"南曲之宗"——《琵琶记》;三、诙谐可喜的《拜月亭》;四、《荆钗记》是一曲爱情的赞歌;五、朴拙新鲜的《白兔记》;六、封建说教戏《杀狗记》;七、颂扬爱国主义与民族气节的《牧羊记》;八、南戏研究的回顾与展望;附录一;附录二;后记

散曲通论 羊春秋 长沙:岳麓书社 1992年12月 430页

前言;第一章 绪论;第二章 体制论;第三章 声律论;第四章 章句论;第五章 辞采论;第六章 作家论(元);第七章 作家论(明);第八章 作家论(清);第九章 流派论;第十章 余论;附录:迎旭轩曲存

○书里书外尽风流——写在羊春秋教授新著《散曲通论》出版之后 王德亚 中国韵文学刊 1993年期 1993年6月

○散曲研究的空前硕果——读羊春秋教授的《散曲通论》 湛东飚 长沙水电师院学报 1993年03期 1993年10月

○一本开辟散曲研究新时代的书——评《散曲通论》 狄夷 湘潭大学学报 1993年03期 1993年10月

诗词曲艺术通论 熊笃 郑州:中州古籍出版社 2000年7月(未见)

○博通、集成、创新、致用——评熊笃《诗词曲艺术通论》 傅璇琮 中国图书评论 2002年07期 2002年8月

○溯源条流　探骊得珠——评熊笃先生《诗词曲艺术通论》　尹富　重庆教育学院学报　2002年04期　2002年8月

诗词曲的体性之别与文体嬗变　杨有山　北京：中国文联出版社　2000年9月　240页
　　前言；上编：总论　第一章 诗词曲本体特征之不同；第二章 诗词曲文体风格辨析；第三章 诗词曲语言特点的不同；第四章 诗词曲在赋比兴运用上的区别及对各自文体个性的影响；第五章 诗人、词人与曲家思想倾向、人生态度与艺术趣味的不同；第六章 诗词曲的互相渗透与影响；第七章 诗词曲文体嬗变的过程；第八章 诗词曲文体嬗变的原因；第九章 诗词曲的文体嬗变所体现的文学发展趋势；
　　下编：分论　第十章 从咏物诗、咏物词、咏物曲的比较看诗词曲的不同文体特征；第十一章 《四库全书总目》对诗词体性之别的认识；第十二章 试论欧阳修在确立词体上的贡献；第十三章 "苏辛词派"辨；第十四章 关汉卿是俗文学的一面旗帜；第十五章 试论元代散曲中表现的"离心"倾向；后记
　　○文体辨异同　嬗变寻规律——简评《诗词曲的体性之别与文体嬗变》　罗家坤　信阳师范学院学报　2001年03期　2001年6月

诸宫调研究　龙建国　南昌：江西人民出版社　2003年10月　199页
　　序；序；绪论；诸宫调的历史；诸宫调的音乐体制；诸宫调的文学意义；诸宫调的艺术渊源诸宫调与南北曲；主要参考书目；后记

曲体研究　俞为民　北京：中华书局　2005年6月　447页　南京大学戏剧影视研究丛书
　　前言；宫调考述；南曲曲体的沿革与流变；北曲曲体的沿革与流变；南戏曲调组合形式考述；北曲曲调组合形式考述；南曲曲韵的沿革与流变；曲韵韵位研究；南北曲曲调字声与腔格研究；南北曲同调异体考论；南曲谱的沿革与流变；北曲谱的沿革与流变；戏曲工尺谱的沿革与流变

中国散曲综论　梁扬、杨东甫　北京：中国社会科学出版社　2007年7月　519页
　　序言；第一章 渊源所自；第二章 发展轨迹；第三章 体制形式；第四章 格式韵律；第五章 作家作品（元代）；第六章 作家作品（明代）；第七章 作家作品（清代）；第八章 作家作品（民国）

○散曲研究的又一力作——评梁扬、杨东甫《中国散曲综论》 胡大雷 阅读与写作 2008年03期 2008年3月

中国古代戏剧形态研究 黄天骥、康保成主编 郑州:河南人民出版社 2009年1月 681页

绪论;唐前戏剧形态篇 第一章 关于中国戏剧起源研究的回顾与展望;第二章 中国戏剧之源——巫与巫术;第三章 先秦古优与优戏形态;第四章 汉魏戏剧形态;第五章《踏谣娘》形态及其来源;第六章 参军戏的形态及其衍变;

杂剧院本篇 第七章 "杂剧"观念的历史及其命名意义;第八章 唐代的各类型杂剧;第九章 "斫拨"的形态;第十章 热戏与唐宋戏剧的演出形态;第十一章 金元院本的形态及其在后世的遗存;第十二章 元剧的"杂"及其审美特征;第十三章 元杂剧中人物上下场和冲场的表演形态;第十四章 明代杂剧形态的变异;

南戏传奇篇 第十五章 "南戏"本义与南戏体制的渊源;第十六章 宋元南戏的剧本体制与演出形态;第十七章 明代南戏的剧本形态;第十八章 明代前期南戏的演出形态;第十九章 明清堂会戏演出诸形态;第二十章 折子戏研究;第二十一章 "跳加官"形态研究;

脚色渊源篇 第二十二章 "旦"的渊源;第二十三章 "末"的渊源;第二十四章 关于"净";第二十五章 "丑"和"副净";第二十六章 古剧脚色"捷讥"的来源;

演出场所篇 第二十七章 汉唐戏场的来源及演出;第二十八章 "瓦舍"、"勾栏"及其演出;第二十九章 宋元之前的船台演出;第三十章 宋元之后的船台演出;第三十一章 明清时期的船台演出;第三十二章 明清贵族家园戏台及厅堂演剧;

戏剧服饰篇 第三十三章 古代戏剧服饰的源流;第三十四章 宋金剧的服饰;第三十五章 元明杂剧的服饰;第三十六章 明清传奇的服饰;第三十七章 清代宫廷大戏服饰;第三十八章 中国古代戏剧服饰的特征;

音乐唱腔篇 第三十九章 戏曲音乐与声腔的形成;第四十章 宋元南曲戏文与北曲杂剧;第四十一章 明代四大声腔及其变异;第四十二章 昆山腔艺术形态;第四十三章 弋阳腔艺术形态;第四十四章 清代声腔概论;第四十五章 板腔体的形成与戏曲声腔演化的特征;后记

○我国话语的戏曲理论体系的奠基之作——黄天骥、康保成教授主编《中国古代戏剧形态研究》读后之一 徐振贵 文化遗产 2009年03

期 2009年7月
〇回归戏剧形态本位 传扬学术不绝薪火——评《中国古代戏剧形态研究》 田刚健 学术交流 2010年02期 2010年2月

互通？因袭？衍化——宋元小说、讲唱与戏曲关系研究 范丽敏 济南：齐鲁书社 2009年9月 408页 济南大学古典文学研究丛书
总序；序；前言；引论；第一编 世代累积型的集体创作 第一章 宋元讲唱文学；第二章 金元北曲杂剧；第二编 戏剧对小说的模拟与因袭 第一章 艺术形式的模拟；第二章 叙述质素的模拟；第三章 韵散结合及曲白问答模式的模拟；第四章 脚色制——说与唱的分工；第五章 由说唱演变为戏剧的实例；第六章 剧曲与散曲；第七章 作家作曲，伶人作白；参考文献；后记

板腔体与曲牌体 施德玉 台北："国家出版社" 2010年6月 388页 戏曲研究丛书
总序；曾序；前言；绪论；壹、从文体发展看板腔体；贰、从文体发展看曲牌体；叁、曲牌体成立之前奏曲——诸宫调的套取套式；肆、曲牌体规律之成立——南北曲牌与套式；伍、曲牌体制发展之极至——集曲之体式；陆、板腔体音乐之特色；柒、曲牌体音乐之特色；结论；参考书目

清代散曲研究 兰拉成 北京：中国社会科学出版社 2011年5月 288页
绪论；第一章 清代散曲的社会文化环境研究；第二章 清代文人的散曲观念研究；第三章 清代散曲作家研究；第四章 清代散曲的发展演变；第五章 清代散曲题材内容研究；第六章 清代散曲的艺术特征研究；第七章 清代散曲与同期其他文学体裁的交互影响；结论 清代散曲再评价；附录：清代散曲辑佚；参考文献；后记

中国古典戏曲文体论 郑柏彦 新北：花木兰文化出版社 2012年9月 230页 古典文学研究辑刊 五编
序言；第一章 绪论；第二章 戏曲文体名实论；第三章 戏曲文体结构论；第四章 戏曲文体源流论；第五章 戏曲文体体式论；第六章 结构；后记；引用资料

古典南戏研究：乡村宗族市场之中的剧本变异 〔日〕田仲一成著，吴真校 北京：中国社会科学出版社 2012年11月 280页 中国社会科学院民俗学研究书系

导读:南戏发展的背景——以徽州为例;引言:明清徽州社会的祭祀戏剧;第一章《琵琶记》剧本的分化与流传;第二章《荆钗记》剧本的分化与流传;第三章《白兔记》剧本的分化与流传;第四章《拜月亭记》剧本的分化与流传;第五章《杀狗记》剧本的分化与流传;结章 中国戏剧史的共时论;附录:南戏化北《西厢记》剧本的分化与流传;后记

中国古代剧本形态论稿　戚世隽　北京:北京大学出版社　2013年9月　280页　中国古代文体学研究丛书

绪论;第一章 古代剧本文体形态概述;第二章 何为"剧本";第三章 唱本、小说与剧本;第四章 从案头到场上;第五章 剧本、版本与表演;结语;参考文献;后记

【学位论文】

诸宫调研究　龙建国　河北大学　2001年　博士论文

《全明散曲》中的南曲体制研究　林照兰　高雄师范大学　2003年　博士论文

诸宫调与中国戏曲形成　吕文丽　中国艺术研究院　2004年　博士论文

板腔体与曲牌体之研究　施德玉　香港新亚研究所　2005年　博士论文

宋元明讲唱文学与金元北曲杂剧文体共性研究　范丽敏　浙江大学博士后出站报告　2006年

清代散曲研究　兰拉成　陕西师范大学　2006年　博士论文

元散曲体格研究　薄克礼　河北大学　2007年　博士论文

尊体与辨体——关于明清文人传奇发展史中一个重要现象的考察　汪超　华东师范大学　2009年　博士论文

中国古典戏曲文体论　郑柏彦　东华大学　2010年　博士论文

元散曲风格特质及其成因研究　张筱南　华中师范大学　2012年　博士论文

明代一折短剧研究　张盈盈　政治大学　1988年　硕士论文

清代传奇艺术结构之研究　〔韩〕车美京　台湾师范大学　1998年　硕士论文

变文与宝卷关系之研究　王正婷　中正大学　1998年　硕士论文

《西厢记诸宫调》初探　张国强　河南大学　2001年　硕士论文

试论《宦门子弟错立身》——兼及南戏与元杂剧的关系　李钢　中国艺术研究院　2001年　硕士论文

论明清杂剧的雅化　陈建华　山东师范大学　2002 年　硕士论文
论宝卷及其演变　傅暮蓉　中央音乐学院　2004 年　硕士论文
元杂剧第四折研究　宋少净　河北师范大学　2004 年　硕士论文
论元杂剧文本体制对其叙事的影响　步雪琳　河北师范大学　2004 年　硕士论文
词曲递变下的诸宫调与北曲关系论　姜秀艳　吉林大学　2005 年　硕士论文
《香囊记》与八股文关系之研究　马琳萍　河北师范大学　2005 年　硕士论文
元曲四大家曲律研究　陈翔羚　"辅仁大学"　2005 年　硕士论文
宋代伎艺及其对元杂剧的影响　张晓兰　兰州大学　2006 年　硕士论文
明代单折戏研究　刘蕾　河南大学　2006 年　硕士论文
明代单折短剧渊源考　徐泽亮　曲阜师范大学　2007 年　硕士论文
元杂剧脚色体制研究　杜玉富　兰州大学　2007 年　硕士论文
吕天成戏曲理论研究　黄韵如　台湾大学　2007 年　硕士论文
《永乐大典戏文三种》研究——以戏文渊源、成书年代、宫调曲牌、诸宫调为探讨中心　颜秀青　世新大学　2007 年　硕士论文
臧懋循《元曲选》的编撰及体制研究　张迪　首都师范大学　2008 年　硕士论文
戏曲程序、戏曲体制、戏曲窠臼之概念义涵及其分野研究　吴政桦　东华大学　2008 年　硕士论文
明清闽中曲家之曲论研究　黄章民　"东吴大学"　2008 年　硕士论文
酒泉宝卷与话本小说的文体共性初探　孙小霞　兰州大学　2010 年　硕士论文
吴江派散曲研究　阮志芳　华中师范大学　2010 年　硕士论文
"永乐大典戏文三种"研究　刘建欣　哈尔滨师范大学　2011 年　硕士论文
明杂剧艺术体制研究　朱兰英　河南大学　2011 年　硕士论文
词曲异同论——以同曲牌的散曲与宋词作品为例　师歌　首都师范大学　2012 年　硕士论文
明代戏曲中的词作研究　龚宗杰　浙江大学　2013 年　硕士论文
中国古代集句散曲研究　刘树霞　辽宁大学　2013 年　硕士论文

【单篇论文】

1. 辨体：总论

词与曲之区别　吴梅　国学研究会演讲录　第 1 集　东南大学、南京高师国学研究会编　上海:商务印书馆　1923 年 8 月
　~吴梅词曲论著集　解玉峰编　南京:南京大学出版社　2008 年 10 月
词曲合并研究　任二北　新民半月刊　1929 年 02 期　1929 年 8 月
词曲合并研究(续上期)　任二北　新民半月刊　1929 年 03 期　1929 年 8 月
词曲合并研究概论　任二北　清华周刊　32 卷 8 期　1929 年 12 月
词曲合并研究概论(续)　任二北　清华周刊　32 卷 9 期　1929 年 12 月
词曲合并研究概论(续)　任二北　清华周刊　32 卷 10 期　1929 年 12 月
词曲文辨　卢前　词学季刊　1 卷 2 号　1933 年 8 月
　~酒边集　卢前　上海:上海会文堂新记书局　1934 年 6 月
　~卢前文史论稿·酒边集　卢前　北京:中华书局　2006 年 4 月
戏曲浅释　姜亮夫　青年界　5 卷 3 号　1934 年 3 月
答青木正儿教授书(编按:作于 1932 年 5 月 1 日)·附青木教授来书　卢前　酒边集　上海:上海会文堂新记书局　1934 年 6 月
　~卢前文史论稿·酒边集　卢前　北京:中华书局　2006 年 4 月
类似曲　卢前　酒边集　上海:上海会文堂新记书局　1934 年 6 月
　~卢前文史论稿·酒边集　卢前　北京:中华书局　2006 年 4 月
宋元南戏总说　钱南扬　宋元南戏百一录　北京:哈佛燕京学社　1934 年 12 月
　~汉上宧文存续编　钱南扬　北京:中华书局　2009 年 11 月
读曲初阶　王玉章　图书展望　2 卷 2 期　1936 年 12 月
略谈词曲异同　痴　恒毅　1 卷 1 期　1940 年
词曲同异浅说　俞平伯　华北作家月报　1943 年 6 月
　~论诗词曲杂著　俞平伯　上海:上海古籍出版社　1983 年 10 月
词和曲的界限(附表)　王玉章　文史杂志　4 卷 11、12 期合刊　1944 年 12 月
戏剧概论　钱南扬　文史杂志　4 卷 11、12 期合刊　1944 年 12 月
　~汉上宧文存续编　钱南扬　北京:中华书局　2009 年 11 月
词曲异同的分析　王季思　国文月刊　70 期　1948 年 8 月

词与诗曲　张友仁　国文月刊　77期　1949年3月
论词曲的规律　郑骞　公论报　1954年8月15日
词曲的特质　郑骞　中国文化论集　1954年
　　~景午丛编(上编)　郑骞　台北:台湾中华书局　1972年1月
　　~中国文学史论文精选　罗联添　台北:学海出版社　1984年9月
词与其他曲词的一些区别　陆恩涌　语文教学通讯　1957年01期
词和诗曲的一些区别　陆恩涌　语文教学通讯　1957年01期
什么是中国戏曲？什么是中国戏曲史？　黄芝岗　戏剧论丛　1957年02辑　1957年5月
词曲的规律　郑骞　中国一周　456期　1959年11月
词曲同异——益智仁室论曲之一　何敬群　文史学报(香港珠海书院)　4期　1967年6月
论诗词曲体制风格同异　冯裕明　新亚生活　1969年5月
词曲概说示例　郑骞　景午丛编(上编)　郑骞　台北:台湾中华书局　1972年1月
中国古典戏剧的形式和类别　曾永义　中国古典戏剧论集　台北:联经出版事业公司　1975年10月
说曲与律　章荑荪　上海师范大学学报　1980年04期　1980年12月
词与曲的比较　黄礼科　畅流　63卷1期　1981年2月
曲(上)　褚斌杰　文史知识　1983年11期　1983年11月
曲(下)　褚斌杰　文史知识　1983年12期　1983年12月
　　~西北师大学报　2002年03期　2002年5月
词和曲的区别　万云骏　文科月刊　1985年03期　1985年3月
诗词曲的分界及其发展道路　万云骏　中华诗词　1辑　1990年1月
剧曲,源于诗词,别于诗词——漫谈剧曲的特点之一　蔡运长　宁波师院学报　1990年04期　1990年12月
论词曲本色　罗忼烈　明报月刊　1991年4月
《元曲大成》序　徐沁君　渤海学刊　1993年01期　1993年4月
论中国戏曲的乐本体——兼评"剧诗"说　施旭升　戏剧艺术　1997年02期　1997年5月
再论中国戏曲的乐本体——兼答安葵先生　施旭升　戏剧艺术　1999年04期　1999年8月
同体而异构——中国古代小说、戏曲体制之比较研究　沈新林　艺术百家　2000年03期　2000年9月

浅析词与曲的区别　王桂芬　赤峰教育学院学报　2001年03期　2001年6月
试谈曲　曾凡夫　湘潭师范学院学报　2002年06期　2002年11月
戏曲特征再认识——质疑《中国大百科全书·戏曲·曲艺》卷概论《中国戏曲》　吕效平　南京大学学报　2002年06期　2002年12月
论中国戏曲文学的文体特征　王建科　唐都学刊　2003年01期　2003年1月
戏文与戏曲　余佑达　戏剧文学　2005年12期　2005年12月
稗戏相异论——古典小说戏曲"叙事性"与"通俗性"辨析　谭帆　文学遗产　2006年04期　2006年7月
词曲散论（之一）　马美信　重庆工学院学报　2006年09期　2006年9月
《戏曲概论》（上）　〔日〕森槐南撰，黄仕忠译　文化遗产　2011年01期　2011年2月
《戏曲概论》（下）　〔日〕森槐南撰，黄仕忠译　文化遗产　2011年02期　2011年4月

2. 辨体：分论一

论元曲的小令和套数　陈立　中大季刊　1卷1期　1926年3月
散曲之研究　任二北　东方杂志　23卷7号　1926年4月
元剧略说　吴瞿安（吴梅）　东南论衡　11、12期　1926年
　　~小说月报17卷号外·中国文学研究（下）　1927年6月
散曲研究续　任二北　东方杂志　24卷5、6号　1927年3月
　　~曲选　顾名编　上海：光华书局　1931年8月
　　~词曲研究　王小盾、杨栋编　武汉：湖北教育出版社　2004年1月
　　~20世纪中国文学研究论文选·辽金元卷　张燕瑾选编　北京：社会科学文献出版社　2010年1月
　　~散曲研究　任中敏　南京：凤凰出版社　2013年10月
元曲泛论　怡墅（朱以书）　朝华月刊　1卷1期　1929年12月
宋元南戏考　钱南扬　燕京学报　7期　1930年6月
南北曲的比较（附表）　〔日〕青木正儿著，般乃（马玉铭）译　清华周刊　37卷12期　1932年5月
杂剧要件　王玉章　中国语文学丛刊　创刊号　1933年5月
金院本与南宋杂剧的比较　陈竺同　中国文学会集刊　1期　1933年

6月
元人散曲俳体广例 赵景深 青年界 4卷4期 1933年9月
元杂剧通论 曲路 中国文学(温州中学) 2期 1934年12月
杂剧与传奇 张笑侠 北平晨报·国剧周刊 27期 1935年4月18日
说牌子曲 赵景深 人间世 28期 1935年5月
杂剧和传奇有怎样的区别 徐调孚 文学百题 1935年7月
剧曲和散曲有怎样的区别 卢翼野 文学百题 1935年7月
南北曲的区别 王玉章 绸缪月刊 2卷1期 1935年9月
南北曲之种类 王玉章 安雅月刊 1卷2、3、4期 1935、1936年
民间的俗曲(上) 佟晶心 剧学月刊 4卷1期 1935年
民间的俗曲(下) 佟晶心 剧学月刊 4卷3期 1935年
宋代杂剧考 徐嘉瑞 语言文学专刊 1卷1期 1936年3月
说弹词 李家瑞 中央研究院历史语言研究所集刊 6本1分 1936年3月
鼓子词与变文 杜颖陶 剧学月刊 5卷2期 1937年2月
北曲之遗响 〔日〕青木正儿,仲文译 中国文艺 1卷5期 1941年1月1日
   ~〔日〕青木正儿,隋树森译 文化先锋 6卷16期 1947年1月
院本与杂剧的分别 容肇祖 星岛日报·俗文学 1期 1941年1月4日
闲话杂牌子曲 王虹 星岛日报·俗文学周刊 2期 1941年1月11日
温州的南戏 季思(王季思) 星期评论 31期 1941年
北曲与南曲(上) 陶光 国文月刊 14期 1942年7月
北曲与南曲(下) 陶光 国文月刊 15期 1942年9月
弹词论 叶茜 杂志 13卷5期 1944年8月
弹词论体 阿英 中国俗文学研究 上海:中国联合出版公司 1944年10月
论元人杂剧散场 郑骞 读书青年 1卷2期 1944年10月
   ~景午丛编(上编) 郑骞 台北:台湾中华书局 1972年1月
诸宫调的引辞与分章 冯沅君 文史杂志 4卷11、12期合刊 1944年12月
再论诸宫调的引辞与分章 冯沅君 东方杂志 13期 1946年7月
说赚词 冯沅君 燕京学报 21期 1937年6月
   ~古剧说汇 冯沅君 上海:商务印书馆 1947年1月

~古剧说汇　北京:作家出版社　1956年12月
诸宫调的体例　叶庆炳　学术季刊　5卷3期　1946年
元人剧曲与散曲　刘雁声　鲁青月刊　1卷1期　1946年
说赚词跋　冯沅君　古剧说汇　上海:商务印书馆　1947年1月
　　~古剧说汇　北京:作家出版社　1956年12月
杂剧传奇的异同　李西溟　大晚报·通俗文学　24期　1947年4月7日
宋元南戏考　刘静沅　文艺先锋　10卷4期　1947年4月
"蝶恋花"和"董西厢"——鼓子词和诸宫调　徐调孚　中学生　193期　1947年11月
杂剧折数论　蔡莹　大晚报·通俗文学　55期　1947年11月24日
北曲小令与词的分野　隋树森　中央日报·俗文学周刊　52期　1948年1月30日
　　~元人散曲论丛　隋树森　济南:齐鲁书社　1986年11月
　　~词曲研究　王小盾、杨栋　武汉:湖北教育出版社　2004年1月
续谈散曲　徐调孚　中学生　196期　1948年2月
释诸宫调　阎万章　华北日报·俗文学　66期　1948年10月1日
诸宫调说唱考　方诗铭　文讯　6卷6期　1948年10月
诸宫调的说唱　阎万章　华北日报·俗文学　72期　1948年11月12日
宋代的鼓子词　魏尧西　光明日报　1954年11月7日
散曲　王瑶　文艺学习　1955年01期　1955年1月
　　~中国诗歌讲话　王瑶　北京:中国青年出版社　1956年5月
　　~中国诗歌讲话　王瑶　香港:富壤书房　1972年1月
　　~中国诗歌讲话　王瑶　北京:中国青年出版社　1982年11月
　　~王瑶全集　第2卷　中国诗歌讲话　石家庄:河北教育出版社　2000年1月
散曲的特质　罗锦堂　大陆杂志　12卷3期　1956年2月
　　~大陆杂志语文丛书第一辑第四、五册:文学　台北:大陆杂志社　1963年10月
　　~锦堂论曲　罗锦堂　台北:联经出版事业公司　1977年3月
杂剧、院本和传奇　胡行之　语文学习　1957年04期　1957年4月
试谈诸宫调的几个问题　吴则虞　文学遗产增刊　5辑　1957年12月
关于散曲和杂剧的一些常识　庄哈　语文教学　1958年03期　1958年3月
什么是诸宫调　何芳洲　新民晚报　1958年4月27日

什么是折子戏　马少波　剧本　1959年08期　1959年8月
散曲体制及其作家略述——小令欣赏序说　赵景深等　文汇报　1962年12月12日
诸宫调和唐变文　贺昌明　文艺报　1963年1月
诸宫调的内形与外形——兼及诸宫调与变文、词及宋元白话小说的异同　陈荔荔著,陈淑英译　中外文学　5卷12期　1977年5月
南戏的体例——从明人传奇《琵琶记》说起　黄礼科　畅流　58卷8期　1978年12月
谈早期南戏的几个问题　胡雪冈、徐顺平　戏剧艺术　1980年02期　1980年7月
　　~南戏探讨集选编　温州市艺术研究所　2007年8月
南戏探索　唐湜　南戏探讨集　1辑　1980年10月
　　~南戏探讨集选编　温州市艺术研究所　2007年8月
"戏文"琐谈　胡雪冈　戏文　1982年02期　1982年4月
元曲杂体　罗忼烈　两小山斋论文集　北京:中华书局　1982年7月
宋元南戏　刘念兹　文史知识　1983年02期　1983年2月
诸宫调概说(选载)　朱平楚、朱鸿　怀化师专学报　1983年1、2期合刊　1983年5月
从散曲的结构特色看怎样欣赏散曲　隋树森　文史知识　1985年09期　1985年9月
试论南戏体制——读《永乐大典戏文三种》　郝朴宁　云南师范大学学报　1985年05期　1985年9月
略谈南戏研究中的几个问题　孙崇涛　南戏探讨集　4辑　1985年
　　~南戏探讨集选编　温州市艺术研究所　2007年8月
试论明传奇长篇体制　徐扶明　戏曲论丛　1辑　兰州:甘肃人民出版社　1986年5月
什么是南戏　金宁芬　古典文学知识　1986年04期　1986年7月
南戏、杂剧、传奇的区别　钱南扬、俞为民　文史知识　1986年08期　1986年8月
　　~中国文学史百题　文史知识编辑部编　北京:中华书局　1990年12月
　　~汉上宧文存续编　钱南扬　北京:中华书局　2009年11月
诸宫调的说唱　朱平楚　云梦学刊　1986年03期　1986年10月
"院本"考辨　吴金夫　汕头大学学报　1986年03期　1986年10月

元人散曲概论　隋树森　元人散曲论丛　济南:齐鲁书社　1986年11月
南戏四考　刘念兹　中国古典小说戏曲论集　2辑　赵景深编　上海:上海古籍出版社　1987年8月
　　~南戏论集　福建省戏曲研究所编　北京:中国戏剧出版社　1988年12月
　　~南戏与传奇研究　徐朔方、孙克秋编　武汉:湖北教育出版社　2004年7月
南戏的艺术特征和它的流行地区　徐朔方　艺术研究　8辑　1987年
　　~南戏论集　福建省戏曲研究所等编　北京:中国戏剧出版社　1988年12月
　　~明本潮州戏文论文集　陈历明、林淳钧编　香港:艺苑出版社　2001年5月
什么是诸宫调　隋树森　文史知识　1987年09期　1987年9月
戏文辨证　洛地　南戏论集　福建省戏曲研究所编　北京:中国戏剧出版社　1988年12月
　　~改题:戏曲辨正　洛地文集·戏剧卷　卷1　西雅图:艺术与人文科学出版社　2001年5月
关于"南戏"与"传奇"的界说　孙崇涛　戏曲研究　29辑　1989年3月
宋金杂剧艺术体制考论　景李虎　山西师大学报　1990年02期　1990年7月
识得庐山真面目(13—9)——杂剧与传奇　孟瑶　明道文艺　179期　1991年2月
说"宝卷"　刘光民　文史知识　1991年10期　1991年10月
论宋元南戏与明清传奇的界说　吴新雷　艺术百家　1992年03期　1992年6月
宋杂剧略考　陈多　艺术百家　1993年02期　1993年5月
药名诗·药名词·药名戏文　李祥林　文史杂志　1993年05期　1993年10月
关于元剧套曲的三个问题　张正学　河北师院学报　1997年01期　1997年1月
北杂剧和南戏文之不同剧本体制成因新探　李鹏　中山大学研究生学刊　1997年01期　1997年4月
南戏的渊源,时代和发源地——纪念王国维诞辰120周年　徐宏图　戏文　1997年02期　1997年4月

散曲文学的文体意义　王星琦　中国典籍与文化　1998 年 01 期　1998 年 2 月

"道情"——散曲中的一朵奇葩　郑超　阅读与写作　1998 年 02 期　1998 年 2 月

论元杂剧的文体特点　洪哲雄、董上德　中国人民大学学报　1998 年 02 期　1998 年 3 月

　～董上德　戏剧艺术　1998 年 03 期　1998 年 6 月

　～中国古代戏曲与古代文学研究论集　黄天骥主编　北京：中华书局 2001 年 12 月

　～元杂剧研究　吴国钦等编　武汉：湖北教育出版社　2003 年 8 月

论明清传奇剧本长篇体制的演变　郭英德　湖北大学学报　1998 年 04 期　1998 年 7 月

元杂剧：中国古代戏剧文学的新兴体式——论元杂剧生成的内在机制　李倩　社会科学动态　1998 年 08 期　1998 年 8 月

拟话本与"拟剧本"之比较　许祥麟　明清小说研究　1998 年 04 期　1998 年 12 月

明代杂剧界说　戚世隽　中国文化报　1999 年 7 月 1 日

　～文艺研究　2000 年 01 期　2000 年 1 月

试论元杂剧的演述形式　陈建森　暨南学报　1999 年 05 期　1999 年 9 月

元杂剧的体制结构和表演特点　黄竹三　古典文学知识　1999 年 05 期　1999 年 9 月

宋代文人说唱伎艺鼓子词　于天池　北京师范大学学报　1999 年 05 期　1999 年 9 月

话说南戏　黄竹三　古典文学知识　2000 年 1 期　2000 年 1 月

元杂剧戏剧形态引论　陈建森　广西师范大学学报　2000 年 02 期　2000 年 4 月

元杂剧的演唱体制及其叙事学意义　陈维昭　戏剧艺术　2000 年 03 期　2000 年 6 月

宝卷中的俗曲及其与聊斋俚曲的比较　车锡伦　蒲松龄研究　2000 年 Z1 期　2000 年 10 月

说集句曲　憨斋　阅读与写作　2000 年 11 期　2000 年 11 月

论宋元南北戏曲之异　俞为民　南京大学学报　2001 年 01 期　2001 年 2 月

戏文、元杂剧情节长度差异及其成因　吴晟　戏剧艺术　2001年01期　2001年2月
元院本与元杂剧　罗斯宁　戏剧艺术　2001年01期　2001年2月
南戏体制变化二例　廖奔　周口师范高等专科学校学报　2001年01期　2001年3月
　　~南戏国际学术研讨会论文集　温州市文化局编　北京：中华书局　2001年5月
说集名曲　山人　阅读与写作　2001年04期　2001年4月
南戏本不必有"套"，北剧原不必分"折"——关于南、北戏交流的一点思辨　解玉峰　中华戏曲　25辑　2001年5月
敦煌杂剧小考　李小荣　社会科学研究　2001年03期　2001年5月
从戏剧内涵的质变论戏文传奇的界说问题　林鹤宜　南戏国际学术研讨会论文集　温州市文化局编　北京：中华书局　2001年5月
　　~中国文哲研究集刊　18期　2001年
元人套数中的"独幕剧"　王星琦　艺术百家　2001年03期　2001年9月
沈璟及其昆曲杂剧　徐子方　东南大学学报　2002年01期　2002年1月
论明清传奇的"文备众体"——兼说"传奇体"　杨兴林　戏曲研究　58辑　2002年4月
倒喇剧·北曲·元院本　鲍音　内蒙古艺术　2002年01期　2002年6月
诸宫调与南北曲　东甫　阅读与写作　2002年07期　2002年7月
试论变文与宝卷之关系　陆永峰　中国俗文化研究国际学术研讨会论文集　2002年9月
　　~中国俗文化研究　2辑　四川：巴蜀书社　2004年9月
诸宫调的渊源及其对宋元戏曲的影响　朱鸿　江西社会科学　2002年10期　2002年10月
说说散曲的体制　朱东根　语文建设　2002年11期　2002年11月
曲牌体与板腔体初探——论其名义、体制与异同　施德玉　2002两岸戏曲大展学术研讨会论文集　2003年1月
　　~改题：论曲牌体、板腔体之名义、体制与异同　艺术学报　77期　2005年10月
中国宝卷的形成及其演唱形态　车锡伦　敦煌研究　2003年02期　2003

年4月
明代杂剧体制探论　戚世隽　戏剧艺术　2003年04期　2003年8月
说曲三题——读《徐朔方说戏曲》札记（含"关于'散曲'、'套数'与'散套'"、"关于南戏发源地"）　杨东甫　广西师范学院学报　2004年01期　2004年2月
弹词的"女性文体"特点　薛海燕　中国近代文学学会第十二届年会暨翻译文学与中国文学近代化学术研讨会　2004年4月
　～山东近代文学学会——第十届年会论文集　2004年
再探戏文和传奇的分野及其质变过程　曾永义　台大中文学报　20期　2004年6月
论唐代杂剧的形态　刘晓明、屠应超　广州大学学报　2004年11期　2004年11月
唐代杂剧四证　刘晓明　文献　2005年03期　2005年7月
南北曲同调异体现象考论　俞为民　中华文史论丛　80辑　2005年8月
元杂剧本体特征论　戴峰　戏曲研究　68辑　2005年9月
论南戏和北曲杂剧在形式体制上的差异及原因　穆海亮　殷都学刊　2005年04期　2005年12月
南戏传奇化与传奇昆曲化　徐子方　浙江万里学院学报　2006年01期　2006年1月
缠令考论　张晓兰　安阳师范学院学报　2006年01期　2006年2月
吟诵与案头杂剧的文本构成　杜桂萍　学习与探索　2006年02期　2006年3月
北宋杂剧与南宋杂剧是不同的杂剧形式　胡明伟　南都学坛　2006年03期　2006年5月
又说又唱诸宫调　于天池、李书　文史知识　2006年07期　2006年7月
中国古代剧本的生成与分化　宋俊华　中山大学学报　2006年04期　2006年7月
明代单折戏艺术特征探析　刘蕾　艺术百家　2006年06期　2006年11月
论元杂剧"一本四折"和"一脚主唱"的体制　王珏　语文学刊　2006年24期　2006年12月
中国戏曲的成熟形态——元杂剧和南戏　崔霞　戏剧之家　2006年5、6期合刊　2006年12月
谈元散曲中的套曲　史航　成才之路　2007年03期　2007年1月

古代戏曲的摇篮——金院本　薛祥　文史知识　2007年02期　2007年2月
关于"赚"与"套"之关系的重要资料考辨及其他　赵义山　东南大学学报　2007年02期　2007年3月
诸宫调文体特征辨说　王昊　中国文化研究　2007年02期　2007年5月
宋元杂剧与南戏之比较　段红霞　戏剧文学　2007年07期　2007年7月
论昆曲杂剧　徐子方　戏曲研究　74辑　2007年8月
元代散曲的文体特性及其评价　辛一江　昆明师范高等专科学校学报　2007年03期　2007年9月
南戏文本形态的特征及其演变　俞为民　戏曲艺术　2007年06期　2007年11月
论说"折子戏"　曾永义　戏剧研究　1期　2008年1月
　～曾永义学术论文自选集　北京：中华书局　2008年8月
试论集句诗与集曲　张小燕　长江师范学院学报　2008年03期　2008年5月
宋元南曲戏文之体制、规律与唱法　曾永义　戏曲学报　3期　2008年6月
论说小戏　曾永义　曾永义学术论文自选集　北京：中华书局　2008年8月
对敦煌写卷中"剧本"资料的检讨　戚世隽　"非物质文化遗产保护视野下的传统戏剧研究"国际学术研讨会论文集（上）　2008年10月
　～文化遗产　2009年01期　2009年1月
传奇杂剧化与杂剧昆曲化——再论昆曲杂剧　徐子方　"非物质文化遗产保护视野下的传统戏剧研究"国际学术研讨会论文集（上）　2008年10月
　～艺术百家　2008年06期　2008年11月
诗赞体戏曲补论　李连生　"非物质文化遗产保护视野下的传统戏剧研究"国际学术研讨会论文集（上）　2008年10月
　～文化遗产　2009年01期　2009年1月
论《全明散曲》所收散曲的体式及其特征　陆华、李业才　沈阳工程学院学报　2009年01期　2009年1月
从元刊杂剧重新审视元杂剧体制之原貌　杜海军　求是学刊　2009年04期　2009年7月

论幺么院本　薛瑞兆　文学遗产　2009 年 05 期　2009 年 9 月
明清短剧的衍生形态——组剧述略　李黎　古籍研究　2009 卷·上下　2010 年 3 月
从《盛明杂剧》看南杂剧的体制特点　苗潇潇　濮阳职业技术学院学报　2010 年 03 期　2010 年 6 月
论金院本之特征及金元曲与传统文学的关系　牛贵琥　晋中学院学报　2010 年 06 期　2010 年 12 月
清代弹词文本的多元特征　童李君　社会科学辑刊　2011 年 01 期　2011 年 1 月
散曲与俗曲　杨东甫　阅读与写作　2011 年 04 期　2011 年 4 月
论古代的集句散曲　张明华　中国韵文学刊　2012 年 01 期　2012 年 1 月
"戏剧情境"与"抒情"——元杂剧结构分析并就教于洛地先生　高子文　戏剧　2012 年 01 期　2012 年 3 月
鼓子词与话本是"说唱"的吗？　张正学　求是学刊　2012 年 04 期　2012 年 7 月
论元杂剧之"体"　聂广桥　湖北经济学院学报　2012 年 08 期　2012 年 8 月
论四折一楔子体制的形成　张迪　名作欣赏　2012 年 23 期　2012 年 8 月
诸宫调与鼓词艺术形式之比较　葛娜、李豫　山西经济管理干部学院学报　2012 年 03 期　2012 年 9 月
毛奇龄拟连厢词的本来面目——兼论拟连厢词非杂剧　张晓兰　戏剧(中央戏剧学院学报)　2012 年 03 期　2012 年 9 月
朱有燉杂剧有无分"折"论——兼与赵晓红博士商榷　朱仰东　聊城大学学报　2012 年 05 期　2012 年 10 月
从"题目正名"看南北戏曲体制之异　吴晟　江西师范大学学报　2012 年 06 期　2012 年 12 月
中国古代剧本形态概论　戚世隽　文化遗产　2013 年 03 期　2013 年 5 月
敦煌论明清传奇的四种演出本形式　刘叙武　求索　2013 年 06 期　2013 年 6 月
所见三种戏剧写本谫论　喻忠杰、刘传启　敦煌学辑刊　2013 年 03 期　2013 年 9 月

3. 辨体：分论二

元代四折以上之杂剧——《西厢记》与《西游记》 苦水(顾随) 中法大学月刊 10卷5期 1937年3月

王九思的《碧山乐府》 郑骞 中央日报·俗文学周刊 1948年3月12日

　~改题：王九思《碧山乐府》守律举例 景午丛编(上编) 郑骞 台北：台湾中华书局 1972年1月

沈瀛《竹斋词》中的套曲 胡忌 南京师大学报 1981年01期 1981年4月

《张协状元》和中国戏曲艺术形式初创 翁敏华 上海师范学院学报 1983年03期 1983年11月

《张协状元》研究 滕振国 江西大学学报 1984年01期 1984年4月

南戏《宦门子弟错立身》源出北杂剧推考 廖奔 文学遗产 1987年02期 1987年4月

中国戏曲剧本体制的雏形——论《张协状元》 洪欣 艺术百家 1987年02期 1987年5月

试论敦煌所藏《禅师卫士遇逢因缘》——兼谈诸宫调的起源 李正宇 文学遗产 1989年03期 1989年6月

唐代的一个俳优戏脚本——敦煌石窟发现《茶酒论》考述 赵逵夫 中国文化 1990年02期 1990年12月

《张协状元》与"永嘉杂剧" 孙崇涛 文艺研究 1992年06期 1992年12月

《张协状元》剧本结构初探 张京 戏曲艺术 1996年01期 1996年2月

从《永乐大典戏文三种》看早期南戏的艺术形式 林立仁 辅大中研所学刊 7期 1997年6月

从《张协状元》和宋代曲体的关系看戏文的起源 宋克夫 文献 2000年01期 2000年1月

"王西厢"与"董西厢"体制特点比较 阙真 广西师范大学学报 2000年04期 2000年10月

论作为剧本的《永乐大典戏文三种》 〔韩〕李昌淑 南戏国际学术研讨会论文集 温州市文化局编 北京：中华书局 2001年5月

《西厢记诸宫调》初探 张国强 中国音乐学 2002年02期 2002年

4月

《女状元》的南曲特征　郭全芝　戏曲研究　58辑　2002年4月

"南剧孳乳"于《女状元》之商榷　刘奇玉　零陵学院学报　2002年04期　2002年12月

董解元《西厢记》的体裁及其民间文艺特色　李正民　中华戏曲　29辑　2003年6月

明代人对《西厢记》体例的改易　伏涤修　戏曲艺术　2005年04期　2004年11月

《红楼梦》散曲论略　梁扬、谢仁敏　红楼梦学刊　2005年01期　2005年1月

诸宫调与《董西厢》　高人雄　汕头大学学报　2005年04期　2005年8月

永乐大典戏文三种述评　曾永义　台湾戏专学刊　12期　2006年1月

《四声猿》在杂剧转型中的意义　闫继英　德州学院学报　2007年03期　2007年6月

明代人对《西厢记》剧体的体认　伏涤修　徐州工程学院学报　2008年03期　2008年3月

《董西厢》在戏曲形成发展中的意义　安葵　戏剧文学　2008年04期　2008年4月

关于王九思《中山狼院本》的体制问题　刘竞　中国文学研究　2008年02期　2008年4月

同题异体：从《会真记》到《西厢记》　吴晟　文艺研究　2008年08期　2008年8月

《牡丹亭》是"戏文"还是"传奇"　曾永义　戏曲研究　79辑　2009年9月

《张协状元》编剧时代新证　杨栋　文艺研究　2010年08期　2010年8月

浅谈《录鬼簿》涉及的元杂剧剧本体制问题　陈燕　湖北广播电视大学学报　2010年10期　2010年10月

对王实甫《西厢记》艺术体制的重新认识——兼论《六十种曲》的编选体例　马衍　南京社会科学　2011年07期　2011年7月

中国戏曲的成熟标志是南戏而不是元杂剧——对《〈张协状元〉编剧时代新证》一文的商榷　徐宏图　戏曲艺术　2012年01期　2012年2月

聊斋俚曲文体辨　蒋玉斌　海南大学学报　2012年01期　2012年2月

《公莫舞》性质的再认识　戚世隽　戏剧艺术　2012年03期　2012年3月
　　~曲学　1卷　2013年12月
曲牌研究的舛误及歧途——杨栋《〈张协状元〉编剧时代新证》之异议　马骦　戏曲研究　2013年01期　2013年4月
论《大唐三藏取经诗话》的体制　梁利玲　嘉应学院学报　2013年07期　2013年7月
学理、方法与事实真相——对《〈张协状元〉编剧时代新证》质疑者的答辩　杨栋　戏曲艺术　2013年04期　2013年11月

4. 文体关联

中国诗乐之变迁与戏曲发展之关系　渊实　新民丛报　4卷5号　1905年
梵剧体例及其在汉剧上底点点滴滴　许地山　小说月报17卷号外·中国文学研究(下)　1927年6月
南词弹词鼓词沿袭传奇说　申翁　剧学月刊　4卷6期　1935年
说诸宫调与俗讲的关系　阎万章　华北日报·俗文学　68期　1948年10月15日
董西厢与词及南北曲的关系　郑骞　台湾大学文史哲学报　2期　1951年2月
　　~景午丛编(下编)　郑骞　台北:台湾中华书局　1972年1月
《西厢记》受南戏、传奇影响之迹象　蒋星煜　徐州师范学院学报　1981年04期　1981年12月
　　~明刊本西厢记研究　蒋星煜　北京:中国戏剧出版社　1982年7月
　　~西厢记的文献学研究　蒋星煜　上海:上海古籍出版社　1997年11月
谈南戏与话本的关系　胡雪冈、徐顺平　艺术研究资料　8辑　1983年12月
　　~南戏探讨集选编　温州市艺术研究所　2007年8月
诸宫调对元杂剧之影响　郝朴宁　昆明师范学院学报　1984年01期　1984年3月
元代杂剧和南戏的关系　李修生　光明日报·文学遗产　648期　1984年7月31日
目连戏与早期南戏　徐宏图　南戏探讨集　4辑　1985年11月

~南戏探讨集选编　温州市艺术研究所　2007年8月
北杂剧与南戏的交流及其影响　流海平　戏曲论丛　1辑　兰州：甘肃人民出版社　1986年5月
南戏对元杂剧的影响　胡雪冈、徐顺平　艺术研究　1987年7辑
艺术形式的借鉴与交流——中国小说与戏曲比较研究之一　刘辉　艺术百家　1987年04期　1987年8月
关汉卿杂剧与金院本、南戏的关联　陈绍华　扬州师院学报　1987年04期　1987年12月
诸宫调与南戏　朱建明　南戏论集　福建省戏曲研究所编　北京：中国戏剧出版社　1988年12月
宋代"戏"、"曲"对元杂剧形成的影响　蒋中崎　杭州师范学院学报　1990年02期　1990年5月
　　~改写：宋代戏、曲对元杂剧形成的影响——兼论中国戏曲的形成　艺术百家　2005年01期　2005年2月
略论宋杂剧（金院本）对元代北曲杂剧形成的影响　蒋中崎　宁波师院学报　1991年03期　1991年10月
诸宫调对南戏、元杂剧的影响　胡雪冈　戏曲研究　40辑　1992年3月
诗词在传奇中的运用　林逢源　中国诗学会议论文集　彰化师范大学国文学系主编　1992年9月
试论诸宫调对宋元戏曲的影响　朱鸿　华侨大学学报　1994年02期　1994年6月
从元好问曲作看词、曲的分野与合流　詹杭伦　岷峨诗稿　1995年02期　1995年6月
试论宋杂剧对南戏的影响及其削弱——兼论早期南戏的发展过程　〔韩〕洪恩姬　复旦学报　1998年04期　1998年7月
赋与戏剧的关系　金登才　戏剧艺术　1998年06期　1998年12月
南北融合与古代戏剧　赵山林　华东师范大学学报　1998年06期　1998年12月
　　~中国语言文学资料信息　1999年01期　1999年2月（编按：仅为摘要。）
宋元话本与杂剧的文体共性探因　宋若云　求是学刊　1999年05期　1999年9月
辞赋与戏剧　〔日〕清水茂　辞赋文学论集　南京大学中文系主编　南京：江苏教育出版社　1999年12月

传统戏剧与诗歌的互渗与兼容　鄢化志　文艺理论与批评　2001年02期　2001年3月
戏曲歌词承接与联章诗关系探讨　吴晟　学术研究　2001年04期　2001年4月
宋元南戏对元人杂剧的影响　张正学　天津师范大学学报　2001年03期　2001年6月
戏曲与赋　朱恒夫　同济大学学报　2001年04期　2001年7月
论散曲对元杂剧形成的重要作用　门岿　东南大学学报　2002年01期　2002年1月
论诸宫调与曲子词的关系　龙建国　南京师范大学文学院学报　2002年02期　2002年6月
报章体的渗透与近代传奇杂剧创作　田根胜　艺术百家　2002年03期　2002年9月
明传奇与佛道戏曲辨析　黎羌　戏曲研究　60辑　2002年11月
词曲异同论　赵义山　词曲研究的新拓展　周云龙主编　北京:高等教育出版社　2003年1月
论诸宫调与南戏的关系　龙建国　江西社会科学　2003年01期　2003年1月
论宋词对戏曲的影响　王晓骊　淮海工学院学报　2003年01期　2003年2月
试论诸宫调对北曲形成之影响　杨东甫　广西语言文学学会第九次学术年会交流论文集　2003年6月
　　~改题:从六个方面看诸宫调对北曲形成的影响　广西师范学院学报　2005年04期　2005年11月
词曲传承关系刍议　赵成林、张忠智、庄桂英　江汉论坛　2003年06期　2003年6月
宫音串孔　商律谱盂——论元代杂剧对八股文的影响　许慈晖　扬州大学学报　2003年04期　2003年8月
论元代之词曲互动　陶然　浙江社会科学　2003年05期　2003年10月
宋金元曲艺对元杂剧之影响　宁恢　中国古代小说戏剧研究丛刊　1辑　兰州:甘肃人民出版社　2003年12月
论诸宫调对北曲的影响　龙建国　井冈山师范学院学报　2004年01期　2004年2月
试论说唱艺术对宋元南戏的影响　任孝温　中华戏曲　31辑　2004年

12月

金代全真词与元代散曲的俳体　吴国富　中国道教　2005年03期　2005年6月

浅析诸宫调对元杂剧的影响　刘晓霞　海南广播电视大学学报　2005年03期　2005年9月

论元散曲对元杂剧形成产生的影响　郑雅宁　社科纵横　2005年06期　2005年12月

元代杂剧在昆曲中的流存　俞为民　江苏大学学报　2006年01期　2006年1月

试论金元之际词曲互渗现象——白朴词与散曲的比较研究　马琳娜　南京晓庄学院学报　2006年9月

简析赋的旁衍在四大南戏中的体现　解旬灵　戏曲艺术　2006年04期　2006年11月

《临川四梦》与元杂剧的文体因缘　程芸　文学遗产　2006年06期　2006年11月

　～文学传播与接受论丛　3辑　王兆鹏、尚永亮主编　北京：中华书局　2011年12月

明清戏曲演述体制中的话本核心　徐大军　浙江艺术职业学院学报　2006年04期　2006年12月

八股文与中国传统文学的演进：以明清戏曲创作为例　邱江宁　社会科学辑刊　2007年04期　2007年7月

元代杂剧中"说参请"影响散论——"说参请"源流研究系列之二　庆振轩、李晓兰　宋元小说戏曲研究论稿　庆振轩、唐启翠、胡颖　兰州：兰州大学出版社　2007年7月

　～改题：元代杂剧中"说参请"的源流与影响　庆振轩　甘肃社会科学　2012年02期　2012年3月

论北曲小令与词的关系　肖肖　商丘职业技术学院学报　2007年06期　2007年11月

曲牌体音乐与词曲文学关系之研究　郑祖襄　首都师范大学学报　2007年06期　2007年12月

论宋代说唱艺术对杂剧形成之影响　任会平　吉林师范大学学报　2007年06期　2007年12月

诸宫调对戏曲的影响探究　陈国华　四川戏剧　2008年04期　2008年7月

论元散曲中的戏剧性因素　郑雅宁　时代文学(上半月)　2008 年 05 期　2008 年 10 月

从用典看《香囊记》对八股文的模仿与借鉴　马琳萍　石家庄学院学报 2009 年 01 期　2009 年 1 月

论元代套曲对元杂剧产生之影响　杜海军　戏曲艺术　2009 年 01 期 2009 年 2 月

八股文"技法"与明清戏曲、小说艺术　邱江宁　文艺研究　2009 年 05 期 2009 年 5 月

由北曲般涉调【耍孩儿】曲段观察元杂剧所存之诸宫调遗形　侯淑娟　东吴中文学报　17 期　2009 年 5 月

宋金杂剧在南戏和明传奇中的遗存　江巨荣　美术教育研究　2010 年 04 期　2010 年 9 月

谈诸宫调对元杂剧的影响　何娟　和田师范专科学校学报　2010 年 06 期 2010 年 11 月

词与曲的分与合——以明清之际词坛与《牡丹亭》的关系为例　张宏生 武汉大学学报　2011 年 01 期　2011 年 1 月

八股文对明代前期戏曲创作的影响——以《香囊记》的骈偶倾向为例　马琳萍、朱铁梅　河北学刊　2011 年 02 期　2011 年 3 月

论佛教俗讲与曲词兴盛的关系　李明华　社会科学战线　2011 年 03 期 2011 年 3 月

"西调"与《西厢记》关系研究　李雄飞　西北师大学报　2011 年 04 期 2011 年 7 月

论词乐及其体制对元曲的影响　张婷婷　临沂大学学报　2011 年 05 期 2011 年 10 月

寄生词曲与明代话本小说的文体变迁　郑海涛、赵义山　云南社会科学 2011 年 06 期　2011 年 11 月

论民间俗曲对元曲艺术的渗透与影响　张婷婷　贵州文史丛刊　2011 年 04 期　2011 年 11 月

明清小说对说唱文学子弟书的结构影响　郭晓婷、冷纪平　民族文学研究 2011 年 06 期　2011 年 12 月

寄生词曲与明代章回小说的文体变迁　郑海涛　广东社会科学　2012 年 02 期　2012 年 3 月

宋金杂剧与元杂剧之关系探析　刘冬亚　贵州大学学报(艺术版)　2012 年 02 期　2012 年 6 月

诸宫调对南北剧文体之影响　吴晟　浙江学刊　2012年04期　2012年7月

《花笺记》语体与古代小说的联系　叶岗　绍兴文理学院学报　2012年05期　2012年9月

俗赋在中国古代戏曲中的遗存　吴晟　河北学刊　2012年06期　2012年11月

"五更体"民歌对中国古代散曲之影响论略　冯艳　广西社会科学　2013年04期　2013年4月

浅论诸宫调与唱赚的继承发展关系　杨有山、史盛楠　语文学刊　2013年08期　2013年4月

戏曲文体对《大唐三藏取经诗话》的借鉴　吴晟　华南农业大学学报　2013年03期　2013年7月

寄生词曲与明代中篇传奇小说的文体变迁　郑海涛、赵义山　浙江学刊　2013年05期　2013年9月

从宫调看金元曲调对宋代词调的传承　王小盾、伍三土　曲学　1卷　2013年12月

5. 风格论

元人杂剧的本色派和文采派　王季思　学术研究　1964年03期　1964年5月

什么是元曲的本色　万云骏　古代文学理论研究　3辑　1981年2月

明清传奇的语言与音律之流变　许金榜　山东师大学报　1987年04期　1987年8月

略谈诗、词、曲语的不同风格　李绍荫　黄冈师专学报　1988年01期　1988年4月

北曲音乐和元曲的形式与风格　许金榜　天津师大学报　1990年06期　1990年12月

试论元散曲的语言特色　傅易枫　自贡师专学报　1990年04期　1990年12月

论元曲的本色　郑延年　上海医科大学学报　1991年01期

论词曲风格的互化　彭国元　湖南师范大学社会科学学报　1991年06期　1991年12月

～衡阳师专学报　1992年05期　1992年10月

论中国古代戏曲的诗化　孙蓉蓉　戏剧艺术　1992年02期　1992年

7月
古典戏曲二论:风格与品格　李铁诚　戏曲艺术　1993年01期　1993年4月
剧曲的本色与文采:漫谈剧曲的特点之一　蔡运长　戏曲艺术　1993年04期　1993年12月
论宋元南戏的雅俗之变　庄克华　文史哲　1996年05期　1996年9月
浅谈戏曲的写意特征与观众审美情趣的契合　许艳文　长沙大学学报1996年04期　1996年12月
　　~益阳师专学报　1998年02期　1998年4月
元剧的"杂"及其审美特征　黄天骥　文学遗产　1998年03期　1998年6月
　　~元杂剧研究　吴国钦等编　武汉:湖北教育出版社　2003年8月
元曲雅俗论　刘益国　四川师范大学学报　1998年03期　1998年7月
浅论元杂剧曲辞的俗与雅　江中云　信阳师范学院学报　1998年04期　1998年10月
　　~中国语言文学资料信息　1999年01期　1999年2月(编按:仅为摘要。)
本色当行——元杂剧艺术创作的高深境界　傅丽英　河北学刊　1999年03期　1999年5月
散曲语言对正宗文学语言的偏离　王星琦　南京师大学报　1999年03期　1999年5月
论古典戏曲情节结构艺术处理的两种美学品格　王建高、邵桂兰　戏剧丛刊　1999年06期
元曲的"蒜酪味"和"蛤蜊味"　罗斯宁　中国文化报　1999年7月1日
略论元杂剧的本色、当行和蛤蜊风味　奚海　青海师范大学学报　1999年04期　1999年11月
元散曲语言的审美特征　康锦屏　北京教育学院学报　1999年04期　1999年11月
宋元戏曲的娱乐趣尚　吴晟　江西社会科学　2000年01期　2000年1月
元曲的口语化成因及其衰变　陈良昱　青海师范大学学报　2000年01期　2000年2月
论元曲的俗艳特征　张廷兴、李敏　山东师大学报　2000年05期　2000年9月

"谐"——元代散曲重要的艺术特色　周啸天　西南民族学院学报　2001年07期　2001年7月
论明清杂剧的诗化色彩　陈建华　山东行政学院山东省经济管理干部学院学报　2002年01期　2002年2月
元杂剧本色当行辨　刘廷乾　文学遗产　2002年04期　2002年7月
词敛而曲放——词、曲风格比较之一　周云龙　词曲研究的新拓展　周云龙主编　北京:高等教育出版社　2003年1月
论"本色"与"当行"　陈军　云南师范大学学报　2004年05期　2004年9月
略论元杂剧的诗化情趣　易勤华　新余高专学报　2004年06期　2004年12月
　　~改题:略论元杂剧文体的诗化特征　福建师范大学学报　2006年01期　2006年1月
汉字"曲"的语义系统和曲文体的美学建构　朱玲　南京师范大学学报　2006年01期　2006年1月
从曲律角度看戏曲之本色语　许莉莉　戏剧文学　2006年09期　2006年9月
论杂剧文体的蜕变　陈建华　艺术百家　2007年02期　2007年2月
清代戏曲的雅俗并存与互补　王永宽　东南大学学报　2008年03期　2008年5月
论元杂剧的语体特征　谢智香　戏剧文学　2008年12期　2008年12月
明清戏曲对诗学传统的回归　魏中林、花宏艳　艺术百家　2010年01期　2010年1月
论元杂剧和南戏中曲词的"本色"化审美特征　侯丽俊　晋中学院学报　2010年04期　2010年8月
论"传奇观"与明清戏曲小说的文体关系　汪超　求是学刊　2010年06期　2010年11月
论"乐府十五体"的曲学意义　闵永军　小说评论　2012年S1期　2012年5月
从文体渗透交融看文人戏曲文学的诗性特征　朱忠元　中国古代小说戏剧研究　8辑　兰州:甘肃人民出版社　2012年12月
试论明中叶曲词之骈绮派　滕叶　戏剧之家(上半月)　2013年11期　2013年11月

三、创作论

【著作】

元剧联套述例　蔡莹　上海:商务印书馆　1933年4月
　　序(吴梅);题词(瞿宣颖);仙吕宫;南吕宫;正宫;中吕宫;黄钟宫;双调;越调;商调;大石调

曲学通论　吴梅　上海:商务印书馆　1935年11月　88页　国学小丛书
　　自叙;第一章　曲原;第二章　宫调;第三章　调名;第四章　平仄;第五章　阴阳;第六章　作法(上);第七章　作法(下);第八章　论韵;第九章　正讹;第十章　务头;第十一章　十知;第十二章　家数
◎上海:商务印书馆　1947年2月　新中学文库
◎收入《吴梅戏曲论文集》　王卫民编　北京:中国戏剧出版社　1983年5月
◎收入《吴梅词曲论著集》　解玉峰编　南京:南京大学出版社　2008年10月　南雍学术经典

汉语诗律学　王力　上海:新知识出版社　1958年1月　957页
　　序;导言;第一章　近体诗;第二章　古体诗;第三章　词;第四章　曲;第五章　白话诗和欧化诗
◎上海:上海教育出版社　1962年12月　828页
　　删去原第五章"白话诗和欧化诗"
◎香港:中华书局香港分局　1973年　828页
◎上海:上海教育出版社　1979年11月新2版　980页
　　增补:重版自序;原第五章"白话诗和欧化诗";附注
◎王力文集　第14、15卷　济南:山东教育出版社　1989年11月
◎增订本　上海:上海教育出版社　2002年9月　1015页　世纪文库
◎上海:上海教育出版社　2005年4月　911页　世纪人文系列丛书
　　○批判王力《汉语诗律学》中的资产阶级学术思想　金连城　读书　1959年06期　1959年4月
　　○汉语古典诗歌语法研究的开山之作——兼述《汉语诗律学》以来之近体诗句法研究　孙力平　南昌大学学报　2000年04期　2000年12月
　　○《王力文集·汉语诗律学》诗例质疑　王福霞　语文学刊　2004年01

期　2004年1月
○律体诗调平仄"拗救"说略——读王力《汉语诗律学》随札　宋恪震　黄河科技大学学报　2008年01期　2008年1月

元代杂剧艺术　徐扶明　上海:上海文艺出版社　1981年1月　348页
自序;第一章　元杂剧的兴起和衰落;第二章　作家与作品;第三章　演员;第四章　楔子;第五章　折子;第六章　场子;第七章　戏剧结构;第八章　联套;第九章　一人主唱;第十章　唱词;第十一章　宾白;第十二章　科介;第十三章　衬字;第十四章　增句;第十五章　情景描写;第十六章　角色;第十七章　题目正名;第十八章　演出

诗词曲格律纲要　涂宗涛　天津:天津人民出版社　1982年8月　326页
前言;上编　第一章　诗律纲要;第二章　词律纲要;第三章　曲律纲要;下编　第一章　词谱撮要;第二章　曲谱举隅;后记;
◎天津:天津人民出版社　2000年9月第2版　480页
增补:附录一:诗韵源流及改革刍议;附录二:词韵备要;附录三:曲韵简编;附录四:《元词斠律》(上编)对仗初探;修订再版附记
◎天津:天津人民出版社　2010年4月　421页　人民·联盟文库
○一部翔实适用的传世佳作——涂宗涛先生《诗词曲格律纲要》读后　张清华　周口师范高等专科学校学报　2002年01期　2002年3月

词乐曲唱　洛地　北京:人民音乐出版社　1995年8月　374页
序;写在前面的话;导言;上编　曲唱——"曲唱"的构成:曲及"曲唱"概说;第一章　曲唱的声、音、韵——韵;第二章　曲唱的节奏——板、附:工尺谱中的板眼记号;第三章　曲唱的旋律——腔;第四章　曲唱的用调——调;结语;
下编　词乐——从"词唱"到"曲唱":曲——词——曲的曲折历程;第一章　词唱——"以文化乐"的唱;第二章　从词乐看南、北曲;第三章　"换头"与"套";第四章　论"宫调"及其演化;第五章　今北曲的用调;附录:《唐二十八调拟解》提要;写在后面的话
○《词乐曲唱》的学术价值　育德　音乐研究　1997年02期　1997年6月

元散曲艺术论　王毅　长沙:岳麓书社　1997年5月　263页
序言(羊春秋);序二(门岿);绪论;体制篇　第一章　妙趣横生的代言艺术;第二章　千古一谜的务头艺术;第三章　体制独特的【鹦鹉曲】;

意趣篇 第四章 波澜开阖的曲折艺术;第五章 婉转缠绵的模糊艺术;第六章 扑朔迷离的梦幻艺术;第七章 真诚率直的言情艺术;辞采篇 第八章 雅俗适宜的叠字艺术;第九章 含蓄蕴藉的比喻艺术;第十章 解题发挥的引用艺术;第十一章 姹紫嫣红的色彩艺术

曲谱研究　周维培　南京:江苏古籍出版社　1997年11月　421页　文学遗产丛书

序(鲁国尧);第一章 曲谱源流考述;第二章 北曲格律谱论略;第三章 南曲格律谱论略(上);第四章 南曲格律谱论略(下);第五章 南北曲合谱与戏曲工尺谱论略;第六章 曲谱制作与南北曲格律;第七章 曲谱的文献价值与理论价值;附录:《骷髅格》辑佚;参考书目举要;后记

◎南京:江苏古籍出版社　1997年11月　421页　中国传统文化研究丛书

○《曲谱研究》商榷　杨东甫　阅读与写作　2011年08期　2011年8月

元杂剧联套研究——以关目排场为论述基础　许子汉　台北:文史哲出版社　1998年12月　336页　戏曲研究系列

曾序;序;绪论;第一章 仙吕宫;第二章 正宫;第三章 南吕宫;第四章 中吕宫;第五章 越调;第六章 商调;第七章 黄钟宫与大石调;第八章 双调;第九章 结论——元杂剧联套之规律;附录:各宫调套式;参考资料

元杂剧演述形态探究　陈建森　广州:南方出版社　1999年12月　265页　华南师范大学中文系语言文学与文化丛书

序(吴国钦);引论:对元杂剧演述形态的思考;第一章 杂剧的剧场交流系统;第二章 代言性演述;第三章 演述性对话;第四章 代言性演述干预;第五章 演述结构;第六章 演述风格;第七章 演述形态的美学意蕴;第八章 元杂剧与宋元南戏以及明清戏曲演述形态的异同;主要参考书目;后记

○古代戏剧形态研究的新突破——评《元杂剧演述形态探究》　康保成　学术研究　2001年05期　2001年5月

诗词曲的格律和用韵　耿振生　郑州:大象出版社　2009年9月　217页　中国历史文化知识丛书

引论　关于诗歌格律的基础知识;一　五七言诗的格律和用韵　附:诗韵常用字表;二　词律和词韵　附:词谱举例;三　曲和曲韵　附:曲谱举例;后记

昆曲格律研究　俞为民　南京:南京大学出版社　2009年11月　347页　南京大学学术文库

前言;第一章　昆曲的流传与昆曲曲律的变异;第二章　昆曲平声字的字声特征与腔格;第三章　昆曲上声字的字声特征与腔格;第四章　昆曲去声字的字声特征与腔格;第五章　昆曲入声字的字声特征与腔格;第六章　昆曲曲调句式研究;第七章　昆曲集曲格律研究;第八章　昆曲曲调的组合形式研究;第九章　昆曲南曲曲调套式述例;第十章　昆曲曲韵研究;第十一章　昆曲曲词格律谱的产生及其演变;第十二章　昆曲工尺谱的产生与流变;附录一:昆曲南曲常用曲调格律简析;附录二:昆曲北曲常用曲调格律简析

中国古代曲体文学格律研究　俞为民　北京:中华书局　2012年3月　634页　国家哲学社会科学成果文库

前言;第一章　曲调的产生与曲体的变异;第二章　宫调研究;第三章　曲调字声研究;第四章　曲调句式研究;第五章　曲调组合研究;附录一:南曲曲调组合形式例释;附录二:北曲各宫调套数分题;第六章　曲调衬字研究;第七章　犯调研究;附录:常用南曲集曲简释;第八章　曲韵研究;第九章　曲调格律谱研究;第十章　选本型曲谱研究;附录一:常用南曲曲调格律简析;附录二:常用北曲曲调格律简析

　○总一群动　化繁为简——评俞为民先生《中国古代曲体文学格律研究》　张小芳　艺术百家　2014年03期　2014年5月

诗词曲联格律新论　雷仲篯　北京:中国文联出版社　2012年4月　586页

序;读《诗词曲联格律新论》(代序);卷首陈言(自序);导论:简析诗教与格律创新;第一篇:诗概论、格律及其创新　第一章　诗概论;第二章　诗格律;第三章　诗律创新;第二篇:词概论、格律及其创新　第一章　词概论;第二章　词格律;第三章　词律创新;第三篇:曲概论、格律及其创新　第一章　曲概论;第二章　曲格律;第三章　曲律创新;第四篇:联概论、格律及其创新　第一章　联概论;第二章　联格律;第三章　联律创新;辍笔心语;附录篇　(一)本著诗词曲联概念术语索引;(二)本著图表索引;(三)主要参考文献名录;(四)简论诗题与诗附件;

（五）《佩文诗韵》常用字韵部、声调与平仄考；付梓寄情（后记）；补记

诗词曲与音乐十讲　解玉峰　南京：南京大学出版社　2013年10月　135页　南京大学文学院新生研讨课系列教材

总序（丁帆）；第一讲　导论：诗、词、曲与音乐之关系；第二讲　先秦歌唱之类别；第三讲　先秦韵文的文体特征；第四讲　汉魏六朝歌唱之类别；第五讲　汉魏六朝歌唱"本辞"与"乐奏辞"之关系；第六讲　汉唐"乐府诗"辨议；第七讲　唐诗格律及中国韵文之演进；第八讲　律词之格律；第九讲　南北曲的宫调与曲牌；第十讲　诗词曲的歌唱；参考文献；后记

【学位论文】

明代戏曲创作论研究　〔韩〕李相哲　台湾师范大学　1996年　博士论文
白朴研究——以文体研究为中心　张石川　复旦大学　2006年　博士论文
《琵琶记》戏剧范式研究　毛小曼　华东师范大学　2007年　博士论文
明、清南音传本曲牌研究　张兆颖　福建师范大学　2008年　博士论文
明传奇南曲尾声现象研究——以《六十种曲》为范例　陈翔羚　"东吴大学"　2013年　博士论文
李渔戏曲编剧研究　蔡东民　上海戏剧学院　2013年　博士论文

元杂剧楔子研究　关尚智　"辅仁大学"　1980年　硕士论文
绣襦记及其曲谱之研究　李国俊　中国文化大学　1994年　硕士论文
西厢记诸宫调的说唱及创作技巧　沈杏霜　逢甲大学　1996年　硕士论文
《牡丹亭》曲辞运用赋体技巧之研究　张美慧　成功大学　1998年　硕士论文
李渔戏曲结构论　钟筱涵　华南师范大学　2002年　硕士论文
李渔的音律理论在《笠翁传奇十种》中的实践　林静如　台北艺术大学　2003年　硕士论文
元杂剧上下场诗之研究　〔日〕长松纯子　武汉大学　2005年　硕士论文
明代戏曲编剧理论研究　郭怡君　"东吴大学"　2005年　硕士论文
明代南散套体制研究　张燕肖　河北师范大学　2006年　硕士论文
北曲双调曲牌考论　张凤侠　安徽大学　2007年　硕士论文
《中原音韵》研究　张行健　兰州大学　2007年　硕士论文

浅谈李渔的戏曲结构理论　张春娟　山西大学　2008 年　硕士论文
《闲情偶寄》戏曲修辞理论研究　王园园　福建师范大学　2008 年　硕士论文
李渔曲论研究　朱彩霞　新疆大学　2008 年　硕士论文
中国古典戏曲中"戏中戏"的发展研究　齐晓晨　中国海洋大学　2008 年　硕士论文
法律　至情　结构:沈璟、汤显祖、李渔填词观及其对传奇文体本色的定位研究　王铭　陕西师范大学　2009 年　硕士论文
元杂剧程序化语言研究　赵文霙　台北市立教育大学　2010 年　硕士论文
李渔戏曲的结构意识及其创作　谢新军　湖南师范大学　2010 年　硕士论文
中国古典戏曲戏中串戏研究　董国臣　南京大学　2011 年　硕士论文
元代与明前期杂剧中的"开"　尹晓叶　兰州大学　2011 年　硕士论文
沈璟《南曲全谱》研究　李冠然　河北师范大学　2011 年　硕士论文
李渔戏剧创作理论研究　杨婷婷　齐齐哈尔大学　2012 年　硕士论文
元杂剧诗赞体宾白研究　杨栋　河北师范大学　2012 年　硕士论文
《九宫正始》考原　李光辉　河北师范大学　2012 年　硕士论文

【单篇论文】

1. 总说

曲文之研究　王玉章　教授与作家　创刊号　1934 年 7 月
曲家三要　王玉章　绸缪月刊　1 卷 10 期　1935 年 6 月
曲家三要（续）　王玉章　绸缪月刊　1 卷 11 期　1935 年 7 月
谱:作曲唯一要件（编按:目录作"作曲唯一要件"）　王玉章　绸缪月刊　2 卷 2 期　1935 年 10 月
谱:作曲唯一要件（编按:目录作"作曲唯一要件"）　王玉章　绸缪月刊　2 卷 3 期　1935 年 11 月
也谈李渔的"立主脑"说　吴郑　上海戏剧　1980 年 05 期　1980 年 5 月
王骥德《曲律》的创作论　叶长海　戏曲艺术（河南）　1983 年增刊　1983 年 4 月
王骥德的戏曲创作论——评《曲律》　孙崇涛、叶长海　中国社会科学　1983 年 03 期　1983 年 5 月

小议李渔的"立主脑"　卢元誉　海南大学学报　1984年02期　1984年7月
如何理解李渔的"立主脑"？　吴戈　浙江师范大学学报　1986年01期　1986年3月
试论"以时文为南曲"　钟明奇　艺术百家　1988年03期　1988年6月
李渔"立主脑"论辨析　姚品文　江西师范大学学报　1992年01期　1992年2月
从叙述体向代言体过渡的几种形态　黄竹三　艺术百家　1999年04期　1999年12月
~两岸戏曲回顾与展望研讨会论文集·卷二　台北:传统艺术中心筹备处　2000年1月
元散曲章法技巧及修辞艺术研究述评　赵义山　中国文学研究　2000年01期　2000年1月
李渔的戏曲创作理论　孙兰廷　广播电视大学学报　2001年01期　2001年2月
李渔的剧本论　蒋斌　扬州大学学报　2001年02期　2001年4月
戏曲"代言体"论　陈建森　文学评论　2002年04期　2002年7月
元杂剧代言体叙事结构的形成　李日星　佛山科学技术学院学报　2003年02期　2003年4月
徐渭"以时文为南曲"考论　马琳萍、朱铁梅　河北学刊　2006年04期　2006年7月
析李渔的"立主脑"说　庞瑞东　语文学刊　2006年S2期　2006年12月
以剧曲为曲与以词为曲——马致远与张可久散曲之比较　罗斯宁　东南大学学报　2007年05期　2007年9月
李渔"结构第一"理论的思路与内涵新探　徐大军　求是学刊　2008年02期　2008年3月
沈璟对昆曲曲体的律化　俞为民　东南大学学报　2008年06期　2008年11月
从"结构第一"看李渔的整体戏剧观念　李世涛　西江月　2010年01期　2010年1月
《闲情偶寄》"主脑"辨义　祖秋阳　牡丹江师范学院学报　2010年04期　2010年8月
论杨慎词曲的"互融""互异"　胡元翎　2010年词学国际学术研讨会　2010年10月

~改题:论杨慎词曲的"互融""互异"兼及"明词曲化"的研究理路　胡元翎、张笑雷　文学评论　2011年05期　2011年9月
李渔曲论"主脑"范畴意蕴探微　郭守运　湖北民族学院学报　2012年02期　2012年4月
论元杂剧剧本的生成模式——假代言以为叙述和因袭　范丽敏　东南大学学报　2013年04期　2013年7月
浅析戏曲代言体概念及元杂剧中曲文代言体特性　胡琳　青年文学家　2013年23期　2013年8月
明代小说寄生散曲中的【黄莺儿】及相关问题思考　赵义山　东南大学学报　2013年06期　2013年11月

2. 结构章法

两宋同辽的杂剧及金元院本的结构考　冯式权　东方杂志　21卷21号　1924年11月
引子研究　傅惜华　坦途　10期　1928年4月
论元剧之布局　徐裕昆　光华大学半月刊　2卷5期　1933年12月
论北剧的楔子　郑振铎　中国文学论集　上海:开明书店　1934年3月
元曲的楔子　吴重翰　岭南学报　6卷4期　1941年6月
折　孙楷第　星岛日报·俗文学　1941年
　　~沧州集　孙楷第　北京:中华书局　1965年12月
楔子　孙楷第　星岛日报·俗文学　1941年
　　~沧州集　孙楷第　北京:中华书局　1965年12月
北曲剧末有楔子说　孙楷第　大众　2卷3期　1943年1月
　　~沧州集　孙楷第　北京:中华书局　1965年12月
元剧结构的成因　赵景深　中国建设　4号　1946年1月
元曲第四折后楔子　赵景深　大晚报·通俗文学　28期　1947年5月12日
杂剧的结构　邵曾祺　中央日报·俗文学　49期　1948年1月9日
再论杂剧的结构　邵曾祺　中央日报·俗文学　50期　1948年1月16日
元剧结构上之异例　青冰　文讯　2卷9期　1948年8月
元人杂剧的结构　郑骞　大陆杂志　2卷12期　1951年6月
　　~改题:元杂剧的结构　景午丛编(上编)　郑骞　台北:台湾中华书局　1972年1月(编按:页204增加附记一条)

谈杂剧的收场——读《也是园古今杂剧考》札记　胡忌　文学遗产增刊 1 辑　1955 年
　　~菊花新曲破:胡忌学术论文集　北京:中华书局　2008 年 9 月
古代小说、戏曲之类的开头　胡行之　语文学习　1957 年 07 期　1957 年 7 月
李渔戏剧结构论之我见　钱国莲　浙江广播电视高等专科学校学报 1994 年 04 期　1994 年 11 月
浅析李渔的戏曲结构论　王少梅　莱阳农学院学报　1998 年 02 期　1998 年 12 月
元杂剧上场诗的类型化倾向　魏明　湖北大学学报　2000 年 05 期　2000 年 9 月
　　~中华戏曲　2002 年 01 期　2002 年 4 月
观众接受意识与戏曲结构形式——李渔戏曲结构理论透视　吴瑞霞　戏剧　2001 年 03 期　2001 年 7 月
古典戏剧结构的重要特征　麻国钧　中华戏曲　29 辑　2003 年 6 月
元杂剧"折"的结构功能及其艺术渊源　李日星　中国文学研究　2003 年 02 期　2003 年 6 月
元杂剧"楔子"简论　黎传绪　江西社会科学　2003 年 07 期　2003 年 7 月
元剧结构拾遗　谢欣　安徽职业技术学院学报　2004 年 01 期　2004 年 3 月
重论"四折一楔子"　康保成　中华戏曲　2004 年 01 期　2004 年 4 月
论北杂剧的上场诗　陈志勇　艺术百家　2005 年 01 期　2005 年 2 月
金元杂剧四折结构的艺术成因　张本一　艺海　2005 年 03 期　2005 年 6 月
明清传奇开场考源　元鹏飞　中华戏曲　33 辑　2006 年 1 月
元杂剧"折"的起始与本义　王万岭　巢湖学院学报　2006 年 04 期　2006 年 7 月
元剧"楔子"推考　解玉峰　戏剧艺术　2006 年 04 期　2006 年 8 月
元杂剧与南戏中人物上下场的表演按语　刘晓明、张庆　广州大学学报 2006 年 10 期　2006 年 10 月
教坊"致语"考述　张国强　音乐研究　2007 年 01 期　2007 年 3 月
元杂剧上场诗刍议　易勤华　西昌学院学报　2007 年 01 期　2007 年 3 月

论"副末开场"与"开场词"　廖藤叶　国文学报　6期　2007年6月
论中国古代戏剧结构的整一性　王华杰　戏剧文学　2007年11期　2007年11月
南曲集曲结构探微——以《新订九宫大成南北词宫谱》的商调集曲为例　高嘉穗　台湾音乐研究　6期　2008年4月
"折"的演变——从元刊杂剧到明杂剧　戚世隽　中华戏曲　37辑　2008年6月
元杂剧"楔子"新解　许子汉　东华人文学报　13期　2008年7月
元杂剧上场诗研究　窦爱玲　科教文汇(上旬刊)　2008年11期　2008年11月
明清传奇开场形式演变考述　元鹏飞　明代文学与科举文化国际学术研讨会论文集　2008年11月
李渔戏曲结构布局理论与其小说创作　谢君　安阳师范学院学报　2009年01期　2009年2月
"致语"不始于宋代考　黎国韬　中山大学学报　2010年02期　2010年3月
南戏之"说关"与"吊场"　赵兴勤　戏剧之家(上半月)　2010年06期　2010年6月
论戏剧引戏与宋元话本入话、头回的相似性　刘想如　青年文学家　2010年13期　2010年7月
清初李玉传奇作品之北曲联套运用　李佳莲　戏曲学报　9期　2011年6月
戏文之结构及其变迁　解玉峰　文化遗产　2013年02期　2013年3月
元杂剧上场诗之阶段性差异研究　陈富容　国文学报(高雄师大)　18期　2013年6月

3. 技巧

论务头　颖陶(杜颖陶)　剧学月刊　1卷2期　1932年2月
南北曲务头解　宗志黄　员辐　1期　1936年7月
关于元曲的三个问题(编按:其二"什么叫做'题目正名'?")　周妙中　文学遗产增刊　2辑　1956年1月
论北曲之衬字与增字　郑骞　幼狮学志　11卷2期　1973年6月
　～龙渊述学　郑骞　台北:大安出版社　1992年12月
说务头　罗忼烈　词曲论稿　香港:中华书局香港分局　1977年8月

～词曲论稿　罗忼烈　台北:木铎出版社　1982 年 6 月
论衬字　翁敏华　淮北煤师院学报　1981 年 02 期
　～中国戏剧与民俗　台北:学海出版社　1997 年 12 月
《元词斠律》(上编)对仗初探　涂宗涛　天津社会科学　1982 年 02 期　1982 年 5 月
务头论　林之棠　中南民族学院学报　1982 年 02 期　1982 年 5 月
务头论(续)　林之棠　中南民族学院学报　1982 年 03 期　1982 年 6 月
曲有"务头"戏有"胆"　杨孟衡　名作欣赏　1983 年 02 期
释"务头"　杨耐思、蓝立蓂　语文研究　1983 年 01 期　1983 年 4 月
古典戏曲作品中的赋体文　徐扶明　光明日报　1983 年 9 月 20 日
　～元明清戏曲探索　徐扶明　杭州:浙江古籍出版社　1986 年 1 月
鼎足对与联璧对——试论元散曲特殊的对仗形式　谭汝为　语文园地　1983 年 03 期
"务头"辨析　蓝凡　人民音乐　1984 年 09 期　1984 年 9 月
诗词曲中使用叠字举例　唐圭璋　河北师院学报　1985 年 02 期
元剧宾白论　朱泽吉　河北学刊　1985 年 01 期　1985 年 3 月
词曲中的特殊对仗　羊敬德　怀化师专学报　1985 年 04 期　1985 年 8 月
读曲小识(编按:含说"关目"、释"务头"、"伶人自为"辨)　王星琦　南京师大学报　1985 年 04 期　1985 年 12 月
词曲鼎足对简论　谭汝为　天津师大学报　1986 年 04 期　1986 年 8 月
关于元散曲鼎足对问题的商榷　薄克礼　天津师大学报　1987 年 02 期　1987 年 5 月
"务头"考　冯洁轩　中国音乐学　1987 年 02 期　1987 年 7 月
　～摘编:"务头"新考　冯洁轩　文艺研究　1987 年 05 期　1987 年 10 月
元曲的几种巧体　白焕然　内蒙古电大学刊　1989 年 03 期　1989 年 4 月
多向发展的元人小令借对　萧自熙　四川大学学报　1989 年 04 期　1989 年 8 月
试论赋对明清传奇宾白的影响　袁震宇　文史哲　1990 年 05 期　1990 年 5 月
元人小令对仗特性探索——《元人小令对仗纲目》序言　萧自熙　四川大学学报　1990 年 03 期　1990 年 6 月

鼎足对、珠连对在古代韵文中使用情况小考　李林祥　中国韵文学刊 1990 年 01 期　1990 年 7 月
全方位拓宽的元人散曲隔句对　萧自熙　四川大学学报　1992 年 01 期 1992 年 3 月
巧体诗词曲：诗苑中的一枝奇葩　刘新宗　河北师院学报　1992 年 01 期 1992 年 3 月
论衬字　羊春秋　中国韵文学刊　6 期　1992 年 6 月
论元曲中的"顶针格"修辞法　王学奇、王洪　河北学刊　1992 年 04 期 1992 年 8 月
剧曲的巧体：漫谈剧曲的特点之一　蔡运长　戏曲艺术　1992 年 04 期 1992 年 12 月
浅议元曲中的"鼎足对"　石尚彬　贵州教育学院学报　1993 年 01 期 1993 年 4 月
试论元散曲的对偶艺术　宋晓蓉　喀什师范学院学报　1993 年 02 期 1993 年 5 月
明清曲论中的用事论　祁志祥　上海艺术家　1994 年 02 期　1994 年 4 月
鼎足对并非剧曲独有　李祥林　戏曲艺术　1998 年 03 期　1994 年 8 月
试论元散曲的叠字艺术　王毅　湖南师范大学社会科学学报　1996 年 03 期　1996 年 6 月
元曲的重迭形式及其修辞作用　吴月珍　海南师院学报　1997 年 01 期 1997 年 2 月
风生水上　自然成文——元曲对偶的散文化　孙虹　修辞学习　1997 年 04 期　1997 年 8 月
戏曲科诨的渊源及形式特征　王汉民　艺术百家　1998 年 01 期　1998 年 3 月
元曲中的鼎足对考辨　徐旭　四川商业高等专科学校学报　1999 年 01 期 1999 年 2 月
鼎足对散论　陈卫兰　台州师专学报　2000 年 02 期　2000 年 4 月
"务头"浅说　车文明　艺术百家　2000 年 02 期　2000 年 6 月
"鼎对"琐谈　庄关通　苏州教育学院学报　2001 年 01 期　2001 年 2 月
元明清戏曲中的叠三字形式　郭攀、宋静　修辞学习　2000 年 01 期 2001 年 2 月
元散曲衬字研究述略　赵义山　文史知识　2001 年 08 期　2001 年 8 月

元曲杂剧"题目正名"推考　解玉峰　民俗曲艺　140期　2003年6月
"两韵对"与"同韵对"　薄克礼　文史知识　2003年10期　2003年10月
务头浅议　李之文　集美大学学报　2004年01期　2004年3月
元曲小令中特有的语言形式——鼎足对　刘本贤　通化师范学院学报　2004年05期　2004年5月
"务头"新说　康保成　文学遗产　2004年04期　2004年7月
也说"务头"　胡艳兰　戏剧（中央戏剧学院学报）　2004年03期　2004年9月
略谈曲的对偶　东甫　阅读与写作　2004年10期　2004年10月
试论元散曲的鼎足对艺术　唐一　广东教育学院学报　2004年04期　2004年12月
曲的对仗　林海屏　语文天地　2004年23期　2004年12月
试论元曲中的"务头"　索俊才　内蒙古大学学报　2005年01期　2005年1月
"务头"考辨　路菊芳　齐鲁艺苑　2007年02期　2007年4月
"务头"新释　任超平　艺术百家　2007年04期　2007年7月
"务头"考略　贾兵　科技信息（学术研究）　2008年19期　2008年7月
元杂剧"题目正名"考释　张进德　晋阳学刊　2008年05期　2008年9月
神通广大的"诗头曲尾"　胡忌　菊花新曲破：胡忌学术论文集　北京：中华书局　2008年9月
浅谈科诨在元杂剧中的作用和功能　牛刚花　经济研究导刊　2008年15期　2008年10月
"务头"再探　车文明　文艺研究　2009年02期　2009年2月
《元人散曲对仗纲目》提要　萧自熙　当代散曲　9期　2009年5月
元杂剧重言现象新探　钱刚　传奇·传记文学选刊（理论研究）　2010年09期　2010年9月
曲调句式研究　俞为民　文化艺术研究　2012年01期　2012年1月
"题目正名"之我见　赵锡淮　四川戏剧　2012年01期　2012年1月
元明散曲"对式"论的演变特征　闵永军　河北联合大学学报　2012年02期　2012年3月
说唱形式在戏曲文学中的运用　吴晟　广州大学学报　2012年04期　2012年4月

4. 声律

南曲谱研究　钱南扬　岭南学报　1卷4期　1930年9月
南曲之过曲　傅惜华　北平晨报·艺圃　1931年1月22、23、29、30、31日,2月1、2日
昆曲之宫调　方向溪　北平晨报·艺圃　1932年2月13日——4月15日
中国诗词曲之轻重律　王光祈　大公报·文学副刊　292期　1933年8月7日
"宫""调"　颖陶(杜颖陶)　剧学月刊　3卷4期　1934年4月
曲调源流考　邵茗生　剧学月刊　3卷5期　1934年5月
曲调源流考(续)[编按:标题作"曲调源流考(二)"]　邵茗生　剧学月刊　3卷6期　1934年6月
曲调源流考(续)　邵茗生　剧学月刊　3卷8期　1934年8月
曲调源流考(续)　邵茗生　剧学月刊　3卷9期　1934年9月
说"音节"　徐凌霄　剧学月刊　4卷4期　1935年4月
南北曲律新论　绿依(杜颖陶)　剧学月刊　4卷8期　1935年11月
元人曲调溯源　叶鼎彝　师大学刊　30期　1936年10月
九宫正始与宋元戏文　赵景深　复旦学报　5期　1937年6月
《九宫正始》与明初传奇　赵景深　文艺月刊　3期　1941年5月
　　～香港星岛日报·俗文学周刊　34期　1941年
南词入韵举要　王玉章　中国文艺　1卷4期　1944年11月
吴著《南北词简谱》后序　卢前　文史杂志　4卷11、12期合刊　1944年12月
杂剧的曲子　邵曾祺　中央日报·俗文学周刊　31期　1947年6月6日
曲调的变迁　汪世清　经世日报·读书周刊　84期　1948年3月21日
南曲联套述例　赵景深　文艺复兴(中国文学研究号)下　1948年8月
仙吕混江龙的本格及其变化　郑骞　台湾大学文史哲学报　1期　1950年6月
　　～景午丛编(下编)　郑骞　台北:台湾中华书局　1972年1月
　　～仙吕混江龙的本格及其变化后记　景午丛编(下编)　郑骞　台北:台湾中华书局　1972年1月
北曲格式的变化　郑骞　大陆杂志　1卷7期　1950年10月
读曲纪要(8)——南北曲　罗锦堂　大陆杂志　10卷10期　1955年5月

论带过曲与集曲　罗锦堂　大陆杂志　18卷10期　1959年5月
　　~大陆杂志语文丛书第一辑第四、五册:文学　台北:大陆杂志社　1963年10月
　　~锦堂论曲　罗锦堂　台北:联经出版事业公司　1977年3月
南北曲牌调与唐宋大乐乐律之渊源考　张敬　台湾大学文史哲学报　11期　1962年9月
《琵琶记》韵叶之研究　丁惠英　曲学集刊(台湾师范大学)　1962年
关于杂剧楔子和连套的曲牌的用法——《中国文学史》的一个小错误　沈祖棻　光明日报1963年5月12日
论明清南曲谱的流派　钱南扬　南京大学学报　1964年02期　1964年6月
南北曲牌探源　陈雪华　曲学集刊　台湾师范大学国文系编　1964年
释犯　李化蓉　曲学集刊　台湾师范大学国文系编　1964年
南曲联套述例　张敬　台湾大学文史哲学报　15期　1966年8月
唐宋词曲宫调经见表　袁帅南　中山学术文化集刊　4期　1969年11月
《北曲套式汇录详解》序论　郑骞　大陆杂志　42卷10期　1971年5月
词曲的音乐性　郑骞　中文季刊　8卷4期　1972年6月
曲律简说　钱南扬　汉上宧文存　上海:上海文艺出版社　1980年8月
　　~汉上宧文存　钱南扬　北京:中华书局　2009年11月
【菊花新】曲破之发现及其意义　胡忌　中华文史论丛　18辑　1981年5月
　　~菊花新曲破:胡忌学术论文集　北京:中华书局　2008年9月
试论诸宫调的音乐体制　翁敏华　文学遗产　1982年04期　1982年12月
诸宫调名存疑　赵景深　中国戏曲初考　郑州:中州书画社　1983年8月
论"南北调合腔"的形成　李修生　戏曲艺术　1983年2期增刊
诸宫调的"尾"——向翁敏华同志请教　洛地　文学遗产　1984年01期　1984年3月
明代戏文的曲调体制——成化本《白兔记》艺术形态探索之一　孙崇涛　音乐研究　1984年03期　1984年6月
南戏曲韵研究　李晓　南京大学学报　1984年03期　1984年8月
论元曲对唐宋词押韵格式的继承革新　周寅宾　1984年中国韵文学会成立大会学术论文　1984年11月

~改题:论元曲对唐宋词押韵格式的继承革新——兼与游国恩先生等主编的中国文学史商榷一个问题　中国韵文学刊　1990年12月
略谈曲律和词律的关系　徐青　语文月刊　1984年11期
从早期南戏《张协状元》看南曲组合规律　胡雪冈　温州师专学报　1985年02期　1985年7月
带过曲辨析　孙玄龄　中国音乐学　1986年04期　1986年12月
《张协状元》曲名考　金宁芬　艺术研究　7辑　1987年7月
~南戏研究变迁　金宁芬　天津:天津教育出版社　1992年5月
试论明清传奇的用韵　周维培　中华戏曲　4辑　1987年12月
徐注本《牡丹亭》和《长生殿》曲律上的疏误　胡晨　齐鲁学刊　1988年01期　1988年3月
《琵琶记·糟糠自厌》的格律　赖桥本　国文天地　4卷5期　1988年10月
　~词曲散论　赖桥本　台北:文津出版社　1990年3月
散曲的格律　赖桥本　中等教育　39卷6期　1988年12月
　~词曲散论　赖桥本　台北:文津出版社　1990年3月
　~诗词曲的研究　台北:中华文化复兴运动推行委员会　1991年2月
论南戏曲牌中慢、近两体　胡忌　南戏论集　福建省戏曲研究所编　北京:中国戏剧出版社　1988年12月
　~菊花新曲破:胡忌学术论文集　北京:中华书局　2008年9月
南曲正音——昆山腔　俞为民　古典文学知识　1989年04期　1989年7月
"南北合套""南北合腔"及"南曲套数"　洛地　艺术研究论丛　上海:同济大学出版社　1989年8月
试析王骥德的南曲音韵论与实际运用　李惠绵　大陆杂志　79卷5期　1989年11月
元曲及诸宫调之所谓"宫调"疑探　洛地　艺术研究　20辑　1989年12月
谈谈词调与曲调的关系　廖可斌　中国文学研究　1990年03期　1990年10月
揭开唐俗乐宫调体系之谜——兼论元杂剧宫调体系　宋瑞桥　中国人民大学学报　1991年02期　1991年5月
南戏曲调与宋词及说唱音乐的关系　胡雪冈　温州师范学院学报　1991年03期　1991年10月

试探南戏音乐体制中"曲破"的运用　吴秀卿　文献　1991年04期　1991年12月

元曲及诸宫调之所谓宫调再疑探　洛地　艺术研究　22辑　1991年12月

《九宫大成北词宫谱》的又一体——以仙吕调只曲为例　曾永义　参军戏与元杂剧　台北:联经出版事业公司　1992年4月

《聊斋俚曲》曲牌浅谈　吕东莱　蒲松龄研究　1992年03期　1992年9月

南戏曲牌"定律""定腔"构成的规范化　郑西村　南戏探讨集　第6、7辑　1992年

论宫调的历史形态及其表现特征　李占鹏　西藏大学学报(汉文版)　1993年02期　1993年7月

南曲"入派三声"问题初探　张竹梅　西北第二民族学院学报　1993年02期　1993年7月

昆剧曲牌声律浅探　顾聆森　艺术百家　1993年04期　1993年8月

明清小曲"剪靛花"曲牌考述　张继光　民俗曲艺　86期　1993年11月

蒋孝与他的《旧编南九宫谱》:兼说陈白二氏《九宫》《十三调》谱目　周维培　艺术百家　1994年02期　1994年6月

沈璟曲谱及其裔派制作　周维培　文学遗产　1994年04期　1994年7月

明清小曲"银纽丝"曲牌考述　张继光　嘉义师院学报　8期　1994年11月

南北曲联套论略　周维培　江海学刊　1994年06期　1994年12月

明清小曲"劈破玉"曲牌探述　张继光　嘉义师院学报　9期　1995年11月

"玉娥郎"与"粉红莲"曲牌初探　张继光　编译馆馆刊　26卷2期　1995年12月

论南曲"合"唱　杨振良　国际人文年刊　5期　1996年6月

关于"套数"与"带过"的几个问题——兼及当代曲体学建设的若干思考　李昌集　扬州师院学报　1996年04期　1996年12月

《九宫大成》与中国古代词曲音乐　刘崇德　河北大学学报　1998年02期　1998年6月

元剧套曲曲调、引子与尾声特征散论　张正学　天津师大学报　1998年05期　1998年10月

宋元南戏曲牌组合之研究　〔韩〕权容浩　中华戏曲　23辑　1999年3月
试论蒲松龄《聊斋俚曲》中【耍孩儿】曲牌　程宁敏、陈四海　周口师范高等专科学校学报　1999年03期　1999年5月
　　~改题:试论蒲松龄《聊斋俚曲》中曲牌【耍孩儿】　陈四海　星海音乐学院学报　1999年04期　1999年11月
王国维元曲考源补正　赵义山　文学遗产　1999年05期　1999年9月
《南曲九宫正始》【狮子序】曲牌的宫调归属论析　〔韩〕曹文姬　南京师大学报　2000年01期　2000年1月
词律与曲律——中国诗歌演进轨迹（二零）　施议对　澳门日报　2000年1月23日、2月20日
"南北曲合套"与"南北调合腔"辨　俞为民　中国文化报　2000年3月16日
古代曲论中的音律论　俞为民　中华戏曲　25辑　2001年5月
尾声论　韩军　中华戏曲　25辑　2001年5月
《姑妇曲》曲牌辨证　陈霖　蒲松龄研究　2001年02期　2001年6月
说曲牌　东甫　阅读与写作　2001年07期　2001年7月
元曲宫调曲牌问题研究述略　赵义山　音乐研究　2001年03期　2001年9月
论元曲曲体的形成　钟涛　中州学刊　2001年06期　2001年11月
试论元人的曲本位观念　钟涛　青海师范大学学报　2001年04期　2001年12月
李渔剧学声律论与《中原音韵》　吴瑞霞　戏曲研究　57辑　2001年12月
《南曲九宫正始》对曲调正、变体格式的认识　〔韩〕曹文姬　中华戏曲　26辑　2002年4月
宋元南戏结声初探　〔韩〕权容浩　中华戏曲　26辑　2002年4月
文词格律与词曲音乐兴衰　路应昆　中国诗歌与音乐关系研究——第一届与第二届"中国诗歌与音乐关系"学术研讨会论文集　2002年4月
【北骂玉郎带上小楼】及【渔灯儿】套源流考　任广世　中国诗歌与音乐关系研究——第一届与第二届"中国诗歌与音乐关系"学术研讨会论文集　2002年4月
试论明代南曲北调与北曲南腔　欧阳江琳　中山大学研究生学刊　2002年01期　2002年5月
　　~中国韵文学刊　2002年01期　2002年6月

宋元南戏曲调探源　俞为民　中华戏曲　27辑　2002年7月
《聊斋俚曲》曲牌的格律　张鸿魁　语文研究　2002年03期　2002年7月
《桃花扇》宫调曲牌分析　张彩秋　廊坊师范学院学报　2002年03期　2002年9月
元杂剧宫调论　方墨涵　美与时代（下半月）　2002年06期　2002年9月
论元杂剧的借宫　许子汉　东华汉学　1期　2003年2月
魏良辅·汤显祖·姜白石——"曲唱"与"曲牌"的关系　洛地　浙江艺术职业学院学报　2003年01期　2003年3月
论尾声　杨东甫　广西师范学院学报　2003年02期　2003年5月
由《唱论》时代、宫调递减节律到明人九宫十三调　廖奔　中华戏曲　29辑　2003年6月
《聊斋俚曲》的曲牌运用情况　刘晓静　蒲松龄研究　2003年02期　2003年6月
论宋词与南戏曲调的关系　俞为民　第二届宋代文学国际研讨会论文集　南京：江苏教育出版社　2003年6月
元杂剧宫调、曲牌运用情况的量化研究　谭秋明　广州大学学报　2003年11期　2003年12月
元杂剧宫调的构成类型与组合方式　李占鹏　中国古代小说戏剧研究丛刊　1辑　兰州：甘肃人民出版社　2003年12月
弋阳腔曲牌初探　李连生　中山大学学报　2004年04期　2004年7月
【北骂玉郎带上小楼】及其曲牌联套源流考　任广世　中国韵文学刊　2004年03期　2004年9月
南北曲曲调字声与腔格研究　俞为民　中华戏曲　31辑　2004年12月
"诸宫调"套式之探讨——以《董西厢》为范例　施德玉　艺术学报　75期　2004年12月
北曲曲调的组合形式考述　俞为民　艺术百家　2005年01期　2005年2月
诸宫词"诸'宫调'"疑议　洛地　九州学林　3卷2期　2005年4月
宫调名称释义　薄克礼　广西社会科学　2005年05期　2005年5月
论曲谱的产生及其完善　俞为民　淮海工学院学报　2005年02期　2005年6月
宋金诸宫调与戏文使用之词调考略　谢桃坊　东南大学学报　2005年04

期　2005 年 7 月

试说散曲曲牌的形成途径　东甫　阅读与写作　2005 年 11 期　2005 年 11 月

论叶宪祖杂剧的南北曲运用　陈贞吟　国文学报（高雄师大）　3 期　2005 年 12 月

昆曲曲调的组合形式考述　俞为民　东南大学学报　2006 年 01 期　2006 年 1 月

元曲声、词关系研究　许莉莉　艺术百家　2006 年 01 期　2006 年 1 月

唐宋词调与皖南目连戏声腔曲牌的关系　陈星、张隽　阜阳师范学院学报　2006 年 02 期　2006 年 3 月

《骤雨打新荷》是词调还是曲牌　潘慎、秋枫　文化月刊（诗词版）　2006 年 03 期　2006 年 3 月

试论明散曲中的北曲带过曲　陈贞吟　高雄师大学报·人文与艺术类　20 期　2006 年 6 月

《天宝遗事》诸宫调首套【集贤宾】"飞花落絮无定止"套初探　陈薇新　台湾戏专学刊　13 期　2006 年 7 月

曲牌组合形式之探讨　施德玉　艺术学报　79 期　2006 年 10 月

元曲中平声上声是否可通用　刘江平　当代散曲　4 期　2006 年 10 月

《张协状元》所用曲牌的曲律学考察　许建中　中华戏曲　34 辑　2006 年 11 月

"诸宫调"、"北曲"之所谓"宫调"疑议　洛地戏曲论集　洛地　台北："国家出版社"　2006 年 11 月

　　~改题：诸宫调、元曲之所谓"宫调"疑议　洛地　江苏师范大学学报　2013 年 05 期　2013 年 9 月

《错立身》、《小孙屠》所用曲牌的曲律学考察　许建中　2006 年江苏省哲学社会科学界学术大会论文集（下）　2006 年 12 月

　　~文学遗产　2007 年 06 期　2007 年 11 月

谈元散曲中的小令及带过曲　史航　辽宁高职学报　2006 年 06 期　2006 年 12 月

论明清时期文人曲词对南北曲曲牌定腔的影响　许莉莉　齐鲁学刊　2007 年 01 期　2007 年 1 月

浅议戏曲史上的"南北调合腔"　吴金宝　艺术教育　2007 年 07 期　2007 年 7 月

《长生殿》南北合套的艺术　李晓　戏曲研究　74 辑　2007 年 8 月

曲牌考释：目的与方法　冯光钰　音乐探索　2007年04期　2007年12月
集曲体式初探　施德玉　戏曲学报　2期　2007年12月
元杂剧"楔子"的宫调、曲牌分析　何光涛　四川戏剧　2008年01期　2008年1月
明代内府杂剧曲调研究　郑莉、邹代兰　江西师范大学学报　2008年01期　2008年2月
试论南北《西厢记》的宫调曲牌　王胜男　西南交通大学学报　2008年01期　2008年2月
传统曲牌【打枣竿】的嬗变　杨玉芹　音乐探索　2008年01期　2008年3月
由《教坊记》探曲牌形成　李放　文化学刊　2008年02期　2008年3月
传统曲牌【倒搬桨】考略　杨玉芹　艺术教育　2008年05期　2008年5月
《全元散曲》辑录的南套、南北合套考辨　许建中　西北师大学报　2008年03期　2008年5月
传统曲牌【寄生草】探源溯流　杨玉芹　星海音乐学院学报　2008年02期　2008年6月
传统曲牌【劈破玉】考略　杨玉芹　齐鲁艺苑　2008年03期　2008年6月
施绍莘《花影集》北曲析探　钟文伶　中华人文社会学报　9期　2008年9月
论元明以来曲谱的转型　许莉莉　戏曲研究　76辑　2008年9月
元杂剧"尾声"运用情况的量化分析　何光涛、刘飞滨　四川戏剧　2008年05期　2008年9月
《白苎歌》：从乐府到元曲　方孝玲　合肥师范学院学报　2008年05期　2008年9月
北曲在传奇中的应用　廖藤叶　辅仁国文学报　27期　2008年10月
北曲般涉调【耍孩儿】与【煞】曲研究　李国俊　国文学志　17期　2008年12月
《全明散曲》中带过曲之研究——元明带过曲使用情况之考察　高美华　国文学志　17期　2008年12月
宋元尾声论稿　吴敢　戏曲研究　2008年03期　2008年12月
南、北曲交化下曲牌变迁之考察　林佳仪　戏曲学报　4期　2008年

12月
古代戏曲尾声研究　吴敢　文化艺术研究　2009年03期　2009年5月
宋金曲之曲体及曲调　刘崇德　合肥师范学院学报　2009年05期　2009年9月
曲牌【山坡羊】之探讨　叶添芽　艺术学报　85期　2009年10月
《全元散曲》般涉调曲套程序析论　侯淑娟　东吴中文学报　18期　2009年11月
论诸宫调的宫调与曲牌　于新洁　广播歌选　2009年12期　2009年12月
浅谈朱有燉杂剧的音乐体制　郑莉　新疆艺术学院学报　2009年04期　2009年12月
明代选本型曲谱考述　俞为民　戏曲学报　6期　2009年12月
【山坡羊】曲调源流述考　杨栋　文学遗产　2010年02期　2010年3月
宋元戏文残佚剧目所用曲牌的曲律学考察　许建中　戏曲研究　81辑　2010年9月
三声通协与词曲之辨　田玉琪　纪念辛弃疾诞生870周年"辛弃疾与词学"国际学术论坛论文集　2010年10月
～上饶师范学院学报　2011年01期　2011年2月
论明至清初曲依"活腔"、"定腔"填词　许莉莉　东南大学学报　2010年06期　2010年11月
曲调的产生与曲体的变异　俞为民　南京社会科学　2010年12期　2010年12月
词、曲按"牌"填词的比较分析　武秋莉　语文学刊　2010年23期　2010年12月
曲韵研究　俞为民　艺术百家　2011年01期　2011年1月
【醉落魄】曲牌的流变考　王丽丽　黄冈师范学院学报　2011年01期　2011年2月
从北曲格律看词曲渊源　吕薇芬　文学遗产　2011年02期　2011年3月
曲牌【尾声】之研究　叶添芽　艺术学报　7卷1期　2011年4月
冯惟敏《喜雪》"雪花儿飞"二首曲牌考证　何慧怡　问学　15期　2011年6月
论曲牌　庄永平　戏曲学报　9期　2011年6月
明杂剧北曲联套隅论　许子汉　东华汉学　13期　2011年6月

沈璟《增定南九宫曲谱》对南曲宫调、曲牌的规范化　石艺　中国韵文学刊　2011年03期　2011年7月

南北合套成因初探　郭新云　大众文艺　2011年14期　2011年7月

《南曲九宫正始》曲韵标注七凡　武晔卿　华章　2011年23期　2011年8月

带过曲简论　憨斋　阅读与写作　2011年11期　2011年11月

带过曲成因新探　杨栋、时俊静　求是学刊　2011年06期　2011年11月

《琵琶记》对明清戏曲音律理论的影响　朱芝芬　河西学院学报　2011年06期　2011年12月

论南北曲曲调系统对词调的继承　刘芳　兰州学刊　2012年06期　2012年6月

元曲中的北地番曲曲牌　时俊静　民族文学研究　2012年03期　2012年6月

《中原音韵》"乐府三百三十五章"辨正　时俊静　河北师范大学学报　2012年04期　2012年7月

明杂剧曲体论　徐子方　文艺研究　2012年08期　2012年8月

论《乌夜啼》曲牌来源及其填制　王莉　玉林师范学院学报　2012年04期　2012年8月

"曲牌"本不分"南"、"北"　解玉峰　南京大学学报　2012年06期　2012年11月

《永乐大典戏文三种》的套曲与套式　许建中　南京大学学报　2012年06期　2012年11月

李玉《北词广正谱》收录北曲尾声曲牌之类型变化及其实际运用　李佳莲　台大中文学报　39期　2012年12月

北曲南唱和昆唱北曲——元明戏曲曲体发展演变的一点思考　徐子方　艺术百家　2013年01期　2013年1月

唐宋词曲关系新探——曲调、曲辞、词谱阶段性区分的意义　戴伟华、张之为　音乐研究　2013年02期　2013年3月

元曲曲牌的地域来源　时俊静　戏曲研究　2013年01期　2013年4月

宋代乐曲与南戏北剧承传之探讨　侯淑娟　东吴中文学报　25期　2013年5月

《落梅风》体制源流论　高莹、孙浦华　河北师范大学学报　2013年04期　2013年7月

昆曲集曲考释　刘于锋　江苏教育学院学报　2013 年 05 期　2013 年 9 月

沈璟的《论曲》散套与戏曲音律论　俞为民　徐州工程学院学报　2013 年 05 期　2013 年 9 月

四、批评论

【著作】

王骥德《曲律》研究　叶长海　上海：中国戏剧出版社　1983 年 2 月　118 页

　　序；引言；第一章　王骥德与《曲律》的写作；第二章《曲律》的创作论；第三章《曲律》的作家作品论；第四章《曲律》的声律、修辞论；第五章《曲律》的理论研究特色(代结语)

中国戏剧学史稿　叶长海　上海：上海文艺出版社　1986 年 6 月　548 页
◎北京：中国戏剧出版社　2005 年 10 月　582 页

　　绪论；第一章　中国戏剧学溯源；第二章　元代戏剧学的兴起；第三章　明前期的戏剧观；第四章　明中期的戏剧学的转机；第五章　万历时期戏剧学的崛起；第六章　王骥德；第七章　明晚期戏曲论的发展；第八章　评点、曲谱及其他；第九章　清初戏剧学的新潮；第十章　李渔；第十一章　清中期戏剧学的新成就；第十二章　古代戏剧学的余辉；第十三章　王国维及晚清戏剧学新貌；结束语；后记；再版后记；人名书名索引；史论概念索引

　　○以史为论　提纲挈领——叶长海《中国戏剧学史》读后　穆欣欣　戏曲艺术　1998 年 03 期　1998 年 8 月

中国散曲学史研究(续编)　杨栋　济南：山东大学出版社　1998 年 6 月　224 页　山东大学中国古代文学博士学位论文丛书

　　序(袁世硕)；第一章　明代散曲学概观；第二章　明代散曲学三大家；第三章　传统散曲学的衰微与近代散曲学；附录一：答辩委员会决议与同行专家评阅意见；附录二：征引书目举要；后记

中国散曲学史研究　杨栋　北京：高等教育出版社　1998 年 10 月　226 页　高校文科博士文库

　　丛书总序；前言；第一章　导论：散曲学与散曲学史；第二章　散曲起源

及元前之跟踪研究;第三章 元代散曲学概观;第四章 元代散曲学三大家;参考文献;后记

曲话文体考论 杨剑明 北京:中国戏剧出版社 2005年12月 442页 艺海观潮丛书

序(陈多);导论:无从取法的曲话文体;第一章 曲话的文体源头考索;第二章 唐宋曲话的即时实录与曲话的文体形成;第三章 曲话的议论属性与元明曲话的历史发展;第四章 曲话的属性关系与清曲话的历史嬗变;结束语:在研究的终点与历史的定位之间;附录:一 王国维美学和艺术研究学术动机生成中的比较论理路;二 曲话文体考论的方法;三 曲话称名词语的义蕴源流;四 曲话的称名定体;五 曲话的题目与序跋之间的义例生发关系;六 曲话文体属性的认识历程;七 断限曲话的历史依据与学理逻辑(上);八 断限曲话的历史依据与学理逻辑(下);参考引用文献要目;跋

◎上海:上海古籍出版社 2013年12月 418页 中华戏剧史论丛书

中国古代戏剧研究论辩 李修生、康保成、黄仕忠等 南昌:百花洲文艺出版社 2007年4月 381页 20世纪中国学术论辩书系·文学卷

绪论;第一章 戏剧、戏曲名实辨;第二章 中国戏剧起源的论争;第三章 元杂剧若干问题的论争;第四章 南戏问题的论争;第五章《琵琶记》问题的论争;第六章 汤显祖、沈璟与明代戏曲;第七章《长生殿》的讨论;第八章 孔尚任和《桃花扇》的研究;第九章 新文化运动与传统戏剧论争;第十章 20世纪戏曲文物的发现及其在戏曲史研究上的意义;后记;编写说明;编辑后记

○"不畏浮云遮望眼　只缘身在最高层"——简评《中国古代戏剧研究论辩》 梁燕 民主 2009年04期 2009年4月

【学位论文】

曲话文体考论 杨剑明 上海戏剧学院 2004年 博士论文

李渔的戏曲理论 刘幼娴 (高雄)"中山大学" 2004年 博士论文

元杂剧批评史论——古代部分 陈建华 华东师范大学 2005年 博士论文

元代散曲观念研究 刘凤玲 首都师范大学 2008年 博士论文

李渔的整体戏剧观念及其理论研究 高源 山东大学 2008年 博士论文

中国古代戏曲目录体批评研究　唐明生　武汉大学　2010 年　博士论文
吴瞿安先生之曲学及其剧作研究　黄立玉　台湾师范大学　1989 年　硕士论文
明代戏曲本色论　侯淑娟　"东吴大学"　1993 年　硕士论文
祁彪佳戏曲理论研究　邱琼慧　政治大学　1993 年　硕士论文
中国戏曲本体论质疑　钱久元　华东师范大学　1999 年　硕士论文
李渔剧论研究百年(1901—2000)检讨　蔡东民　上海戏剧学院　2007 年　硕士论文
李渔《闲情偶寄》之曲论研究　庞瑞东　内蒙古师范大学　2007 年　硕士论文
元人元曲批评文体研究　唐明生　武汉大学　2007 年　硕士论文
《四库全书总目》词曲观研究　卢盈君　政治大学　2009 年　硕士论文
臧懋循曲学观探微　刘敏　兰州大学　2011 年　硕士论文
徐复祚戏曲理论研究　许春元　福建师范大学　2011 年　硕士论文
胡忌《宋金杂剧考》研究　赵国栋　上海戏剧学院　2012 年　硕士论文

【单篇论文】

1. 辨名

曲调之正名　渠阁　大公报·戏剧副刊　1929 年 3 月 29 日—4 月 26 日
杂剧释义　大公报·戏剧副刊　1929 年 11 月 1 日
传奇与杂剧之解释　徐秋生　戏剧月刊　3 卷 9 期　1931 年 7 月
"弦索""杂剧""传奇"小释　长泽　半月剧刊　7 期　1936 年 12 月
词名考源(词曲牌名之来源)　江寄萍　新光杂志　1 卷 4、5 期　1940 年 6、7 月
词名的创作(词曲牌名之来源)　蒙钰　新民报半月刊　3 卷 13 期　1941 年
诸宫调名目琐谈　阎万章　经世日报读书周刊　34 期　1947 年 4 月 9 日
从元曲谈到戏曲的问题　胡忌　光明日报　1957 年 3 月 3 日
　~菊花新曲破:胡忌学术论文集　北京:中华书局　2008 年 9 月
散曲·曲牌·带过曲　人民日报　1965 年 2 月 1 日
关于"戏曲"定名问题的新发现　谢柏梁　学术研究　1988 年 02 期　1988 年 3 月
"院本"之概念及其演出风貌　胡忌　中华戏曲　8 辑　1989 年 5 月

~菊花新曲破:胡忌学术论文集　北京:中华书局　2008年9月
"戏曲"、"永嘉戏曲"首见处　胡忌、洛地　艺术研究　11辑　1989年12月
　　~改题:"戏曲"、"永嘉戏曲"的首见　洛地　洛地戏曲论集　台北:"国家出版社"　2006年11月
说传奇　王卓华　殷都学刊　1990年01期　1990年4月
散曲得名于何时　田守真　文史杂志　1991年04期　1991年8月
戏曲考　叶长海　戏剧艺术　1991年04期　1991年12月
宋无"南戏"说发微　陈多　艺术百家　1992年02期　1992年4月
和、乱、艳、趋、送与戏曲帮腔合考　黄仕忠　文献　1992年02期　1992年7月
读曲札记之一·散曲之名　余国钦　内蒙古师大学报　1993年02期　1993年7月
也谈"南戏"的名称、渊源、形成与流播　曾永义　中国文哲研究集刊　11期　1997年9月
　　~戏曲源流新论　曾永义　台北:立绪文化事业有限公司　2000年4月
也谈明传奇的界定　朱建明　艺术百家　1998年01期　1998年3月
谈《教坊记》中"戏"的涵义　宁俊红　社科纵横　1998年04期　1998年8月
论"院幺"　黄永堂　贵州大学学报　1999年04期　1999年7月
也谈"北剧"的名称、渊源、形成与发展　曾永义　戏曲源流新论　台北:立绪文化事业有限公司　2000年4月
戏曲"关目"义涵之探讨　许子汉　东华人文学报　2期　2000年7月
中国古代小说与戏曲概念之比较　沈新林　淮阴师范学院学报　2000年04期　2000年8月
元人"乐府"二题　张正学　南都学坛　2000年04期　2000年8月
戏曲术语"科"、"介"与北剧、南戏之仪式渊源　康保成　文学遗产　2001年02期　2001年3月
戏曲辨义　洛地　洛地文集·戏剧卷　卷1　西雅图:艺术与人文科学出版社　2001年5月
"散曲"名实辨述略　赵义山　文史知识　2001年08期　2001年8月
"南戏"本义与发源地考　刘晓明　广东教育学院学报　2001年03期　2001年9月

曲学基本术语考辨二则（编按：辨"元曲"及"词曲"）　杨栋　中国韵文学刊　2001年02期　2001年12月
集曲与犯调　憨斋　阅读与写作　2008年08期　2002年8月
王国维"戏剧"、"戏曲"内涵之我见——与冯健民先生商榷　李伟　东南大学学报　2003年01期　2003年1月
元杂剧"折"的本义与起始　李日星　文献　2003年02期　2003年4月
院本考辨　焦中栋　培训与研究（湖北教育学院学报）　2003年04期　2003年7月
"院本"考　憨斋　阅读与写作　2003年11期　2003年11月
院本名目之"和曲院本"与"诸杂砌"试解　王宁　中华文史论丛　74辑　2004年1月
　　～山西长治赛社与乐户文化国际学术研讨会论文集（上册）　2006年8月
金代院本并非"行院之本"　王万岭　戏曲研究　64辑　2004年3月
"戏剧"考　陈维昭　云南大学学报　2004年02期　2004年4月
元刊杂剧"折"的起始与本义　王万岭　戏曲研究　65辑　2004年5月
关于"散曲"、"套数"与"散套"　东甫　阅读与写作　2005年03期　2005年3月
传奇概念的界定和传奇与南戏的历史分界问题　范红娟　励耘学刊（文学卷）　2005年01期　2005年4月
　　～改题：传奇概念的界定及与南戏的历史分界问题　学术论坛　2005年05期　2005年5月
明人"传奇"称名的观念基础及其渊源　徐大军　杭州师范学院学报　2006年03期　2006年5月
"南戏"名称考略　徐顺平　温州大学学报　2007年01期　2007年1月
宋代杂剧名词考释　陈志勇　四川戏剧　2007年02期　2007年3月
"院本"是行院之本吗？　刘晓明　中华文史论丛　86辑　2007年6月
戏曲"科诨"义界之探讨　游宗蓉　东华人文学报　11期　2007年7月
宋元"小唱"名实辨　赵义山　文艺研究　2008年01期　2008年1月
　　～改题：论宋元"小唱"之名同实异　赵义山　宋代文化研究　16辑　2009年1月
散曲、小曲与清曲　兰拉成　宝鸡文理学院学报　2008年02期　2008年4月
论说"戏曲剧种"　曾永义　曾永义学术论文自选集　北京：中华书局

2008 年 8 月
元杂剧"宾白"探源　史金明　东方艺术　2008 年 S1 期　2008 年 8 月
《教坊记》中"戏"之探考　张晓兰　理论界　2009 年 01 期　2009 年 1 月
从只重文本到兼顾舞台:杂剧概念的古今演变　徐子方　中国社会科学报　2010 年 7 月 13 日
"南戏"是剧种名称吗？　王志毅　艺术探索　2012 年 01 期　2012 年 2 月
折子戏研究中的几个概念　李慧　文化与传播　2012 年 02 期　2012 年 4 月
小曲、曲牌辨异　路应昆　星海音乐学院学报　2012 年 04 期　2012 年 12 月
戏曲批评概念与实践　李惠绵　戏曲学报　10 期　2012 年 12 月
明代弹词名实新辨　韩洪波、陈安梅　天中学刊　2013 年 03 期　2013 年 6 月

2. 分类说

《元曲选》之分类及研究　〔日〕盐谷温撰,陈楚桥译　北平晨报·剧刊　22 期　1931 年 5 月 25 日
论元人杂剧之分类　罗锦堂　新亚学报　4 卷 2 期　1960 年 2 月
　～改题:元人杂剧之分类　锦堂论曲　罗锦堂　台北:联经出版事业公司　1977 年 3 月
戏弄·戏文·戏曲——中国戏曲三类　洛地　洛地文集·戏剧卷　卷 1　西雅图:艺术与人文科学出版社　2001 年 5 月
论元杂剧的分类研究　赵山林　诗词曲论稿　北京:中华书局　2006 年 12 月
散曲小令分类概说　测海　阅读与写作　2011 年 10 期　2011 年 10 月
明代传奇目录分类研究　欧阳菲　中山大学研究生学刊　2013 年 02 期　2013 年 6 月

3. 功能论及价值论

戏曲教化功能的失范——元杂剧衰微论之一　杜桂萍　北方论丛　1997 年 01 期　1997 年 1 月
明人推尊戏曲及其文学观念的转变　李金松　福建师范大学学报　1998 年 04 期　1998 年 10 月
论明人之推尊戏曲　李金松　艺术百家　1998 年 04 期　1998 年 12 月

论词与曲作为格律诗的辅助诗体的作用　王珂　青岛科技大学学报　2003年01期　2003年3月
崇高化与娱乐性：中国戏曲发展的二重变奏　陈维昭　戏剧艺术　2003年03期　2003年6月
格律诗是古代汉诗主导诗体的原因——兼论词与曲在古代汉诗中的文体调和作用　王珂、代绪宇　南都学坛　2003年06期　2003年11月
"自娱娱人"：王国维戏曲功能观发微　汪芳启　戏曲研究　69辑　2006年2月
论元杂剧的"自娱娱人"说　宋希芝　戏剧文学　2006年07期　2006年7月
明清女性序跋作者的戏曲功能论　刘奇玉　湖南大学学报　2008年06期　2008年11月
试论推尊曲体与古代戏曲的文体建构　程华平　文艺理论研究　2009年06期　2009年11月
宋明时期戏曲教化意识在曲学结构中的地位流变探微　王斌　名作欣赏　2010年27期　2010年9月
论元代戏曲的尊体现象　汪超　安庆师范学院学报　2010年10期　2010年10月
中国古代目录与戏曲文体地位的变迁　王瑜瑜　四川戏剧　2011年02期　2011年3月
文类等级与身份认同研究——以中国古代戏曲为个案　陈军　社会科学研究　2011年05期　2011年9月

4. 历代文体批评和批评文体

中国戏曲史方法短论　岑家梧　现代史学　2卷4期　1935年10月
中国戏曲观念之改变与戏曲学之进步（社论）　文史杂志　3卷11、12期合刊　1944年12月
中国唐代的戏剧批评　夏写时　文艺论丛　6辑　上海：上海人民出版社　1979年2月
我国古代的戏曲起源说与本质论　李克和　湘潭大学学报　1989年02期　1989年7月
明代曲论中"本色"与"当行"相结合的理论　王星琦、张宇声　南京师大学报　1990年02期　1990年7月
论散曲学与散曲学史　杨栋　河北师院学报　1995年02期　1995年

4月

元明戏曲观念之变迁——以《琵琶记》的评论与版本比较为线索　黄仕忠　艺术百家　1996年04期　1996年12月

明清时代杂剧观念的嬗变　解玉峰　山东师大学报　1997年05期　1997年9月

曲谱研究十五年　周维培　古典文学知识　1998年02期　1998年3月

古代曲论中的"本色"论　赵山林　文艺理论研究　1998年02期　1998年4月

试论戏曲史上的品评体论著　林虹　福建论坛　1998年04期　1998年8月

"本色论"在明代的两次论争　王汉民　戏剧　1998年04期　1998年10月

论元代曲论的务实尚用　赵义山　佛山科学技术学院学报　1999年01期　1999年1月

南戏研究的百年回顾　朱恒夫　古典文学知识　1999年01期　1999年1月

宝卷学发凡　濮文起　天津社会科学　1999年02期　1999年4月

独特的戏中论曲　朱万曙　中国典籍与文化　1999年03期　1999年8月

明代曲论中的当行论　解玉峰　学术月刊　1999年09期　1999年9月

元曲渊源研究述评　赵义山　中国韵文学刊　1999年02期　1999年9月

中国戏曲本体论质疑　钱久元　艺术百家　1999年03期　1999年9月

元人"元曲"观辨　王昊　社会科学战线　2000年01期　2000年1月

明代戏曲评点中的风格论　朱万曙　南京师大学报　2000年01期　2000年1月

明代前期元剧研究论略　陆林　河北学刊　2000年01期　2000年1月

论元杂剧作家体裁意识的模糊性　刘衍青　固原师专学报　2000年04期　2000年8月

明清曲论中的"本色"论　潘莉　阴山学刊　2000年04期　2000年8月

20世纪元散曲体式特征研究述评　赵义山　佛山科学技术学院学报　2000年04期　2000年10月

中国宝卷研究的世纪回顾　车锡伦　东南大学学报　2001年03期　2001年9月

晚清以来的弹词研究——兼论清代女作家弹词的文体定位　鲍震培　天津社会科学　2002 年 02 期　2002 年 3 月
20 世纪中国戏剧起源研究之检讨　解玉峰　戏史辨　3 辑　2002 年 8 月
20 世纪的中国戏剧起源研究　康保成　戏史辨　3 辑　2002 年 8 月
关于中国古代小说与戏曲关系研究的回顾与思考　徐大军　甘肃社会科学　2003 年 01 期　2003 年 1 月
"戏文三种"与"四大南戏"研究综述　张大新　周口师范学院学报　2003 年 01 期　2003 年 1 月
论明清戏曲选本的戏曲特征观　朱崇志　中华戏曲　29 辑　2003 年 6 月
明代曲论中的"本色""当行"考辨　梁海　大连理工大学学报　2003 年 03 期　2003 年 9 月
关于二十世纪诸宫调的整理与研究　龙建国　文学评论　2003 年 06 期　2003 年 11 月
回归案头——关于古代戏曲文学研究的构想　康保成　文学遗产　2004 年 01 期　2004 年 1 月
明代戏曲文律论之开展演变　李惠绵　台大中文学报　20 期　2004 年 6 月
元代戏剧观念的创造性分化及其意义　徐大军　艺术百家　2004 年 06 期　2004 年 12 月
从"杂剧"、"传奇"的称名看元人戏剧观念的分野及其意义　徐大军　戏剧艺术　2004 年 06 期　2004 年 12 月
立"戏剧谥法"，成"元剧史"公言——《录鬼簿》文体考论　杨剑明　云南艺术学院学报　2005 年 03 期　2005 年 9 月
清代戏曲审美风格理论初探　陈刚　内蒙古社会科学（汉文版）　2006 年 03 期　2006 年 5 月
明清戏曲批评视野中的雅俗之论　胡建次　苏州科技学院学报　2006 年 02 期　2006 年 5 月
试论元人元曲批评之目录体　唐明生　三峡大学学报　2006 年 04 期　2006 年 7 月
明人之当代戏剧研究论略　陆林　中华戏曲　2006 年 02 期　2006 年 11 月
南戏体例"输入"说质疑——以《张协状元》与《沙恭达罗》为例　郑传寅　武汉大学学报　2007 年 01 期　2007 年 1 月
明清戏曲审美风格理论的总体态势　陈刚　宁夏社会科学　2008 年 02 期

2008年3月
二十世纪元杂剧的文体研究　魏一峰　咸宁学院学报　2008年02期　2008年4月
试论元人元曲批评文体的文化背景　唐明生　湖北职业技术学院学报　2008年02期　2008年6月
剧中论曲———一种独特的评论形式　林芳、陈烨　赤峰学院学报(汉文版)　2008年07期　2008年7月
元人元曲批评之序文体探论　唐明生　襄樊学院学报　2009年04期　2009年4月
　　～改题:元人元曲批评之序文体探析　广西民族大学学报　2010年02期　2010年3月
明代前后期之南北曲盛衰观　赵义山　文学评论　2009年05期　2009年9月
试论戏曲目录体批评勃兴之因　唐明生　中国文化研究　2010年02期　2010年5月
试论戏曲目录体批评的文化背景　唐明生　襄樊学院学报　2010年07期　2010年7月
试论戏曲目录体批评"以人类书"的体制特点　唐明生　小说评论　2010年S2期　2010年9月
中国古代戏曲目录体批评研究　唐明生　长江学术　2010年04期　2010年10月
试论戏曲目录体批评的体制特点　唐明生　中国中外文艺理论研究(2011卷)　2011年6月
　　～2011年中国中外文艺理论学会年会暨"国外马克思主义文论与中国当代文论建构"国际学术研讨会
论明清曲论的规范曲学　汪超　重庆文理学院学报　2011年04期　2011年7月
"元曲"观念在元明两代的差异与衍变　张婷婷　南通大学学报　2011年06期　2011年11月
建国后中国古代戏曲序跋体批评研究述评　唐明生　湖北民族学院学报　2012年02期　2012年4月
中国古代藏书目录对古代戏曲文体特征的独特呈现　王瑜瑜　戏曲研究84辑　2012年4月
戏曲序跋体批评勃兴之因　唐明生　中国文化研究　2012年02期　2012

年 5 月
中国古代戏曲序跋体批评的文化语境　唐明生　文化与诗学　2012 年 01 期　2012 年 9 月
明清咏剧小曲研究　朱崇志　中国文学研究　20 辑　2012 年 12 月
中国古典戏曲理论批评视野中的曲"丽"论　何世剑　南昌大学学报　2013 年 04 期　2013 年 7 月
百年来明清小曲研究述略　冯艳　河南师范大学学报　2013 年 05 期　2013 年 9 月
明代曲学中的本色论　祁志祥　社会科学辑刊　2013 年 06 期　2013 年 11 月

5. 专书及学者

李渔戏剧论综述　朱东润　国立武汉大学文哲季刊　3 卷 4 号　1936 年 12 月
　　～中国文学论集　朱东润　北京：中华书局　1983 年 4 月
　　～20 世纪中国文学研究论文选·清代卷　汪龙麟选编　北京：社会科学文献出版社　2010 年 1 月
张庚的"剧诗"说　朱颖辉　文艺研究　1984 年 01 期　1984 年 3 月
　　～古典小说戏剧名作赏析　《名作欣赏》编辑部编　太原：山西人民出版社　1985 年 9 月
中国戏曲成熟的标志——王国维"戏曲形成于元代"说补正　冯健民　西南师范大学学报　1986 年 04 期　1986 年 12 月
"整整在目，而后可施结撰"——试论《闲情偶寄》对《曲律》戏曲结构论的继承和发展　陈龙　镇江师专学报　1987 年 02 期　1987 年 7 月
李渔论元曲　黄强　河北学刊　1991 年 06 期　1991 年 12 月
《曲律》浅论——兼比较王骥德与沈璟的曲学理论　顾聆森　艺术百家　1992 年 03 期　1992 年 6 月
王国维中国戏剧起源论辨析　胡淑芳　湖北师范学院学报　1998 年 02 期　1998 年 4 月
张庚剧诗说辨析——与施旭升先生商榷　安葵　戏剧艺术　1998 年 03 期　1998 年 6 月
芝庵《唱论》论考　杨栋　河北学刊　1998 年 05 期　1998 年 9 月
《公莫舞》与王国维中国戏剧成因外来说　姚小鸥　文艺研究　1998 年 05 期　1998 年 11 月

~吹埙奏雅录　姚小鸥自选集　姚小鸥　北京:北京广播学院出版社　2004年8月
刘熙载的风格论　曹保合　中华女子学院学报　1998年04期　1998年12月
论两种戏剧观念——再读《宋元戏曲史》和《唐戏弄》　解玉峰　文艺理论研究　1999年01期　1999年2月
王骥德《曲律》与诗学传统　解玉峰　中华戏曲　1999年02期　1999年3月
~戏剧　1999年03期　1999年7月
王国维南戏论述之再认识——兼论宋戏文与元明南戏　朱建明　艺术百家　2000年01期　2000年3月
王骥德《曲律》之散曲理论探略　王宁　文艺研究　2000年05期　2000年9月
沈璟"合律依腔"理论述评　程芸　文学遗产　2000年05期　2000年9月
王骥德"本色""当行"曲论的内涵及成因　潘莉　山西大学学报　2000年04期　2000年11月
凌濛初"本色""当行"曲论的内涵　潘莉　上海艺术家　2001年03期　2001年6月
王国维对宋杂剧的误解　张世宏　中州学刊　2002年01期　2002年1月
试论杨朝英的散曲学观——兼说曲学史上格律派与文学派的第一次论争　杨栋　求是学刊　2002年02期　2002年3月
《公莫舞》剧本定性研究评述　刘瑞明　中国文化研究　2002年03期　2002年8月
李渔的戏曲观　沈新林　南通师范学院学报　2002年04期　2002年11月
《巾舞歌辞》研究的历史真相——驳《〈公莫舞〉剧本定性研究评述》　姚小鸥　中国文化研究　2003年03期　2003年8月
明代戏曲文人化的两个方面——重评汤沈之争　俞为民　东南大学学报　2004年01期　2004年1月
徐渭的俗文化戏曲观简论　郑小雅　固原师专学报　2004年01期　2004年1月
王阳明的"戏曲有益风化"论　王颖泰　艺术百家　2004年02期　2004

年4月
周德清北曲文律论析探　李惠锦　汉学研究　22卷1期　2004年6月
"剧诗说"与"表演中心论"——试析张庚的戏曲本质论及其内在张力　汪余礼　戏曲艺术　2005年02期　2005年5月
重论汤显祖《牡丹亭》之音律及"汤沈之争"的曲学背景　陈伟娜、刘水云　温州师范学院学报　2005年04期　2005年8月
"能于浅处见才，方是文章高手"——简论李渔关于曲文的典雅与通俗观　骆兵　江西财经大学学报　2005年05期　2005年9月
　~浙江艺术职业学院学报　2005年03期　2005年9月
王国维"戏剧"、"戏曲"区分之我见　肖瑾　四川戏剧　2005年05期　2005年9月
论孟称舜的戏曲理论——以《古今名剧合选》序及评点为视点　周永忠　广西大学学报　2006年02期　2006年4月
李渔戏曲结构论　王佳磊　云南艺术学院学报　2006年02期　2006年6月
从依字声行腔与南曲用韵看汤沈之争的曲学背景与论争实质　刘召明　戏剧艺术　2006年03期　2006年6月
"道学"与汤显祖的文体选择　程芸　武汉大学学报　2006年05期　2006年9月
凌濛初的曲学"本色"论　郑小雅　泉州师范学院学报　2006年05期　2006年9月
论《牡丹亭》文人评点本的"文体"自觉　涂育珍　艺术百家　2007年05期　2007年9月
论钟嗣成《录鬼簿》的散曲观　刘凤玲　艺术百家　2007年05期　2007年9月
论李贽戏曲尊体观　汪超、刘敏　语文学刊　2007年17期　2007年9月
冯梦龙戏曲序跋研究　李志远　中华戏曲　2008年01期　2008年6月
汤沈之争与晚明曲学形态　陈维昭　文化遗产　2008年03期　2008年8月
从《曲律》看王骥德的曲学思想　赵敏　山西大同大学学报　2008年04期　2008年8月
徐渭曲论说略　李映冰　中国古代小说戏剧研究丛刊　6辑　2008年12月
重评"汤沈之争"　汪超　戏剧文学　2009年01期　2009年1月

元杂剧剧曲联套的奥秘——美国学者章道犁的元曲研究述评　曹广涛　韶关学院学报　2009年02期　2009年2月

《南词叙录》曲学思想论析　夏爽　辽宁行政学院学报　2009年06期　2009年6月

黄周星曲学的尊体意识研究　万伟成、李克和　戏剧文学　2009年08期　2009年8月

论沈璟《增定南九宫曲谱》的集曲收录及其集曲观　黄思超　戏曲学报　6期　2009年12月

"能为曲者方能为词"——尤侗词曲观考释　邹锋　中山大学研究生学刊　2010年03期　2010年9月
　　~改题:尤侗词曲观考释　温州大学学报　2011年02期　2011年3月

刘咸炘的戏曲观及其学术史意义　何诗海　中国韵文学刊　2010年04期　2010年12月

论《四库全书总目》的戏曲文体批评　徐燕琳　中山大学学报　2011年01期　2011年1月

李玉《北词广正谱》中"南戏北词正谬"探究　李佳莲　戏曲研究　82辑　2011年4月

徐渭的《南词叙录》和南戏研究　俞为民　戏曲艺术　2011年02期　2011年5月

辨体与合体——李渔的词曲渗透之论及其时代　张宏生　中国韵文学刊　2011年03期　2011年7月

论《曲品》的传奇批评与万历曲学命题　黄振林　江汉论坛　2011年09期　2011年9月

孟称舜戏曲艺术风格论　吴庆晏　绍兴文理学院学报　2011年06期　2011年11月

卢前散曲理论刍议　郑海涛、赵欣　中国诗歌研究　8辑　2011年12月

徐沁君先生的曲牌例话　叶长海　扬州大学学报　2012年01期　2012年1月

《中原音韵》的曲学思想及其影响　封传兵　中国韵文学刊　2012年01期　2012年1月

浅析张庚"剧诗说"的形成与特色　张莉　艺术教育　2012年01期　2012年1月

《四库全书总目·集部·词曲类》编撰散论　许超杰　中国韵文学刊　2012年02期　2012年4月

清代中叶常州曲学观念研究——以钱维城、张琦为例　胡瑜　戏剧文学 2012 年 04 期　2012 年 4 月

《艺概·词曲概》曲学理论探析　卢柏勋　中国语文　110 卷 5 期　2012 年 5 月

《永乐大典戏文三种》研究述评　李占鹏　黄冈师范学院学报　2012 年 04 期　2012 年 8 月

徐渭《南词叙录》重本色的戏剧美学思想　杜琳　文教资料　2012 年 23 期　2012 年 8 月

沈璟曲论及其承继与影响探析　卢柏勋　东吴中文研究集刊　18 期　2012 年 10 月

宗元视野下的汤沈之争　李亦辉　艺术评论　2012 年 11 期　2012 年 11 月

浅析凌濛初的"本色论"　梁琨　新乡学院学报　2012 年 06 期　2012 年 12 月

吕天成"当行"观探微　李亦辉　社会科学辑刊　2013 年 01 期　2013 年 1 月

周德清乐府概念的特定涵义　张行健　包头职业技术学院学报　2013 年 03 期　2013 年 6 月

王国维与戏曲"尊体"论　张晓兰　殷都学刊　2013 年 02 期　2013 年 6 月

凌廷堪对曲律的考证及其曲论　俞为民　戏曲艺术　2013 年 04 期　2013 年 11 月

探寻周德清"务头"之说本义　李晓　曲学　1 卷　2013 年 12 月

《新定九宫大成南北词宫谱》的曲学构建研究　李志远　中国古代小说戏剧研究　9 辑　2013 年 12 月

补 编

Ⅰ 通论编

【著作】

古代文学批评文体研究　吴作奎　武汉:武汉大学出版社　2014 年 12 月　238 页

　　导论;第一章 史书体批评文体研究;第二章 骈体批评文体研究;第三章 诗话体批评文体研究;第四章 元曲批评文体研究;第五章 评点体批评文体研究;后记

【单篇论文】

《典论·论文》文体学思想甄微　任竞泽　陕西师范大学学报　2014 年 01 期　2014 年 1 月

新世纪十年来先唐文体学研究的几个问题　孙少华　南都学坛　2014 年 01 期　2014 年 1 月

"充实的形式":汉语文体形式考析　熊江梅　中国文学研究　2014 年 01 期　2014 年 1 月

类书与文体学研究　吴承学、何诗海　古典文学知识　2014 年 01 期　2014 年 1 月

祖饯仪式与相关文体的生成空间　郗文倩　中山大学学报　2014 年 01 期　2014 年 1 月

早期字书与文体学　吴承学、何诗海　古典文学知识　2014 年 02 期　2014 年 3 月

魏晋南北朝女性的经世实践与文体成就　束莉　南开学报　2014 年 02 期　2014 年 3 月

文体宜兼:中古地学知识对六朝文体的重构　李翠叶　南京晓庄学院学报　2014 年 02 期　2014 年 3 月

《文笔式》"论体"和"定位"研究　卢盛江、杨宝珠　河南师范大学学报　2014年02期　2014年3月
文体意识、创作经验与《文心雕龙》研究　左东岭　文学遗产　2014年02期　2014年3月
从《隋志》集部与《汉志》诗赋略之比较看文学观念的演变　赵文婷　贵州师范大学学报　2014年02期　2014年4月
章学诚的文史之辨　梁结玲　湖北社会科学　2014年04期　2014年4月
"拟议"说对明代诗文辨体理论的影响　文爽　阜阳师范学院学报　2014年03期　2014年5月
《文心雕龙》三曹文体论与文学特性之揭橥　杨青芝　河北大学学报　2014年03期　2014年5月
古代文体学要籍叙录（一）　吴承学、何诗海　古典文学知识　2014年03期　2014年5月
论文体互动及其文学史意义　张仲谋　文艺理论研究　2014年03期　2014年5月
詹锳先生的文体风格论述略　詹福瑞、曹月芳　河北师范大学学报　2014年03期　2014年6月
"文各有体"　陈文新　南京师范大学文学院学报　2014年02期　2014年6月
基于《文心雕龙》的南朝文体观论略　袁君煊　临沂大学学报　2014年03期　2014年6月
上博简《孔子诗论》"文亡隐意"说的文体学意义　徐正英　文艺研究　2014年06期　2014年6月
《艺苑卮言》"辨体"方法论　郑柏彦　文与哲　24期　2014年6月
"文体"之辨　郑丽霞　牡丹江大学学报　2014年03期　2014年6月
汉语文学的文体意识及文体互渗　泓峻　中州大学学报　2014年03期　2014年6月
简论曹丕《典论·论文》中的文体说及其意义　吴芬芬　长春教育学院学报　2014年11期　2014年6月
曹雪芹的文体学思想——兼及脂评本《红楼梦》的文体文献学价值　任竞泽　文艺理论研究　2014年04期　2014年7月
中国古代文体学的学科意义与研究范式——兼评吴承学教授的中国古代文体学研究　彭玉平　求是学刊　2014年04期　2014年7月

明清《文心雕龙》文体论研究述评　李婧　黄冈师范学院学报　2014年04期　2014年7月

古代文体学要籍叙录（二）　吴承学、何诗海　古典文学知识　2014年04期　2014年7月

曹魏"尚实"政风与文体学　胡大雷　广西师范大学学报　2014年04期　2014年8月

《文选》之"文"辨　胡大雷　《文选》与中国文学传统——第九届《文选》学国际学术研讨会论文集　程章灿、徐兴无编　北京：中华书局　2014年8月

宋代文体类聚及相应文体学的兴起　朱迎平　中山大学学报　2014年05期　2014年9月

古代文体学要籍叙录（三）　吴承学、何诗海　古典文学知识　2014年05期　2014年9月

民国之际"文笔之辨"及其文学史意义　黄林蒙　常州大学学报　2014年05期　2014年9月

中国古代文论词典中范畴概念的思想展开　陶原珂　中州学刊　2014年09期　2014年9月

六朝文体内涵重释与刘勰、钟嵘论"奇"关系再辨——兼评中日学者关于《文心雕龙》与《诗品》文学观的论争　姚爱斌　中国文论　1辑　2014年9月

古代文体学研究漫议　吴承学、何诗海　古典文学知识　2014年06期　2014年11月

关于《文选》分体之三十九类说与其研究方法问题——《〈文选〉分体三种说论衡》之三　力之　中山大学学报　2014年06期　2014年11月

现代《文选》学文体研究综述　张铁慧、刘希瑞　长春师范大学学报　2014年11期　2014年11月

Ⅱ　辞赋编

【著作】

读赋通识　张庆利　北京：中国和平出版社　2014年3月　280页　古典文学通识系列

　　绪论；第一章　楚辞及其流变；第二章　赋体文学的源流；第三章　辞赋

文学的特征;第四章 辞赋艺术的鉴赏;第五章 辞赋学著作举要

【学位论文】

祝尧《古赋辩体》赋学思想源流探究　贾鹏枭　中山大学　2014 年　硕士论文

【单篇论文】

赋文体的概念及其产生与发展　徐志啸　古典文学知识　2014 年 01 期　2014 年 1 月

诗体赋的界定与文体发展　田野　边疆经济与文化　2014 年 01 期　2014 年 1 月

论连珠的正体与变体　彭敏哲　中国韵文学刊　2014 年 01 期　2014 年 1 月

《九歌》的篇目结构与祭祀体制　张二雄　湖南科技学院学报　2014 年 01 期　2014 年 1 月

《离骚》的韵律贡献——顿叹律与抒情调　冯胜利　社会科学论坛　2014 年 02 期　2014 年 2 月

论《鲁颂》在赋体形成中的意义　张旭晖　名作欣赏　2014 年 06 期　2014 年 2 月

司马相如"赋圣"说　许结　四川师范大学学报　2014 年 02 期　2014 年 3 月

论辞与赋——从文体渊源与文学方法两方面着眼　钱志熙　文艺理论研究　2014 年 02 期　2014 年 3 月

论赋韵批评与写作规范　许结　社会科学研究　2014 年 02 期　2014 年 3 月

论"盛览问作赋"的文学史意义　许结　华中师范大学学报　2014 年 02 期　2014 年 3 月

建安七体文论析　朱秀敏、宋金民　贵州大学学报　2014 年 02 期　2014 年 3 月

清华简《周公之琴舞》与楚辞"九体"　李颖　中国诗歌研究　10 辑　2014 年 4 月

"赋"源自民间　伏俊琏　中国社会科学报　2014 年 4 月 18 日

《汉书·艺文志·诗赋略序》赋源论新探　安小兰　中国诗歌研究　10 辑　2014 年 4 月

宾祭之礼与赋体文本的构建及演变　蒋晓光、许结　中国社会科学　2014年05期　2014年5月
浅论曹植的辞赋观　邱兴跃　青年文学家　2014年15期　2014年5月
连珠题材的演变与突破——明末以来连珠创作管窥　孙津华　河南教育学院学报　2014年03期　2014年5月
文体学视野中的"对问"、"设论"体　孙津华　聊城大学学报　2014年03期　2014年6月
论《文心雕龙·诠赋》对赋的渊源的认识　杨兴涓　安徽文学（下半月）2014年06期　2014年6月
汉魏六朝"七"体研究综述　陈成文　书目季刊　48卷1期　2014年6月
宋代"四六话"产生与"诗话"关系考　莫道才　广西师范大学学报　2014年03期　2014年6月
赋论历史考辨　杜骞　西安建筑科技大学学报　2014年04期　2014年8月
赋源诸说新析　余江　云梦学刊　2014年05期　2014年9月
祝尧《古赋辨体》的辨体理论体系　任竞泽　安徽大学学报　2014年05期　2014年9月
从集赋到赋集：汉魏六朝赋的一个考察视角　孔德明、刘学智　昆明学院学报　2014年05期　2014年10月
连珠与骈文关系辨析　陈鹏　社会科学家　2014年10期　2014年10月
六诗之"赋"疏证——兼论"赋"之原初核心功能　刘浏　中国韵文学刊　2014年04期　2014年10月
拟仿与创新：两汉"拟骚体"的文体学价值　杨倩　中国社会科学报　2014年10月24日
从文体学角度看赋体的完成——兼论唐宋文赋的赋史地位　田耕宇　西南民族大学学报　2014年11期　2014年11月
汉代赋颂关系析论　丁玲　哈尔滨学院学报　2014年11期　2014年11月
刘咸炘赋论思想初探　陈开林　商丘师范学院学报　2014年11期　2014年11月

Ⅲ 骈散文编

【著作】

魏晋南北朝论说文研究　王京州　上海:上海古籍出版社　2014 年 6 月　351 页　国家社科基金后期资助项目

　　出版说明;序(程章灿);序(巩本栋);绪言;第一章 体裁论(上);第二章 体裁论(下);第三章 体裁论(上);第四章 体裁论(下);第五章 修辞论;第六章 结构论;第七章 风格论;结语;附录一:先唐论说文辑补;附录二:先唐论说文存目考;附录三:论说文辨体资料汇编;主要参考文献;后记

秦汉序体文学研究　崔瑞萍　北京:中国社会科学出版社　2014 年 7 月　215 页

　　绪论;第一章 序的文体溯源;第二章 序体成立;第三章 汉代其他文类的序作;第四章 汉代序体中的经典;结语;参考文献;后记

【学位论文】

宋元文章总集分体与分类研究　蒋旅佳　中山大学　2014 年　博士论文
隋唐时期文档名词研究　吴晓菲　辽宁大学　2014 年　硕士论文
宋代文档名词研究　董学敏　辽宁大学　2014 年　硕士论文
汉魏六朝戒体文研究　许晓玲　山东大学　2014 年　硕士论文
《论语》语录体研究　王小磊　陕西理工学院　2014 年　硕士论文
唐宋告身略论　李萌　厦门大学　2014 年　硕士论文
孙德谦《六朝丽指》新探　李倩倩　河北师范大学　2014 年　硕士论文
汉代书体公文研究　金秋月　鲁东大学　2014 年　硕士论文
唐宋书仪中实用文体研究　刘长悦　南京师范大学　2014 年　硕士论文
赠序类文体研究——以赠送序、字说、寿序为中心　刘春现　中山大学　2014 年　硕士论文
《六艺流别·书艺》笺说　秦昕　中山大学　2014 年　硕士论文

【单篇论文】

骈文与说理——以中古议论文为中心的考察　刘宁　长江学术　2014 年 01 期　2014 年 1 月

论古代假传的文体特点　娄欣星　浙江师范大学学报　2014年01期　2014年1月

宋代程文互通与"破体为文"　许瑶丽　社会科学研究　2014年01期　2014年1月

先秦"家语"文献源流及其文体嬗变——兼论上古文人集团现象　夏德靠　广西社会科学　2014年01期　2014年1月

"以论为记"与宋代古文革新发微　谷曙光　中国人民大学学报　2014年01期　2014年1月

文体的传承与流变——以晚明小品和中国现代散文为例　陈鹭　安徽理工大学学报　2014年01期　2014年1月

从《魏名臣奏议》看魏晋文学的新变　任子田、王小盾　南京大学学报　2014年01期　2014年1月

南朝书体文撰作析论　刘涛　绵阳师范学院学报　2014年01期　2014年1月

北朝颂碑文的流变　张鹏　咸阳师范学院学报　2014年01期　2014年1月

赞体新变：佛教题材及五言诗赞之开拓——以东晋名僧支遁诗文为例　张富春　当代文坛　2014年01期　2014年1月

侯方域的时文观　郝艳芳　商丘师范学院学报　2014年02期　2014年2月

试论南朝论体文的撰作风貌　刘涛　重庆师范大学学报　2014年01期　2014年2月

《文心雕龙·封禅》篇立体缘由及其论文得失　齐凯　河北北方学院学报　2014年01期　2014年2月

魏晋南北朝论体文的声文之美　杨朝蕾　华北电力大学学报　2014年01期　2014年2月

论清代前期的骈散合一思想　张作栋、袁虹　凯里学院学报　2014年01期　2014年2月

清代骈文话编撰的冷清与"骈散合一"观探析　蔡德龙　厦门广播电视大学学报　2014年01期　2014年2月

诏令文类的细化发展及其成因　魏昕　兰台世界　2014年04期　2014年2月

作为古典散文文体的"说"与"论"　孙彦君　语文建设　2014年04期　2014年2月

论张岱小品文的"以诗为文"——以《补孤山种梅序》为中心 周固成 琼州学院学报 2014 年 01 期 2014 年 2 月

汉初的文化整合与《说苑》杂记的文体功能 李翠叶 文艺评论 2014 年 06 期 2014 年 3 月

唐代弹劾文文体及源流研究 霍志军 重庆邮电大学学报 2014 年 02 期 2014 年 3 月

汉代"论"体的演变及其文化意味 李春青 清华大学学报 2014 年 02 期 2014 年 3 月

奏疏文体源流考 李进宁 绵阳师范学院学报 2014 年 03 期 2014 年 3 月

论《尧典》为史传之祖 韩高年 扬州大学学报 2014 年 02 期 2014 年 3 月

从《晏子春秋》书名含义看其文体性质 周云钊、赵东栓 兰州学刊 2014 年 03 期 2014 年 3 月

论《文心雕龙》与《文选》诔文评录标准之差异 王见楠 绵阳师范学院学报 2014 年 02 期 2014 年 3 月

宋代铭文的文体形态和文化蕴含 张海鸥 暨南学报 2014 年 03 期 2014 年 3 月

论曹植在文体论上的探索与实践 邱兴跃、伍丹 西江月 2014 年 11 期 2014 年 4 月

晚清方濬颐《梦园琐记》的文体性质 刘峨、王军 盐城师范学院学报 2014 年 02 期 2014 年 4 月

论骈文名称变化与其文体特征之关系 莫山洪 中国文学研究 2014 年 02 期 2014 年 4 月

南朝敕诏文考论 刘涛 辽东学院学报 2014 年 02 期 2014 年 4 月

近代骈文创作特征论 谢飘云 中国韵文学刊 2014 年 02 期 2014 年 4 月

论明代中后期的散体尺牍观——兼与四六启观之比较 苗民 暨南学报 2014 年 03 期 2014 年 4 月

论六言诗与骈文六言句韵律及句法之异同 卢冠忠 社会科学论坛 2014 年 04 期 2014 年 4 月

论北朝墓志题名与尊体意识 马立军 文艺评论 2014 年 04 期 2014 年 4 月

20 世纪以来中国古代序跋研究综述 王润英 励耘学刊(文学卷) 2013

年02期　2014年4月

先秦盟誓文体的源起及其特征　张越　励耘学刊(文学卷)　2013年02期　2014年4月

关于宋代骈文用典的几个问题　施懿超　中国文学研究　2014年02期　2014年4月

文体的文学史意义:以刘咸炘《文学正名》《文变论》的观点为主　宁俊红　兰州大学学报　2014年03期　2014年5月

宋代谢表文化和谢表文体形态研究　张海鸥　学术研究　2014年05期　2014年5月

唐代判文类说　陈勤娜　文史知识　2014年05期　2014年5月

从日历到日记——对一种非典型文章的文体学考察　邓建　中山大学学报　2014年03期　2014年5月

文本所见唐代明经试策内容体制　陈飞　文学遗产　2014年03期　2014年5月

《文心雕龙·丽辞》读解　韩高年　中南民族大学学报　2014年03期　2014年5月

《文心雕龙·诔碑》探析　韩世芳　安阳工学院学报　2014年03期　2014年5月

《文心雕龙》与《文选》论体观辨析　赵俊玲　郑州大学学报　2014年03期　2014年5月

"传""传记"概念的源起流变　孟宁　现代语文(学术综合版)　2014年05期　2014年5月

魏晋南北朝论体文的用典特征及其心理机制　杨朝蕾　西华大学学报　2014年03期　2014年5月

论汉代序文之新变　赵纪彬　西南交通大学学报　2014年03期　2014年5月

《文选》奏议类文体研究综述(一)　徐小霞　鸭绿江(下半月版)　2014年05期　2014年5月

经义文体结构在宋元的发展探析　张荣刚　大理学院学报　2014年05期　2014年5月

《文选》奏议类文体研究综述(二)　徐小霞　鸭绿江(下半月版)　2014年06期　2014年6月

先秦文献的纪传体因素及其融合　刘建民　湖北师范学院学报　2014年03期　2014年6月

柳宗元散文的文体分类探究　许明欣　鸡西大学学报　2014年06期　2014年6月

论古代赠序文文体特征　蒋金芳　文艺评论　2014年06期　2014年6月

贾谊《过秦论》之"破体"解　梁晓东　兰州工业学院学报　2014年03期　2014年6月

画赞之文体流变——兼论画赞与题画诗的关系　李明　广州大学学报　2014年06期　2014年6月

论汉晋檄文文体功能演变及其定型——从刘勰论檄文文体功能之得失谈起　宋雪玲　浙江学刊　2014年04期　2014年7月

先秦"史传"辨体　韩高年　西北师大学报　2014年04期　2014年7月

解构批判：八股文的另一类历史意见　陈志扬　中山大学学报　2014年04期　2014年7月

浅论黄宗羲墓志铭"破体为文"现象　李爱贤　重庆三峡学院学报　2014年04期　2014年7月

宋代"脚体"时文与元代"股体"时文　张祝平　安徽师范大学学报　2014年04期　2014年7月

晚明题跋分类与文体观念的呈现——以晚明三部重要选本为中心　左杨　北方论丛　2014年04期　2014年7月

论中国古代的露布文体及其文学价值　谷曙光　北京大学学报　2014年04期　2014年7月

中古书仪的文学风貌与文体发展流变——以敦煌书仪为中心　钟书林　中国文学研究　2014年03期　2014年7月

先秦月令文体研究　林甸甸　北京师范大学学报　2014年04期　2014年7月

欧阳修应用文体创作成就及价值探析　郁士宽　六盘水师范学院学报　2014年04期　2014年8月

《文选》中的上书、书与启、笺　叶国良　《文选》与中国文学传统——第九届《文选》学国际学术研讨会论文集　程章灿、徐兴无编　北京：中华书局　2014年8月

《文选》铭体选文刍议　钟涛　《文选》与中国文学传统——第九届《文选》学国际学术研讨会论文集　程章灿、徐兴无编　北京：中华书局　2014年8月

赞体的"正"与"变"：兼谈《文心雕龙》"赞"体源流论中存在的问题　郗文倩　文艺研究　2014年04期　2014年8月

汉魏六朝弹劾文题名考论　钟涛、刘彩凤　福建江夏学院学报　2014年04期　2014年8月

骈散句式形态——"骈文"概念新说及其骈文学意义　邹爽　语文学刊　2014年16期　2014年8月

唐代进士科"策体"发微——"内容体制"考察　陈飞　文学评论　2014年05期　2014年9月

桐城派与赠序文体　叶当前　中山大学学报　2014年05期　2014年9月

"通变"：审视先唐文体递延脉络的重要视角　罗剑波　求实　2014年05期　2014年9月

中国古代文档名词发展演变史系列研究论文之四 南北朝时期文档名词研究　丁海斌、吴晓菲　档案　2014年09期　2014年9月

论战国议体文的演进及其文体特征　柯镇昌　文艺评论　2014年10期　2014年10月

从庾信骈赋看诗赋合流到赋文趋同的文体演变史意义　周悦　中国文学研究　2014年04期　2014年10月

连珠与骈文关系辨析　陈鹏　社会科学家　2014年10期　2014年10月

浅述春秋至唐代墓志铭文体特征的演变　张云珂　文教资料　2014年29期　2014年10月

押座文文体特征及意义　王兆娟　贵州师范大学学报　2014年05期　2014年10月

试论露布的嬗变及其原因　张榕　萍乡高等专科学校学报　2014年05期　2014年10月

春秋辞令的文体价值　来森华　中国社会科学报　2014年10月13日

"源于诗"与"属于诗"——赋学批评的政治内涵和诗学维度之发覆　孙福轩、周军　浙江大学学报　2014年06期　2014年11月

赠序文体的起源　杜文婕　河北大学学报　2014年06期　2014年11月

论北朝墓志的演变及其文体史意义——从永嘉之乱前后墓志形态的变化谈起　马立军　兰州大学学报　2014年06期　2014年11月

论《骈体文钞》的分类及李兆洛的文体观　钟涛、彭蕾　青海社会科学　2014年06期　2014年11月

文章选本与王先谦的文章学理论　孟伟　船山学刊　2014年04期　2014年11月

《文心雕龙》"封禅"与《文选》"符命"之辨析　罗明月　河南社会科学

2014年11期　2014年11月
《文心雕龙》与《文选》诔文观辨析　赵俊玲　河南社会科学　2014年11期　2014年11月
论《古文渊鉴》体制"权舆于六籍"　郑凯歌　内江师范学院学报　2014年11期　2014年11月
骈体释名三论　王荣林　文艺评论　2014年12期　2014年12月
约言示义:《春秋》的记事体例与文体特征　李洲良　文艺评论　2014年12期　2014年12月
论明清文人传奇戏曲与八股文的文体交互　汪超　古代文学理论研究　39辑　2014年12月
破体为文与文备众体——东坡杂录题跋探析　李蓉　佳木斯大学社会科学学报　2014年06期　2014年12月

Ⅳ　诗编

【著作】

文史·文体·文化:汉代五言诗探论　贡巧丽　长春:吉林大学出版社　2014年9月　223页　中国文化与诗学丛书
　　丛书总序:在"文人"与"士大夫"之间;第一章　汉代五言诗文史研究概说;第二章　流动的文体;第三章　汉代五言诗之文体形式;第四章　汉代五言诗之文体内容;第五章　盛世悄音——汉代五言诗的文化意义探微;结语:兼汉代五言诗与当代网络文学之比较;参考文献;后记

【学位论文】

偈颂的流变研究——从偈颂到颂古　沈娜　安徽大学　2014年　硕士论文
初盛唐"代言体"诗歌研究　张晓阁　陕西理工学院　2014年　硕士论文
南北朝乐府民歌曲辞音乐性研究　徐昌　湖南师范大学　2014年　硕士论文
论吴淇《六朝选诗定论》"三际"中诗与乐的关系　钟张丽　湖南师范大学　2014年　硕士论文
文体视野下的魏晋赠答诗　李伯凯　陕西师范大学　2014年　硕士论文
唐代杂体诗研究　王安琪　华侨大学　2014年　硕士论文

南朝嵌名诗研究　杨近水　华东师范大学　2014 年　硕士论文
齐梁诗歌声律理论研究　张连旺　西藏民族学院　2014 年　硕士论文
许学夷《诗源辩体》的诗歌发展观研究　王小溪　山东师范大学　2014 年　硕士论文
许学夷《诗源辩体》诗学三论　高欣　首都师范大学　2014 年　硕士论文

【单篇论文】

诗词关系的全景探析：评许芳红著《南宋前期诗词之文体互渗研究》　朱光立　绍兴文理学院学报　2014 年 01 期　2014 年 1 月
李商隐诗歌的赋体渊源　余恕诚　文学遗产　2014 年 01 期　2014 年 1 月
唐"佛曲声诗"概念界说　杨贺　浙江学刊　2014 年 01 期　2014 年 1 月
徘徊在明清诗歌创作的边缘——论明清传奇下场诗之集唐现象　任孝温　苏州大学学报　2014 年 01 期　2014 年 1 月
刘勰与《文心雕龙》的乐府论　王梅、王辉斌　重庆第二师范学院学报　2014 年 01 期　2014 年 1 月
对于早期诗体生成描述应取的视角　李炳海　首都师范大学学报　2014 年 01 期　2014 年 1 月
论《红楼梦》中七言绝句基于小说功用的艺术特色　何踪　宜春学院学报　2014 年 01 期　2014 年 1 月
论严羽的本色说　张建斌　合肥师范学院学报　2014 年 01 期　2014 年 1 月
谈诗的制度　于坚　扬子江评论　2014 年 01 期　2014 年 2 月
对于早期诗体生成描述应取的视角　李炳海　首都师范大学学报　2014 年 01 期　2014 年 2 月
简论"诗缘情而绮靡"　张鹤　青年文学家　2014 年 06 期　2014 年 2 月
清商乐与建安"五言腾踊"——与木斋先生商榷　邢培顺　滨州学院学报　2014 年 01 期　2014 年 2 月
李维桢诗学辨体理论探讨　张银飞　淮北师范大学学报　2014 年 01 期　2014 年 2 月
论沈约的声律理论与"永明体"诗歌　李娟　太原理工大学学报　2014 年 01 期　2014 年 2 月
汉乐府诗歌形式追求与音乐风格演变　王郑　艺术科技　2014 年 02 期　2014 年 2 月

铭文与汉魏四言诗的复兴　张甲子　黄河科技大学学报　2014年02期　2014年3月

严羽《沧浪诗话》中的辨体意识　田甘　重庆邮电大学学报　2014年02期　2014年3月

宋人诗话之辨体批评及文体文献学价值　任竞泽　学术论坛　2014年03期　2014年3月

略论中国古代歌诗之演化轨迹　刘凤泉、孙爱玲　太原师范学院学报　2014年02期　2014年3月

变文、话本与中唐诗歌的雅俗之变　罗筱玉　文学评论　2014年02期　2014年3月

《挽歌》源流考　孙立涛　中国诗歌研究　10辑　2014年3月

《木实繁》并非最早最完整的七言诗　李娜　中国社会科学报　2014年3月7日

西周末期《诗》、铭间的文体渗透研究——以《大雅·江汉》等为例　王丽娟　黑河学院学报　2014年02期　2014年4月

论六言诗与骈文六言句韵律及句法之异同　卢冠忠　社会科学论坛　2014年04期　2014年4月

汉代文人五言诗语式研究　王倩　天中学刊　2014年02期　2014年4月

"庄老告退,而山水方滋"释论——《文心雕龙》文体与意制之统体性批评方法　陶礼天　中国诗歌研究　10辑　2014年4月

论初唐歌行的文体特征与叙事艺术　杨恂骅　牡丹江大学学报　2014年04期　2014年4月

论韩愈"以文为诗"对后世"以文为词"之影响　陆有富　内蒙古师范大学学报　2014年03期　2014年5月

论汉代寓言诗及与其他文体之关系　王莉　兰州学刊　2014年05期　2014年5月

以文为诗:唐宋诗格的创变与整合　许总　文学评论　2014年03期　2014年5月

诗歌的文体强势地位　张国风　中国人民大学学报　2014年03期　2014年5月

古代论诗诗的体制及其流变　于东新　内蒙古大学学报　2014年03期　2014年5月

再论《木实繁》是最早七言诗——与李娜商榷　张景　中国社会科学报

2014 年 5 月 26 日

"沈宋体"与律诗演变定型及其研究述略　蔡润田　黄河　2014 年 03 期　2014 年 5 月

《诗经·郑风·女曰鸡鸣》的诗体辨析　黄小霞　商丘职业技术学院学报　2014 年 03 期　2014 年 6 月

两汉谣谚理论考论　王轶　安徽广播电视大学学报　2014 年 02 期　2014 年 6 月

"齐梁调"探秘　龚祖培　文学评论丛刊　15 卷 2 期　2014 年 6 月

试论唐代叙事诗的文体特征　蒋倩、秦川　九江学院学报　2014 年 02 期　2014 年 6 月

宋代帖子词体制考论　张晓红　甘肃社会科学　2014 年 04 期　2014 年 7 月

近体诗阴阳说　董孝一　芒种　2014 年 13 期　2014 年 7 月

总集凡例与文学批评——以《读雪山房唐诗选》凡例为中心　何诗海　上海大学学报　2014 年 04 期　2014 年 7 月

方回诗歌批评的文体视域和文体价值观念辨正　邱光华　宁夏大学学报　2014 年 04 期　2014 年 7 月

古代歌辞起结程式化特征及其音乐意义　崔炼农　西南民族大学学报　2014 年 07 期　2014 年 7 月

周诗体式生成论：文化文体学的视角　李昌集　中国社会科学　2014 年 07 期　2014 年 7 月

唐代七绝研究的回顾与展望　徐毅、李姝雯　唐都学刊　2014 年 04 期　2014 年 7 月

行体乐府四题　王福利　江海学刊　2014 年 04 期　2014 年 7 月

唐宋哀辞的文体形态和文学性　谢敏玉　文艺评论　2014 年 08 期　2014 年 8 月

南朝雅乐歌辞文体新变论析——以五帝歌为中心　李晓红　文学遗产　2014 年 05 期　2014 年 9 月

唐声诗与佛曲关系问题新论　杨贺　文学遗产　2014 年 05 期　2014 年 9 月

从"唐人七律第一"看七言律诗的文体特征　王荣林　文化学刊　2014 年 05 期　2014 年 9 月

"道原为始"本义与回文诗体源变　李斯斌　四川师范大学学报　2014 年 05 期　2014 年 9 月

曹丕《燕歌行》的断句问题与三句体诗歌——中国古代诗体研究之一　李胜利　兰州文理学院学报　2014年05期　2014年9月

"文体"与"体格"——朱熹《诗经》文体论解读　汪泓、赵勇　江西师范大学学报　2014年05期　2014年10月

论隋唐之际诗学中雅正与浮艳的对立——兼论两种体制和创作观念的各自流变　钱志熙　复旦学报　2014年06期　2014年11月

古代应制诗源流考论　王亚慧　青年作家　2014年22期　2014年11月

《文心雕龙》与《文选》乐府观比较研究　刘群栋　河南社会科学　2014年11期　2014年11月

论竟陵派选评《诗归》的文体观　曾肖　中国诗学　18辑　北京：人民文学出版社　2014年12月

南北朝至大历七言一韵歌行体制演变通论　张培阳　中国诗学　18辑　北京：人民文学出版社　2014年12月

杜诗体裁的分阶段考察——以七律为中心的讨论　房本文　中国诗学　18辑　北京：人民文学出版社　2014年12月

诗乐分途与魏晋诗体观念的确立　崔向荣、崔向敏　文艺评论　2014年12期　2014年12月

V　词编

【著作】

曲词发生史续　木斋　北京：中国文史出版社　2014年1月　217页
　　序(马兴荣)；序(刘崇德)；第一章 初唐诗的宫廷诗属性与近体格律的渐次形成；第二章 论初唐乐府与曲词发生的关系；第三章 盛唐诗风的觉醒与李白对词体形式的创制；第四章 敦煌曲词的产生时间和阶层属性；第五章 佛经讲唱及俗文化在中唐的兴起与曲词兴盛关系；第六章 关于晚唐五代曲词兴盛原因的思考；第七章 韦庄的情爱词及温韦的异同；第八章 花间对词体发生史的确认；第九章 南唐后主词：终结与转型；第十章 王国维"伶工之词"反思；第十一章 唐代乐舞制度变革与曲词起源发生的关系；参考文献

汉语词律学　孙霄兵　上海：华东师范大学出版社　2014年4月　596页
　　导言；第一部分：词的格律总论　第一章 中国古典诗词格律概论；第

二章 词的格律的形成和发展;第三章 词的文本;

第二部分:词体　第四章 词体的特点和来源;第五章 词体的自身发展和变化;第六章 词牌;第七章 阕;

第三部分:词的句子　第八章 词的句子的一般理论;第九章 词的句子的节奏;第十章 词的句行格律;第十一章 词的句子的对仗;第十二章 词的句子的粘对;第十三章 词的叠句;

第四部分:词的声韵　第十四章 词的声韵的一般规律;第十五章 押韵变化形成的词体;第十六章 词的声韵与句子的平仄;第十七章 词的句子的平仄的多样性;结束语:词的格律对于新诗创作的借鉴意义;后记;附录一:《词律》发凡;附录二:《词林正韵》发凡

【学位论文】

中国古典词论中的尊"雅"观研究　祝云珠　云南大学　2014年　博士论文

从"词本事"看宋词之"尊体"　宋学达　黑龙江大学　2014年　硕士论文
唐宋《浪淘沙》词研究　张改莉　兰州大学　2014年　硕士论文
《南歌子》词调研究　贾亮亮　安徽大学　2014年　硕士论文
《全宋词》七十七字至八十三字中调词律研究　邢萌萌　山东师范大学　2014年　硕士论文
《全宋词》八十四字至九十三字词律研究　李文莉　山东师范大学　2014年　硕士论文
《全宋词》九十四字至九十五字长调词律研究　赵莎莎　山东师范大学　2014年　硕士论文
唐宋词调衍生关系研究　江卉　厦门大学　2014年　硕士论文

【单篇论文】

诗词关系的全景探析:评许芳红著《南宋前期诗词之文体互渗研究》　朱光立　绍兴文理学院学报　2014年01期　2014年1月
论宋词与宋杂剧的交流互动　曲向红　西安交通大学学报　2014年01期　2014年1月
论民国词体理论批评的发展及其意义　曹辛华　学术研究　2014年01期　2014年1月
唐宋词律辩正　谢桃坊　西华师范大学学报　2014年01期　2014年1月

论宋琬药名闺情词　谭双志、王雨容　铜仁学院学报　2014 年 01 期　2014 年 1 月
论王安石《桂枝香·金陵怀古》的词史意义——从词调体制和怀古题材两个角度　张冬梅　重庆三峡学院学报　2014 年 01 期　2014 年 1 月
明清词谱的选体特点　李冬红　济宁学院学报　2014 年 01 期　2014 年 2 月
论辛弃疾"以文为词"对于元散曲的影响　莫亚容　韩山师范学院学报　2014 年 01 期　2014 年 2 月
中国古典词论中尊"雅"观研究综述　祝云珠　南阳师范学院学报　2014 年 02 期　2014 年 2 月
修辞学视野下的词体艺术风格论——詹安泰《论修辞》及其词学史意义　刘兴晖　广东第二师范学院学报　2014 年 01 期　2014 年 2 月
苏轼以"余技"为词与词体之变　于东新、刘少坤　文艺评论　2014 年 02 期　2014 年 2 月
北宋词人诗词一体观成因胜论　李世忠　贵州民族大学学报　2014 年 01 期　2014 年 2 月
午社"四声之争"与民国词体观的再认识　朱惠国　中山大学学报　2014 年 02 期　2014 年 3 月
律词辨正　李飞跃　北京大学学报　2014 年 02 期　2014 年 3 月
"曲"变为"词"：长短句韵文之演进　解玉峰　文艺理论研究　2014 年 02 期　2014 年 3 月
论帝王词作与尊体之关系　诸葛忆兵　中山大学学报　2014 年 02 期　2014 年 3 月
明代新增词调辨证　王靖懿、张仲谋　江苏师范大学学报　2014 年 02 期　2014 年 3 月
宋代的音乐与词体的创作　陈爱云、高晓进　兰台世界　2014 年 12 期　2014 年 4 月
论苏词文体观确立于黄州　彭文良　黄冈职业技术学院学报　2014 年 02 期　2014 年 4 月
尊词之体　辨词之性——王士禛词论之文体论发微　郭乾隆　现代语文（学术综合版）　2014 年 04 期　2014 年 4 月
两宋词论尊雅观中的情志纠偏　祝云珠　中南大学学报　2014 年 02 期　2014 年 4 月
中国传统词学批评中尊体论的承衍　胡建次、李国伟　湖南大学学报

2014 年 03 期　2014 年 5 月

隋唐燕乐对唐宋词的起源和兴衰功用考略　王敏　兰台世界　2014 年 15 期　2014 年 5 月

论断句的规范与词体的统一　李飞跃　文学遗产　2014 年 03 期　2014 年 5 月

民国词坛"四声之争"钩沉——以午社词人为中心　薛玉坤、罗俊龙　常熟理工学院学报　2014 年 03 期　2014 年 5 月

《四库全书总目》词曲观念探析　柳燕、彭芸芸　历史文献研究　2014 年 01 期　2014 年 5 月

论谭献词学"正变"观及其对常州词派的推进　傅宇斌　中南大学学报　2014 年 03 期　2014 年 6 月

浅论唐五代词的诗化与反诗化　王冬梅　金田　2014 年 06 期　2014 年 6 月

宋代词学批评中的"丽"范畴研究　刘帼超　古代文学理论研究（第 38 辑）——中国文化的理念、偏好与争论　2014 年 6 月

李清照《词论》浅谈　姜杉　安徽文学（下半月）　2014 年 07 期　2014 年 7 月

词的雅化问题　徐炼　中国韵文学刊　2014 年 03 期　2014 年 7 月

论《一剪梅》词体的演进与定型　赵惠俊　中国韵文学刊　2014 年 03 期　2014 年 7 月

清代词集序跋中的词源之论　胡建次　中州学刊　2014 年 07 期　2014 年 7 月

歌词：苏轼黄州以前的词体观　彭文良　乐山师范学院学报　2014 年 08 期　2014 年 8 月

论词教：晚清词坛的尊体与教化　陈水云　文学理论研究　2014 年 05 期　2014 年 9 月

体格之变与北宋中前期词运之转关　李静、苏畅　吉林大学社会科学学报　2014 年 05 期　2014 年 9 月

王鹏运词律词体观探析　朱存红　内江师范学院学报　2014 年 09 期　2014 年 9 月

再论"以诗为词"　卢娇　海南师范大学学报　2014 年 09 期　2014 年 9 月

"近"体考辨　李飞跃　曲学　2 卷　2014 年 10 月

论唐代"诗客曲子词"的体式特征及其对词体演进的贡献　周韬、邓乔彬

齐鲁学刊　2014 年 06 期　2014 年 11 月
"引"体考辨　李飞跃　郑州大学学报　2014 年 06 期　2014 年 11 月
清代词集序跋中的尊体之论　胡建次　青海社会科学　2014 年 06 期　2014 年 11 月
词体构成的音乐因素和文学因素　何晓敏　国学学刊　2014 年 04 期　2014 年 12 月
唐宋词兴盛原因新论　孙克强　社会科学战线　2014 年 12 期　2014 年 12 月
论词调的形成与词体的自觉　李飞跃　文艺研究　2014 年 12 期　2014 年 12 月
清代词学"尊体"辨　李冬红　词学　32 辑　2014 年 12 月

Ⅵ　小说编

【著作】

话本小说与诗词关系研究　梁冬丽　北京:中国社会科学出版社　2014 年 1 月　321 页

绪论;第一章　话本小说体制演化与诗词的引入;第二章　话本小说编创方式与诗词的引入;第三章　话本小说叙事方式与诗词的引入;第四章　话本小说叙事模式的转变与诗词的引入;第五章　话本小说文本变易与诗词的引入;结语;主要参考文献;附录 1　明代话本、拟话本小说;附录 2　清代拟话本小说;附录 3　话本小说诗词体裁、数量;后记

中国早期小说考辨　马振方　北京:北京大学出版社　2014 年 2 月　326 页　博雅文学论丛

中国小说发轫于先秦——代前言;《穆天子传》——大气磅礴开山祖(附:《穆天子传》纪时考议);《晏子春秋》的虚拟成分与文类辨析;《国语》《左传》的虚拟成分与文类辨析;《庄子》寓意文体辨析;先秦四部子书之小说考辨;《战国策》之小说考辨;《管子》之小说考辨;《尚书》之拟史小说考辨;《韩诗外传》之小说考辨;《新序》《说苑》之小说考辨;《列女传》之小说考辨;《列子》寓意文体辨析;《孔子家语》《孔丛子》之小说考辨;《高士传》编创之小说考辨;后记

【单篇论文】

博观约取,高屋建瓴——梁冬丽《话本小说与诗词关系研究》序　沈家庄　中国韵文学刊　2014年01期　2014年1月

浅论《晋书》与《世说新语》的关系及文体　朱迎心、周晓琳　重庆三峡学院学报　2014年01期　2014年1月

史传叙事体例对汉唐小说结构之影响　何亮　北方论丛　2014年01期　2014年1月

汉魏六朝谐谑小说正名——兼论"俳优小说"与"谐谑小说"之关系　孟稚　乐山师范学院学报　2014年01期　2014年1月

论干宝《搜神记》的撰写意图及文体定位　贾宝　民族文学研究　2014年01期　2014年1月

论元明清时期"平话"与"评话"的指称演变　韩洪波　荆楚理工学院学报　2014年01期　2014年2月

文章化与清代"文章体"小说的形成　张永葳　广州大学学报　2014年02期　2014年2月

清华简《赤鸟咎》篇与中国早期小说的文体特征　姚小鸥　文艺研究　2014年02期　2014年2月

《排调》篇的文体意味　严晓燕、张丽、孔祥娜　泰州职业技术学院学报　2014年01期　2014年2月

史书"故事"的文体衍化与秦汉子书的叙事传统　孙少华　中南民族大学学报　2014年02期　2014年3月

古代小说学中"传奇"之内涵和指称辨析　王庆华　文艺理论研究　2014年02期　2014年3月

变文入韵与结韵套语向通俗小说"有诗为证"程式之演进　梁冬丽　北方论丛　2014年02期　2014年3月

汉代"小说家"观念辨析　庞礴　西南民族大学学报　2014年04期　2014年4月

闲话"宝卷"　韩春鸣　海内与海外　2014年04期　2014年4月

论中国文人小说的"整一性"　何萃　求是学刊　2014年03期　2014年5月

应当重视明清小说技法的研究——兼谈草蛇灰线法　赵威重　珠江论丛　2014年02期　2014年5月

明代早期历史演义小说回目考论　胡海义　文史哲　2014年03期　2014

年 5 月
唐代小说的事、传之别与雅、俗之体　戴伟华　文学评论　2014 年 03 期　2014 年 5 月
论《封神演义》韵文的失与得　李建武　文艺评论　2014 年 06 期　2014 年 6 月
试论媒介嬗递与古代小说文体的演进　纪德君　学术研究　2014 年 06 期　2014 年 6 月
"文备众体"：明清文人小说的文体特征　何萃　南京师大学报　2014 年 04 期　2014 年 7 月
论罗烨《醉翁谈录》对宋代通俗小说观念的理论建构　张莉、郝敬　南京师大学报　2014 年 04 期　2014 年 7 月
论中国古代骈体小说的文体互参与叙事特征　陈鹏　东南学术　2014 年 04 期　2014 年 7 月
明清文言小说的文体焦虑与尊体实验——以《剪灯馀话》《阅微草堂笔记》《聊斋志异》为例　陈赟　明清小说研究　2014 年 03 期　2014 年 8 月
诗赋对汉魏六朝小说文体叙事的意义　何亮　学术交流　2014 年 09 期　2014 年 9 月
中国小说起源于"神话与传说"辨证——以鲁迅《中国小说史略》为中心　温庆新　南京大学学报　2014 年 05 期　2014 年 9 月
论明清"文章体"小说　张永葳　南京师范大学文学院学报　2014 年 03 期　2014 年 9 月
传统目录学视野中的中国古代小说观念　梁爱民　文艺评论　2014 年 10 期　2014 年 10 月
话本小说"篇尾"的语体特征及其历史演进　秦军荣　长春理工大学学报　2014 年 10 期　2014 年 10 月
启蒙的悖论——晚清小说文体意识建构与隐含读者意识　黄键　明清小说研究　2014 年 04 期　2014 年 11 月
析作为知识形态的六朝笔记与文体变革　李翠叶　牡丹江师范学院学报　2014 年 06 期　2014 年 12 月
探寻中国古代小说的"本然状态"与民族特征——评谭帆教授等著《中国古代小说文体文法术语考释》　钟明奇　中国文学研究（辑刊）　2014 年 02 期　2014 年 12 月
我国志怪小说的源头　伏俊涟　中国古代小说戏剧研究　10 辑　兰州：甘肃人民出版社　2014 年 12 月

变文散韵相兼结构体制对通俗小说"有诗为证"形成的实证分析　梁冬丽　中国古代小说戏剧研究　10 辑　兰州：甘肃人民出版社　2014 年 12 月

宋元"说话"研究概述　戴莹莹　宋代文化研究　21 辑　2014 年 12 月

Ⅶ　戏曲编

【著作】

中国古代诗歌与戏剧互为体用研究　吴晟　北京：北京大学出版社　2014 年 12 月　273 页

　　绪论；第一章 诗歌为体戏剧为用；第二章 戏曲为体诗歌为用；第三章 说唱为体诗歌为用；第四章 戏曲为体说唱为用；第五章 同题异体比较；引用书目；后记

【学位论文】

《琵琶记》曲体研究　屈淼　山西师范大学　2014 年　硕士论文

【单篇论文】

论宋词与宋杂剧的交流互动　曲向红　西安交通大学学报　2014 年 01 期　2014 年 1 月

以元为尚：《一笑散》文体及其宗元曲观　姜丽华　北方论丛　2014 年 01 期　2014 年 1 月

论诸宫调的说唱方式　姚菊　太原师范学院学报　2014 年 01 期　2014 年 1 月

关于宋杂剧研究问题的思考　赵兴勤　中原文化研究　2014 年 01 期　2014 年 2 月

元曲起源新论　王三北、任金龙　戏曲艺术　2014 年 01 期　2014 年 2 月

昆曲化杂剧与杂剧化传奇之异同　李艳辉、邓正辉　四川戏剧　2014 年 02 期　2014 年 2 月

南戏发生学问题的研究　唐欢　戏剧之家（上半月）　2014 年 03 期　2014 年 3 月

试论明清杂剧的分类与分期　赵星　戏剧文学　2014 年 03 期　2014 年 3 月

论说"曲牌"（之一）——曲牌之来源、类型、发展与北曲联套　曾永义　剧

作家　2014 年 02 期　2014 年 3 月

钱锺书解"戏"释"曲"　黄振林　文艺研究　2014 年 04 期　2014 年 4 月

管窥南北合套的几种形式　吴威　青春岁月　2014 年 07 期　2014 年 4 月

从元末明初神仙道化剧看北杂剧体制之新变——以《升仙梦》《独步大罗天》《花月神仙会》为例　刘兴利　四川戏剧　2014 年 04 期　2014 年 5 月

关于南戏起源时间问题的思考　赵兴勤　河池学院学报　2014 年 03 期　2014 年 6 月

论徐渭的南戏理论思想——以《南词叙录》为例　王辉斌　四川文理学院学报　2014 年 04 期　2014 年 7 月

论明清传奇戏曲的特殊文体"四节体"　王超　中南大学学报　2014 年 04 期　2014 年 8 月

南北曲"衬字"考论　刘少坤　戏曲艺术　2014 年 03 期　2014 年 8 月

戏剧三类——戏弄、戏文、戏曲　洛地　南大戏剧论丛　2014 年 02 期　2014 年 9 月

"戏曲"概念的确立及意义流变考　李秀伟　南大戏剧论丛　2014 年 02 期　2014 年 9 月

水浒故事源流中水浒戏的文体独立性　胡以存　湖北理工学院学报　2014 年 05 期　2014 年 10 月

《宋元戏曲史》百年祭——王国维中国戏剧起源于巫觋说发微　康保成　学术研究　2014 年 10 期　2014 年 10 月

从文体史的观点看北剧体的形成过程　安祥馥　曲学　2 卷　2014 年 10 月

抒情原则之确立与明清杂剧的文体嬗变　杜桂萍　文学遗产　2014 年 06 期　2014 年 11 月

戏曲写作与戏曲体演变——古代戏曲史的一个冷视角探论　李昌集　文艺理论研究　2014 年 06 期　2014 年 11 月

论明清文人传奇戏曲与八股文的文体交互　汪超　古代文学理论研究　39 辑　2014 年 12 月

中国古代戏曲批评形态研究综述　李志远　中国古代小说戏剧研究　10 辑　兰州:甘肃人民出版社　2014 年 12 月

论元曲音乐的衰落与曲体形式的嬗变　张婷婷　四川戏剧　2014 年 11 期　2014 年 12 月

编　后　记

　　这是一本历经十五个年头编纂的目录。

　　2011年3月，国家社科基金重大项目"中国古代文体学发展史"下达之后不久，吴承学老师找到我，让我负责整理20世纪以来的文体学论著目录。同时给了我几种先期搜辑的目录资料——这些文档显示的最早创建时间是2001年10月，参与其事的是吴老师的几位学生，可惜我不知道这些筚路蓝缕的同学是谁了。

　　很快我便拟出了编辑体例，再跟吴老师以及教研室的同仁何诗海、刘湘兰和李晓红一起商议了工作规划。在所有的项目预期成果中，本目录也许是最有基础的，预计只要稍事整比，归类增补，踵事增华，就可以大功告成了。因此当时我们都很有信心在年内毕其功于一役。然而工作一旦起步，其复杂程度就大出逆料：现有的只是资料汇集，人各为战，没有统一的体例，收录标准不一致，来源亦五花八门，重出甚多，加之鱼鲁亥豕，改不胜改。

　　面对这样一份榛楛满途的工作，单凭我一己之力想要成功，谈何容易。幸运的是，我得到两位同学的慷慨襄助。

　　不久之后，陈凌毕业，正好有一段空闲时间，于是我便发出邀约，请她负责四项工作：一是整理草稿，重者删之，误者改之；二是补充著作细目；三是按照新订体例统一著录格式；四是增补1949年以前以及2005—2010年间的论著。陈凌欣然允诺，并且非常负责地将草稿条目的原文都一一下载核对，发现了很多误录之文；还着手处理了最初的一批"互著"条目。为了完成这些工作，我们花费了远超预期的时间，才勉强整理出清稿，进一步的分类尚无暇顾及。而她也进入了更紧张的研究生学习阶段。

　　两年之后，工作还在继续。伏煦写完论文，正在踌躇满志之际，遂被延揽入局。从一开始，她就像一条放进沙丁鱼群的鲶鱼，活力惊人，隔三岔五就发来她完成的部分，大有陆放翁"千年精卫心平海，三日於菟气食牛"的气概，搅得一向喜欢叹慢板的我，也不得不跟着紧锣密鼓起来。除了继续补前续后，大规模查补台港澳的论文，增辑2011年以后的论著，她对于全书架构和细节，也提出了很多中肯的意见，使整体格局大为完善。比如"批评论"之部,就是她命名的。随着工作的深入,原先的规划不断调整,要求不断细化,大到类目的合并、分拆、改属,收录标准的改易,小到著录格式、标题、纪年的修订,反复折腾了好几次。这无形中增加了许多工作量,大家的耐心和专注力都受到极大考验。然而在我自己都觉得苛细的要求下,伏煦不惮繁难,始终保持着高效的执行力度。目录从最初估计的二三十万字,快速扩充到四十万、五十万;而收录的下限,从我接手时的 2010 年,顺延到了 2014 年。

陈凌和伏煦参与编务的时候,还是未入学术之门的初生之犊,而今天,她们早已各自展开了博士学习的生涯。无论是草创之初,还是立项之后,这本目录都凝聚着两代师生通力合作的心血,可算是师生之谊的珍贵纪念吧。

本书的凡例交代了我们对中国古代文体学研究分类的总体设想。那么为什么要采用这种以论题为中心的逻辑分类法,而不是看起来更简便的以文体为中心的形式分类法呢? 起初,我们设计的方案是大文体套小文体,即如《凡例》之 V 所示,把那些文体关键词作为次级类目分层编排。但这样一来,虽然对象似乎较为清晰,但类目将会十分琐碎,而且不易使人明了文体学研究的旨趣所在。尤其需要考虑的是,在甚嚣尘上的"大数据"时代,各种检索工具和数据库使搜索图书、论文变得异常方便,任何人只要花上一些时间,都可以轻而易举地搜集到海量的专业资料。在这种情况下,一部纯粹按照形式分类的目录,其价值必然大打折扣。反之,编纂者倘能甄别目录对象,按照研究内容、主题分别部居,那么或许更能切实反映学科的整体格局和趋势,目录的学术价值更高。章学诚《校雠通义序》总结目录之功用,谓"将以辨章学术,考镜源流",我们的造诣虽然远未达到"会通大道"的境界,而编目的悬鹄却不妨取法乎上。经过三思,决定从通论编出发,整合主题,在大文体之下,以论题为依归,设计一套以文体为经、论题为纬的部目体系。

这样的编排,首先照顾到本目录的文体学学科属性,其次带来一个使用上的好处,即在分体检索的基础上,可根据同一主题横向检索不同文体。例如要检索"批评文体",则通论编的"文体学史—批评文体"部分跟其余各编的"批评论—历代文体批评与批评文体"部分可以关联,打通文体界域,突出问题线索,增加了查找层次,有助于触类旁通。

同样为了使用更方便,检索结果更充实,我们尝试了各种手段。在著录的时候,采纳了章学诚的"互著"和"别裁"之法。章氏的意见,虽然不符合目录学史,也不尽适用于综合目录,但对于本书这样的专科目录却十分实用。故而我们对涉及多种文体的论著,或著录于通论编,或分别著录于各文体编,以便读者因需检索。把单篇文章从论文集裁出,则扩大了资料来源,减少遗珠之憾。在记录著作时,跟一般书目不同,我们不仅登录出版时地、页码等版本信息,更将全书章目、修订本的改动情况一一列明,并附列评论文章,读者更容易按图索骥,举一反三,做到心中有数。本目录不厌其烦地记录那些多次转载的论文、版本众多的著作,是考虑到转载、再版的频率在某种程度上反映了其重要性,显示出一种隐性的学术评价和潮流趋势。凡此种种安排,都希望给学者提供更多的信息和帮助,提升本书的实用意义。

然而如同一切"理想目录"必然面临的窘境:论著先于法则,分类后于述作,后出的类目难以完全归纳、妥置所有先在的成果,其中定然有许多可商可议之处。故而当下的分类,无疑只是为了通观和分析的便利,权衡折中之后的一种模式。在具体操作的时候,最显而易见的麻烦,就是论著内容的庞杂和主题的模糊性,有的既可入"文体起源",也可入"文体沿革";有的合乎"体制论"标准,但入于"创作论"也有道理。凡此之类,时时而遇,偏偏单靠标题"望文生义",甚至浏览提要,都难以判断归属。我们只有采用最笨也是最可靠的办法:阅读原文。于是我们的工作中增加了一项繁重的任务:尽量目验原文,查证原书。所幸今日网络发达,学术资源检索、下载空前便利,尤其是大陆的网站,满足了我们绝大部分需求。乘着"云经济"高唱入云的东风,我们驾上一朵朵触手可及的"筋斗云",安居斗室而视通万里,走完了这趟曲折艰辛的"西天取经"之旅。一些台港澳和1949年以前的期刊、著作无法获得电子资源,我们也请北京国家图书馆和在台湾的朋友代为查勘,补足了若干资料。但还有不少论著实在缘悭分浅,无从目验。本目录中标明"未见"的著作,以及一些可能误编的条目,都是我们力所不逮而深感惋惜的。

但就算读过原文,那些主题交叉甚或模棱两可的论文仍让我们无所适从。无奈之下,只能视乎其论述重点进行归类;若仍然无法确定,就只好窃效昔贤,"吾辈数人,定则定矣"。是耶?非耶?则非区区所敢自必也。

编者虽然再三检查,甚至编成之后,还用音序重排全目,逐条排查重复,但是限于精力和阅历,失收、滥收、误录、误入等问题定然在所难免。而开放式的收编下限,又迫使我们屈从时效性的要求,难以从容打磨。古人云"校书如扫落叶",编目又何尝不然。最后的归类和校核工作由我总负其责,所以出现的错误也主要是由于我的疏失。博雅君子若有所教正,无任欢迎,以期于后出之转精。

编目既竟,忽然想到太史公的一段话,《史记·高祖功臣侯年表》云:"谨其终始,表见其文,颇有所不尽本末;著其明,疑者阙之。后有君子,欲推而列之,得以览焉。"本书将文体学百余年高文大著之名目萃于一编,初步建立起学科资料体系,设使学者展卷而略知文体学之涯涘,后学新进得一问学之津逮,那么编者的一番勤苦便不为虚付了。

吴承学老师自始至终给予我们无条件的信任和支持。作为文体学研究的先进,他却从未干预我们的工作,任凭几个外行摸着石头过河;纵然在枝节横生,任务一再延期的情况下,他也没有催促,饶有古人"不教之教,无言之诏"的风范。然而在最为关键的《凡例》等地方,他不吝施以点铁手段,修饰润色,使学理为之邃密,气象为之焕然。但愿这最后的成果没辜负他的宽容和耐心。感谢编纂过程中惠施援手的张波、郑海虹等所有同学,知与不知,均此铭感。责编徐丹丽女史与我同出莫砺锋老师门下,却直到前年才有缘相见。本书的姗姗来迟,给她平添了麻烦,在此谨致歉意,并申谢悃。

这篇本该在三年前写完的后记,终于可以画上句号了。

李南晖
2015年3月杪志于康乐园